JN338899

우리가 정말 알아야 할 한국 문화

펴낸곳 / (주)현암사
펴낸이 / 조근태
지은이 / 박영순

주간·기획 / 형난옥
편집 / 김영화·최일규
디자인 / 02
제작 / 신용직

초판 발행 / 2008년 2월 25일
등록일 / 1951년 12월 24일 · 10-126

주소 / 서울시 마포구 아현 2동 627-5 · 우편번호 121-862
전화 / 365-5051 · 팩스 / 313-2729
E-mail / editor@hyeonamsa.com

ⓒ 박영순 · 2008

*지은이와 협의하여 인지를 생략합니다.
*잘못된 책은 바꾸어 드립니다.

ISBN 978-89-323-1480-8 03900

조선 시 대 13

한국사

1377
『직지심경』 인쇄

1388
이성계 위화도 회군

1392
고려 멸망

1392
이성계가 조선 세움

1418
제4대 세종대왕 즉위

1420
집현전 설치

1443
훈민정음 창제
『고려사』 편찬

1446
훈민정음 반포

1592~1598
임진왜란

1300　　　　1400　　　　1500　　　　1600

세계사

1337~1453
100년전쟁

1338
일본 - 무로마치 막부 세움

1368
원나라 멸망

1368~1644
중국 - 명(明)나라
한족왕조 부활

1450
구텐베르크가 활판인쇄술 발명

1454
동로마제국 멸망

1479
에스파냐왕국 세움

1492
콜럼버스 아메리카 신대륙 발견

1515
르네상스시대 열림

1517
루터 종교개혁

1519
마젤란 세계일주

1565
에스파냐 - 필리핀 점령

1590
일본 - 도요토미 히데요시가
전국 통일

1616~1912
중국 - 청(淸)나라

1618~1648
30년전쟁

1642
청교도혁명

고 려 시 대 918~1392

900
견훤이 후백제 세움

901
궁예가 후고구려 세움

918
왕건이 고려 세움

926
발해 - 거란에 의해 멸망

935
신라 멸망

936
고려 - 후삼국 통일

958
과거제도 실시

992
국자감 설치

1107
윤관이 여진 정벌하고 9성 축조

1145
김부식『삼국사기』편찬

1170
정중부의 난

1196
일연『삼국유사』편찬
최충헌 집권

1231
몽골의 제1차 침입

1234
금속활자로『고금상정예문』편찬

1236~1251
『고려대장경』경판 제작

900 1000 1100 1200

907
당나라 멸망

907~960
중국 - 5대10국

960~1274
중국 - 송(宋)나라

962
신성로마제국 건국

987
프랑스 - 카페왕조 성립

1037
셀주크왕조 성립

1096
십자군 원정

1192
일본 - 가마쿠라 막부 세움

1206
칭기즈칸이 몽골 통일

1271~1368
중국 - 원(元)나라

1291
십자군전쟁 끝남

1299~1922
오스만투르크제국

1299
마르코폴로『동방견문록』발간

삼 국 시 대 *BC 57~AD 935*

527
신라 - 불교 공인

532
금관가야 - 신라에 의해 멸망

552
백제 - 일본에 불교 전파

562
대가야 - 신라에 합병

612
고구려 - 살수대첩

632
신라 - 첨성대 건립

660
백제 멸망

668
고구려 멸망

676
신라 - 삼국통일 완성

677~935
통일신라

698~926
발해
대조영이 고구려 유민을 이끌고 발해 세움

751
신라 - 불국사, 석굴암 창건

828
장보고가 해상왕국 청해진 설치

500 · **600** · **700** · **800**

500
인도 - 힌두교 창시

579
마호메트 탄생

589~618
중국 - 수(隨)나라가 전국 통일

598
수나라 - 문제가 고구려 침공

610
이슬람교 창시

618~875
중국 - 당(唐)나라

771
샤를마뉴 대제가 프랑크왕국 단일 통치 시작

800
샤를마뉴 대제가 기독교인의 유일한 황제로 선포됨

829
잉글랜드왕국 세움

862
러시아 세움

92~1910

일 제 강 점 기 19

1784 천주교 전도	1861 김정호「대동여지도」제작
1786 서학 금지령	1883 『한성순보』 발간 태극기를 국기로 선정
	1895 갑오경장
	1896 서재필 『독립신문』 창간 독립협회 설립
	1897 대한제국 성립

1900
경인선 철도 개통

1905
손병희가 동학을 천도교로 개칭

1909
안중근이 이토 히로부미 암살

1910
한일병합
조선왕조 멸망

1918
「대한독립선언서」 발표

1919
3·1운동
대한민국임시정부 수립

1928
한글날 제정

193(
조선
안 발

193(
손기
마라톤

194(
창씨가
대한
광복군

1942
조선(

1943
카이로

1700 / 1800 / 1900

1775~1783
미국과 영국 - 독립전쟁

1776
미국 - 독립선언

1789~1799
프랑스혁명

1848
독일 - 마르크스 공산당선언

1861~1865
미국 - 남북전쟁

1863
미국 - 링컨 대통령 노예해방 선언

1867
일본 - 메이지유신 성립

1869
수에즈운하 개통

1870
이탈리아 통일

1871
독일 통일

1882
삼국동맹(독일·오스트리아·이탈리아)

1894~1895
청일전쟁

1896
제1회 올림픽대회

1901
첫 노벨상 시상

1904
러일전쟁

1912
중국 - 청나라 멸망
중화민국임시정부 수립

1914~1918
제1차 세계대전

1914
파나마운하 개통

1920
국제연맹 설립

1922
소련 세움

1927
중국 - 난징에 국민정부 세움

1929
세계

1931
만주사

1932
일본

1937
중일전

1939
제2차

한국사와 세계사 연표

씨족·부족 시대

한국사

BC 70만
구석기시대

BC 8000
신석기시대

BC 4000
청동기시대

BC 2600
비파형동검, 고인돌

BC 2333~108
고조선시대
단군왕검이 아사달에 도읍 정함

| 연도 | 250만 | 5000 |

세계사

BC 250만
구석기시대(문명의 시작)

BC 60만~40만
불의 사용법 발견

BC 3만
영국 - 빙하에 덮여 유럽 대륙과 연결되어 있었음

BC 1만5000
농사 시작

BC 4000
도시 형성

BC 3300
이집트 문명

BC 3200
문자 발명

BC 3000
메소포타미아 문명
수메르인 설형문자 발명
태음력 만듦

BC 2500
인더스·황하 문명

BC 1750
함무라비왕(BC 1790~50)이
메소포타미아 통일
함무라비 법전 편찬

BC 1600
중국 - 은(殷)왕조 성립
갑골문자 발명

BC 1200
페니키아인 설형문자에서 표음문자
(알파벳)로 발전시킴

BC 1100
중국 - 주(周)왕조 성립
혈연적 봉건제도 도입

1990
소련과 국교 수립

1991
걸프전쟁 파병
남북한 동시 유엔 가입

1992
중국, 베트남과 국교 수립
황영조가 바르셀로나올림픽 마라톤 우승
우리별 1호 발사

1993
김영삼 대통령 취임
우리별 2호 발사

1995
무궁화위성 발사
유엔 안전보장이사회 비상임 이사국으로 선출

1996
경제협력개발기구(OECD) 가입
제1회 부산국제영화제 개최

1997
국제통화기금(IMF) 외환위기 초래

1998
김대중 대통령 취임
금강산관광선 현대금강호 첫 출항

1999
용평 제4회 동계아시아경기 대회 개최

2002
제17회 월드컵 한일 공동 개최
제14회 부산아시안게임 개최

2003
노무현 대통령 취임

2004
노무현 대통령 국회에서 탄핵
이라크 파병

2005
위성·지상파 DMB 방송 시작

2006
인공위성 아리랑 2호 발사 성공

1990

2000

1991
걸프전쟁 발발
유럽공동체(EU) 출범
발트3국 독립

1992
소비에트연방 해체
독립국가연합 탄생

1993
우루과이라운드(UR) 타결

1994
세계무역기구(WTO) 출범

1997
영국 - 중국에 홍콩 반환

1998
아시아 경제 위기
유럽 11개국 단일통화(유로 채택)

2001
미국 - 뉴욕 세계무역센터 피폭

2003
미국 - 이라크전쟁

대 한 민 국

1945	1960	1970	1980
1945 8·15광복	*1960* 3·15부정선거 4·19혁명 제2공화국 수립	*1970* 새마을운동 시작	*1980* 한국방송공사(KBS) 컬러텔레비전 첫 방영
1947 유엔한국위원단 구성	*1961* 5·16군사정변	*1971* 무령왕릉 발굴	*1981* 제5공화국 수립 전두환 대통령 취임
1948 대한민국 정부 세움 제1공화국 수립 초대 대통령 이승만	*1962* 제1차 경제개발 5개년계획 발표	*1972* 10월유신 제4공화국 수립	*1986* 서울아시안게임 개최
1950 6·25전쟁 발발	*1963* 제3공화국 수립 박정희 대통령 취임	*1973* 제3차 경제개발 5개년계획 발표	*1987* 독립기념관 개관 남극 세종과학기지 건설 대통령 직선제로 헌법 개정
1953 휴전협정 조인	*1965* 한일 국교 정상화	*1974* 육영수 영부인 피살 북한 땅굴 발견	*1988* 제6공화국 수립 노태우 대통령 취임 서울올림픽 개최
	1966 흑백 TV 방영 시작 『무구정광대다라니경』 발견	*1977* 제4차 경제개발 5개년계획 발표	*1989* 폴란드, 헝가리와 국교 수립
	1967 제2차 경제개발 5개년계획 발표	*1979* 10·26사건 박정희 대통령 피살	

1945	1960	1970	1980
1945 일본 - 무조건 항복	*1961* 소련 - 유인 인공위성 발사	*1972* 미국과 중국 - 정상회담	*1981* 미국 - 우주왕복선 컬럼비아 발사
1945 국제연합(UN) 설립	*1964~1975* 베트남전쟁	*1973* 동독과 서독 - 유엔 동시 가입	*1989* 중국 - 천안문 사태 독일 - 베를린 장벽 붕괴와
1947 인도 - 독립선언	*1966~1976* 중국 - 문화대혁명	*1976* 통일베트남 - 사회주의국가 세움	
1948 이스라엘 세움	*1969* 미국 - 아폴로11호 달 착륙	*1978* 미국과 중국 - 국교 수립	
1949 중국 - 중화인민공화국 세움 모택동 집권 북대서양조약기구(NATO) 설립			
1957 소련 - 세계 최초 인공위성 스푸트니크 발사			

BC 800
철기시대

BC 200~AD 494
부여
해부루가 부여 세움

BC 194~108
위만조선
위만이 고조선 왕으로 즉위

BC 108
고조선 멸망

BC 101
한나라 - 부여에 한사군 설치

BC 57~AD 935
신라

BC 37~AD 668
고구려

BC 18~AD 660
백제

42~532
금관가야
김수로가 금관가야 세움

313
고구려 - 낙랑군 멸망시킴

372
고구려 - 불교 전래

375~413
고구려 - 광개토대왕 영토 확장

384
백제 - 불교 전래

494
부여 - 고구려

1000   **80**   기원전 **BC** | 기원후 **AD**   **300**   **400**

BC 776
그리스 - 올림픽 경기

BC 722~453
중국 - 춘추시대

BC 563
석가(~483) 탄생

BC 552
공자(~479) 출생

BC 438
그리스 - 헤로도투스(BC 484~425)가 9권의 역사서 『페르시아 전쟁사』 출간

BC 403~221
중국 - 전국시대

BC 221~206
중국 - 진(秦)나라
진시황 중국 통일
5,000km에 달하는 만리장성 축조

BC 202~220
중국 - 한(漢)나라

BC 27
로마제정 시작
아우구스투스 황제 즉위

BC 4
예수 탄생

220
중국 - 장건 실크로드 개척

220~280
중국 - 삼국시대(위·촉·오)

220
조비가 위나라 세움

221
유비가 촉나라 세움

220~280
손권이 오나라 세움

280
중국 - 진(晉)나라 중국 통일

286
로마제국 - 분할 통치

313
로마제국 - 기독교 공인

395
로마제국 - 동서로 분열

420~589
중국 - 남북조

476
서로마제국 덜

481
프랑크왕국 건

우리가 정말 알아야 할
한국 문화

우리가 정말 알아야 할

한국 문화

박영순 지음

ⓖ 현암사

한국의 어제, 오늘, 그리고 내일을 보다

'한국 문화의 모든 것을 한 권에 담아야겠다.'
이것이 이 책을 쓰게 된 이유이다.
한국 문화에 관한 책은 이미 많이 나와 있다. 하지만 한 권으로 편하게 한국의 역사와 문화 전반을 다 살필 수 있는 책이 없다. 필자도 이런 책이 필요해서 책방을 샅샅이 뒤진 적이 있다. 2001년 『외국어로서의 한국어교육론』을 쓰던 중에 한국 문화 총론이 필요해서 구하러 다녔으나 찾을 수 없었다. 각론을 다룬 책은 많이 있었으나 총론서는 없었다.

그때부터 '외국인에게 한국 문화는 이렇다 하고 한마디로 알려 줄 수 있는 방법은 없을까'를 생각하게 되었다. 수없이 고민하고 공부한 끝에 나온 결과가 2002년 출간한 『한국어 교육을 위한 한국문화론』과 2006년의 『한국문화론』이다. 그러나 이 책은 대학이나 대학원 학생을 위한 교재용이어서 이론적인 부분이 많고 설명이 조금 어려웠다. 이후 한국 문화에 관심을 갖는 중고생이나 일반인, 해외에서 한국어를 공부하는 사람들, 국내외 한국어 교육자들에게 좀 더 쉽게 한국 문화를 알릴 수 있는 책이 필요하다는 생각에 문화론이 아닌 한국 문화 자체를 다룬 책을 써야겠다고 결심하게 되었다.

이 책은 한국의 과거, 현재, 미래를 문화라는 초점에 맞추어 간략하게나마 전체를 볼 수 있게 스케치한 것으로, 크게 세 부분으로 나누어 설명하였다.
제1부는 한국의 역사와 각 시대의 분야별 문화를 다루었다. 한국이 어떤 과정을 통해 오늘에 이르렀으며, 그 과정에서 형성된 문화는 어떠한지를 서술한 것이다. 제1장에서는 고조선과 부여, 삼국, 통일신라와 발해, 고려, 조선, 일제 강점기, 광복 이후로 시대를 구분하여 문화사를 살펴보았다. 특히 소홀히 다루어져 왔던 부여와 발해를 한국사에 넣어 기술한 것에 의의를 두고 싶다. 한

국사와 세계사를 간단명료하게 정리한 주요 연표를 덧붙여 세계 속의 한국 역사를 비교해 볼 수 있도록 하였다. 제2장에서는 한국 문화의 정체성에 대해 서술하였다. 사상과 종교, 상징, 정치 사회, 정서, 의식구조, 법과 제도로 나누어 한국과 한국인의 정체성을 구체적으로 살펴보았다. 제3장에서는 한국어의 언어 특징과 한국 문학을 정리하였으며, 제4장에서는 한국의 예술문화를 음악·미술·무용·연극·영화로 나누어 기본적이고 핵심적인 사항을 다루었다. 제5장에서는 한국의 생활문화를 기본예절, 식생활, 의생활, 주생활, 여가생활, 관습, 세시풍속별로 나누어 설명하였다.

   제2부에서는 오늘날 한국의 자연과 선조들이 남겨 놓은 문화재를 지역별로 나누어 살펴보았다. 한국의 자연 환경에 대해 전반적으로 설명하고, 각 지역별로 특기할 만한 관광 자원, 무형문화재, 유형문화재, 국보를 소개하였다. 현재 한국의 행정구역에 맞추어 서울, 부산/경상남도, 대구/경상북도, 인천/경기도, 대전/충청도, 광주/전라도, 강원도, 제주도 등으로 나누어 살펴보았으므로 답사여행이나, 외국인에게 한국을 소개하고자 할 때 도움이 될 것이다.

   제3부에서는 1990년대부터 불기 시작한 한국의 대중문화 수출, 즉 '한류'를 다루었다. 한류의 전개 과정과 앞으로의 과제를 드라마, 대중가요, 영화, 만화, 애니메이션, 온라인 게임 등의 장르로 나누어 살펴보았다. 한류는 세계화 시대에 한국 문화가 나아가야 할 하나의 방법이자 유형이다. 따라서 한류를 통해 한국 문화의 미래와 방향성에 대해 고민해 보고자 한다.

   사실 한국인이라도 한국 문화에 대한 전반적인 지식은 부족하다. 출간을 위해 자료 정리를 하면서 이미 알고 있는 줄 알았는데 피상적으로만 알고 있을 뿐 제대로 알고 있지 못한 점이 많다는 것을 필자 스스로도 깨닫게 되었다. 한국

문화의 진정한 세계화를 위해서는 한국인 스스로 한국 문화를 제대로 공부해야 한다.

세계화 시대에 한국의 위상이 점차 높아지면서 한국으로 들어오는 외국인도 많고, 외국으로 나가는 한국인도 많다. 이 책이 한국의 역사와 문화·문자에 관심을 갖는 외국인들의 질문에 답을 내놓을 수 있는 책으로서, 한국인이면서도 한국의 역사와 문화에 대해 자신 있게 설명할 수 없는 사람들에게 한국 문화를 한눈에 알 수 있도록 정리한 책으로서 유용하게 쓰이기를 바란다.

탈고한 뒤에야 '이렇게 방대한 작업인 줄 알았더라면 혼자 하기보다 각 분야별로 전문가들이 나누어 집필하는 게 좋았을걸'이라는 생각을 하게 되었다. 꼭 필요한 책이 없다는 게 안타까워 시작한 작업이라 서두르다 보니 차근차근 좀 더 다져야 할 곳을 놓친 듯도 하고, 여러 면에서 아쉬움이 남는다. 다소 부족한 점이 있더라도 이런 책을 기다려 온 독자들에게 조금이라도 도움이 된다면 더 이상의 보람은 없을 것이다.

무엇보다 졸고를 수용해 주고, 믿어 주고, 지원해 준 (주)현암사에 특별한 고마움을 느낀다. 특히 형난옥 전무님과 김영화 편집팀장의 예리한 통찰력에 감탄하면서 경의를 표하고 싶다. 방대하고 복잡한 내용, 까다로운 편집과 많은 자료 정리 등 여러 난제를 풀어 가며 좋은 책으로 만들어 주신 (주)현암사에 무한한 감사를 드리며 회사의 무궁한 발전을 기원한다.

2008년 2월
박영순

차례

머리말 • 5

제1부 한국의 역사와 문화

1 한국의 역사 · 24
1. 고조선과 부여 · 25
   고조선 25 | 부여 27
2. 삼국시대 · 29
   고구려 30 | 백제 33 | 신라 37
3. 통일신라와 발해 · 40
   통일신라 40 | 발해 45
4. 고려시대 · 47
5. 조선시대 · 51
6. 일제강점기 · 55
   문학 55 | 음악 57 | 미술 58 | 공예 59 | 영화와 연극 60
7. 광복 이후 · 61

2 한국 문화의 정체성 · 66
1. 사상과 종교적 정체성 · 68
   사상 68
   홍익인간 사상 68 | 선비 사상 69 | 효 사상 70 | 무속 사상 71 | 권선징악 사상 72 | 자유민주주의 사상 72
   종교 73
   종교관 73 | 종교의 영향 73 | 불교 76 | 개신교 76 | 천주교 76 | 원불교 77 | 유교 77 | 천도교 78 | 풍수지리 79
2. 상징적 정체성 · 80
   한글 80 | 태극기 82 | 무궁화 83 | 한복 84 | 김치 85 | 씨름 87 | 100대 상징 89
3. 정치 사회적 정체성 · 92
4. 정서적 정체성 · 93
   가치관 93 | 민족성 95

5. 의식구조적 정체성 · 98

　수에 대한 의식구조 99 | 색에 대한 의식구조 99 | 식물에 대한 의식구조 101 | 산에 대한 의식구조 102 | 동물에 대한 의식구조 102

6. 법과 제도적 정체성 · 106

　가족제도 106 | 교육제도 109 | 행정제도 111 | 경제제도 113 | 법제도 114 | 언론제도 115 | 복지제도 118

3 한국의 언어문화 ·· 120

1. 한국어 · 120

　한국어의 문자론적 특수성과 과학성 122 | 한국어의 음운론적 특수성 122 | 한국어의 형태론적 특수성 123 | 한국어의 통사론적 특수성 124 | 한국어의 의미론적 특수성 124 | 한국어 경어법의 특수성 125 | 속담 129 | 은유 134 | 사용 빈도가 유난히 높은 말 135 | 한국어의 독특한 표현 137 | 멋·정·우리 142

2. 한국 문학 · 145

　고전문학 146 | 현대문학 164

4 한국의 예술문화 ·· 179

1. 음악 · 180

　국악의 역사 184 | 국악 악기 및 장르 189

2. 미술 · 197

　회화 197 | 서예 210 | 조소 213 | 공예와 도예 217 | 건축 227

3. 무용 · 239
4. 연극 · 245
5. 영화 · 249

5 한국의 생활문화 ·· 254

1. 기본예절 · 254

　언어 예절 254 | 인사 예절 255 | 식사 예절 256 | 생활 예절 256

2. 식생활 · 258

　음식문화의 특징 258 | 음식과 관련된 용어 259 | 음식 기능과 관련된 용어 261 | 음식 재료와 관련된 용어 262 | 식생활과 관련된 용어 262

3. 의생활 · 264

　옷에 대한 의식 264 | 옷의 유형 264

4. 주생활 · 265

주거 생활에 대한 의식 265 | 건축의 특징 268
5. **여가생활** · 269
    종교 및 취미 활동 270 | 놀이 271 | 스포츠 272 | 여행 273 | 봉사 활동 274
6. **관습** · 276
    큰절 276 | 잔치 276 | 호 278 | 족보 279 | 소공동체 279 | 유행 280 | 체면 281 | 과잉보호 282 | 신상 정보 질문 283
7. **세시풍속** · 284
    명절 285 | 결혼 287 | 장례 288 | 제사 289 | 성묘 290 | 백일과 돌 290 | 생일 290 | 회갑연과 고희연 291

제2부 한국의 자연과 문화재

1 한국의 자연 ··· 294
자연과 기후 294 | 도로와 교통 299

2 한국의 문화재 ··· 301

1. 서울 · 312
박물관 314 | 국보 317

유형문화재 및 관광자원 · 328
경복궁 328 | 창덕궁과 금원 329 | 광화문 330 | 숭례문 331 | 흥인지문 332 | 종묘 332 | 보신각 333 | 성균관 334 | 국립중앙박물관 335 | 명동성당 336 | 올림픽주경기장 336 | 올림픽공원 336

무형문화재 · 338
궁중문화재 · 338
  음악 종묘제례악 338 | 대금정악 339 | 피리정악 및 대취타 340
  무용 학연화대합설무 341
  제사 종묘제례 342 | 석전대제 344 | 사직대제 345 | 영산재 346
  음식 조선왕조 궁중음식 347
민속놀이 및 무속 남사당놀이 348 | 송파산대놀이 351 | 서울새남굿 352
기술 각자장 354 | 소반장 355 | 칠장 356 | 매듭장 357 | 침선장 358 | 조각장 359 | 배첩장 360

2. 부산 / 경상남도 · 360
박물관 362 | 국보 363

유형문화재 및 관광자원 · 365
부산 해운대 365 | 태종대 366 | 오륙도 367 | 동삼동 패총 367 | 금정산성 368 | 범어사 369 | 충렬사 369 | 부산박물관 369 | 자갈치시장 370 | 부산항 370 | 유엔기념공원 371
부산 외 경상남도 지역 마산 외동 성산패총 372 | 창녕 신라진흥왕척경비 373 | 남해 충렬사 374 | 한산도 이충무공 유적지 375 | 촉석루 375 | 합천 영암사지 375 | 통도사 376 | 해인사 377 | 울산공

업단지 379 | 남해대교 379

무형문화재 · 380
무용　진주검무 380 | 승전무 381
가면극　통영오광대 382 | 고성오광대 383 | 가산오광대 384 | 동래야류 384 | 수영야류 385
민속놀이　영산쇠머리대기 387 | 영산줄다리기 388 | 좌수영어방놀이 388 | 밀양백중놀이 389
기술　나전장 390 | 염장 391

3. 대구 / 경상북도 · 392
박물관 393 | 국보 394

유형문화재 및 관광자원 · 400
경주　천마총 400 | 무열왕릉 401 | 문무대왕릉 401 | 안압지 402 | 분황사지 403 | 불국사 404 | 석굴암 405 | 경주 첨성대 405 | 국립경주박물관 406 | 보문관광단지 406
경주 외 경상북도 지역　성류굴 407 | 소수서원 408 | 도산서원 408 | 병산서원 409 | 직지사 409 | 부석사 410 | 옹문사 411 | 명봉사 412 | 안동하회민속마을 413 | 하회탈 414 | 의성김씨 종택 415 | 국립등대박물관 415 | 포스코 417

무형문화재 · 418
음악　농요 418
가면극　처용무 419 | 하회별신굿탈놀이 420
민속놀이　안동차전놀이 421 | 경산자인단오제 422
기술　향토술 담그기 424 | 전통장 424 | 입사장 425 | 주철장 426 | 명주짜기 427 | 누비장 427

4. 인천 / 경기도 · 428
박물관 430 | 국보 432

유형문화재 및 관광자원 · 433
강화 고인돌 433 | 수원 화성 434 | 강화산성 435 | 남한산성 436 | 전등사 436 | 이천 도자기 437 | 백자 438 | 판문점 439 | 팔당댐 439 | 한국민속촌 440

무형문화재 · 442
음악　경기민요 442
가면극　은율탈춤 442
민속놀이　양주별산대놀이 443 | 줄타기 445 | 발탈 445
제사　경기도 도당굿 446
기술　유기장 447 | 완초장 448 | 화각장 449

5. 대전 / 충청도 · 450
박물관 451 | 국보 453

유형문화재 및 관광자원 · 456
낙화암 456 | 공주 공산성 456 | 법주사 457 | 현충사 457 | 부여박물관 458 | 온양민속박물관 460 | 청풍문화재단지 460 | 대덕연구단지 461 | 화폐박물관 462 | 삽교호 방조제 463 | 서해대교 463

무형문화재 · 465
무용　승무 465
민속놀이　기지시줄다리기 466
제사　은산별신제 467

무예 　택견 469
기술 　금속활자장 470 | 바디장 471 | 한산모시짜기 471

6. 광주 / 전라도 · 473
박물관 474 | 국보 476

유형문화재 및 관광자원 · 479
고창 고인돌군 479 | 남원성 479 | 만인의총 480 | 광한루 481 | 송강정 481 | 필암서원 482 | 전주향교 483 | 정다산유적 483 | 송우암수명유허비 484 | 이충무공 유적지 485 | 화엄사 486 | 송광사 487 | 논개사당 488

무형문화재 · 490
음악 　판소리 490 | 남도들노래 490 | 향제줄풍류 491
가면극 　봉산탈춤 492
민속놀이 　강강술래 495
제사 　진도씻김굿 496 | 진도다시래기 498
기술 　제와장 499 | 옹기장 500 | 장도장 501 | 백동연죽장 502 | 낙죽장 503 | 채상장 504 | 소목장 504 | 윤도장 505 | 나주 샛골나이 506 | 곡성 돌실나이 507 | 염색장 508 | 옥장 509

7. 강원도 · 510
박물관 511 | 국보 512

유형문화재 및 관광자원 · 513
설악산 513 | 원주 감영 514 | 경포대 514 | 의상대 515 | 오죽헌 515 | 선교장 516 | 진전사지 삼층석탑 517 | 용평리조트 518 | 참소리축음기·에디슨과학박물관 519

무형문화재 · 520
음악 　강릉농악 520
제사 　강릉단오제 521
기술 　나전장 522

8. 제주도 · 523
박물관 524

유형문화재 및 관광자원 · 525
한라산 525 | 백록담 526 | 산굼부리 527 | 성산일출봉 527 | 만장굴 528 | 협재굴 528 | 용연과 용두암 529 | 삼성혈 529 | 오현단 530 | 추사적거지 531 | 제주민속촌박물관 532 | 제주민속박물관 532

무형문화재 · 533
음악 　제주민요 533
제사 　제주칠머리당영등굿 534
기술 　망건장 535 | 탕건장 535

9. 기타 · 537

무형문화재 · 537
음악 　농악 537 | 서도소리 538 | 대금산조 539
제사 　황해도 평산 소놀음굿 539 | 풍어제 541
기술 　두석장 541 | 궁시장 543 | 대목장 544 | 목조각장 544 | 자수장 545 | 갓일 546

제3부 세계 속의 한국 문화 : 한류

1 한류란? ··· 550
   한류의 의미 550 | 한류의 원인 554 | 한류의 지속과 확산의 과제 555

2 드라마 ··· 558
   중국의 한류 드라마 561 | 타이완의 한류 드라마 565 | 일본의 한류 드라마 567 |
   베트남의 한류 드라마 571 | 우즈베키스탄의 한류 드라마 574 | 싱가포르의 한류
   드라마 575 | 몽골의 한류 드라마 576 | 기타 나라의 한류 드라마 578 | 한류 드라
   마의 지속과 확산 방안 582

3 대중가요 ··· 584
   중국의 한류 음악 589 | 일본의 한류 음악 595 | 기타 아시아 나라의 한류 음악 600 |
   미국의 한류 음악 604 | 한류 음악의 지속과 확산 방안 605

4 영화 ·· 608
   일본의 한류 영화 610 | 중국의 한류 영화 614 | 미국의 한류 영화 615 | 기타 나라
   의 한류 영화 618 | 한류 영화의 지속과 확산 방안 620

5 만화 ·· 624

6 애니메이션 ··· 629

7 온라인 게임 ··· 636
   일본의 한류 온라인 게임 637 | 중국의 한류 온라인 게임 640 | 타이완의 한류 온라
   인 게임 642 | 기타 나라의 한류 온라인 게임 643 | 한류 온라인 게임의 지속과 확산
   방안 645

8 기타 분야 ·· 647

참고문헌 • 659
찾아보기 • 661

한국의 역사와 문화

1

문화란 인간만이 가진 것이다. 문화란 인간의 사물에 대한 판단과 해석, 상상력이나 창의력을 비롯한 모든 정신적 능력, 가치 기준, 정서적 반응, 그리고 이로써 창조된 모든 행위와 사물을 합친 것이다.

문화는 인간의 긴 역사를 통하여 형성된 종교, 교육, 국가의 이념과 정치제도, 가정에 대한 가치관 등이 그 바탕을 이루며 다양한 모습으로 변화, 발전하여 왔다. 문화는 여러 기준에 의해 다양하게 나눌 수 있다. 정신문화-물질문화, 대중문화-고급문화, 전통문화-현대문화, 무형문화-유형문화 등이 그것이다. 이 책은 문화의 유형을 정신문화·언어문화·예술문화·생활문화·제도문화·학문문화·산업기술문화로 나누되, 학문문화와 산업기술문화는 이 책의 범위를 훨씬 넘어서므로 제외한다.

한국은 오랜 역사를 가지고 있는 나라이다. 약 70만 년 전부터 씨족, 부족을 이루어 한반도와 그 북쪽과 동쪽으로 넓게 퍼져 살면서 구석기문화를 이루었고, 기원전 8000년경에 신석기문화를 이룩하였다. 기원전 4000년경에 이미 청동기문화를 이루어 2600년경에는 비파형동검 같은 정교한 무기를 만들 수 있게 되었고 사람이 죽으면 돌무덤을 만들어 매장하는 고인돌문화를 형성하였다. 기원전 2333년에 '조선'이라는 최초의 국가를 건설하였고, 삼국시대·고려시대·조선시대를 거쳐 오늘에 이른다. 한국은 이와 같이 긴 역사 속에서 독자적인 문화를 형성하고 발전시켜 왔다. 그 결과 현대의 한국은 종교적으로 유교문화뿐 아니라 무속문화, 불교문화, 기독교 문화가 뒤섞여 있고 정치, 경제, 사회, 제도와 법에 있어서 자유민주주의를 최고의 가치로 삼게 되었다. 한국은 동서양의 보편적 문화를 아우르면서 독특한 문화를 만들어 냈다.

비파형동검(왼쪽)과 세형동검(오른쪽)

거시적으로 본다면 한국 문화 역시 다른 나라 문화와 비슷하게 이원적으로 발달해 왔다. 양반문화와 서민문화 또는 지배계층의 문화와 피지배계층의 문화 두 축으로 발달해 왔다는 것이다. 그러나 제2차 세계대전 이후 많은 나라에서 왕정이 몰락하고 민주주의 국가체제가 되어 문화의 통합을 이룬 것처럼, 한국 또한 조선왕조가 끝나고 1948년 공화국을 탄생시키면서 이 두 계층의 문화가 상당 부분 통합된 것으로 진단된다.

한국 문화의 특징 중 하나는 흔히 다른 나라 유명 관광지의 핵심을 이루는 웅장한 신전이나 거대한 무덤, 미라 같은 사후세계를 위한 문화재가 거의 없다는 것이다. 이는 여러 가지로 해석이 가능하나, 한민족의 조상은 신에게 모든 것을 바치고 복을 구하는 구복(救福) 경향이 강하지 않았으며, 사후 세계에 대한 대비나 고민을 크게 하지 않았다는 것을 뜻한

천마총

다. 어떤 학자는, 제사가 바로 자신과 자손을 이어 준다는 생각 때문에 한국 사람이 죽음을 크게 두려워하지 않았다고 하였다. 다른 나라 왕들이 즉위하자마자 자신의 사후 문제를 해결하기 위해 거대한 무덤을 만들거나 지하 궁전 건립 같은 거대한 사업을 벌인 데 비하여, 한국 왕들은 그런 공사를 벌이지 않았다. 단지 사후에 후손이 묘 안쪽 벽에 벽화를 그린다든가 약간의 부장품을 넣는 정도여서 그런 분야에서 세계적인 관광거리가 없다는 것이다. 불교가 일찍 들어와 오래된 사찰은 많이 남아 있으므로 그로 인하여 옛 건축물을 볼 수는 있다. 건축문화재는 불교 사찰과 조선시대 왕궁 정도가 거의 전부이다. 그러나 정신문화, 인쇄술 등의 기술, 조각, 공예 같은 면은 두각을 나타내었으며, 그것이 현대에 와서 IT, 토목, 조선, 제철 등에서 세계 1, 2위의 위치를 차지한 바탕이 되었다.

문화를 하나의 유기체로 여기고 시간과 더불어 발전 진화하는 것으로 보면, 대략 다음과 같은 과정들로 요약할 수 있을 것 같다.

① 문화 유형의 발전 과정

무속문화 → 언어문화 → 예술문화 → 종교문화 → 과학기술문화

② 물질문화의 발전 과정

불의 사용 → 도구 사용 → 도로 건설 → 제품의 생산 → 교환, 매매 (상업의 발달) → 전기 발명 사용 → 통신의 발달 → 컴퓨터 발명 → 인터넷 → 디지털

③ 문화 성격의 발전 과정

　원시문화 → 지배층의 문화 → 서민문화 → 전문적인 고급문화와 일반대중문화의 공존

④ 문화 질의 발전 과정

　생존문화 → 지배자를 위한, 지배자에 의한 고급문화 → 모든 대중을 위한 문화 → 전문적인 문화 창조자에 의한 고급문화 → 대중을 위한 대중문화와 고급문화 공존

⑤ 종교문화의 발전 과정

　무속문화 → (불교문화) → (유교문화) → 기독교문화 → 다양한 문화 공존

⑥ 기록문화의 발전 과정

　그림 → 그림문자 → 표의문자 → 표음문자

　이와 같이 문화는 끝없이 변화 발전하여 왔고 과학기술의 발달이 그 변화 발전을 더욱 촉진시켰다고 할 수 있다. 앞의 과정을 좀 더 자세히 설명하자면, ①에서 종교문화는 예술문화 이전 혹은 동시에 발전했다고 해도 좋을 듯하다. ⑤에서 불교문화와 유교문화를 괄호로 처리한 것은 서양의 경우에 거치지 않았기 때문이고, 한국의 경우는 이 모든 과정을 거의 다 밟았다고 할 수 있다. ⑥은 거의 대부분 나라가 이런 과정을 거쳐 오늘의 문자로 정착되었다고 할 수 있는데, 한국 역시 마찬가지이다.

　암각화와 벽화에서 초기의 그림과 그림문자를 볼 수 있고, 그림문자인 초기 한자문화, 그리고 한자를 다양한 방법으로 사용하여 한국어를 적은 역사(이두, 향찰 등)를 거쳐, 1443년 세종대왕 때에 이르러 드디어 세계 최고의 문자로 평가되는 표음문자인 한글을 만들어 모든 국민이 쉽게 배워 사용할 수 있게 되었다. 한글의 사용은 실질적인 민주화의 실

현이라 할 만하다. 그 이전에는 지배층만 문자생활을 할 수 있었고, 일반 백성은 문자 없이 단지 말로 언어생활을 꾸려 나갔다. 표음문자인 한글을 사용한 연대는 서양보다 다소 늦지만, 그림으로 의사소통을 하고 표의문자인 한자를 사용한 역사는 서양이나 중국에 뒤지지 않는다. 역사를 기록한 연대가 늦었고, 바다를 건너 멀리 서양과 교류를 한 것이 늦었을 뿐, 한국의 역사와 문화가 결코 다른 나라보다 짧지 않다는 것은 분명하다. 문자 사용 문화의 발전 과정을 그림으로 나타내면 다음과 같다.

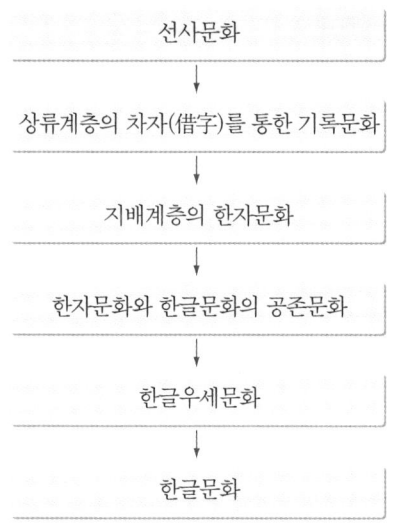

문화인류학과 교수인 조흥윤은 한국 문화의 특성은 조화의 문화라고 하였다. 문무(文武)의 조화, 개인과 사회, 정(靜)과 동(動), 음(陰)과 양(陽), 정신과 육체, 하늘과 땅과 사람의 조화 등이 모두 그것이라는 것이다. 이러한 조화의 문화는 자칫 특징이 없을 수 있으나 한국 문화는 조화로우면서 분명히 한국적인 것, 한국적인 요소가 있다고 하였다.

한국 문화의 뿌리는 무(巫)에 있다고 하는 학자가 많다. 무는 한민족의 종교와 문화의 기반이자 생명이다. 무의 원리 역시 조화이다. 조상숭배 신앙이자 축제이고 살아 있는 신화의 세계이다. 이것은 단군조선 이래 오랜 역사 동안 중앙 집권적 체제의 횡포와 독단을 견디면서 사회의 기층과 주변에서 생명을 지켜 왔는데, 현재 한국의 무당 수는 대략 10만 명으로 추산된다고 한다. 많은 한국 가정이 이사나 혼인을 할 때 무에 근거하여 길일(吉日)을 택하는 것이나, 새로운 건물을 짓거나 새로운 사업을 시작할 때 고사를 지내는 풍습 등은 이러한 무의 근원설을 뒷받침하는 일면이다.

그러나 불교가 이미 삼국시대에 전파되어 고려시대까지 깊숙이 뿌리를 내렸기 때문에 현존하는 한국 문화재의 상당수는 불교와 관련된 것이다. 조선시대는 국교가 유교였으므로 생활양식이나 가치관이 그 영향을 많이 받았고, 유교적인 사고방식과 생활풍습은 아직 현대의 한국인 의식구조와 생활양식에 많이 남아 있다. 궁궐이나 서원, 향교, 사대부의 가옥 구조 같은 것은 유교 정신을 나타낸다고 할 수 있다. 남녀와 상하를 구별하는 사상이 건물의 구조에 반영되었기 때문이다. 그러다 조선시대 말에 들어온 기독교가 계속 팽창하여 지금은 기독교적 사고를 하는 사람이 많아졌고, 교회 건물이 셀 수 없이 많이 세워졌다. 어느 마을에 가나 교회가 있을 정도로 기독교 세력이 확장되었으며, 기독교 세력이 커짐과 동시에 자유민주주의에 대한 국민의 자각이 커졌다.

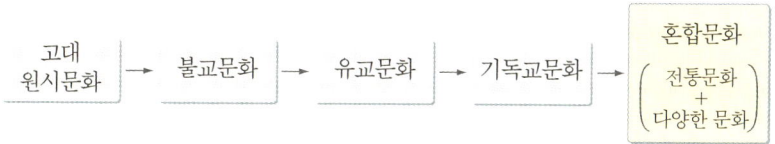

한국은 국가적 차원의 장례식을 치를 때 기독교, 천주교, 불교, 유교 의식을 고루 취한다. 이것으로 미루어 한국 문화의 특징은 다양성이라 해도 좋을 듯하다. 종교가 다양하기 때문에 사고방식과 생활방식 역시 매우 다양하다. 한국처럼 공휴일에 여러 종교를 다 인정하는 나라는 드물 것이다. 개천절(10월 3일)이라 하여 개국신화에 따른 공휴일이 있고, 양력에 따른 1월 1일, 전통적인 유교 국가가 사용하는 음력에 따른 설(음력 1월 1일)과 추석(음력 8월 15일)을 인정하고, 석가탄신일(음력 4월 8일)을 인정하며, 예수 그리스도의 탄신일(12월 25일)을 인정하여 모두 공휴일로 정해 놓았다.

의복을 보면 전통 한복, 개량 한복, 중국식 옷, 서양 옷 등 모두 자연스럽게 입는다. 음식 역시 매우 전통적인 한국 음식에서부터 중국 음식, 일본 음식, 서양 음식, 동남아시아 음식, 이탈리아 음식, 멕시코 음식에 이르기까지 다양하게 만들어 먹기도 하고, 사 먹을 수 있는 다양한 종류의 음식점이 있다. 개개인의 취미나 여가 생활도 다양하다. 주말이나 시간이 나는 대로 각자 원하는 활동을 한다. 그러나 이런 다양성으로 인한 사회적 갈등은 거의 없다. 이것이 곧 앞에서 말한 조화의 문화일 것이다.

제사를 지내고 설에는 부모님이나 손윗사람에게 큰절을 하는 것은 유교식이다. 결혼식에 웨딩드레스를 입고, 생일에 케이크를 자르고, 성탄절을 명절같이 즐기는 것은 기독교와 서양의 문화 현상이라고 할 수 있다. 이와 같이 한국은 단일민족에 단일언어 국가이면서 서양식, 동양식, 한국식을 조화롭게 적당히 융합하여 독특한 문화를 만들어 냈다.

한국은 빈부 격차, 실업자, 노인 복지, 장애자 복지, 환경, 남북한 대립에 의한 과도한 국방비 사용, 부유층의 과소비, 노사 관계의 불안정, 저출산, 고령화 등 다른 나라와 마찬가지로 많은 사회적 문제점을 가지고 있다. 그러나 한국인은 두뇌가 명석하고, 부지런하며, 진취적이고, 문맹이 거의 없을 정도로 교육열이 높아 IT 강국으로서 세계 11위의 경제대국 한국을 만들었으며 가까운 장래에 국민소득 3만 달러를 달성하여 선진국가로 진입할 것이 기대된다.

한국인의 재능은 세계에서 인정받고 있다. 세계적으로 알려진 문화예술인에 비디오아트 작가 백남준, 작곡가 윤이상, 화가 이응노, 화가 박수근, 첼리스트 정경화, 지휘자 정명훈, 소프라노 조수미, 피아니스트 백건우, 바이올리니스트 장영주, 디자이너 앙드레 김 등이 꼽힌다. 그 밖에 각 분야별로 한국을 빛내는 세계적 인물들이 있다. 반기문 유엔사무총장, 한승수 제56차 유엔총회의장 등이 대표적이다. 세계적으로 알려진 스포츠 선수나 연예인 역시 많다.

1990년대부터 불기 시작한 동남아시아의 한류 열풍과 함께 한국 문화, 한국어에 대한 세계인의 관심이 고조되고 있다. 세계사적으로 변방에 지나지 않았던 한국이 경제 규모 10위권의 국가가 되었듯이, 한국어의 위상 역시 높아져 세계 10대 언어에 속한 국제어가 되었다. 한국에 거주하는 외국인의 수가 이주노동자, 유학 온 학생, 국제결혼 이주 여성, 외국계회사 주재원, 외교관 등을 합쳐 100만 명이 넘었다. 연간 결혼의 13.7%가 국제결혼이라는 통계를 볼 때 이제 한국은 더 이상 단일민족, 단일언어, 단일문화 국가가 아닌 다민족·다문화 국가이다. 1년 동안 외국에서 한국으로 여행 오는 사람도 몇 백만 명이 되고 외국 여행을 한 한국인은 그보다도 더 많다. 따라서 국민의식, 교육제도, 법제도 역시 이러한 세계화 시대, 다문화 국가에 걸맞게 바뀌어야 할 것이다.

1. 한국의 역사

한국의 역사는 관점과 목적에 따라 여러 기준으로 기술될 수 있다. 물론 이 책에서 본격적으로 한국사를 기술하는 것은 불가능하며. 그러한 기술은 책의 발간 목적에도 맞지 않는다. 다만 한국어를 외국어로 공부하는 사람이나 한국에 대해 알고 싶어하는 사람은 간략하게라도 한국사를 알고 싶어하고, 외국어를 배울 때는 역사적인 배경을 알아야만 단어나 문장의 의미를 정확하게 해석할 수 있는 부분이 있다. 한국의 문화를 알기에 앞서 역사를 알고자 하는 사람을 위하여 이 책에서는 한국사 기술을 간략한 연표로 대신하고자 한다. 연표는 이 책 앞부분에 따로 실었다. 한국사 연표와 함께 적은 중국사와 세계사의 주요 연표를 보면 한국 역사 전체를 좀 더 잘 이해할 수 있을 것이다. 여기에서는 시대별로 문화적인 면만 좀 더 살펴보기로 하겠다.

 이 책에 실은 연표에 대하여 조금 설명을 붙이자면, 기원전 10000년 이전의 역사는 어느 나라든 정확한 것이 없으나, 여러 유적이나 유물을 통하여 역사가들이 추정한 연표를 인용하였다. 선사시대 인류의 역사를 정확하게 기술하는 것은 세계 역사학계가 이루어야 할 주요 과제 중 하나이며, 한국 역사는 더욱더 많은 과제를 안고 있다. 주변국의 역사 왜곡에 맞서 온전히 한국 역사를 밝혀내는 것은 매우 시급하고 중요한 일이다. 한 가지 확실한 것은 한국 역사가 인류 역사나 문화사적으로 결코 뒤지지 않았다는 점이다. 고대국가의 형성은 중국과 일본보다 오히려 앞선다. 그러므로 우리는 한국의 역사와 문화에 대한 자부심을 가지고 다른 국가의 문화와 비교하는 노력이 필요하다.

1. 고조선과 부여

고조선

고조선(기원전 2333~기원전 108년)은 단군왕검이 세운 한반도 최초의 국가이기 때문에 단군조선이라고도 불린다. 고조선은 위만이 한나라에게 망한 때까지 2,100년 이상의 역사를 가진 대제국이다. 원래 이름은 '조선'이나 나중에 고려를 멸망시키고 세운 조선과 구별하기 위하여 '단군조선' 혹은 '고조선'이라고 부른다. 농경생활을 한 고조선시대는 청동기문화를 기반으로 성립되었다. 청동기문화 유물로서 청동검, 청동모와 각종 말갖춤, 전차로 추측되는 거여구(車輿具) 등이 있다. 뒷면에 특수한 기하학적 잔금무늬가 있고 두 개의 꼭지가 달린 거울인 다뉴세문경과, 복식(服飾)용으로 허리띠에 쓰인 동물형띠고리가 있다.

철기문화가 형성되면서 철제 농구를 사용하여 농업경제가 크게 발달하였으며 철제 무기까지 등장하였다.

전성기의 고조선 영토

고조선 전역의 지배계급은 말이나 청동제 마차를 타고 청동제나 철제의 검과 투겁창 등 새로운 무기를 사용하였다. 농부들은 석기 대신 괭이, 보습, 낫 등 발달된 농구를 이용하여 벼, 조, 수수, 콩 등을 재배하였다. 또한 농사에 중요한 일기를 알기 위해 별자리를 관측하였다. 다양한 농기구를 이용하여 농업생산력이 향상되었으며 인구가 많이 증가하였다. 인구의 증가와 잉여생산물의 축적으로 교역이 활발해졌으며, 그 결과로 개인소유가 확대되어 빈부 격차가 커졌다. 청동제 무기를 이용한 부족간 정복 전쟁이 활발하게 일어났다. 전쟁에서 이기는 쪽은 더욱 재산을 축적하게 되고, 그 재산을 축적하는 방법으로 노예를 부리게 되었다. 철기시대에 들어와 농기구와 무기는 더욱 발전하여 이를 소유한 계층과 소유하지 못한 자 간의 빈부 격차가 훨씬 커지게 되었다. 이러한 계급간의 차이를 살펴볼 수 있는 것이 8조법이다. 범금팔조(犯禁八條)라고 하며, 『삼국지(三國志)』 「위지 동이전(魏志 東夷傳)」의 기록에 따라 기자팔조금법(箕子八條禁法)이라고도 한다.

8조법 조항은 사람들의 인지(認知)가 발달됨에 따라 그 내용이 더욱 복잡해져 60여 조로 늘어났다. 8조법을 통해 당시 노예제가 엄격히 존재

다뉴세문경   청동방울

하였고 사유재산제가 상당히 발달했다는 것을 알 수 있다. 이것으로 당시 사회가 귀족, 평민, 노예의 계급분화가 이루어진 사회임을 알 수 있다. 장군이나 벼슬아치, 지방 호민(豪民)은 상층부의 귀족 세력을 이루면서 특권을 누렸고 일반 백성은 약탈과 노역의 대상이 되었다. 노비는 생산 활동에 동원될 뿐만 아니라 순장(殉葬)의 대상까지 되었다는 학설이 있다.

이러한 고조선 사회의 성격을 말해 주는 대표적인 예로 강상(崗上)무덤을 들 수 있다. 이 무덤은 돌을 쌓아 정해 놓은 무덤 구역 안에 무려 23개의 무덤구덩이가 들어 있는 형태인데, 그 구덩이마다 여러 유골이 묻혀 있다. 이것을 주인이 죽은 후 가족과 노예들을 같이 묻어 순장(殉葬)한 무덤이라 여기고, 고조선 사회가 노예제 사회였다는 의견이 있어 온 것이다. 그러나 유골을 조사해 본 결과 죽은 시기가 다르다는 것이 밝혀져, 순장 무덤이라기보다 같은 공동체에 속하는 사람들이 묻힌 집단 무덤으로 보기도 한다. 이와 같은 성격의 집단 무덤으로 누상(樓上)무덤, 침촌형(沈村型) 고인돌 등이 있다.

이 시기는 지금의 한자에 해당하는 문자를 동북아 여러 민족이 모두 함께 사용했을 것이며, 고조선 역시 한자를 사용했으리라 짐작된다. 그러나 국경의 개념은 매우 희박하였을 것으로 추측된다.

부여

부여(기원전 2세기~494년)는 기원전 108년 고조선이 멸망한 후 해부루가 옛 조선의 유민 등을 모아 건국한 나라로 영토는 북만주 일대에 걸쳐 있었다. 서쪽으로 오환(烏桓), 선비(鮮卑)와 접하고 동쪽으로 읍루(邑婁)와 맞닿으며 남쪽으로 고구려와 이웃하고 서남쪽으로 요동의 중국 세력과 연결되어 있었다.『삼국지』「부여전(扶餘傳)」에 '부여의 면적이 사방 2천 리나 되며 동이(東夷) 지역에서 가장 넓고 평탄한 곳이었다' 고 기록하고 있는데 이는 부여가 동방의 다른 나라에 비하여 대단한 강국이었음을 알게 해준다.

부여는 농업을 위주로 하지만 목축의 비중이 큰 사회였다. 철기를 사용하였고 순장과 일부다처제 풍습이 있었다. 추수가 끝난 12월에는 영고(迎鼓)라는 제천의식을 행했는데, 모든 백성이 모여 하늘에 제사 지내고 추수를 감사하며 날마다 춤과 노래와 술로 즐겼으며, 기간 중에 처벌과 투옥을 금하고 죄수들을 풀어 주었다.

부여는 고구려, 백제, 신라의 모태(母胎)가 되는 나라였다. 조선족 외에 다른 민족들이 함께 섞여 있었고, 부여가 망하면서 각각 살길을 찾아 흩어진 백성이 지금의 중국, 한국, 몽골로 유입된 것으로 보인다. 부여는 북부여, 동부여처럼 여러 나라로 나뉘었다. 조선족보다 철기 생산이 조금 더 빨랐던 한족이 전면전은 피하면서 국지전을 펴, 부여에 교두보를 마련하기 위하여 부여 네 군데 땅을 점령하고 이 각각에 한나라가 직접 지배하는 한사군(낙랑, 임둔, 진번, 현도)을 설치하고 통치하게 된다. 이때 백성의 일부는 동이나 남으로 흩어지고 일부는 그대로 남아 한(漢)의 지배를 받았던 것 같다. 국가 개념이 지금보다 희박했을 것이므로 지배층이 바뀌더라도 일반 백성은 개의치 않은 사람

간돌검

반달돌칼

이 많았을 것으로 추정된다. 만일 부여가 중국 한나라 중 일부였다면 전쟁을 하고 한사군을 부여에 설치할 필요가 없었을 것이므로 부여는 명백하게 한국의 역사로 보아야 마땅하다. 부여의 역사를 보면 한국이 결코 역사적으로 중국보다 뒤지지 않았음을 알 수 있다. 부여라는 이름은 나중에 고구려에 멸망하면서 사라지게 되는데, 이때 북부여에 있던 사람들은 한나라로 많이 옮겨 가고, 동부여에 있던 사람들은 그대로 고구려 사람이 된 것으로 보인다.

 부여의 생활상을 살펴보면, 왕족의 집은 기와를 덮었지만 일반 민가는 초가였으며 온돌을 사용하였다. 여자는 머리에 수건을 쓰고 주름잡힌 치마를 입었고 저고리는 무릎까지 내려왔다. 상류층은 바둑, 투호, 축구 등 중국식 놀이를 하였고 평민들은 춤, 노래, 씨름을 즐겼다. 장례식은 성대히 치렀으며, 여러 부장품을 관 속에 넣는 후장(厚葬) 풍속이 있었고, 무덤 안에 벽화를 그리기도 하였다. 이러한 고분벽화는 이 시대의 미술을 알 수 있는 주요 단서가 되고 있다. 10월에는 동맹이라 하여 고대사회에 널리 유행한 부족공동체 대제전인 국중대회(國中大會)를 열었다. 죄를 짓는 사람에 대해서 율령(律令)이 반포되기 이전은 관습법에 따라 벌을 주었으나, 율령이 반포된 이후는 율령을 중심으로 법이 집행되었다. 율령은 국가에 대한 충성이 강조되는 성격을 가졌으며, 법은 응보율(應報律)적 성격으로 매우 엄격하였다.

2. 삼국시대

삼국시대는 기원전 1세기부터 1,000년 동안 한반도에 고구려, 백제, 신라가 나란히 독립국가를 이루고 살던 시대를 말한다. 이들 삼국은 때로는 평화롭게 때로는 날카롭게 대립하면서 서로 경쟁하고 견제하며 독특한 문화를 만들어 냈다.

고구려

고구려(기원전 37~668년) 사람들은 검소하고 무(武)를 숭상하여 말타기, 활쏘기에 능하였다. 세 차례에 걸쳐 수나라 양제의 공격을 받았지만 을지문덕 장군, 양만춘 장군 같은 뛰어난 장수들이 모두 막아 내어 도리어 수나라를 멸망시켰다. 고구려시대는 찬란한 문화를 자랑하였는데 문학, 음악, 미술 등 예술 분야가 상당한 수준이었다. 고구려 예술의 특징은 힘과 정열이 넘치는 점이다.

이 시대의 시가로 유리왕의 「황조가(黃鳥歌)」, 법정사의 「영고석(詠呱石)」, 을지문덕의 「오언시(五言詩)」 등이 『고려사』 「악지(樂志)」에 전한다. 음악은 관(管), 현(絃), 격타악(擊打樂) 등 17종의 악기로 연주되었다. 왕산악은 진나라 칠현금을 개량하여 거문고를 만들었는데 100여 곡을 작곡한 뛰어난 음악가이다. 미술은 고분벽화에서 그 대표적 예를 찾아볼 수 있

전성기의 고구려 영토

「현무도」(왼쪽), 「주작도」(오른쪽)

는데 무용총(舞踊塚), 수렵총(狩獵塚), 각저총(角抵塚) 등에서 발견된 초기 벽화는 씩씩하고, 감신총(龕神塚) 등에서 볼 수 있는 중기 그림은 섬세하며 사실적이며, 사신총(四神塚) 등에 그려진 후기 벽화는 웅대하며 건실하다. 강서 약수리(江西 藥水里) 고분에 그려진 「사신도(四神圖)」는 벽화 중 최우수 작품으로 흑, 백, 청, 주홍, 갈색 등 빛깔의 조화미는 물론 힘과 패기가 넘친다. 쌍영총(雙楹塚)의 기마상, 남녀입상, 30여 인물행렬도와 풍속도는 당시의 풍속을 보여 주는 중요한 자료이다. 사신도 중 「현무도(玄武圖)」는 두 마리의 뱀이 팽팽히 맞서고 있는데, 뱀이라고는 하나 몸통은 거북으로 되어 있는 상상의 동물로서 음양이 하나의 태극을 이루는 순환적인 생명의 원리를 표현하고 있다. 「주작도(朱雀圖)」역시 6~7세기 고구려 고분벽화의 전형을 보여 주는 상상적인 봉황도로, 이 새는 벽오동 가지에만 깃들고 대나무 열매만 먹으니 인의예지신(仁義禮智信)을 두루 갖추었다고 하며 태평성대(太平聖代)를 기리는 의미를 담고 있다고 한다.

고구려 제19대 왕인 광개토대왕은 고구려의 전성시대를 이끌었다. 392년 북으로 거란을 정벌하여 남녀 500명을 사로잡고 거란에게 빼앗

「광개토왕비」

긴 고구려인 만 명을 데리고 돌아왔으며, 398년 소규모 군대를 파견해서 숙신을 정벌하여 조공 관계를 맺었다. 402년은 요하(遼河)를 건너 멀리 평주(平州)의 중심지인 숙군성을 공격하여 크게 이겼고, 404년에 후연을 공격하여 상당한 전과를 올려 요동 지역을 차지하였다. 후연왕 모용희에 의한 405년의 요동성 침입과 406년의 목저성 침입을 물리침으로써 요하 지역에 대한 장악을 더욱 확고히 하였다. 410년에는 동부여를 굴복시켰다. 광개토대왕은 고구려의 영토를 크게 확장하였을 뿐만 아니라, 내정 정비에 노력하여 중앙 관직을 신설하고, 393년 평양에 아홉 개의 절을 창건하여 불교를 장려하였다.

백제

한강 유역의 비옥한 농토와 수려한 산천, 온화한 기후 속에서 백제(기원전 18~660년) 사람들은 생활의 여유와 문학과 예술의 발전을 이루었다. 한강 유역이 갖는 지리적 이점을 이용하여 청동기시대 이래 북방문화와 남방문화를 융합하여 새로운 문화를 만든 것 역시 백제 문화의 한 특징이라고 할 수 있다. 중국 역사서에 단편적으로 나오는 기록을 보면 백제는 언어와 풍습, 의복 등 일상생활이 고구려와 비슷하다고 기록되어 있으나, 단지 비슷하기만 한

전성기의 백제 영토

것은 아니었을 것이다. 고구려 계통의 유·이민이 지배층이 되어 건국된 백제는 중국의 영향을 받은 고구려의 문화적 바탕 위에, 중국 한족의 세련된 남조문화를 서해를 통하여 받아들여 더 세련되고 고상하였을 것으로 추정된다.

백제의 복식을 살펴보면, 지배계층의 경우는 모자 양쪽에 깃털을 꽂고 금으로 장식하며, 대부분의 평민 남자는 갈색 옷을 입고 성인이 되면 상투를 트는 차림새였다고 한다. 여자는 머리에 수건을 쓰고 주름치마를 입었는데, 특히 처녀는 머리를 길게 땋아 늘이다가 결혼을 하면 틀어 올렸다고 한다. 이런 모양은 당시 교류가 활발하였던 일본에 전파되어 미두라(올린 머리)의 원형이 되었다는 학설이 있다.

백제 사회는 원주민과 유·이민의 결합체여서 다른 어느 나라보다 합리적이고 치밀한 조직력을 필요로 하였다. 건국 초기에 해당하는 제8대 고이왕 시대(234~86년)에 관리의 옷 색깔을 계급에 따라서 다르게 하고 관리와 일반 백성의 복장을 다르게 하여 위계질서를 확립한 것으로 보아, 복장에 대한 일정한 기준이 있었음을 알 수 있다. 백제인의 의상 형식과 문양은 현재 중국 난징 박물관에 소장되어 있는 소역의 「양직공도(梁職貢圖)」란 그림에 잘 나타나 있다. 이 그림의 시기는 백제 26대 성왕 시대

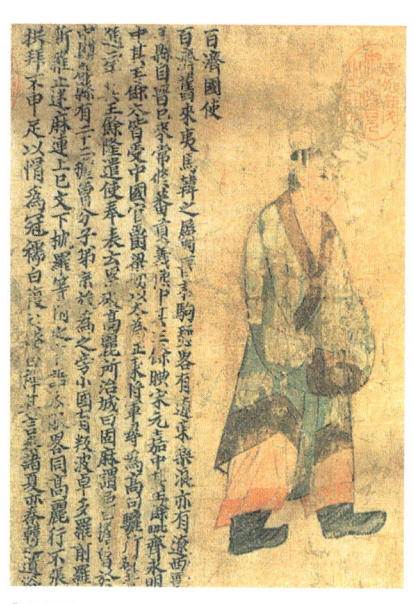

「양직공도」

(523~54년)로, 「양직공도」의 백제 사신 그림 뒤에 적힌 7행 160자의 백제를 설명하는 내용을 통해 단편적이나마 백제를 이해할 수 있는 귀중한 자료가 되고 있다.

　국립민속박물관은 7세기 당나라 태종 때 중국에 간 고구려, 백제, 신라 3국 사신 모습이 세밀히 묘사된 염립본의 그림 「왕회도(王會圖)」 사진을 1998년 공개하였다. 대만국립고궁박물원이 소장한 「왕회도」는 폭 238.1㎝, 높이 28.1㎝ 비단에 삼국 외에 페르시아(파사국), 왜국 등 중국 주변 23개국 사신 모습을 채색으로 그린 그림이다. 그동안 대만국립고궁박물원이 소장만 하고 공개하지 않았던 이 작품은 1997년에 발간된 『중국 강역의 변천』 도록에 삼국 사신 부분이 컬러로 실리면서 한국에 알려지게 되었다. 「양직공도」에 나타난 백제 사신의 그림과 염립본의 백제 사신 모습이 상당히 비슷하다는 것을 알 수 있다.

「왕회도」에 그려진 백제, 고구려, 신라 사신의 모습

「백제금동대향로」

「왕회도」를 보면 머리에 쓴 관만 다를 뿐 바지 차림에 무릎 위까지 내려오는 두루마기를 입은 것이나 모두 양손을 소맷부리에 넣고 검은 가죽신을 신은 모습에서 삼국 사신이 같다.

　백제 제25대 무령왕(재위 501~23년)의 능에서 출토된 왕과 왕비의 장신구를 보면 섬세하고 다양하다. 이 때문에 백제가 중국 남조의 세련된 문물을 많이 받아들여 삼국 중 가장 선진 복식을 지녔을 것이라고 학계는 보고 있다. 백제 초기인 한성시대(기원전 18~475년) 문화와 유물은 별로 남아 있지 않지만, 최근에 백제 후기 수도인 사비성과 웅진성 지역에서 수준 높은 유물들이 발굴되었다. 사비성 유적 중 송산리 고분, 능산리 고분벽화, 산수문전(山水紋塼), 각종 와당(瓦當), 불상 조각에서 부드럽고 여유 있는 예술세계를 짐작할 수 있다. 이 같은 백제 미술에 대하여 미술사학자 고유섭은 '귀공자연(貴公子然)'한 것이라고 평하였고, 고고미술사학자 김원룡은 '우아한 인간미'라고 언급하였다. 이 시대의 높은 문화적 수준은 1993년 부여에서 출토된 「백제금동대향로(百濟金銅大香爐)」 같은 세련된 공예품으로 짐작할 수 있다.

　백제는 석탑 건립이 특기할 만한데 현존하는 것으로 「부여정림사지오층석탑」과 「미륵사지석탑」이 있다. 「미륵사지석탑」은 백제 최대 절이었던 익산 미륵사 터에 있는 것으로 현재 탑 반쪽의 6층만 남아 있다.

신라

신라(기원전 57~935년) 사람들은 문어(文語)로 한자와 한문을 쓰면서 구어(口語)로 전혀 다른 한국어를 쓰는 데서 오는 불편을 없애기 위하여 독특한 차자표기법(借字表記法)을 발전시켜 이두(吏讀)를 만들었다. 이두는 6세기에 표기법이 고정된 것으로 보이며 7세기 이후 설총에 의해 체계적으로 정리되었다. 한자의 사용과 더불어 행해진 국가적인 편찬 사업 가운데 대표적인 것은 545년 거칠부 등에 의하여 편찬된 『국사(國史)』이다. 그리고 김대문에 의해 『계림잡전(鷄林雜傳)』, 『화랑세기(花郎世紀)』, 『고승전(高僧傳)』, 『한산기(漢山記)』, 『악본(樂本)』 등 많은 저술이 나왔다.

신라는 과학 기술이 매우 발달하였는데 통일 이전부터 농업과 정치의 두 부문과 관계가 깊은 천문학이 발달하였고, 금속 야금 및 세공 기술이 뛰어났으며, 건축 부문에서 역학과 수학의 원리가 응용되었다. 선덕여왕 때 만들어진 것으로 전해지는 「첨성대」는 천체 관측에 대한 당시의 관심과 과학 기술 수준을 잘 보여 주고 있다.

신라 미술은 경주를 중심으로 많은 예술품을 남겼다. 당시 예술품은 고분의 발굴로 그 모습이 드러났다. 신라 고분은 나무로 짜인 덧널무덤(木槨墳)과 돌로 만들어진 돌방무덤(石室墳)으로 되어 있는데 금관을 비롯한 화려한 유물이 많이 나왔다. 대표적인 것은 금관총(金冠塚), 금령총

전성기의 신라 영토

「금관」

(金鈴塚), 서봉총(瑞鳳塚), 천마총(天馬塚), 황남대총(皇南大塚) 등이다. 천마총에서 나온 「천마도」와 아기자기하고 섬세한 아름다움을 뽐내는 「금관」, 그 밖의 출토품으로 신라 미술의 높은 수준을 짐작할 수 있다.

3. 통일신라와 발해

통일신라

통일신라(676~935년)는 태종무열왕이 김유신 장군과 함께 고구려, 백제를 물리치고 삼국을 통일한 나라로서, 삼국시대의 신라와 구별하여 통일신라라 부른다. 통일신라 때는 불교 교리에 대한 이해가 깊어지면서 그에 대한 매우 많은 저술이 나왔는데, 그 중 원효대사의 『금강삼매경론(金剛三昧經論)』과 의상대사의 『화엄경(華嚴經)』이 유명하다. 원효와 의상에 의하여 한국 불교계에 큰 영향을 끼친 화엄사상은 『화엄경』을 근본으로 하여 정립된 사상으로, 우주의 모든 사물은 그 어느 하나라도 홀로 있거나 일어나는 일이 없고 모두가 시간과 공간을 초월하여 서로의 원인과 결과가 되며 대립을 승화하여 하나로 융합한다는 사상이다.

통일신라 말기는 불교계에 새로운 경향이 나타나서 선종(禪宗)이 크게 유행하였다. 선종은 불립문자(不立文字)를 주장하고 복잡한 교리를 떠나 심성(心性)을 닦고 기르는 데 치중했던 만큼 경전(經典)만 의존하는 교종(敎宗)과는 대립하는 입장에 서 있었다. 선종은 신라의 지배 체계에 반발하고 있던 지방 호족들에게 사상적 근거를 제공함으로써 결국 신라의 멸망을 재촉하게 된다. 신라의 도가(道家) 사상은 장생불사(長生不死)의 신선(神仙) 사상으로 관심을 끌었으나, 한편으로 현실로부터 도피

전성기의 통일신라 영토

하여 자연 속에 묻히려는 은둔 사상이 발달하였다. 신라 말기 지방 호족 세력의 등장과 동시에 유행하기 시작한 사상으로 풍수지리설(風水地理說)이 있는데 호족들에게 크게 받아들여졌다.

신라의 문학은 종교적인 춤과 노래, 제사 의식에서 발달하였다. 향가(鄕歌)와 같은 시가(詩歌) 문학은 불교의 영향을 받아 발전하였는데, 통일신라에서 월명사, 충담사, 처용 같은 많은 향가 작가가 나왔다. 향가는 소박한 노래 속에 부드러운 가락을 담고 있어 국문학에서 높이 평가되고

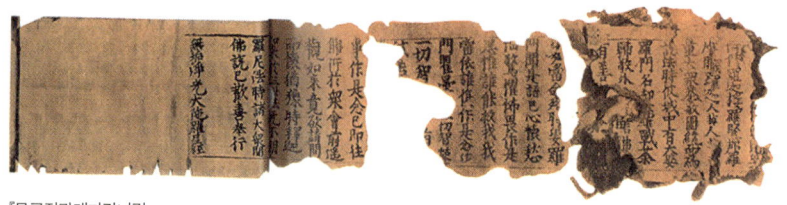
『무구정광대다라니경』

있다. 무당과 박수의 신가(神歌)에 대비되는 불교적인 노래이나 그 자체로 주술적인 의미를 강하게 지니고 있다. 통일신라는 많은 향가가 제작되어 888년에 왕명으로 『삼대목(三代目)』이라는 향가집을 편찬하기까지 하였는데, 현재 전하지 않고 있으므로 향가 전체의 수를 짐작하기 어렵다. 향가는 주로 승려나 화랑 같은 지배계층의 작품이지만 민중의 마음이 표현되어 있어 국민 상하 계층 모두에게 널리 애창되었다.

이때는 인쇄술과 제지술도 발달하였다. 석가탑에서 발견된 『무구정광대다라니경(無垢淨光大陀羅尼經)』은 목판으로 인쇄되어 현재 남아 있는 것 중 세계에서 가장 오래된 것이며, 이 불경이 인쇄되어 있는 종이는 닥나무로 만든 한지로 현존하는 세계에서 가장 오래된 종이이다. 무려 1,200년 동안이나 탑 속에 있었는데 지금까지 잘 보존되어 있는 것은 당시 한국의 제지술이 얼마나 우수하였는지를 증명한다.

신라 사람의 예술 활동은 대부분 종교 생활에서 나온 불교미술이나 사후 세계를 위한 고분을 중심으로 발달하였다. 조형미술 중심이던 이 시기의 예술품은 조화와 정교함이 특징이다.

석굴암(石窟庵)은 통일신라의 석굴 사원인데, 제35대 경덕왕 때(재위 742~65년) 김대성에 의하여 건립되었다. 큰 돌로 벽을 두르고 사방에 아치형으로 돌을 쌓아 천장을 만든 석굴로, 한국 석굴 사원의 대표 건물이다. 신라의 종교와 자연과 예술, 그리고 과학이 어우러져 이루어진 석

석굴암 「본존불상」

불국사(왼쪽)와 「다보탑」(오른쪽)

굴암은 내부 「본존불상」을 중심으로 「보살상」, 「나한상」, 「인왕상」 등 여러 보살상을 배치하여 불교 세계의 이상을 나타내고 있다. 각 보살상의 조각품은 온화하면서 강한 힘이 넘치는 조화미와 함께 예술의 극치를 이루고 있다. 「본존불상」의 인자하고 기품 있는 우아한 미소는 모나리자의 미소를 훨씬 능가하는 것으로, 세상의 모든 번뇌와 근심을 없애 주고 평화롭고 따뜻한 심성을 갖도록 해주는 뛰어난 예술품으로서 보는 이를 압도하기에 충분하다.

불국사(佛國寺)와 경내에 있는 「다보탑(多寶塔)」과 「석가탑(釋迦塔)」은 신라 예술의 대표로 아름다운 조화미와 균형미를 갖춘, 유례를 찾기 힘든 걸작들이다. 경주 봉덕사(奉德寺)의 「성덕대왕신종」은 크고 웅장하면서, 선과 무늬가 섬세하고 아름다우며, 주조 기술이 뛰어나 세계 최고의 범종으로 평가받고 있다.

통일신라 예술은 귀족 중심 문화를 통하여 발달하기도 하였다. 문무왕 때(재위 661~81년) 지은 궁성 안 인공 연못인 안압지(雁鴨池)에서 나온 많은 유물은 당시의 화려한 궁중과 귀족 생활의 모습을 잘 보여 준다.

발해

통일신라가 한반도의 2/3쯤을 차지하고 통치하고 있던 때에 북으로는 발해(698~926년)가 공존하고 있었다. 발해는 고구려가 멸망한 뒤에 고구려 장군이던 대조영이 유민과 말갈인을 거느리고 세운 국가이다. 발해는 발달된 당의 문화를 받아들이기는 했지만 어디까지나 그 근본은 고구려문화에 뿌리를 두고 있다. 발해는 당나라뿐 아니라 일본과 통일신라와 소극적이나마 교류를 가졌다.

발해 불상 거의 대부분이 당나라 이전의 양식을 취하고 있고, 막새기와(瓦當)의 연꽃문양이 고구려의 전통을 보여 주는 것으로 보아, 발해 불교가 같은 시대의 당나라로부터 영향을 받은 것이 아니라 그 이전의 고구려 전통을 고수하고 있음을 보여 준다. 지붕 끝을 장식하던 고구려 막새기와가 여덟 개의 연꽃잎을 기본으로 하는 데 비하여 발해 것은 여섯 개를 기본으로 하는 차이는 있지만, 부조가 뚜렷하고 힘이 있는 고구려 막새기와를 계승한 것

전성기의 발해 영토

발해 절터에서 나온 연화문수막새

이라는 데 이견이 없다. 발해 불상 가운데 특히 흙으로 구워 둥그스름하게 만든 전불(塼佛) 역시 고구려 불상 양식을 따르고 있다. 발해 왕족이나 귀족의 무덤 양식 또한 고구려식으로, 제3대 문왕의 둘째 딸인 정혜공주(貞惠公主)묘가 그 예이다.

9세기에 들어와 불교가 융성해지면서 남긴 발해 불교의 자취로 절터와 탑터, 불상, 사리함 등이 있다. 절터로 모두 40군데 정도가 확인되었다. 발해는 초기부터 유학생을 당(唐)나라에 파견하였고, 문왕 때는 문치(文治) 정책을 추진하면서 유학이 주요한 사상적 기반으로 자리잡게 되었다. 중앙행정기구인 6부(部)를 유교 덕목인 충(忠), 인(仁), 의(儀), 지(知), 예(禮), 신(信)으로 명명한 것은 특기할 만하다.

발해의 미술문화는 현재 남아 있는 단편적 자료를 통해서 보면 불교 관계 미술이 크게 융성하였다. 제3대 문왕의 넷째 딸인 정효공주묘의 벽화, 불상, 와당을 비롯한 각종 공예품을 통하여 발해 미술이 상당히 높은 수준이었음을 확인할 수 있다. 특히 뛰어난 수준을 보인 것은 조각이다. 현재 남아 있는 것은 작은 크기의 돌조각상과 소조불상 몇 점이지만 정혜공주묘에서 발굴된 돌사자상의 당당한 모습이 고구려 미술의 힘을 계승한 것으로 보인다. 발해는 유약을 바르지 않은 도기를 주로 사용하였는데, 같은 시대 여러 나라의 도자기 공예보다 독특하게 발전하였으며 당에 수출까지 하였다.

정혜공주묘에서 출토된 돌사자

발해의 다른 문화에 대해서는 남겨진 기록이 많지 않아 알기 어렵지만, 일본 기록에 발해 음악이 연주되었던 사실이 여러 번 나타나는 것으로 보아 8세기 중반 이후 발해의 궁중음악이 일본에 영향을 주었음을 알 수 있다.

4. 고려시대

고려(918~1392년)는 서기 918년 왕건이 통일신라와 후고구려, 후백제를 통일하여 세운 국가로 불교가 매우 성하였다. 정치 이념은 유교이지만, 불교는 정신세계의 지도 이념이 되었고 현실 생활에 큰 영향을 주었다. 고려의 숭불 정책은 이미 왕건, 즉 태조 때부터 실시되고 있었다. 태조는 그가 남긴 '훈요십조(訓要十條)' 중에 제1조를 '고려는 부처님의 도움을 받았으므로 불교를 진흥시켜 선종과 교종의 사원을 창건하여야 한다'라고 할 정도로 불교를 숭상하였다. 태조는

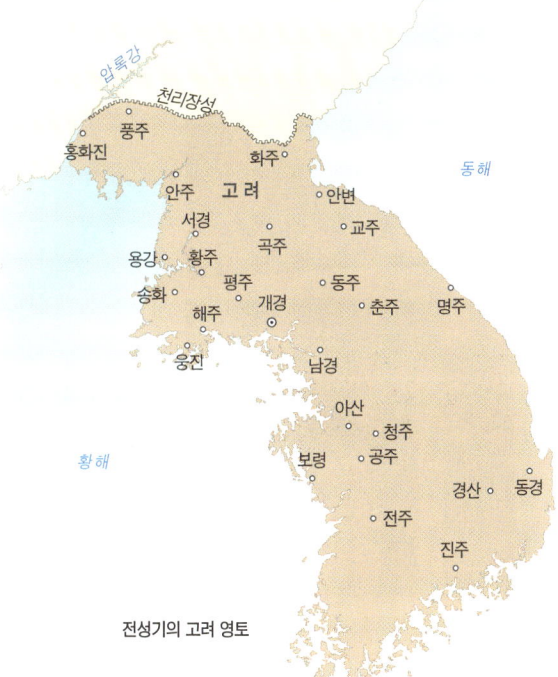

전성기의 고려 영토

개경에 법왕사, 왕륜사, 흥국사 등 열 개의 사찰을 지었고 각종 불교 행사를 실시하였다. 고려는 정월보름에 연등회, 11월 15일에 팔관회 같은 큰 불교 행사를 열었다. 연등회와 팔관회는 국민 모두가 가무와 음주로 함께 즐기며 모든 부처와 천지신명(天地神明)에 제사하여 국가와 왕실의 태평을 기원하는 행사였다.

고려 예술은 귀족적, 불교적 색채를 띤 것이 특징인데 귀족 생활 기구를 중심으로 한 도자기, 나전칠기, 불구(佛具) 등과 함께 호화로운 예술 문화가 발달하였다. 고려 예술품 중 상감청자(象嵌青瓷)는 세계적 공예품으로 민족예술의 정수이다. 귀족 취향의 예술품으로 독특한 무늬를 넣어 만든 상감청자와 서화, 음악, 그리고 금속공예 등이 호화롭고 정교하였다. 고려는 지방에 따라 석탑이 다양하게 발전하였다. 「경천사십층석탑」과 「금산사오층석탑」이 현존하여 고려 석탑의 모습을 보여 준다.

해인사 대장경판(위)과 보관 모습(아래)

고려는 개국 초에 화가 양성을 위하여 도화원을 설치하였다. 대표적 화가로 「예성강도(禮成江圖)」의 이령, 「소상팔경(瀟湘八景)」의 이광필, 「천산대렵도(天山大獵圖)」의 공민왕, 혜허 등이 유명하다. 현존하는 작품은 「천산대렵도」, 「안향의 초상화(晦軒影幀)」, 수덕사의 벽화, 사천왕상과 보살상을 그린 부석사 벽화가 있다. 고려시대는 여러 체의 서예가 발달하였다. 무신집권기까지 왕희지체(王羲之體)와 구양순체(歐陽詢體)가 유행하였는데, 후에는 조맹부체(趙孟頫體)인 송설체(松雪體)가 유행하였다. 고려시대의 최고 문화재는 불경 내용을 판에 박은 『팔만대장경』인데, 유네스코 세계문화유산에 등재되었다.

제8대 현종 때 1010년과 1018년 2차에 걸친 거란의 침입으로 많은 역사 기록이 불타 버려, 인종 23년(1145년) 김부식에 의하여 편찬된 『삼국사기(三國史記)』가 현존하는 가장 오래된 역사서이다. 그 밖의 역사서로 고종 때 승려 각훈이 왕명에 따라 편찬한 『해동고승전(海東高僧傳)』과 이규보가 지은 『동명왕편(東明王篇)』, 일연의 『삼국유사(三國遺事)』 그리고 이승휴가 지은 『제왕운기(帝王韻紀)』가 있다. 고려시대 초기 문학은 신라의 향가 형식이 그대로 남아 있었던 것 같다. 과거제도에서 문예를 중시하여 한시(漢詩)가 발달하였다. 한문학은 귀족의 필수 교양이었으나 민중은 향가 대신 민요를, 지식계급은 향가에서 변모한 경기체가(景幾體歌)를 즐겨 지었다.

고려시대 초기 음악은 신라 음악을 거의 그대로 답습했으나 제16대 예종(재위 1105~22년) 이후 중국의 각종 음악이 들어와서 당악, 향악, 아악 등 세 가지로 구분되고 각각 독자적인 발전을 보였다.

고려시대의 도자기는 고려 건국 초인 10세기에 발전하기 시작하여 11세기에 이르러 송나라 도자기의 영향을 벗어나 장식 없는 푸른 하늘색과 선이 특징인 비색청자(翡色靑瓷)를 제작하였고, 12세기 중엽 18대 의종 때에 이르러 고려의 독창적 재능을 발휘한 상감청자를 탄생시켰다. 상감청자는 엷은 청색인 비색(翡色) 청자에 양각과 음각의 무늬를 넣고 백토와 흑토를 그릇 표면에 새겨 넣어 한 번 구워 낸 뒤, 유약을 바르고 1,200~1,300℃로 다시 구워 내는 방법으로 완성하는 것이다. 상감청자는 고려시대 귀족의 기호에 맞아 많은 양이 만들어져 오늘날까지 전해지

「청자진사연화문과형주자」(왼쪽)와 「청자상감운학모란국화문매병」(오른쪽)

고 있다. 반면에 같은 시기에 만들어진 백자는 그 수효가 적어서 전해지는 것이 많지 않다.

고려시대 전기의 건축은 왕궁, 사찰, 귀족의 저택 등 귀족적, 불교적 건축에 치우쳤으나 말기에는 고려의 독특한 기상을 나타냈다. 고려시대의 대표적 건축으로 영주 부석사, 안동 봉정사, 예산 수덕사의 대웅전 등이 남아 있다.

고려의 농업에 큰 변화가 일어났는데, 문익점이 공민왕 9년(1360년) 문과에 급제하고 공민왕 12년 원나라에 갔다가 목화씨를 들여와 고향에서 재배하는 데 성공한 것에서 비롯되었다. 목화 재배가 널리 전파됨으로써 고려 사람들은 무명옷을 입을 수 있게 되었다.

5. 조선시대

조선(1392~1910년)은 이성계가 세운 나라로, 국교를 유교로 하고 성리학적인 역사 인식을 발달시켜 갔다. 조선시대에 대한 이해는 당대 역사를 왕조 중심으로 쓴 『조선왕조실록(朝鮮王朝實錄)』에 크게 의지하고 있다. 『조선왕조실록』은 편년체(編年體)의 정사(正史)로 네 군데 사고(史庫)에서 보관되었으며, 현재 유네스코 기록문화재에 등재되어 있다. 『조선왕조실록』은 태조~철종까지 25대 왕의 실록이 총 1,893권으로 남아 있다. 그 분량이 너무 많아 열람이 어려우므로 세조 때부터 역대 군주의 정치적 업적 중 모범으로 삼을 만한 것을 추려 내어 『국조보감(國朝寶鑑)』을 따로 만들었다. 다른 역사서로, 조선시대 초 태조 때에 정도전이 왕명에 의하여 『고려사(高麗史)』를 편찬하였지만 그 내용이 불완전하다

전성기의 조선 영토

고 하여 문종 1년(1451년)에 현존하는 『고려사』가 다시 만들어졌다. 고려시대 말부터 조선시대까지 유학(儒學)을 전수하던 국가 최고 교육기관으로 공자를 제사하던 문묘(文廟)와 유학을 강론하던 명륜당(明倫堂)이 있다. 이 명륜당은 나중에 '성균관(成均館)'으로 이름이 바뀐다. 성균관 유생의 정원은 원래 200명이었으나 나중에는 100명밖에 되지 않았고, 이들에게 대과(大科)를 볼 수 있는 자격을 주었다. 성균관은 8·15광복 후 성균관대학교로 발전하였다.

조선시대의 그림 그리는 일을 관장하는 관청은 도화서(圖畫署)였다. 나라와 왕실 사대부에게 필요한 그림을 그리는 곳으로, 시험을 거쳐 뽑은 화원(畫員)을 길러 내었다. 화원은 대대로 그림 그리기를 직업으로 삼은 중인 출신이 많았는데, 조선시대에 이름을 날린 화가인 정선과 김홍도 모두 도화서 출신이었다. 한국의 그림 문화를 이끌어 나가는 중심 역할을 한 기관이다.

조선의 사대부는 기본적으로 학자이자 문인이었다. 그들은 학문과 문장은 같은 뿌리에서 나온 것이라는 도문일치(道文一致)를 문장론의 원칙으로 삼았다. 조선시대의 문학은 한글이라는 위대한 문자의 탄생으로 많

김홍도의 「규장각도」

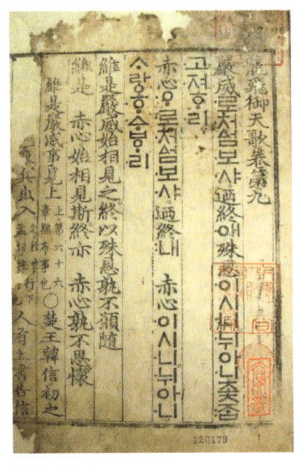
『용비어천가』

은 변화가 생겨났다. 세종대왕이 집현전 학자를 다년간 동원하여 연구한 끝에 세종 25년(1443년)에 한글이 창제되었다. 한글은 그동안 한국어를 정확하게 적을 수 없었던 불편함을 완전히 해소하고, 한국의 정서를 마음껏 표현할 수 있는 국문학을 획기적으로 발달시켰다. 한국 소설의 효시라 할 수 있는 김시습의 『금오신화(金鰲新話)』가 발표되었고, 정극인의 「상춘곡(賞春曲)」 같은 가사와 『용비어천가(龍飛御天歌)』, 『석보상절(釋譜詳節)』, 『월인천강지곡(月印千江之曲)』 같은 악장 등 다양한 장르의 작품이 쏟아져 나왔으며, 수천 수의 시조가 발표되었다.

조선시대 후기에 문학은 더욱 활기를 띠어 서포 김만중의 『구운몽(九雲夢)』, 『사씨남정기(謝氏南征記)』와 작가 미상의 『장화홍련전』, 『심청전』, 『옥루몽(玉樓夢)』, 『춘향전』, 『임경업전』 등의 소설이 나왔다. 『인현왕후전(仁顯王后傳)』, 『계축일기(癸丑日記)』, 『한중록(閑中錄)』과 같은 궁중 여성의 한글 궁중문학 작품이 나왔으며, 송강 정철의 『송강가사(松江歌辭)』, 박인로의 「노계가사(蘆溪歌辭)」 등으로 대표되는 가사문학의 절정기를 맞이하게 된다. 조선시대의 대표적 국문학 장르인 시조(時調)는 사대부를 비롯하여 서민에 이르는 폭넓은 층이 다양한 주제와 형식으로 발표하고 즐겨 읊었다.

조선시대 전기에 음악은 정치 교화 수단의 하나로 적극 장려되었는데, 전통음악과 중국음악을 함께 정리하여 민족음악의 새로운 기틀을 마련하였다. 세종대왕 때에 박연이 중국의 아악(雅樂)을 연구하고 집대성하여 「여민락(與民樂)」 같은 것을 한국식 정악(正樂)의 근본이 되도록 하였는데, 이후 모든 궁중음악에서 아악보다 「보태평(保太平)」이나 「정대업(定大業)」 같은 한국의 정악을 사용하게 되었다. 이를 이어받아 성종 때의 학자 성현은 성종 24년(1493년)에 악률, 악기, 악무 등을 그림으로 그려 설명한 『악학궤범(樂學軌範)』을 남겼다.

1600년대에 그려진 「거북선도」

임진왜란은 선조 25년부터 7년간(1592~98년) 두 차례에 걸친 왜군(지금의 일본)의 침략으로 일어난 전쟁이다. 이 전쟁을 마지막에 승전으로 이끈 장군은 바로 당시 삼도수군통제사였던 이순신 장군인데, 그는 직접 고안하고 제작한 열두 척의 거북선으로 왜군 전함 133대를 격파하고 다시 왜선 300여 척 중 200척을 격파하여 해전을 승리로 이끈 한국의 영웅이다. 한국 역사상 가장 크고, 제일 긴 처참한 이 전쟁으로 한국은 거의 모든 것을 잃었다. 대부분의 문화재가 이때 부서지거나 불탔으며 약탈당하였다.

6. 일제강점기

문학

일제 치하(1910~45년)에서 모든 정치, 경제, 사회 면과 함께 문화 활동

채만식   군산시 월명공원의 채만식문학비

역시 많이 위축되고 왜곡되었다. 다만 한글 창제 이후 본격적으로 발달해 온 한글문학 활동은 면면이 이어졌다. 일제강점기의 현실을 날카롭게 풍자한 소설로 채만식의 『태평천하』, 『탁류』, 『레디메이드 인생』 등이 있다. 저항시인으로 한용운, 김소월, 이상화, 이육사, 윤동주 등이 있는데 대표작은 심훈의 「그날이 오면」, 이육사의 「절정」과 「광야」, 윤동주의 「서시」와 「자화상」 등이다.

1910~20년대는 3·1운동의 실패로 좌절감을 겪어야 했다. 좌익 이데올로기가 나타나고, 본격적인 서구문예사조가 유입되었다. 일제의 이른바 '문화정치'로 1920년 『동아일보』와 『조선일보』가 창간되고 『창조』, 『백조』, 『개벽』 등의 동인지가 간행되었다. 덕분에 전문 문학인이 등장하면서 문학적 기반이 확립되고 문학을 즐기는 인구가 늘어났다. 3·1운동 후의 시대 분위기를 극복하려는 사실주의, 자연주의 문학이 수립되었고, 개인적·서정적 자유시가 창작되었으며, 근대적 시조가 등장하였다.

1920년대 한국 시의 특징은 개인적 정서에 민족적 운율을 깊이 있게 결합하고, 서구의 여러 문예사조를 받아들여 민족적 정서를 표현하였다는 점이다. 이 시기에 김억, 홍사용 등이 낭만적인 시 경향을 보이고, 이후 김소월의 「진달래꽃」이나 한용운의 「님의 침묵」 같은 빼어난 작품이 나왔다. 1930년대는 정지용, 박용철, 김영랑 등의 시문학파 동인이 섬세하고 세련된 언어 감각으로 서정시의 전형을 보여 주었다. 30년대 후반부는 생명파를 이어받아 삶의 근원에 대한 깊이 있는 성찰과 인간 존재에 대한 탐구, 삶의 고향인 자연을 노래한 박두진, 박목월, 조지훈으로 구성된 청록파 시인이 나왔다.

음악

고종 때에 절정을 맞이한 판소리는 일제강점기에 접어들면서 변화하게 되는데, 양반과 상류사회를 중심으로 성행한 판소리가 일반인을 상대로 무대 위에 오르게 되었다.

나라의 주권이 없어지면서 신분 변화가 크게 일어나 양반이라는 단어는 점차 사라지고 친일파가 득세하게 되었다. 시대 변화는 노래를 하는 소리꾼이 생계를 위하여 스스로 무대를 만들어 서게 만들었고, 이후 이들이 유랑극단의 시작이 된다. 한 명의 고수(鼓手)와 한 명의 창자(唱者)로 공연되던 판소리는 종래의 방식에서 벗어나 역할을 나누어 표현하는 연극적 요소로 발전하였다. 한국식 '창극'으로 발전하여 순회공연을 하면서 대중의 사랑을 받기도 하였으나 라디오, 영화, 서

조선악극단 단원들

구 클래식 음악 등의 유입으로 대중과 멀어지고 말았다. 지금은 직업으로 행하는 전문가 사이에서만 계승되고 있는 실정이다.

미술

한국 현대미술은 한일병합 이듬해인 1911년에 전통회화 육성을 위하여 서화미술원이 창립되고 화가를 양성하면서 발전하였다. 서화미술원은 김은호, 이상범, 노수현 같은 여러 대가를 배출했으나 8년 뒤 해체되었다. 1918년 새롭게 서화협회가 조직되어 1921년에 제1회「서화협회전」을 열어 김은호, 이상범, 노수현, 최우석 등을 작가로 등단시키고『서화협회보』를 내는 등 활발한 활동을 하였으나, 1922년 조선총독부의「선전(鮮展:조선미술전람회)」이 열리게 되면서 서양화가 유입되어 전통화가까지 무의식중에 많은 영향을 입게 되었다. 우여곡절을 겪으며 1931년 제11회「서화협회전」에서 신인작품 공모를 하였는데 이 공모제에서 김기창, 한유동, 장우성, 이응노가 등단하였다. 결국 서화협회는 1936년 제15회「서화협회전」을 끝으로 활동을 중지하였다. 일제에 의한「선전」은 계속되어 많은 화가가 활동했으나, 이들 화가는 나중에 '친일'이라는 비판을 받게 되었다. 미술계의 분열과 갈등, 일제의 감시 등으로 자유로운 미술 창작 활동은 극도로 위축되었다.

이응노의「공주산성」

공예

1910년 이후, 한국 공예가 쇠퇴하고 독자성을 상실한 중에 조선시대 문화유산인 나전칠기, 도자기, 목공예가 성행하게 된 것은 시기적으로 공예의 발전 과정과 자연스럽게 맞아떨어지면서 나온 결과였다. 이 시기 이후 한국 공예가 미술사 정립에 기여한 미술사학가 고유섭의 업적이 참으로 크다. 그가 미개발 방치 상태에 있는 한국 전통공예의 미학적 가치를 재발견하고 탐구한 것은 한국 근대공예 발전의 기념비적인 업적이다.

1907, 8년에 공예미술 진작을 목표로 하여 관립공업전습소와 한성미술품제작소가 각각 창립되었다. 처음에는 궁중의 수요를 조달하기 위해 금공, 염직, 칠공, 도자부 등을 두어 화병, 식기, 견직물, 자수 등의 기물을 만들었는데 일제강점기까지 계속 살아남게 되었다. 조선총독부는 한국 전통공예와 근대기술의 개발이라는 명분을 내세운 문화정책으로 위장하여 이들 공예품을 만들도록 하였다.

그러나 한민족은 일제와 상관없이 스스로 근대화 과정을 밟으면서 전통공예의 기반을 다지고 있었다. 1925년 「파리 만국박람회」에 출품된 나전칠기 작품으로 김봉룡은 은상, 전성규는 동상을 받음으로써 한국 전통공예가 외국에 널리 소개되었고 공예 발전의 계기가 되었다. 나전칠기 공예가 활기를 띠면서 여러 곳에 공방이 생기는가 하면, 1926년에 여자미술학교가 설립되었고, 경성공업학교에서 전시회가 연이어 열렸다.

나전칠기장 고 김봉룡 선생

제1부 한국의 역사와 문화

영화와 연극

3·1운동 이전에는 신파극단이 서민의 사랑을 받았다. 1910년까지만 해도 뛰어난 연극 인재가 등장하지 않아 시대에 맞는 연극이 상연되지 못하였으나, 박승필이라는 극장 경영자가 나타나 쇠퇴일로에 있던 한국의 전통연극과 국악을 애국심으로 계승시켰다. 3·1운동 이후는 유학생들이 연극 공연을 민중 계몽의 수단으로 삼았고 극예술협회를 조직하여 활발한 연극 활동을 하였다. 본격적인 근대연극은 1930년대에 와서 극예술연구회가 조직되어 활동하면서 극예술에 대한 일반의 이해를 넓히는 신극운동을 해야 한다는 인식 속에 나타났다. 현철, 김우진, 박승희 등은 이 시대에 한국 연극 수준을 한 단계 높이는 활동을 하였지만 결국 현실의 벽에 부딪쳐 좌절하였다. 중일전쟁 이후 일제의 혹독한 탄압 아래에서 연극 무대는 오락 일변도의 가극 무대나 상업극이 범람하였고, 강요에 의하여 일제를 찬양하는 연극마저 공연되었다. 일제강점 말기는 일본어를 사용하지 않는 연극은 아예 공연되지 못하는 등의 혹독한 시련을 겪었다.

영화 「아리랑」 포스터

영화의 발전은 다른 분야보다 늦었다. 일본 영화의 보조 수단으로 출발하여 독립하기까지 자본, 기술, 기재 등에서 많은 어려움이 있었다. 1926년 나운규가 만든 「아리랑」은 최초의 예술 영화로서 한국 고유의 향토적 정서를 바탕으로 일제 지배에 의한 망국의 슬픔과 분노를 표현하였다. 1930년대까지 어느 정도 민족적 색채를 띠던 영화 예술은 1940년 이후 심한 탄압을 받기에 이르렀다.

7. 광복 이후

1945년 광복 이후 초기는 황폐화된 국가를 재건하는 한편으로 여러 분야의 예술 활동이 활기를 띠기 시작하였다. 1960년대 이후는 산업 발전과 함께 문화 역시 변화 발전해 가게 되었다. 특히 1960~70년대는 경제와 과학의 눈부신 발전과 함께 전통문화의 복원과 진흥이 이루어지면서 국민의식이나 법, 제도에 많은 변화가 일어났다.
　이 시대의 발전 사항을 정리해 보면 다음과 같다.

　경제·과학 분야
　① 제1회 수출의 날 제정(수출 1억 달러를 달성한 1964년 11월 30일을 기념하여 만들어짐. 77년 100억 달러 달성, 88년 500억 달러 달성)
　③ 수력·화력 발전소 건설, 시멘트 공장 건설, 한강대교 여러 개 건설
　③ 정유·비료·한국나일론 공장 건설
　④ 농촌진흥청·무역진흥공사 신설(1962년), 철도청·노동청 신설(1963년), 수산청·국세청 신설(1966년), 산림청 신설(1967년), 국토통일원·도로공사 신설(1969년), 농업진흥공사 신설(1970년), 공업진흥청 신설(1973년), 해운항만청·동력자원부 신설(1977년), 토지개발공사 신설(1979년), 환경청 신설(1980년)
　⑤ 댐 건설, 무제한 송전 실시

⑥ 간척 사업

⑦ 조선소 건설

⑧ 함대함 미사일 개발(1975년)

⑨ 인천제철 공장 건설, 포항종합제철회사 설립

⑩ 경부·영동·동해 고속도로 건설

⑪ 원자력발전소 건설(월성, 울진, 고리 등)

⑫ 공업단지 건설(경인, 구미, 창원, 반월, 서울 구로 등)

⑬ 방조제 건설(아산, 삽교, 남양 등)

⑭ 국산 장거리 지대지 유도탄·중거리 유도탄·대전차 로켓 시험 발사 성공, 세계 일곱 번째 개발 보유국(1978년)

⑮ 기술진흥 5개년 계획, 한국과학기술원·대덕연구단지 설립

⑯ 부가가치세·의료보험 실시(1978년)

⑰ 장거리 자동 공중전화 시대 개막(1978년)

1970년에 완공된 경부고속도로

문화 분야

① 공문서의 한글 전용 실시
② 문화재보호법 제정(1962년)
③ 문화재 복원·중수·보수(남대문, 동대문, 광화문, 석굴암, 현충사, 불국사, 소수서원, 수원 화성, 법주사, 밀양 영남루, 부여 정임사지, 해인사 장경판전, 서울 종각, 금산사, 광한루, 도산서원, 화엄사, 행주산성, 유관순 유적지, 오죽헌, 한산도 이충무공유적, 밀양 표충사, 옥산서원, 낙성대, 칠백의총, 부석사, 월정사, 해남 표충사, 곽재우장군유적지, 직지사 등)
④ 세종대왕기념관·세종문화회관·국립극장 건립
⑤ 중앙민속박물관·광주박물관·어린이대공원 건립
⑥ 한국정신문화연구원(현재 한국학중앙연구원) 개원
⑦ 관광산업진흥책 발표, 경주보문관광단지 조성
⑧ 신안해저문화재 발굴
⑨ 국어순화운동 전개(1976년)
⑩ 한국방송공사 설립
⑪ 국제올림픽대회 서울 유치 의지 천명(1979년)

사회·복지·환경 분야

① 농어촌고리채정리법 공포(1961년)
② 가족계획사업 추진, 부녀회관·가정법원 개원(1963년)
③ 국립중앙의료원 개원(1964년)
④ 식량증산 5개년 계획 확정(1965년)
⑤ 장충체육관·태릉국제사격장·잠실체육관 건립
⑥ 지리산 등 아홉 개 지역 국립공원 지정, 서해안 일부 지역 국립해안

공원 지정
⑦ 치산녹화 10개년 계획 확정, 서울 신도시(한강 이남과 여의도) 건설 착수(1969년)
⑧ 새마을운동 제창(1970년)
⑨ 개발제한구역(그린벨트) 지정(1971년)
⑩ 정립회관 건립, 장애인보호육성법 제정(1975년)
⑪ 쌀의 완전 자급자족 달성(1976년)
⑫ 소비자보호법 제정(1977년)

1960~70년대는 '한강의 기적'으로 불리는 한국의 도약기이다. 경제적으로 엄청난 발전을 하였으며 무엇보다 한국 문화의 발굴, 보존, 복원, 진흥이 이루어졌다. 경제 발전과 더불어 잃어 가던 한국의 전통문화가 다시 살아나 빛을 보았으며 더욱 발전하는 계기가 된 것이다. 새마을운동으로 대변되는 '하면 된다' 는 국민의식이 불같이 일어나고, 한국의 정체성을 명확히 하여 대한민국의 존재가 세계 속에 확실히 자리 잡게 되었다. 농업 위주의 1차 산업 국가에서 공업을 통한 2차 산업 국가로 변모하였다. 문학 작품이 쏟아져 나왔고, 영화는 황금기를 이루었고, 연극도 많이 공연되었으며, 대중음악은 폭발적으로 발전하였고, 미술과 공예 등 다방면으로 문화가 진흥되었다. 또 사라질 위기에 있던 전통 무형문화재가 모두 살아나는 등 문화 면에서 획기적으로 발전하였다. 국민의 생활은 하루가 다르게 좋아졌으며, 거의 모든 국민이 신나게 일하면서 희망을 가지고 자녀를 최대한 교육시켰다.

1980년대 이후 한국은 초고속 성장과 함께 민주화까지 성공적으로 이루어 내게 된다. 주거 형태가 단독주택에서 집단 주거 형태인 아파트로 바뀌면서 주택 문제가 해결되었다. 각종 가전제품이 일반화되어 주부의 노동시간을 줄일 수 있었고, 자동차가 보편화되어 대략 두 명당 한 대를 보유하고, 각 가정에 적어도 한 대 이상의 PC가 보급되는 등 지식 정보 사회 진입에 성공하였다. 높은 경제 성장을 토대로 한국은 OECD 가입, 유엔 이사국 진출, 88 서울올림픽과 93 과학박람회, 2002 한일월드컵 개최를 성공적으로 이루었다.

1995년 전면적인 지방자치제가 실시되어 지역마다 국제화와 경제 성장을 위한 많은 노력이 이루어졌다. 부산아시아영화제,

88 서울올림픽(위), 2002 한일월드컵(아래) 기념우표

경주문화엑스포, 이천도자기엑스포, 광주비엔날레, 대구국제섬유박람회, 안동국제탈춤축제, 고양시세계꽃박람회 등 지방에서 다양하게 열리는 국제 행사가 그 예다. 현재 한국은 반도체 D램 생산 세계 1위, 선박 건조 세계 1위, 자동차 생산 5위, 휴대폰 생산 2위, 컴퓨터 모니터 생산 1위, 철강 생산 5위 등 선진국 도약의 발판을 마련하고 있다. 한국 국민은 가까운 장래에 1인당 국민소득 3만 달러를 달성하는 선진국이 될 수 있다는 자신감과 희망을 가지고 있다.

2. 한국 문화의 정체성

한국 문화의 정체성은 무엇인가? 사실 이것을 한마디로 명쾌하게 대답하기는 어려울 것 같다. 그 이유는 첫째로 사람들의 관점에 따라 문화를 보는 시각이 다를 것이며, 둘째는 한국 문화가 워낙 다양해졌기 때문이다. 세대, 계층, 지역, 성별 또는 인생관에 따라서 생각하고 행동하는 양식이 매우 다르다. 그러나 이 모든 변인(變因)을 뛰어넘는 한국 사람만이 가진, 적어도 한국 사람이라면 동의할 공통분모가 분명히 있을 것이다. 이 시대에 사는 한국 사람이라면 분명히 지니고 있을 문화적 정체성이 있을 것이다. 그런데 문화적 정체성이라고 할 때 도대체 정체성을 어떻게 규정하면 좋을까? 우선 한국 문화라고 규정할 수밖에 없는 경우를 생각해 보자.

① 한국에서 태어나서 자라며 한국어를 모국어로 하고 한국에서 교육받은 사람이라면 가질 수밖에 없는 사고방식 및 생활양식과 한국에서 생산된 유형적 또는 무형적 산물

② 한국인 부모에게 태어나고 한국어로 의사소통을 하고 한국 사람들과 어울려서 10년 이상 산 사람이 가지는 생각과 행동 및 이러한 생각과 행동에 의해 생산된 모든 무형적 또는 유형적 산물

③ 한국 사람이나 다른 문화권의 사람에 의해 '한국 문화'라고 인식되는 요소들

여기에서 ①~③이 가지는 한국 문화의 정체성이란 구체적으로 과연 어떤 것일까? 여러 방법으로 설명이 가능하나 이 책에서는 사상과 종교적 정체성, 상징적 정체성, 정치 사회적 정체성, 정서적 정체성, 의식구조적 정체성, 법과 제도적 정체성 등으로 나누어 살펴보기로 한다.

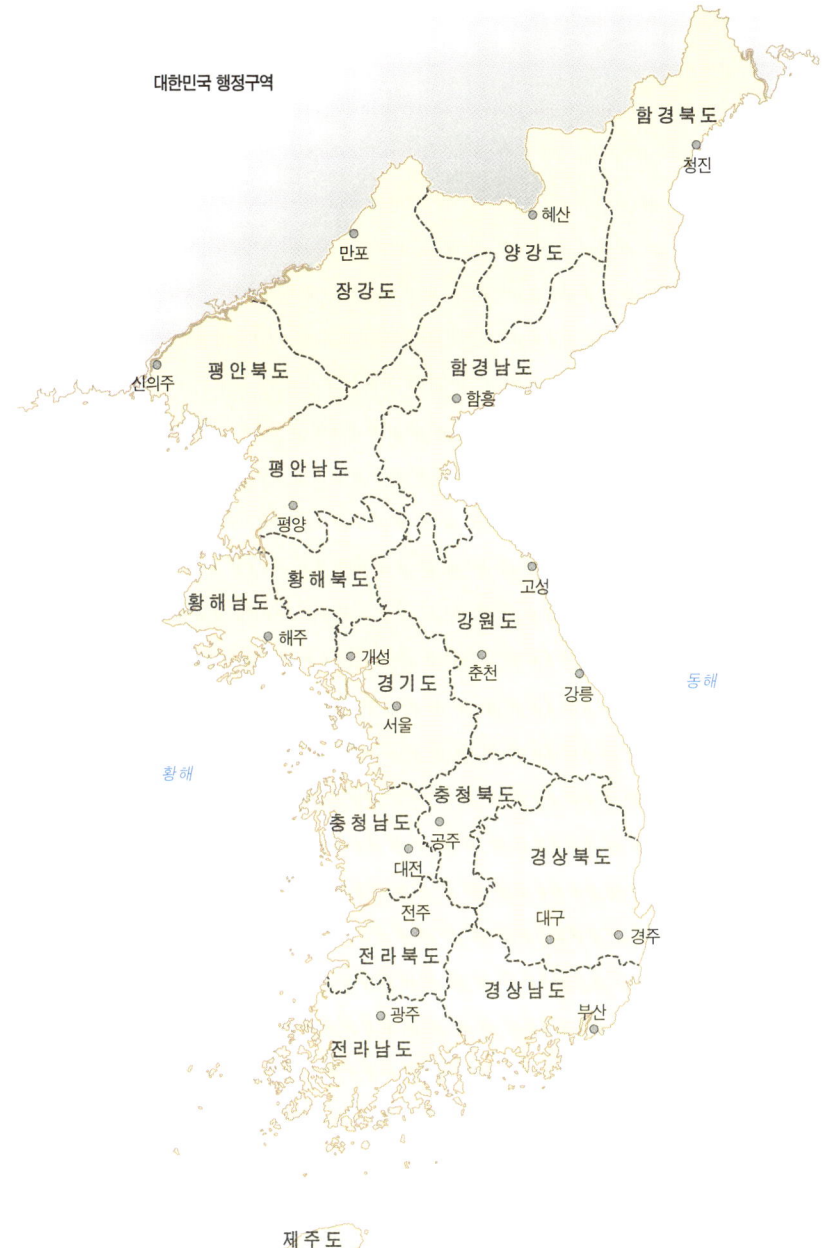

1. 사상과 종교적 정체성

사상

기본적으로 한국 사람은 홍익인간(弘益人間) 사상, 선비 사상, 효 사상, 무속(巫俗) 사상, 권선징악(勸善懲惡) 사상, 자유민주주의 사상을 가지고 있다. 이들 하나하나에 대하여 간단히 살펴보기로 하자.

● 홍익인간 사상

홍익인간은 '널리 인간 세계를 이롭게 한다'는 뜻으로 국조(國祖) 단군의 건국이념이며 고조선 이래 한국의 교육과 정치의 최고 이념이다. 『삼국유사』「고조선조(古朝鮮條)」에 다음과 같은 내용이 나온다. 옛날 환인(桓因:하느님)의 아들 환웅이 천하에 뜻을 두고 인간 세상을 자주 탐내어 찾았다. 아버지가 아들의 뜻을 알고 천부인(天符印) 세 개를 주어 천하를 다스리게 하였다. 환웅은 신하 3,000명을 거느리고 태백산 꼭대기의 신단수(神檀樹) 아래로 내려와 '신시(神市)'라 이름을 붙이고 마을을 다스리며 '환웅천왕'이라 불리게 되었다. 환웅천왕과 곰이 사람으로 화한 웅녀 사이에서 태어난 아들이 단군왕검이다. 단군왕검은 홍익인간의 이념으로 나라를 다스렸는데 이 나라가 곧 단군조선이다.

단군왕검

'홍익인간'은 이때부터 한국의 건국이

념이 되었고, 1949년 대한민국 정부 수립 이후 민주 헌법에 바탕을 둔 교육법의 기본 정신이 되었다. 교육법 제1조에 '교육은 홍익인간의 이념 아래 모든 국민으로 하여금 인격을 완성하고 자주적 생활 능력과 공민(公民)으로서의 자질을 교육하게 하여 민주국가 발전에 봉사하며 인류 공영(共榮)의 이상 실현에 기여함을 목적으로 한다'고 규정되어 있다.

● 선비 사상

청렴결백하고 지조를 중시하는 사람, 어떤 처지든 품위를 잃지 않는 고고한 정신, 세속에 물들지 않고 늘 학문을 가까이하는 사람을 가리켜 '선비'라고 부른다. 한국 전통문화의 본질을 선비 정신으로 보는 학계의 견해가 있다. 선비 정신은 의리를 지키고 절개를 중히 여기는 도덕적 인간의 정신을 말한다. 이는 조선왕조의 지도 이념인 유교에 입각한 지배계층의 생활신조로서, 조선시대를 이끌어 온 이상적인 문화 유형의 하나이다. 인격이 높은 선비일수록 벼슬에 연연하지 않고 산림에 묻혀 유교 도덕에 관한 학문(道學)과 덕행(德行)을 쌓는 것을 마땅히 지켜 행해야 할 직분으로 삼았다.

선비는 민족정신의 근원이며 국가 명맥의 최후 보루였다. '선비의 치욕은 국가의 치욕'이라고 할 만큼 조선시대 선비의 위상은 정치, 경제, 문화 등 모든 분야에서 드높은 경지를 이루며 학문의 근원이 되어 당시의 사상을 풍부하

이황(위), 조식(아래)

게 하였다. 도학군자(道學君子)로 일컬어지는 이황과 이이를 비롯해, 산림유(山林儒)의 표상이 되어 온 조식 등의 선비 정신은 한국의 전통적인 인간관으로 한국의 사상과 철학의 중요한 맥을 형성하였다. 한국 사람은 학덕이 높은 선비를 가장 존경하고 사모한다. 한국에서는 지금까지 어떤 사람에 대한 최고의 찬사로 '선비'라는 말이 쓰인다. 이와 같이 선비를 사회의 이상형으로 생각하는 사상이 선비 사상이다. 선비 사상은 유교 사상이 그 기초를 이루고 있다고 볼 수 있지만, 유교가 들어오기 훨씬 전부터 선비를 높이 평가하는 경향은 있어 왔다.

● 효 사상

한국 사람의 큰 덕목 중 하나는 효(孝)이다. '효'라는 것은 부모와 조상을 공경하고 언제나 존경과 사랑으로 최대의 정성을 드리는 관습이나 언행을 말한다. 효를 인간이 지녀야 할 최고의 미덕으로 생각하는 사상이 효 사상이다. 효 사상은 유교의 기본적인 덕목이지만 유교권 나라 중 한국에서 가장 강하게 지켜진다. 한국 사람은 살아 계신 부모뿐 아니라 돌아가신 부모와 조상을 생각하는 마음까지 생활의 철학, 도덕의 근본으로 생각한다. 서양과의 비교는 물론이고 동양 국가 중에서 단연 한국이 두드러지는 점이다. 한국 사람의 효 사상은 일종의 조상숭배 사상이라 보아도 좋을 것이다.

고산 윤선도 종가의 제사

국가적 종교가 없는 한국은 종교 대신 효 사상이 두드러진다. 조상이 곧 신이며, 신인 조상을 공경하고, 집안의 화평이나 융성을 조상신에게 기원하는 것이 한국의 효 사상이다. 최근 한국 젊은이의 경우는 이러한 효 사상이 많이 약화되었다고 할 수 있지만, 조상에 대한 제사나 집안 행사에 거부감을 나타내는 젊은이는 별로 없다는 사실을 볼 때, 아직도 효 사상은 한국의 주요 사상으로 남아 있다고 할 수 있다.

● 무속 사상

일부 독실한 기독교 신자를 제외하고, 한국 사람 대부분은 정도의 차이는 있지만 민간신앙인 무속 사상과 연관되어 있다. 토속신앙인 무(巫) 역시 조상숭배 사상과 깊은 연관을 맺고 있다. 무속신앙은 주역(周易)과도 긴밀한 관계를 맺고 있는데 가령 이사를 간다든가, 결혼 날짜를 잡는다든가 할 때 길일을 택하는 풍습 등이 모두 이런 무속 사상에서 나온 것이다. 특별한 종교가 없는 한국 사람은 무언가 어려움이 있거나 인생에 큰 전환점이 왔을 때 무속인을 찾아서 앞날에 대한 예언을 듣고 싶어한다. 국가의 지도급 인사부터 10대 청소년에 이르기까지 과학적인 사고나 예리한 지성으로 문제를 해결하고 논리적으로 앞일을 예측하는 것이 아니라, 무속인의 조언을 구하고 그들의 예언에 귀 기울이며 자신의 편안함을 의뢰하고 마음을 위로받으려는 경향이 아직 많이 남아 있다.

선거나 입시철이 되면 무속인의 집이 문전성시이고, 정월대보름이나 삼월삼짇 같은 날이 오면 깊은 산속에서 기도를 올리느라 환경을 오염시키고 숲을 훼손하는 모습이 TV에 소개되는 등 문제점 역시 존

부적

재한다. 하지만 뿌리 깊은 민간신앙인 무속 사상이 하루아침에 없어질 것 같지는 않다.

● 권선징악 사상

권선징악 사상은 글자 그대로 선을 권하고 악을 기피하는 사상이다. 물론 이러한 사상은 어떤 나라든 있을 것이나, 한국의 그것은 특정한 종교관에 따른 선악이 아니라 일반적인 것이고 인류 보편적인 가치관이나 상식에 바탕을 둔 선악관이다. 이러한 권선징악 사상은 문학작품이나 영화, 연극 등에서 형상화하여 나타난다. 불의를 싫어하고 정의를 위해 투쟁하는 한국 사람의 사상은 일상생활이나 사건에서 자연스럽게 나타나는데, 선을 인격의 큰 덕목으로 생각하는 전통은 쉽사리 변하지 않을 것이다. 한국 사람은 어떤 사람을 평가할 때 '착하냐'를 따진다. 아무리 재능이 뛰어나고 두뇌가 명석하다 해도 '착하지 않다'는 평가를 받으면 그 사람을 피하고 낮추본다.

● 자유민주주의 사상

한국 사람은 자유민주주의를 신봉하고 최고의 가치로 생각한다. 부나 권력, 명예의 세습을 좀처럼 수용하지 않는다. 자유경쟁을 통해 이런 것을 얻어야 한다고 믿으며, 스스로 언제든지 쟁취할 수 있다고 믿는다. 권력, 부, 명예 중 명예를 가장 소중히 여긴다. 명분을 중시하므로 군사독재정치는 가장 싫어하는 체제이다. 제2차 세계대전 후의 수많은 신생국가가 권위주의 독재체제하에 머물러 있을 때 한국은 1960년과 1980년대 후반 민중의 힘으로 자유민주주의를 쟁취한 역사를 갖고 있다. 그러나 민주투사가 친공적이거나 친북적인 경향을 갖는 모순된 사고와 행동도 나타났다. 그러나 대부분의 한국 사람은 일관되게 자유민주주의를 절대적인 덕목으로 믿고 최고의 가치를 부여한다.

종교

● 종교관

한국 사람의 종교관은 대체로 다음과 같이 요약될 수 있다.
① 종교는 자유롭게 선택한다.
② 종교는 우열이 없다.
③ 다른 사람의 종교에 대하여 비판하지 않는다.
④ 일부 독실한 기독교 신자를 제외하면 한국의 전통적 유교나 무속신앙 내지 관습을 어느 정도 유지하거나 적어도 비판하지 않는다.
⑤ 종교는 대체로 복을 비는 기복(祈福) 성격을 가지고 있다.

● 종교의 영향

현재 한국은 불교, 유교, 기독교, 천주교, 천도교 등의 종교가 공존하고 있다. 예수의 탄신일인 크리스마스와 석가의 탄신일인 4월 초파일은 공휴일로 정해서 온 나라가 쉬면서 각기 즐겁고 경건하게 지내는데, 기독교 신자와 불교 신자는 각각의 축일에 교회와 사찰을 찾아 경배를 한다. 기층 무속신앙은 여전히 자리하고 있다.

　기독교 집안을 제외한 대다수의 가정은 명절에 조상에게 차례를 지내고, 기일에 제사를 지내며, 특정한 종교에 지배받지 않으므로 다른 사람의 종교에 대하여 비교적 관대하다. 따라서 종교로 인한 사회적 갈등은 거의 없다. 종교의 다양성과 관대성을 한국 사람의 특징 중 하나로 볼 수

서울의 대표적 종교 집회 장소. 조계사(위), 여의도순복음교회(아래), 명동성당(오른쪽)

있으나, 한국 문화나 종교의 뿌리는 무속으로 보는 것이 학계의 일치된 견해이다.

   종교가 한국 사회에 기여한 점을 요약해 본다면 다음과 같다.

① 불교 : 불교 정신의 핵심인 '자비'와 '무소유' 의식을 심어 주어 심성을 바르게 하고, 어려운 이웃과 고통을 나누는 한국 사람의 따뜻한 심성을 기르는 데 기여하였다.

② 유교 : 사회의 질서를 바로 세우고, 윗사람과 아랫사람을 구별하며, 윗사람 특히 부모를 공경하는 장유유서(長幼有序)와 효 사상을 가지게 하는 데 기여하였다.

③ 기독교 : 서구의 문물을 받아들이고 민주주의 사상을 신봉하는 데 기여하였다.

④ 천도교 : '민족과 민중' 의식을 고취하고, 한국 것과 한국 문화를 존중하고 선양하는 데 기여하였다.
⑤ 무속 : 종교를 갖지 않은 사람이 답답할 때 찾아가고, 고통스러운 현재를 극복하고, 불안한 미래에 대해 희망을 갖는 데 일정 부분 기여하였다.

한국은 여러 종교가 각자의 역할을 달리하면서 공존해 왔고, 앞으로도 공존할 가능성이 크다. 독실한 개신교 신자를 제외한 대부분의 한국 사람은 현재 어떤 종교를 갖고 있든지 정도의 차이는 있지만 민간신앙의 무속적인 요소가 그 바탕에 있는 것으로 보인다.

이들 종교와 또 다른 측면의 관념적 풍습이 있는데, 바로 '풍수지리설'이다. 민간신앙의 일종으로 또는 하나의 과학으로 볼 수 있는 것이 풍수지리설이다. 풍수지리설을 믿는 한국 사람이 아직 많아서 묘터를 잡을 때는 물론이고 집터나 주요 건물을 지을 때면 풍수지리학적으로 좋은가를 따져 보는 경우가 많다. 물론 점차 풍수지리를 무시하는 사람이 많아지고 있는 것 또한 사실이다.

2005년 한국의 종교 분포는 대략 다음과 같다.

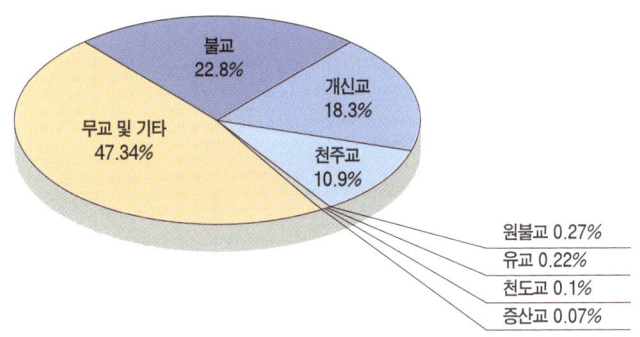

● 불교

불교는 고구려 소수림왕 2년(372년)에 중국과 교류가 시작되면서 전파되었고 고구려의 국교가 되었다. 백제는 침류왕 1년(384년) 때 받아들였으며, 신라는 법흥왕 7년(527년)에 국교로 삼았다. 삼국시대는 많은 고승이 나타났고 사찰 역시 많이 지어졌다. 고려시대는 국교는 아니었으나 불교가 부흥했으며 사찰이 많이 지어졌다. 축적된 불교의 전통을 바탕으로 제작한 『팔만대장경(八萬大藏經)』의 경판과 금속활자로 찍어 낸 『직지심경(直指心經)』은 현재 세계기록유산으로 지정된 문화재이다. 불교는 조선시대부터 숭유억불(崇儒抑佛) 정책에 의하여 쇠퇴하기 시작했으나 현재까지 한국 사람의 정신적인 부분에 많은 영향을 미치고 있다. 석가탄신일은 공휴일로 지정되어 많은 불교 신도가 그 축하 행사에 참여하고 있다.

● 개신교

개신교는 순조 32년(1832년) 서구 제국과 수교한 뒤 고종 21년(1884년) 감리교가 한국에 전해지면서 시작되었다. 그 뒤 서양의 선교사가 들어와서 별 저항 없이 선교 활동을 하여 교세를 넓혀 오늘날은 인구의 약 18%에 해당하는 교인 수를 가질 만큼 한국의 주요 종교로 발전하였다. 개신교는 한국의 근대화에 직간접으로 영향을 미쳤다고 할 수 있다.

● 천주교

천주교는 광해군 6년(1614년) 이수광의 『지봉유설(芝峰類說)』이라는 책을 통하여 한국에 소개되었다. 정조 8년(1784년) 이승훈이 최초로 영세를 받았고, 헌종 8년(1842년) 김대건이 최초로 신부가 되었다. 그 뒤 엄청난 박해를 받는 중에 평신도에 의해 계속 전파되어 오늘날 인구의 10%가 넘는 교세를 갖게 되었다.

한국 천주교 창립 200주년이 되는 1984년에 대규모 축하행사가 벌어졌다. 특히 이 축하행사에 교황 바오로 2세가 내한하여 순교자 103명을 성인품(聖人品)에 올리는 시성식(諡聖式)을 세계 교회사상 최초로 현지인 여의도광장에서 거행함으로써 한국 교회에 커다란 보람과 영광을 안겨 주었다. 1988년은 세계성체대회를 서울에서 개최하여 국제적으로 한국 가톨릭의 위치가 막강하다는 것을 내외에 과시하였다. 이 대회는 올림픽처럼 4년마다 한 번씩 가톨릭 열의가 높은 세계 주요 도시에서 개최되어 왔다. 현재 한국 가톨릭은 성직자가 5,000명에 이르고, 신도는 500만 명에 이르며, 추기경을 두 명이나 가진 큰 종교가 되었다.

● 원불교

원불교는 1916년 전라남도 영광에서 소태산 박중빈이 개창한 한국의 민족종교이다. 원불교는 우주의 근본원리인 일원상(一圓相:O의 모양)의 진리를 신앙의 대상과 수행의 표본으로 삼는 종교로, 진리적 신앙과 사실적 도덕의 훈련을 통하여 낙원세계를 실현시키려는 이상을 내세우고 있다. 그 내용은 수신(修身) 요법, 제가(齊家) 요법, 강자약자(强者弱者)의 진화상(進化上) 요법, 지도인(指導人)으로서 준비할 점 등으로 되어 있다. 현재 원불교 신자는 13만 명 정도로 알려져 있다.

● 유교

유교는 불교와 마찬가지로 중국과 교류를 통해 들어왔는데 소수림왕 2년(372년) 고구려에 설립된 태학(太學)이라는 유교 교육기관이 세워지면서 활성화되었다. 백제는 경서(經書)에 능통한 사람을 오경박사(五經博士)라 하고 소중히 여겼다. 신라는 화랑의 생활 지침으로 유교의 윤리 강령을 받아들였다. 한국의 유교는 지배층에 의해 정치적 목적으로 받아들여지고 발전한 것이다. 삼국통일 후부터 전제왕권을 확립하기 위한 현실적인 유교정치 이념이 자리 잡았다. 이에 따라 신라 신문왕 2년(682년) 국학(國學)이 설립되어 귀족 자제를 가르쳤다. 고려는 유학을 중심으로 한 과거제도 실시와 교육기관 설치로 유교정치의 실천을 담당할 수 있는 새로운 지식계급이 등장할 수 있는 조건을 마련하였다. 성리학(性理學)은 고려시대 말 문화변동의 원동력이 되었다. 조선시대에 유교는 지배이념으로서 자리를 굳히고 종교적 성격까지 나타내기 시작하였다. 중앙에는 성균관, 지방에는 향교와 서원이 설치되어 인재 양성과 제사가 이루어졌다. 점차 규정이 엄격해진 제사 의례는 본래 유교가 중요시해야 할 마음의 수련과 실천적 수행을 소홀히 하고 형식적 의례를 관습화시켜 제대로 된 유교의 사상으로서의 능력을 발휘하지 못하게 하였다. 현재는 성균관을 중심으로 사회도덕운동을 일으키고 있으며 공자학회, 유교학회, 예학회 등에서 전문 유교학자들이 활동하고 있다.

* 천도교

지방의 이름 높은 유학자인 최제우가 1860년 최초의 교조가 되어 포교를 시작했는데, 인류 구제의 도인 무극대도(無極大道)를 내세워 서학(西學)이 아닌 동학(東學)이라고 하였다. 최제우가 조정에게 죽음을 당한 1864년 이후 교세가 주춤하였으나 제2세 교조 최경상의 노력으로 복구되었다. 동학농민운동의 실패는 다시 동학에 위기를 가져왔지만, 1905년에 제3세 교조인 손병희가 '천도교'라 이름하면서 한국 고유의 토착

종교로 뿌리를 내렸다. 천도교 수행은 기복(祈福)이 따르지만 개인적으로 도성입덕(道成立德)의 경지에 이르고 집단적으로 희생과 봉사로 보국안민(輔國安民), 포덕천하(布德天下), 광제창생(廣濟蒼生)에 이바지하는 것이 목적이다.

● 풍수지리

풍수상 가장 적합한 곳을 찾아 생활하거나 후손에게 좋은 묘터를 쓰고자 하는 노력은 아주 오랜 옛날부터 이어져 온 한국인의 정서다. 풍수는 이러한 노력이 축적되어 나타난 경험 과학적 학문이다. 풍수의 체계적 구조는 음양오행설(陰陽五行說)과 『주역(周易)』을 바탕으로 하고 있다. 풍수는 살아 있는 사람이 사는 집과 마을을 정하는 양택풍수(陽宅風水)와, 죽은 사람이 묻힐 무덤을 정하는 음택풍수(陰宅風水)로 나뉜다. 풍수에서 중요시하는 것은 하늘과 땅에 흐르는 보이지 않는 기운으로 이를 '기(氣)'라 한다. 기는 다시 음과 양의 두 기운으로 나뉜다. 이들이 서로 조화를 이루는 곳을 찾아 집을 짓거나 무덤을 마련하여 그 두 기운을 몸에 받아 길(吉)한 것은 받고 흉(凶)한 것은 물리칠 수 있도록 한다는 것이 풍수의 기본 원리이다. 예부터 한국 사람은 이 풍수지리설을 많이 믿고 따랐지만 점차 무시되고 있다. 특히 장묘문화에 대한 의식이 변하고 있는데, 예전에는 주로 매장을 했기 때문에 풍수지리에 많이 의존하였지만 최근에는 화장을 선호하는 경향이 강해지고 집이나 마을 역시 대단위 아파트 위주로 바뀌었기 때문에 풍수지리설의 영향이 약화되었다.

2. 상징적 정체성

한글

한글과 태극기의 창제는 천지인(天地人)의 조화와 음양오행설을 이념의 바탕에 두었다. 한글의 정체성을 간단히 적어 보면 다음과 같다.

세종대왕이 창제하고 반포한 한글을 '국민을 가르쳐 바른 소리를 적게 한다'는 뜻으로 '훈민정음(訓民正音)'이라 불렀는데, 반포 당시는 28 자모로 구성되었다. 이 중 자음은 17자인데 모두 발음기관을 본떠 만들었다. 어금니소릿자 ㄱ은 혀뿌리가 목구멍을 닫는 모양을 본뜨고, 혓소릿자 ㄴ은 혀가 윗잇몸에 붙는 모양을 본뜨고, 순음 즉 입술소릿자 ㅁ은 입의 모양을 본뜨고, 잇소릿자 ㅅ은 이의 모양을 본뜨고, 목구멍소릿자 ㅇ은 목구멍의 모양을 본떴다. ㅋ은 ㄱ보다 소리가 좀 세므로 ㄱ에 획수를 더하였다. ㄴ→ㄷ→ㅌ, ㅁ→ㅂ→ㅍ, 그리고 ㅅ→ㅈ→ㅊ, ㅇ→ㅎ과 같이 소리의 강함을 획수와 연결하는 가획의 원리를 이용하여 자음의 글자를 만들었다. 자음을 오행과 연관해 보면 다음 표와 같다.

자음의 특징

종류	음성적 특성	오행	오행 설명	해당 자음
어금닛소리 牙音(아음)	혀뿌리가 목구멍을 막는 모양	木	牙錯而長 木也 (어금니는 서로 어긋나고 길어서 木에 해당한다)	ㄱ, ㄲ, ㅋ, ㆁ
혓소리 舌音(설음)	혀가 윗잇몸에 닿는 모양	火	舌銳而動 火也 (혀는 날카롭고 움직이니 火에 해당한다)	ㄷ, ㄸ, ㅌ, ㄴ, ㄹ
입술소리 脣音(순음)	입의 모양	土	脣方而合 金也 (입술은 모나고 다물어지니 土에 해당한다)	ㅂ, ㅃ, ㅍ, ㅁ

잇소리 齒音(치음)	이 모양	金	齒剛而斷 金也 (이는 단단하고 다른 물건을 끊으니 金에 해당한다)	ㅅ, ㅆ, ㅈ, ㅉ, ㅊ
목구멍소리 喉音(후음)	목구멍 모양	水	喉邃而潤 水也 (목구멍은 입안 깊은 곳에 있고 젖어 있으니 水에 해당한다)	ㅎ

 모음은 해의 둥근 모양인 ㆍ, 서 있는 사람의 모양인 ㅣ, 그리고 평평한 땅의 모양인 ㅡ를 기본으로 한다. 이 세 가지, 즉 천(天, ㆍ)·지(地, ㅡ)·인(人, ㅣ)을 조합하여 이→애→얘, 으→우→유, 오→요, 어→에→예와 같이 획을 더하는 방식으로 열한 자를 만들었다.

 한글은 자음과 모음 도합 스물여덟 개의 글자를 조합하여 국민이 표현하고 싶은 모든 것을 쉽게 쓸 수 있도록 고안된 문자 체계이다.

 『훈민정음해례(訓民正音解例)』에서 정인지가 '슬기로운 사람은 아침을 마치기도 전에 깨칠 것이요, 어리석은 사람이라도 열흘이면 배울 수 있다'고 했을 만큼 훈민정음은 과학적이고 체계적이어서 배우기 쉽다. 그러므로 한국어 학습은 문자부터 하는 것이 좋을 것이다. 우선 문자를 배우고 나면 그 언어에 대한 관심도가 높아지고 흥미를 갖게 될 것이며, 배운 문자 체계를 실제로 활용해 보고 싶어지며, 한국어 학습에 대한 자신감을 가질 확률이 높아지기 때문이다. 실제로 한국어를 말로 제대로 구사하는 것은 한글을 배우는 것보다 훨씬 어렵다. 말을 먼저 배우는 것으로는 그 다음 단계의 말을 스스로 유추해 내기 어려울 것이므로 문자 교육부터 하는 것이 보다 효율적이다.

 훈민정음을 오늘날 '한글'이라고 부르게 된 것은 1913년 주시경에 의해서라고 알려져 있다. 한글에는 '하나밖에 없는 큰 글자'라는 뜻이 있다.

태극기

한국의 국기(國旗)인 태극기는 우주 자연의 근본인 태극의 음(陰)과 양(陽) 두 가지의 기운이 우주 만물을 창조하듯이 한국 민족의 창조성을 태극기에 투영했다고 할 수 있다. 우선 흰색 바탕은 한민족의 순결과 평화 애호의 정신을 담고 있다. 둥근 태극의 윗부분인 붉은색(紅)은 양, 양지, 존귀를 의미하고 아래의 푸른색(靑)은 음, 희망을 나타낸다. 이 붉은색과 푸른색을 합치면 원이 되는데, 이 원은 한민족이 단일 민족이라는 단일의 정신과 해의 광명을 나타낸다. 태극 이론은 만물이 자연의 원칙을 벗어나지 않고 서로 방해하지 않는 진정한 자유를 나타낸다. 태극의 음과 양이 균등하고 4괘(卦)가 서로 마주보고 있는 것은 한국 사람의 평등사상을 뜻하는 것이고, 태극무늬의 청홍의 음양 곡선은 끝없는 계속을 뜻하여 한민족이 영원무궁하게 이어짐을 뜻하는 것이다. 원을 둘러싸고 있는 4괘는 건☰〔乾:하늘, 봄, 동쪽, 인(仁)〕, 곤☷〔坤:땅, 여름, 서쪽, 의(義)〕, 감☵〔坎:달, 겨울, 북쪽, 지(智)〕, 리☲〔離:해, 가을, 남쪽, 예(禮)〕이다.

이렇게 한국의 상징인 태극기는 우주 자연의 원리를 나타내는 음양의 원리와, 인의예지(仁義禮智)를 상징하는 창조적인 우주관과 더불어 한국의 민족정신인 단일, 광명(발전), 자유, 평등, 영원무궁을 뜻하는 전체적인 의미를 담고 있다. 이러한 의미는 한민족의 평화의 정신, 단일의 정신, 창조의 정신, 무궁의 정신, 자유와 평등의 정신으로 해석된다.

태극기

무궁화

무궁화는 한국의 국화(國花)이다. 근화, 천지화, 훈화라 불리기도 하였다. 7~10월까지 피며, 색은 분홍, 흰색이 있으나 보라색이 주종이고, 꽃잎은 지름 7.5cm 정도로 비교적 큰 편이며 매우 아름답다. 무

무궁화

궁화는 한국 사람의 특징인 은근과 끈기, 우아함을 지닌 기품 있는 꽃으로 한국을 상징한다.

무궁화는 예로부터 한국의 상당히 넓은 지역에 관상수로 재배되거나 자생하고 있었다. 한민족의 성격을 나타내는 꽃으로 인식되면서 은연중 나라꽃으로 인정받고 사랑받고 있으나, 언제 누가 국화로 지정했는지에 대한 기록은 없다. 국민이 좋아하고 전국적으로 널리 퍼져 있으므로 자연스럽게 국화로 인식된 것으로 보인다. 무궁화가 한민족과 연관되어 나타난 것은 역사적으로 그 연원이 고조선까지 거슬러 올라 반만년의 역사를 지니고 있다.

한국의 상고시대를 재조명하고 있는 『단기고사(檀奇古史)』에 무궁화를 근화라 하고 있으며, 『환단고기(桓檀古記)』는 환화, 천지화로 표현하고 있다. 조선시대의 『규원사화(揆園史話)』는 훈화로 표현하여 이미 단군시대에 무궁화가 자생하고 있었음을 뒷받침해 준다. 고대 중국의 지리서인 『산해경(山海經)』은 물론 『고금주(古今注)』 등은 한반도를 무궁화 많은 나라라고 기록하고 있다. 신라 혜공왕과 고려 예종 때 외국에 보내는 국서에 한국을 '근화향(槿花香)'이라 표현할 만큼 한국은 예부터 무궁화가 많이 피어 있었다.

이홍직의 『국어대사전』에 '무궁화는 구한말부터 한국 국화로 되었는데 국가나 일개인이 정한 것이 아니라 국민 대다수에 의하여 자연발생적으로 그렇게 된 것이다. 한국을 예부터 '근역' 또는 '무궁화 삼천리'라 한 것으로 보아 선인들 역시 무궁화를 몹시 사랑하였음을 짐작할 수 있다'고 되어 있다.

영국인 신부 리처드 러트의 『풍류한국』에 따르면 프랑스, 영국, 중국 등 세계의 모든 국화는 황실이나 귀족의 상징을 전체 국민의 꽃으로 삼은 것이라고 한다. 한국의 무궁화만 유일하게 황실의 꽃이 아닌 백성의 꽃이 국화로 정해졌으며 무궁화는 평민의 꽃이고 민주 전통의 꽃이라 쓰고 있다.

한민족과 무궁화를 결부시켜 이야기한 것은 여러 곳에서 찾을 수 있다. 1896년 독립협회가 추진한 독립문 주춧돌을 놓는 의식 때 부른 애국가에 '무궁화 삼천리 화려강산'이라는 내용이 담겨질 만큼 한국 사람 모두가 은연중 무궁화를 한국을 대표하는 꽃으로 인식하고 있었다.

무궁화는 특히 일제강점기에 한국 사람과 애환을 같이하며 겨레의 얼과 민족정신을 상징하는 꽃으로 확고히 부각되었다. 고통 속의 민족에게 꿈과 희망을 주며 역사와 더불어 자연스레 겨레의 꽃으로 자리 잡았다.

한복

한복은 한국의 고유한 독창성과 아름다움의 극치를 나타내는 옷이다. 한복은 우선 여성이 입는 것과 남성이 입는 것으로 나눌 수 있는데 여성 한복은 아름다움에, 남성 한복은 편함에 그 특징이 있다.

여성 한복은 윗옷인 저고리와 아래옷인 치마로 나뉘며 속에 바지와 속치마를 입고 양말 대신 버선을 신는다. 저고리는 깃과 섶, 그리고 소매로 구성되는데, 그 곡선미는 어느 나라 고유의복에 비해도 지지 않을 뛰어난 아름다움을 자랑한다. 특히 저고리 목 부분에 달린 깃의 날렵하면서 우아한 멋이 한복의 핵을 이룬다고 할 수 있다. 옷감의 질과 색깔, 무늬 역시 눈부시게 아름답다. 치마는 땅에 닿을 만큼 길고 주름이 매우 우아하다. 겨울에는 이 한복 위에 다시 외투인 두루마기를 입는다.

한복 입은 모습

남성 한복은 저고리와 바지로 구성되어 있으며, 아름다움과 함께 뛰어난 착용감이 특징이다. 그 밖에 저고리 위에 입는 마고자, 외투인 두루마기 등이 있다.

김치

김치는 한국의 대표적인 음식으로, 배추와 무 등을 소금에 절였다가 양념한 뒤 2, 3일간의 발효 기간을 거친 다음에 먹는 한국식 샐러드이다. 발효 식품이고 고추와 마늘이 많이 들어가서 건강식으로 인기를 누리고 있다. 김치는 주식(主食, main dish)이 아니고 부식(副食, side dish)이어서 반드시 밥이나 떡, 빵과 같은 주식과 함께 먹는다. 김치는 10, 20년 전까지만 해도 반드시 집에서 만들어 먹었으나 여성 직장인이 많이 늘어나고 외국인까지 즐겨 먹게 되어 지금은 식품 시장의 주요 상품으로 성장하였다. 김치 공장이 생겨 슈퍼마켓에서 사 먹을 수 있게 되었고, 외국

배추김치

에서 쉽게 구해 먹을 수 있을 정도로 많은 나라에 수출하여 세계화되었다고 할 수 있다.

김치는 세계적으로 독특한 음식이며, 비슷한 면이 많은 한·중·일 문화를 비교하는 데 결정적인 역할을 한다. 기본적으로 채소를 먹을 때, 중국은 특유의 양념을 넣어 익혀서 먹는 반면, 일본은 재료의 맛과 양념의 맛을 따로 느끼도록 하되 날것으로 많이 먹는다. 이에 비하여 한국의 김치는 날것이되 발효한 것이고 배추, 무, 고추와 마늘, 젓갈류, 곡류가 완전히 화학반응을 일으켜 독특한 맛을 내며, 상대적으로 오래 두고 먹을 수 있는 특징을 가지고 있다.

김치의 종류는 무척 다양하다. 재료에 따라서 배추김치, 깍두기, 오이김치, 열무김치, 총각김치, 갓김치, 파김치 등의 김치가 있다. 담는 방법에 따라서는 포기김치, 동치미, 나박김치, 겉절이, 백김치, 보쌈김치 등이 있다.

씨름

씨름은 두 사람이 지름 8m의 원형 모래판 위에서 서로 마주 보고 허리를 굽혀 힘과 기술로 상대방을 넘어뜨리려고 하는 운동이다. 어느 쪽이든 먼저 땅에 쓰러지거나 신체 일부가 땅에 닿는 사람이 지게 되는 경기로 한국 고유의 스포츠이다. 오른손으로는 상대방의 샅바를 잡고 왼손으로는 상대방의 오른쪽 다리를 잡는 자세를 취하고 시작한다. 두 사람이 자세를 갖추면 심판이 신호하여 경기의 시작을 알린다.

씨름의 기술은 여러 가지가 있으나 다리를 상대방의 다리 사이에 넣어 한쪽 다리를 감아 쓰러뜨리는 방법, 다리로 상대방의 다리를 밖으로 감아 걸어 쓰러뜨리는 방법, 상대방을 들어서 쓰러뜨리는 방법, 손으로 상

18세기 전통 씨름 모습을 담은 김홍도의 「씨름도」

현대 씨름 경기의 모습

대방의 다리를 걸어 넘어뜨리는 방법 등이 주로 많이 쓰인다.

씨름은 다른 스포츠와 달리 30초~1, 2분간의 순간적인 힘과 기술로 상대방을 넘어뜨리는 순간 승패가 결정되는 독특한 스포츠이다. 연거푸 싸워 3승을 먼저 하는 사람이 이기게 된다. 한국의 씨름 대회는 지방 대회와 전국 대회가 있고, 이 대회에서 우승한 사람에게 '장사'라는 이름이 주어진다. 예를 들면 '백두장사', '천하장사' 등이 그 이름이다. 씨름은 아직 올림픽 종목이 아니지만 가까운 장래에 올림픽 경기 종목이 되기를 기대하고 있다.

100대 상징

2006년 7월 26일 문화관광부는 한민족이 과거부터 현재에 이르기까지 공간적·시간적 동질감을 바탕으로 형성해 온 문화 중 대표성을 지닌 '100대 민족문화상징'을 발표하였다. 문화관광부는 '한국 민족의 문화 유전자를 찾기 위하여 전문가 자문과 3,000여 명의 설문조사를 거쳐 전통과 현대를 아울러 한국을 대표할 수 있는 100대 민족문화상징을 최종 선정하였다'고 밝혔다. 100대 상징은 분야별 고른 선정을 위하여 민족, 강역(江域)과 자연, 역사, 사회와 생활, 신앙과 사고, 언어와 예술 등 6대 분야로 나뉘어 발굴되었다

문화관광부는 '한국 문화의 원형으로서 상징성을 갖고, 문화예술적 콘텐츠로서 활용이 가능하고, 유네스코 지정문화재 등 세계화에 기여도가 높은 것을 기준으로 선정하였다'면서 '특히 남북에 공통적으로 중요한 상징이나 독도, 고구려 고분벽화 등 국제적 쟁점이 되는 것까지 상징에 포함시켰다'고 덧붙였다. 이번에 선정된 상징은 문화예술 산업의 창작 소재와 관광 코스로 개발하는 데 활용하고 민족문화상징이 갖는 이야

100대 민족문화상징 최종 선정 결과

분야	세부분야	선정
민족상징(2개)	민족상징(2개)	태극기, 무궁화
강역 및 자연상징 (19개)	강역(6개)	독도, 백두대간, 백두산, 금강산, 동해, 대동여지도
	경관(3개)	황토, 갯벌, 풍수
	동식물(4개)	소나무, 진돗개, 호랑이, 한우
	과학기술(6개)	천상열차분야지도, 거북선, 측우기, 물시계와 해시계(자격루와 앙부일구), 수원화성, 정보통신(IT)
역사상징 (17개)	선사(2개)	고인돌, 빗살무늬토기
	도읍(3개)	서울, 경주(사라벌), 평양(아사달)
	인물(9개)	단군, 광개토대왕, 원효, 세종대왕, 퇴계(이황), 이순신, 정약용, 안중근, 유관순
	사찰(1개)	석굴암
	현대사(2개)	비무장지대(DMZ), 길거리 응원
사회 및 생활상징 (34개)	경제(2개)	오일장(장날), 잠녀(해녀)
	마을생활(6개)	강릉단오제, 영산줄다리기, 솟대와 장승, 두레, 정자나무, 돌하르방
	의생활(3개)	한복, 색동, 다듬이질
	식생활(11개)	김치, 떡, 전주비빔밥, 고추장, 된장과 청국장, 삼계탕, 옹기, 불고기, 소주와 막걸리, 냉면, 자장면
	주생활(4개)	한옥, 온돌, 제주도 돌담, 초가집
	건강·체육(6개)	동의보감, 인삼, 태권도, 씨름, 활, 윷놀이
	교육(2개)	서당, 한석봉과 어머니
신앙 및 사고상징 (9개)	불교(2개)	선(禪), 미륵
	유교(3개)	효(孝) 선비, 종묘와 종묘대제
	무속(4개)	굿, 서낭당, 도깨비, 금줄
언어 및 예술상징 (19개)	언어(1개)	한글(훈민정음)
	기록(4개)	한자, 조선왕조실록, 팔만대장경, 직지심체요절
	미술(7개)	고구려 고분벽화, 반가사유상, 백제의 미소(서산 마애삼존불), 고려청자, 백자, 분청사기, 막사발
	연희(2개)	풍물굿(농악), 탈춤
	음악(4개)	판소리, 아리랑, 거문고, 대금
	문학(1개)	춘향전

기 구조와 교육적 요소를 감안하여 교육용 도서로 제작, 보급될 계획이다. 특히 한국이 가진 뛰어난 IT 기술로 한국 민족문화상징을 디지털 콘텐츠로 전면 재정리한다면 대외적 개성을 가진 한국 문화의 우수성을 널리 알릴 수 있는 계기가 되면서 부가가치와 고용 창출을 통한 경제 이익을 얻게 될 것으로 기대된다.

진돗개

100대 상징에 해양 강국의 표징인 거북선, 한국 토종개의 상징 진돗개, 한민족의 성산인 백두산, 세계적으로 명칭을 널리 알려야

비무장지대

할 필요성이 있는 동해, 정보통신강국의 이미지를 가진 정보통신(IT), 북방문화의 대표적인 인물인 광개토대왕, 분단의 상처이자 한반도 평화와 화해의 미래인 비무장지대(DMZ), 중국에서 유래했으나 토착화한 자장면, 한국 토종의 교육관인 한석봉과 어머니 등이 포함되었다.

3. 정치 사회적 정체성

대한민국(大韓民國, Republic of Korea)은 대통령 중심, 입헌, 의회 민주주의 공화국으로서 삼권이 분리되어 있다. 한반도의 남부가 한국의 국토이고, 지방자치제를 실시하고 있다. 다당제·다종교 국가이고, 수도가 서울(Seoul)이다. 전 세계에 개방되어 있고, 2007년 현재 192개국과 외교 관계를 맺고 있다. 9년간의 의무교육을 하여 문맹이 없으며, 사회계층은 전혀 고정되어 있지 않고 유동적이다. 교육제도는 6-3-3-4제이다. 납세와 교육, 국방의 의무는 있으나 종교, 직업, 거주지, 결사의 자유가 완전 보장되어 있고, 남녀가 평등한 권리를 갖는 자유민주주의적 제도와 시장경제를 신봉하는 국가이다. 화폐 단위는 원(won)이며 2008년 2월 10일 기준 US 1달러=940원이다. OECD와 APEC의 회원국이고 UNESCO 이사국이다.

이렇듯 완전한 자유민주국가를 건설하기 위하여 지난 몇 십 년간 민주화 운동이 끊임없이 전개되었고, 지금은 제도적으로 어느 나라 못지않은 자유민주국가가 되었다. 시장경제가 뿌리를 내렸고, 언론의 자유가 보장되어 있으며, 외국인이 자유롭게 여행, 사업, 투자 등을 할 수 있는 개방된 국가이다.

인구는 2007년 기준으로 약 4,800만 명(북한 인구를 합하면 7,200만 명)이며, 남녀의 비율은 비슷하고 만 19세부터 선거권이 주어진다. 남북한 인구의 10%에 해당하는 약 700만 명의 교포가 중국, 미국, 일본, 독립국가연합 등에 흩어져 살고 있다. 모든 국민은 교육, 납세, 국방의 의무가 있고 의무교육은 만 7세부터 9년간이다. 대체적으로 인종과 언어 갈등이 없는 단일 언어, 단일 민족, 단일 문화 국가였으나 최근에 이주민이 늘고, 국제결혼 가정이 급속도로 불어나서 느리게나마 다민족·다문화 국가로 옮겨 가고 있다. 물론 아직은 한국 체류 외국인이 100만 명 정도로 인구의 2% 수준이어서 일반 국민

국제결혼이주여성을 위한 한국어교실

은 다문화 국가가 되어 가고 있다는 사실을 잘 인지하지 못하고 있으나, 이들을 한 국민으로 받아들이는 사회적 공감대를 형성해야 한다.

　종교는 불교, 기독교, 천주교, 천도교 등 다양하나 종교적 갈등이 거의 없고, 성은 300여 가지밖에 되지 않으므로 같은 성을 가진 사람이 무척 많다. 특히 김, 이, 박 세 성은 이 세 성의 사람만으로 한국 인구의 40%를 넘길 만큼 큰 비중을 차지한다. 1988년에 서울올림픽을, 2002년에 일본과 공동으로 월드컵대회를 성공적으로 개최하였으며 월드컵 4강에 진입하는 저력을 보여 주었다. 사회계층은 대체로 상중하로 나눌 수 있으나 중류층이 대부분이다. 자동차 보급이 1,500만 대 이상이 되었고 휴대전화는 4,000만 대, PC는 인구 1.5인당 한 대꼴로 보급되었다. 인터넷 인구 비율은 세계 1, 2위를 다투고 있고, IT 산업은 세계에서 가장 앞섰다.

4. 정서적 정체성

가치관

전통적으로 한국 사회는 사(士), 농(農), 공(工), 상(商) 순으로 신분의 귀천을 자리 매김하였으나, 현대에 와서는 가치관이 많이 변하여 직업의

귀천을 구별하지 않게 되었다. 다만 판검사, 변호사, 의사, 약사, 교수 등 전문직에 대한 선호도는 여전히 높다. 2000년대에 들어와서 더욱 급격한 가치관의 변화가 일어나고 있다. 직업이 엄청나게 다양해지고, 임금 체계가 성과급으로 바뀌며, 출퇴근 시간이 자유로워지는 등 노동 현장의 변화가 곧 가치관의 변화로 이어졌다. 명예와 권력을 중시하던 관습에서 자신의 적성과 개성을 중시하게 되었고, 획일적인 사고가 매우 유연하고 다양화되었다.

　사회 진출에 있어서 예전에는 남성과 여성의 차별이 심하여 '암탉이 울면 집안이 망한다'와 같은 말이 공공연히 사용되었으나 최근에 대단히 빠른 속도로 변하고 있다. 분야에 따라서 차이는 있지만 여성의 사회 진출, 승진, 기업 창업 등에서 급격한 신장을 보이고 있으며, 법이나 의식 구조 면에서 거의 남녀평등이 이루어지고 있다. 교사나 판사 임용 대상자 수는 여성이 더 앞서 있다. 남녀의 역할 구분이 거의 없어지고 자유롭게 자기의 개성에 따라 직업을 선택하는 사회 분위기가 형성되었다. 앞으로 모든 분야에서 남녀평등이 실질적으로 이루어질 전망이다. 전통적인 가치관에 입각한 '현모양처, 요조숙녀, 대장부, 영웅호걸' 같은 남녀의 이상형을 나타내던 말이 거의 사라졌으며, 이러한 말의 개념조차 점차 희미해지고 있다.

　오늘날 한국 사람의 가치관은 자유민주주의에 최고의 가치를 둔다. 그 다음은 명예와 신의를 주요 가치로 생각한다. 개인의 행복보다 가족의 행복에 더 관심이 많았던 가족주의는 조금씩 퇴색해 가고 있다.

　한국 사람의 가치관 변화 추이를 대략 다음과 같이 정리할 수 있을 것 같다.

　① 유교적인 윤리 도덕의 약화

② 직업의 평등의식화

③ 종교의 자유화 및 다양화

④ 경제력의 선호

⑤ 명예와 권력의 추구

⑥ 개성의 중시

⑦ 남녀평등화

⑧ 의식의 개방화

⑨ 판단 기준의 세계화

⑩ 타인의 사고방식이나 신앙, 취향에 대한 너그러움 및 다양성의 인정

민족성

한국 사람은 진취적인 기상과 성실을 주요 덕목으로 삼고, 학문을 숭상하고, 노래와 춤을 즐기는 민족성을 지니고 있다. 한국 사람이 가장 많이 사용하는 단어 중 하나가 '열심히' 라는 것이다. 다른 나라 사람들은 한국이라고 하면 '빨리빨리' 를 연상한다고 한다. 불과 몇 십 년 사이 엄청난 경제적, 사회적 발전을 이룩하면서 온 국민이 시간을 아끼고 생산적으로 쓰는 풍조가 생겨, 생각하고 행동하는 것이 아니라 행동하면서 생각하는 행동 양식이 몸에 배었기 때문이다. 따라서 2차 세계대전 후의 한국의 민족성은 급하고, 열정적이며, 부지런하고, 진취적이며, 성취 지향적이라고 할 만하다. 한국 사람은 교육열이 대단히 높고 지적이면서, 놀 때는 신나게 놀고 일할 때는 열심히 일한다. 1990년대 초 중국과 수교를 한 후 많은 한국 사람이 수없이 중국을 다녀왔는데, 처음에는 중국 사람의 여유로움(소위 만만디 문화)에 대하여 매우 불편해하고 적응하는 데 어려움이 있었다고 한다. 물론 급격한 경제 발전에 의하여 지금은 중

「전국노래자랑」을 보기 위해 모인 사람들

국 역시 많이 변하였다.

한국 사람은 대체로 음악을 좋아하여 노는 자리에서 거의 빠짐없이 노래를 하고 흥이 나면 춤을 춘다. 「KBS 열린음악회」나 「전국노래자랑」 같은 TV 프로그램에 발 디딜 틈 없이 사람들이 모여드는 현상은 한국 사람이 얼마나 노래를 좋아하는가를 단적으로 보여 주는 예라고 하겠다.

전통적으로 한국 사람은 협동심이 매우 많은 민족이었으나 세상이 각박해지면서 팀보다는 개인기에 더 뛰어난 편이 되었다. 그래서인지 남이 잘되는 것을 보고 진정으로 축하하는 데 인색하다. 영웅을 만드는 것이 매우 어렵다. 그러나 반대로 남의 불행을 본 경우에는 협력하며, 함께 슬퍼하고, 함께 문제를 해결하는 경우가 많다.

한국 사람은 이성적이기보다 감정을 앞세워 판단하고 일을 처리하는 경향을 보인다. 사리를 분별하지 않고 인정에 이끌려 일을 그르치는 경우도 자주 일어난다. 배타적인 경향이 짙으나 외국인이라도 개인적으로 사귀게 되면 매우 친절하고 인정을 베풀며, 같은 한국 사람이라도 모르는 사람이라면 불친절하고 무관심한 경향을 보인다. 처음으로 한국에 온 외국인이라면 어려움을 많이 겪을 수 있으나, 친한 사람이 생기고부터는 매우 편안할 것이다.

한국 사람의 성격적 특징을 살펴보면 다음과 같다.

① 권선징악의 전통을 유지하고 있다.

② 근면 성실하고 진취적이다.

③ 연고주의가 강하다. 지연(地緣), 학연(學緣), 혈연(血緣) 등 연고에 따라 사물을 판단하고 결정하는 경우가 많다.

④ 예절, 의리, 정을 중시한다.

⑤ 건강에 대한 관심이 대단히 높다.

⑥ 여럿이 어울려서 음식 먹기를 좋아한다.

⑦ 교육에 관심이 많고 교육열이 높다. 부모는 자기가 밥을 굶더라도 자녀에게 교육을 시켜야 한다고 생각한다. 학력 높은 사람의 수가 많아 그 가치가 떨어지는 학력인플레가 심하다. 대학 진학률이 매우 높고(80% 이상) 대학원 이상의 학력 소지자가 엄청나게 많다. 한국 사람은 기본적으로 학구적인 사람을 높이 평가한다.

⑧ 산을 좋아한다.

⑨ 노래와 춤을 즐긴다. 세계적인 음악가를 배출하였고, 일상생활에서 노래 부르기를 좋아하여 노래방이 성행하고 있고, TV에 노래와 관련된 프로그램이 많다.

⑩ 어려운 사람에 대한 동정심과 잘되는 사람에 대한 시기, 질투심이 많다. KBS 「사랑의 리퀘스트」 같은 프로그램에 매우 어려운 처지의 사람이 소개되고 도움을 청하면 언제나 많

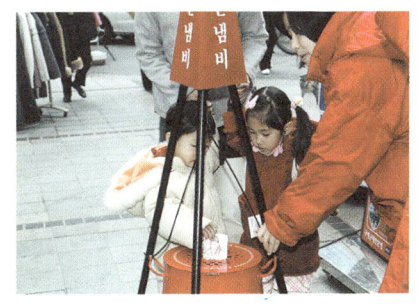

불우이웃돕기 모금활동 중 하나인 '구세군 자선냄비'

은 사람이 참여하여 그들에게 도움을 준다. 자원봉사자가 많다.
⑪ 자존심이나 체면을 매우 소중하게 여긴다. 자존심을 세우기 위하여 무리를 하기도 한다.
⑫ 겸손을 미덕으로 생각한다. '벼는 익을수록 고개를 숙인다', '빈 깡통이 더 요란하다'와 같은 속담은 바로 이러한 정서를 나타내 준다. 지위가 높고 재산이 많을수록 겸손한 태도를 지켜야 인정과 존경을 받는다.
⑬ 배타성이 강하였으나 세계화로 국민 의식이 빠르게 변화하고 있다.
⑭ 효 사상과 애국심이 높다.
⑮ 민주주의는 신봉하나 준법정신이나 공중도덕에서 약간 부족함을 드러낸다.
⑯ 대체로 성질이 급해서 '빨리빨리'를 강조하다 보니 끝마무리를 소홀히 하는 면이 나타난다.
⑰ 명석한 두뇌와 손재주를 가진 사람이 매우 많다.
⑱ 1등 또는 승리, 성공 스트레스가 심하고 지는 것을 싫어한다.
⑲ 사회 전반에 걸쳐 다양성(종교, 가치관, 능력, 경제력, 취미, 직업 등)이 나타난다.

5. 의식구조적 정체성

1992년에 발간된 구미래의 『한국인의 상징세계』 내용을 간단히 요약하고, 필자가 평소 관찰한 것을 종합하여 한국 사람의 상징체계를 간단히 살펴보기로 한다.

수에 대한 의식구조

한국 사람은 '3'이라는 수를 특별히 길(吉)한 수로 생각한다. '33'은 완벽한 수로 본다. '77' 역시 비슷하다. 짝수보다는 홀수를 좋아한다. 그래서 홀수가 겹치는 날을 명절로 삼았다. 1월 1일, 3월 3일, 5월 5일, 7월 7일, 9월 9일이 그것이다. 전통적으로 한국 사람은 음양오행으로 삼라만상을 이해하려 하였다. 100이라는 숫자 역시 큰 의미를 부여하였다. '만'은 많은 것을 뜻하는 대표적인 수로 사용하였다. '만천하에 알리다', '만백성에게 알리다' 등이 그 예이다. 반면 '4'는 기피하는 경향이 있는데, 한자로 '죽을 사(死)'와 발음이 같다고 하여 생긴 풍습이다. 오래된 건물을 보면 4층이 아예 없거나 'F(영어 Four에서 따온 것)'로 표시되어 있는 경우가 많다. 중국에서 '4'나 '8'을 완전한 수로 보는 것과는 대조적이라 하겠다.

색에 대한 의식구조

한국 사람은 흰색을 순수하고 자연 그대로의 색이라고 생각한다. 현재는 '상복'으로나 흰옷을 입지만 일찍이 백의민족(白衣民族)이라 할 만큼 흰옷을 즐겨 입었다. 태극기의 바탕 역시 흰색이다. 특히 신라 사람이 흰옷을 좋아하였던 것으로 보인다.

일반 국민과 달리 궁궐의 옷 색깔은 지위가 높을수록 화려하였다. 왕이나 중전은 물론이고, 세자나 고관대작 모두 화려한 의상을 입었다. 화려한 원색 계통의 고급 원단에 화려한 수를 놓고 머리에 많은 장식을 하였던 것을 보면, 흰색을 한국 민족의 고유 색깔로 보는 것은 무리가 있다고 본다. 최근 월드컵과 축구 대표팀 유니폼 탓인지 붉은색을 한국의 상징 색으로 보는 경향도 생겨났다. 지금은 색깔에 대하여 매우 다양한 의식구조를 보이지만 대체로 중간색보다는 원색을 더 좋아하는 경향이 있다.

한국은 전통적으로 오행(五行)과 색을 다음과 같이 대비하였다.

목(木)	화(火)	토(土)	금(金)	수(水)
청(靑)	적(赤)	황(黃)	백(白)	흑(黑)
동(東)	남(南)	중앙(中央)	서(西)	북(北)
봄	여름	사계절	가을	겨울
인(仁)	예(禮)	신(信)	의(義)	지(智)

물론 최근에는 이러한 색에 대한 전통적인 사고방식이 많이 약해졌고, 젊은이들은 아예 모르거나 외면하기도 한다.

한국의 색에 대한 상징은 앞에서 설명한 경향을 보일 뿐 그렇게 뚜렷

2002년 한일월드컵 붉은 악마 응원

하다고 말할 수 없으나, 매우 명시적으로 정해져 있는 나라들이 있다. 타이의 요일별 색깔은 다음과 같다.

월	화	수	목	금	토	일
노랑	분홍	초록	베이지, 오렌지	파랑	보라	빨강

현재의 타이 왕이 태어난 날이 월요일인데, 왕을 상징하는 색과 월요일의 색 모두 노랑이다. 이 때문에 매우 재미있는 현상이 나타났다. 2007년은 왕이 즉위한 지 60년이 된다 하여 이를 기념하기 위하여 2006년 말부터 이미 타이 온 국민이 노란색 옷을 입기 시작한 것이다.

식물에 대한 의식구조
한국 사람은 식물에 대하여 대체로 다음과 같은 생각을 가진다.
- 소나무—멋, 꿋꿋한 기상, 친근미
- 연꽃—불교, 자비
- 무궁화—나라꽃, 끈기
- 매화—운치, 품위
- 난초—향기와 선비의 지조
- 국화—윤택한 기운, 친근미
- 대나무—청아함, 꿋꿋함
- 장미—아름다움, 정열
- 카네이션—부모님의 은혜를 생각하며 바치는 꽃
- 진달래, 개나리—봄을 가장 먼저 알려 주는 꽃, 친근한 꽃

소나무, 매화, 국화, 대나무(왼쪽 위에서부터 시계방향으로)

산에 대한 의식구조

한국 사람은 산을 매우 소중히 여기며 무척 사랑한다.

산은 한국 사람에게 있어 다음과 같은 의미를 갖는다.

① 숭배와 신앙의 대상(백두산, 한라산, 지리산, 설악산 등의 명산)

② 지리 체계로서의 산

③ 풍수지리 사상적 의미의 산

④ 자연환경으로서의 산

동물에 대한 의식구조

한국 사람은 전통적으로 새나 동물을 숭배하고 신성시하였으며, 각 동물에 대하여 기본적으로 다음과 같은 생각을 하는 경향이 있다.

① 새

백두산, 한라산, 지리산, 설악산(왼쪽 위에서부터 시계방향으로)

- 까치 — 길상(吉祥)과 보은(報恩)의 새, 한국의 새
- 학 — 세속에 물들지 않은 선(仙)의 분위기를 느끼게 하는 새
- 기러기 — 순수한 슬픔의 새, 소식을 전해 주는 새, 사랑의 새
- 참새 — 사람과 가장 친숙한 새

② 호랑이
- 맹수
- 수호신
- 산신
- 길상의 동물, 짐승의 우두머리
- 친근한 동물

③ 소
- 생활 속의 한 식구

· 풍요와 힘의 상징

· 도가적 은둔 생활과 평화의 상징

④ 용

· 상상의 동물

· 신비롭고 초월자적 능력을 가진 영적 존재

· 나라와 법을 지키는 존재

· 권위와 길상의 상징

까치

호랑이

소

단청으로 그려진 용

⑤ 기타

· 십이지신(十二之神)

한국인은 쥐, 소, 호랑이, 토끼, 용, 뱀, 말, 양, 원숭이, 닭, 개, 돼지 등 열두 가지 동물을 수호신으로 보았다. 그리고 하루를 12단위로 나누어 이들 동물 이름을 붙여 불렀다. 지금까지 사주(四柱)를 볼 때 이 단위에 맞추어 인생을 예언한다. 자시(子時:쥐, 밤 23~1시), 축시(丑時:소, 1~3시), 인시(寅時:호랑이, 3~5시), 묘시(卯時:토끼, 5~7시), 진시(辰時:용, 7~9시), 사시(巳時:뱀, 9~11시), 오시(午時:말, 11~13시), 미시(未時:

십이지신

양, 13~15시), 신시(申時:원숭이, 15~17시), 유시(酉時:닭, 17~19시), 술시(戌時:개, 19~21시), 해시(亥時:돼지, 21~23시)가 그것이다.

· 십장생(十長生)

한국 사람은 해, 산, 물, 돌, 구름, 소나무, 불로초, 거북, 학, 사슴의 열 가지를 가장 오랜 수명을 지닌 것으로 생각하였다.

6. 법과 제도적 정체성

가족제도

전통적으로 한국의 가족제도는 대가족제도였다. 2, 30년 전까지만 해도 3, 4대가 한집에 살았기 때문에 열 명 이상이 한 가족을 이루고 사는 경우가 허다하였다. 이런 대가족 환경에서 집안에 어려운 일이 닥쳤을 때는 가족이 함께 힘과 지혜를 모아 해결하였다. 한민족의 선조는 '우리 가족'이라는 울타리 안에서 행복하게 살았다.

이때는 이혼이 적었고, 저출산 문제가 없었고, 문제아가 적었다. 노인 복지에 관한 문제 역시 별로 없었다. 아기를 낳으면 할아버지, 할머니는 물론 고모, 삼촌 등 온 가족이 함께 돌보아 주었기 때문에 출산을 기피할 이유가 없었다. 할아버지나 할머니 또는 어머니와 아버지가 손자들과 집안일을 돌보아 주는 대신, 부모가 늙고 병들면 당연히 자식들이 돌보아 드렸다. 부부간에 문제가 생기면 가족들의 화해 노력으로 해결되는 게 보통이었다. 대가족 환경에서 자란 아이는 사회성이 일찍 발달하고, 양보와 타협, 인내심, 협동 정신 같은 것이 자연스럽게 생겼다. '할아버지'라는 집안의 어른이 있어서 항상 예절을 지켜야 했고 기강과 질서가 있었다. 혹시 모든 가족과 친하지 않더라도 가족 구성원 중 누군가와는 의사소통이 되어서, 고민을 털어 놓고 상의를 하며 도움을 받을 수 있었다. 따라서 요즘 같은 범죄나 가족 불화가 적었으며, 가정의 문제는 안에서 거의 해결되었다. 그만큼 사회적 비용이 절감되었다.

이런 가정문화 탓인지 한국 사람은 '나의 아버지', '나의 어머니'라 하지 않고 '우리 아버지', '우리 어머니', '우리 할머니'와 같은 말을 사용한다. 뿐만 아니라 '우리 학교', '우리 회사' 이런 식의 말을 사용한다. 그만큼 '우리'라는 단어가 폭넓게 사용되면서 '우리주의(weness)'가 생겼다고 하는 학자들이 있다. '우리주의'는 부정적인 뉘앙스를 가지고 있다. 지역이기심이 심하다든가 배타적이라는 의미이다. 내 가족, 내 직장, 내가 사는 지역 등에 대한 애정이 너무 큰 나머지 국가와 사회, 인류 같은 큰 범주에 대하여 소홀할 수 있다는 것이다.

한국의 가족제도 중 특징적인 점은, 모든 것이 부계(父系) 중심으로 결혼을 하면 당연히 여자가 남편 집에 들어가 살았다는 것이다. 여자는 결혼하면 철저하게 남편 집 가족이 되었으므로 결혼한 딸은 '출가외인(出嫁外人)'이라고 하였으며, 집안일은 여자만 하는 게 보통이었다. 가장 보수적인 지역으로 꼽히는 경상도는 현재까지 '출가외인'이라는 단어를 사용하고, 집안일을 남자들이 외면하는 일이 많다. 물론 점차 바뀌어 남녀평등 양상을 띠어 가는 추세이다. 형편에 따라 남자가 처가에 들어가 살면서 장인, 장모를 모시는 집이 나타나고 있다. 집안일과 육아를 남녀가 분담하며, 명절에 친가만 가지 않고 처가까지 찾는다. 옛날에는 남자 쪽 부모가 돌아가셨을 때만 직장에 알려 휴가를 받거나 동료의 문상을 받았으나 지금은 장인 장모가 돌아가셨을 때 역시 직장에 알리는 등 많은 변화가 일어나고 있다.

현재는 가정이 대부분 핵가족화되어 부모와 어린 자식들만 한 집에서 살고, 결혼을 하면 분가를 한다. 결혼하기 전이라도 25세 이후는 부모를 떠나 홀로 사는 경우가 많아졌다. 몇 년 전까지만 해도 호주제(戶主制)가 있어서 집안의 대표자인 호주(master of the family)는 남자가 맡는 남성 위주의 가족제도였다. 자식이 아버지 성(姓. last name)을 따르는 것은 여전한 관습이다. 다만 2005년부터 호주제가 폐지되면서 자녀는 아버지 또는 어머니 성을 선택하여 자유롭게 따를 수 있고, 심지어 아버지와 어머니 성을 함께 갖는 것이 허용된다. 가령 아버지가 김 씨, 어머니가 윤 씨이고 이름(first name)이 영희라면 '김윤영희'와 같이 쓸 수 있게 되었다. 그러나 한번 이름을 정해서 호적에 올리고 나면 개명은 쉽지 않다. 성을 바꾸는 것은 거의 불가능하고, 이름을 바꾸는 것은 복잡한 법적·행정적 절차를 거쳐야 한다. 다른 나라와 달리 한국은 예전부터 결혼한 아내는 남편의 성을 따르지 않고 자신의 원래 성을 사용한다. 즉 결혼으로 호적이 남편 쪽으로 넘어와도 자기의 성과 이름은 그대로 유지한다는 것이다. 이 점만은 한국이 일찍이 남녀평등을 이루었다고 할 수 있다.

한국의 부모는 전통적으로 자식을 위해 많은 희생을 감수한다. 고등학교는 물론이고 대학, 대학원까지 부모가 학비를 지원하고 용돈을 주는 것은 흔한 일이다. 결혼 비용은 대부분 부모의 몫이다. 자녀의 결혼에 경제력이 허락하는 한 부모가 많은 자금을 대는 일이 흔하다. 자식의 성공과 행복을 위해서 부모는 늙도록 자식을 돌보아 준다. 말하자면 자식에 대한 과잉보호를 하는 것이다. 최근 들어서는 자녀를 한두 명밖에 낳지 않으므로 이런 현상이 더욱 심해지고 있다.

오늘날에 한국 부모를 더욱 어렵게 만드는 것은 공교육비뿐 아니라 막대한 사교육비를 감당해야 하는 것이다. 한국 부모는 자녀가 좋은 대학에 갈 수만 있다면 어떤 희생이든 할 각오로 살고 있다. 한국 부모의 교육열과 자식 사랑은 세계에서 그 유례를 찾아보기 어려울 정도로 대단하다. 따라서 경제력이 안 되는 부모는 매우 난감하고 슬퍼할 상황이지만, 어려운 환경에 있는 자녀가 오히려 이른 나이에 독립심을 가지고 자수성가하여 부모에게 효도하는 모습을 보이기도 한다.

현재 한국이 당면한 사회문제는 일하는 젊은이의 수가 줄고 나이 많은 노인 인구가 증가하는 데 반하여 출산율은 현저하게 떨어지고 있다는 점이다. 정부는 이 문제를 해결하기 위하여 육아휴직 제도를 만들고, 300인 이상의 직장은 의무적으로 보육 시설을 하게 하였다. 또 공립 유아원과 유치원을 많이 설립한다든지, 사설 유아원과 유치원을 지원한다든지, 세 자녀 이상 무주택 가구에게 내 집 마련의 기회를 우선적으로 주는 등 여러 제도를 만들어 가고 있다.

대가족제도 역시 단점은 있겠지만 기본적으로 가족문제는 가족 내에서 해결하므로 사회문제가 되지는 않았다. 지금은 가족의 문제가 곧 사회문제가 되는 경향이 생겨났다. 전형적인 가족문제였던 육아, 청소년, 노인 문제가 모두 사회문제가 된 것이다. 그러나 핵가족화가 이루어진 지금까지 아직 뿌리 깊은 가족주의는 완전히 사라지지 않고 면면히 이어오고 있다. 홈드라마는 거의 대부분 대가족을 중심으로 이야기가 펼쳐지는 게 보통이다.

교육제도

한국의 교육제도는 6-3-3-4제인데, 처음 9년(초·중등)은 의무교육이다. 취학 전 아동이 다니는 유치원은 1년제이며, 3~5세 어린이가 가는 유아원이 있다. 유치원은 대부분 사립이지만 공립 유치원이 많이 늘고 있고, 지역마다 공립 유아원이 있으므로 무료 또는 매우 싼 등록비를 내고 아이를 보낼 수 있다. 한국의 교육제도는 유치원, 초등학교, 중학교, 고등학교, 전문대학, 4년제 대학교, 대학원으로 이루어져 있다.

2007년 기준으로 4년제 대학이 199개, 2년제 전문대학이 약 200개이다. 의과대학과 치과대학은 6년제이다. 고등학교 졸업생의 80% 이상이 대학이나 전문대학으로 진학을 한다. 한국은 대학간 우열이나 선호도가 있어서 우수한 대학이나 자기가 선호하는 대학과 학과에 입학하기 위해서 치열한 경쟁을 해야 한다. 이 경쟁에 대비하기 위해 학원과 같은 사

다양한 교육현장

교육이 성행하고 있고, 교사와 학부모까지 매우 긴장하게 된다. 국가 차원의 대학수학능력시험을 보아야 하고 각 대학의 논술 시험과 면접, 고등학교 성적, 봉사 활동, 수상 경력 등이 모두 대학 입학에 참고가 된다.

한국은 초등학교를 제외하면 국공립학교보다 사립학교가 더 많다. 소도시 학교는 대체로 공립이지만 대도시는 사립학교가 많다. 중·고등학교의 등록금은 공사립 모두 같은 액수이고, 대학의 경우는 국립이 훨씬 싸다. 국립대학은 서울과 각 도 단위에 한 개씩 있을 뿐이며 사립대학이 수적으로 월등히 더 많다. 교사가 되려면 교육대학(초등)이나 사범대학(중등)을 나오고 교사임용시험을 보아야 한다.

80% 이상의 대학 진학률에서 보는 바와 같이 한국은 교육 수준이 매우 높다. 문맹은 물론 없다. 대부분의 젊은이가 전문대학 이상은 다 가는 추세이다. 대학원에 진학하는 사람이 매우 많으며, 야간제 특수 대학원 등 교육받을 수 있는 곳이 매우 많다. 일반 언론사나 대학 그리고 지방 단체에서 운영하는 사회교육원도 많아서 평생교육제도 역시 어느 정도 일반화되었다고 할 수 있다. 국민의 교육 수준이 높다 보니 실업률이 높으면서도(3.5%) 육체적 노동을 많이 해야 하는 소위 3D업종에 종사하려는 사람이 적어 외국인 노동자가 꾸준히 유입되고 있는 실정이다.

행정제도

한국은 입헌 민주 공화국으로서 삼권분립이 확립되어 있다. 헌법에 따라 국가원수인 대통령을 국민의 직접 투표로 선출하고, 각 지역을 대표하는 국회의원 역시 국민이 직접 투표로 선출한다. 대법원장은 대통령이 임명하되 국회의 동의를 얻어야 한다. 대통령은 행정 수반이고, 국가를 대표하며, 국무총리를 비롯한 국무위원을 임명할 권리를 가진다. 대통령은 5

년 단임제이고, 국회의원의 임기는 4년이며 연임이 가능하다.

한국은 지방자치제를 실시하고 있어서 각 시도별로 행정기관과 입법기관이 있다. 한국의 경기도, 충청북도, 충청남도, 전라북도, 전라남도, 강원도, 경상북도, 경상남도, 제주도 등 9도는 도의 행정을 총괄하는 도지사가 있고, 도의회가 있다. 서울특별시를 비롯한 부산광역시, 인천광역시, 대구광역시, 울산광역시, 광주광역시와 기타 각 시는 행정 수반인 시장과 시의회가 있다. 도지사, 시장, 도의원, 시의원은 모두 국민 직선제로 선출된다.

중앙은 대통령의 집무 관청인 청와대를 비롯하여 행정자치부, 재정경제부, 외교통상부, 법무부, 국방부, 통일부, 교육인적자원부, 과학기술부, 문화관광부, 산업자원부, 농림부, 해양수산부, 보건복지부, 건설교통부, 정보통신부, 환경부, 노동부, 여성가족부의 18부와 기획예산처, 법제처, 국정홍보처, 국가보훈처의 4처가 있다. 그리고 국세청, 관세청, 조달청, 통계청, 기상청, 검찰청, 병무청, 방위사업청, 경찰청, 소방방재청, 문화재청, 농촌진흥청, 산림청, 중소기업청, 특허청, 식품의약품안전청, 해양경찰청, 행정중심복합도시건설청의 18청과 감사원, 국가정보원의 2원이 있다. 각 부처 산하에 교도소, 경찰서, 파출소, 우체국, 소방서, 세무서 등이 있다. 또 대통령과 국무총리실 산하에 여러 위원회가 있다. 행정구역의 단위는 특별시, 광역시, 시, 군, 구, 면, 리 등인데 각 구역마다 업무에 필요한 건물이 있다. 예를 들면 시청, 군청, 동사무소 등이 그것이다.

이런 기관에서 일하는 사람을 공무원이라 한다. 공무원은 9~1급까지 있으며, 각 급별로 임용과 승진 시험이 있다. 1과 2급은 이사관, 3과 4급은 서기관, 5급은 사무관이라 하며 5급 이상은 대체로 행정고시를 합격

청와대(왼쪽), 정부종합청사(오른쪽)

해야 얻을 수 있는 직급이다. 행정고시는 사법고시, 외무고시와 함께 수백 대 일의 치열한 경쟁을 해야 하는 매우 어려운 시험이므로 합격은 매우 영광스러운 일이다.

경제제도

한국의 경제제도는 시장경제제도이다. 국민은 자유로운 경제활동을 할 수 있다. 물론 정부가 운영하는 공기업이 있지만 민간이 만들고 운영하는 기업 쪽이 월등하게 많다. 외국인까지 자유롭게 들어와 경제활동을 할 수 있으며 제조업, 금융업, 서비스업 등 제한이 없다. 국가 차원에서 국가의 예산과 집행을 담당하는 부처는 재정경제부이고, 그 밑에 중앙은행인 한국은행이 있고 여러 시중은행이 있다. 물론 외국계 은행 역시 많이 들어와 활동하고 있다. 주식거래는 누구나 자유롭게 할 수 있다.

한국은 제1차(1962~6년), 제2차(1967~71년), 제3차(1972~6년), 제4차(1977~81년), 제5차(1982~6년) 경제개발 5개년 계획을 세우고 실천하여 세계에서 가장 빠른 시간 동안 가장 높은 경제성장을 이룩한 기록을 세우게 되었다. 이 20년 동안 새마을운동이라고 하는 국민운동이 활발하게 전개되어 국가 발전의 원동력이 되었다.

이 기간에 1인당 국민총생산(GNP)은 60달러에서 3,000달러로 비약하였고, 농업국가에서 공업국가로 변모했으며, 현재는 세계 제일의 정보통신 기술을 보유한 국가가 되었다. 2007년 9월 5일 현재 한국의 1인당 국민총생산은 약 2만 달러 정도이고, 국가 전체의 경제 규모인 국내총생산(GDP)은 세계 11위이며, 환율은 1달러당 940원이다.

법제도

한국은 철저한 법치국가이다. 모든 국민이 법 앞에서 동등하다. 한국의 법은 헌법과 하위 법으로 구성되어 있다. 헌법은 1987년에 개정된 헌법을 적용하고 있는데 총 130개 조로 되어 있다. 헌법 제1조는 다음과 같은 2개 조항으로 이루어져 있다.

① 대한민국은 민주공화국이다.
② 대한민국의 주권은 국민에게 있고 모든 권력은 국민으로부터 나온다.

헌법 제1조는 한국의 법적 정체성을 보여 준다. 어디까지나 국민이 주인인 민주공화국임을 분명히 밝히고 있는데, 정치가나 국민이 모두 이에 기초하여 완전한 자유민주주의를 신봉하고 있고, 이 법에 의거하여 국가 운영이 이루어진다. 헌법을 개정하려면 국회 재적 의원 2/3 이상의 동의가 있고 국민투표에서 통과되어야 가능하다. 이러한 기본 헌법 아래에 여러 종류의 법이 있다.

법의 집행기관은 지방법원→고등법원→대법원 등으로 짜여 있어서 아래 기관부터 위로 올라가기 때문에 계속 상소하여 대법원에서 판결이 나면 일단 끝난다. 법 자체에 문제가 없는가 판결해 주는 헌법재판소가 별도로 있다. 법관이 되려면 사법시험을 합격해야 한다. 검사는 수사나

대한민국헌법공포기념 날짜 도장   헌법재판소

형벌의 구형 등 법 집행에 참여하는 법무부 공무원이다. 조직은 법무부 산하에 대검찰청, 중앙검찰청, 지방검찰청 등으로 나뉘어 있다. 변호사는 다른 나라와 마찬가지로 범죄자나 피해자의 변호를 맡는 사람인데 자유직이다. 이들 판사, 검사, 변호사는 사법시험이라는 매우 어렵고 경쟁이 치열한 시험을 합격해야 하고, 2년간의 연수원 생활을 성공적으로 마쳐야 한다.

언론제도

한국은 기본적으로 완전한 언론의 자유를 가진 나라다. 그러므로 모든 종류의 언론기관이 일정한 요건만 갖추면 설립될 수 있고, 언론의 자유가 보장되어 있다. 언론기관으로 신문사, 라디오 방송국, 텔레비전 방송국, 유선방송국, 통신사, 잡지사 등이 있다.

한국의 대표적인 언론기관은 다음과 같다.

- 신문사

신문은 얼마 전까지 가장 주요한 언론 매체였다. 아직 그 영향력이 대단하지만 텔레비전에 의하여 그 비중이 축소되었다. 현재 디지털 신문 등의 매체가 나옴으로써 종이 신문의 약점을 보완해 가고 있다. 한국의 신문은 일간신문으로 조간신문과 석간신문이 있고, 주간신문, 월간신문 등이 있다.

고려 고종 21년(1234년) 최윤의가 편찬한 『상정고금예문』이 세계 최초의 금속활자본으로 간행된 이래, 200년 뒤인 1455년 독일의 구텐베르크가 활자인쇄술을 발명하였다. 1578년 독일 최초의 주간지 『렐라치온 Relation』이 창간된 후, 약 300년 뒤인 1883년 한국 최초의 서구식 신문인 『한성순보』가 창간되었다. 1886년 4월 7일 서재필에 의하여 『독립신문』이 한글 전용으로 창간되었고, 1920년 한국 신문역사상 최초 일간지인 『동아일보』와 『조선일보』가 창간된 후 많은 어려움을 겪으면서 꾸준히 발전하여 오늘에 이르고 있고, 이후 『중앙일보』, 『경향신문』, 『한국일보』 등이 창간되었다.

한국 신문은 처음 세로글씨로 오른쪽에서 왼쪽으로 기사를 썼다. 그러나 지금은 모든 신문이 가로글씨로 왼쪽에서 오른쪽으로 쓴다.

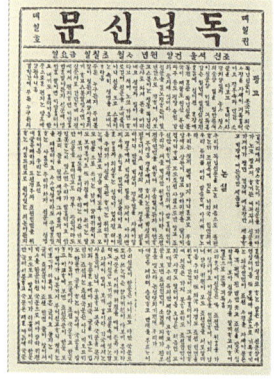

한국 최초의 근대 신문 『한성순보』(위)
최초의 순한글 민간지 『독립신문』(아래)

● 라디오·텔레비전 방송국

한국 방송은 1927년 2월 6일 경성방송국의 개국으로 라디오 시대가 열렸고 지난 80년 동안 눈부신 발전을 하였다. 현재 한국에는 KBS, MBC, SBS, EBS, 기독교방송, 평화방송, 불교방송, 교통방송을 비롯해 많은 라디오 방송국이 있다.

텔레비전 방송국은 1961년 12월 KBS가 텔레비전 방송국 시대를 연 이후 괄목할 만한 발전을 이루어왔다. 한국의 대표 방송국은 KBS, MBC, SBS, YTN, 아리랑(Arirang)TV, EBS, MBN 등이다. 이 중 KBS, MBC, SBS는 공중파 방송국이며 나머지는 유선방송국인데, YTN은 뉴스 방송국이고, 아리랑TV는 영어 방송국이며, EBS는 교육 방송국이고, MBN은 경제 전문 방송국으로서 24시간 방송한다. 이 밖에 국정홍보처에서 운영하는 KTV를 비롯하여 영화, 음악, 홈쇼핑, 종교 등을 주요 내용으로 방송하는 전문 유선방송국이 많이 있다.

여의도에 위치한 KBS(왼쪽)와 MBC(오른쪽) 건물

● 그 밖의 언론

독자적인 취재 조직을 가지고 신문사, 방송국 등의 보도기관에 뉴스와 기사 자료를 수집하여 배포하는 기구를 통신사라고 하는데, 한국의 종합

뉴스 통신사로 연합뉴스가 있다.

잡지는 『신동아』, 『월간조선』, 『월간중앙』, 『주간조선』 등이 대표적이며 그 외에 수많은 잡지가 있다. 음악, 바둑, 낚시 등을 다루는 분야별 전문잡지를 비롯하여 여성잡지, 어린이잡지, 기업의 홍보용 잡지까지 참으로 다양하다.

한국 최초의 잡지 『소년』

복지제도

한국은 시장경제체제로 인해 생기는 소득의 불균형을 줄이고, 모든 국민에게 인간다운 생활을 보장한다는 취지에서 사회복지제도를 운용하고 있다. 사회복지제도는 크게 사회보험, 공적부조(생활보호), 사회복지 서비스의 세 가지 형태로 구성되어 있다.

사회보험은 각종 사고와 노후를 대비하는 제도로 공적연금보험, 의료보험, 산재보험, 고용보험의 네 가지가 있다. 특히 전 국민을 상대로 한 의료보험제도는 입원 시 개인이 병원비의 20%만 부담하며, 생활이 곤란한 저소득층에 대해서는 무상으로 의료 혜택을 주는 제도이다. 공적부조(생활보호)제도는 65세 이상 노인, 보호자 없는 18세 미만 아동, 장애자, 소년 소녀 가장 등을 대상으로 국가가 최소한의 기본적인 생활을 보장하는 제도로서 교통수단 무임승차, 노령수당 지급, 생활보조금 지급, 장애인 일정 비율 의무 고용 등이 그 내용이다.

사회복지 서비스 제도는 노인, 아동, 장애인, 부녀자 등을 대상으로 경제적 곤란이나 사회적 부적응 등 개별적이고 구체적 욕구를 충족시켜 사회인으로 생활할 수 있도록 서비스를 제공하는 제도이다. 상담, 편의시설 설치, 생활환경 개선, 전문 재활 등의 서비스를 제공하고 있다. 최근에는 저출산 문제를 해결하기 위하여 출산휴가, 육아지원 등 출산과 육아와 관련된 복지제도가 많이 생겼다. 국제결혼 이주 여성과 이주 노동자를 위한 서비스 제도 역시 많이 확충되었다.

3. 한국의 언어문화

1. 한국어

한국어는 현재 한반도의 7천만 명이 국어로 사용하고 있고, 7백만 명의 한국 동포가 사용하고 있다. 한국어는 전 세계 62여 개국의 750개 이상의 대학에서 교육되는 언어로서, 세계 6,000여 개 언어 중 10위 안에 드는 국제 언어의 위상을 갖추었다. 한국 문화의 근간을 이루는 한국어는 그야말로 한국의 독자적인 문화를 갖는 데 결정적 역할을 한다. 알타이어족이라는 학설이 있지만, 아직 그 뿌리가 완전히 밝혀지지는 않았다. 확실한 것은 원시 한국어가 생긴 지는 상당히 오래되었고, 다른 모든 언어와 완전히 구별되는 독창성을 가지고 있다는 것이다.

    오래전 한국의 지식인들은 동북아시아권에서 폭넓게 사용되던 한자를 여러 방법으로 우리말에 맞게 토를 달거나 음독, 훈독 등을 이용하여 썼으나, 대부분의 일반 서민은 문자 생활을 영위하지 못하였다. 이를 가엽게 여긴 조선의 4대 왕 세종대왕이 집현전 학자들과 함께 '훈민정음(訓民正音)'이라는 28문자로 된 문자 체계를 1443년 창제하여 반포하였다. 훈민정음은 배우기 쉽고 가르치기 쉬운 과학적인 문자로서 한국 사람의 사상과 감정을 나타내는 데 완벽하다. 창제 당시의 이름은 '훈민정음'이었으나 지금은 '한글'이라 불리며 24개의 자모로 구성되어 있다. 한글의 창제 원리를 적은 책 이름 역시 『훈민정음』인데, 훈민정음의 창제 원

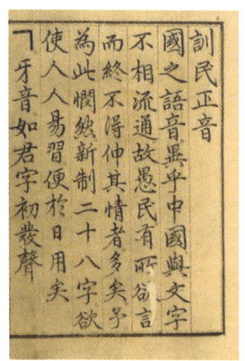

『훈민정음』

리는 음양오행설(陰陽五行說)에 그 기초를 두고 있
다. 음향오행설이란 우주의 이치를 음과 양
으로 보고, 음양의 생성, 성장, 변화, 소멸
그리고 음양에서 파생된 오행(水, 火, 木,
金, 土)의 움직임으로 우주와 인간 생활의
모든 현상과 생성소멸을 해석하는 사상에
서 나온 이론이다.

세종대왕은 훈민정음 문자를 반포하면
서 『훈민정음해례』에서 다음과 같이 밝히
고 있다.

세종대왕 어진

"하늘과 땅의 이치는 음양오행뿐이다. 곤괘(坤卦)와 복괘(復卦) 사이
가 태극(太極)이 되고, 움직이고 멎고 한 뒤가 음양이 된다. 무릇 어떤 생
물이든 하늘과 땅 사이에 있는 것이라면 음양을 두고 어디로 가겠느냐.
그러므로 사람의 말소리 모두 음양의 이치가 있건만 사람들이 살피지 않
을 뿐이다. 이제 정음(正音)을 만든 것 역시 처음부터 지혜로써 찾아낸
것이 아니라 다만 그 소리에 따라서 그 이치를 다하였을 뿐이다. 이치가
이미 둘이 아닌 즉 어찌 하늘과 땅과 귀신으로 더불어 그 운용을 같이하
지 않을 수 있겠는가."

한글은 모음 10개와 자음 14개 총 24개의 간단한 음소문자로 구성된
매우 과학적인 문자 체계이다. 배우기가 매우 쉬우며 창제일, 창제자, 창
제 원리를 정확하게 아는 세계 유일의 문자이다. 유네스코가 해마다 문
맹퇴치에 공헌한 개인이나 단체에게 주는 상 이름을 '세종대왕상(King
Sejong Prize)'으로 한 것은 우연이 아니다. 한글은 음성언어 문자 체계로
서 글자꼴이 기계화하기에 매우 적합하게 되어 있고 다른 모든 문자와

구별되는 독자성이 있다. 현대와 같은 인터넷 시대에 전 국민이 인터넷을 할 수 있게 하는 데 매우 유리하다.

한글은 언문일치로서 소리나는 대로 적으며, 한민족의 사상과 감정을 완전하게 나타낼 수 있다. 그러나 문자 체계에 비하여 말은 조금 더 어렵다. 어려운 이유 중 하나는 경어법이 매우 발달하여 동일한 내용이라도 상대방이 누구냐에 따라 말이 달라지는 점과 동음이의어, 다의어, 유의어 등이 많은 점 등이 꼽힌다.

한국어의 문자론적 특수성과 과학성
① 창제자, 창제일, 창제 동기, 창제 원리를 명확히 아는 유일한 문자이다.
② 문자가 매우 독창적이고 과학적이고, 체계적이며, 쉽게 쓸 수 있도록 고안되었다.
③ 소리문자이면서 음절로 모아쓰기 때문에 어느 정도 의미를 추론할 수 있는 단어가 많다.
④ 문자 체계와 발음 체계가 거의 일치하므로 처음 보는 단어까지 읽기가 쉽다.
⑤ 문자 구성이 단순하고 체계적이어서 기계화에 매우 적합하다.

한국어의 음운론적 특수성
① 음절 초성에 자음 두 개가 오지 못한다.
② 음절 끝에 자음 두 개가 오지 못한다.(철자법으로는 가능하다.)
③ 비음동화 규칙과 구개음화 규칙이 있다. 예)잡는→잠는, 굳이→구지
④ 평음 파열음과 평음 파찰음의 앞이나 뒤에 'ㅎ'이 오면 결합하여 격음이 되는 격음화 규칙이 있다. 예)입학→이팍, 닫히다→다치다

⑤ 종성에 자음이 오고 바로 뒤에 초성이 오면 경음화가 된다. 예)낮도
→나또
⑥ 필수적인 억양이나 강세가 없다.
⑦ 장단 모음 구별을 해야 하는 단어가 있다.

· 가정(家庭)—가:정(假定)   · 감사(監査)—감:사(感謝)

· 걷다(收)—걷:다(步)   · 말(馬)—말:(語)

· 묻다(埋)—묻:다(問)   · 발(足)—발:(簾)

· 밤(夜)—밤:(栗)   · 사방(砂防)—사:방(四方)

· 산정(山頂)—산:정(算定)   · 수리(修理)—수:리(數理)

· 장기(長期, 臟器)—장:기(將棋) · 전기(前期, 傳記)—전:기(電氣)

한국어의 형태론적 특수성

한국어는 다른 어느 언어보다 형태론적 특징이 많다. 한마디로 이야기한다면 문법적 형태소가 매우 많다는 것이다. 이것을 조금 더 구체적으로 보면 다음과 같다.

① 조사가 문법적인 격을 결정한다.
② 문법적인 기능만 하는 조사가 있긴 하지만, 의미를 가지는 것이 훨씬 더 많을 뿐만 아니라 그 수가 200개를 넘는다.
③ 의존명사가 매우 많다. 예)것, 따름, 뿐, 데
④ 용언이 활용한다.
⑤ 활용할 때 용언의 어간은 변하지 않고 주로 어미만 변한다. 이때 어미에 의하여 의미가 달라지며 의미를 달리하는 어미의 수가 상당히 많다.
⑥ 수를 나타내는 단위명사가 매우 많다. 예)개, 마리, 그루, 접, 명, 권

⑦ 선어말어미가 있다. 예)-시-, -옵-, -았-, -겠-, -는-
⑧ 단어 형성법은 다른 언어와 비슷하다. 접사를 통한 파생법과 어근과 어근을 합쳐서 만드는 합성법이 있다.

한국어의 통사론적 특수성
① 어순이 주어―목적어―동사이다.
② 주어 생략이 많다.
③ 문법적인 격은 조사에 의해 나타내므로 첨가어적 특징을 가진다.
④ 경어법이 매우 복잡하고 엄격하며, 모든 문장은 존경의 정도에 따라 등급이 주어져야 한다.
⑤ 문장 요소의 필수 이동 규칙이 없다.
⑥ 표면적으로 2중 주어 문장이 있다. 예)사람은 손이 둘이다.
⑦ 시제는 기본적으로 과거, 현재, 미래로 구분하나, 현재와 미래는 동일하게 현재형을 사용할 수 있다. 예)나는 내년에 대학원에 간다.
⑧ 평서법, 의문법, 감탄법, 명령법, 청유법의 서법(敍法)을 나타내는 고유한 어미가 있다.
⑨ 동사는 시제(時制), 상(相), 양태(樣態), 존경 등이 모두 결합되어 문장에 사용된다.

한국어의 의미론적 특수성
① 문장의 어순대로 해석한다.
② 구조, 단어, 활용상에 중의성을 가진 문장이 있다.
③ 문장 형식과 실제의 의미가 반드시 일대일로 대응되지는 않는다. 의문문의 형식을 가졌지만 실제의 내용은 명령문, 요청문, 수사적 의미

등을 나타낼 수 있고, 형식은 평서문이지만 실제의 내용은 의문, 명령, 청유(請由) 등의 의미를 나타낼 수 있다.
④ 비친족(非親族)에게 친족 호칭을 사용하는 경우가 많으므로, 문맥에 따라 진짜 친족인지 비친족인지를 구별해야 한다.
⑤ 속담과 은유 등 간접적 표현이 많으므로 형식 자체의 의미로 해석해서는 안되고 상황에 따라 실질 의미를 파악해야 하는 경우가 많다.
⑥ 피동문(被動文)보다 능동문(能動文)으로 사용되는 경우가 월등하게 많다.
⑦ 유의어가 많다. 예)비, 보슬비, 구슬비, 실비, 가랑비 / 빨간, 새빨간, 뻘건, 시뻘건 등
⑧ 다의어가 많다.
⑨ 관용어가 많다.

한국어 경어법의 특수성

한국어 경어법은 다른 어떤 언어의 경어법보다 복잡하고 엄격하다. 경어법을 이루는 언어적 장치가 많으며, 그 장치 중에 문장 어미와 호칭이 가장 큰 비중을 차지한다.

　문장 어미는 듣는 이가 누구냐에 따라 최하 3등급에서 최고 6등급까지 구별하여 사용된다. 이러한 구별은 서법인 평서, 의문, 명령, 청유, 감탄에 따라 모두 다르므로 외국인이 배우기는 상당히 어려울 것으로 짐작된다. 여기서는 4등급으로 어미 사용 규칙을 보이겠다. 동사의 어미는 그대로 존대의 등급을 나타낸다. 격식 존대형이 가장 높고 평교형이 가장 낮다.

　외국어로서 가르치는 한국어 교육은 이 존대 등급을 다 적용하지 않고

동사 '보다'의 존대 등급

존대의 등급 \ 서법	평서	의문	명령	청유	감탄
격식 존대형(4등급)	보십니다	보십니까?	보십시오	보십시다	보시는군요
비격식 존대형(3등급)	보세요	보세요?	보세요	보세요	보시네요
반말형(비격식, 비존대, 2등급)	보아(봐)	보아(봐)?	보아(봐), 보게	보아(봐)	보네(보아)
평교형(격식, 비존대, 1등급)	본다	보니?	보아라	보자	보는구나

존대와 비존대로만 나누며, 그것도 한 번에 다 가르치지 않고 처음엔 존대형만 가르친 다음 천천히 비존대형을 가르치는 것이 좋을 것이다.

- 호칭

한국어의 호칭은 매우 복잡한 양상을 띠고 있지만 외국어로서 한국어 교육을 할 때는 최대한 간략화하는 것이 좋다. 가장 간단한 모델을 제시해 보면 다음 표와 같다.

호칭

구분	관계	호칭
친족 호칭	아버지	아버지, 아빠
	어머니	어머니, 엄마
	할아버지	할아버지
	할머니	할머니
	아들	이름
	딸	이름

구분	관계	호칭
친족 호칭	손위 남자 형제	형(형님), 오빠
	손위 여자 형제	누나(누님), 언니
	아버지의 형제	백부님(큰아버지), 숙부님(작은아버지)
비친족 호칭	회사의 상관	사장님, 부장님
	선생님	선생님, 김 선생님
	이웃 어른	할아버지, 할머니, 아저씨, 아주머니, 언니, 오빠, 형
	손아래 이웃	이름
	손아래 직장 동료	미스터 김, 미스 김, 김철수 씨, 김영희 씨, 김 과장

호칭을 약자로 더 줄여 정리하면 다음과 같다.

· 윗사람 → T님, LNT님, KT님

· 아랫사람 → FN아 또는 야, LN군 또는 양, FN 씨

※ T(Title) = 사회적 지위

LN(Last Name) = 성

FN(First Name) = 이름

KT(Kinship Term) = 친족 호칭

존대의 표시 : -시-

한국어에서 상대방이나 3인칭을 존대하기 위해서는 동사어간 뒤, 어말어미 앞에 선어말 어미 '-시-'를 넣어야 한다. 간다→가신다, 본다→보신다, 주었다→주시었다, 올 것이다→오실 것이다 같이 사용한다.

- 대명사

한국어의 대명사는 다음과 같이 요약된다.

인칭대명사

1인칭	2인칭	3인칭
나, 저	너, 자네, 당신	그이, 그분

한국어에는 손위 2인칭을 대신해서 부를 수 있는 대명사가 없다. 따라서 '선생님'을 호칭할 경우, 한 문장이나 담화 안에 여러 번 나와도 계속해서 '선생님'으로 반복해서 써야 한다.

- 조사

한국어의 경어법은 주격조사 '-이, -가' 대신 존대 조사 '-께서'를 사용한다. 그리고 여격조사 '-에게'는 '-께'로 대치하여 사용한다.

- 존대 어휘

한국어 경어법을 구성하는 요소에는 존대 어휘가 포함된다. 몇 단어는 같은 뜻이 일반형과 존대형의 두 가지로 나누어진다. 예를 들면 다음과 같은 경우이다.

존대 어휘

일반형	존대형	일반형	존대형
먹다	잡수시다, 드시다	나이	연세, 춘추
자다	주무시다	이름	함자, 성함, 존함
말하다	말씀하시다	아프다	편찮으시다
밥	진지	술	약주

일반형	존대형		일반형	존대형
집	댁		생일	생신
죽다	돌아가시다, 별세하시다		-에게 주다	-께 드리다
(집에)있다	계시다			

● 겸양법

손윗사람을 존대하여 부를 때는 말하는 이 자신을 낮추어서 말해야 한다. 즉 1인칭 '나' 대신 '저'라는 겸양형(謙讓型)을 써야 한다. 나의 복수형인 '우리'는 '저희'로 낮춘다. 자기의 아내나 남편은 부모 앞이나 남 앞에서 낮춘다.

한국어의 이러한 존대법 또는 경어법은 엄격하고 필수적이다. 존대를 해야 할 상대에게 존대를 하지 않으면 상대방이 매우 불쾌해하는 것은 물론, 정상적인 대화가 이어지지 못할 것이다.

속담

속담(俗談, proverb)이란 글자 그대로 일상생활에서 굳어진 비유적인 말로서 교훈적 성격을 가진 짧은 구나 문장인데 어느 언어에나 다 있는 것이다. 모든 언어에 보편성이 있듯이 속담 역시 보편성이 있어서 한국의 속담과 다른 나라 속담은 비슷한 것이 많다. 그러나 어느 민족이나 언어든 개별적인 특징 또한 있기 때문에 속담 역시 개별성이 나타난다. 한국 속담은 한민족의 오랜 역사와 더불어 함께해 온 삶의 모습과 정서와 지혜와 교훈, 풍자가 응축된 말로서, 입에서 입으로 전승되어 온 소중한 언어 유산이기 때문에 한국 속담 고유의 특징이 있다.

속담은 집단성, 간결성, 간접성을 가진 언어로서 굳어진, 교훈적인 내용을 가진 말이다. 속담의 집단성 속에 그 언어의 사회문화적 요소가 응집되어 있다 할 것이다.

불교 관련 속담

이미 삼국시대에 들어온 불교는 대부분의 한국 사람 삶 속에 알게 모르게 깊숙이 스며들어 있다고 할 수 있다. 속담 역시 불교와 관계된 것이 많다. 다음이 그 예이다.

· 중이 제 머리 못 깎는다.
· 중 염불 외듯
· 중이 고기맛을 알면 절에 빈대가 안 남는다.
· 공든 탑이 무너지랴.
· 십 년 공부 도로아미타불
· 염불에는 뜻이 없고 젯밥에만 뜻이 있다.

중국 관련 속담

한국은 수천 년 동안 중국과 정치적, 경제적, 문화적 관련을 맺어 왔다. 중국과 관련된 속담 역시 꽤 많다.

· 구렁이 담 넘어가듯(중국 고사에 나오는 말)
· 하룻밤을 자도 만리장성을 쌓는다.
· 항우는 고집으로 망하고 조조는 꾀로 망한다.
· 삼천갑자 동방삭이도 저 죽을 날 몰랐다.
· 부모님 말씀이 곧 공자님 말씀이다.
· 태산이 높다하되 하늘 아래 뫼이로다.

· 공자 앞에 문자 쓴다.

● 농사 관련 속담

한국의 주요 산업은 1960년대까지 아직 농업이었다. 농사의 중요성은 아무리 강조해도 지나치지 않았다.

한국의 고전에 『흥부전』이라는 작품이 있다. 착한 흥부와는 달리 심술쟁이 놀부는 한국 사람 모두가 싫어하는 인간형이다. 해서는 안 되는 일, 나쁜 일을 하는 심술쟁이 놀부가 농사 망치는 짓하는 묘사를 보고 다음과 같은 속담이 생긴 것 같다.

『흥부전』

· 고추밭에 말 달리기
· 애호박에 말뚝 박기
· 가문 논에 물 귀 파기
· 장마 논에 물 귀 막기
· 논두렁에 구멍 뚫기
· 다된 곡식 모 뽑기
· 제 논부터 물 댄다.

● 말 관련 속담

한국에는 말(言)에 관한 속담이나 격언이 많다. 말의 중요성을 강조하거나, 말을 잘못하는 것보다는 차라리 안 하는 것이 더 좋다든가, 말은 되도록 곱고 예절 바르게 해야지 함부로 해서는 안된다는 등의 교훈이 들어 있다.
- 말 한 마디에 천 냥 빚 갚는다.
- 말 한 마디로 사람이 죽고 산다.
- 낮말은 새가 듣고 밤말은 쥐가 듣는다.
- 어 다르고 아 다르다.
- 가는 말이 고와야 오는 말이 곱다.
- 발 없는 말이 천 리 간다.
- 말 많은 집 장맛도 쓰다.
- 남아일언 중천금(男兒一言 重千金)
- 일구이언(一口二言)
- 침묵은 금이다.

소 관련 속담

전통적으로 한국은 농업 국가이고, 농사를 짓는 데 소(牛)는 매우 중요한 존재였다. 소 없이는 농사를 짓기 너무 힘들기 때문일 것이다. 소와 관련된 속담이 많다. 물론 지금은 농업이 거의 기계화되어 소의 활용도가 낮아졌다.

- 소는 말이 없어도 열두 가지 덕이 있다.
- 황소 같이 벌어서 쥐 같이 먹어라.
- 쇠귀에 경 읽기
- 바늘 도둑이 소 도둑 된다.
- 한 외양간에 암소 두 마리
- 아내한테 한 말은 나도 소한테 한 말은 안 난다.
- 쇠뿔도 단김에 빼야 한다.

· 소 침 주기

· 소 잃고 외양간 고치기

생활의 지혜와 각성을 나타내는 속담

· 우물을 파도 한 우물을 파라.

· 목마른 놈이 우물 판다.

· 달도 차면 기운다.

· 나무를 보고 숲을 보지 못한다.

· 똥 누러 갈 적 마음 다르고 나올 적 마음 다르다.

· 숭어가 뛰니까 망둥이가 뛴다.

· 개밥에 도토리

· 우물 안 개구리

· 달면 삼키고 쓰면 뱉는다.

· 입에 쓴 약이 몸에는 좋다.

· 돈이면 지옥문을 연다.

· 김칫국부터 마신다.

· 서당 개 삼 년에 풍월을 한다.

· 고생 끝에 낙이 있다.

· 이웃이 사촌보다 낫다.

· 등잔 밑이 어둡다.

· 빈 수레가 더 요란하다.

· 벼는 익을수록 고개를 숙인다.

· 찬물에도 선후가 있다.

속담은 한국 사람의 정서와 지혜와 살아가는 길을 짧은 말로, 함축적이고 해학적이며 비유적으로 나타내 주고 있다. 이런 속담을 통해서 한국 문화를 짐작할 수 있다.

은유

은유(隱喩, metaphor)는 어느 언어에나 있는 문자 외적인 새로운 의미 표현이다. 보통 비유의 한 방법으로 해석해 왔다. 한 사물을 유사점이 있는 다른 사물로 나타냄으로써 표현의 효과를 높이고 말하는 이나 글쓴이의 독창성을 보여 주는 언어 표현이다. 최근의 연구에 의하면 그 유사성이 눈에 보이는 것만이 아니고, 말하는 이나 글쓴이가 상상하는 유사성까지 동원되어 은유가 만들어진다는 것이다. 주로 문학적인 은유에서 이런 경향이 두드러진다. 그러나 이 책은 일반적으로 한국 사람이 자주 사용하거나 누구나 금방 그 의미를 알 수 있는 사회적인 은유의 예만 제시하기로 한다. 특히 한국 문화가 반영되었다고 보이는 은유의 예를 들어 보기로 한다.

- 넘어야 할 산이 많다.
- 장밋빛 공약
- 얼굴에 철판 깔다.
- …에 무게를 두다.
- 발목을 잡다.
- 거품 논쟁
- 손들어 주다.
- 깨를 볶는다.
- 당근과 채찍

- 몸통과 깃털
- 만리장성을 쌓다/넘다.
- 밥그릇 싸움
- 새빨간 거짓말
- 불난 집에 부채질하다.
- 식은 죽 먹기
- 영희는 심청이다.
- 콩으로 메주를 쑨다 해도 안 믿는다.
- 영희는 춘향이다.
- 뚜껑을 열어 봐야 안다.
- 몸살을 앓는다.
- 회오리바람
- 눈이 맞다.

사용 빈도가 유난히 높은 말
- 열심히
- 건강, 몸에 좋다
- 우리
- 정성
- 눈치
- 정신없다
- 염치
- 너무
- 멋

- 사냥
- 판치다
- 변덕스럽다
- 시간에 관한 말. 예)세월이 유수 같다, 시간이 쏜살같이 지나가다, 시간이 돈이다, 시간 싸움
- 진인사대천명(盡人事待天命:사람으로서 자신이 할 수 있는 일은 다 노력하여 최선을 다한 뒤에 하늘의 뜻을 받아들여야 한다.)
- 무속과 관련된 말. 예)손 없는 날, 천생연분, 택일, 사주팔자

한국 문화와 밀접한 관련을 맺고 있는 말들이다. 성실과 근면을 중시하는 국민성이 '열심히'라는 말을 자주 쓰게 한다. 건강을 자주 말하는 것은, 건강에 특별한 관심을 갖는 경향 때문이다. 몸에 좋다는 음식이나 약이 수없이 많고, 몸에 좋다면 혐오 음식까지 즐겨 먹는 한국 사람의 풍습과 관련이 있는 것 같다. 정성은 가족이나 자기가 좋아하는 사람에게 마음과 성의를 다하여서 음식이나 어떤 물건을 만들거나 다듬는 경향을 나타낸다. 염치는 체면을 중시하는 한국의 민족성이 드러난 말이다. '너무'라는 부사는 영어에서 부정적인 뜻만 갖는 데 반하여 한국어에서 '너무 예쁘다'와 같이 긍정적인 뜻까지 확대되어 쓰이고 있다. 강조를 심하게 하는 한국 사람의 말 습관 때문이다. 시간에 민감한 것은 항상 시간에 쫓기듯이 바쁘게 사는 한국 사람의 생활을 나타내며, '진인사대천명'은 숙명론적인 사상을 드러낸다. 무속과 관련된 말은 뿌리깊이 남아 있는 민간신앙, 무속 또는 『주역』에 따라 모든 주요 행사를 길일(吉日)로 택하여 행하는

『주역』

풍습을 보여 준다.

한국어의 독특한 표현

(1) 환유(換喩) : 아침·점심·저녁(시간)→아침·점심·저녁(식사)
(2) 비슷한 행위나 사물을 다양한 다른 단어로 쓰는 경우가 많다.
  ① 영어가 'wear, put on' 한 가지로 나타내는 말을 한국어는 사물에 따라 여러 단어로 구별하여 사용한다.
    · 옷 : 입다
    · 신발 : 신다
    · 모자, 안경 : 쓰다
    · 벨트, 허리띠 : 매다
    · 로션, 약 : 바르다
  ② 영어의 'wash'와 동일한 뜻이지만 한국어는 사물에 따라 달리 나타낸다.
    · 유리창, 자동차 : 닦다
    · 손, 얼굴, 채소 : 씻다
    · 빨래, 옷 : 빨다
    · 머리 : 감다
  ③ 영어의 'play'에 해당하는 행위를 한국어는 운동의 종류에 따라 다른 동사로 쓴다.
    · 축구, 배구, 농구, 야구 : 하다
    · 정구, 탁구, 골프, 배드민턴 : 치다
  ④ 영어는 동일하게 수를 나타내지만 한국어는 사물에 따라 다른 수사를 쓴다.

- 사람 : 명
- 나무 : 그루
- 집 : 채
- 펜, 연필 : 개
- 동물 : 마리
- 옷 : 벌
- 피아노 : 대

(3) 영어로는 표현하기 어려운 조동사 '주다'가 쓰인다. 괄호 안은 존대형이다.
- 가르쳐 주다(가르쳐 드리다)
- 알려 주다(알려 드리다)
- 전해 주다(전해 드리다)
- 도와주다(도와 드리다)
- 빌려 주다(빌려 드리다)
- 갖다 주다(갖다 드리다)

(4) 다른 언어로 번역하기 어렵거나 여러 단어로 달리 번역해야 하는 독특한 표현이 많다.
- 정신이 없다
- 신경을 쓰다/안 쓰다, 건드리다, 곤두세우다
- 신경질을 내다
- 정신 차리다
- 눈치가 빠르다
- 눈칫밥을 먹다
- 힘들다

- 마음에 들다
- 술잔을 돌리다
- 북풍(北風:선거에 나타나는 북한 변수), 세풍(稅風:15대 대통령선거 당시 한나라당 대선 자금 불법 모금 사건), 병풍(兵風:16대 대통령선거 당시 한나라당 이회창 후보 아들들의 군 복무 면제 의혹 제기 사건)
- 너무 : 부정적인 의미와 긍정적인 의미 모두에 쓴다. 예)너무 외롭다, 너무 예쁘다.
- 바람 쏘이다 : '집 밖에 나가다'의 의미지만, 실제 지시하는 공간은 마당에서부터 외국까지 다 쓸 수 있다.
- 춘향 : 절개 굳은 여자
- 심청 : 효녀
- 홍길동 : 안정적으로 같은 곳에 머무르지 않는 사람
- 괜찮다
- 노래방
- 포장마차
- 막걸리
- 소주

막걸리(왼쪽)와 소주(오른쪽)

- 싹쓸이

- 찾아뵙다

- 무리하다

- 모시다

- 선물 : 평소에 갖기 어려운 좋은 것

- 아파트 : 대표적인 주거 생활 유형

- (분위기가/책임이/마음이)무거워지다

- 혼수, 예단

- 집들이

- 쓸쓸하다

- (화폭에 자연을/입가에 웃음을/마음에 좋은 말을)담다

- (무서워서/두려워서/긴장이나 흥분되어서)떨리다

- (혜택을)누리다

- ···투성이

- 치맛바람

- 신이 나다, 신나게

(5) 다의어적 표현이 많다.

- 보다 : 하늘을 보다(see)

　　　신문, 잡지를 보다(read)

　　　맛을 보다(taste)

　　　맞선을 보다(first meeting between man and woman)

　　　TV를 보다(watch)

　　　매운/뜨거운 맛을 보다(experience)

- 먹다 : 음식을 먹다(eat)

　　　　욕을 먹다(hear)

　　　　남의 돈을 먹다(take ones money)

　　　　뇌물을 먹다(take a bribe)

　　　　담배를 먹다(smoke)

　　　　약을 먹다(swallow, take)

　　· 밥(meal, rice, food, property)

　　· 밥줄, 밥통, 밥벌이(job)

(6) 동음이의어가 많다.

　　· 낫:다(better/prefer)

　　· 배(梨/船/腹)

　　· 은행(銀杏/銀行)

　　· 굴:〔동굴(cave)/해물(oyster)〕

　　· 사:계(四季/四誡/斯界)

　　· 사리(私利/舍利/국수의 사리)

(7) 유행어적 표현

　　· 열받다

　　· 사오정

　　· 목에 힘주다

　　· 목을 내놓다

　　· 닭살 오르다

　　· 밥맛이야

　　· 오리발

　　· 히딩크식 지도력

　　· 물 건너가다

· 왕따

· 당근이지

(8) 세 가지 유형의 수사 명칭 체계
· 일, 이, 삼, 사, 오, 육, 칠, 팔, 구, 십, ….
· 하나, 둘, 셋, 넷, 다섯, 여섯, 일곱, 여덟, 아홉, 열, ….
· 첫째, 둘째, 셋째, 넷째, 다섯째, 여섯째, ….

멋·정·우리

한국 문화를 한마디로 나타낼 수 있는 단어 중 몇 개를 찾는다면 '멋, 정, 우리' 가 아닐까 한다. 어떤 의미로 쓰이는 단어인지 대강이나마 살펴보기로 하자.

멋

한국어에서 멋이란 단어는 한마디로 설명하기 어려울 정도로 복잡하고 섬세하며 포괄적이다. 멋은 무형적, 유형적 사물이나 느낌에 모두 사용할 수 있는 한국어에만 있는 개념이고 단어이다. 멋이란 인간의 행동양식, 예술, 기예 및 사물의 존재양식에서 한국 사람의 독특한 감각과 정서로써 여과되고 표출되는 미적 관념(美的觀念) 또는 그 미적 형태다. 한국어의 '멋' 이란 단어를 다른 외국어로 번역하기는 거의 불가능할 듯하다. 멋이라는 단어 하나가 나타낼 수 있는 상황이나 의미, 말하는 이의 의도, 듣는 이의 수용 방식이 매우 다양하기 때문이다. 어떤 단어로 번역을 해도 멋의 일부분 혹은 여러 속성 중 하나를 나타낼 뿐이다.

· 너의 옷이 정말 멋있다.
· 너의 헤어스타일이 멋있다.

- 영희 아버님은 예술을 아는 멋있는 분이셔.
- 국가를 위해 내 목숨 하나 바칠 각오로 일하는 것은 멋있는 일이야.
- 이번 한일 월드컵에서 한국팀의 4강 진출과 한국인의 열광적이면서 질서를 지키는 성숙된 모습은 정말 멋있었어.
- 평생 아껴서 모은 재산을 불우한 사람들을 위해 사회에 기부하는 일은 멋있는 일이야.

정

멋이 외형적인 것과 내면적인 것 모두를 가리키는 아름다움이라면, 한국의 문화를 이해할 수 있는 또 하나의 주요한 단어는 '정(情)'이다. 한국어에서의 '정'은 영어의 '러브(love)'와 통하는 면이 있는 반면에, 매우 포괄적이면서 사랑과 구별되는 의미로 사용된다. 다음이 그 예이다.

- 영희는 정이 많아서 탈이야.
- 영희는 정이 많은 사람이야. 걱정 안 해도 돼.
- 이제 그 사람하고는 미운 정 고운 정 다 들었어.
- 사람은 정 때문에 울고 웃는다.
- 공적인 일에 정을 앞세우면 안 돼.
- 철수는 정에 굶주린 사람이야.
- 정 없이 조건만 보고 결혼하는 것은 비겁한 일이야.
- 가족간에 정이 없다면 얼마나 불행일까.
- 그 사람을 사랑하는 건 아니지만 헤어지기에는 너무 정이 들었어.
- 철수는 능력은 있으나 정이 없어.

한국어에서 '정'이라는 단어의 의미는 한마디로 정의 내리기 어렵다. '정'이라는 단어의 기본적인 속성, 즉 의미 자질은 느낌이다. 그런데 이 느낌의 범위가 사랑에서 미움까지 다 걸쳐져 있다. 이성과 대립되는 감성이나 정서의 의미까지 있다. 대체로 호의적인 감정의 의미를 나타내지만 그렇다고 순간적으로 생기는 느낌이나 호감은 아니다. 즉 '+시간' 이라는 조건이 반드시 들어가야 한다. 상대방을 알고 난 후 시간이 흐르면서 상대방에 대한 많은 이해의 바탕 위에 생기는 감정 또는 느낌이므로 부정적인 느낌이 포함된다. 정이란 자주 만나고 이야기하는 기회가 많아지면서, 점점 더 친근해지고 사이가 가까워지면서 무의식적으로 생기는 감정이다. '정' 이란 단어를 개인적이 아닌 일반적으로 사용할 때는 인정(人情)으로 사용하기도 한다. 즉 어느 특정한 사람과의 감정이 아닌 일반적인 감정이나 느낌은 '인정' 으로 바꾸어 말할 수 있다.

우리
한국어는 '우리' 라는 단어의 정확한 이해가 있어야 주어진 문장이나 이야기를 정확하게 이해하고 사용할 수 있다.

- 우리 아버지
- 우리 엄마
- 우리가 남이야?
- 우리는 하나
- 우리는 변화해야 산다.
- 우리는 반드시 통일을 이루어 낼 것이다.

이 밖에 '의리' 같은 단어도 한국인의 정서를 나타내는 특징적인 것이다.

2. 한국 문학

한국 문학은 한국인이 한국인의 고유한 정서와 생활을 한국인의 언어로 표현한 문학이다. 한국 문학은 우선 기록문학과 구비(口碑)문학으로 크게 나누어진다. 기록문학의 경우는 다시 표기 면에서 이두나 향찰, 한문, 국한문혼용, 순수 한글로 나누어진다. 1446년 훈민정음, 즉 한글이 반포되기 전에는 한자를 빌어 와 향찰(鄕札)과 이두(吏讀)를 사용하거나 한문체에 의한 문학 활동을 활발히 하였는데, 이것은 한글이 창제된 이후 20세기 초까지 계속해서 이어졌다. 이와 같이 한국 문학은 여러 문자 체계로 이루어지게 되었다. 구비문학은 입에서 입으로 전해져 온 문학 양식이므로 집단에 의해 이루어졌다는 특징이 있고, 조금씩 다른 내용이 많이 생겼을 것이라고 충분히 짐작할 수 있다. 구비문학에는 민요, 설화, 전설, 판소리 등이 있다. 물론 이런 구비문학 작품의 대부분은 현재 문자화되어 있지만 이본(異本)이 많다.

또한 작품에 음악성이 있느냐 없느냐에 따라서 운문(韻文), 산문(散文)으로 나눌 수 있고, 시대에 따라 구분할 수 있을 것이다. 이 경우 삼국시대, 통일신라시대, 고려시대, 조선시대, 갑오경장이 일어나기까지의 문학을 고전문학, 개화기 이후 서구문학의 영향으로 발달한 문학을 신문학 또는 현대문학으로 나누는 것이 보통이다. 물론 장르에 따라 구분하는 것 역시 보편적인 방법의 하나이다.

한국 문학의 특징은 역사적으로 고난과 역경을

초기 이두문으로 쓰인 「임신서기명석(壬申誓記銘石)」

극복하고 줄기차게 생존 투쟁을 거듭해 온 민족의식이 반영된 것이다. 그러나 동양적인 윤리관이 지배하는 전통적인 사회 성향으로 인하여 한국 문학에는 동적(動的)이고 전향적(轉向的)인 경향보다 회고주의나 자연을 예찬하는 정적(靜的)인 경향이 있다. 단 원시시대부터 오늘에 이르기까지 면면히 이어져 내려오는 전통을 존중하고 역사적 현실을 투시하며, 진취적 기상으로 창조적 의욕을 지속적으로 키워 온 민족적 정서가 단절 없이 표출되어 왔다. 냉철한 논리보다 감성을 앞세운 인간적인 정(情)과 맹목적인 가족애 내지는 민족애, 그리고 불의에 대하여 때로는 항거하고 때로는 타협하는 유연성, 자연을 사랑하고 자연에 귀의하고자 하는 마음이 보인다. 기발하고 천재적인 독창성은 두드러지지 않으나 근면성실함과 미적인 감수성을 예술의 혼으로 승화시켜 왔다.

고전문학

한국 문학의 기원은 다른 나라와 마찬가지로 시가(詩歌)와 무용과 음악이 한데 어울린 종합예술에서 비롯되었다. 부여의 영고(迎鼓), 동예의 무천(舞天), 고구려의 동맹(東盟), 그리고 마한, 진한, 변한 등 삼한의 제천의식(祭天儀式)을 통하여 이루어진 가무와 음주의 풍습에서 고대 가요의 원천을 찾을 수 있을 것이다. 고대가요는 민족 고유의 신앙이나 농경생활과 밀접한 관계를 가지면서 어떤 특정한 개인에 의해서가 아니라 집단적인 형태로 이루어진 것이다.

인간의 생활이 점차 원시적인 상태에서 벗어나자 예술 역시 차차 원시적인 종합예술에서 해체, 분화되어 표현 방법이 다양해지며 시가, 무용, 음악 등 개별적인 분야로 독립하게 되었다. 이렇게 독립되어 나온 시가는 구전(口傳)의 형태로 전승되면서 구비문학을 이루었으나, 문자를 갖게 된 이후는 고대가요의 한국어 번역과 신화와 전설, 그리고 설화와 민요 등으로 문헌에 정착됨으로써 오늘날까지 전해 내려왔다. 신화와 전설이 수록된 옛 문헌으로 김부식의 『삼국사기』, 일연의 『삼국유사』, 이규보의 『동국이상국집(東國李相國集)』, 이승휴의 『제왕운기(帝王韻紀)』 등과 광개토대왕의 「금석비문(金石碑文)」 등이 있다.

삼국시대 문학

앞에서 언급한 옛 문헌에 단군 신화, 주몽의 고구려 건국 신화, 신라의 시조인 박혁거세의 신화, 가락국의 수로왕 신화 등이 실려 있다. 고대가요는 고구려 유리왕의 「황조가(黃鳥歌)」, 신라의 「도솔가(兜率歌)」 등이 전해 내려오고 있다.

여기서 「황조가」를 잠깐 살펴보기로 하자.

편편황조(翩翩黃鳥:펄펄 나는 꾀꼬리는)
자웅상의(雌雄相依:암수 서로 놀건마는)
염아지독(念我之獨:외로운 이 내 몸은)
수기여귀(誰其與歸:뉘와 함께 돌아갈고)

유리왕은 고구려의 제2대 왕이다. 이름은 유리, 유류라고 하고, 동명성왕 주몽의 맏아들로서 선비(鮮卑)를 쳐서 항복을 받은 성군이다. 「황조가」는 유리왕이 유리왕 3년(기원전 17년)에 총애하는 계비인 치희와 이별한 후 한 쌍의 꾀꼬리가 다정하게 노는 것을 보고 그리워하는 마음을 노래한 것이라 여겨지고 있다. 「황조가」는 4언 4구로 된 한시(漢詩)이지만, 남아 있는 기록상으로는 국문학 사상 최초의 한국적 서정시로 꼽힌다. 뒷날 당나라 장수 이적이 고구려를 멸망시킬 때, 그 고도의 문물에 놀라 모든 전적(典籍)을 불살라 버려 오늘날 고구려 문학의 전모를 알 수 없는 것은 매우 안타까운 일이다.

삼국시대에 한자가 들어오고 나서 고구려의 역사를 적은 『유기(留記)』가 있었다. 고구려 을지문덕 장군의 「여수장우중문시(與隋將于仲文詩)」는 '수나라 장군 우중문에게 준 시'라는 뜻으로 한국 최초의 한시로서 매우 우수한 작품으로 평가되고 있다. 「증수장우중문시(贈隋將于仲文詩)」라고도 하며, 오언고시(五言古詩)로서 한국에서 제일 오래된 것으로 『삼국사기』에 실려 전한다. 고구려 영양왕 23년(612년) 수나라가 수륙(水陸) 양군 30만 대군으로 침공해 왔을 때, 적의 마음을 해이하게 하려고 살수(지금의 청천강)까지 추격하여 온 적장 우중문을 희롱하여 지어 보냈다고 한다. 우중문이 이 시를 받자 때마침 피로하고 굶주린 군사들이 싸울 기력을 잃었으므로 회군하였고, 을지문덕 장군이 이를 추격하여 크게 이겼는데 이것이 곧 '살수대첩'이다. 우중문을 치켜세우는 척하며 실제로는 그만 물러가라고 조롱하는 내용인 이 시와 해석은 다음과 같다.

을지문덕 장군

신책구천문(神策究天文 : 귀신같은 꾀는 천문을 밝히고)
묘산궁지리(妙算窮地理 : 신묘한 셈은 지리에 통달했네)
전승공기고(戰勝功旣高 : 전승의 공이 이미 높으니)
지족원운지(知足願云止 : 만족함을 알았으면 그치기를 바라오)

백제는 육지 쪽으로 고구려의 영향을 받고, 바다로 중국 육조(六朝)의 문물에 자주 접할 수 있어서 한문학의 수준이 매우 높았을 것으로 짐작된다. 현재는 백제의 시가로 「정읍사(井邑詞)」 한 편과 백제의 설화인 「도미전(都彌傳)」이 전해지고 있고, 백제의 역사서인 『서기(書記)』에서 왕인 박사가 천자문과 논어를 일본에 전해 준 것을 알 수 있을 뿐이다.

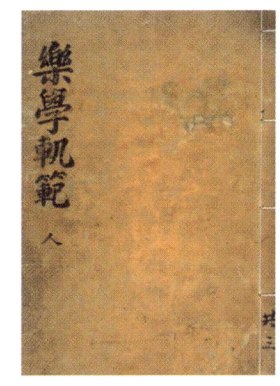

『악학궤범』

백제의 시가인 「정읍사」를 보기로 하자. 「정읍사」는 『악학궤범』에 실려 있는 백제의 현전하는 유일한 시가이며 한글로 쓰인 최초의 작품이다. 모두 3장 6구 11행의 노래 가사로 불리었다. 원문 왼쪽에 있는 한자는 고려시대 이후 붙여진 곡의 절을 일컫는 호칭이다.

(前　腔) 돌하 노피곰 도두샤(저기 저 달님이시여! 높이 돋아 올라서)

　　　　어긔야 머리곰 비취오시라(멀리 비춰 주십시오.)

　　　　어긔야 어강됴리

(小　葉) 아으 다롱디리

(後腔全) 져재 녀러신고요〔지금쯤 (당신은) 어느 시장에 가 계시옵니까?〕

　　　　어긔야 즌더랄 드더욜셰라(어두운 밤길을 가다가 혹시 진 데를 디뎌 수렁에 빠지지나 않을까 걱정스럽습니다.)

　　　　어긔야 어강됴리

(過　編) 어느이다 노코시라(밤길을 가다가 몸이 고달프시면 아무데서나 짐짝을 내려놓고 편안히 쉬십시오.)

(金善調) 어긔야 내 가논ᄃᆡ 졈그롤셰라(그래도 마음이 놓이지 않습니다.

혹시나 내 남편이 가는 길이 어두울까 봐서요.)

어긔야 어강됴리

(小　葉) 아으 다롱디리

⊙ 짜임
제1~4구 : 달님에의 청원
제5~7구 : 남편에 대한 염려
제8~11구 : 남편의 무사함 기원
⊙ 형식
여음(餘音)을 제외하면 6줄(각 줄 2구), 이것이 4구(토막) 3줄(3장) 형식이 되어 '시조'의 형식과 통한다는 설이 있음
⊙ 여음구
어긔야 : 감탄사
아강됴리 : 조흥구(흥을 돋움)
다롱디리 : 악기 소리 흉내
⊙ 주제
남편의 무사 귀환을 달에게 기원한 여인의 노래

신라는 고구려와 백제에 가로막혀 중국의 문화를 받아들이는 데 가장 불리하였으나, 이것은 나중에 오히려 고유문화를 발전시킬 수 있는 장점이 되었다. 설총 같은 학자가 나와 이두 문자를 정비하는 등 많은 활약을 하게 된다. 거칠부가 『국사』를 편찬한 시기는 진흥왕 6년(545년)으로 백제보다 2세기나 늦었다. 『삼국유사』에 신라시대의 「서동요(薯童謠)」, 「혜성가(彗星歌)」 같은 향가 작품이 실렸으며 그 밖에 많은 설화와 가요가 수록되어 있다.

향찰로 쓰인 신라의 시가인 향가의 예로 「헌화가(獻花歌)」를 보자. 고구려의 「황조가」에 비하면 같은 4행시이지만 자수율(字數律)이 좀 더 자유로운 것을 알 수 있다. 『삼국유사』 권 2 「수로부인조(水路夫人條)」에 「해가(海歌)」와 함께 실려 전하는 향가 중에 있는데, 그 유래가 다음과 같이 전해진다. 신라 제33대 성덕왕 때, 강릉태수로 부임하는 길인 순정공과 함께 있던 부인 수로가 바닷가의 천길이나 되는 절벽 위에 피어 있

는 철쭉꽃을 탐냈으나 꽃이 험한 바위 위에 있으므로 아무도 선뜻 나서는 사람이 없었다. 이때 소를 몰고 지나가던 한 노인이 기꺼이 올라가 꽃을 꺾어서 바치며 이 노래를 지어 불렀다고 하는데, 그 노인이 누구인지는 알 수 없었다고 한다.

 자포암호변희(紫布岩乎邊希: 자줏빛 바위 가에)
 집음호수모우방교견(執音乎手母牛放敎遣: 잡은 암소 놓게 하시고)
 오힐불유참힐이사등(吾肹不喻慚肹伊賜等: 저를 부끄러워하지 않으시면)
 화힐절질가헌호리음여(花肹折叱可獻乎理音如: 제 꽃 꺾어 바치겠습니다)

고려시대 문학

신라의 향가는 고려시대 초까지 그 명맥이 유지, 계승되었다. 특히 통일신라시대 말기에서 고려 광종 때까지 생존한 고승 균여가 불교의 정토사상(淨土思想)을 읊은 「보현십원가(普賢十願歌)」 11수는 오늘날까지 전해지는 향가의 마지막 작품으로 귀중한 문학 자료이다. 균여가 지은 이 11수가 비록 예술적으로 높은 경지의 것은 아니나 불교문학적인 향취와 세련된 수사의 기교로 신라시대 향가의 모습을 엿보게 한다. 예종(재위 1105~22년)이 고려의 개국공신인 신숭겸과 김낙을 추도하여 지었다는 「도이장가(悼二將歌)」와 정서가 유배지에서 임금을 그리워하며 지었다는 「정과정곡(鄭瓜亭曲)」 등은 그 형식이 다소 변화하기는 했지만 아직 향가의 흔적이 남은 고려가요이다.

 이 무렵 별곡(別曲) 형식의 시가가 새롭게 등장하였다. 별곡은 팔관회나 연등회의 가무백희 등에서 연희되기에 알맞도록 만든 분장(分章) 형식의 장가(長歌)로서 「서경별곡(西京別曲)」, 「청산별곡(靑山別曲)」, 「만전춘(滿殿春)」,「쌍화점(雙花店)」 등이다. 장가는 나중 조선시대에 가사 장르로 발전한 것으로 보인다.「청산별곡」은 작자와 창작 연대는 알 수 없고 오랫동안 구전되다가 훈민정음 창제 이후에 문자로 정착되었으며 고려속요 중「서경별곡」,「가시리」와 함께 비유성과 문학성이 뛰어난 작품으로 손꼽힌다. 고려시대 사람의 자연애, 현실도피, 은둔사상, 취락사상, 낙천성 등 그 시대 사람의 자연에 대한 동경과 삶의 고달픔이 매우 진솔하고 절실하게 표출되어 있다.

「청산별곡」원문을 살펴보기로 한다. 연마다 붙은 번호는 설명의 편의를 위하여 필자가 임의로 붙인 것이다.

1.
살어리 살어리랏다(살리 살리라)
청산애 살어리랏다(청산에 살리라)
멀위랑 ᄃ래랑 먹고(머루랑 다래랑 먹고)
청산에 살어리랏다(청산에 살리라)
얄리얄리 얄랑셩 얄라리 얄라

2.
우러라 우러라 새여(울어라 울어라 새야)
자고 니러 우러라 새여(자고 일어나 울어라 새야)
널라와 시름 한 나도 (너보다 시름 많은 나도)
자고 니러 우니노라(자고 일어나 울고 있단다)
얄리얄리 얄랑셩 얄라리 얄라

3.
가던 새 가던 새 본다(가던 새 가던 새 보았느냐)

믈 아래 가던 새 본다(물 아래 가던 새 보았느냐)

잉 무든 장글란 가지고(이끼 묻은 연장을 가지고)

믈 아래 가던 새 본다(물 아래 가던 새 보았느냐)

얄리얄리 얄랑셩 얄라리 얄라

4.

이링공 뎌링공 하야(이럭저럭 하여)

나즈란 디내와숀뎌(낮은 지내 왔지만)

오리도 가리도 업슨(올 사람도 갈 사람도 없는)

바므란 쏘 엇디호리라(밤은 또 어떻게 하나)

얄리얄리 얄랑셩 얄라리 얄라

5.

어듸다 더디던 돌코(어디다 던지던 돌이냐)

누리라 마치던 돌코(누구를 맞히려던 돌이냐)

믜리도 괴리도 업시(미운 이도 고운 이도 없이)

마자셔 우니노라(맞아서 우는구나)

얄리얄리 얄랑셩 얄라리 얄라

6.

살어리 살어리랏다(살리 살리라)

바르래 살어리랏다(바다에 살리라)

ᄂᆞ무자기 구조개랑 먹고(나문재와 굴, 조개 먹고)

바르래 살어리랏다(바다에 살리라)

얄리얄리 얄랑셩 얄라리 얄라

7.

가다가 가다가 드로라(가다가 가다가 듣노라)

에졍지 가다가 드로라(부엌에 가다가 듣노라)

사사미 짒대예 올아셔(사슴이 장대에 올라가서)

해금을 혀거를 드로라(해금 켜는 소리를 듣노라)

얄리얄리 얄랑셩 얄라리 얄라

8.

가다니 빅브른 도긔(가서는 배가 부른 독에)

설진 강주를 비조라(걸쭉하고 독한 술을 빚으리)

조롱곳 누로기 미와(조롱 같은 누룩이 매어)

잡사와니 내 엇디ᄒ 리잇고(잡은들 내 어찌하랴)

얄리얄리 얄랑셩 얄라리 얄라

⊙ 짜임
기(1연) : 현실도피
승(2~4연) : 속세의 고독과 슬픔
전(5~7연) : 고독과 슬픔의 극복에 대한 기원
결(8연) : 구원의 길
⊙ 형식
총 8연으로 각 연은 5행으로 구성, 각 행은 3·3·2조의 3음보를 가진 정형시. 내용적으로 기승전결을 가진 구조로 구성되어 있는 노래 가사로 불린 장시(長詩). 매연의 마지막 행인 '얄리얄리 얄랑셩 얄라리 얄라' 는 특별한 의미가 없는 후렴구로서 음악적 요소라 할 수 있음. '얄리얄리 얄랑셩' 같은 말은 유독 이 「청산별곡」에만 나타나는 말이어서 이 말의 기원이나 의미에 대한 학계의 공통된 결론은 아직 없는 상태. 이러한 장시의 고려가요가 나중 조선시대에 들어와 가사와 같은 문학 장르로 발전한 것으로 추측됨
⊙ 어조
시름에 젖어 있지만 희망을 가지려고 하는 밝은 목소리
⊙ 출전
구전되어 오던 것이 『악장가사(樂章歌詞)』, 『시용향악보(時用鄕樂譜)』에 조선 성종 이후 한글로 정착됨
⊙ 수사법
반복법, 상징법, 'ㄹ과 ㅇ' 음의 반복적 사용으로 음성 상징적 효과와 운율적 효과를 거둠
⊙ 사상
자연애, 은둔사상, 낙천성
⊙ 내용
고뇌와 비탄에 찬 현실을 도피하기 위한 공간으로 '청산' 과 '바다' 를 택했으며, 극복 방안으로 술에 의탁하여 잊으려는 노래
⊙ 의미와 특징
고려시대 사람의 삶의 모습이 잘 반영된 노래이며 선인의 낙천성이 보임. 「서경별곡」과 함께 문학성이 가장 뛰어난 노래로 당시 시대상인 몽고의 침입, 무신정치, 관리들의 부패 등이 간접적으로 반영됨

◉ 주제
삶의 고통과 비애를 벗어나고 싶은 욕구

한문체 가사의 경기체가는 「한림별곡(翰林別曲)」, 「죽계별곡(竹溪別曲)」이 있다. 고려시대 중기, 몽골의 침략과 무신정권의 전횡 등으로 나라가 어지러워지자 국가의 새로운 이념으로 주자학자(朱子學者), 즉 유학자(儒學者)에 의한 새로운 시조 형식이 창조되었다. 초기 시조는 딱딱한 한문 투로 이루어졌으나 시간이 흐르면서 서정성 넘치는 한국어를 자유롭게 구사하여 간결하고 아름다운 한국 고유의 정형시로 발전하였다. 단가형인 시조 외에 장가형의 율문시인 가사문학도 대두하게 되었다. 고려시대 문학은 초기에는 신라 향가의 마지막을 장식하였고, 조선 시가문학의 꽃이라 할 시조와 가사를 태동시켰다. 고려 서사문학은 통일신라의 설화문학을 계승, 발전시켜 임춘의 「국순전(麴醇傳)」, 이곡의 「죽부인전(竹夫人傳)」과 같은 가전체(假傳體) 소설을 탄생시켰다. 특히 고려시대 서사문학의 백미(白眉)라 할 이규보의 「동명왕편(東明王篇)」과 이승휴의 『제왕운기(帝王韻紀)』가 발표되었다는 것이 중요하다. 이 두 작품은 비록 한시(漢詩)의 오언 또는 칠언의 운문체를 빌어 기술되었지만, 그 바탕에 외적에 대한 항거 정신이 뚜렷이 흐른다. 장중하고 웅대한 구성과 묘사로 빼어난 민족의 영웅서사시를 이루어 놓았다는 것이 특기할 만하다.

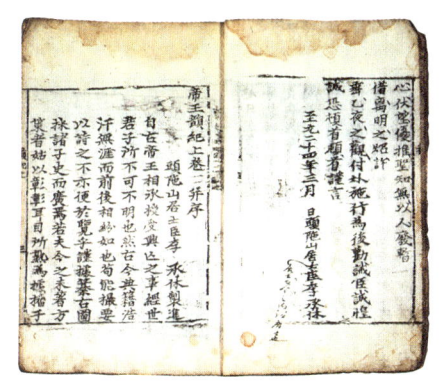
『제왕운기』

● 조선시대 전기 문학

조선시대 전기 문학은 앞 시대의 문학과 분명한 차이를 보인다. 1443년 세종대왕의 훈민정음 창제로 언문일치(言文一致)의 문학을 창작할 수 있게 되었다는 것이 그 이유이다. 남의 문자를 빌어다 쓰는 데 비하여 훨씬 자유롭게 그리고 충분히 표현할 수 있게 되었을 것이다. 진정한 의미의 한국 문학은 한글의 출현에 의해 비로소 완전한 토대가 마련되었다. 한글이 창제됨으로써 조선 건국 초부터 여러 개국공신이 왕조의 창업을 찬미한 송축가(頌祝歌)로서의 악장(樂章)이 문자로 정착되고, 경전(經典)과 고전의 번역, 편찬 등이 활발하게 이루어졌다. 정인지는 『용비어천가(龍飛御天歌)』를 지었는데 이것은 125장으로 이루어진 조선왕조 창업의 송축가로서 한국 최초의 한글 문헌이다. 이어서 세종은 『용비어천가』 다음의 한글 문헌인 『월인천강지곡(月印千江之曲)』을 지어서 간행하였으나, 차차 이런 악장체의 시가는 자취를 감추고 시조와 가사가 조선시대 시가문학의 주류를 이루게 된다.

시조는 간결한 가운데 소박한 취향을 존중하는 유학자의 서정을 표현하기에 알맞은 형태였다. 정몽주의 「단심가(丹心歌)」, 길재의 「회고가(懷

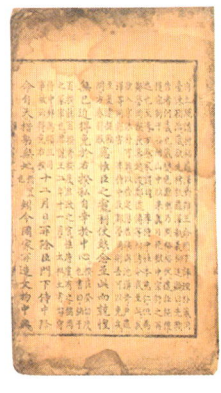
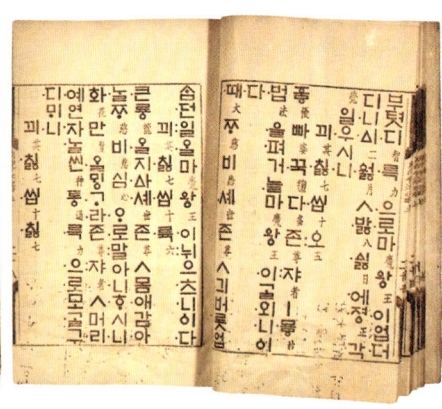

『용비어천가』(왼쪽), 『월인천강지곡』(오른쪽)

古歌)」 등이 이때의 대표적인 시조이다. 사육신의 「충의가(忠義歌)」, 김종서의 「전진가(戰陣歌)」, 맹사성의 「강호사시가(江湖四時歌)」 등에 이르러서는 그 내용에 큰 변화가 일어나기 시작하였다. 작가 자신의 입장과 생활을 선명하게 나타내는 개성적인 문학으로 발전한 것이다. 이어서 이현보, 송순, 황진이 등의 뛰어난 작가에 의하여 한 단계 발전하고 이황의 「도산십이곡(陶山十二曲)」, 이이의 「고산구곡가(高山九曲歌)」, 정철의 다양한 시조가 나오면서 조선시대 전기 시조문학의 절정기를 맞이하게 된다. 비교적 쉽게 쓰인 시조 몇 수만 소개하기로 한다. 현대 맞춤법에 맞추어 썼다.

1.
이 몸이 죽고 죽어 일백 번 고쳐죽어
백골(白骨)이 진토(塵土)되어 넋이라도 있고 없고
임 향한 일편단심(一片丹心)이야 가실 줄이 있으랴
— 정몽주

2.
이화(梨花)에 월백(月白)하고 은한(銀漢)이 삼경(三更)인데
일지춘심(一枝春心)을 자규(子規)야 알랴마는
다정(多情)도 병(病)인 양하여 잠 못 이뤄 하노라
— 이조년

3.
부모 살아신 제 수심(愁心)을 뵈지 말며
낙기심(樂其心) 양기체(養其體)하여 백세를 지낸 후에
마침내 향화부절(香火不絶)이 긔 옳은가 하노라.

(향화는 제사, 부절은 끊어지지 않게 한다는 뜻으로 대를 이어 제사함을 뜻함)

— 김수장

4.
동짓달 기나긴 밤을 한 허리 베어 내어
춘풍 이불 아래 서리서리 넣었다가
어른님 오신 날 밤이거든 구비구비 펴리라

— 황진이

앞의 시조에서 1은 임금에 대한 충성을 다짐하는 내용이요, 2는 사랑하는 사람을 그리워하는 연가(戀歌)이다. 3은 부모에게 효도하겠다는 효심을 나타낸 시이고, 4는 사랑을 주제로 한 시이다. 1~3이 모두 사대부 남성에 의해 지어진 것이라면 4는 황진이라는 기녀(妓女)에 의해 지어진 것인데, 한글만으로 쓴 시조로서 어떤 시조와도 비교될 수 없는 뛰어난 작품이다. 우선 착상이 매우 신선하고 독창적이다. 간절한 그리움과 기다림의 애타는 심정을 시간에 대비하여 감동적인 시적 효과를 거두고 있다. 홀로 있는 겨울밤의 막막한 시간을 반으로 잘라 따뜻한 이불 속에 넣어 놓았다가 그리던 임과 지내게 될 봄날 밤의 짧은 시간에 꺼내어 쓰겠다는 구절은 이 시인의 예술적 상상력과 시적 감성이 얼마나 뛰어났는지 충분히 짐작하게 한다. '서리

영화 「황진이」 포스터

서리'와 '구비구비' 같은 의태어의 구사를 비롯하여 세련되고 섬세한 한국어로서의 언어 감각이 돋보인다. 이와 같이 시조는 간결하고 규칙적인 율격에 따라 3행시로 나타낸 대표적인 정형시로서 한국 사람의 보편적인 주제인 충효, 자연 찬미, 사랑과 여유로운 여흥 등이 모두 나타난다.

가사문학은 성종 때 정극인의 「상춘곡(賞春曲)」을 시초로 하여 송순의 「면앙정가(俛仰亭歌)」를 거쳐 송강 정철의 여러 작품에 이르러 활짝 꽃피었다고 할 수 있다. 정철의 대표 작품은 그의 가사집인 『송강가사』에 전해 내려오는 「관동별곡(關東別曲)」, 「사미인곡(思美人曲)」, 「속미인곡(續美人曲)」, 「성산별곡(星山別曲)」의 네 편이다. 국어를 자유자재로 구사한 호탕하면서 섬세하고 정서적이면서 비장한 시풍은 가사 문학의 최고봉이라 할 수 있다. 그 밖에 조위의 「만분가(萬憤歌)」, 양사언의 「남정가(南征歌)」 등이 가사문학 발전에 큰 역할을 하였다고 할 수 있다.

김시습이 지은 최초의 한문 소설인 『금오신화(金鰲新話)』를 비롯하여 서거정의 『동인시화(東人詩話)』, 성현의 『용재총화(慵齋叢話)』, 김종직의 『점필재집(佔畢齋集)』, 조광조의 『정암집(正菴集)』 등이 이 시대 산문 문학을 대표하는 작품이다. 이때에 이르러 번역 문학이 발달하였는데, 『사서삼경(四書三經)』, 『소학(小學)』, 『효경(孝經)』 등의 언해본이 간행된 것을 비롯하여 『능엄경(楞嚴經)』, 『법화경(法華經)』, 『금강경(金剛經)』 등의 불경과 『두시언해(杜詩諺解)』, 『황산곡시집언해(黃山谷詩集諺解)』 등이 잇달아 나왔다. 성현 등이 『악학궤범』을 편찬하고, 구

김시습

전되어 오던 「동동(動動)」, 「정읍사」 등 여러 편의 오래된 노래를 문자화한 것 또한 이 시대의 소중한 업적이다.

● 조선시대 후기 문학

조선시대 전기 문학에서 주로 귀족적인 시가문학이 주류를 이루었다면, 후기는 평민계급까지 시가문학이 확산되어 시조 작가의 수가 급격히 늘었을 뿐 아니라 그 내용 역시 다양하고 풍부해졌다. 가사까지 능하였던 박인로의 「오륜가(五倫歌)」 등 70여 편의 시조를 비롯하여 장경세의 「강호연군가(江湖戀君歌)」나 이항복, 김상용, 남구만 등의 시조는 이 시대를 대표하는 것이었다. 그 뒤 이순신, 봉림대군, 김상헌 등이 당시의 시대상을 나타내는 내용으로 후세에 길이 빛날 시조를 남겼다. 역시 시조문학은 윤선도에 이르러 최고봉을 이룬 것으로 평가된다. 「어부사시사(漁父四時詞)」, 「산중신곡(山中新曲)」 같은 작품은 그의 자연시인적 풍모를 뚜렷하게 할 뿐 아니라 시조문학의 가치를 한껏 높였다. 이후 김천택, 김수장, 박효관, 안민영 등이 나타났는데, 이들은 작가인 동시에 창곡가(唱曲家)였다.

여기서 특기할 것은 서민층으로 확산된 시조는 사설시조라는 새로운 형태의 시조를 낳았을 뿐 아니라, 지난날의 시조를 수집, 정리하는 가집(歌集) 편찬을 평민 가객 사이에서 성행시켰다는 것이다. 김천택의 『청구영언(青丘永言)』을 비롯해 김수장의 『해동가요(海東歌謠)』, 박효관과 안민영이 함께 엮은 『가곡원류(歌曲源流)』가 그 대표이다.

동기(同氣)로 세 몸 되어 한 몸같이 지내다가
두 아운 어듸 가서 도라올 줄 모르는고.

날마다 석양(夕陽) 문외(門外)에 한숨 계워 ᄒᆞ노라.

(형제로서 세 사람의 몸이지만 한몸처럼 가까이 지내다가

두 아우는 어디 가서 돌아올 줄 모르는가?

날마다 해 지는 문밖에 서서 한숨을 못 이겨 하노라.)

— 박인로

  조선시대 전기의 정철 같은 가사문학 대가가 후기 역시 나타났는데, 노계 박인로가 바로 그 사람이다. 그의 작품으로 임진왜란 때 읊은 「태평사(太平詞)」와 「선상탄(船上嘆)」을 비롯하여 「누항사(陋巷詞)」, 「사제곡(莎堤曲)」, 「노계가(蘆溪歌)」를 비롯한 일곱 편이 전한다. 그러나 박인로의 걸출한 작품을 제외하면 가사문학은 시조에 밀려 그 기세를 떨치지 못하고, 영조 이전까지 이원익, 이수광, 임유후 등이 겨우 그 명맥만 이었다. 숙종 이후 소설의 융성과 더불어 다시 장편가사가 널리 창작되기 시작하였다. 영조 때 김인겸의 『일동장유가(日東壯遊歌)』, 정조 때 안조환의 『만언사(萬言詞)』, 헌종 때 한산거사의 『한양가(漢陽歌)』, 고종 때 홍순학의 『연행가(燕行歌)』 등이 모두 1,000~4,000여 구에 달하는 장편가사이다. 이밖에 유명·무명의 작가가 창작한 수많은 가사 작품이 쏟아져 나왔으며, 영남 지방 부녀자 사이에서 내방가사가 유행하였다.

  조선시대 후기의 또 다른 특징은 판소리가 하나의 새로운 문학 양식으로 등장했다는 사실이다. 판소리는 그 형성 과정을 정확히 알 수 없는 구비문학이지만, 이 시기에 와서 문자로 정착되었다는 것이다. 이 판소리 계통의 작품이 고대소설로 발전했다고 보는 것이 일반적인 견해이다. 숙종 시대 말의 하한담과 최선달은 「춘향가」, 「홍부가」, 「토끼타령」, 「장끼타령」, 「배비장타령」, 「옹고집타령」, 「변강쇠타령」, 「화용도타령」, 「강릉

「매화타령」, 「무숙이타령」 등 판소리 열두 마당을 시창(始唱)한 사람들이다. 판소리 열두 마당은 고종 때 신재효에 의하여 「춘향가」, 「심청가」, 「박타령」, 「토끼타령」, 「가루지기타령」, 「적벽가(화용도)」의 여섯 마당으로 정리되었다.

무엇보다 조선시대 후기의 문학을 대표하는 것은 고대소설의 등장이다. 광해군 때 허균의 『홍길동전』이라는 최초의 한글소설이 나와 소설의 진수를 보여 주었다. 주제 면에서 당시로는 획기적이라고 할 수 있는 계급타파와 사회개혁을 다룬 것이었

김만중

다. 허균에 이어 조선의 소설을 한 단계 끌어올린 것은 숙종 때 김만중이 쓴 『구운몽(九雲夢)』과 『사씨남정기(謝氏南征記)』였다. 그 이후 수없이 많은 유명·무명 작가에 의한 소설이 쏟아져 나왔는데, 그 중 박지원의 『허생전』, 『양반전』, 『호질(虎叱)』 등 10여 편의 소설은 엄격한 비판 정신에 입각해 당시 양반 계층의 무능과 위선을 고발한 사실주의의 뛰어난 작품이다.

이 무렵, 중국 소설의 영향으로 군담소설과 애정소설이 많이 나왔다. 『임진록』, 『유충렬전』, 『임경업전』, 『곽재우전』 등은 군담소설에 속하며, 『춘향전』, 『숙영낭자전』, 『옥단춘전』 등 다수의 애정소설이 전해졌는데 그 중의 백미는 『춘향전』이다. 작가와 연대는 정확하게 알 수 없으나 지금까지 가장 사랑받는 한국 문학작품 가운데 하나이며, 조선시대 한국 소설을 대표한다고 해도 과언이 아니다. 『춘향전』은 판소리와 소설뿐 아니라 연극, 영화, TV 드라마로 수차례 제작되는 등 한국 문화 콘텐츠의 꽃이라 할 수 있다.

그 밖에 『장화홍련전』 같은 가정소설, 『심청전』 같은 도덕소설, 『옥루몽』 같은 기연(奇緣)소설, 『흥부전』 같은 우화소설 등 다양한 종류의 소설이 쏟아져 나왔으며, 궁중기사체(宮中記事體)인 『계축일기』, 『인현왕후전』, 『한중록』, 『의유당 일기』 등 뛰어난 궁중문학작품이 나오면서 여류문학을 형성하였다.

- 개화기 문학

개화기 문학은 1894년 갑오경장에서 1919년 3·1운동에 이르는 개화(開化)계몽기의 문학으로서, 1917년 이광수의 장편소설 『무정』이 등장하기 전의 작품들을 말한다. 1876년 병자수호조약 이후 쇄국정책이 철폐되고 갑오경장으로 근대적 사회제도가 확립되면서, 이러한 기류가 문학에 반영되어 신문과 잡지가 발간되고 신식 학교가 설립되는 등, 근대문학의 기반이 마련되었다. 언문일치(言文一致)의 문장 운동이 전개되고 외국 문헌의 번역 간행과 이에 따른 번안문학의 성행이 신문학의 싹을 트게 하였다. 신소설과 신시, 근대소설 등이 이러한 환경에서 나온 산물이다. 개화기 문학의 특징은 비현실적인 내용에서 탈피하여 실제 현실을 그리기 시작한 것이다. 자주정신의 각성과 계몽 및 개화사상 등이 문학의 주요 내용이 되었고, 과거의 문어체에서 구어체로 변하면서 언문일치를 이루게 된다. 표현 면에서는 설명 위주에서 묘사 위주로 바뀌었으며, 양반 위주의 문학에서 평민문학으로 확대되는 시기였다. 이 무렵에 나온 작품으로 최남선의 신체시와 이인직의 『혈의 누』(1906년), 『귀의 성』(1906년), 『치악산』(1908년), 『은세계』(1908년) 등과 이해조의 『자유종』(1910년), 최찬식의 『추월색』(1912년)과 같은 신소설이 있으며, 이해조의 『철세계』(1908년), 구연학의 『설중매』(1909년), 조중환의 『장한몽』

(1913년) 같은 외국 작품의 번안소설이 나왔다. 신소설은 고대소설과 현대소설의 과도기에 나온 작품으로 문체와 주제에서 독특한 면을 나타냈다. 신소설은 제목을 비롯하여 확대된 장면 묘사, 작품 서두의 참신성, 근대적인 사상과 문물의 도입, 풍속의 개량 등 내용과 형식 면에서 고대소설과 다른 새로운 면모를 보여 주었다. 이인직의 『혈의 누』라는 작품에서 '신소설'이라는 이름이 처음 등장하였다.

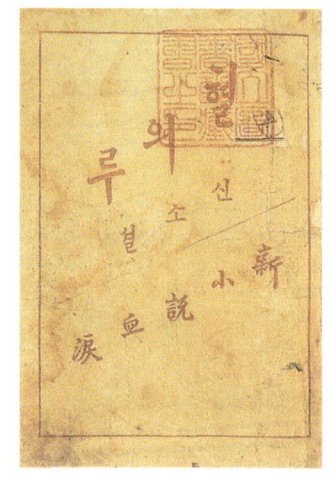

『혈의 누』

현대문학

한국의 현대문학은 20세기 초에 전개된 신문학운동부터 8·15광복을 거쳐 21세기를 맞이한 현재까지 이루어진 문학을 총칭한다. 갑오경장 이후 한반도는 정치제도부터 일반 국민의 생활양식에 이르기까지 서양의 선진문화를 받아들이려는 근대적인 운동이 크게 일어났다. 이 시기를 개화기라고 부르기도 하는데, 한국의 신문학운동은 이 개화기의 산물이다. 개화란 서구화를 의미하는 면이 강하지만 국적이나 민족성을 무시하거나 초월하는 근대의식은 아니었다. 민족의 자주독립을 고취하려는 의지와 열망을 근간으로 했다는 점이 중요하다. 어쩌면 진정한 의미의 한국 근대적 민족주의와 민족문학은 이때부터 본격화되었다고 해도 될 것이다. 한국의 현대문학은 민족의식과 근대적 자아의식의 바탕 위에서 민족 독립과 번영을 위협하는 일체의 도전에 대한 강력한 저항과 예술적 창조의 두 국면이 긴밀히 연계되어 발전해 왔다고 할 수 있다.

문학사적으로는 1910년대 이후의 문학, 즉 신소설 이후의 문학을 대체로 현대문학이라 한다. 한국의 경우, 한일병합이라는 참담한 현실을 맞이하게 되어 근대적인 문학사조를 수용하는 과정이 문학사적으로 매우 복잡하고 불행하게 전개되었다고 할 수 있다.

일제강점기(1910~45년)는 모든 정치, 경제, 사회 면과 함께 문화 활동 역시 많이 위축되고 왜곡되었다. 그러나 한글 창제 이후 본격적으로 발달한 한글 문학 활동이 면면이 이어졌고, 미술과 음악 역시 명맥을 유지하였다. 이 시대 문학으로 일제강점기의 현실을 날카롭게 풍자한 소설인 채만식의 『태평천하』, 『탁류』, 『레디메이드 인생』 등이 있다. 시인으로는 저항시인으로 활동한 한용운, 김소월, 이상화, 이육사, 윤동주 등이 있다. 심훈의 「그날이 오면」, 이육사의 「절정」, 「광야」, 윤동주의 「서시」, 「자화상」, 「참회록」, 「또 다른 고향」 등이 이 시기의 시이다.

1910~20년대까지의 문학사를 요약하면 3·1운동의 실패로 민족적 좌절을 겪었고, 좌익 이데올로기가 등장하고, 본격적인 서구문예사조가 유입되어 문학에 영향을 끼쳤다. 일제가 '문화정치'를 표방함으로써

한용운(왼쪽), 김소월(가운데), 윤동주(오른쪽)

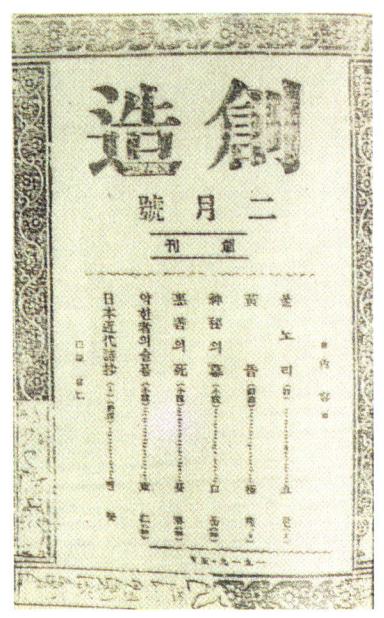
『창조』

『백조』

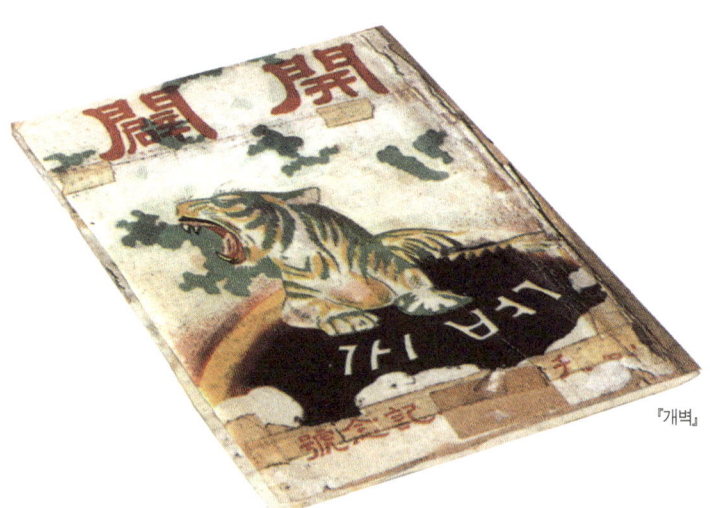
『개벽』

1920년 『동아일보』와 『조선일보』가 창간되고 『창조』, 『백조』, 『개벽』과 같은 동인지가 간행됨으로써 문학의 저변이 확대되었고 전문 문학인의 등장으로 문학적 기반이 확립되었다. 3·1운동 후의 시대 분위기인 퇴폐적이고 감상적인 낭만주의와 이를 극복하려는 사실주의, 자연주의 문학이 수립되었다. 계몽적 성격을 탈피한 개인적·서정적 자유시가 창작되었으며, 시조의 부흥으로 근대적 시조가 등장하였다.

1920년대 문학

1920년대의 문학을 근대문학이라고도 하는데 신문학운동의 시작기라고 할 만한 시기이다. 다른 나라의 경우와 달리 국권을 잃고 일제강점기가 시작된 지 10년이 지난 때에 신문학운동이 전개되어 근대문학사조인 낭만주의, 자연주의, 상징주의 등의 사조를 형성하였다. 『태서문예신보』에 김억, 황석우 등이 자유시를 발표하였고 문예동인지 『창조』에서 주요한의 시가 발표되었다. 이어서 김억, 남궁벽, 오상순, 염상섭 등의 동인지 『폐허』(1920년)가 나왔고, 박종화, 홍사용, 이상화, 나도향 등이 『백조』(1922년)를 발간했으며, 양주동, 이장희, 유엽 등은 동인지 『금성』(1924년)을 발간했는데 이 시대의 작품은 거의가 허무적인 낭만주의가 주조였다. 1920년대 한국 시의 특징은 개인적 정서에 민족적 운율을 깊이 있게 결합하고 서구의 여러 문예사조를 받아들여 민족적 정서를 표현했다는 점이다. 이 시기에 김억, 홍사용 등이 낭만적인 시 경향을 보이고 이후 김소월의 민요적 정한(情恨), 한용운의 구도적(求道的) 시정신이 가세하여 「진달래꽃」이나 「엄마야 누나야」(1922년)와 「님의 침묵」(1926년) 같은 빼어난 작품이 나왔다.

엄마야 누나야   ― 김소월

엄마야 누나야 강변 살자
뜰에는 반짝이는 금모래빛
뒷문 밖에는 갈잎의 노래
엄마야 누나야 강변 살자

「엄마야 누나야」는 시인의 간절한 소망의 표현으로 해석된다. 사랑과 평화만이 있는 세계가 바로 강변과 금모래와 갈잎이 있는 곳이다. 한국 사람의 자연 사랑 정신이 여기에 나타난다고 할 수 있다. 암울한 일제강점기에 무엇 하나 뜻을 펼 수 없는 젊은 시인의 정한이 아름다운 소원을 노래하는 시로 승화되었을 것으로 짐작된다. 나라를 잃은 슬픔과 고통을 자연과 함께 참고 이기는 한국 민족성의 일단을 엿볼 수 있다.

님의 침묵   ― 한용운

님은 갔습니다. 아아, 사랑하는 나의 님은 갔습니다.
푸른 산빛을 깨치고 단풍나무 숲을 향하여 난 작은 길을 걸어서, 차마 떨치고 갔습니다.
황금(黃金)의 꽃같이 굳고 빛나던 옛 맹서(盟誓)는 차디찬 티끌이 되어서 한숨의 미풍(微風)에 날아갔습니다.
날카로운 첫 키스의 추억(追憶)은 나의 운명(運命)의 지침(指針)을 돌려 놓고, 뒷걸음쳐서 사라졌습니다.
나는 향기로운 님의 말소리에 귀먹고, 꽃다운 님의 얼굴에 눈멀었습니다.

사랑도 사람의 일이라, 만날 때에 미리 떠날 것을 염려하고 경계하지 아니한 것은 아니지만, 이별은 뜻밖의 일이 되고, 놀란 가슴은 새로운 슬픔에 터집니다.

그러나 이별을 쓸데없는 눈물의 원천(源泉)을 만들고 마는 것은 스스로 사랑을 깨치는 것인 줄 아는 까닭에, 걷잡을 수 없는 슬픔의 힘을 옮겨서 새 희망(希望)의 정수박이에 들어부었습니다.

우리는 만날 때에 떠날 것을 염려하는 것과 같이, 떠날 때에 다시 만날 것을 믿습니다.

아아, 님은 갔지마는 나는 님을 보내지 아니하였습니다.

제 곡조를 못 이기는 사랑의 노래는 님의 침묵(沈默)을 휩싸고 돕니다.

「님의 침묵」의 어법은 님이 떠나 버린 슬픔을 누군가에게 호소하는 듯한, 아니면 혼자서 독백을 하는 듯한 형식으로 되어 있다. 님에 대한 사랑과 기다림을 효과적으로 표현하기 위해서 경어체를 사용하였다. 이 시의 '님'을 '나라'로 해석해 보면 나라를 잃음을 '이별'로 '광복'을 '다시 만남'으로 표현한 비유법이 정서를 고양시키고 심미감을 높이는 역할을 한다. '황금의 꽃'과 '한숨의 미풍', '향기로운 님의 말소리', '꽃다운 님의 얼굴' 같은 감각적 표현이 이 시의 심오한 주제 의식을 독자에게 친근한 것으로 바꾸어 준다.

이 시에서 가장 중요한 것은 님의 침묵에 대한 화자의 태도이다. 님은 떠났지만 자신의 마음속에는 님이 생생히 살아 있기

한용운의 시집 『님의 침묵』

김동인(위), 나도향(아래)

때문에 '나는 님을 보내지 아니하였습니다'라고 표현함으로써 절실한 사랑의 감정, 애타게 기다리는 마음을 매우 효과적으로 전달하고 있다. 이러한 생각은 불교적 사유에 바탕을 둔 것인데, 결과적으로 그것은 조국 상실의 시대적 고통을 견디고 극복할 수 있는 힘으로 작용한다.

소설에서는 이광수의 계몽주의에 반기를 들고 일어난 김동인을 비롯하여 전영택, 현진건, 염상섭, 나도향 등이 1920년대 초기 문학을 대표하는 문인이다. 특히 김동인은 문학의 계몽성을 거부하고 순수문학을 탄생시켰으며, 염상섭은 냉철한 사실주의를 보여 준 최초의 작가라 할 수 있다. 대표적인 작품은 이광수의 계몽주의적 문학에 맞서 순수문학 소설을 사실주의적 기법으로 쓴 김동인의 「감자」, 「태형」, 지식인의 고뇌를 사실적으로 묘사한 염상섭의 「표본실의 청개구리」가 있다. 치밀한 구성과 객관적 묘사로 역시 사실주의적 기법을 사용한 현진건의 「운수좋은 날」, 「빈처」, 「B사감과 러브레터」와 낭만적 감상주의 경향에서 출발하여 섬세하고 세련된 감각의 소설을 쓴 나도향의 「물레방아」, 「벙어리 삼룡」 역시 이 시기의 소설이다.

- 1930년대 문학

한국의 1930년대 문학은 20년대 후반에 성행한 프로문학에 대한 반발과 파시즘의 대두 및 중일전쟁 발발로 불안의식이 고조되어 큰 전환점을 맞게 된다. 이 시기 문학의 특징은 첫째, 시나 소설에서 서정주의적 경향이 두드러지게 나타난 점이다. 시에서 김영랑, 소설에서 이태준과 이효석의 작품에 민족주의적 애상과 안타까움이 담겨 있다. 둘째는 1933년을 전후하여 서양의 모더니즘이 등장하게 된 점이다. 김기림, 김광균, 정지용, 이상 등이 언어의 조탁(彫琢)과 리듬을 추구하면서 서양의 상상파(이미지즘)를 강조한 것이다. 모더니즘을 이론적으로 정리한 사람은 최재서였다. 이상은 그의 초현실주의 시「오감도」(1934년)와 최초의 심리주의 소설「날개」(1936년)를 통하여 현대시와 현대소설의 새로운 경지를 열었다.

이상(위), 「오감도」(아래)

　1930년대는 문학 활동의 기반이 확충되고 예술적 기교가 발달하였으며, 신문이나 잡지의 수가 늘어나고 지면이 확대되어 활발한 문학 활동이 이루어졌다. 문학의 예술적 수준이 향상되었고 소재와 형식이 다양해졌으며 계몽문학이 나타났다. 그러나 이 시기 역시 일제의 탄압과 통제가 심해짐에 따라 순수문학을 지향하는 경향이 두드러졌다. 시문학파, 모더니즘파, 생명파, 청록파 등 다양한 유파를 형성하여 활동했고 사실적 문학이 정착했으며 풍자적 문학이 등장하였다.

　1930년대는 정지용, 박용철, 김영랑 등의 시문학파 동인이 섬세하고 세련된 언어 감각으로 서정시의 전형을 보여 주었다. 1930년대 후반부는 생명파를 이어받아 삶의 근원에 대한 깊이 있는 성찰과 인간 존재에 대한 탐구, 그리고 삶의 고향인 자연을 노래한 박두진, 박목월, 조지훈으로 구성된 청록파 시인이 나타났다. 이들은 자연미와 국어미의 순화 및 생명의 원천을 추구하는 시를 발표하였다. 이용익, 백석, 오장환 등은 일제에 수탈당하는 민족 현실을 고발한 리얼리즘 시를 발표하였다.

　이 시기 소설의 특징은 역시 교훈주의를 배격하고 예술적 가치를 존중하는 경향과 사회 현실에 대한 관심이 고조되었고 소설 작법이 다양화된 것이다. 초기에는 신경향파 문학으로 출발하였다가 서정적인 작품을 쓴 주요섭의 「사랑 손님과 어머니」, 「아네모네 마담」 등이 이 시기의 작품이다. 이 중 「사랑 손님과 어머니」는 영화로 상영되는 등 지금까지 매우 인기 있는 소설 중 하나이다.

　한편으로는 한국의 전통문화에 대한 관심이 고조되어 토속적인 소설이 많이 나왔으며, 지식인의 고뇌를 나타내는 심리소설이 등장했다. 깊이 있는 현실 탐구에 기반을 둔 장편소설이 이 시기에 많이 나왔는데 염상섭의 『삼대』, 채만식의 『태평천하』, 강경애의 『인간문제』 등이 대표작이다. 향토색 짙은 농촌소설인 이효석의 「메밀꽃 필 무렵」, 김유정의 「동백꽃」은 이때에 나온 뛰어난 작품이다. 농촌계몽소설로 이광수의 『흙』, 심훈의 『상록수』 등이

『사랑 손님과 어머니』

 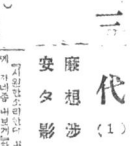

염상섭의 『삼대』 연재 첫 회

나왔고 김동인의 『운현궁의 봄』, 현진건의 『무영탑』 같은 역사소설이 나왔다.

이 시기 후반부에 나타난 또 하나의 두드러진 현상은 유능한 신인의 등장인데, 시의 서정주, 소설의 김동리, 박영준, 정비석 등이 한국의 토착적인 부분에서 제재를 찾아 형상화함으로써 높은 예술성을 얻었다. 특히 김동리의 「무녀도」, 「바위」 등은 한국의 문학을 한 단계 높인 것으로 평가된다.

1940년대 초기는 일제가 한국어 말살 정책을 쓰던 한국 문학의 암흑기였으나, 두 개의 문학잡지 『문장』과 『인문평론』이 한국 문학을 지키는 교두보 역할을 하였다. 박두진, 박목월, 조지훈 등 청록파 시인과 소설의 최태응, 임옥인 등이 활약하였다. 특히 조지훈의 자연적이고 선적(禪的)인 고아한 율조(律調), 박목월의 토속적 자연 친화, 박두진의 이상적인 자연 승화 등은 놀라운 업적으로 평가된다.

그러나 1940~45년에는 일제의 극심한 탄압 정책으로 한국 민족문화 최악의 암흑기를 맞아 정상적인 문학 활동이 모두 중단되거나 친일적인 왜곡된 문학 활동만 최소한으로 이루어졌다. 특히 일제의 강압적인 창씨개명과 조선어 말살 정책은 만 년의 찬란한 한민족 문화를 수면 아래로 가라앉게 만들었다.

● 광복 후의 문학

1945년 8·15광복을 맞이하여 문학은 민족문학 건립이라는 기치 아래 힘찬 새출발을 하게 된다. 시인, 소설가, 평론가가 많이 나와 『백민』, 『민성』, 『신천지』, 『예술조선』, 『문예』 등의 문학지를 통해 작품을 발표하기 시작하였다. 일제강점기 말의 조선어 말살 정책으로 쓸 자유를 빼앗겼던 문학인들이 광복을 맞아 마음껏 쓰기 시작한 것이다. 이 시기에 좌익 문인의 활동이 일어났으나 김동리, 조연현, 이헌구, 조지훈 등의 민족주의 진영이 계급문학, 물질문학, 사회문학, 공산주의문학으로 대표되는 좌익계 문학에 대립하여 활동하였다.

1950년 6·25전쟁으로 모든 문학 활동이 위축되고 후퇴하였다. 1950년대 초는 『문예』지를 통하여 장용학, 손창섭, 강신재, 박재삼 등이 『청록집』을 통하여 박두진, 박목월, 조지훈 등이 활약하였다. 전쟁이 휩쓸고 간 마을의 풍경과 마음의 공허함을 나타낸 작품이 조지훈의 「풍류병영」, 구상의 「적군묘지 앞에서」, 모윤숙의 「국군은 죽어서 말한다」 등과 같은 시와 황순원의 「학」, 안수길의 「제3인간형」, 김동리의 「밀다원시대」 등과 같은 단편소설로 나오게 된다. 이어서 6·25전쟁을 겪고 난 후의 심리적 폐허와 허무와 절망으로 기존의 질서와 도덕을 부정하고 권위와 모든 속박을 부정하는 경향이 서기원의 「암사지도」, 한말숙의 「신화의 단애」와 같은 작품을 통하여 나타났다.

여기서 가장 한국적인 시로 평가받는, 너무나 잘 알려진 서정주의 시 「국화 옆에서」(1947년)를 살펴보도록 하자.

국화 옆에서 — 서정주

한 송이의 국화꽃을 피우기 위해
봄부터 소쩍새는
그렇게 울었나 보다.
한 송이의 국화꽃을 피우기 위해

천둥은 먹구름 속에서
또 그렇게 울었나 보다.

그립고 아쉬움에 가슴 조이던
머언 먼 젊음의 뒤안길에서
인제는 돌아와 거울 앞에 선
내 누님 같이 생긴 꽃이여

노오란 네 꽃잎이 필라고
간밤엔 무서리가 저리 내리고
내게는 잠도 오지 않았나 보다.

「국화 옆에서」는 미당 서정주 시인의 대표작 중 하나로, 고난과 시련을 통한 생명의 신비와 인고(忍苦)를 통한 내면의 성숙을 보여 주는 중년 여인의 원숙미를 노래한 것이다. '누님'이라는 어감이 주는 친숙미, '국화, 소쩍새, 먹구름, 무서리' 등이 환기하는 한국의 전통 정서, 한국 사람에게 친숙한 7·5조의 음수율이 주조를 이루는 빈틈없는 구성 등이 이 시를 뛰어난 작품으로, 또한 가장 한국적인 시로 평가받고 사랑받게 한 요인이다. 어쩌면 36년이라는 혹독하고 긴 기다림 뒤에 찾아온 조국의

황순원(왼쪽), 김동리(가운데), 서정주(오른쪽)

광복을 '국화꽃'으로 비유하였을 것이다.

1960~70년대 문학

1960년의 4·19혁명과 1961년의 5·16군사정변을 겪은 이후 문단의 정치, 사회에 대한 시민적 각성 및 비판 의식이 높아지면서 김정한의 「모래톱 이야기」, 이호철의 「판문점」, 남정현의 「분지」 등이 나왔다. 또한 이 시기에 현실을 고발하고 풍자하며 민중의 정서와 운율을 시로 표현한 김수영, 신동엽, 신경림 등의 활약이 돋보였다. 김춘수, 김종삼, 박희진 등은 시의 표현 기교에 새로운 실험을 지속적으로 시도하였다. 전통적인 정서와 풍속, 윤리, 신앙, 사상을 중시하고 회고적이며 소박한 자연에의 도취, 토속어 애용 등을 특징으로 하면서 한국 시의 전통을 이어 온 시인으로 이원섭, 김윤성, 이동주, 천상병, 박재삼, 조병화, 김관식 등이 있다. 이들은 김소월과 김영랑에서 출발하여 김광섭, 서정주에 맥을 잇고 청록파 시인에서 한 봉우리를 이룬 전통적 서정주의에 바탕을 둔 시인이다.

소설은 1960년대 이후 내성적 기교주의로 그 특성을 말할 수 있는 젊은 세대의 작가들이 등장하였다. 그 가운데서 이청준, 박태순, 전상국,

유재용 등을 대표로 꼽을 수 있다. 이들의 작품 특징은 이전 시기 작품에서 발견하기 어려운 개인주의적 내성과 새로운 감성의 세계를 섬세한 언어 기교로 그려 냈다는 점이다. 소설사로 보면 이때 단편소설 위주에서 장편소설로 바뀌는 전기가 마련되었다. 안수길의 『북간도』, 박경리의 『토지』, 최인훈의 『광장』 등이 이 시대의 작품이다.

젊은 신인이 대거 등장하게 되는데, 최인호, 황석영, 조해일 등이 그 대표이다. 최인호의 『별들의 고향』, 조해일의 『겨울여자』 등은 베스트셀러로서 소설 황금시대를 이루었고, 조세희의 『난장이가 쏘아 올린 작은 공』은 산업사회의 병리적인 면을 고발하여 단편집으로서 베스트셀러가 되었다. 시단은 유신체제와 어두운 정치 상황을 풍자한 김지하의 「오적」으로 관련자가 감옥에 갇히게 된 필화사건(筆禍事件)이 일어났다. 정현종, 정진규, 박이도, 이승훈 등은 한국 현대시의 변화에 기여하였다.

『난장이가 쏘아올린 작은 공』(위)
『오적』(아래)

여성의 감수성으로 독자적인 시 세계를 형성한 여류 시인으로 모윤숙 이후 김남조, 홍윤숙, 김지향, 허영자, 신달자 등이 1960년대 이후 꾸준히 시작 활동을 하고 있다.

1980년대 이후 문학

1980년대에 들어 소설에서 큰 흐름을 형성하게 된 것은 대하소설의 등장이다. 황석영의 『장길산』, 조정래의 『태백산』, 이문열의 『영웅시대』 등이 문단의 주목을 받았는데, 이들은 2000년대까지 활발한 작품 활동을 하고 있다. 시는 고은, 이성복, 황지우, 최승자, 김광규 등이 왕성한 작품 활동을 하였다. 노동시를 쓴 박노해, 엄청난 판매고를 올린 서정윤은 이 시대의 대표 시인이다. 1990년대에 들어와서 상업적인 소설이 쏟아져 나와 독자를 혼란케 하였지만 박경리의 대하소설 『토지』가 25년 만에 완성된 것은 이 시대의 큰 수확이라 할 것이다. 이 밖에 신경숙, 공지영, 은희경 등 젊은 여류 작가의 활동이 두드러진다. 『혼불』의 작가 최명희는 아까운 젊은 나이로 세상을 떠났다.

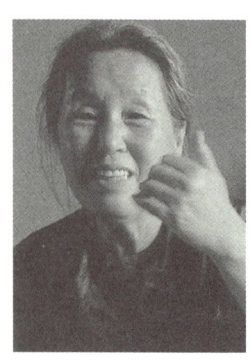 

박경리(왼쪽), 『토지』(오른쪽)

4. 한국의 예술문화

이 장은 문학을 제외한 일반 예술 전반에 대한 논의를 하되, 가능한 한 한국적인 전통예술을 주로 논의하고자 한다. 음악은 국악을, 미술은 한국화를, 무용은 전통 한국무용 등 주로 한국적인 예술에 관하여 극히 기초적인 것만 다루게 될 것이다.

한국의 예술에서 음악, 미술, 조각, 공예, 무용, 연극 등은 상당한 수준을 유지해 왔으나 건축예술은 서양에 비하여 웅장한 건축물이 거의 없다. 한국 역사에서 매우 융성한 시절이 거의 없었던 것이 이유인 듯하다. 다른 예술에 비하여 건축은 예산과 시간이 많이 들게 되므로 평화롭고 부유한 시절이 아니면 큰 건출물이 나오기 어렵다. 또 한국 문화 자체가 근면, 검소를 매우 큰 미덕으로 생각한 탓에 소박한 건물이 주를 이루게 되었을 것이다. 한국은 불교문화가 활짝 꽃을 피웠던 고려시대의 사찰과 조선시대 임금을 위한 궁궐을 빼면 이렇다 할 대형 건축물이 별로 없다. 궁궐이라 해도 중국에 비하면 너무나 초라하다. 국가의 부(富)가 그대로 드러난다고 할 만하다. 물론 한국은 국토 면적이 작기 때문에 대형 건물 건설이 아예 계획조차 되기 어려웠으리라 여겨진다.

반면에 아기자기한 소규모 공예품이나 도예 등은 일찍이 매우 발달하였다. 한국의 음악, 미술, 공예, 무용, 연극, 영화 등 각 예술 분야는 한국 사람의 우수한 재능과 특유의 정서를 잘 보여 준다.

1. 음악

한국 음악은 크게 국악과 양악으로 구분되는데, 국악은 1900년대 이전에 그 전통과 양식이 이루어진 한국 음악을 말하고, 양악은 1900년대 이후에 한국에 유입된 서양음악 전통을 바탕으로 한국 사람이 한국 사람의 사상과 감정을 표현한 음악을 말한다. 국악은 다시 궁중의식음악, 종교음악, 정악, 민속음악, 창작음악 등으로 나눌 수 있다. 한국 음악의 특징은 선율, 장단, 형식, 즉흥연주 등이다. 선율은 3·4·5음계로서 7음계인 중국이나 서양음악과는 다르다.

음계와 선법 면에서 국악의 특징을 나타내는 요소로 농현(弄絃)을 들 수 있다. 농현이란 거문고, 가야금 등 현악기의 선율 진행에서 음을 흔들어 장식하는 연주 기법을 가리키는데, 더 넓게는 성악이나 여타 기악곡에서 두루 나타나는 매우 특별히 중시되는 장식 기법이다. 장단 면에서 일본이나 중국 음악이 2박자나 4박자 계열로 구성된 반면, 국악은 3박자 계통의 리듬이 많다. 장단은 박자와 속도의 두 요소에 바탕을 둔다. 박자

가야금 연주 모습

한갑득 명인의 거문고 연주 모습

가 밀고, 달고, 맺고, 푸는 기승전결의 구성을 보인다는 점, 그리고 장단 구성에 있어서 강박이 음절의 처음에 온다는 점, 선율의 진행에 있어서 특히 산조에서 뚜렷이 나타나는 선율 리듬, 장단을 던져 놓고 자유 리듬으로 연주하는 기법인 도섭음악에 속도를 나타내는 명칭이 없다는 점 등이 국악의 특징으로 지적되고 있다.

 국악의 형식 또는 구조적 형태(musical form)는 특정 부분이 반복되는 도드리 형식, 성악곡의 가사에 따른 확대 형식, 연주 형태에 따라 메기고 받는 형식, 성악곡이나 기악곡에서 흔히 발견되는 한배에 따른 형식 등으로 나눈다고 한다. 다른 형식은 다른 나라 음악에서도 발견되는 점이나, 한배에 따른 음악 형식은 세계 음악의 보편적인 양상과 크게 구분되는 독특한 한국 음악의 특징이다. 예를 들면 산조에서 진양조의 느린 장단으로 시작하여 점점 빠른 장단으로 이어지는 점, 민요에서 느린 노래와 빠른 노래가 하나의 짝을 이루어 구성되는 점, 가곡에서 느린 악곡으로 시작하여 점차 농(弄), 낙(樂), 편(編) 등의 빠른 악곡으로 이어지는 점 등이 그것이다.

즉흥연주(improvisation)는 국악의 중요한 특성이다. 즉흥연주란 오랜 관습에서 형성된 즉흥연주의 전통 및 즉흥연주 결과로 빚어진 악곡의 파생이다. 이때의 즉흥연주란 연주 중에 순간적으로 만들어 내는 1회적인 형태가 아니고 오랜 연주 관습을 통하여 그 음악을 수없이 반복하는 가운데 하나의 음악 양식으로 정착된 결과론적 즉흥연주를 가리킨다. 오늘날 전승되고 있는 많은 악곡이 대체로 이와 같은 연주 전통에 의해 이루어진 것이 많아 한국 음악의 특징을 이루었다고 할 수 있다. 예를 들어 판소리에서 본래의 소리 바탕에 자신의 소리를 더 짜 넣어 소리를 확대 변형시키는 더늠, 산조 연주자가 스승의 가락에 자신의 가락을 첨가하고 새로운 음악으로 다듬어 자신의 유파를 형성하는 것, 비슷한 음악 내용을 가진 파생곡과 변주곡이 많다는 점 등이 모두 즉흥연주의 전통에 뿌리를 두고 있는 것을 말해 주는 것이다.

다음은 대표적인 현대 국악 음악가이다.

· 가야금 : 황병기
· 사물놀이 : 김덕수
· 창 : 박동진, 안숙선

황병기는 40년간 가야금의 뛰어난 연주자였을 뿐 아니라, 현대 가야금을 위한 한국 최초 창작곡으로 1962년 「숲」을 작곡하는 등 현대 국악을 이끌어 왔다. 김덕수는 '사물놀이'라는 독창적인 한 장르를 개척하고 발전시켜 왔다.

황병기(왼쪽)
김덕수(오른쪽)

　서양음악 분야를 살펴보면, 그 짧은 역사에 비하여 한국은 이미 세계적인 수준에 올라 있다. 다음과 같은 여러 명의 세계적인 음악가를 배출하였다.

　· 작곡 : 홍난파, 안익태, 김성태, 윤이상, 나운영, 김동진, 현제명
　· 지휘 : 정명훈, 금난새
　· 바이올린 : 정경화, 김남윤, 장영주, 강동석
　· 성악 : 조수미, 홍혜경, 신영옥
　· 피아노 : 한동일, 백건우

　최근의 대중음악은 주로 댄스 음악으로서 춤을 곁들인 노래가 주를 이룬다. 특히 젊은 대중가수는 춤과 노래의 비중이 비슷하거나 오히려 춤추는 시간이 더 많을 정도로 춤과 노래를 병행하는 경향이 있다. 유명 가수일수록 화려한 의상을 입고 춤을 추는 백댄서와 함께한다. 대중가수는 노래를 TV 같은 매체에서 일정한 시간에 부르거나 공연장에서 부르며 활동하지만, 아예 뮤직 비디오만으로 활동하는 경우도 있다.

국악의 역사

국악의 역사는 대체로 상고시대, 삼국시대, 고려시대, 조선시대, 근대, 현대 등으로 시대 구분하는 것이 보통이다. 상고시대 음악은 제천의식(祭天儀式)과 밀접한 관계를 맺고 발달했을 것이며 오늘날의 '농무'나 '강강술래'의 뿌리가 이 시대의 음악일 것으로 추측된다. 삼국시대 음악은 중국 음악과 깊은 관련을 맺고 있지만 삼국을 대표하는 음악은 각각 다른 특색을 가지고 있다. 신라는 가야금, 고구려는 거문고, 백제는 「무등산」, 「정읍」 등의 가요와 가면무와 함께 연주되는 음악이 두드러졌다. 음악가로 신라의 우륵, 고구려의 왕산악이 대표적이다.

고려시대 음악은 초기에는 신라의 음악을 거의 그대로 답습하였으나 제16대 예종 이후 중국의 각종 음악이 유입됨에 따라 당악, 향악, 아악 등 세 가지로 구분되고 각각 독자적인 발전상을 보였다. 향악은 『고려사(高麗史)』, 『악지(樂志)』 등에 속악이라는 이름으로 「동동」, 「무애」, 「서경」, 「오관산」 등 수십 곡이 전하며, 이들 곡은 거문고, 비파, 가야금, 대금, 장구 등 향악기로 연주되었다. 『대학후보(大學後譜)』, 『시용향악보(時用鄕樂譜)』에 의하면 향악은 선율이 곱고 아름다우며 남녀의 사랑을 노래한 것이 많다고 하였다. 이들 향악곡은 오늘날 거의 전승되지 못하고 끊어졌으나 「풍입송」, 「만전춘」, 「서경별곡」 등 일부 곡은 근세 조선의 제례악에 편입되어 지금까지 연주되고 있다.

아악은 원래 중국 송나라 궁중에서 제사 지낼 때 쓰던 제사음악이었으나 예종 11년(1116년) 한국에 전해지면서 궁중의 제사뿐 아니라 향연까지 확대되어 쓰였다. 아악은 선율에 장식음이 없고, 리듬이 규칙적이며, 각 음의 길이가 일정한 특징을 가진다. 오늘날 한국에서 연주되는 「문묘제례악」이 이 아악에 속한다. 당악은 원래 당나라 음악이라는 뜻이지만,

송나라에서 들어온 사악(詞樂)까지 포함한다. 『고려사』, 『악지』 등에 수십 곡이 전하며 비파, 공후, 쟁, 적, 지 등 당악기로 연주되었다. 아악은 그 후 궁중의 제사와 국가적 향연에 쓰였는데 편종, 편경, 축, 어와 같은 아악기로 연주되며, 7음 음계 구성이고 주음으로 시작하여 주음으로 마치는 음악적 특징을 지녔다. 현재 문묘제례악으로 전통을 잇고 있다. 그리하여 지금은 아악, 당악, 향악을 막론하고 국립국악원 전속 음악인이 연주하는 관현악을 통틀어 아악이라 부르고 있다.

조선시대는 태조가 예악(禮樂)을 국시(國是)로 삼음에 따라 국악이 더욱 발전하였다. 특히 정도전은 수많은 악장을 창작해 왕권을 찬양하였고, 재래 음악 전반에 관한 체계적인 정리를 하여 조선 음악 기초를 확립하였다. 세종대왕은 박연 등으로 하여금 아악을 체계적으로 정리하고 아악기를 제작하게 했는데, 아악이 완성되면서 당시의 궁중음악은 아악 일변도가 되었다. 그러나 세종대왕 말년은 향악을 장려하여 『용비어천가』의 창제 및 『용비어천가』의 일부 악장을 고취곡(鼓吹曲) 선율에 옮긴 「여민락」을 창제하였고, 회례연(會禮宴)에 쓰기 위해 「보태평」, 「정대업」을 창제하였다. 뿐만 아니라 종래에 중국에서 빌어다 쓰던 기보법(記譜法)을 버리고 바둑판 같이 체계적으로 악보를 만든 정간보(井間譜)라는 동양 최초의 유량악보(有量樂譜)를 개발하였다. 성종 때는 성현 등을 시켜 『악학궤범』이라는 대악서(大樂書)를 편찬하게 했다. 궁중에는 「용비어천가」를 노래하고 춤추는 「봉래의(鳳來儀)」가 있었고 섣달 그믐날에 불리는 「처용가」가 있었다.

조선시대 후기는 조선성리학이 사람의 마음을 천리(天理: 천지자연의 이치)에 맞게 자연스럽게 표현하는 것을 추구하게 되었다. 그에 따라 음악 역시 사람의 성질과 마음을 자연스럽게 표현할 수 있는 변주곡이 많

『세종실록』에 실린 정간보

이 등장하였다. 이는 정악에서 「여민락」의 변주곡이 생긴 것을 비롯해 「영산회상」의 변주곡이 「중령산」 등으로 발전하는 것에서 살펴볼 수 있다. 가곡의 발달을 보면 「만대엽」, 「중대엽」, 「삭대엽」으로 불리면서 박자가 빨라지더니 나중에는 주로 「중대엽」과 「삭대엽」으로 불리었다. 가장 느린 박자인 「만대엽」은 주로 기악곡으로 연주되고, 「중대엽」에는 가사를 넣어 불렀고, 가장 빠른 박자인 「삭대엽」은 춤 반주에 주로 쓰였다.

가사(歌詞)는 가곡, 시조와 함께 정악에 드는 대표적인 성악의 한 갈래이다. 가사의 음악적 구성은 시조나 가곡처럼 고정되어 있지 않은데, 그 이유는 가사의 불규칙한 길이 때문이다. 오늘날 연주되고 있는 가사의 연주곡이 열두 가지이기 때문에 가사라는 명칭보다 12가사로 불린다. 가사의 악보를 최초로 담은 거문고 악기가 19세기 전기의 것으로 추정되는『삼죽금보(三竹琴譜)』인데 이 악보에 「상사별곡」, 「매화곡」, 「권주가」, 「황계곡」 등 여섯 곡이 전하고 있다.

북학사상의 음악을 대표하는 것으로 우선 악기에서 양금이 등장한다. 양금이란 홍대용이 서양의 쳄발로(cembalo)로 한국 음악을 연주

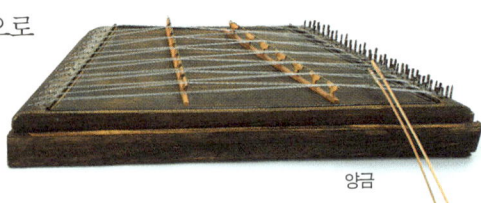

양금

할 수 있도록 조율한 것이다. 산조는 기악 독주곡의 하나로 굿에서 연주되던 남도소리의 시나위와 판소리 가락에서 발전되어 온 음악이다. 김창조가 처음 가야금으로 산조 가락을 연주했다고 하며 그 후 여러 국악기로 여러 연주가에 의해 연주되었다. 19세기 중엽, 신재효는 판소리 열두 마당을 여섯 마당으로 정리했으나 현재는 다섯 마당만 남아 있다.

 1895년 갑오경장 이후 일제강점기는 국악이 극도로 쇠퇴하였다. 광복 후에야 1948년 국립국악원의 설립과 학계와 교육계의 노력으로 국악에 대한 현대적 연구와 교육이 이루어지게 되었다. 1948년에 한국국악학회가 창설되고, 1962년 1월 10일에 문화재법이 제정되고 국악의 여러 분야가 무형문화재로 지정되고 제도화되었다. 1965년 국립창극단과 서울시립국악관현악단이 창단되었고, 1952년 덕성여자대학교, 1959년 서울대학교, 1972년 한양대학교와 국악고등학교, 1974년 이화여자대학교에서 국악 교육을 전문적으로 실시하게 되었다. 그 후 국악은 장족의 발전을 하여 오늘에 이르고 있다.

 여기서 한 가지 언급해야 할 것은 '창가(唱歌)'이다. 조선시대 말 서양의 여러 강대국과 국교를 수립하고부터 본격적으로 시작된 문화 유입은 기존의 한국 음악에 상당한 변화를 가져왔다. 특히 천주교와 개신교가 양성적인 선교 활동을 펴면서부터 새로운 음악이 만들어져 이를 '창가'라고 부르게 되었다. 찬송의 가사를 한국어로 번안해 부르거나 서양의 민요를 번안해 부르면서 시작된 창가는 1920년대를 거치면서 가곡, 동요, 유행가 등으로 분리되었다. 창가의 분리는 결과적으로 한국의 전통 음악을 해체하기에 이른다. 현재의 대중유행가요의 뿌리라고 할 수 있는 창가는 1910년 이전과 후가 크게 달라지는데, 음색이나 음정의 변화라기보다 가사의 변화가 두드러졌다. 특히 이때부터 음악이 점차 상업화되면서 일반인이 부르는 창가가 쇠퇴하게 된다. 한일병합 후 애국계몽주의 성격의 창가 운동이 사실상 불가능해졌지만 안창호 선생이 만든 「거국가」, 심흥무관학교에서 부른 「독립군가」와 기독교 계통 학교에서 일본 경찰의 눈을 피해 부르던 「학도가」 등이 은밀히 퍼졌다. 창가는 한국의 유행가요를 알리는 시작이었으며 가곡, 동요, 군가, 애국가, 심지어 찬송가를 모두 포함한 이름으로 사용되었지만 독립과 함께 사람들의 뇌리에서 사라지게 되었다.

대신 일제강점기 이전부터 한국에 뿌리를 내리기 시작한 서양음악은 1920년대를 시작으로 큰 발전을 하게 된다. 홍난파가 1920년에 작곡한 「봉선화」는 당시 한국 사람이 하루 한 번씩 불렀다고 할 정도로 유행했는데 일제에 의하여 금지곡이 되었다. 현제명의 「그 집 앞」, 안익태의 「애국가」가 이때에 작곡되었다. 일제강점기의 한국 음악은 1920년대를 기점으로 상당한 변화와 우여곡절을 겪게 되는데, 조선시대부터 불리어 온 작자 미상의 노래가 서서히 자취를 감추고 창작곡이 만들어지기 시작한 것이다. 이때는 어린이들이 부르는 동요가 하나의 장르로 인정받아 아이 어른 할 것 없이 모두 따라 불렀다고 한다. 창작 동요에 정열을 쏟은 음악인은 방정환, 윤극영, 윤석중 등이었다. 이 당시에 만들어진 동요로 「반달」, 「설날」, 「고드름」, 「따오기」 등은 지금까지 애창되고 있다. 1930년도에 만들어진 「짝짜꿍」은 오늘까지 어린이와 어른이 함께 부르고 있다.

홍난파

이러한 음악 활동 역시 일제강점기 말의 탄압 정책으로 위축되고 왜곡되었다. 여기서 왜곡되었다는 말은 일본풍의 노래라도 어떻게든 '한국어'로 부르려는 음악인까지 친일 음악가로 규정되고 비판받게 되어 음악계의 분열이 오게 되었다는 뜻이다.

한국의 전통 민요인「아리랑」은 1900년대 이후 한국에 유입되기 시작한 서양음악과 어우러져 새로운 신민요「아리랑」으로 탄생하여「신아리랑」,「그리운 아리랑」,「아리랑아가씨」,「넋두리 아리랑」,「아리랑술집」과 같이 다양한 제목과 다양한 버전으로 불리었다. 심지어 '아리랑'이라는 이름의 가무악단까지 생겼다. '아리랑'이라는 단어가 들어 있는 모든 노래의 주된 내용은 일제의 서양 음악과 왜색음악에 맞서는 내용으로 조국의 자주독립을 부르짖는 독립운동의 성격을 가지고 더욱 애창되었다. 이런 노래를 전문적으로 부르는 사람을 종래는 '소리꾼'이라 하였으나 신민요「아리랑」이 불리기 시작하면서 '가수'라는 용어로 바뀌게 된다.

광복 이후 한국 음악은 획기적인 발전을 이루게 되고, 서양음악은 서양음악대로 고전에서 현대음악에 이르기까지 성악과 기악이 함께 발전하기에 이른다.

국악 악기 및 장르

악기

국악을 연주하기 위한 한국의 전통악기는 조선 세종 때 크게 발달하였다. 이때에 세계적으로 진귀한 편경과 편종이 제작되었을 뿐 아니라 수십 종에 이르는 새로운 악기가 만들어졌다. 국악에 사용되는 악기는 현재 국립국악원에 64종이 보존되어 있는데, 분류 방법은 여러 가지가 있으나 연주 방법에 따라 분류하면 다음과 같다.

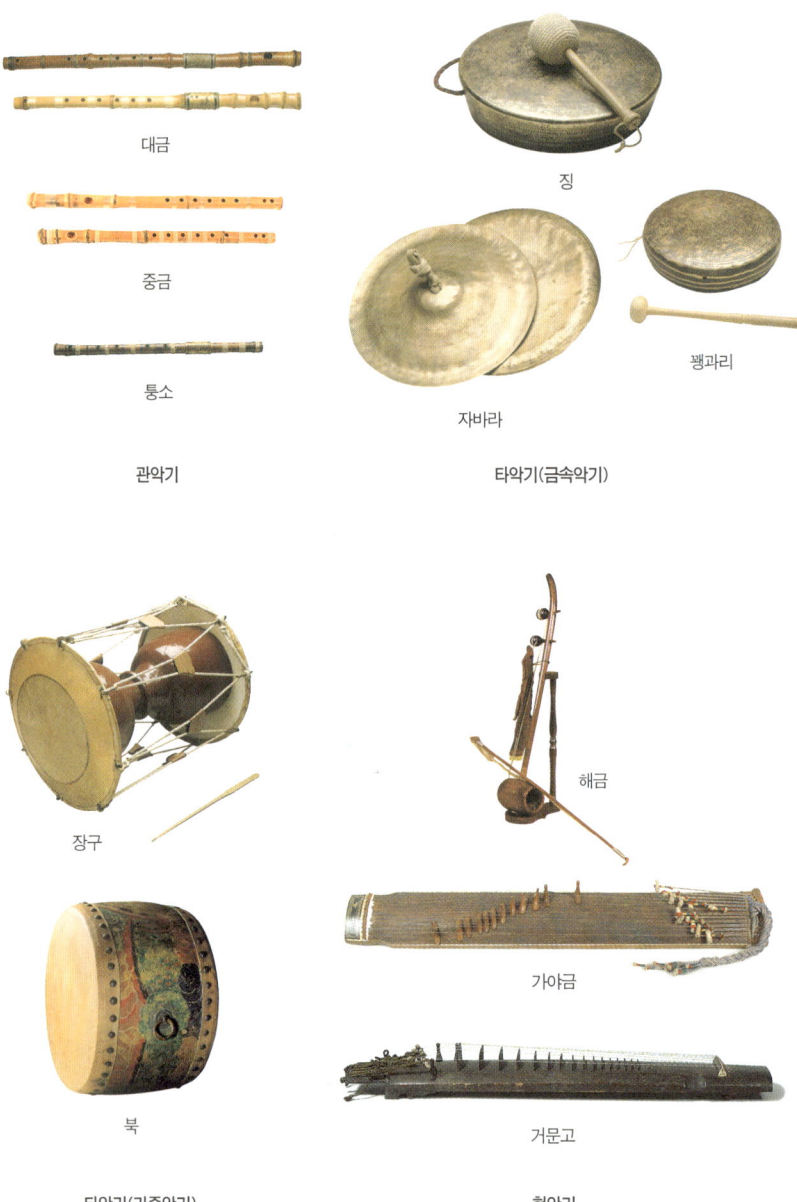

· 관악기 : 대금, 중금, 퉁소 등

· 현악기 : 가야금, 거문고, 해금 등

· 타악기 : 북, 장구, 징 등

악기를 만드는 재료에 따라서 분류하면 다음과 같이 여덟 가지이다.

· 금(金) : 편종, 특종, 꽹과리, 징, 운라 등

· 석(石) : 편경, 특경 등

· 사(絲) : 거문고, 가야금, 아쟁, 비파, 슬, 해금, 양금, 대쟁, 공후 등

· 죽(竹) : 대금, 중금, 소금, 퉁소, 단소, 적, 지, 피리, 소 등

· 포(바가지)

· 토(土) : 부, 훈 등

· 혁(革) : 북(크기와 모양에 따라 그 종류가 열 가지가 넘는다.)

· 목(木) : 태평소, 축, 박, 어 등

이와 같이 사(絲:현악기), 죽(竹:관악기), 혁(革:타악기)이 역시 악기의 중심을 이룬다.

기악

한국의 국악 중 주요 기악(器樂)으로 종묘제례악, 대취타, 가야금 산조, 거문고 산조, 대금 정악 등이 있는데 여기서는 현대 국악의 새로운 장르를 개척한 사물놀이만 살펴보기로 한다.

원래 사물은 불교 의식 때 쓰이는 법고(法鼓), 운판(雲版), 목어(木魚), 범종(梵鐘)의 네 악기를 가리키던 말이었으나 지금은 북, 장구, 징, 꽹과리의 민속타악기로 연주하는 음악과 놀이를 사물놀이라고 한다. 1978년 공간사랑에서 김용배, 김덕수, 최종실, 이광수 등 네 명의 남사당패 후예가 각각의 악기로 전통과 현대의 접목을 시도하면서 사물놀이가 시작되

사물놀이 공연 모습

었다. 원래 이들은 경기와 충청 지방의 웃다리 풍물과 우도굿, 그리고 영남의 삼천포 12차 농악 등 세 가지 풍물굿을 중점적으로 연구하였다. 그다음, 무악에 관심을 가지고 경기도 당굿에 대한 연구를 하고, 설장구 가락에 대한 연구를 하여 이 세 가지를 정교하게 접목시켜 무대 위에 앉아서 연주하는 형태로 발표한 것이다. 현재 이 사물놀이는 세계적으로 한국적 음악과 장단으로 알려져 있고 그 인기가 날로 높아지고 있는데, 사물놀이를 보고 들으면 절로 흥이 나고 신명이 난다. 사물놀이는 한국의 독특한 음악으로서 점점 더 세계화될 것으로 기대된다.

● 성악

국악 중에 성악(聲樂)으로 할 수 있는 장르는 민요, 잡가, 가사, 시조, 판소리, 단가와 창극, 가야금 병창 등이다. 이 중에 민요, 잡가, 가사, 시조, 판소리는 문학 장르인 동시에 가곡이다.

민요는 오랫동안 구전되어 오면서 민중들의 사랑을 가장 많이 받는 민속노래로 누구나 쉽게 부를 수 있다. 민요곡 중에 「아리랑」, 「도라지타령」, 「몽금포타령」, 「한오백년」, 「밀양아리랑」 등이 가장 많이 불린다. 「아리랑」은 한국의 대표적인 전통 민요로서 남녀노소 없이 즐겨 부르며 한국 사람의 정서를 가장 잘 나타내는 곡이다. 「아리랑」은 외국에 많이 알려졌는데, 가사와 곡은 다음과 같다.

아 리 랑

판소리는 문학과 음악, 무용, 연극을 통합한 장르로서 예술성과 대중성을 모두 갖춘 한국 특유의 종합예술 장르이며 민속악의 하나로 광대의 소리와 그 대사의 총칭이다. 판소리는 구비문학의 주요 장르요, 민속음악의 장이고, 몸짓이 있다는 면에서 연극적인 요소까지 가지고 있다는 것이다. 서양의 뮤지컬과 달리 한국의 판소리는 주로 넓은 마당을 무대로 하여 한 사람의 고수(鼓手)의 북 장단에 맞추어 창자(唱者)가 소리, 아니리, 발림을 섞어서 긴 이야기를 엮어 가는 창극조로서, 두세 시간에

걸쳐 연창(演唱)되는 민속예술 형태의 한 갈래이다. 주로 주어진 대본에 따라서 연행(演行)되나, 청중의 반응을 첨가하여 창자가 즉흥적으로 가감수정을 하거나 윤색을 할 수 있다는 데 판소리의 특징과 묘미가 있다.

　판소리는 한국 사람의 시대적 정서를 나타내는 전통예술로 삶의 희로애락을 해학적으로 음악과 어울려서 표현하고 청중이 참여한다는 점에서 독특하며, 그 가치가 인정되어 중요문화재로 지정되었다. 판소리는 중요무형문화재 제5호로 지정되어 공연되고 전승되고 있다. 판소리의 레퍼토리는「춘향가」,「심청가」,「흥부가」,「적벽가」,「배비장타령」,「변강쇠타령」,「장끼타령」,「옹고집타령」,「무숙이타령」,「수궁가」,「강릉매화타령」,「가짜신선타령」의 열두 마당이 있었는데, 조선시대 후기 신재효가 그 가사와 이론을 정리하였다. 신재효는 노래청을 두고 명창들을 길러내어 연출까지 하여 판소리 예술을 정착시킨 선각자이다. 그는 그때까지 전해 내려오던 열두 마당의 현실성 없는 이야기 소재와 점점 길어지는 소리를 충, 효, 의리, 정절 등 조선시대 가치관을 담은「춘향가」,「심청가」,「토끼타령(수궁가)」,「박타령(흥부가)」,「변강쇠타령」,「적벽가」등 여섯 마당으로 축소해 가사와 이론을 정리하였다.「변강쇠타령」은 너무 음탕하다고 하여 잘 불리지 않아 지금은 판소리 다섯 마당만이 전수되어 오고 있다.

　판소리의 구성 요소는 창자, 고수, 청중인데 창자는 소리, 아니리, 발림을 담당하며 고수와 청중은 '추임새'를 넣어주는 역할을 한다.

　(1) 창자의 역할

　① 소리 : 판소리에서 노래 부르는 부분을 가리키며, 판소리 예술의 핵을 이룬다고 할 수 있는 음악적인 요소이다. 노래를 부르는 사람을 창자(唱者)라고 하는데, 창자는 전문적인 소리꾼(국악가수)으로서

소리와 아니리를 번갈아 가며 하게 된다.

② 아니리 : 판소리의 내용을 노래가 아닌 말, 즉 회화체나 장단을 난 창조로 전달하는 것을 말한다. 아니리는 시간의 흐름이나 장면의 전환, 등장인물의 대화와 심리 상태, 그리고 독백 같은 것을 말로 전달하는 기능을 한다.

③ 발림 : 언어 표현이 아닌 몸짓 표현을 말한다. 발림은 음악에 수반하는 몸짓이므로 무용에 가까우나 무용 자체라고 할 수 없는 몸의 움직임이다. 너름새는 창자가 하는 모든 신체적 동작을 말하는데, 이때 주로 부채를 들고 소리와 아니리와 발림을 하게 된다. 창자의 부채는 다목적으로 쓰인다. 더위를 쫓기 위해 바람을 일으키는 부채 고유의 기능과 함께, 편지 읽는 대목에서는 편지가 되고, 노를 젓는 대목에서는 노가 되며, 톱질하는 대목에서는 톱이 된다. 심청전에서는 어린 심청이가 되며, 다른 작품에서는 다른 물건이 된다. 이와 같이 창자는 성악가이면서 무용수이고 배우와 같은 연기 능력까지 갖추어야 한다. 판소리 공연 자체가 문학, 음악, 무용과 연기를 통하여 관중에게 감동과 재미와 흥을 주어야 하기 때문이다.

④ 추임새 : '추어 주다'에서 나온 말로 '맞추어 주다', '부추겨 주다'의 의미에서 파생된 말로 보인다. 창자가 하는 사설이나 연기 도중에 관중들이 흥에 겨워 외치는 '얼씨구!, 좋다, 으이, 그렇지, 아먼' 등의 감탄사를 가리킨다. 이는 작품의 전체적인 공연 분위기를 돋우고 흥을 불러일으키며 배우와 관중이 하나로 어울림을 상징적으로 나타내는 것이다. 연극이나 영화와 같은 장르에서 수동적으로 보고 듣기만 하는 관객과 다르게 그 작품 속에 함께 참여한다는 면이 매우 독특한 것이다.

판소리 공연 모습

(2) 고수의 역할

판소리는 창자와 고수의 2인 무대이므로 고수의 역할 역시 매우 중요하다. 고수는 창자가 사설을 하고 노래를 부르는 데 필요한 반주를 북으로써 하고, 지휘를 하며, 상대역이 되어 주어야 하고, 효과나 조명을 대신해야 하고, 관중을 대변하는 등 다양한 역할을 수행한다.

고수가 이런 역할을 어떻게 하느냐에 따라 판소리 공연이 성공하기도 하고, 실패하기도 한다. 고수가 쓰는 북은 소리북 혹은 고장북이라고 하는데 북통의 지름이 40cm, 넓이는 25cm 정도이며, 북채는 탱자나 박달나무를 둥글게 깎아 만든 지름 2cm, 길이 25~28cm 정도의 나뭇조각이다.

2. 미술

미술이란 시각적인 미를 추구하는 모든 유형의 예술을 말하는데, 회화, 조각, 공예, 건축 같은 분야가 이에 속한다. 이들 중 기능보다 미적 표현이 더 강조되는 회화와 조각은 대체로 순수미술이라 하고, 건축과 공예와 같이 작품의 기능 면이 우선되는 것은 응용미술이라 한다.

빗살무늬토기

한국의 미술은 신석기시대 전기의 토기에서 그 연원을 찾는 것이 보통이다. 대체로 기형(器形)과 문양 등이 간단하지만 미술의 초기 모습을 볼 수 있는데 그 중에서 빗살무늬토기는 무늬가 비교적 정교하다. 신석기시대 후기의 토기는 여러 무늬가 나타나 미적 감각의 발전을 반영하고, 토제(土製)의 작은 동물과 인물상이 이 시기에 들어와 만들어졌다. 철기시대 초기는 청동술〔주동술(鑄銅術)〕이 발전하여 북방계의 동물 미술 전통을 이어받은 장신구, 주술용 도구와 더불어 정교한 무늬가 있는 세문경(細文鏡)을 만들어 냈다.

회화

한국화(韓國畵)란 한국 사람의 손으로 그린 회화를 총칭하는 의미로 사용될 수 있는 말이나, 일반적으로 한국의 전통적 기법과 양식에 의하여 그려진 그림을 말한다. 한국화는 동양적 자연관과 가치관에 바탕을 둔 회화관과 화론(畵論)에 입각하여 주로 중국의 전통회화와 밀접한 관계를 유지하면서 이를 선별적으로 받아들여 한국 특유의 양식을 형성해 왔다.

한국화의 성격적 특징을 소박, 해학, 친근미로 보는 사람이 많다. 조선시대는 서화(書畵)로, 일제강점기 이후는 서양화에 대응되는 개념으로서 동양화라 부르다가, 회화의 주체성 확립 의지로 1980년대부터 '한국화'로 동양화라는 명칭과 동시에 불리게 되었다.

한국화는 그리는 주재료가 안료(顔料), 즉 색채인지 먹인지에 따라 크게 채색화와 수묵화로 구분된다. 채색화는 먹을 거의 사용하지 않고 채색 위주로 그린 그림이다. 물상의 외곽선을 긋고 선으로 규정된 형태를 색채로 중첩되게 칠함으로써 색채의 농도가 강하며, 고구려고분벽화, 고려벽화, 조선시대 민화나 도화서 화원에 의한 기록화, 초상화 등에서 사실적 양식을 이루고 있다. 수묵화는 모필, 먹, 벼루를 주로 사용하며 먹물의 농도와 필선에 의해 그려진다. 산수화는 수묵인물화, 문인화 등으로 회화의 정신성을 중요시하는 사의적(寫意的)인 양식상의 특성을 지닌다. 근래에는 채색과 수묵이 혼합된 채묵화 경향과, 국제화를 지향하여 서양의 재료와 기법과 여러 양식을 수용한 비구상 혹은 추상화의 경향으로 한국화 성격에 다양한 전개가 이루어지고 있다.

한국화는 한지(韓紙) 종류인 순지(純紙) 또는 화선지(畵宣紙)나 비단에, 먹이나 물에 녹는 안료를 사용하여 부드러운 모필로 그린다. 한국화에 사용되는 한지는 닥나무로 만든 한국 고유의 종이로서, 공정이 매우 복잡하고 까다로워 생산에 어려움이 있다. 그러나 이렇게 하여 생산된 한지는 매우 부드러우면서, 통풍이 좋고, 보온성이 뛰어나며, 방음 효과가 있고, 매우 질기고, 자연 염색이 잘되어 1960년대까지는 그 사용 범위가 매우 넓고 다양하였으며 일본에 많이 수출하였다. 지금은 서예나 동양화의 화선지로 제일 많이 사용되고, 공예품 제작이나 연하장, 초청장, 족보, 불경 인쇄, 창호지 등에 주로 사용된다. 최근 들어 새삼 한지의 우수성이 인정되면서 어느 정도 대량 생산 체제를 갖추게 되었는데, 한지는 세계적인 한국 상품으로 보급되고 있는 소중한 한국의 문화유산이다.

한국화는 추상주의적 성향과 자연주의적 성향이 공존하나, 후대로 오면서 자연주의적 성향이 기본적으로 확립되었다. 전자는 변형 평면적 회화[선화(線畫)]의 기호 등으로 북방 계통이며 원시시대의 각종 토기, 조선시대의 민화, 석조 조각 등에 나타난다. 후자는 남부 농경 지대에서 수립된 전통으로 여백과 공간에 대한 기호, 형태나 구도상의 정제성(整齊性) 기피, 세부적인 배려와 번잡한 기교나 조형보다는 간결한 형태와 전체적 조화에서 오는 인상과 효과의 존중 등이 가장 중요한 특징으로 꼽힌다. 자연주의의 이러한 특징은 곧 인공적인 것보다 무념과 무상의 상태 속에서 즉흥적인 영감에 따라 이루어지는 무작위의 자연적 창조성이 존중되는 것이다. 자연에 대한 귀의(歸意)와 융화를 통한 낙천적 세계관의 표현이라고 말할 수 있다.

한국화의 특징은 다음과 같이 정리할 수 있다.
① 한민족 조상의 얼과 정신이 담긴 그림이다.
② 정신적이고 상징적인 표현이다.
③ 선과 여백을 중시한다.
④ 먹의 농담 효과를 살려 표현한다.
⑤ 먹 선의 굵기, 속도, 강약 등 운필의 효과를 표현한다.

조선시대 이전

한국화의 원천은 울산시 울주군 반구대 암각화를 비롯한 선사시대의 바위그림까지 거슬러 올라갈 수 있다. 암각화는 수천 년 전 한민족의 조상

반구대 암각화

고구려 무용총 고분벽화 「수렵도」

이 생활상이나 꿈을 바위에 새겨 놓은 그림이다. 동물과 깊은 관련을 맺고 살았던 관계로 동물 그림이 주를 이룬다. 본격적인 발전은 대체로 4세기경부터이다. 즉 한민족의 미술 활동은 신석기시대 후기부터 시작되었지만 본격적인 활동은 중국으로부터 불교가 전래된 4세기 말경부터이다.

이때의 회화를 압록강 중류 북안(北岸)의 퉁거우와 대동강 하류 북안 용강 부근 여기저기 남아 있는 고구려의 벽화고분에서 볼 수 있는데, 힘차고 율동적인 특성을 가지고 있다. 이것들은 후한(後漢)과 삼국시대의 중국 고분벽화에서 배워 온 것으로 발생은 4세기 말경으로 추정된다. 4~5세기에 걸친 초기 고분벽화는 부부의 초상화를 주로 하고 6세기에 접어들면 부부를 중심으로 한 중요 생활 기록, 즉 풍속화로 바뀌며 7세기 전반에는 「사신도(四神圖)」와 수목(樹木), 연화(蓮花)를 제재로 한 풍경화가 주를 이룬다. 벽화고분은 다른 지역 역시 발견되는데, 백제 지역인 공주와 부여에서 각각 볼 수 있으며 가야와 옛 신라 지역인 고령, 영주에서 최근 발견되었다. 백제의 회화는 고구려에 비하여 부드럽고 완만한 율동감을 보여 준다. 신라의 회화는 경주 천마총에서 발굴된 「천마도(天馬圖)」를 비롯한 몇 점의 공예를 통해 그 일면을 엿볼 수 있다. 천마는 흰 말이 말갈기와 꼬리털을 날카롭게 세우고 하늘을 달리는 활달한 모습인데, 고구려 고분의 천장 벽화와 흡사하다는 점에서 고구려의 영향을 받은 것으로 보고 있다.

삼국시대의 회화는 담징, 가서일, 아좌태자 등에 의해 일본에 전해져 그곳 회화의 발달에 많은 영향을 끼쳤다. 통일신라시대는 당나라와의 활발한 문화 교류를 통하여 궁정(宮廷) 취향의 인물화와 청록산수화, 그리고 불교화가 활발하게 제작되었다. 솔거는 이 시대의 뛰어난 화가이다. 솔거가 그렸다고 전해지는 황룡사의 「노송도」에 관한 '정말 소나무인 줄

이제현의 「기마도강도」

알고 새들이 앉으려고 했다'는 일화로 볼 때 사실적인 화풍이 크게 일어났던 것으로 보인다.

고려시대에 이르러 한국화는 보다 다양하게 전개되었다. 인물, 초상, 산수, 영모(翎毛:새나 짐승), 화조(花鳥), 궁중누각, 묵죽(墨竹), 묵매(墨梅), 묵란(墨蘭) 등 순수한 감상의 대상이 되는 거의 모든 분야의 작품이 제작되었다. 이 시대의 가장 대표적 화가인 이령은 한국의 산천을 소재로 하는 실경산수화(實景山水畵)인 「예성강도(禮成江圖)」와 「천수사남문도(天壽寺南門圖)」로 이름을 중국에까지 떨쳤다. 고려시대의 대표적 작품으로 이제현의 「기마도강도(騎馬渡江圖)」와 공민왕의 「천산대렵도(天山大獵圖)」 등이 꼽히는데 「기마도강도」는 여백의 미를, 「천산대렵도」는 옛 고구려의 진취적인 기상을 보여 준다.

고려시대에 확산된 한국화의 전통은 조선시대에 이르러 더욱 활발하고 폭넓게 전개되면서 확고한 기반을 형성하였다. 이때에 확립된 한국의 독자적인 회화 전통이 후대의 한국적 화풍 창조의 기초가 되었다.

● 조선시대

조선시대 전기의 회화는 주자성리학자를 거쳐 내려온 조맹부풍의 전통을 충실히 계승하여 조선 서화풍의 기반을 확립하였다. 안평대군을 중심으로 활약한 이 시기의 화가들은 중국의 고전적인 그림을 이해하고 각자의 취향에 맞추어 자기화하였다. 안견은 북송원체 화풍의 아주 세밀한 그림의 선구를 이루었고, 강희안은 수묵화의 선구를 이루어 장차 궁정학파(宮庭學派)와 사인학파(士人學派)의 유파 형성에 큰 영향을 끼쳤다. 15세기 후반에는 김종직, 김굉필과 같은 사림이 직접 그림을 그려 사대부 화풍을 주도해 갔으며, 김시 같은 사대부 화가가 나와서 남송원체 화풍에 근간을 둔 사대부 화풍을 보다 조선화하였다. 조속에 의해 시작된 산수화의 진경화법(眞景畵法)은 겸재 정선에 의하여 진경산수화풍(眞景山水畵風)으로 확립되었다. 이율곡의 어머니인 신사임당은 여성스러운 섬세함으로 풀과 꽃과 곤충을 넣어 그린 그림 여러 점을 남겼다.

조선시대의 문화 절정기는 숙종에서 정조대왕 때까지(1674~1800년)인데 이때를 진경시대라고 한다. 이 진경시대에 문학, 미술, 서예, 음악에 이르기까지 문화 활동이 가장 왕성하였으며, 조선시대 후기 문화를 크게 일으켰다.

조선시대는 문학과 예절과 미술을 같은 맥락으로 보는 경향이 있었다. 그리하여 사대부 사이에서 학문을 하되 유교적 도덕을 중시하면서 산수의 아름다움을 글과 그림으로 표현해 보고자 하는 문인화가 성하였다. 조선시대 후기의 한국화 특징은 진경산수로 보며 유(儒), 도(道), 선(禪)의 철학적 배경을 가진 것으로 여긴다.

단원 김홍도는 정조대왕의 비호 아래 대성한 궁정화가이다. 겸재와 쌍벽을 이루는 대화가로서 품위 있고 간결하면서 섬세한 화풍을 이루었다.

정선의 「금강전도」

그의 대표작으로 「총석정도(叢石亭圖)」, 『풍속도첩(風俗圖帖)』이 있다. 혜원 신윤복은 18세기 말에 성리학적 명분론이 느슨해지고 척족 세도정치가 이루어지면서 조선시대 말기의 향락적인 사회 분위기를 반영한 국화풍(國畵風)의 그림을 그린 것으로 유명하다. 이후 척족 귀족의 향락적인 분위기를 비판한 청조문인화풍(淸朝文人畵風)이 새롭게 일어나게 되는데, 추사 김정희에 이르러 절정을 이루게 된다. 순조 이후는 극도로 관념화된 감필체(減筆體)의 문인화풍이 화단을 주도하게 되었는데, 김정희의 대표작인 「세한도(歲寒圖)」에 나타난 것처럼 더욱 고차원의 이념적 세계를 나타내게

신윤복의 「미인도」

되었다. 이로 인하여 17, 8세기에 일어났던 조선 국화풍의 진경산수화와 풍속화는 발전이 거의 막히게 되었다. 조선 3대 화가 중 한 사람으로 꼽히는 오원 장승업 같은 천재화가가 당시에는 빛을 보지 못하였을 뿐 아니라, 진경산수화의 전통이 완전히 사라지고, 추사화풍은 맹목적인

김정희의 「세한도」

중국화의 모방으로 전락하여 조선의 고유성을 잃고 말았다.

조선시대 회화는 17세기를 경계로 하여 전후 2기로도 나누지만 3기로 나누는 것이 보통이다. 전기는 15세기 초~16세기 중엽까지 화원의 화사가 중심이 되어 송과 원의 화풍을 그대로 모방한 시기로 안견의 산수화가 대표적이다. 중기인 16세기 중엽~17세기는 중국 계통이긴 하나 한국화의 특색을 가진 이정, 윤두서의 활약이 두드러진다. 후기 18~19세기는 남종문인화(南宗文人畵)의 영향이 뚜렷하였으나 한편으로 화풍과 화제(畵題)에서 조선화의 시대이다. 정선은 금강산 등의 실경을 묘사한 진경산수로 유명하며, 김홍도와 신윤복은 조선시대 후기 사람의 생활과 애환을 해학적으로 그린 풍속화의 대가였고, 강세황 같은 화가는 참신하고 이색적인 화풍을 조성하였다.

한 가지 특기할 것은 조선시대부터는 무명 화가의 그림이 많이 남아 있다는 것이다. 이런 그림을 '민화(民畵)'라고 부르는데, 민화의 미술적 수준은 매우 낮은 것에서 일류화가에 버금가는 것까지 다양하다. 민화의 매력은 쉽고 단순하며, 솔직담백하고, 익살스러우며, 인생의 희망과 믿음과 깨달음이 있고, 멋과 흥취가 있다는 데 있다. 한국 민화는 고조선부터 조선에 걸쳐 꾸준히 제작되어 온 것으로 추정된다. 민화의 특징은 누구나 이해하기 쉽고, 평면적이며, 실용적이고, 장식적이라는 것이다. 대화가의 작품만으로는 그림을 원하는 수요를 따르지 못했기 때문에 이들 민화가 폭넓

대표 민화인 「까치호랑이」

게 사용된 것으로 보인다.

민화의 소재는 꽃과 새, 짐승, 물고기, 생활상, 풍습, 무속과 신앙, 교훈, 민중의 정서 등 다양하고 광범위하다. 민화는 이와 같이 다양한 소재로 그려졌을 뿐 아니라 유명화가의 작품을 모방한 것 역시 많았을 것으로 추정된다.

조선시대 한국화의 전통은 말기의 천재화가로 평가되는 장승업을 고비로 퇴조를 보이기 시작하였다. 일제강점기의 전통문화 말살 정책과 서양화의 대두 등으로 더욱 위축되었으나 서화협회를 조직하여 후진 양성에 힘썼던 안중식과 조석진을 비롯한 근대 초기의 작가와 그들의 문하에서 배출되어 독자적인 세계를 형성한 이상범, 노수현, 변관식, 김은호 등에 의해 현대 화단까지 맥을 이었다.

현대

현대 한국 미술은 국권 상실 이듬해인 1911년 전통회화 육성을 위하여 서화미술원이 창립되고 조석진, 안중식 등이 제자를 양성하면서 시작되었다. 서화원은 일제에 의해 창설 8년 만에 해체되는 불운을 겪었지만 김은호, 이상범, 노수현 등 여러 대가를 배출하였다. 8·15광복 후 1949년부터는 「대한민국미술전」이 열리기 시작했는데, 이 무렵의 한국화는 남종문인화(南宗文人畵)류의 수묵화가 주가 되었다. 또한 1950년대부터 서양화법의 도입이 활발하게 되고 신구가 뒤섞인 온건파를 비롯하여 철저한 추상파까지 탄생하였다.

이응노는 '서예적 추상'이라는 독창적인 세계를 창조한 화가로 한국, 일본을 거쳐 1960년 프랑스에 정착하여 국제적 명성을 얻은 화가이다. 1963년 「살롱도톤전」에 출품하면서 유럽 화단에 알려지게 되었고,

이응노의 「군상 1988」

1968년 제8회 「상파울로 비엔날레」에서 명예대상을 획득하여 세계 미술계의 주목을 받았다. 파리에 정착한 이응노는 가난에 쪼들려 물감 구입할 돈조차 없어 대신 컬러 잡지를 찢어 붙여 콜라주 작품을 만드는 데 몰두하였다. 당시 파리 화단에서 벽지, 신문지, 헝겊 등을 화면에 붙이는 콜라주 작업을 많이 하긴 했으나, 이응노는 종이를 찢고 자르고 구겨서 붙일 뿐 아니라 그 위에 다시 수묵이나 담채로 다양한 마티에르를 표현, 종이 조각과 화면의 조화를 추구하는 새로운 콜라주를 창조했다는 평가를 받는다.

한국화의 새로운 장을 개척하였다는 평을 받는 운보 김기창의 작품은 대략 다섯 단계로 나누어진다. 초기의 구상미술 시기, 예수의 일생을 한국인의 모습으로 담은 신앙화 시기, 구상미술에서 추상으로 변하는 시기, 산수화 시기, 그리고 말년의 추상미술 시기로 나눈다. 60여 년 동안 추상과 구상의 모든 영역을 망라하고, 끊임없는 자기 변화와 발전을 통하여 독특한 화풍을 보였다. 만 원짜리 지폐에 세종대왕 얼굴을 그렸으며, 대표작으로 「가을」, 「보리타작」, 「새와 여인」, 「소와 여인」, 「태양을 먹은 새」, 「나비의 꿈」, 「군마도」, 「웅(雄)」, 「달밤」 등이 있다.

가장 한국적인 화가로 평가받고 있는 박수근 작품 속에 등장하는 인물들은 소박한 일반 서민으로 일상적인 모습을 하고 있다. 그는 일하고 있는 여인이나 장터의 풍경, 할아버지와 손자 등 생각만으로도 따뜻한 정을 느끼게 하는 그림을 그리고자 하였다. 일반 서민의 '선함과 진실함'을 드러내는 방법으로 화강암의 거친 질감을 화폭에 옮겨 왔고, 그 위에 공간감을 무시하여 극히 단순한 형태로 평면화된 대상을 모노톤의 색채로 그려내어 마치 바위에 각인된 듯한 이미지로 표현한 매우 독창적인 화풍을 조형화하였다.

'민족혼의 화가'로 평가되는 박생광은 서양의 화법이 인정을 받는 시절에 한국의 전통 문화와 역사를 화필에 담고자 했던 화가였다. 생전에는 크게 주목받지 못하였으나 그의 미술세계가 꽃을 핀 마지막 10년에 「무당」, 「토함산 일출」, 「시왕도」 등을 통하여 고구려 벽화와 고려 불화, 단청, 민화, 무속화로 이어지던 우리 민족의 화려한 색감인 오방색을 작품 속에 재현하고, 토속

이숙자의 「이브의 보리밭」(위)
백남준의 「다다익선」(아래)

적이고 역사적인 소재로 민족혼을 담았다.

　오늘날의 한국화는 전통성을 바탕으로, 서양화의 기법을 절충한 독창적인 발전을 이루고 있다. 이러한 한국화가로 이숙자가 주목을 끈다. 한국의 서정적인 향수를 불러일으키는 보리를 특수기법에 의해 다양한 색채로 그리고 들꽃, 나비, 여인의 나체 등과 함께 환상적인 자연의 미를 창조하여 자신의 독특한 미술세계를 구축했다는 평가를 받고 있다.

　최근에는 한국화 외에 순수 서양화가 상당히 발전하였고, 컴퓨터의 발달로 비주얼 아트(visual art)가 매우 발달했는데 백남준 같은 세계 최고의 비주얼 아트 작가가 배출되었다.

서예

한국은 글씨까지 하나의 예술로 인정하는 전통이 있다. 글씨가 언어의 의미를 나타내는 문자의 기능만 가진 것이 아니라, 독창성과 미적 예술성을 함께 나타낼 수 있다고 보았다. 붓글씨로 썼을 때 서체에 따라 사상이나 학문적 성향까지 살펴볼 수 있다고 믿는 전통이 있는 것이다. 처음에는 한자를 쓰는 서예만 발달하여 중국과 비교하는 경우가 많았지만, 서예가 하나의 예술 장르로 발달하면서 조선시대 중기부터 한글서예 역시 다양한 서체로 발달하게 된다.

　고려시대 말기 이래의 경향으로 중국 원나라 조맹부의 송설체(松雪體)가 유행하였다. 대표적인 인물로 조선시대 안평대군이 있는데, 조맹부보다 송설체를 더 수려하고 곱고 아름답게 구사하여 명나라에서조차 당대 제일로 꼽았다. 그 이후 그의 서체를 좇아 송설체가 조선의 대표적인 서체로 정착하게 된다. 문종, 성종, 강희안, 박팽년, 성삼문, 서거정 등이 송설체의 대가로 평가된다. 또한 주자성리학이 본격적으로 이해되

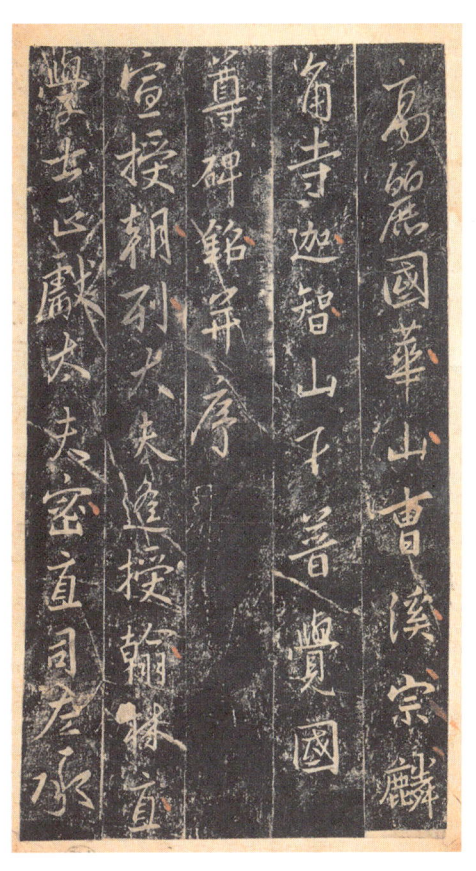

왕희지체(왕희지 글씨 집자)   안평대군의 송설체

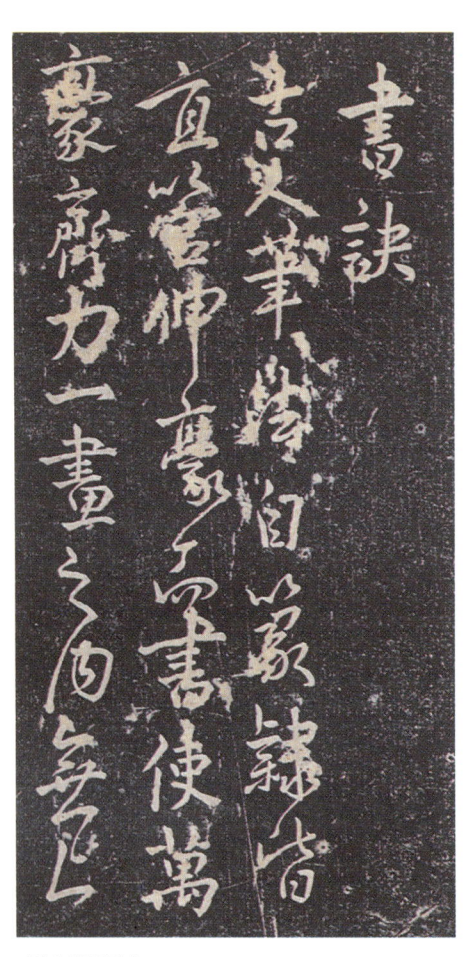

이광사의 동국진체

김정희의 추사체

면서 사림(士林) 사이에서 독자적인 자가서체(自家書體)의 형성이 이루어진다. 왕희지체와 거의 비슷한 인수체(仁壽體)를 시작으로 이황, 이이, 성혼 등의 대학자가 자가서체를 확립하여 송설체에서 벗어나는 경향을 보였다. 그 후 석봉 한호에 이르러 송설체에 근엄, 단정, 강경성을 더한 어필체(御筆體)가 확립되었다. 어필체는 '석봉체'로 일컬어졌는데, 왕실과 사대부 계층에서 따라 쓰게 되어 전 조선을 석권하면서 송설체가 사라지게 되었다.

조선시대 후기는 동국진체(東國眞體)라 불리는 서체가 윤순에 이르러 김생 이래 한국 대가들의 서체를 소화하여 왕희지체를 절충 흡수함으로써 큰 발전을 이루게 되는데, 이광사에 의하여 집대성되었다. 이후 강세황 같은 북학파에 의하여 동국진체를 탈피한 구양순체(歐陽詢體)와 추사 김정희의 추사체(秋史體)가 발달하였다. 추사체는 조선 내는 물론이고 중국의 서예가들조차 추종하게 된다.

이 외에 궁체로 불리는 아름다운 한글 서체가 궁녀를 중심으로 발전한 것이 특기할 만하다.

조소

조소는 3차원의 공간 속에 구체적인 물질로 구현된 입체로서 강하고 견고한 양감(量感, volume)의 구성체로 조형하는 예술을 말한다. 사용하는 재료에 따라 목조, 금속조, 석조, 도조(陶彫), 테라코타 등으로 분류된다. 기법에 따라 흙이나 밀랍 등의 가소성(可塑性)이 있는 재료로 붙여 가면서 형태를 만드는 것은 소조(塑造, modeling)라고 하고, 나무나 돌 등의 단단한 재료를 깎아서 형태를 만드는 예술은 조각(彫刻, carving)이라 한다. 조각가는 석조각가, 금속조각가, 목조각가, 점토조각가, 밀랍조각가 등으로 나누어진다.

　한국 조각의 기원은 구석기시대에 만들어진 골각기(骨角器)까지 거슬러 올라간다. 물론 골각기는 실용적인 용도로 제작된 것이므로 공예와 공유하는 부분이 많다. 따라서 한국 조각의 진정한 출발은 삼국시대부터라고 할 수 있다. 삼국시대에 중국을 통하여 불교가 들어온 이래, 한국 조각은 줄곧 불상조각이 중심을 이루어 왔다. 일본 호류사(法隆寺)에 보존된「백제관음상」은 백제 조각의 우수성이 반영된 불상이며,「서산마애삼존불상」은 백제의 미소라 불릴 만큼 온화한 미소를 띤 부처와 관음보살이다. 삼국에서 공통으로 발견되는 반가사유상은 각 나라의 미적 특징을 잘 반영한 것으로서 그 중 국보 제 83호인「금동미륵보살반가상」은 불교 조각의 진수를 보여 준다.

　삼국시대에 불상과 불탑의 독특한 한국적 양식이 정립되었다. 7세기경 조성된 백제의「미륵사지석탑」은 한국 석조 탑의 시원(始原)적 양식이라 할 수 있다. 백제 부여의「정림사지오층석탑」은 과도기적 양식을 보여 주며, 신라 문무왕이 창건한「감은사지삼층석탑」에서 한국 석탑의 전형이 확립된 것으로 평가된다. 통일신라의 김대성이 조성한 경주 불국사「다보탑」과「석가탑」, 그리고 석굴암과 본존불상은 역사상 뛰어난 조형 감각과 높은 예술성을 함께 보여 준다. 불교가 지배한 고려시대에 보다 많은 불상과 탑, 부도 등이 만들어졌다.「파주 용미리 석불입상」은 높이가 17.4m로서

「백제관음상」

「금동미륵보살반가상」

웅장한 맛이 있으며, 「정산 서정리 구층석탑」은 고려시대 불탑의 발달된 양식을 반영하고 있다.

고려시대는 목판인쇄술이 발달하여 대장경판을 새겼고, 그 뒤 금속활자의 발명으로 활판인쇄술이 발달하여 고종 때(1234년) 금속활자로 『상정고금예문』이라는 책을 간행하였는데, 이것은 서양의 금속활자본보다 200년 빠른 것이지만 지금은 전해지지 않는다. 1377년 흥덕사에서 간행된 『직지심경』이 지금까지 남아 있는 금속활자로 인쇄된 세계에서 가장 오래된 책이다. 그러나 몽골의 침략과 지배를 받는 동안 삼국시대에 제작된 것을 포함하여 많은 것이 훼손되었으며, 조선시대로 넘어 와서는 임진왜란으로 수많은 문화재가 파괴되고 노략질당하였다.

「파주 용미리 석불입상」(위)
「정산 서정리 구층석탑」(아래)

조선시대는 유교가 국가를 지배했으므로 삼국시대나 고려시대만큼 많은 불상과 불탑이 만들어지지 않았다. 세조13년(1467년)에 세조가 건립한 「원각사탑」을 비롯하여 왕족과 사대부 집안 부인들의 시주에 의하여 불사가 조금 이루어지긴 하였으나, 불교억제책에 의하여 전반적으로 불교미술이 쇠퇴하였다. 대신 삼국시대 이래 왕족이나 귀족의 묘에 세웠던 문무인석을 비롯하여 수막새, 귀면와, 치미 등의 건축조각을 포함, 민간신앙 차원의 토우(土偶), 도용(陶俑), 장승, 솟대, 동자상 등 실생활과 밀접하게 관련된 많은 조각이 제작되었다. 불교조각이 원나라와 명나라를 직접적으로 모방하다가 임진왜란 이후에 극도로 형식화 또는 경직화됨으로써 무표정, 무감정한 것이 되어 버린 데 비하여, 무덤 앞의 석인(石人)이나 궁전 앞의 석수(石獸) 등 비종교적 작품에서 오히려 소박한 미를 발견할 수 있게 되었다.

현대 한국 조각의 형성은 1925년 김복진에서 비롯된다. 그는 「백화」, 「소년」 등의 작품에서 그리스 고전 조각의 품격을 한국의 전통적인 미의식과 결합시킨 선각자였다. 그러나 현재 그의 작품은 사진으로만 남아 있을 뿐이다. 이후에 윤효중, 윤승욱, 권진규, 김종영, 김정숙, 김경승 등이 실질적인 현대 한국 조각의 제1세대를 이룬다. 전통적인 사실주의로부터 출발한 김경승의 섬세하고 우아한 조각은 인체에서 체득할 수 있는 비례의 아름다움, 입체적인 묘사의 박진감, 우아한 양감 등에 대해 생각하게 만든다. 이러한 전통적 작업 방식은 8·15광복 후 백문기, 전뢰진 등의 작가에게 계승된다. 이들에게서 볼 수 있는 사실주의 경향과 다른 맥락에서 낭만적이고 자기 조명적인 작업을 했던 조각가가 권진규인데, 그의 작품은 자아의 내면세계로 향한 깊은 성찰의 자세를 보여 준다. 한국의 추상조각은 김정숙과 김종영에 의하여 이루어졌다. 김정숙은 대칭적이고 유기적인 형태를 통해 자연 대상으로부터 유추된 추상세계를 보여 주는 반면, 김종영의 경우 순수조형 의

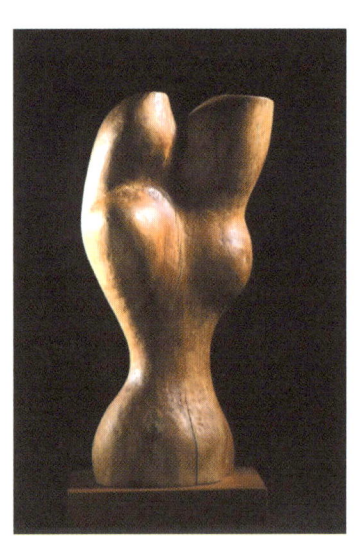

김종영의 「Work 78-20」

지에 입각한 매우 기하학적이고 단순 명쾌한 형태의 작품을 제작하였다.

조각의 주요 발표 무대가 「대한민국미술전」이었던 만큼 1960년대 초까지 한국 조각은 구상적인 인체조각이 주종을 이루었다. 하지만 1970년대 들어 인체조각에서 볼 수 있는 연극성을 거부하고 작품을 온전한 물체이자 그것이 만들어 놓은 형태와 구조의 탐구로서 지향하는 경향이 확산되었다. 1970년대 한국 조각을 지배했던 조류는 미니멀리즘이며 그 중에 이종각, 조성묵, 심문섭, 박석원 등이 대표적인 작가이다. 1980년대에 이르면 흙, 돌, 나무, 청동 등의 전통적인 재료뿐 아니라 철, 합성수지, 기성품 등을 활용한 조각이 활발하게 발표되었으며, 내용과 형식 또한 다원화하는 양상을 보여 준다. 특히 조각 개념을 대체하는 설치미술의 급속한 부상과 함께 조각의 질적 변화가 이루어지고 있는 것이 현대 조각의 새로운 단계라 할 수 있다.

공예와 도예

한국은 고대부터 우수한 공예 문화를 가지고 있었다. 한민족의 미술 활동은 왕조의 변천과 더불어 약 300년을 한 시대로 하여 양식과 기술상의 성쇠를 되풀이하고 있는데, 한국 미술 중 그 특색을 가장 잘 나타내고 있는 것은 민중의 생활과 가까운 관계에 있는 공예이다. 온대 지역의 풍요로운 자연과 지형에서 비롯된 완만한 산과 골짜기는 평화로운 자연주의와 농민예술의 소박성을 키워 왔다.

재료와 원료 자체가 지닌 미와 나무의 성질을 최대한으로 이용한 목공예품이 한국 공예의 대표라 할 수 있다. 목공예품은 나무가 가지는 아름다움을 최고로 살리면서 기능과 장식의 조화가 완벽하게 이루어졌고, 불필요한 장식이나 기교가 없는 견고한 형태와 구조를 가진 것으로 방안에

나전칠기함

부드럽고 친밀한 분위기를 자아낸다. 목공예품이 가지는 한국 고유의 멋은 세계인의 관심을 끌기에 충분했다. 삼국시대의 금속공예나 석공예, 통일신라의 많은 공예품 역시 한국 공예의 우수성을 입증하고 있다. 1993년 부여에서 출토된 「백제금동대향로」 같은 세련된 공예품을 보면 삼국시대의 높은 문화 수준을 짐작할 수 있다.

　한국의 공예품은 외국에서 더 큰 평가를 받는다. 고려청자의 아름다움은 청자의 본고장인 중국 사람들까지 놀라게 하였고, 나전칠기 걸작품은 유럽이나 미국의 유수 미술관과 박물관에 소장되어 있을 정도이다. 조선시대의 분청사기, 백자 등의 아름다움은 많은 외국 사람의 마음을 사로잡고 있다. 한국의 백자와 청자는 세부적인 것보다 전체로서의 통일을 지향하여 자연의 아름다움을 살리려는 의도가 나타나고 청빈, 탈속, 소탈한 운치로 공간의 미를 표현하고 있다.

　도자기는 과거부터 인류 생활에 꼭 필요한 생활 도구이다. 또한 도자기는 그 나라나 시대의 문화 수준을 가늠할 수 있는 기술과 예술의 조화라고 할 수 있다. 한국 사람은 기원전 8000년경인 신석기시대부터 토기를 만들어 사용하였으며, 삼국시대 전기인 3~4세기부터 높은 온도에서 구워 낸 도기를 만들었다. 신라와 가야의 것은 1,200℃ 높은 온도의 불에서 구워 낸 도기로서 표면색은 회·흑·청색이고 무쇠같이 단단하였다. 신라와 가야 고분에서 출토된 도자기를 보면 각양각색일 뿐만 아니라 표면에 다양한 무늬가 새겨져 있다.

통일신라시대에 들어와서는 도자기에 바르는 녹갈유가 상당량 제조되어 토기에서 자기로 옮겨 가는 기반을 확립하면서 생활에 다양하게 사용되는 도기를 많이 제작하였다. 9세기 후반에는 중국 저장성(浙江省) 일대의 도자기와 기술이 들어와 한국 최초의 청자인 일훈굽 양질 청자가 생산되고 뒤이어 녹청자가 대량 생산되기에 이르렀다. 그러나 녹청자는 태토(흙)에 모래와 잡물이 많아 치밀하지 못하며, 유약은 녹갈색이고 면이 고르지 못하였다.

「청자상감모란문항」

「청자상감모란국화문과형병」

「청자비룡형주자」

끊임없는 연구와 실험으로 고려시대에 들어와 한국 도자기의 상징으로 평가되는 고려식 청자로 발전되어 나갔다. 12세기에 이르러 유약은 좀 더 밝아지고 새롭게 정제된 음각·양각 문양이 발전을 거듭하여 보다 완숙해졌다. 이미 10세기부터 시도되기 시작한 상감기법이 12세기 전반부터 고려자기에 문양을 나타내어, 더욱 새롭고 세련되고 매우 아름다운 상감청자를 제작하기에 이른다. 상감청자는 고려자기 발달의 절정기에 만들어지게 되는데, 12세기에 제작된 「청자상감모란문항(靑磁象嵌牡丹文缸)」과 「청자상감모란국화문과형병(靑磁象嵌牡丹菊花文瓜形瓶)」이 현재 국립중앙박물관에 보관되어 있다. 「청자비룡형주자(靑磁飛龍形注子)」와 「청자상감운학문매병(靑磁象嵌雲鶴文梅瓶)」 역시 아름다움과 정교함을 보여 주는 이 시대의 걸작이다. 11~12세기는 순청자와 상감청자류 외에 10세기경부터 나타난 철화청자가 더욱 세련된 형태를 보였고 퇴화문청자, 철유백청자, 백자,

화금청자 등 다양한 자기가 만들어져 화려한 고려자기의 꽃을 피웠다.

고려자기는 주로 한국의 전통적인 토속신앙과 불교, 노장(老莊), 풍수도참(風水圖讖) 사상 등을 배경으로 생산되고 발전되었다. 고려청자는 은은하면서 맑고 명랑한 비색, 우아하고 유려한 선의 흐름, 세계 최초로 도자기에 산화동(酸化銅)으로 선홍(鮮紅)의 발색을 성공시킨 기술적 우수성 등을 갖춘, 언제나 자연의 향취를 지닌 아름다운 한국의 문화유산이다.

13세기 초 몽골의 침입으로 자기 문화가 크게 위축되어 상감청자와 순청자만이 명맥을 이어 오다가, 자기의 질이나 문양의 질이 매우 떨어진 상태에서 조선시대 분청사기로 이어졌다. 조선시대 초기에 다양한 종류의 도자기가 만들어졌는데 차츰 분청사기와 조선백자, 조선청자의 세 갈래로 갈라졌다. 고려시대 말에 퇴화된 청자는 조선시대에 들어와 점차 백토 분장(粉粧) 문양이 기면(器面) 전체를 메우고 유약이 투명한 담청회색으로 변했는데 이것을 분청사기라 한다. 분청사기란 분청회청사기의 준말로서, 회색 또는 회흑색 흙 위에 백토로 표면을 분장하고 문양을 나타내며 그 위에 회청색 유약이 시유된 것이다.

「분청사기조화어문편병」

「분청사기상감용문호」

백토 분장을 보다 많이 하면서 문양의 특징을 살렸을 때가 분청사기의 절정기이며, 이후는 문양을 넣지 않고 전면을 채워 버려 백자가 되었다. 분청사기는 유려한 선의 흐름이 외형에 있으나 기형이 역동적이고, 활달 대담하며 익살스러운 면이 있고, 실용적인 형태를 갖추었다. 다양한 분장 기법을 이용한 문양은 사실적 문양을 대담하게 생략, 변형, 단순화하여 재구성함으로써 독창적이면서 높은 조형적 역량을 보여 준다고 평가된다. 토속적이며 서민적 느낌으로 생활이나 감정에서 깊은 공감을 느끼게 하는 자기이다. 분청사기는 조선의 태조, 정종을 거쳐 태종 때에 이르러 특색이 분명히 드러남에 따라 15~16세기에 많이 제작되었으나 임진왜란을 전후하여 사라지게 되었다.

백자는 규사와 알루미늄을 주성분으로 한 태토(胎土)로 모양을 만들고 그 위에 유약을 입혀서 1,300~1,350℃에서 구워 내어 완성한 치밀한 순백의 반투명질 자기이다. 조선의 백자는 고려 연질 백자를 계승한 것과 중국 원·명 대의 새로운 백자 양식의 영향을 받은 것의 두 종류이다. 전자는 태토가 무른 편인 연질 백자로 우윳빛 유백색 유약이 사용되었고, 후자는 주로 경질 백자로서 투명한 흰색 유약이 사용되었다. 조선시대 전기의 상품(上品) 백자는 티 하나 없이 깨끗한데, 유약은 약간 푸른색을 머금었으며 조금 두껍게 발렸다. 광택이 은은하여 잘 구워진 것은 유약 내 기포가 적절히 포함되었으며 미세한 요철이 있어서 표면이 부드럽다. 태토는 순백이며 유약과 밀착되어 벗겨지는 일이 없다. 조선시대 전기의 기형은 원만하고 유연한 선의 흐름에서 절제함으로써 내면의 선비다운 절개와 지조를 나타낸다.

14세기 말 청화자기(青華瓷器)가 중국에서 한국에 전해졌다. 순도 높은 순백 기면 위에 청색 안료로 그림을 그

「청화백자매죽문호」

「청화백자(홍치명)송죽문호」

리고 장석질과 석회석질의 유약을 씌워 구운 백자로, 15세기 중엽부터 한국에서 본격적으로 생산되었다. 초기에는 회화적 무늬와 종속적 무늬, 즉 연꽃잎무늬 같은 것이 같이 있었으나 15세기 후반에 이르면 회화적 무늬만이 남는다. 1994년 뉴욕 크리스티 경매에서 조선시대 「모란무늬 청화백자접시」가 도자기 경매사상 최고가인 308만 달러(24억 6,000만 원)에 팔림으로써 한국 미술품의 진가를 세계에 보여 주었다.

조선시대 후기의 도자기는 다양한 도자기가 백자로 단일화되는 대신 좀 더 다양한 모습의 문양이 나타났다. 17세기는 난초를 주조로 한 조화문(調花紋)이 간결 청초하게 도자기 면의 가장 적절한 부위에 조금 그려졌는데 점차 문양이 커지며, 세필로 그려진 산수문과 용문에 여러 도식화된 문양이 나타났다. 17세기 전반은 임진왜란과 병자호란으로 많은 도예가가 죽거나 일본으로 잡혀가는 등 커다란 인적·물적 손실을 입어 도예제작 전반이 침체되었다. 그러다가 17세기 중반 이후에 다양한 형태의 철화백자(鐵畵白磁)가 제작되었다. 철화백자는 산화철 안료인 철사(鐵沙)로 문양을 넣은 것으로 이 문양은 재벌구이가 끝난 후 암갈색을 띤다. 철화백자는 점차 생산량이 증가하면서 17세기 후반 청화백자를 대신하여 문양과 형태에 있어서 조선 고유 양식을 대표하게 되었다.

18세기의 진경문화가 도자기까지 영향을 끼쳤는데, 사상뿐 아니라 수요층의 기호와 경제력에 많은 영향을 받아 진경문화의 한

「백자철화매죽문호」

「백자철화포도문호」

분야로서 독창적이고 품격 높은 도자기의 모습을 보여 주었다. 진경시대 도자기는 숙종 시대 후반에서 영조 시대 전기에 제도 정비의 일환으로 분원의 재정 자립과 효율적인 원료 수급이 이루어져 안정적인 생산 기반이 구축되었다. 청화(靑畵), 철화(鐵畵), 동화(銅畵)가 어우러진 백설(白雪)의 격조 높은 자기가 지속적으로 만들어졌다. 18세기 전반에 최고의 조선백자가 제조된 것은 도자기에 대한 영조의 각별한 관심과 사랑 때문이었다. 백자에 이어 다양한 종류의 문방구가 제작되었는데 특히 연적(硯滴)의 종류가 다양해지고 세련미를 더해 갔다. 진경문화의 최절정기인 정조 때는 청색, 길상문, 여백의 축소와 장식화 경향이 두드러졌다.

19세기는 진경문화의 여운이 사라지고 다양한 생활자기가 널리 확대되었다. 그러다 일본과 유럽의 값싼 기계 생산 도자기가 대량으로 들어와 한국의 전통적인 수제 도예 산업이 쇠퇴기를 맞게 된다. 1910년 한일병합 이후 한국 공예가 쇠퇴하고 독자성을 상실한 중에 그나마 조선의 문화유산인 나전칠기, 도자기, 목공예가 성행하게 된 것은 일본인의 골동 취향 기호 때문이라는 설이 있다. 하지만 시기적으로 맞이한 공예 발전 과정의 자연스러운 결과라고 보는 견해 역시 존재한다.

「백자호」

「백자대호」

이 시기에 한국의 전통공예를 극찬하면서 일본에 의한 한국 문화 잠식을 진심으로 슬퍼한 야나기 무네요시(柳宗悅)와 같은 일본인 학자가 있었다. 그는 『조선과 예술』이라는 저서를 통하여 한민족이 창조한 미의 세계에 대한 존경과 애정을 표시하였다. 무네요시가 창설한 민족미술관에 수집되었던 공예품의 일부가 오늘날 국립박물관에 옮겨져 한국 민족공예의 유산으로 남게 되었다. 이 즈음 한국 공예미술사 정립에 기여한 고유섭의 업적은 참으로 큰 것이다. 미개발 방치 상태에 있던 한국 전통공예의 미학적 가치를 재발견하고 탐구한 그의 업적은 한국 근대 공예 발전의 기념비라 할 만하다.

공예미술 진작을 목표로 한 관립공업전습소와 경성미술품제작소가 조선시대 말에 만들어졌다. 처음에는 궁중에 조달하기 위하여 금공, 염직, 칠공, 도자부 등에서 화병, 식기, 견직물, 자수 등의 기물을 만들었는데 일제강점기 이후까지 계속 작업이 이어졌다. 일본은 한국의 전통공예와 근대 기술의 개발이라는 명분으로 일제 총독부의 문화 정책으로 위장하면서 이들 공예품을 만들도록 하였다.

이런 중에 한민족은 스스로 근대화 과정을 밟으면서 전통공예의 기반을 확충하기 위하여 순수 민족자본 투자로 도기회사 설립을 추진하여 이루었다. 1911년 두 명의 공예학도가 도쿄고등공업학교의 도자기과 등에 유학하였고, 1917년 서울기독교청년회관에 설립된 공예학원은 전문적 교육 부문으로 목공, 철공, 석장(錫裝), 식공(飾工), 등공(藤工), 사진, 인쇄의 7과를 두고 실기와 이론을 교육하였다. 1925년 「파리 만국박람회」에 출품된 나전칠기 작품으로 김봉룡은 은상, 전성규는 동상을 받았는데, 이로써 한국의 전통공예가 외국에 널리 소개되어 한국 공예 발전의 계기가 되었다. 나전칠기공예가 활기를 띠면서 여러 곳에 공방이 생겼는가 하면, 1926년에 여자미술학교가 설립되었고, 경성공업학교에서 전시회가 열렸다.

일제의 조선총독부가 주관하는 「선전」, 즉 「조선미술전람회」가 처음 열린 것은 1922년이었다. 3·1운동을 계기로 총독부가 종래의 무단정치(武斷政治)에서 문화정치로 바꾸면서 행한 회유 정책의 일환이었다. 「선전」은 처음에 동양화부, 서양화부, 조각부, 서(書)부로 나누어져 행해졌으나 11회 때인 1932년부터 공예부가 추가되어 1944년까지 지속되었다. 「선전」의 공예부 신설은 비록 일제 식민지 문화 정책의 일환이었지만, 예술작품으로서의 공예에 대한 근대적 개념을 사회적으로 인식시켜 주는 계기를 마련하여 준 셈이었다. 그러나 대다수의 공예부 출품자는 조형적인 미의 추구보다 일본인 수요에 영합하려는 직공 출신의 전승공예 기능자였다. 「선전」 심사위원이 일본인 취향 위주로 작품을 선정하고 일본 출품자에게 우선권을 줌으로써 공정한 미술전람회가 되지 못하였으므로, 실력 있는 한국 공예가들은 「선전」을 외면하였다.

처음으로 공예부가 신설된 1932년 제11회 「선전」에서 총 56명의 입선자 중 한국 사람은 여섯 명뿐이었다. 그나마 한국 사람의 작품은 시대 감각을 반영한 예술작품이라기보다 손에 익힌 전통 방법이나 재료를 사용한 것이었다. 예술성이나 창조적 작품은 기대하기 어려워 진정한 의미의 공예 창조는 정지되어 있었다. 이러한 발전 없는 상태가 어이없게 오히려 일본인의 골동 취미 상혼을 가열시켜, 나전칠기나 도자기의 재생과 모방을 부추기는 결과를 초래하게 되었고 일본 상인의 횡포만 늘어났다.

이러한 시대 상황에서 묵묵히 전통공예의 긍지를 잃지 않고 작품을 계속한 작가가 있어서 목칠공예, 석공예, 자수, 염직공예, 도자기, 완초(왕골)공예, 죽공예, 금공예 등이 면면히 이어졌다. 그러다 광복 후에 한국

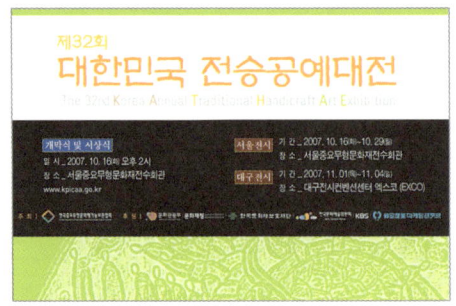

제32회 「대한민국 전승공예대전」 포스터

의 옛 공예품이 새롭게 평가되고 인식되었기 때문에 그것을 재생하자는 운동이 1960년대부터 일어났다. 지금은 신라의 토기, 금속공예, 석공예, 고려청자, 나전칠기, 조선의 분청사기, 백자, 목공예, 화각(華角), 탈, 금속공예 등을 인간문화재가 재현하여 전승하고 있다. 기계문명이 가져온 대량생산, 획일성, 합리성, 단조롭고 싸늘한 것에 대한 반발과 생활의 미와 전통적인 조형 양식에 대하여 새롭게 인식한 결과이다.

　1970년대 이후 각 대학의 응용미술과나 공예과 등에서 공부한 사람이 많아진 점이 한국 공예의 미래를 밝게 한다. 해외 시장을 넓히고 구매 의욕을 높이기 위하여 개설된 디자인포장센터가 디자인 수준을 높이는 데 큰 역할을 하고 있다. 88 서울올림픽을 계기로 경복궁 석조전에 전통 공예관을 설치하여 매년 개최하는 「전승공예대전」은 공예 발전의 커다란 자극제 역할을 하고 있다. 옛날에는 공예의 영역이 매우 넓었지만 오늘날은 상당히 좁아졌다. 그렇지만 여전히 공예는 생활 기구부터 감상하기 위한 고급 공예품까지 넓은 영역에 걸쳐 있다. 제작 기술 면에서 보면 완전 수공에 의지하는 공예부터 매우 기계화된 공예까지 다양하다. 한국 전통 공예는, 디자인의 중요성이 강조되는 오늘날 더욱 소중히 계승해야 할 한민족의 문화유산이다.

건축

한국 전통건축의 형태는 현재의 남북한 영토는 물론이고 고조선, 고구려, 발해처럼 지금은 대부분 중국 땅이 되어 버린 경우까지 포함하여 살펴볼 수 있다. 그러나 삼국시대 이전의 건축물은 현존하는 것이 거의 없으므로, 문헌에 남아 있는 단편적인 내용 외에는 사실 알 길이 없다. 예술로서의 건축에 대한 본격적인 논의는 필자의 능력을 벗어나며 이 책의 성격에 잘 맞지 않으므로, 여기에서는 한국 건축의 특징을 매우 간략하게 살펴보고자 한다. 건축학자들에 의하면 고구려 건축은 웅대 장엄하였고, 백제 건축은 우아 세련되었으며, 신라 건축은 정교 화려하였다고 한다. 고려 건축은 불교 사상의 심미성과 잘 정비된 장인 조직의 기술 덕택에 세련되고 화려한 아름다움을 드러내었고, 조선 건축은 유교적 윤리관의 지배 아래 검소 질박하면서 가정의 질서를 나타냈다고 시대상과 건축의 관계를 설명한다. 시대별로 변화되는 특색 외에 건물 주변의 자연환경을 아끼고 좋아하여 건물이 자연과 어우러지도록 최대한으로 배려한 태도는 어느 시대의 건축에서나 볼 수 있는 변하지 않는 한국 건축의 기본 정신이라고 한다.

종합적으로 보면 한국의 전통건축은 재료와 쓰임새에 따라 여러 유형으로 나누어진다. 먼저 재료에 따라 목조, 석조, 철조 건축 등으로 나누어지며, 기능별로 궁궐, 사찰, 학교, 주택, 성곽 건축 등으로 나눌 수 있다.

첫째, 궁궐은 왕조시대에 최고 통치자인 제왕이 살면서 정치를 행하는 장소이므로 각 시대 최고의 건축술이 반영되었을 것으로 추측할 수 있다. 고대 궁궐 가운데는 평양에 있는 고구려 중기 궁궐인 안학궁(安鶴宮)터, 통일신라의 동궁(東宮)터, 중세의 궁궐은 고려의 본궐(本闕, 속칭 만월대)터가 잘 알려져 있다. 근세의 궁궐로 조선왕조의 수도인 서울에 남아 있는 경복궁(景福宮), 창덕궁(昌德宮), 창경궁(昌慶宮), 경희궁(慶熙宮), 덕수궁(德壽宮) 등이 이른바 5대 궁궐이다. 궁궐의 배치는 일반적으로 앞쪽에는 조정(朝廷), 뒤쪽에는 침전(寢殿)과 후원(後園)을 배치하여 앞뒤로 길게 뻗는 형식을 택하고 있다.

둘째, 사원(寺院) 건축은 사찰 또는 절로서, 불교가 전래된 4세기 후반 이래 지금까지 1,600여 년 동안 줄곧 건축되어 왔다. 동아시아 지역에 폭넓게 퍼진 불교문화의 영향 아래, 각 시기의 국제 교류를 통하여 얻은 지식과 한민족 자체의 축적된 기술과 심미안이 반영되어 최고의 종교건축으로 자리 잡았다. 각 시대마다 변하는 불교의 성격에 따라 주요 건물이 달라지기는 하나 불탑(佛塔), 불전(佛殿), 강당(講堂), 승방(僧房), 요사(寮舍), 문 등으로 구성되는 게 보통이다. 한국은 고대국가 수도에 세워졌던 탑을 중심으로 한 가람배치 형식에서 발전하여, 신라시대 말기에 이르면 풍수지리설과 전통적인 산악숭배를 배경으로 참선을 닦기에 좋은 산속에 절(山寺)을 세우는 것이 크게 유행하여, 독특한 가람배치에 따른 아름다운 경관을 형성하게 되었다.

셋째, 학교 건축은 고려시대 말에 주자학이 도입되면서 세워진 성균관을 비롯하여 각 지방에 세운 국립학교인 향교(鄕校), 조선시대 중기에 사림(士林)에 의하여 각지에 세워진 서원(書院) 등이 대표적이다. 유학을 가르치는 강의실인 강당, 기숙사인 재(齋)를 비롯하여 유교의 성인(聖人)과 현자(賢者)의 위패를 모시고 제사를 지내는 사당(廟)을 강당 앞이나 뒤에 배치함으로써 독특한 형식을 갖추었다.

넷째, 주택 건축은 신석기시대의 움집에서 시작되어 최고로 발달된 구조 방식인 가구식 구조(架構式構造)를 채택한 목조건축으로 발전되었다. 주택은 살림집이므로 살림 방식의 차이에 따라 평면 구성에 지역적인 차이가 있으며, 사용자의 계급에 따라 규모·재료·장식 등이 다르다. 상류계급이 사는 주택의 경우, 기능에 따라 채를 분리하는 방식으로 발전하여 사랑채, 안채, 행랑채, 문간채(또는 별채), 곳간 등으로 분화하면서 다양한 평면 형식으로 발전하였다. 생활하면서 터득한 온갖 지혜를 집짓는 데 발휘

영천향교 대성전(위), 소수서원 일신재(아래)

하여 살림살이에 불편함이 없도록 난방, 채광, 통풍, 방수 등 여러 측면에서 우수한 주택을 지었다. 기둥 높이는 사람에 맞게 설정하여 인간적인 크기의 공간을 잘 형성하였고, 지붕과 기둥, 문이나 창문에 아름다운 장식을 넣어 주택 외관을 아름답게 꾸몄다.

다섯째, 성곽은 고조선부터 조선 시대까지 많이 축조되었다. 높은 산에는 산성(山城), 야트막한 산에는 토성(土城)이 있으며, 평지나 바닷가에는 많이 허물어졌지만 읍성(邑城)의 성벽을 볼 수 있다. 이러한 성곽은 군사적 방어 시설을 의미한다. 성(城)은 내성(內城)을, 곽(郭)은 외성(外城)을 가리키는 것이었는데, 한국은 그렇게 분명하게 구별해서 사용하지 않았으며 조선시대는 곽(郭)은 생략하고 성만 쌓기도 하였다. 현재 전국적으로 남아 있는 성지(城地)는 1,226곳에 이르며, 역사가 시작된 이래

끊임없이 이어진 외적의 침입에 맞서 이 강토를 지키려 했던 호국의지의 표상이라고 할 수 있다. 일찍이 중국에서 '고구려 사람은 성을 잘 쌓고 방어를 잘하므로 함부로 쳐들어갈 수 없다'는 기록을 남겼고, 조선 세종 때 양성지는 '한국은 성곽의 나라'라고 말할 정도였다. 수차례 수나라의 공격을 받았으나 요동성, 평양성, 안시성 등이 견고하여 나라를 잘 지켰던 것은 한국인 누구나 알고 있는 사실이다.

지금까지 남아 있는 성 중에 원형이 잘 보존되어 있고 그 규모나 기능, 건축학적, 예술적, 군사적 측면 모두에서 으뜸으로 꼽는 것은 수원 화성이다. 수원 화성은 유네스코 세계문화유산에 등재된 한국의 자랑스러운 성곽이며, 인류 최초의 계획도시이다. 수원 화성은 조선의 22대 왕인 정조가 자신의 아버지 사도세자에 대한 추모의 정 때문에 양주 백봉산 기슭에 있던 능을 수원부의 화성으로 옮기면서 주민을 팔달산 아래로 옮기

수원 화성 화홍문

고 신도시 조성을 위하여 쌓은 성이다. 정조는 이 성에 새로운 토목·건축 기술을 도입하여 문루와 포루, 장대, 망루 등을 완공하였다. 일반적인 조선의 성곽은 기능상 주로 주민이 거주하고 있는 마을 둘레에 성곽을 쌓은 읍성과 전시에 피난처로 삼는 산성으로 나눈다. 하지만 수원 화성은 피난처인 산성은 설치하지 않고 주민이 거주하는 읍성에 방어력을 강화한 것이다. 전통적인 한국 성곽에서 찾아보기 어려운 화포를 주무기로 하는 방어 시설이 많이 설치되어 있고, 종래의 방법과 달리 돌과 벽돌을 섞어 지었으며, 거중기 등 과학 기기를 활용하고 건축 재료를 규격화한 것이 특징이다.

시대와 상관없이 한국 건축의 첫번째 특징은 '자연에의 순응'이라 할 수 있다. 건축물이 세워질 지역의 전체적인 자연환경에 따라 거기에 어울리는 건물을 세웠다는 것이다. 자연을 거스르지 않고 건축물이 자연 속에 자연스럽게 조화되도록 지은 것이 가장 큰 특징이고 원리이다. 재료 면에서 보면 한국의 전통건축은 기본적으로 목조건축이 주를 이룬다. 현존하는 가장 오래된 목조건물은 안동 봉정사 극락전이다.

대개의 한국 건축물은 기둥과 보를 연결하는 부분인 '공포(栱包)'의 구조에 따라 여러 가지로 분류하는데, 하나의 기둥 위에 하나의 포가 올라가면 주심포식 건축이고 기둥과 기둥 사이에 여러 개의 공포가 올라가면 다포식 건축이라 한다. 주심포식은 신라 시대 말에서 고려시대 초에 중국

봉정사 극락전 내부

남송으로부터 들어온 기본 양식에 금나라와 요나라 양식의 일부 영향을 받아 발전하여 고려시대 초기에 정착된 양식으로서, 이후 고려시대 중기로 나아가면서 주심포 1, 2, 3 형식으로 발전하게 된다. 다포 양식은 고려시대 중기 원나라의 지배를 받으면서 한국에 들어오게 되는데 지붕이 크고 화려해짐에 따라 늘어난 무게를 버티기 위하여 기둥과 기둥 사이에 공포가 많이 들어가게 된 것이다. 다포 양식은 이후 조선시대에 불사나 궁궐의 정전(正殿) 같은 크고 화려한 건물에서 많이 쓰이게 된 양식으로 포 형태 자체만으로 위압적일 정도로 화려한 느낌을 준다.

익공식(翼工式)은 포의 출목(밖으로 튀어 나오는 부분의 나무)이 굴곡을 가진 날개 모양으로 변한 것으로, 주심포식이나 다포식에 비하여 전체적으로 소박하고 간소한 느낌이 든다. 이것은 고려시대 말에 시작되어 조선시대에 발달한 구조이다. 출목 수가 줄어들고 포가 간소해진 것은 외양보다 내실을 강조하는 사회 분위기에 따른 것과, 목구조가 발달하여 포를 간소하게 해도 지붕의 무게를 충분히 지탱할 수 있는 기술이 개발되었기 때문이라고 한다. 익공식 건물은 일반적으로 궁궐의 침전(寢殿), 누정(樓亭), 관아(官衙), 불사(佛寺)의 부차적 기능을 담당하는 건축에 사용되었다. 건물의 예로 해인사 장경판고(海印寺藏經板庫), 안동 예안이씨충효당(安東 禮安李氏忠孝堂), 양진당(養眞堂), 강릉 오죽헌(江陵 烏竹軒), 덕수궁 함녕전(咸寧殿) 등이 있다.

한국 건축물의 또 다른 큰 특징은 '온돌'이다. 바닥이 따뜻하도록 설계한 것인데, 시대에 따라 온돌을 설치하는 방법이 달라진다.

좋은 건축이 갖추어야 할 가장 기본적인 요소는 튼튼함(强), 편리함(用), 아름다움(美)의 세 가지로 요약된다. 한국의 전통건축은 이 세 가지 조건을 다 갖추었다고 할 수 있다. 더구나 건강에 필요한 빛, 바람 등

봉정사 극락전의 주심포

표충사 대광전의 다포

안동 예안이씨 충효당의 익공

강릉 오죽헌의 익공

자연 조건까지 적절히 활용하였다.

　한국 건축에 나타난 건축미는 한국 사람의 자연관, 가치관과 밀접한 관계가 있다. 한국 전통건축의 특성은 공간적 요소와 건물과 건물 사이의 크기나 떨어진 정도, 비어 있는 마당의 모양이나 크기 등 실제적이고 눈에 보이는 것을 통하여 직접적으로 나타나지만, 그 이면에는 건축과 우주, 자연, 인간 등과 관계되는 추상적이고 형이상학적인 개념이 자리 잡고 있다. 이러한 개념이 건축미로 잘 나타난 것으로 종묘, 해인사, 병산서원 등이 꼽힌다.

　종묘는 조선의 역대 왕과 왕비의 신위(神位)를 모시고 제례를 올리는 곳이므로 모셔진 신위를 위한 공간이 제례예법에 맞게 구성되었지만, 제례를 행하는 사람들이 머무는 머묾의 공간과 사람들이 오가는 움직임의 공간이 매우 편안하면서 장엄하며 신성한 분위기를 자아내도록 설계되어 있다. 병산서원의 병산(屛山)은 낙동강 물줄기가 센 물살을 만들며 항아리 모양으로 돌아나가는 강변에 병풍처럼 산이 펼쳐져 있다고 하여 붙여진 이름이다. 병산서원은 이렇듯 강물과 병산을 마주 보는 산자락에 자리 잡고 있다. 병산서원 강당인 입교당 대청에서 바라보는 전경은 건축을 둘러싼 산천경개(山川景槪)가 어떻게 공간 미학으로 재구성되어 살아날 수 있는가를 한눈에 보여 준다. 이러한 공간 구성은 성리학자가 추구한 천인합일(天人合一)의 공간으로서 주변 자연 속에 건물이 그대로 스며들게 하여 그 속에 자신을 투영하여 세계를 관조(觀照)할 수 있는 공간을 만드는 것이다. 해인사 역시 가야산이 주는 자연과 조화를 이루고 있고, 해인사를 구성하는 많은 전각 하나하나의 모양보다 건물과 건물 사이를 형성하는 관계에 더 중요성을 두고 있다. 건물은 서로 경계를 짓지만 건물 사이의 공간은 거기에서 사는 사람의 공동체적 삶을 위하여 사용된다.

이 세 건물은 주변의 자연과 건축물의 자연성을 한국 전통건축의 정신으로서 보여 준다. 첫째, 한국의 전통건축은 주변 자연과 터에 바탕을 두고 이루어진다는 것이다. 둘째는 전체성에 바탕을 둔다는 것이다. 주변 자연환경과 동떨어진 건축은 있을 수 없다. 이때의 전체성이란 부분과 전체, 인간과 자연 등 모든 차원의 내용이 포함되어 있다. 셋째는 전체성 속에서 다양성과 변화를 추구한다는 것이다. 전체적인 통일을 이루면서 변화와 독창성을 확보하는 것이다. 물론 건물 하나하나에 직선과 곡선의 조화미가 나타나며, 활달하면서 아기자기한 추녀 끝 장식 등이 한국 건축미의 일단을 보여 준다.

종묘(위), 병산서원(아래 왼쪽), 해인사(아래 오른쪽)

건축공학과 교수인 주남철은 한국 건축의 아름다움은 전통건축의 날아갈 듯한 팔작지붕에 있다고 하였다. 팔작지붕이란 지붕면이 사면인 것은 우진각지붕과 같으나 양 측면 삼각형 부분, 즉 합각이 수직면으로 형성되어 추녀마루가 합각의 밑까지 와서 일단 그치고 이 자리부터 합각마루가 형성되어 용마루까지 올라가게 되는 지붕 모양을 말한다. 한국, 중국, 일본의 지붕은 모두 기와로 되어 있어 같으나 팔작지붕은 한국만의 특징이다. 팔작지붕은 용마루와 처마 끝선이 휘어져서 가운데가 처져 보이게 한 것으로 중상류층의 전통가옥, 사찰의 대웅전, 왕궁의 주요 건물, 서원, 향교 등의 주요 전각 지붕에서 볼 수 있다. 가장 규모가 큰 팔작지붕은 청와대 본관의 지붕과 경복궁 근정전의 지붕이다. 공포와 모

제1부 한국의 역사와 문화 235

금산사 미륵전의 공포(위)
부석사 무량수전의 배흘림기둥(아래)

서리의 귀공포가 독특하면서 매우 아름답다. 한국 건축의 한 가지 특징은 건물에 비하여 지붕이 무겁고 크다는 것이다. 이것은 건물의 지붕을 천(天), 주춧돌과 기단을 지(地), 기둥과 벽을 인(人)으로 볼 때 하늘을 인간이나 땅보다 크게 본 한국 조상의 건축 정신이 반영된 것으로 건축계는 해석하고 있다.

전통적인 한국 건축의 미적 요소는 지붕 외에 기둥, 대문, 담장, 단청(丹靑), 천장, 창호, 석축(石築), 기단(基壇) 등에 고루고루 나타나 있다. 불국사 석축, 경복궁 근정전 기단, 창덕궁 담장, 금산사 미륵전 공포, 경복궁 단청, 부석사의 배흘림기둥 등은 한국 전통건축의 특징을 잘 나타내 준다.

경복궁 근정전은 팔작지붕, 다포식 건물의 전형을 보여 주고 있으며, 건물의 기단인 월대의 귀퉁이나 계단 주위 난간 기둥에 12지신상을 비롯한 동물을 조각해 놓은 것이 특징이다. 건물은 이층지붕이나 안쪽은 아래위가 트인 통층이다. 근정전에서 근정문에 이르는 길 좌우에 정승의 지위를 표시하는 품계석이 차례로 놓여 있으며, 햇빛을 가릴 때 사용하였던 고리가 앞마당에 남아 있다. 근정문 좌우로 복도 건물인 행각(行閣)

경복궁 근정전과 기단(위), 백호·주작·청룡·현무(아래)

이 연결되어 근정전을 둘러싸고 있다. 근정전 월대(축대)에 청룡, 백호, 주작, 현무로 불리는 사신상과 자(子:쥐), 축(丑:소), 묘(卯:토끼) 등의 십이지동물상이 각기 제 위치에 앉아 있다. 겉보기는 귀엽게 생겼으나 그런 모습과 상관없이 지닌 뜻은 오묘하고 장중하다. 사신은 동물 모습을 하고 있지만 원래 동서남북 각 방위에 있는 스물여덟 개의 별자리를 의미한다. 십이지는 열두 개의 띠 동물 형태로 나타나 있으나 원래는 시간과 계절의 변화를 나타내는 개념이다. 결국 근정전 월대(축대)의 사신상과 십이지상은 천지자연의 이치를 이 땅에 구현하고 있는 상징물이라 할 수 있다.

창덕궁 존덕정(위)과 명정전(아래)의 단청

단청은 목조건물에 다양한 색칠을 하여 모양을 내는 것인데, 궁궐이나 사찰은 단청을 하고 개인집은 단청을 하지 않는다. 단청은 본래 고대 사회에서 지배 세력의 건축물이나 국가적 차원의 의식과 종교 의례를 치르는 건물과 일반 가정을 구분하여 엄숙함을 나타내기 위하여 시작되었다. 이것이 단청을 하는 첫째 이유이고, 둘째는 단청을 함으로써 기후의 변화나 방풍, 방부해로부터 건축물을 영구 보존하기 위한 것이다. 셋째는 외부를 화려하게 꾸밈으로써 건축 재질의 단점을 가리고, 넷째는 기념물로서의 성격을 부여하고, 다섯째는 색채 이미지를 사용하여 고대로부터 내려오는 주술적인 힘을 싣는 것이라고 한다.

한국의 건축미는 주위의 자연경관, 건물 사이의 공간 배치와 기단, 기둥, 지붕, 담장의 수려한 선과 재료의 조화로운 연결, 그리고 색채 사용에서 드러난다고 요약할 수 있을 것 같다.

3. 무용

무용이란 인간의 육체를 표현 매체로 삼아 인간의 사상, 감정, 감각, 정서 등을 율동적으로 표현하는 예술을 말한다. 무용은 대체로 동기와 목적에 따라 예술무용, 교육무용, 오락무용, 유희무용, 체육무용으로 구분되는데 이 밖에 무용의 형태와 내용, 형식, 체계, 해석, 시대, 지역 등에 따라 다양하게 나누어진다. 한국 무용은 역사가 시작된 이래 오늘날까지 한국에서 만들어지고 전해진 무용 일체를 가리키며, 한국의 미 형식을 바탕으로 한 현대의 창작무용까지 포함한다. 한국에서 공연되는 무용의 범주는 근대 이전에 연원을 둔 전통무용과 근대 이후 전통무용에 바탕을 두고 새롭게 전개된 신무용, 서양의 기법에 바탕을 둔 현대무용이 주를 이루는 가운데 소수의 무용수만이 공연하는 발레까지 모두 일컫는다. 무용이 종합예술의 한 부분으로 시작되었다는 것은 누구나 알고 있는 사실이다.

전통적인 한국 무용으로 기악무, 탈춤, 가무(歌舞), 무격의식(巫覡儀式), 집단가무, 「가무백희(歌舞百戲)」, 「가야지무(伽倻之舞)」, 「무애무(無㝵舞: 원효가 불교 포교를 위하여 호리병을 들고 다니면서 추었다는 춤)」, 「처용무」 등과 더불어 최치원이 지은 『향악잡영(鄕樂雜詠)』의 한시에 나타나는 다섯 가지의 춤(「금환」, 「월전」, 「대면」, 「속독」, 「산예」)이 있다. 그 밖에 중국에서 전래한 춤으로 「당악정재(唐樂呈才)」, 전통적인 춤인 「향악정재(鄕樂呈才)」, 유교 의식에 쓰이는 「일무(佾舞)」 등이 있으나 「향악정재」, 「당악정재」, 「가무백희」가 대표적이다.

「가무백희」는 주로 신라와 고려의 팔관회와 연등회, 나례 등 국가의 중요한 의식과 함께 연행(演行)된 기예(技藝)로서 칼 삼키기, 불 토하기,

솟대장이, 줄광대, 「꼭두각시놀음」, 「동물춤」, 서역호인의 놀이 등이 들어 있다. 조선시대에 와서는 「나례(儺禮)」 및 외국 사신의 환영 절차 등에서 공연되었는데 근두(筋斗:재주넘기), 무동 태우기, 죽광대, 줄타기, 꼭두각시놀음 등이 행해졌다.

한국 무용의 유형은 일반적으로 범무(梵舞), 민속무용, 신무용(新舞踊)으로 크게 나누어진다.

범무는 「승무」라고 하며 불교의 종교 의식과 밀접한 관련을 가지고 전승되어 왔는데, 현존하는 범무는 「법고춤」, 「바라춤」, 「나비춤」 등이다. 일정한 장단에 맞추어 추는 춤이 아니고 유장한 범패(梵唄) 가락에 따라 진행되는 점이 다른 춤과 구별된다.

민속무용이란 민간 생활 속에서 민속놀이의 성격을 띤 것과 민간의 전문 연예인 사이에서 전승된 무용이다. 민속놀이로 행해지는 민속무용으로 전라도의 「강강술래」, 경상도의 「놋다리밟기」와 농악무 등이 있고, 전문적인 민속무용은 「살풀이」, 「승무」, 「한량무」, 「노장무(老長舞)」, 탈춤 등이다. 탈춤은 경기 지방의 「양주별산대놀이」, 「송파산대놀이」, 황해도의 「봉산탈춤」, 「강령탈춤」, 「은율탈춤」, 경상남도의 「통영오광대」, 「가산오광대」, 「북청사자놀이」, 「꼭두각시놀

「승무」

음」 등으로 전해지고 있다.

신무용이란 현대무용 사상에 근거를 두고 오늘의 한국적 시대정신과 감각에 따라 새로운 무용미를 추구하는 무대예술의 한 장르를 말한다. 최승희, 조택원, 김백봉 등이 선구적인 역할을 하였다. 오늘까지 활발하게 공연되는 무용에 「화관무」, 「장구춤」, 「부채춤」 등이 있다. 1930~40년대에 활동했던 최승희가 광복 직후 월북하면서 신무용의 맥은 김백봉으로, 다시 김말애 등 그 제자로 이어졌다. 1950년대 일본에서 무용 공부를 하고 돌아온 안무가 박외선이 1955년 이화여대 강당에서 창작극 「사랑의 꿈」을 공연한 것을 신무용의 끊겼던 맥을 다시 이은 것으로 보기도 한다. '부채춤'은 1954년 김백봉이 서울시공관에서 처음 선보인 신무용이다.

최승희의 「보살춤」

1963년에 미국에서 마사 그레이엄에게 사사하고 돌아온 육완순이 이화여자대학교에 한국 대학으로는 처음 무용학과를 만들었다. 1964년은 세종대학교의 전신인 수도여자사범대학에, 1965년은 한양대학교에 각각 무용학과가 생겼다. 본격적으로 현대무용 공연이 활발해진 것은 1980년대 들어서의 일이다.

반세기에 이르는 한국 현대무용의 변화 흐름을 한눈에 살펴볼 수 있는

「육완순 현대무용 발표회」 포스터

「한국현대무용뮤지엄」이 2005년 2월 28일~3월 9일 문예진흥원 예술극장 대극장, 소극장과 미술관에서 열렸다. 대표적인 안무가 45명의 작품이 무대에 오르고, 공연 모습을 담은 사진 전시회가 열렸다. 안무가 238명과 39개 무용단의 작품 활동, 대표작 등을 정리한 400여 쪽 두께의 『한국현대무용뮤지엄』이 출간되고 학술 심포지엄까지 열려 지금까지의 한국 현대무용을 총정리하였다.

「한국현대무용뮤지엄」의 공연은 앤드류 로이드 웨버의 뮤지컬 「지저스 크라이스트 슈퍼스타」를 무용 작품으로 만들어 1973년 초연 당시 파격적 느낌을 주었던 육완순의 「슈퍼스타 예수 그리스도」부터 김영진의 「Exchange」, 오민정의 「기억」, 박호빈의 「천적 증후군」, 양순희의 「꽃을 본 남자」, 김성한의 「Story about Enemy」, 홍신자의 2003년 작 「웃는 여자」까지 망라되어 있다. 국악과 샤머니즘적 요소를 무용에 도입한 최청자의 1989년 작 「불림소리」와 강렬한 표현력을 선보여 온 손관중과 독일에서 활동중인 김윤정의 작품이 공연되었다. 이들 현대무용은 전통을 고수하기보다 좀 더 자유분방한 상상력과 독창성, 재치와 풍자, 세련된 예술적 기교 등을 나타내어 향후 한국 현대무용이 다양하게 변모될 것임을 예고하고 있다.

서양에서 발달한 '발레'는 1931년 3월, 서울 YMCA 강당에서 펼쳐진 슈하로프라는 무용가의 첫 공연으로 한국과 인연을 맺었다. 1946년 한국에서 단일조직체로는 처음으로 '조선무용예술협회'가 탄생되었다. 이 협회는 현대무용부, 발레부, 교육무용부, 이론부, 미술부를 갖추고 있었다. 1951년 조광이 스페인에서 귀국하고 1953년 임성남이 일본에서 귀국하면서 한국 발레는 새로운 활력을 얻게 된다. 임성남은 귀국 후 '임성남 발레 연구소'를 개설하여 후배들에게 체계적인 발레를 가르치기 시작하였다. 그는 1956년 '임성남발레단'을 만들고 시공관에서 「백조의 호수」 2막으로 첫 귀국 공연을 갖는다. '임성남발레단'은 1959년에 '한국발레단'으로 이름을 바꾸었다.

　한국 발레는 초기 선각자들에서 임성남을 주축으로 주리, 조광 등의 새로운 세대에게 넘어오며 점차 발달하였다. 1950년대에 탄생한 발레단이 여덟 개나 되었으며, 이즈음 각 대학에 무용학과가 생기기 시작하였다. 1955년 6월 이화여자대학교 주최로 전국 중·고등학교 무용경연대회가 개최될 만큼 사회 인식이 바뀌기 시작하였다.

　사회 분위기 변화에도 불구하고 발레는 더 이상 예술적으로 발전하지 못하였는데, 이는 안정적인 직업 발레단이 없기 때문이었다. 1960년 임성남이 『조선일보』 사설을 통하여 '국가에 의해 지원받고 육성되는 국립발레단의 탄생만이 무용계를 구하는 유일한 길'이라고 역설한 것에 힘입어 1962년 국립극장 전용 무용단이 발족하였다. 이 무용단은 1974년 국립발레단으로 독립하여 그해부터 차이코프스키의 「백조의 호수」와 「호두까기인형」을 처음으로 한국에 소개하고, 1975년 서구 발레의 첫 전막 공연으로 「지젤」을 발표하였다. 이후 계속하여서 쇼팽의 「공기의 정」, 프로코피예프의 「신데렐라」, 「노틀담의 꼽추」, 「카르멘」 등의 외국 작품을 공연하였다. 또「지귀의 꿈」,「처용」,「배비장」,「춘향의 사랑」,「왕자 호동」등을 발표하여 한국적 창작 발레를 개척하는 데 노력하여 많은 발전을 이루었다.

국립발레단은 2007년 4월 20~25일 러시아발레단과 합작으로「스파르타쿠스」발레 공연을 하였다. 70여 명의 남성군무가 펼쳐지는 이 발레는 힘과 음악의 조화에서 극치를 보여 주는 희귀한 작품으로 국립발레단의 저력을 드러내었다고 평가받았다. 2001년 초연에 이어 다시 2007년 러시아와 합동공연을 하게 된 스파르타쿠스 역을 맡은 이원국은 파워 넘치고 성숙한 공연을 보여 주었다는 평을 받았다. 스파르타쿠스의 아내 프리기아 역을 맡은 김주원은 발레계의 아카데미라 불리는 '브누아 드 라 당스' 2006년 최고 여성 무용수상을 차지하여 한국 발레의 높은 수준을 세계에 알린 무용수이다.

한국이 낳은 최고의 발레리나로 평가받는 독일 슈투트가르트발레단 수석무용수 강수진, 최근 네덜란드 국립발레단 수석무용수로 올라선 김지영, 파리국립발레단의 발레리노 김용걸, 키로프발레단의 유지연 등은 세계 유수의 발레단에서 활약하고 있는 한국 무용수이다. 장운규는 2001년「러시아 카잔국제발레콩쿠르」에서 남자 부문 금상을 수상하였다.

2007년 5월 제19회「우지국

국립발레단의「스파르타쿠스」공연 모습

제발레페스티벌」이 열린 폴란드의 우지오페라발레대극장에서, 한국 국립발레단은「백조의 호수」공연이 막 끝난 다음 객석을 가득 메운 관객으로부터 10여 분간 기립박수를 받았다. 한국의 발레단이 발레의 본고장 유럽 무대에 우뚝 서서 현지 언론과 평론가, 관객으로부터 극찬을 이끌어 낸 역사적 사건이다. 박인자 국립발레단 예술감독 겸 단장은 유럽 측으로부터 최상급의 대우로 정식으로 초청받아 가진 첫무대인 만큼 의상이나, 무대 세트, 소품 등 세세한 부분까지 철저한 준비를 하였다고 말하였다. 그 결과로 국립발레단은 예상 이상의 격찬을 받았으며, 발레의 본고장인 러시아 외 여러 국가로부터 공연 초청을 받아 놓은 상태이다.

4. 연극

연극이란 배우가 연희(演戲) 장소에서 희곡 속의 인물로 분장하여 관객 앞에서 몸짓과 대사로써 만들어 내는 예술을 말한다. 연극은 보통 음악, 무용과 같이 공연(公演)의 형태를 취하기 때문에 공연예술 또는 무대예술이라고 한다. 연극을 구성하는 본질적 요소로 흔히 희곡, 배우, 무대, 관객의 네 가지를 든다.

한국 연극의 기원은 다른 나라와 마찬가지로 원시 고대 부족의 제천의식에서 찾을 수 있는데, 기원전 3세기까지 거슬러 올라간다. 부여의 영고(迎鼓), 고구려의 동맹(同盟), 예의 무천(舞天), 마한의 오월제와 시월제 등이 그것이다. 영고는 12월에 죄수를 풀어 주고 날마다 먹고 마시고 노래하고 춤추는 국중대회(國中大會)의 제천 행사이며, 동맹과 무천 역시 이와 비슷한 10월의 제천행사로 일종의 추수감사제이다. 마한의 오월제는 5월에 행한 일종의 풍요기원제로 씨뿌리기를 마치고 귀신에게 제사를 지내는 부족의 행사였다. 떼를 지어 모여서 술을 마시고 노래하고 춤을 추며 밤낮을 가리지 않고 놀았는데, 수십 명이 뒤를 따라가며 땅을 밟고 구부렸다 치켜들었다 하면서 손과 발로 장단을 맞추었다고 한다. 시월제는 농사를 마치고 나서 지내는 일종의 추수감사제로 오월제와 같은 식으로 행해졌다.

    삼국시대에는 각종 가무와 연희가 열렸는데, 이것을 통틀어 일반적으로 「가무백희(歌舞百戱)」라 한다. 「가무백희」는 고구려와 백제의 음악, 신라의 「처용무」 및 오기(五伎) 등이 통합된 것으로서 아직 음악, 무용, 연극이 분화되지 않은 상태의 종합예술 또는 종합놀이로서의 연희라 할 수 있다. 이러한 「가무백희」의 원형을 어느 정도 찾을 수 있는 것이 가면무극(假面舞劇)인데 그 중 고려와 조선을 통하여 궁중나례에서 공연된 것은 「처용무」뿐이다.

「처용무」

고려시대의 연극은 팔관회(八關會)와 연등회(燃燈會) 등의 국가적 행사에서 비롯하였다. 의식(儀式)과 오락의 두 가지 요소가 혼합된 「산디놀음」과 「나례」를 예로 들 수 있다. 「산디」란 큰길가나 빈 놀이터에 단을 쌓고 무대를 만들어

노는 한국의 대표적인 가면극으로서 탈을 쓰고 풍류에 맞추어 춤을 추며 장면이 바뀜에 따라 재담, 즉 풍자하는 우스운 소리와 동작을 많이 하여 말과 모양과 몸짓으로 관중을 웃기는 민속극이다.「나례」는 탈(가면)을 쓰고 주문을 외면서 악귀를 쫓아내는 행사로서 연극과 깊은 관련이 있는 것으로 보이며, 여기에 화극적(話劇的) 요소인 조희(調戲)까지 포함되었다. 이 시기에 재인(才人), 광대(廣大) 등 전통적으로 배우와 같은 부류를 부르는 명칭이 등장하였다.

조선시대까지「산디놀음」과「나례」는 성행하였다. 조정에 외국 사신의 접대를 위한 산대도감(山臺都監)을 둔 적이 있으나 조선시대 중기 이후 폐지되었으며, 현존하는「산디놀음」계통의 연희는 그것이 서민의 놀이가 된 이후의 가면극이다.「양주별산대놀이」,「봉산탈춤」, 경남 일대의「오광대」,「야류」등 민속적인 가면극의 여러 형태로 남게 되었다.「꼭두각시놀음(인형극)」역시 여기에 포함된다. 이 모든 전통 연극의 여러 형태는 조선시대의 몰락과 함께 사라졌다.

신문화와 함께 신연극이 시작되었다. 신연극은 그 형식을 일본에서 들여올 수밖에 없었던 당시의 시대 상황 아래에서 1910년을 전후하여 신파(新派)라는 이름으로 대중에게 알려졌다. 그 뒤 1923년을 전후하여 토월회라는 극단에 의하여 신극(新劇)이라는 이름으로 서구 연극의 도입과 함께 연극 의식의 근대화를 도모한 연극이 공연되었다. 연극 공연은 1931년 극예술협회의 발족 이후 본격화되었다고 할 수 있다.

1940년에 시작된 일제의 가혹한 문화 탄압은 연극을 어용화시키는 결과를 가져왔으며, 1945년 8·15광복 이후에야 비로소 한국 연극은 생기를 되찾게 되었다. 그러나 광복 후 6·25전쟁까지 좌우대립으로 극심한 혼란을 겪었으며, 1950년대 이후 겨우 발전의 기틀을 잡고 극단 신협을 중심으로 한국 연극의 재건에 들어설 수 있었다.

1960년 이후 재능 있는 신인들의 참여로 세대교체를 이룬 한국 연극은 극단 활동, 극장 건립, 극작가 배출, 비평 활동, 배우 양성 등 여러 면에서 본격적으로 연극의 도약기를 맞게 되었다. 1977년부터 해마다「대한민국연극제」가 열려 대통령상, 우수상, 장려상 등의 수여를 통하여 연극의 진흥에 힘쓰게 되었다. 1~10회는 정부에서 직접 주관하였으나, 1987년 11회부터 민간단체인 연극협회로 주최권이 옮겨졌으며 명칭이 「서울연극제」로 바뀌었다. 참가 작품은 공연되지 않은 창작극에 한하며 한국연극협회에 가입한 회원 단체나 지방 극단의 구분 없이 전국 극단을 대상으로 한다. 그 밖에 주요한 연극제 행사로 1983년「지방연극제」로 시작된「전국연극제」가 있다. 서울을 제외한 15개 시·도에서 지역 예선을 거쳐 선발된 대표 극단이 참가하여 공연하며, 2007년에 제31회 연극제가 개최되었다.

한국은 현재 다양한 장르의 연극, 뮤지컬 등이 매일 공연되고 있다. 좋은 창작 작품이 많이 등장하고 있고 외국에서 공연되기까지 하는데, 한

뮤지컬「명성황후」의 공연 장면(왼쪽)과 포스터(오른쪽)

국 뮤지컬의 대표 작품인 「명성황후」는 한국은 물론이고 뉴욕 브로드웨이에서 성공적으로 공연되어 국제적으로 높은 평가를 받았다.

5. 영화

영화는 연속촬영으로 기록한 필름상의 화상(畵像)을 스크린에 투영(投影)하여 움직이는 영상을 보여 주는 예술로서 처음에는 '활동사진'이라고 하였다.

　한국에 영화가 처음 등장한 것은 1903년경이며, 극장은 1906년에 처음 생겼다고 한다. 물론 이때는 아직 무성영화 시대로서 객석 뒤에서 변사가 해설을 하였다. 흥행을 목적으로 한 한국 최초의 영화는 1910년 10월 단성사에서 개봉된 김도산 감독의 「의리적 투구」로서 이것을 보통 한국 영화의 효시로 본다. 이것은 아직 연극에서 표현하기 어려운 야외 장면이나 활극 장면을 영화로 찍어 무대 위 스크린에 삽입하여 연극과 영화가 연쇄되어 줄거리를 이어 가는 형식이었으므로 연쇄극이라고도 하였다. 본격적인 무성영화는 1923년에 상영된 「월하의 맹서」와 「춘향전」이 그 효시였다. 그 뒤 수많은 무성영화가 제작 상영되었으나 1934년에 이르러 일제의 식민지 정책에 어긋나는 작품은 상영이 금지되어 영화 발전이 멈추어졌다.

　1935년 최초의 발성영화인 「춘향전」이 나왔으나 많은 기술상의 문제점을 드러내었고, 그 이후는 일제의 조선어 말살 정책과 함께 한층 더 제약을 받았다. 그러다 광복 이후 1946년의 「자유만세」를 시작으로 「독립전야」에 이르기까지 해방과 자유의 기쁨을 표현한 작품이 쏟아져 나왔

영화 「오발탄」(위), 「하녀」(아래) 포스터

다. 「마음의 고향」, 「파시」와 같은 예술영화가 속속 나옴으로써 한국 영화의 길을 활짝 열었다. 1950년 6·25전쟁의 발발로 한국 영화는 다시 어려워졌으나, 1955년 이규환 감독의 「춘향전」이 제작되어 흥행에 성공함으로써 5, 60년대의 영화 붐을 일으키는 신호탄이 되었다. 1960년까지 70여 개의 영화사가 설립되어 많은 영화가 상영되었다. 민족 분단의 비극과 6·25전쟁의 상처를 영상에 투영하기 시작하였으나 제작과 자본의 영세성으로 인해 세계적인 작품을 만들지는 못하였다. 그러나 1961년 유현목 감독의 「오발탄」, 김기영 감독의 「하녀」, 1961년 신상옥 감독의 「사랑방 손님과 어머니」는 매우 우수한 영화로 평가받았으며 흥행에 성공하였다.

1961년 5·16혁명 이후 영화법이 제정되어 시설 기준, 기재, 인적 자원 등의 요건을 갖추어야만 영화 제작이 가능하게 된다. 1960년대는 양적인 팽창으로 세계 4대 영화 양산국이 되기에 이르렀다. 1970년대 영화가 산업화되면서 상업주의를 표방하게 되어 질적인 하락을 가져왔다. 그 결과, 관객으로부터 한국 영화가 호응을 잃게 되자 외국 영화가 밀물처럼 들어오기 시작하면서 한국 영화는 침체기를 맞게 된다. 특히 TV가 보급되어 영화는 더욱 위축되었다.

   1980년대 후반부터 한국 영화는 다시 질적인 도약기를 맞이한다. 1989년에 배용균 감독의 「달마가 동쪽으로 간 까닭은」이 「로카르노국제영화제」에서 작품상을 수상하고, 임권택 감독의 「씨받이」, 「아제아제바라아제」, 「아다다」가 베네치아, 모스크바, 몬트리올의 국제영화제에서 각각 여우주연상을 수상하였다. 1993년 임권택 감독의 「서편제」가 관객 백만 명을 돌파하고, 외국에 한국 영화가 수출되기 시작하였다. 「쉬리」, 「공동경비구역 JSA」 등의 작품이 그 뒤를 이었고, 한국 영화의 질적 도

영화 「달마가 동쪽으로 간 까닭은」, 「서편제」, 「공동경비구역 JSA」, 「쉬리」 포스터 (왼쪽 위에서부터 시계방향으로)

영화 「실미도」(위), 「태극기 휘날리며」(아래) 포스터

약이 일어나면서 동남아를 비롯한 외국에서 어느 정도 호응을 받게 되었다. 임권택 감독의 「춘향뎐」과 「취화선」이 「칸영화제」 본선에 진출하게 되었는데, 임권택 감독은 한국 역사상 처음으로 감독상을 받게 되었다. 이 두 작품은 앞서 제작된 「서편제」와 함께 한국 것, 한국 문화를 찾고자 하는 일관된 주제를 보여 주는 우수한 작품으로 평가된다.

2000년대에 들어와서 「실미도」, 「태극기 휘날리며」, 「왕의 남자」, 「괴물」 등이 천만 명 관객을 동원하는 등 한국 영화의 전성기를 맞고 있다. 이창동 감독은 2002년 「베네치아영화제」에서 인간애를 다룬 「오아시스」로 세계적으로 높은 평가와 함께 감독상을 받았다. 박찬욱 감독은 「올드보이」로 2004년 「칸영화제」 심사위원대상을, 「싸이

영화 「왕의 남자」(왼쪽), 「괴물」(오른쪽) 포스터

보그지만 괜찮아」로 2007년 「베를린영화제」에서 본상 중 하나인 알프레 드바우어상을 수상하였다. 이창동 감독의 「밀양」은 2007년 「칸영화제」 에서 여우주연상을 수상하였다. 영화는 이제 드라마, 온라인 게임과 함께 21세기 한류의 견인차 역할을 하기에 이르렀다.

5. 한국의 생활문화

1. 기본예절

언어 예절

어떤 언어든 언어 예절이 있지만 특히 한국어는 화자와 청자의 관계, 때와 장소에 따라 말을 달리 사용해야 하는 언어적 규범이 있다. 이러한 규범을 경어법(敬語法)이라고 한다. 이 경어법에 따라 문장 어미, 호칭, 조사, 어휘 등을 적합하게 선택해서 사용해야 한다. 한국어 경어법의 구체적인 내용에 대해서는 이미 '3. 한국의 언어문화'에서 살펴본 바 있다. 사람들과 대화할 때는 바른 말, 고운 말, 겸손한 태도, 알맞은 크기와 속도로 말해야 한다. 공적인 자리에서는 청중에게 들리도록 또록또록하게 발음하고 반드시 존대어를 사용해야 한다.

감사, 사과, 요청, 의문 표현은 다음과 같이 한다.

- 처음 만났을 때 : 만나 뵙게 되어 반갑습니다.(I am glad to meet you.)
- 감사 표현 : 손윗사람에게—감사합니다. 고맙습니다.(Thank you.)
  동급이나 손아랫사람에게—고마워.
- 사과 표현 : 손윗사람에게—미안합니다. 죄송합니다.(I am sorry.)
  동급이나 손아랫사람에게—미안해.
- 부탁할 때 : 손윗사람에게—죄송하지만, 이 책을 좀 빌려 주시겠어요?(Would you please lend this book to me? May I borrow this book, please?)
  동급이나 손아랫사람에게—이 책 좀 빌려 줄래?
- 물어볼 때: 손윗사람에게—죄송하지만 서울역 가는 길을 좀 가르쳐

주시겠어요?

(Would you please tell me how to get Seoul Station?)

동급이나 손아랫사람에게 — 미안한데, 서울역 가는 길 좀 가르쳐 줄 수 있어?

인사 예절

집안 어른이나 손윗사람 혹은 손님이 한집에서 잠을 잘 때는 반드시 '안녕히 주무세요' 라고 인사를 하고, 아침에 일어나 처음으로 얼굴을 보았을 때는 '안녕히 주무셨어요?' 라고 인사를 한다. 평소에 외부에서 아는 사람을 만났을 때는 '안녕하세요?' 라는 인사를 한다. 오전, 오후, 저녁 때를 구별해서 인사하지는 않는다. 집에 손님이 방문했다가 돌아갈 때 손님은 '안녕히 계세요' 라고 하고 주인은 '안녕히 가세요' 라고 한다. 이런 인사를 할 때는 고개를 숙여야 한다.

손윗사람을 만났을 때는 손아랫사람이 먼저 인사를 한다. 인사를 할 때는 머리를 숙인다. 한국 사람은 모르는 사람에게는 인사를 하지 않고 매우 냉정하다. 그러나 상대방에서 먼저 인사를 건네면 금방 친절하게 대한다. 조그만 고마움이나 미안함에 '고맙다', '미안하다' 는 인사를 잘하지 않는 경향이 있는데, 속으로는 생각하지만 표현을 잘 못하기 때문이다. 이 때문에 외국인

직장의 인사 예절 교육 모습

제1부 한국의 역사와 문화 255

이 한국 사람은 예절을 모른다든가, 불친절하다고 가끔 오해를 하는 경우가 있다. 이것은 어디까지나 오해이다. 한국 사람은 표현에 좀 소극적이고 수줍어할 뿐 예절이 없거나 냉정하지는 않다. 조금만 사귀어 보면 매우 따뜻하고 인정이 넘치는 민족이라는 것을 알 수 있다.

식사 예절

식탁에는 손윗사람이 상석에 앉고, 제일 손윗사람이 수저를 들어 음식을 먹기 시작해야 다른 사람들이 따라서 먹는다. 상석은 출입문에서 제일 멀고, 합석한 사람을 다 볼 수 있는 자리이다. 이 상석을 중심으로 서열이 높은 순서대로 앉고 제일 낮은 사람이 출입문 가까이에 앉는다. 병풍 같은 것이 있는 경우는 병풍 복판 자리가 상석이다. 손윗사람이 아직 식사하는 도중이라면 손아랫사람은 자리를 뜨지 않는다. 손윗사람의 손이 닿지 않는 접시가 있으면 가까이 가져다 놓는다. 물이나 술은 손윗사람에게 먼저 따라 드린다. 어른과 함께 식사를 할 때는 이야기를 많이 하지 않는다. 한국인은 대체로 식사를 빨리 한다. 항상 바쁘게 사는 습관이 있는 데다, 식사 시간을 즐기고 대화하는 시간으로 생각하지 않고 해야 할 일로 생각하는 경우가 많기 때문이다. 저녁 식사는 술을 곁들이는 경우가 많은데, 손윗사람에게 먼저 술을 따라 드려야 하고, 손윗사람에게서 잔을 받을 때는 두 손으로 받으며, 마실 때는 고개를 약간 옆으로 돌리고 마신다. 손윗사람이나 처음 만난 사람 앞에서 과음을 하여 횡설수설하거나 술주정하는 것은 큰 실례로 여겨진다.

생활 예절

집 안에 들어갈 때는 신발을 현관에서 벗고 들어간다. 만일 이때 슬리퍼가 있으면 신는다. 쓰레기는 함부로 버리지 않고, 공공장소에서 담배를 피우지 않으며, 큰소리로 떠들지 않는다. 앉아 있다가 손윗사람이 들어오면 일어서서 맞이한다. 손윗사람이 이야기를 하면 중간에 끼어들지 않는다. 버스나 지하철에서 연로하신 어른이 서 있으면 자리를 양보한다. 손아랫사람이라도 짐을 들고 서 있으면 앉아 있는 사람이 짐을 받아 준다. 특별한 경우가 아니면 밤 10시 이후나 아침 7시 이전에는 남의 집에 전화하지 않는다. 아는 사람의 경조사 소식을 받으면 불가피한 사정이 없는 한 참석하여 축하나 위로를 하고, 축의금이나 조위금을 낸다. 경사(慶事)에 갈 때는 되도록 정장을 한다. 애사(哀事)에 갈 때는 가능한 한 검은 옷이나 흰옷을 입고 간다.

 남의 앞을 지나갈 때는 '죄송합니다' 라고 말한다. 뒤차가 먼저 가겠다고 사인을 보내면 양보해 준다. 극장이나 공연장에서 옆 사람과 이야기하거나 음식을 먹는 등 소리를 내지 않는다. 해를 넘겨서 부모님을 만나게 되면 큰절을 한다. 손위 친척을 만났을 때 역시 큰절을 한다. 큰절이란 서 있는 상태에서 무릎이 땅에 닿도록 앉고, 두 손은 땅을 짚고, 머리는 거의 땅에 닿을 정도로 굽혀서 인사하는 것을 말한다. 여자의 경우는 비슷한 자세를 취하되 두 손을 모아서 이마 약간 위쪽에 올리고, 다리는 가운데로 모으고, 엉덩이가 땅에 닿은 상태에서 머리가 무릎 밑으로 내려오도록 숙여서 인사를 한다.

2. 식생활

음식문화의 특징

한국 음식문화의 가장 큰 특징은 축제 음식, 발효 음식, 정성의 세 가지이다. 서로가 유기적으로 관련되어 있지만 이제 정성은 많이 사라졌고, 발효 음식은 세속화된 생활 음식으로 전해져 내려왔는데 최근 들어 세계적 관심이 높아 가고 있어 한국 음식문화의 정체성을 유지시켜 주고 있다. 한국 음식문화의 특징을 개고기 선호, 과도한 음주, 발효 음식의 발달, 탕, 비빔밥, 쌀 주식으로 말하기도 한다.

좀 더 구체적으로 한국 음식문화의 특징을 여러 차원으로 나누어 이야기할 수 있을 것이다. 우선 태도 면에서 한국 사람은 모여서 먹기와 나누어 먹기를 좋아한다. 음식의 재료로 보면 기본적으로 서양 음식에 비해 채소의 비중이 높고 대체로 담백하나 양념을 많이 넣는다. 식단은 밥을 주식(主食)으로 하고 반찬을 부식(副食)으로 하는데 반찬의 종류가 매우 다양하다는 특징이 있다. 특히 최근에 와서 한식, 중식, 일식, 양식 등을 고루 즐긴다는 특징이 생겼다.

남대문시장의 음식점

한국 사람의 음식에 관한 의식구조를 보면 대체로 음식을 건강, 맛, 모양과 색의 순서로 중요시하며, 식사를 일의 한 가지로 본다. 다른 사람과 친해지려면 식사를 함께하는 것이 중요하다고 여긴다. 손님을 대접할 때는 자신이 평소에 먹는 것보다 대체로 더 좋은 음식을 잘 차려 대접한다. 예전에는 손님을 주로 집으로 초대했으나 지금은 거의 식당에서 대접한다. 성인의 경우, 저녁 식사에 반주를 곁들이는 것이 자연스러우나 최근에는 운전자가 늘어 음주를 많이 자제하는 분위기이다. 몇 사람이 함께 식당에 갈 경우, 한국 사람은 대체로 제일 먼저 제안한 사람이 전체 돈을 지불한다. 각자가 내는 일은 매우 드물다.

한국 음식은 재료와 종류가 매우 다양하다. 고기, 생선, 채소, 과일, 음료수, 차 종류가 매우 풍부하고 다양하다. 빵 종류는 전 세계의 것이 다 있다시피 하고 떡 종류 역시 참으로 다양하며, 과자, 사탕, 튀김 종류 등 참으로 먹을 것이 풍성하다. 다양한 종류의 한과는 쌀, 찹쌀, 참깨, 땅콩으로 만든 한국의 독특한 과자이다.

필자는 한국 음식의 특징을 발효 음식, 양념 음식, 다양성 등으로 꼽고 싶다.

음식과 관련된 용어

한국에서 먹는 음식은 재료 종류와 요리 방법에 따라 매우 다양하다. 우선 종류별로 본다면 주식인 밥 종류가 있으며 반찬은 국, 찌개나 탕, 볶음, 튀김, 전, 무침, 조림 종류 등이 있고 밥 대신 주식으로 먹는 국수 종류 역시 참으로 다양하다.

음식명

- 밥 종류 : 쌀밥, 보리밥, 조밥, 옥수수밥, 콩나물밥, 비빔밥, 돌솥비빔밥, 찰밥, 오곡밥 등

- 국 종류 : 소고기국, 콩나물국, 미역국, 북어국, 된장국, 해장국, 쑥국, 냉이국, 육개장, 조개국 등
- 찌개 종류 : 된장찌개, 김치찌개, 생선찌개, 두부찌개, 버섯찌개 등
- 탕 종류 : 삼계탕, 도가니탕, 설렁탕, 조기매운탕, 도미매운탕, 알탕, 닭볶음탕, 곰탕 등
- 찜 종류 : 갈비찜, 도미찜, 계란찜, 전복찜, 대하찜 등
- 조림 종류 : 쇠고기장조림, 멸치조림, 연근조림, 우엉조림, 고추조림, 콩조림 등
- 구이 종류 : 생선구이, 버섯구이, 갈비구이, 불고기, 삼겹살구이 등
- 볶음 종류 : 버섯볶음, 호박볶음, 가지볶음, 야채볶음 등
- 튀김 종류 : 새우튀김, 생선튀김, 쇠고기튀김, 고구마튀김, 깻잎튀김, 감자튀김 등

여러 재료로 맛을 낸 된장국

- 전 종류 : 생선전, 쇠고기전, 파전, 호박전, 버섯전, 깻잎전, 배추전, 빈대떡 등
- 국수 종류 : 칼국수, 냉면, 소면, 메밀국수, 자장면, 우동, 쌀국수, 감자국수, 라면 등(라면은 특히 1960년대에 새롭게 나온 것인데 현재 그 종류가 수십 가지에 이른다.)
- 식사 대용식 : 다양한 떡과 만두, 떡국, 수제비, 감자탕, 삼계탕 등
- 기타 : 다양한 김치, 다양한 전골, 김, 다양한 젓갈류, 잔치용 신선로와 구절판 등
- 술안주는 요리 종류, 건어물 종류, 건과일 종류, 과자류 등으로 다양하다.

● 음료명
- 차 종류 : 보리차, 옥수수차, 녹차, 홍차, 유자차, 생강차, 인삼차, 대추차, 작설차, 칡차, 둥글레차, 매실차, 감차, 솔잎차, 커피 등
- 찬 음료 종류 : 식혜, 수정과, 사이다, 콜라, 오렌지·사과·토마토·포도·배·복숭아·키위·매실·망고·인삼 주스, 쌀·대추·솔잎·쑥 음료 등

다양한 차

한국은 음료수 천국이라 해도 좋을 만큼 음료수 종류가 수없이 많다.

음식 기능과 관련된 용어

음식은 그 기능에 따라서 나눌 수 있다. 다음이 그 예이다. 이들 기능에

설에 먹는 떡국   추석에 먹는 송편

따라 음식이 달라진다.

- 일상음식
- 건강식
- 축제 음식
- 파티 간식
- 제사 음식
- 명절 음식
- 미용식
- 기능식

음식 재료와 관련된 용어

재료에 따른 한국 음식의 유형은 다른 나라와 비슷하다. 쇠고기 요리, 돼지고기 요리, 닭고기 요리, 오리고기 요리, 야채요리, 생선요리, 해물요리 등으로 나눌 수 있다.

식생활과 관련된 용어

① 쌀로 지은 밥이 주식인 때문인지 밥에 관한 명칭이 다양하고, 대화의 주제가 될 때가 많다.

- 재료에 따라 : 쌀밥, 보리밥, 잡곡밥, 조밥, 콩밥, 찰밥, 현미밥 등

· 수분의 정도나 밥의 상태에 따라 : 된밥, 진밥, 잘된 밥, 삼층밥, 뜸이 덜 든 밥 등
· 조리 방법에 따라 : 압력솥밥, 냄비밥, 전기밥솥밥, 찐밥 등

밥은 음식의 이름이지만 한국에서는 때로 '너 밥 먹었니?'와 같이 음식의 대명사로 쓰인다. 심지어 '요즘 사업은 잘되니?'라고 물으면 '밥은 먹고 살아'와 같이 대답하여 '재산'의 의미로 쓰이기까지 한다.

다양한 밥

② 다양한 발효 식품 명칭이 있다.

발효 식품으로 다양한 김치 종류 외에 된장, 간장, 고추장 같은 양념류가 있고 젓갈류, 요구르트류 등이 있다.

③ 맛을 나타내는 형용사가 풍부하다.

달다, 달콤하다, 새콤달콤하다, 시다, 시큰하다, 짜다, 싱겁다, 달착지근하다, 쓰다, 맵다, 매캐하다, 담백하다, 시원하다, 기름지다, 얼큰하다, 텁텁하다, 개운하다, 느글느글하다 등

한국은 음식 천국이라 해도 좋을 만큼 음식 종류가 다양하다. 식생활과 관련된 어휘 역시 매우 풍부하다. 전통적으로 한국 음식은 정성을 들이느라 시간과 손이 많이 가는 편인데, 최근에 와서는 즉석음식(fast food)도 많이 발달하고 있다.

3. 의생활

옷에 대한 의식
한국 사람은 입은 옷을 보고 그 사람의 개성이나 교양 정도, 사회계층 혹은 취향을 알 수 있다고 생각한다. 한국 사람은 대개 옷에 대한 관심이 높아서 패션 산업이 발달하였다. 한국어에 '옷이 날개다'라는 속담이 있는데, 이것은 의복을 중시하는 상징적인 말이다. 옷을 어떻게 입느냐에 따라 그 사람의 용모, 인상이 완전히 달라진다고 보는 것이다. 한국 사람의 옷 입는 경향을 보면, 가족적인 공식 행사에는 한복을 주로 입고 사회적인 공식 행사에는 양복을 입는다. 여자의 경우는 사회적인 공식 행사까지 한복을 입는 경우가 많다. 한복은 매우 아름다우나 생활하기는 불편하므로 근래는 생활하기 편한 개량 한복이 유행하고 있다. 한국은 옷이 매우 풍부하다. 종류가 다양하고, 수량이 많고, 가격 역시 천차만별이다. 몇 천 원짜리에서부터 몇 백만 원짜리까지 다 있다. 재래시장, 특히 동대문이나 남대문 시장에 가면 최신 디자인으로 만들어진 옷을 매우 싸게 살 수 있다.

옷의 유형
옷은 모양에 따른 분류, 기능에 따른 분류, 재료에 따른 분류가 가능하다.
  ① 옷 모양에 따른 명칭
   · 한복 : 바지, 저고리, 조끼, 마고자, 두루마기, 도포, 대님(이상 남자 옷), 갓, 치마, 저고리, 속치마, 속저고리, 두루마기, 조끼, 버선, 노리개(이상 여자 옷) 등
   · 양복 : 바지, 저고리, 치마, 와이셔츠, 티셔츠, 내의, 양말, 신발, 모

자, 오버, 코트, 원피스, 투피스, 앙상블, 모자 등

② 옷의 기능에 따른 명칭

외출복, 작업복, 일상복, 예복, 운동복, 비옷, 방한복, 수영복, 스키복 등

③ 옷의 재료에 따른 명칭

모직 옷, 명주(실크) 옷, 면 옷, 혼방 옷, 마 옷, 양단 옷, 비로드 옷, 모피 옷, 모시 옷, 삼베 옷 등

전통한복은 전 세계 어떤 옷과도 구별되는 독특한 것으로 색깔이 화려하고 선이 매우 곱다. 특히 여성의 전통한복은 원단의 질감, 디자인, 색깔에 있어서 더없이 부드럽고 우아하며 미적인 아름다움이 뛰어나고 화려하다. 한국 사람은 기본적으로 옷에 대한 관심이 많고 옷을 사는 데 돈을 아끼지 않는 편이다. 돈이 없어 원하는 옷을 사지 못하면 불행을 느끼는 경우까지 있다. 물론 이런 경향은 모든 사람에게 해당되는 것은 아니다.

4. 주생활

주거 생활에 대한 의식

한국 사람은 대도시는 발전하는 곳으로, 중소도시는 휴식하는 곳으로 생각하는 경향이 있다. 대도시는 공기 오염이 심하고 사람이 많아 복잡하나, 지방의 중소도시는 공기가 맑고 조용하며 이웃간에 인정을 나누고 사는 것으로 생각하며, 실제로 그렇다고 말할 수 있다. 그러나 지방의 중소도시는 자녀 교육에 뒤쳐지기 쉽고, 문화 혜택을 덜 받는 곳으로 여겨진다. 그리하여 몇 년 전까지만 해도 서울의 인구가 계속 늘어나서 한국

전체 인구의 1/4을 넘겼으나, 서울의 비싼 땅값, 오염된 공기, 복잡한 교통 등으로 인하여 최근에는 조금이나마 줄고 있다. 대신 수도권 인근 도시가 중앙의 혜택은 받으면서 서울보다 덜 복잡하고, 공기가 좋으며, 환경이 깨끗하고, 빈부 차이가 적어서 매우 선호되고 있다. 특히 신도시는 여러 면에서 관심을 많이 받고 있다.

한국 사람은 거주하는 집을 임대하기보다 소유하기를 원한다. 따라서 한국 사람의 50% 이상은 자기 집을 소유하고 있다. 전통적으로 한국 사람은 고유한 단독주택에 살았으나 1970년대부터 과밀한 인구밀도의 주거 문제를 해결하기 위하여 고층 아파트를 건설하기 시작하여, 지금은 대부분의 사람이 아파트에서 살고 있다. 아파트는 위치, 크기에 따라 가격의 차이가 많이 난다. 한국 사람은 경제적인 여건만 허락한다면 교통이 좋고, 경관이 좋으며, 고급 자재를 사용한 크고 비싼 아파트에서 사는 것을 매우 좋아한다. 아파트의 위치나 크기가 부의 정도를 가늠하는 기준이 된다. 한국 사람에 있어 주택은 단지 주거의 기능만 하는 것이 아니라 경제적 수단이 되고, 부의 척도가 되는 것이다.

한옥이든 양옥이든, 단독주택이든 아파트든 한국 주택에서 방은 모두 온돌로 되어 있다. 온돌이란 방바닥을 따뜻하게 하여 바닥에 앉을 수 있게 설계한 것을 말한다. 온돌은 한국의 독특한 난방법으로 열 효율이 좋고, 연료나 시설이 경제적이며, 고장이 별로 없을 뿐 아니라, 구조체에 빈번한 손질이 필요하지 않다는 등의 장점이 있다. 열전도에 의한 난방이므로 방바닥과 방 위쪽 공기 사이에 온도 차이가 있다. 사람은 하체를 따뜻하게 하고 상체 특히 머리를 차게 하는 것이 건강에 좋다는 최근의 연구 결과를 보면 우리 조상이 얼마나 지혜로웠는가 새삼 알 수 있다. 원래는 방바닥 밑에 깔린 넓적한 돌(구들장)에 열을 가하여 온도가 높아진

돌이 방출하는 열로 난방을 하는 것이었지만, 지금은 방바닥 밑에 파이프를 깔아 난방을 하므로 매우 간편하게 설치할 수 있다. 한국 사람은 양옥집이든 아파트든 온돌식 난방을 하므로 따뜻한 바닥에 앉아 즐길 수가 있다.

대도시의 대다수 사람은 아파트에 거주하나, 큰 부자나 정원을 좋아하는 일부 사람은 단독주택에 살고 있다. 일부 저소득층의 가난한 동네는 아직 열악한 주거 환경에 머물러 있다. 그러나 계속해서 주택 개량 사업을 하고 있고 재건축을 하고 있어서, 적어도 몇 년 안에 거의 모든 국민이 쾌적한 주거 환경에서 살게 될 것으로 보인다. 젊은 층을 중심으로 소유보다 임대 중심의 생활을 선호하는 경향이 나타날 것으로 예상된다.

한국 사람은 주택이든 아파트든 집안에서는 신발을 벗고 양말을 신거나 맨발로 생활한다. 따라서 집안을 매우 깨끗이 하고, 바닥에 물걸레질을 하여 매우 정결한 생활을 한다. 만일 서양인이 한국 사람의 집에 초대

한국의 아파트

받아 가면 이 부분에서 당황할지 모른다.

한국 사람은 집 모양에 크게 관심을 두지 않는다. 대신 집의 내부 구조나 건축자재에 높은 관심을 보이고 있다. 최근에 짓는 고급 아파트는 다른 나라에서 쉽게 보기 어려운 호화로운 자재로 살기에 편리하도록 되어 있다. 가까운 나라인 일본과 비교하여도 아파트 면적이 대체로 넓은 편이다.

한국 사람에게 집은 거의 절대적인 의미를 갖는다. 가족이 모이는 곳, 휴식하는 곳, 식사하는 곳, 가족의 사랑을 실천하는 곳, 가장 편안한 공간일 뿐 아니라 재산으로서의 가치를 가진다고 생각하기 때문이다. 크고 좋은 집은 한국 사람에게 큰 소망 중 하나이다.

건축의 특징

전통적인 한국 건축의 특징은 첫째로 집을 지을 땅의 위치, 주위 환경, 토질의 성격 등을 먼저 살펴본 다음 주위 환경에 잘 조화되게 건축을 한다는 점이다. 한국은 전 국토의 70%가 산지로 이루어져 있어 산의 경관을 해치지 않고 자연과 조화를 이루기 위하여 큰 건축보다 작은 규모로, 높은 층수를 피하고 거의 단층으로 건축물을 지었다고 한다. 둘째는, 전국에 소나무가 많았던 관계로 목조건축이 주류를 이루었다는 점과 추운

세종문화회관

겨울에 대비하여 추위를 이겨 내기 위한 내한적(耐寒的) 건축이 발달하였다는 점이다. 어떤 건축가는 한국 건축의 또 다른 특징으로 지붕이 크고 두껍다는 것을 지적하는데, 이것 역시 내한적 설계와 관계

있는지 모르겠다. 유교 정신에 기반을 둔 구조, 안채와 바깥채, 닫힌 공간과 열린 공간, 주인과 하인의 공간 등의 독특한 구조 역시 한국 건축의 특징이다. 주요 전통 건축가로 박길룡, 박동진, 강윤 등을 꼽을 수 있다.

건축 재료별로 보면 돌집, 벽돌집, 목조집, 기와집, 초가집, 콘크리트집, 흙집, 비닐하우스 등이 있다. 고려시대는 목조건물이 지어졌고 건물의 기둥은 가운데가 볼록한 기둥(배흘림기둥)이 유행하였다. 현재까지 남아 있는 목조건물로 서기 676년 신라 때 창건하고 고려 중기 때 다시 지은 영주 부석사 무량수전과 조사당, 1308년에 지어진 예산 수덕사의 대웅전, 12~13세기에 지어진 것으로 추정되는 안동 봉정사 극락전 등이 가장 오래된 것이다. 현대의 한국 건축은 서양식 건축이 주를 이루고 있다.

63빌딩

5. 여가생활

한국 사람은 주말이나 공휴일 등에 여가를 보내는 방법이 매우 다양하다. 한국은 국가적 종교나 국민적 놀이가 없으므로 가정마다 개인마다 자기의 취향대로 여가를 보낸다. 종교 활동, 스포츠, 여행, 취미 생활 등 여가생활은 각자가 원하는 대로 한다.

종교 및 취미 활동

일요일에 기독교인은 교회에 가서 예배를 드리고, 가톨릭 신자는 성당에 가서 미사를 드리며, 불교 신자는 불교 행사가 있는 날이나 자기가 가고 싶은 날에 절에 가서 불공을 드리는 등 자기가 믿고 있는 종교에 따라 의식에 참여한다. 종교가 없는 사람이라면 휴일에 집에서 가족과 함께 별식을 해 먹거나, 쉬거나, 스포츠 활동을 한다. 가족 단위로 하는 운동으로는 등산이 가장 인기가 많고 그 다음은 테니스, 배드민턴, 탁구, 당구, 볼링, 수영, 골프 등이 있으며 겨울에는 스키가 있다. 골프나 스키는 경비가 많이 들어서 서민층은 즐기기 힘들다. 한국 사람은 그 밖에 다양한 취미를 가지고 있다. 암벽타기 같은 역동적인 취미를 가진 사람부터 하루 종일 영화나 연극만 보는 사람, 장기나 바둑 같이 앉아서 하는 게임을 즐기거나, 체육관에 나가 가벼운 운동으로 신체를 단련하거나, 조깅과 수영 등을 즐기는 사람이 있다. 경마나 경륜 같은 것을 즐기는 사람이 있고, 프로 야구나 축구, 농구 시합 같은 것을 보며, 그림을 그리거나 서예

절의 석가탄신일 행사(왼쪽), 교회의 성탄절 예배(오른쪽)

를 하는 등 다양하게 즐긴다. 요즈음 한국 젊은이는 컴퓨터 게임이나 웹 서핑을 취미로 삼는 경우가 있다.

놀이

놀이는 평소에 하는 놀이와 특별한 명절에 하는 놀이가 있다. 예를 들어 바둑, 장기, 화투 등은 어른이 평소에 즐겨 하는 놀이이고 연날리기, 줄넘기, 숨바꼭질, 구슬치기 같은 것은 어린이가 주로 하는 놀이이다. 윷놀이, 차전놀이, 줄다리기, 풍물놀이, 강강술래 등은 특별한 날에 하는 세시풍속이다. 그러나 이런 놀이는 전통적인 놀이이고 최근에 들어서는 컴퓨터가 일반화되면서 청소년 사이에서 컴퓨터 게임이 유행하고 있다. 인구가 많고 국토가 좁은 탓에 운동장이나 공원이 적으므로 공원에서 즐기는 경우는 많지 않다. 최근애 각 지방정부가 공원 조성에 힘을 기울이고 있으므로 놀이 문화가 좀 더 다양해질 수 있을 것 같다.

민속학자 김광언에 의하면 한국의 전통 민속놀이가 347가지나 된다고 한다. 특별한 행사 때나 명절에는 각 지방마다 고유의 민속놀이를 한다. 그러나 대도시는 이러한 놀이가 크게 성행하지 않는다. 윷놀이나 연날리기 같은 전통놀이는 특별한 행사 때만 하는 것이 되어 버렸다.

윷놀이(왼쪽), 줄다리기(오른쪽)

스포츠

한국의 대표적인 고유한 스포츠로 태권도와 씨름, 활쏘기(國弓) 등이 있다. 이 중 태권도는 올림픽 종목으로 채택되어 세계적인 스포츠가 되었으나 씨름은 아직 한국에서만 행해지고 있다. 씨름은 두 사람이 지름 8m의 원형 모래판 위에서 상대방의 샅바(허리에 맨 헝겊 끈)를 잡고 심판의 지시에 따라 서로의 기술과 힘을 겨루어 상대방의 신체 부위 중 무릎 이상이 지면에 먼저 닿게 하는 것으로 승패를 결정하는 경기이다. 지방대회와 전국 단위의 대회가 있다. 가족이나 친구끼리 가볍게 하기도 한다. 이것은 남성만이 하는 오래전부터 내려온 한국 고유의 스포츠이다. 몸을 서로 부딪쳐서 하는 운동이고 순간적으로 승패가 결정되는 독특한 스포츠이다.

태권도는 한국의 전통무술로서 오늘날 세계 스포츠가 된 격투 경기이다. 태권도는 전신운동으로서, 상대방으로부터 공격을 받았을 때 맨손과 맨발로 인체의 관절을 무기화하여 자신을 방어하고 공격하는 무도이다. 수련을 통하여 심신단련을 꾀하고 강인한 체력과 굳은 의지로 정확한 판단력과 자신감을 길러 강자에게 강하고, 약자에게 유(柔)하며, 예절 바른 태도로 자신의 덕을 닦는 행동 철학이다. 태권도의 정신은 수련으로

태권도(왼쪽), 국궁(오른쪽)

얻어지는 기술의 소산이다.

  한국에서는 온갖 종류의 스포츠가 모두 행해지고 있다. 공설 운동장이 많지 않아 축구 같이 큰 공간이 필요한 스포츠는 일반 대중이 평소에 즐기기 어렵지만 농구, 탁구, 배드민턴, 자전거 타기 같은 것은 동네에서 흔히 할 수 있는 스포츠이다. 중상류층은 골프를 하는 사람이 많다. 10년 전까지는 거의 상류층 남성만이 골프를 즐겼으나, 지금은 중산층으로 많이 확산되었고 남녀 구별 없이 즐긴다. 근본적으로 운동할 만한 장소가 적기 때문에 등산을 즐기는 사람이 제일 많다. 물론 더운 여름에는 해수욕을 많이 하고 추운 겨울에는 스키 인구가 많다. 최근에는 사철 모두 가능하고 건강에 좋다고 하여 달리기를 하는 인구가 많이 늘어나고 있다. 마라톤 동호인 역시 계속 늘어나고 있다.

여행

한국 사람은 원래 주말에 여행하는 경우가 많지 않았지만, 1980년대부터 급속하게 보급되기 시작한 자동차가 1,500만 대 이상이 되어서 일반화되고 난 후부터 일요일이면 가족끼리 여행을 즐기는 분위기가 되었다. 그러다 보니 더욱 심한 교통 체증이 일어나게 되었다. 2005년 7월 1일부터 관공서, 은행, 회사 등 거의 모든 기관에 주 5일 근무제가 도입되었다. 그 이후 주말에는 관광지가 언제나 사람으로 붐빈다. 고속도로가 전국적으로 건설되어 어느 지방으로든 진입이 용이하므로 나라 전체가 1일 생활권이 되었다. 초고속열차 KTX가 다니는 대도시 등은 지하철이 발달하여 근교로 나가는 것이 쉽다. 한국은 산이 많고 아름다워 어느 지역을 가나 산을 볼 수가 있고, 3면이 바다로 둘러싸여 있어 조금만 나가면 바다를 볼 수 있으며, 도로변은 대개 나무나 꽃이 있어서 자동차 여행이 매우 즐겁다.

　제주도는 관광지로서 모든 조건을 갖추고 있고, 경주는 옛 신라의 문화를 볼 수 있어서 언제나 관광객으로 붐빈다. 각 지방마다 독특한 불교 문화재가 있고 고유한 음식이 많아서 주중에 자동차 여행을 하면 도로나 숙박 등 모든 것이 편하고 즐거운 여행이 될 수 있다. 각 지방의 문화재에 대해서는 이 책 제2부에 따로 실어 두었다.

KTX(위), 고속버스(아래)

　한국은 세계적인 명승지는 별로 없지만 산이 워낙 많고 나무가 우거져서 어디를 가나 아름다운 산천과 오래된 사찰을 볼 수 있다. 규모는 작지만 아기자기한 전문 박물관이 지역마다 있어서 일단 집을 떠나면 볼거리가 많다. 철도망이 전국으로 뻗어 있어 기차 여행이 쉽고, 고속버스로 언제 어디로든 여행이 가능하여, 여행에 필요한 모든 조건이 갖추어져 있다.

봉사 활동

최근 사회봉사를 하는 사람이 많아지고 있다. 자원봉사는 그 종류가 다양하다. 환경문제에 관심이 많은 사람은 자연보호를 위해 활동한다. 환경오염 현장을 찾아 고발하거나, 훼손된 자연을 복구하며, 산이나 강의

 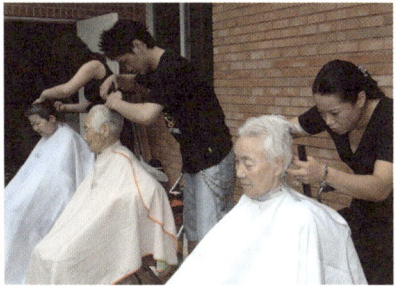

다양한 자원봉사 활동

쓰레기를 치우는 일을 한다. 그 다음 교통 관련 봉사가 있다. 교통정리에 참여하거나, 불법 차량을 단속하거나, 교통 상황을 알리는 일을 한다. 병원에서 환자를 돌보는 봉사자가 있고, 독거노인을 찾아 말벗이 되어 주고 그들의 어려움을 덜어 주거나 청소나 음식을 해주거나 필요한 일을 도와준다. 장애인을 찾아가 봉사를 하거나, 10대 소년소녀 가장을 도와주거나, 법률 상담을 비롯한 각종 상담을 해주는 봉사자까지 있다.

물질적인 봉사를 하는 사람 역시 많다. 극빈자 가정에 쌀을 가져다준다든가, 노숙자에게 점심 대접을 한다든가, 가난한 환자에게 치료비를 보태 준다든가, 고아에게 학비를 대 준다든가, 외국인 노동자에게 한국어를 가르쳐 주고 생필품을 나누어 준다든가 하는 등의 다양한 봉사 활동이 펼쳐지고 있다. TV의 「사랑의 리퀘스트」 같은 프로그램에 참여하여 간접적인 봉사를 하는 사람 역시 계속 늘어나고 있다. 올림픽, 엑스포, 월드컵 같은 국가적 행사는 수만 명의 자원 봉사자가 활약을 한다. 언론사나 비정부단체가 하는 행사를 돕기도 한다. 한국은 비정부 국제 조직인 NGO 기구가 많이 있으며 2000년에 세계 NGO 대회를 개최하였다.

6. 관습

큰절

한국 사람은 특별한 경우에 반드시 큰절을 하는 풍습이 있다. 큰절이란 서 있는 상태에서 다시 무릎이 땅에 닿도록 몸을 낮추고 두 손은 바닥을 짚고 머리가 거의 바닥에 닿도록 숙여서 인사하는 것을 말한다. 특별한 날, 예를 들면 설날, 자식이 오래 외지에 있다가 돌아왔을 때, 부모님의 회갑 등 생신날, 신랑 신부가 결혼하고 난 후, 부모님께 큰절을 올린다. 스승이나 집안 어른과 오랜만에 만났을 때 역시 큰절을 한다. 누구에게 매우 감사하다는 말을 할 때나 큰 실수를 했을 때 '큰절을 올린다' 는 말로 인사를 대신한다.

잔치

한국은 전국 규모의 축제 문화는 별로 발달하지 않았으나 가족, 친지간의 잔치는 자주 벌인다. 서양식 파티에 해당하는 한국의 잔치는 여러 종류가 있다. 우선 아기가 태어난 지 100일이 되면 가족과 가까운 친지가 모여 백일잔치를 하고 기념 촬영을 한다. 그 다음 만 1년이 되는 생일을 돌이라고 하여 돌잔치를 하는데 갖은 음식으로 돌상을 차리고 돈, 실, 연필 등을 앞에 놓고 아기가 집도록 한다. 돈을 집으면 부자가 될 거라고 좋아하고, 연필을 잡으면 학자가 될 거라고 좋아하며, 실을 집으면 무병장수할 거라면서 좋아한다. 모인 사람들은 맛있는 음식을 먹으며 덕담을 나누고, 잔치가 끝나면 이웃에 떡을 돌린다. 만 60세가 되면 회갑연, 그 이듬해는 진갑연, 70세가 되면 고희연, 80세가 되면 팔순연 등으로 가족 친지가 모여 잔치할 기회를 만든다. 최근에는 수명이 길어진 탓인지 회갑연, 진갑연은 생략하는 일이 많아졌다.

결혼을 하면 신랑 신부 친구, 직장 동료, 동창 식으로 몇 차례에 걸쳐 소위 '집들이'라 하여 신혼부부의 집을 공개하여 잔치를 한다. 새롭게 좋은 집으로 이사를 가는 경우 역시 집들이를 많이 한다. 승진을 하거나, 어려운 시험에 합격하면 부모가 친지를 불러 잔치를 베푼다. 새로운 사업체를 만들었을 경우는 그 사업체에서 간단한 잔치를 베푼다. 한국 사람은 좋은 일을 함께 기뻐하며 친지간의 정을 돈독히 하는 풍습이 있다. 승진, 합격, 당선과 같은 좋은 일로 잔치를 할 때는 대체로 한턱을 낸다고 한다. 경사를 맞이한 사람이 한턱을 내면 거기에 초대를 받은 사람은 정식으로 축하를 해준다.

이런 문화가 발전하여 최근 젊은이들은 모여서 먹고 즐길 기회를 되도록 많이 만든다. 입시생이 되면 입시 100일 전이라고 모여 먹고 놀고, 시험 보고 나면 시험 끝났다고 모여서 먹고 놀며, 군대에 입대하게 되면 온갖 모임별로 송별회를 해준다.

돌 잔치

호

한국 사람은 성인 사이에 이름을 부르지 않는 독특한 경어법이 있는데, 이것을 보완해 주는 방법으로 호(號)를 사용한다. 호란 어떤 사람에 대한 별칭으로 편리하게 부를 수 있는 이름이다. 예를 들어 이광수는 번번이 이광수 선생, 이광수 작가 식으로 부르기가 번거로우므로 '춘원'과 같은 호를 지어 누구든지 편하게 부른다. 이러한 호 뒤에는 특별히 존대 어미를 안 써도 되기 때문이다. 시대를 거슬러 올라갈수록 한 사람이 여러 개의 이름을 가졌다는 것을 알 수 있다. 역대 임금은 호적상의 이름(諱)이 따로 있으면서 자(字), 호(號) 등이 있고, 왕으로서의 호칭 역시 따로 있었다. 대부분의 사대부 역시 몇 개씩의 이름을 가지고 있는데, 사회적으로 지위가 높거나 저명한 인사일수록 호가 많이 불린다. 호는 스승, 선배, 친구가 지어 주는 것이 보통이나 본인이 지을 수도 있다.

공식적으로 부를 때는 다산 정약용과 같이 호를 앞에 쓰고 뒤에 이름을 붙인다. 고려시대에는 왕이 성(姓)이나 이름을 내리는 경우가 있었지만, 조선시대에는 왕이 학덕이 높은 선비나 나라에 공을 세운 신하에게 사후에 호를 내리는 경우가 많았는데 이것을 시호(諡號)라 한다. 충무공이 바로 이순신 장군 사후에 조선의 22대 왕 인조가 내린 시호이다. 오늘날은 나이가 쉰 이상이 되고 사회적으로 지위나 명망이 높은 사람은 호를 쓰는 풍습이 있다. 호를 따서 특별한 건물이나 상(賞)의 이름을 짓는 일이 있다. 정치가이자 교육자인 인촌 김성수의 호를 딴 인촌기념관과 인촌상, 기업가인 호암 이병철의 호를 딴 호암미술관과 호암상 같은 것이 그 예이다. 사람에 따라서는 원이름보다 호가 훨씬 더 잘 알려진 경우가 많다. 김소월(김정식), 추사(김정희), 석봉(한호), 충무공(이순신), 퇴계(이황), 율곡(이이) 같은 경우가 그 예이다.

족보

족보(族譜)는 가계(家系)의 역사이다. 족보는 한 집안의 시조(始祖)부터 현재 자기까지의 가계를 일목요연하게 정리해 놓은 책이다. 한국 대부분의 전통있는 가문은 대체로 이러한 족보를 가지고 있다. 족보에 쓰는 내용은

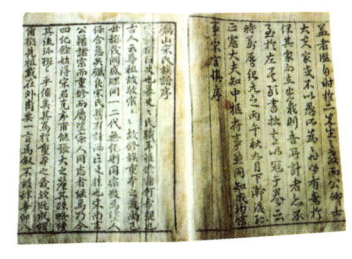

여산송씨 족보

우선 이름(자, 휘, 호 포함)과 누구의 몇째 아들인가와 혼인 관계, 자녀 관계 그리고 사회적 지위 등이다. 돌아가신 분은 묘에 대한 간단한 정보가 나와 있다.

역사 시간에 한 왕조의 가계를 배우듯이 집안의 족보를 통해 자신의 뿌리와 역사를 정확하게 알 수 있어, 족보는 자기 집안에 대한 궁금증을 풀어 주고 자긍심과 가문을 빛내겠다는 사명감을 갖게 한다. 한국은 약 300개 정도의 성(姓)이 있고, 같은 성이 다시 여러 파(派)로 나뉘어 있다. 족보는 좁게는 한 집안의 역사이지만 역사적인 집안의 족보는 나라의 역사를 아는 단서가 된다. 전통적인 족보는 여자 이름은 싣지 않고 결혼을 하였을 때 사위 이름을 실었는데, 최근 10~20년 동안 이 풍습이 많이 바뀌어 대부분 딸 역시 결혼 전이든 후든 동등하게 실린다. 남녀 차별을 하던 시대와 남녀가 평등해진 시대의 구분을 상징적으로 보여 주는 한 예라 하겠다.

소공동체

한국 사람만큼 모임 만들기를 좋아하는 민족은 드물 것 같다. 한국 사람은 크고 작은 모임 또는 집단을 수없이 만들어 소속되기를 좋아한다. 학

교의 동창회는 물론이고, 종교 모임, 취미 모임, 무슨 색다른 경험을 함께하였으면 그걸 기념하기 위한 모임, 자녀들이 같은 반에 다니게 되면 무슨 반 어머니 모임 등 수없이 크고 작은 모임을 만들어 정기적으로 만나고 함께 어떤 일을 계획하기도 한다. 이런 모임은 크게는 몇 천 명에서, 몇 백 명, 몇 십 명, 때로는 오륙 명의 모임까지 있다. 대체로 한 사람이 여러 개의 공동체에 속해 있다. 이런 모임을 통하여 친목을 도모하고, 정보를 교환하며, 애경사(哀慶事)를 함께 나누고, 어떤 회원에게 어려운 일이 생기면 함께 해결한다. 주로 모이면 회비를 내서 함께 식사를 하고 그동안 있었던 일을 이야기하며 즐거워한다. 때로는 2차, 3차로 노래방, 맥주집 등에 간다. 한국 사람의 모임 만들기는 어울리기를 좋아하고 집단에 소속되기를 좋아하는 성향 때문인 듯하다.

유행
한국 사람은 대체로 유행에 민감하다. 물론 젊은 사람이 더 심하지만 50~60대의 성인까지 유행을 외면하지 않는다. 헤어스타일, 옷 등은 물론 노래, 말조차 젊은 사람이 하는 유행어를 금방 따라서 하는 경우가 많다. 노래방이 생기면서 나이에 상관없이 노래방에 간다든가, 인터넷이 유행하니까 너도나도 나이 많은 어른까지 인터넷을 배운다. 젊은 사람이 갈색으로 염색을 시작하니까 대부분의 나이 든 여성 역시 염색을 한다. 머리가 희어서 까맣게 염색하는 사람보다 검은 머리를 갈색 머리로 하기 위해 염색하는 사람이 더 많다. 스커트 대신 바지 정장이 유행하니까 나이에 관계없이 대부분의 한국 여성이 바지를 입게 되었다.

　2002년 월드컵 응원에서 그 극단의 예를 볼 수 있었다. 소위 아줌마 아저씨 부대까지 젊은이 못지않게 응원에 가담하였으며, 심지어 할아버지 할머니조차 붉은 티셔츠를 입고 손에 태극기를 들고 길거리 응원에 동참했다는 것이 이러한 성향을 잘 보여 준다. 한국 사람이 그만큼 진취적이고 새로운 환경에 대한 적응력이 뛰어난 것을 보여 주는 것일 수 있다. 물론 모든 사람이 똑같이 움직이는 것은 아니고, 거의 평생 동안 유행과는 거리가 멀게 자기식대로 사는 사람 역시 많다. 그러나 70% 이상의 한국 사람은 유행에 따라 가는 편이라 여겨진다.

유행의 거리 명동(위)과 압구정동(아래)

체면

어떤 사람이든 자존심 없는 사람은 없겠지만 한국 사람은 유난히 자존심을 세운다. 간단한 내기나 시합에서 자존심 대결 운운하고, 남이 조금만 동정을 하여 도우려고 하면 자존심이 상하는 일로 받아들이는 경우가 많다. 먼 안목에서 보는 자존심이 아니라 당장 자신의 약한 처지를 남에게 알리고 싶지 않은 자존심에 민감하다는 것이다. 이러한 것이 때로는 자신에게 손해가 되는 경우가 있다. 일시적으로는 자존심이 상하는 것 같지만 길게 보면 자신에게 훨씬 이익이 되는 일을 눈앞의 자존심 때문에 놓치게 된다. 한국 사람은 무슨 체면이나 명분과 같은 표면적인 모양새에 상당히 민감한 편이다. 남의 눈을 의식한다든가, 남이 어떻게 받아들이고 생각할까를 고려한다. 겉치레뿐인 일시적인 체면을 좇다가 실리를 잃어버리는 경우가 종종 있어도 한국 사람은 후회하지 않는다. 체면이 깎이고 자존심이 무너지는 것보다 실질적인 손해를 보는 것이 낫다고 생각하기 때문이다.

이러한 자존심이나 체면 세우기가 자녀의 결혼식에 그대로 드러난다. 남들이 하니까 체면상 안 할 수 없어 돈을 낭비하는 경향이 다분하다. 분수에 맞지 않는 호화 결혼식이나 과도한 혼인 예물, 혼수, 비싼 웨딩드레스와 사진 촬영, 비싼 신혼여행 등 겉치레에 돈을 낭비하는 사람이 많다. 최근에는 조기 유학 열풍이 한반도를 강타하고 있다. 남의 집 자식이 조기 어학연수를 간다면 내 자식 역시 가야 한다는 것이 일반적인 한국 부모의 분위기이다. 그러나 어떤 면에서 보면 이러한 극성스러움이 불과 50년 전 일어난 전쟁의 잿더미 위에서 오늘날의 부국으로 이끈 원동력이 되었는지 모르겠다.

과잉 보호

대부분의 한국 부모는 자식을 위해 산다고 해도 과언이 아니다. 자식을 위해 빚을 지고, 이 동네에서 저 동네로 이사를 가고, 시간 외 노동까지 얼마든지 한다. 자식의 사교육비를 위하여 큰 집에서 작은 집으로 이사를 가고, 급여를 더 받으려고 편한 직장을 버리고 더 어려운 일을 한다. 자식의 공부를 위하여 다른 나라로 이민을 가고, 절에 매일 가거나, 새벽 기도회까지 다닌다. 기본적으로 부모의 행과 불행은 자식에게 달려 있다고 생각하고 어떤 희생이든 감수한다. 물론 부모가 늙고 병들면 자식이 돌보는 것이 보통이다. 그러나 점차 자식이 늙은 부모를 모시는 경우가 줄어들고 있어, 고령화 사회로 진입한 한국에서 노인 문제가 큰 사회문제로 부각되고 있다.

　조선시대는 효(孝)가 인생의 가장 큰 덕목이었으므로 부모를 위하여 자식을 희생시키는 경우가 많았지만, 최근으로 올수록 부모에 대한 사랑과 효도보다 자식을 위한 부모의 사랑과 정성이 훨씬 크며 자식에게 거의 절대적인 우선권을 준다. 대학은 물론, 대학원까지 부모들이 자식 뒷바라지하는 것은 한국에서 흔히 있는 일이다. 그러므로 부모가 능력이 없어 자식을 고등학교, 대학교를 못 보내는 일보다 더 큰 고통은 없다. 부부간에 문제가 있는데도 자식을 위해서 이혼하지 않는 부부가 엄청나게 많을 것이다. 물론 최근 이런 전통이 조금씩 약화되면서 자신의 행복한 삶을 위하여 이혼하는 비율이 많이 불어나고 있다. 그렇지만, 자식이 있는 부부의 이혼율이 자식이 없는 부부보다 월등하게 적을 것이다.

신상 정보 질문

한국 사람은 처음 만난 사람이라도 몇 분만 이야기를 나누고 나면 신상에 대하여 알고 싶어한다. 한국어의 경어법을 적절히 사용하기 위해서이다. 우선 나보다 연장자인가 아닌가, 학교 동창인가 아닌가, 같은 고향인가 아닌가 등을 알아야만 그에 맞는 합당한 호칭과 문장 어미를 결정할 수 있기 때문이다.

　한국의 문화를 잘 모르는 외국 사람이라면 당황하거나 불쾌할 수 있을 것이다. 그러나 한국 사람은 조금만 친근감을 느끼면 습관적으로 결국 신상 정보를 알아내고 싶어한다. 이런 한국의 문화를 알면 외국인이 한국인으로부터 나이가 얼마냐, 결혼을 했느냐, 자녀가 몇이냐 등과 같은 질문을 받고 불쾌해하거나 무례하다고 오해하지 않을 것이다. 대부분의 한국 사람은 일단 어떤 사람을 처음 알면 그 사람을 언어적으로 어떻게 대우해야 할지를 정확히 알고 결정해야 원만한 대화를 할 수 있게 되기 때문이다. 거기에다 한국 사람은 새로 알게 된 사람과 공식적 관계 이상으로, 좀 더 인간적으로 가까워지려고 하는 경향이 있으므로 이러한 행동을 하는 것이다. 한국 사람은 대화 중에 어떤 공통점을 발견하게 되면 무척 반가워하며 더 친근감을 느끼고 급속도로 가까워지는 것이 보통이다.

7. 세시풍속

한국은 토요일, 일요일을 비롯해서 명절이 모두 공휴일인데 공휴일에는 관공서, 학교, 회사가 모두 쉰다. 관공서, 학교, 일반 회사 등은 대개 월요일에서 금요일까지 일하고 토요일과 일요일은 쉰다. 그러나 상점은 토요일에 연다. 일요일에는 닫는 곳이 많으나 백화점, 쇼핑센터, 슈퍼마켓 등은 일요일까지 연다. 한국 사람은 전통적으로 매우 부지런하고 일을 즐기는 민족이지만 놀 때는 즐겁게 논다. 특히 현대에 와서는 주말에는 가족과 함께 즐겁게 쉬고 놀아야 한다는 의식을 가지고 있다. 명절에는 멀리 떨어져 살던 가족이 모두 만나서 가족애를 다진다.

 한국의 공휴일은 다음과 같다.

- 1월 1일 : 신정 ― 양력으로 새해가 되는 날
- 음력 1월 1일 : 설날 ― 음력으로 새해가 되는 날
- 3월 1일 : 3·1절 ― 일제 탄압에 맞서 1919년 3월 1일 우리 조상이 분연히 일어나서 독립만세를 부르고 「독립선언서」를 발표한 날
- 음력 4월 8일 : 석가탄신일(釋迦誕辰日) ― 부처님 탄신을 기리는 날

- 5월 5일 : 어린이날
- 6월 6일 : 현충일(顯忠日) — 나라를 위하여 목숨을 바친 영령을 추모하는 날
- 7월 17일 : 제헌절(制憲節) — 민주주의 입헌 국가로서 헌법을 제정·공포한 것을 기념하는 날
- 8월 15일 : 광복절(光復節) — 1945년 일본의 지배로부터 독립한 날
- 음력 8월 15일 : 추석 — 한 해의 농사를 끝내고 추수하는 때를 맞이하여 조상에게 감사를 드리는 날
- 10월 3일 : 개천절(開天節) — 기원전 2333년에 단군께서 이 땅에 조선이라는 나라를 세우신 날
- 12월 25일 : 성탄절(聖誕節) — 예수 그리스도가 탄생하신 날, 크리스마스

4월 5일은 식목일로 정하여 나무를 심는 행사를 하고, 5월 8일은 어버이날로 정하여 부모에게 특별히 감사를 드리고, 5월 15일은 스승의 날로 정하여 스승에 대한 감사를 생각하게 한다. 10월 9일은 한글날이라 하여 국경일로 정하여 기념행사를 하는데, 조선의 4대 임금인 세종대왕 28년(1446년)에 한국의 독자적인 문자 체계인 훈민정음이 반포된 날로서 널리 기념되고 있다. 아마도 문자 창제일을 이토록 정확하게 알고 국경일로 정하여 축하하는 나라는 없을 것이다. 법정 공휴일 외에 음력 정월 대보름, 단오, 칠월칠석, 동짓날 등은 전통적인 음식을 먹는 등 이 날을 기억하여 지키는 가정이 많다.

명절

한국의 대표적인 명절은 설날과 추석(秋夕)이다. 이때는 흩어졌던 가족

설날(왼쪽)과 추석(오른쪽) 풍경

 이 모여 조상을 경배하고 가족의 화목을 도모한다. 이 두 명절에는 인구의 반 이상이 전국적으로 대이동을 하는 것이 보통이다. 연로하신 부모님은 시골 고향에 살고, 젊은 자녀는 대체로 대도시에서 학교나 직장을 다니다가 명절을 맞아 부모님 댁에 모이기 때문이다. 부모님이 안 계신 집안은 맏아들 집에 모이는 것이 보통이다.

 설날은 양력을 따르는 가정도 있고 음력을 따르는 가정도 있지만 대체로 두 날 모두 명절로 여긴다. 추석은 음력 8월 15일로서 미국의 추수감사절(Thanksgiving Day)과 그 의미가 비슷하다. 주로 한복을 예쁘게 차려 입고, 조상에게 감사하는 마음으로 차례를 지내고, 제사가 끝난 후에는 그 음식을 나누어 먹으며 가족의 화목을 도모하고 즐거운 시간을 보낸다. 특히 추석 때는 햇곡식으로 지은 밥은 물론이고, 햇곡식으로 빚은 송편과 술, 그리고 햇과일 등으로 차린 제사상을 놓고 돌아가신 부모, 조부모, 증조부모, 고조부모까지 4대조에게 제사를 지낸다. 정월 대보름(음력 1월 15일)에는 오곡찰밥과 부럼을 먹고, 동짓날(음력 11월 중기)에는 팥죽을 먹는다. 단옷날(음력 5월 5일)은 마을 단위나 읍, 면 단위로 그 지방의 특유한 민속행사와 민속놀이를 즐긴다.

결혼

결혼은 집안의 매우 큰 경사로서 대부분의 친지가 모여 축하해 준다. 보통 예식장에서 결혼식을 하는데, 대체로 몇 백 명의 양가 하객이 모인 앞에서 주례가 신랑 신부에게 혼인 서약을 받고 성혼 선언문을 낭독한 다음 축하와 당부의 주례사를 한다. 다음에 신랑 신부가 양가 부모와 하객에게 차례로 큰절을 하고, 행진을 하고, 기념 촬영을 한다. 결혼식이 끝나면 신부는 예물 음식을 상에 차려 놓고 시부모, 형제에게 큰절을 하는 의식인 폐백을 드린다. 식이 끝나면 3~7일 간의 신혼여행을 간다.

결혼은 당사자끼리 연애를 하여 이루어지는 경우가 대부분이다. 그러나 아직 중매로 결혼하는 경우가 상당히 많다. 두 사람이 결혼을 하기로 약속을 하면 양가 부모님으로부터 허락을 받고 결혼 날짜를 잡는다. 이 때 약혼식을 한 후 결혼식을 하거나 또는 약혼식을 생략하고 결혼식을 한다. 결혼식은 일반 예식장, 호텔, 어떤 단체의 강당, 교회, 성당, 절 등의 장소에서 대체로 200~500명 정도의 많은 하객을 모시고 성대하게 치른다. 결혼 날짜를 잡으면 청첩장을 만들어 친지에게 보낸다. 청첩장을 받으면 특별한 사정이 없는 한 가서 축의금을 내고 축하해 주며, 피로연에 참

일반 결혼식(위)과 전통 혼례(아래)

석하여 잔치 음식을 먹는다.

결혼식이 끝나면 신부가 시부모와 친척 어른께 폐백을 드린다. 폐백은 신랑 신부가 신랑 댁 부모와 친척에게 정식으로 인사를 하고 축하를 받는 절차이다. 결혼식 때는 보통 신랑 신부가 턱시도와 흰 웨딩드레스를 입으나, 폐백 때는 전통 한복(대례복)으로 갈아입고 폐백 음식(닭, 대추, 밤 등을 높이 쌓은 것)을 앞에 두고 큰절을 한다. 종래에는 신랑 댁 부모에게만 폐백을 드렸으나 지금은 양가 부모 모두에게 폐백을 드리는 경향이 생기고 있다. 남녀평등 사상으로 인한 여권의 신장과 무관하지 않은 것 같다.

이와 같은 일반 결혼식 외에 전통 혼례를 치르는 경우 역시 있다.

장례

사람이 죽으면 가까운 친지에게 알리고, 대개 3~5일 만에 장례식을 치른다. 고인이나 가족의 종교가 무엇이냐에 따라 장례 의식이 달라진다. 일반적으로 시신을 깨끗이 씻어서 명주나 삼베로 만든 제의를 입혀 나무 관에 넣어 땅에 묻고, 동그란 봉분을 만들어 잔디를 입힌다. 그런 다음 음식을 차려 놓고 고인에게 절을 한다. 아직은 장묘문화가 남아 있지만 점차 화장을 하고 납골당에 안치하는 비중이 높아지고 있다.

전통 장례식

장례식에 직계 자녀나 형제는 상복을 입고, 나머지 조객은 보통 검은 옷을 입고 참석한다. 고인이나 가족이 특정한 종교를 가지고 있으면 보통 그 종교 의식대로 행하나, 그렇지 않으면 전통적인 유교법에 따라 거행된다. 장례 후 3일 만에 고인을 마지막으로 떠나보내는 삼우제(三虞祭)를 지내고 보통 49일, 100일, 혹은 1년 후에 탈상을 한다. 지금까지는 사회적 신분이나 경제 사정에 따라 호화 분묘를 선호해 왔으나 최근 화장을 하고 납골당에 부모의 혼백을 모시는 사람이 많이 증가하고 있다.

제사

제사(祭祀)는 매년 고인이 돌아가신 날의 전날 밤에 지내는데 기제사라고 한다. 기제사는 최대 4촌 정도까지 모이고, 명절 제사는 6촌까지 모여서 함께 지낸다. 명절 제사는 보통 4대조까지 한꺼번에 모시고 지내기 때문이다. 제사는 보통 흰밥과 국, 탕, 산적, 조기, 생선전, 야채전 및 5채(고사리, 도라지, 콩나물 또는 숙주, 시금치, 무 나물) 5과(사과, 배, 감, 밤, 대추), 떡, 술이 상에 오르게 된다. 최근은 3채 3과 정도로 좀 더 간소화되고 있다. 매년 이렇게 음식을 차려 놓고 고인의 영정(影幀)이나 지방(紙榜) 앞에 절을 하며 명복을 비는 의식이 제사이다.

　독실한 기독교 집안을 제외하고 한국 사람은 대체로 유교식 제사를 지낸다. 가톨릭 집안은 제사를 지내되 지방 대신 영정만 놓고 지낸다. 한국 사람은 사람이 죽으면 육체는 죽지만 영혼은 살아 있다고 믿고, 돌아가신 부모가 사후까지 자손들을 돌보아주신다고 믿는다. 정성스러운 마음으로 제사를 지내는 것으로 효를 바치며 추모하고 자식들이 잘되기를 빈다.

성묘

성묘(省墓)는 조상의 묘에 직접 가서 제사를 드리는 것을 말한다. 옛날 사대부 집에서는 정초, 한식, 추석, 동지 등 일 년에 네 번은 반드시 성묘를 했으나 지금은 주로 정초, 한식, 추석에 세 번 성묘를 한다. 한식 때는 묘에 난 잡초를 뽑거나 잔디를 보식하는 등 묘를 돌본다.

성묘하는 모습

백일과 돌

한국 사람은 어린이가 태어나서 100일이 되면 백날 혹은 백일이라 하여 친지들을 초대하여 함께 맛있는 음식을 먹으며 기뻐하고 아기의 장수와 건강을 축원한다. 그 다음 아기가 태어난 지 1년이 되면 첫돌이라고 하여 역시 크게 기념한다. 이웃과 친구에게 떡을 나누어 주고, 함께 음식을 먹으며 기념 촬영을 한다.

생일

다른 나라와 마찬가지로 한국 사람 역시 매년 생일에 가족, 친구가 케이크, 선물 등으로 생일을 축하해 준다. 생일 아침에는 미역국을 먹고 점심에는 국수를 먹으며, 저녁은 풍성하게 먹는다. 아침에 미역국을 먹는 풍습은 산모가 해산 후에 미역국을 먹는 것을 상기하며 어머니에 대한 감사함을 되새겨 보는 의미가 있는 것 같다. 낮에 국수를 먹는 것은 국수는 면발이 길므로 생일을 맞이한 사람이 장수하기를 비는 마음의 표현이다.

저녁에 풍성하게 먹는 것은 그야말로 생일이 된 사람을 기쁘게 해주고, 또한 가족과 친지의 안녕을 자축하는 의미를 가진 것이다.

회갑연과 고희연

만 60세가 되면 회갑(回甲) 또는 환갑(還甲)이라 하여 자녀가 중심이 되어 친지를 모시고 잔치를 연다. 상을 차려 기념 촬영을 하고 맛있는 음식을 먹으며 축하를 하는 풍습이다. 최근에

고희연 모습

는 워낙 수명이 길어지니까 회갑 잔치는 생략하고 대신 부부 여행 등을 하고, 만 70세 생일을 고희연(古稀宴)이라 하여 잔치를 하는 경우가 많아졌다. 물론 그 이후 더 장수하게 되면 팔순 잔치, 88세가 되면 미수(米壽) 잔치 등을 한다.

2

한국의
자연과
문화재

1. 한국의 자연

자연과 기후

한국은 3면이 바다로 둘러싸여 있고 산이 매우 많다. 세계적인 산은 없지만 국토의 약 2/3가 산이며, 산이 많은 환경 속에서 한국 사람은 산을 매우 소중히 여기고 사랑한다.

한국의 자연은 한국의 역사와 함께해 왔다고 할 수 있다. 1960년대는 산에 나무가 거의 없었다. 산에 있는 나무를 연료로 사용해서 불을 때고 살았기 때문이다. 석탄을 땔감으로 쓰게 된 다음에는 산에 나무가 무성해졌고 산림 훼손이 거의 사라졌다. 1970년대부터 산업화가 가속화되면서 많은 산이 깎여 공장과 아파트가 들어서고 도로가 났다. 몇 백만 헥타르의 바다가 매립되어 육지가 되었고, 수많은 농토가 택지나 상업 지구로 변하였으며, 섬과 육지를 이어 주는 다리가 많이 생겼다. 한국은 지난 반세기에 엄청나게 변했으며 산업화되었다. 농업 국가에서 공업 국가로 발전하였으며, 유례없이 짧은 시간에 폐허 위에서 경제적 번영과 민주주의를 동시에 실현시킨 성공한 나라 중 하나가 되었다. 한국은 2007년 말 국민총생산(GDP)이 세계 11위이며, 세계 1위의 IT 강국이다.

한국은 면적 99,373km², 인구는 약 4,800만 명이다. 남북한을 합치면 면적 22만km², 인구 7,500만 명이다. 한국의 수도는 서울이다.

한국의 자연환경은 다음과 같이 요약해서 말할 수 있다.

① 산
 · 서울 : 남산, 도봉산, 북한산, 관악산, 수락산, 인왕산 등
 · 강원도 : 설악산, 오대산, 치악산, 태백산 등
 · 전라도 : 덕유산, 내장산, 지리산 등

북한산　　　　　　　　　　　태백산

- 경상도 : 가야산, 팔공산, 주왕산, 천왕산 등
- 충청도 : 계룡산, 소백산 등
- 제주도 : 한라산 등
- 북한 : 백두산, 묘향산, 금강산 등

② 강

한강, 금강, 낙동강, 섬진강, 동강, 임진강, 영산강 등

③ 바다

서해, 동해, 남해, 태평양

④ 도시

서울(수도), 부산, 대구, 인천, 광주, 대전, 울산, 수원, 전주, 청주, 춘천, 강릉 등

⑤ 항구

부산, 인천, 목포, 포항, 속초, 평택, 광양, 진해, 마산, 군산, 울산, 동해 등

⑥ 평야

김포, 김해, 김제, 나주 등

한강

동해안

서울 도심

부산항

김해평야

⑦ 동굴

· 강원도 : 초당동굴, 환선굴, 대금굴, 신령굴, 용연굴, 고씨동굴, 주암굴, 용달굴, 화암동굴, 백룡굴, 천곡동굴 등

· 충청북도 : 고수동굴, 노동동굴, 도담동굴, 온달동굴, 천동동굴, 장수굴 등

· 경상북도 : 평천굴, 성류굴, 자수정동굴, 대이리동굴(울릉도) 등

· 전라북도 : 천호동굴 등

· 제주도 : 김녕사굴, 만장굴, 협재굴, 쌍용굴, 당처물동굴, 용천동굴 등

1995년에 발견된 제주도의 당처물동굴과 2005년에 발견된 용천동굴은 '신이 빚은 동굴'이란 찬사를 받을 정도로 기기묘묘한 동굴의 아름다움과 용암동굴이면서 석회암동굴인 특이한 성격을 인정받아 2007년 유네스코 세계자연유산에 등재되었다.

용천동굴

⑧ 기후

한국은 유라시아 대륙 동쪽 끝에 돌출한 반도로 북위 33~43°에 걸쳐 남북으로 뻗어 있으며, 국토가 작은 데 비하여 동서남북의 기후가 다양하다. 대체로 대륙성기후이지만 강수나 바람을 보면 계절풍기후이다. 봄, 여름, 가을, 겨울 4계절이 뚜렷한데, 12~2월의 겨울은 시베리아의 영향을 받아 춥고(-1~-16℃) 건조하다. 겨울은 낮이 짧고 밤이 길며, 몇 차례 눈이 온다. 해에 따라 다르나 삼한사온(三寒四溫) 현상이 있어서 3일은 춥고 4일은 따뜻하여 지내기가 수월하다. 6~8월 여름은 고온다습

진해의 봄

부산의 여름

지리산의 가을

대관령의 겨울

한데, 이 기간은 장마철이어서 비가 많이 오고 무더우며(20~35℃) 낮의 길이가 매우 길다. 3~5월의 봄과 9~11월의 가을은 맑고 쾌청한 날이 많다(5~20℃). 한국은 여름에 해수욕을 즐기고 겨울에 스키를 즐길 수 있는 나라이다.

여름에 가장 더운 지방은 대구로서 40℃까지 올라가는 날이 있고, 겨울에 가장 추운 곳은 중강진으로 -20℃까지 내려가는 날이 있다. 전체적으로 보면 여름은 20~30℃ 사이이고, 겨울은 0~-10℃ 정도의 기온이다. 여름과 겨울이 확실히 구별되는 대륙성 기후 탓인지 한국 사람은 대체로 역동적이며 부지런하다. 채소와 과일, 생선, 고기가 다양하고 풍부하며, 계절에 따라 달리 입기 때문에 의복 역시 다양하다.

도로와 교통

한국의 도로는 고속도로, 일반국도, 지방도, 시도로 나누어지고 그 밖에 군도, 구도 기타 도로로 구별된다. 전국에 비포장도로가 거의 없을 정도로 잘 포장되어 있다. 한국은 현재 스물여섯 개의 고속도로가 있다. 가장 먼저 건설되었고 가장 길며 가장 많이 이용되는 도로는 서울과 부산을 잇는 경부고속도로이다. 나머지 노선은 경인선, 호남선, 영동선, 동해선, 남해선, 구마선, 88올림픽선, 중부선, 서울외곽순환선, 서해안선, 울산선, 대전남부순환선, 중앙선, 중부내륙선, 제2경인선, 익산포항선, 평택충주선, 제2중부선, 대구부산선, 마산외곽선, 논산천안선, 인천국제공항선, 호남지선, 중앙지선, 남해제2지선이다.

버스(위), 지하철(가운데), 택시(아래)

대도시를 이어 주는 대중교통 수단으로 고속버스, 기차, 비행기가 있다. 도로가 발달하여 제주도를 제외하면 비행기 여행이 많이 줄었으며, 기차나 고속버스가 보통 10분 간격으로 다니므로 이용에 불편이 없다. 주말은 고속도로에 버스 전용 차선이 운영되므로 승용차보다 고속버스가 훨씬 편리하다. 2004년 초고속열차(KTX) 운행이 시작된 이후로 철도 이용객 수가 많이 늘었다. 국내외 항공교통이 매우 발달하여 대도시라면 세계 어디로든 비행기를 이용할 수 있고, 부산-제주, 인천-중국, 부산-일본 간은 여객선을 이용하는 사람이 많다.

　대도시는 대체로 지하철이 있어서 편리하게 이용할 수 있고, 시내버스가 노선별로 자주 운행되고 있다. 한국의 대중교통비는 다른 선진 국가에 비하여 싼 편이다. 서울은 지하철 노선이 열 개나 있어서 서울 시내는 물론 인근 수도권까지 거의 다 지하철로 다닐 수가 있다. 한국은 택시가 매우 많고 요금이 비교적 싼 편이어서 이용하기 편리하다.

　한국은 현재 승용차가 거의 한 가구당 한 대 혹은 두 사람당 한 대꼴로 보급되어 있다. 주말은 많은 이동 인구로 고속도로가 언제나 붐비나, 한 시간 간격으로 모든 시설을 갖춘 휴게소가 있어서 주유와 식사 등이 가능하므로 승용차를 이용하는 여행이 매우 발달되었다고 할 수 있다.

2. 한국의 문화재

문화재의 개념과 유형

문화재(文化財)란 고고학, 선사학, 역사학, 문학, 예술, 과학, 종교, 민속, 생활양식 등에서 길이 보존할 문화적 가치가 있다고 인정되는 인류 문화 활동의 소산이다. 한국은 1961년 12월에 문화재보호법을 제정하여 1962년부터 시행했으며 1982년 개정하였다. 문화재보호법은 문화재를 보존하여 이를 활용함으로써 국민의 문화적 향상을 도모하고 인류문화의 발전에 기여하기 위하여 제정된 법률이라고 되어 있다. 이 법에 따르면 문화재는 유형문화재, 무형문화재, 기념물, 민속자료의 넷으로 나누고 지정문화재를 국가지정문화재, 시도지정문화재, 문화재자료의 셋으로 구분하고 있다.

유형문화재는 건조물, 전적(典籍), 서적, 고문서, 회화, 조각, 공예품 등 만질 수 있는 형태를 가진 문화적 소산으로서, 역사적 또는 예술적 가치가 큰 것과 비슷한 가치의 고고자료를 말한다. 무형문화재는 인류의 정신적인 창조와 음악, 무용, 연극, 공예기술 및 놀이 등 물질적으로 정지시켜 보존할 수 없는 문화재 전반을 말한다. 한국은 무형문화재 가운데 보존 가치가 있다고 생각되는 기능 및 예능을 문화재보호법에 의거하여 문화관광부 장관이 문화재위원회의 자문을 거쳐 보호한다. 이때 그 대상은 기·예능을 보유한 자연인이다. 이러한 무형문화재로 「동래야유」, 「하회별신굿탈놀이」, 「거문고산조」, 「고성오광대」, 「승무」, 양주소놀이굿, 「봉산탈춤」 보유자 등이 있다. 기념물은 조개더미, 고분, 성지, 궁지, 요지(窯址), 유물 포함층 등의 사적지로서 역사상, 학술상 가치가 큰 것과 명승지로서 예술상, 관상상 가치가 큰 것, 그리고 동물, 식물, 광물,

동굴로서 학술상 가치가 큰 것을 말한다. 민속자료는 의식주, 생업, 신앙, 연중행사 등에 관한 풍속 및 습관과 이에 사용되는 옷, 건물 등으로 민족의 생활 모습을 이해하는 데 필요한 것이다.

문화재는 종류와 가치에 따라 국보, 보물, 사적, 사적 및 명승, 명승, 천연기념물, 중요무형문화재, 중요민속자료, 시도무형문화재, 시도유형문화재, 시도기념물, 시도민속자료, 보호물, 보호구역으로 지정된다. 문화재는 조사와 발굴뿐 아니라 복원과 복구, 올바른 관리와 보호, 전시 등을 통한 홍보와 국민교육 등이 필요하다. 문화재를 지정하고 발굴하며 보호하는 관청은 문화관광부 산하 문화재청이다. 2007년 10월 기준, 문화재청에 등록된 문화재는 총 10,411종에 이른다. 문화와 관련된 산하 단체를 다음 표에 실었다.

국보 제1호 숭례문

보물 제1호 흥인지문

사적 제1호 포석정지

사적 및 명승 제1호 불국사 경내

명승 제1호 명주 청학동의 소금강

천연기념물 제1호 달성의 측백수림

중요무형문화재 제1호 종묘제례악

중요민속자료 제1호
덕온공주 당의

문화 관련 단체

기관명	홈페이지 주소
국립국악원	서울 서초구 남부순환로 2364 / T. 02-580-3333 http://www.ncktpa.go.kr/
국립국어원	서울 강서구 금낭화길 148 / T. 02-2669-9775 http://www.korean.go.kr/
국립민속박물관	서울 종로구 삼청동길 35 / T. 02-3704-3114 http://www.nfm.go.kr/
국립발레단	서울 서초구 남부순환로 2406 예술의전당 내 오페라하우스 5층 T. 02-587-6181 / http://www.kballet.org/
국립오페라단	서울 서초구 남부순환로 2406 예술의전당 내 오페라하우스 4층 T. 02-586-5282 / http://www.nationalopera.org/
국립중앙도서관	서울 서초구 반포로 664 / T. 02-535-4142 http://www.nl.go.kr/
국립중앙박물관	서울 용산구 서빙고로 135 / T. 02-2077-9000 http://www.museum.go.kr/
국립합창단	서울 서초구 남부순환로 2406 예술의전당 음악당 / T. 02-587-8111 http://nationalchorus.or.kr/
국립현대미술관	경기도 과천시 광명길 209 / T. 02-2188-6000 http://www.moca.go.kr/
대한민국예술원	서울 서초구 반포로 666-1 / T. 02-596-6215 http://www.naa.go.kr/
독립기념관	충남 천안시 목천읍 남화리 230 / T. 041-560-0114 http://www.i815.or.kr/
문화관광부	서울 종로구 세종로 42 / T. 02-3704-9114 http://www.mct.go.kr/
문화재정보센터	대전 서구 선사로 139 1동 / T. 042-481-4650 http://info.cha.go.kr/
문화재청	대전 서구 선사로 139 1동 / T. 042-481-4650 http://www.cha.go.kr/
서울예술단	서울 서초구 남부순환로 2406 예술의전당 음악당 / T. 02-523-0984 http://www.spac.co.kr/

기관명	홈페이지 주소
세종문화회관	서울 종로구 세종로 81-3 / T. 02-399-1111 http://www.sejongpac.or.kr/
언론중재위원회	서울 중구 태평로1가 25 프레스센터빌딩 15층 / T. 02-397-3114 http://www.pac.or.kr/
영상물등급위원회	서울 중구 장충단길 158 / T. 02-2272-8560 http://www.kmrb.or.kr/
영화진흥위원회	서울 동대문구 홍릉길 118 / T. 02-958-7500 http://www.kofic.or.kr/
예술의전당	서울 서초구 남부순환로 2406 / T. 02-580-1300 http://www.sac.or.kr/
정동극장	서울 중구 정동길 41 / T. 02-751-1500 http://www.chongdong.com/
한국간행물윤리위원회	서울 강서구 금낭화길 148 국립국어원 4층 / T. 02-2669-0700 http://www.kpec.or.kr/
한국관광공사	서울 중구 청계천로 40 / T. 02-729-9600 http://www.knto.or.kr/
한국관광공사 여행정보	서울 중구 청계천로 40 / T. 02-729-9600 http://www.visitkorea.or.kr/
한국문화관광연구원	서울 강서구 금낭화길 148 / T. 02-2669-9800 http://www.kcti.re.kr/
한국문화예술위원회	서울 종로구 대학로 100 / T. 02-760-4500 http://www.arko.or.kr/
한국문화정보센터	서울 마포구 상암동길 250 문화콘텐츠센터 6층 T. 02-3153-2820 / http://www.kcis.or.kr/
한국문화콘텐츠진흥원	서울 강남구 논현로 448 / T. 02-2016-4114 http://www.kocca.kr/
한국방송광고공사	서울 중구 태평로1가 25 / T. 02-731-7114 http://www.kobaco.co.kr/
한국방송영상산업진흥원	서울 양천구 목동동로 203-1 / T. 02-3219-5400 http://www.kbi.re.kr/

기관명	홈페이지 주소
한국언론재단	서울 중구 태평로 33 프레스센터 / T. 02-2001-7114 http://www.kpf.or.kr/
한국영상자료원	서울 마포구 상암동 DMC단지 1602 문화콘텐츠센터 T. 02-3153-2001 / http://www.koreafilm.or.kr/
한국예술종합학교	서울 성북구 예술길 120-3 / T. 02-746-9000 http://www.knua.ac.kr/

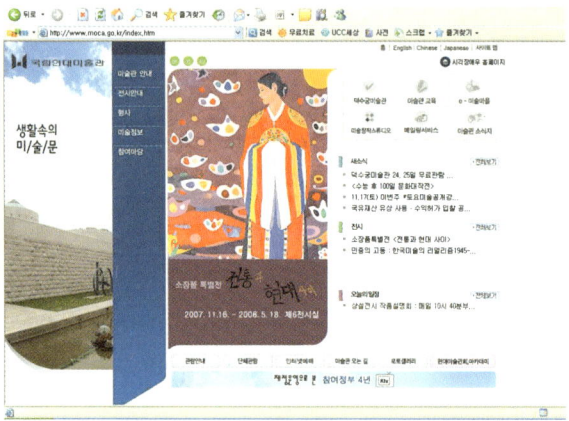

국립현대미술관 홈페이지

문화관광부 홈페이지

유네스코는 문화재의 가치와 중요성을 인식하여 세계문화유산을 지정, 보호하고 있다. 세계문화유산이란 1972년 제17차 유엔정기총회에서 채택한 세계 문화 및 자연유산 보호협약에 따라 지정한 유산을 말한다. 인류문명과 자연사에 있어 매우 중요한 자산인 세계유산(world heritage)은 전 인류가 공동으로 보존하고 후손에게 전수해야 할 세계적으로 매우 중요한 가치를 가진 유산이다.

유네스코 세계유산은 역사적으로 중요한 가치를 가지고 있는 문화유산과 지구의 역사를 잘 나타내고 있는 자연유산, 그리고 이들의 성격을 합한 복합유산으로 구분된다. 2007년 7월 기준, 문화유산 660건, 자연유산 166건, 복합유산 25건 등 협약가입국 184개국의 851건('위험에 처한 세계유산' 31점 포함)이 세계유산으로 등재되어 있다. 스페인, 이탈리아, 중국이 세계유산 3대 보유국이다. 한국은 1988년 세계 문화 및 자연유산 보호협약에 가입하였으며, 1995년 베를린에서 개최된 세계유산위원회 제19차 회의에서 종묘, 불국사와 석굴암, 해인사 장경판전이 등재된 후 계속하여 더 많은 문화유산과 자연유산이 등재되었는데, 그 목록은 다음과 같다. 괄호 안 내용은 유산이 등재된 해를 나타낸다.

· 세계문화유산 : 종묘(1995년), 불국사와 석굴암(1995년), 해인사 장경판전(藏經板殿:1995년), 수원 화성(1997년), 창덕궁(1997년), 경주 역사유적지(2000년), 고창·화순·강화의 고인돌(2000년)
· 세계자연유산 : 제주 화산섬과 용암동굴(2007년)
· 세계기록유산 : 『훈민정음 해례본』(1997년), 『조선왕조실록』(1997년), 『직지심체요절』(2001년), 『승정원일기』(2001년), 조선왕조 의궤(2007년), 고려대장경판 및 제경판(2007년)

『훈민정음 해례본』

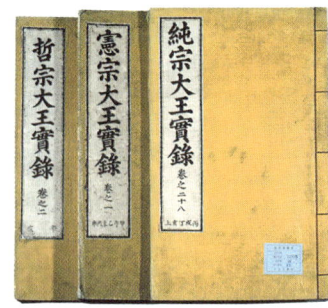
『조선왕조실록』

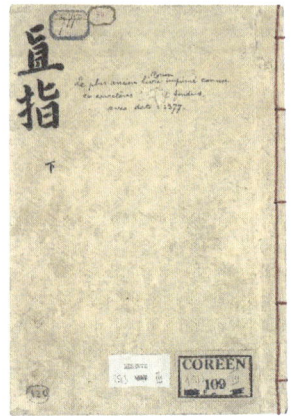
『직지심체요절』

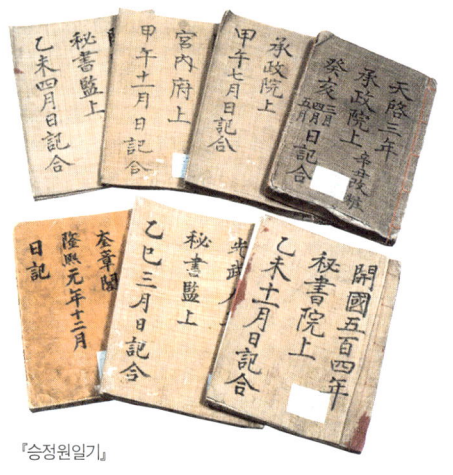
『승정원일기』

- 세계무형유산: 종묘제례 및 종묘제례악(2001년), 판소리(2003년), 강릉단오제(2005년)
- 세계유산 잠정 목록: 삼년산성, 공주 무령왕릉, 강진 도요지, 설악산 천연보호구역, 안동 하회마을, 월성 양동마을, 남해안 일대 공룡화석지, 조선시대 왕릉 등

한국은 열여덟 가지의 세계문화유산을 등재하게 되어 세계 10대 문화

유산 보유국이 되었다. 북한은 고구려 고분군이 2004년 세계문화유산으로 등재되었다.

유형문화재

유형문화재는 형태가 있는 문화적 소산으로서 역사상 또는 예술상 가치가 큰 것과 이에 준하는 고고자료이다. 유형문화재의 대표적 종류는 각종 건축물과 책, 글씨, 그림, 고문서 등의 문예품과 조각, 도자기, 탑, 불상, 종 등의 공예품이다. 넓은 의미로 형태가 없는 무형문화재를 제외한 모든 문화재가 다 유형문화재라 할 수 있는데 이때는 국보, 보물, 민속자료, 사적, 명승, 기념물, 문화재자료가 포함된다. 형태가 있는 문화재 중에 동식물이나 광물 및 경승지, 성지, 고분, 유적지 등은 기념물로 따로 분류하고, 의식주나 신앙, 사회, 놀이, 풍습 등 일상생활과 관련된 도구는 민속자료로 구분하고 있다. 좁은 의미의 유형문화재는 민속자료와 기념물을 제외한 문화재이며, 일반적인 유형문화재는 이를 말한다. 인간의 손을 거치지 않은 자연물은 제외된다.

유형문화재는 다시 지정 여부에 따라 지정문화재와 비지정문화재로 구분할 수 있다. 지정된 유형문화재를 지정 주체에 따라 분류하면 국가 지정 유형문화재와 시도 지정 유형문화재, 그리고 문화재자료로 구분할 수 있다. 한국의 유형문화재는 2007년 10월 기준으로 국보 307, 보물 1,505, 사적 475, 사적 및 명승 10, 명승 22, 천연기념물 378, 중요민속자료 250, 총 2,947종이 국가 지정 유형문화재로 지정되어 있다. 시·도 지정 유형문화재는 시도유형문화재 2,323, 시도기념물 1,506, 시도민속자료 319의 총 4,148종이 지정되어 있으며, 문화재자료는 2,123종이 등록되어 있다.

무형문화재

무형문화재는 연극, 음악, 무용, 놀이, 의식, 음식과 무예, 공예기술 등 형태가 없는 문화적 소산 가운데 역사적, 학술적, 예술적 가치가 크고 향토색이 현저한 것으로서 물질적으로 정지시켜 보존할 수 없는 문화재 전반을 말하는 것이다.

보존할 가치가 있다고 생각되는 기능 및 예능에 대하여 문화재보호법에 의거하여 문화관광부 장관이 문화재위원회의 자문을 거쳐 무형문화재로 지정, 보호한다. 한국은 무형문화재의 기능과 예능을 보유한 자연인을 지정하여 무형문화재가 사라지는 것을 막고, 후세에 전승하기 위하여 전수회관을 세워 기·예능의 체계적인 전수를 위해 애쓰고, 전시 발표 및 공연을 해마다 개최하고 있다.

1958년부터 전국에 흩어져 있는 민속예술을 발굴하고 보존하기 위하여 「전국민속예술경연대회」를 해마다 개최하고 있는데, 이러한 대회를 통하여 오랫동안 잊고 있던 우리 고유의 전통예술이 그 빛을 보게 되었다. 이 과정에서 300여 종의 민속예술이 발굴되고 그 중 안동차전놀이 등 34개는 국가 지정 문화재로, 정선아리랑 등 20여 종은 시·도 지정 문화재로 선정되었으며, 북한 지역의 민족예술 45종을 발굴 보존하는 계기가 되었다. 현재 이 대회 출연 종목은 농악, 민속극, 민요, 민속놀이, 민속무용의 5종으로 나뉜다.

무형문화재의 성격을 보면 결국 신이나 조상에게 지내는 제사, 놀이, 생활이나 예술에 필요한 기술이라고 말할 수 있다. 이러한 풍습이나 기술은 사회가 변하면서 없어지거나 많이 변질되므로, 선조의 삶과 당시의 문화를 이해하기 위하여 특별히 보존할 필요가 있다. 풍습이나 기술은 사람이 지니는 것이므로 그 기술을 보유한 사람을 문화재로 지정하여 후

세에게 전할 수 있는 체제를 제도적으로 마련한 것이다. 중요무형문화재는 사람으로 구성되어 있으므로 인간문화재라 하는데, 그 보유자인 개인이 사망하면 문화재에서 이름이 해제된다.

한국의 문화는 대체로 다양하고 종합적 성격을 띠었고, 각 분야 예술의 기원은 무(巫)로 거슬러 올라갈 수 있다. 한국의 무형문화재는 2007년 10월 기준으로 국가 지정 중요무형문화재가 113종, 시·도 지정 무형문화재가 352종이다. 이들 문화재를 분야별로 나누어 보면 대략 다음과 같다.

①음악 : 종묘제례악, 판소리, 농악 등 중요무형문화재 17종을 포함하여 시도무형문화재까지 96종이 있다.

②무용 : 「진주검무」, 「승전무」, 「승무」, 「처용무」, 「학연화대합설무」, 「태평무」, 「살풀이춤」의 중요무형문화재 7종을 포함하여 시도무형문화재까지 22종이 있다.

③연희 : 「양주별산대놀이」, 「남사당놀이」, 「통영오광대」, 「고성오광대」, 「북청사자놀음」, 「봉산탈춤」 등 중요무형문화재 16종과 시도무형문화재인 「진주오광대」까지 17종이 있다.

④놀이 : 「강강술래」, 안동차전놀이, 영산쇠머리대기, 영산줄다리기, 광주칠석고싸움놀이 등 중요무형문화재 8종과 시도무형문화재까지 32종이 있다.

⑤의식 : 은산별신제, 강릉단오제, 경산자인단오제, 영산제, 종묘제례 등 중요무형문화재 14종과 시도무형문화재까지 44종이 있다.

⑥무예 : 중요무형문화재인 택견과 시도무형문화재인 장안편사놀이, 매사냥, 평창황병산사냥민속의 4종이 있다.

⑦공예기술 : 제와장, 옹기장, 사기장 등의 도자공예 14, 조각장, 장도

장, 두석장, 유기장 등의 금속공예 20, 나전장, 낙죽장, 악기장, 단청장 등의 목칠공예 70, 한산모시짜기, 매듭장, 곡성의 돌실나이, 자수장 등 섬유공예 16, 갓일, 망건장, 탕건장, 화혜장 등 피모공예 10, 배첩장, 한지장 등 지공예 7, 옥장, 석장 등 석공예 7로 중요무형문화재 47종을 포함하여 시도무형문화재까지 144종이 있다.

⑧음식 : 조선왕조궁중음식, 향토술담그기의 중요무형문화재 2종을 포함하여 남도의례음식장 등의 시도무형문화재까지 21종이 있다.

무형문화재의 좀 더 깊은 연구와 체계화를 통하여 문화사 기술에 큰 기여를 할 뿐만 아니라 한국 사람의 사상이나 관습, 미적 감수성을 체계적으로 기록할 수 있을 것으로 보인다.

1. 서울

서울(Seoul)은 대한민국의 수도로서 2007년 기준 인구 1,042만 명, 면적 605km²의 대도시이다. 한강이 가운데에 있고 남산, 북한산, 도봉산, 관악산, 우면산 등 열 개 이상의 큰 산으로 둘러싸여 있어 매우 아름답다. 한강은 한국의 중심 강으로 강원도, 충청도, 서울을 거쳐 서해로 흘러들어 가며 유역 면적이 2만m²를 넘는다. 수량이 풍부하여 대규모 수력발전과 음용수, 공업용수 등 다목적으로 사용되고, 1년 내내 수심이 깊어 수도 서울의 심장으로 불린다. 서울 내 한강변을 정리하여 만든 한강시민공원이 열여섯 개나 되어 시민에게 휴식처를 제공해 주고 있고, 한강을 넘는 대교가 스무 개를 넘는다. 한강은 청계천, 중랑천 등 여러 지천을 구성하고 있어 서울시의 공기 오염 완화와 경관에 큰 도움을 준다. 서울은 한국 인구의 1/5 이상이 사는 거대도시로서 정치, 행정, 경제, 사회, 문화, 교육의 중심지이다. 1988년 9월에 올림픽을, 2002년 5월에 월드컵을 개최한 바 있다. 25개 구로 구성되어 있으며 구 아래로 동이 있다. 국립중앙박물관, 국립역사박물관, 국립고궁박물관, 김치박물관을 비롯하여 30개 이상의 국립·시립·민간 박물관이 있다. 4년제 대학만 30개 이상이 있는데 주요 대학은 박물관을 운영하고 있다.

조선 건국 초기에 수도를 개성에서 한양(漢陽, 지금의 서울)으로 옮긴 다음, 밖으로 동서남북 4대문을 내고 각각의 이름을 유교정신의 핵심 이념인 인의예지(仁義禮智)를 따서 지었다. 홍인지문(興仁之門), 돈의문(敦義門), 숭례문(崇禮門), 홍지문(弘智門)의 대문과 종로 네거리에 보신각(普信閣)을 세워 인의예지에 신(信)을 더한 인의예지신(仁義禮智信)으로 조선 통치 철학의 이념을 나타냈다. 오늘날 동대문, 남대문 식으로 부르는 것은 일제가 이러한 큰 이념을 깎아내리기 위하여 붙인 이름이라는 설이 있다. 4대문 안쪽으로 더 작은 문이 있는데, 이 이름 역시 아무렇게

서울 도심

나 짓지 않고 광화문(光化門), 돈화문(敦化門), 혜화문(惠化門), 홍화문(興化門), 선화문(宣化門)으로 '화(化)' 자를 넣어 지었다. 이것은 교민화속(敎民化俗), 즉 '백성을 가르쳐 풍속을 순화하겠다'는 뜻을 나타낸 것이다. 수도의 문 이름에 숭고한 유교적 통치 철학 이념을 구현한 것은 다른 나라 왕조에서 찾아보기 어려운 조선왕조 건국의 특징이자 한국 정신문화의 핵심이다.

서울에는 많은 유형·무형 문화재와 관광 명소가 있다. 규모 면으로 세계적인 관광거리는 없으나 한국의 소박하되 품격을 가진 문화의 척도를 알 수 있는 관광 명소는 많이 있다. 서울의 문화재를 국보, 유형문화재, 무형문화재로 나누어 살펴보기로 한다. 서울은 한국의 국보 405개 중 그 반이 되는 많은 국보를 보유하고 있다.

서울의 박물관

● 국공립박물관

국립중앙박물관	용산구 서빙고로 135 / T. 02-2077-9000 http://www.museum.go.kr/
국립고궁박물관	종로구 사직로 34 / T. 02-3701-7500 http://www.gogung.go.kr/
서울역사박물관	종로구 새문안길 50 / T. 02-120 http://www.museum.seoul.kr/

● 대학박물관

건국대학교박물관	광진구 화양동 1 / T. 02-450-3880 http://museum.konkuk.ac.kr/
경희대학교박물관	동대문구 회기동 1 / T. 02-961-0141 http://museum.khu.ac.kr/
고려대학교박물관	성북구 안암동 고려대학교 백주년기념 삼성관 / T. 02-3290-1514 http://museum.korea.ac.kr/

국민대학교박물관	성북구 정릉3동 861-1 / T. 02-910-4211 http://museum.kookmin.ac.kr/
상명대학교박물관	종로구 홍지동 7 / T. 02-2287-5281 http://museum.smu.ac.kr/
서울대학교박물관	관악구 신림동 56-1 / T. 02-880-5333 http://museum.snu.ac.kr/
서울대학교규장각	관악구 신림동 56-1 103동 / T. 02-880-5316 http://e-kyujanggak.snu.ac.kr/
서울시립대학교박물관	동대문구 시립대길 13 / T. 02-2210-2285 http://museum.uos.ac.kr/
성균관대학교박물관	종로구 명륜동3가 53 / T. 02-760-1216 http://museum.skku.ac.kr/
성신여자대학교박물관	성북구 동선동3가 249-1 / T. 02-920-7325 http://museum.sungshin.ac.kr/
세종대학교박물관	광진구 군자동 98 / T. 02-3408-3077 http://arachne.sejong.ac.kr/museum/
숙명여자대학교박물관	용산구 효창원길 52 / T. 02-710-9114 http://museum.sookmyung.ac.kr/
숭실대학교박물관	동작구 상도동 511 / T. 02-820-0752 http://www3.ssu.ac.kr/museum/
연세대학교박물관	서대문구 신촌동 134 100주년기념관 / T. 02-2123-3342
이화여자대학교박물관	서대문구 대현동 11-1 / T. 02-3277-3153 http://museum.ewha.ac.kr/
한양대학교박물관	성동구 행당동 17 / T. 02-2220-1394 http://museumuf.hanyang.ac.kr/
홍익대학교박물관	마포구 상수동 72-1 문헌관 2~4층 / T. 02-320-1322 http://www.hongik.ac.kr/sub1/org_mus.html

● 특수 테마 박물관

가회박물관 (민화박물관)	종로구 가회동 11-103 / T. 02-741-0466 http://www.gahoemuseum.org/
국립국악박물관	서초구 서초3동 700 국립국악원 1, 2층 / T. 02-580-3130 http://www.ncktpa.go.kr/html/jsp/NCKTPA/g00_museum/g001_01.jsp

경찰박물관	종로구 신문로2가 58 / T. 02-735-2519 http://www.policemuseum.go.kr/
농업박물관	중구 충정로1가 75 농협중앙회 내 / T. 02-2080-5727 http://museum.nonghyup.com/
롯데월드민속박물관	송파구 잠실동 40-1 롯데월드 / T. 02-411-4761 http://www.lotteworld.com/Family_museum/main.asp
삼성어린이박물관	송파구 신천동 7-26 예전빌딩 / T. 02-2143-3600 http://kids.samsungfoundation.org/
삼성출판박물관	종로구 구기동 126-4 / T. 02-394-6545 http://www.ssmop.org/
서예박물관	서초구 남부순환로 2406 예술의전당 내 / T. 02-580-1284 http://www.sac.or.kr/about/space_call.jsp
서울디자인박물관	서초구 방배동 757-1 한샘빌딩 / T. 02-590-3473
성암고서박물관	중구 태평로 1가 60-17 태성빌딩 6층 / T. 02-725-5227
세종대왕기념관 (인물박물관)	동대문구 청량리동 1-157 / T. 02-969-8851 http://www.sejongkorea.org/gineum/gineum_intro.htm
신문박물관	종로구 세종로 139 동아미디어센터 3, 4층 / T. 02-2020-1830 http://www.presseum.or.kr/
아트센터나비 (디지털미술관)	종로구 서린동 99 SK본사빌딩 4층 / T. 02-2121-0912 http://www.nabi.or.kr/
옹기민속박물관	도봉구 쌍문동 497-15 / T. 02-900-0900 http://www.onggimuseum.org/
외교박물관	서초구 서초2동 1376-2 외교안보연구원 내 외교사료과 / T. 02-571-1097
육군박물관	노원구 공릉동 육군사관학교 내 / T. 02-2197-6453 http://museum.kma.ac.kr/
의학박물관	종로구 연건동 28 서울대학교병원 내 / T. 02-2072-2635 http://www.medicalmuseum.org/
전쟁기념관	용산구 용산동1가 8 / T. 02-709-3139 http://www.warmemo.co.kr/
짚풀생활사박물관	종로구 명륜동2가 8-4 / T. 02-743-8787 http://www.zipul.co.kr/
체신기념관	종로구 견지동 39-7 / T. 02-734-8369

평강성서유물박물관	구로구 오류2동 150-15 / T. 02-2686-9496 http://www.apm.or.kr/	
풀무원김치박물관	강남구 삼성동 코엑스몰 지하2층 / T. 02-6002-6456 http://www.kimchimuseum.co.kr/	
한국금융사박물관	중구 태평로1가 62-12 / T. 02-738-6806 http://www.shinhanmuseum.co.kr/	
한국자수박물관	강남구 논현동 89-4 사전하우스 / T. 02-515-5114 http://www.bojagii.com/	
한국잡지정보관	영등포구 여의도동 44-31 / T. 02-780-9132 http://www.kmpa.or.kr/museum/	
호림박물관 (고미술박물관)	관악구 신림11동 1707 / T. 02-858-2500 http://www.horimmuseum.org/	

가회박물관　　　　　　　　　　　　　　의학박물관

국보

제1호	서울숭례문(서울崇禮門)	중구
제2호	원각사지십층석탑(圓覺寺址十層石塔)	종로구 탑골공원
제3호	북한산신라진흥왕순수비(北漢山新羅眞興王巡狩碑)	용산구 국립중앙박물관
제60호	청자사자유개향로(靑磁獅子鈕蓋香爐)	용산구 국립중앙박물관
제61호	청자비룡형주자(靑磁飛龍形注子)	용산구 국립중앙박물관
제65호	청자기린유개향로(靑磁麒麟鈕蓋香爐)	성북구 간송미술관
제66호	청자상감유죽연로원앙문정병(靑磁象嵌柳竹蓮蘆鴛鴦文淨甁)	성북구 간송미술관
제68호	청자상감운학문매병(靑磁象嵌雲鶴文梅甁)	성북구 간송미술관
제70호	훈민정음(訓民正音)	성북구 간송미술관

제71호	동국정운〈권1, 6〉(東國正韻〈卷一, 六〉)	성북구 간송미술관
제72호	금동계미명삼존불(金銅癸未銘三尊佛)	성북구 간송미술관
제73호	금동삼존불감(金銅三尊佛龕)	성북구 간송미술관
제74호	청자압형수적(靑磁鴨形水滴)	성북구 간송미술관
제78호	금동미륵보살반가상(金銅彌勒菩薩半跏像)	용산구 국립중앙박물관
제79호	경주구황리금제여래좌상(慶州九黃里金製如來坐像)	용산구 국립중앙박물관
제80호	경주구황리금제여래입상(慶州九黃里金製如來立像)	용산구 국립중앙박물관
제81호	감산사석조미륵보살입상(甘山寺石造彌勒菩薩立像)	용산구 국립중앙박물관
제82호	감산사석조아미타불입상(甘山寺石造阿彌陀佛立像)	용산구 국립중앙박물관
제83호	금동미륵보살반가상(金銅彌勒菩薩半跏像)	용산구 국립중앙박물관
제85호	금동신묘명삼존불(金銅辛卯銘三尊佛)	용산구 리움미술관
제86호	경천사십층석탑(敬天寺十層石塔)	용산구 국립중앙박물관
제89호	금제교구(金製鉸具)	용산구 국립중앙박물관
제90호	금제태환이식(金製太環耳飾)	용산구 국립중앙박물관
제91호	도제기마인물상(陶製騎馬人物像)	용산구 국립중앙박물관
제92호	청동은입사포유수금문정병(靑銅銀入絲蒲柳水禽文淨甁)	용산구 국립중앙박물관
제93호	백자철화포도문호(白磁鐵畵葡萄文壺)	용산구 국립중앙박물관
제94호	청자소문과형병(靑磁素文瓜形甁)	용산구 국립중앙박물관
제95호	청자칠보투각향로(靑磁七寶透刻香爐)	용산구 국립중앙박물관
제96호	청자귀형수병(靑磁龜形水甁)	용산구 국립중앙박물관
제97호	청자음각연화당초문매병(靑磁陰刻蓮花唐草文梅甁)	용산구 국립중앙박물관
제98호	청자상감모란문항(靑磁象嵌牡丹文缸)	용산구 국립중앙박물관
제99호	갈항사삼층석탑(葛項寺三層石塔)	용산구 국립중앙박물관
제100호	남계원칠층석탑(南溪院七層石塔)	용산구 국립중앙박물관
제101호	법천사지광국사현묘탑(法泉寺智光國師玄妙塔)	용산구 국립중앙박물관
제102호	정토사홍법국사실상탑(淨土寺弘法國師實相塔)	용산구 국립중앙박물관
제104호	전흥법사염거화상탑(傳興法寺廉居和尙塔)	용산구 국립중앙박물관
제105호	산청범학리삼층석탑(山淸泛鶴里三層石塔)	용산구 국립중앙박물관
제107호	백자철화포도문호(白磁鐵畵葡萄文壺)	서대문구 이화여자대학교
제110호	익재영정(益齋影幀)	용산구 국립중앙박물관
제113호	화청자양류문통형병(畵靑磁楊柳文筒形甁)	용산구 국립중앙박물관
제114호	청자상감모란국화문과형병(靑磁象嵌牡丹菊花文瓜形甁)	용산구 국립중앙박물관

국보 제2호 원각사지십층석탑

국보 제78호 금동미륵보살반가상

국보 제97호 청자음각연화당초문매병

국보 제86호 경천사십층석탑

국보 제101호 법천사지광국사현묘탑

제2부 한국의 자연과 문화재 319

제115호	청자상감당초문완(靑磁象嵌唐草紋盌)	용산구 국립중앙박물관
제116호	청자상감모란문표형병(靑磁象嵌牡丹文瓢形瓶)	용산구 국립중앙박물관
제118호	금동미륵반가상(金銅彌勒半跏像)	용산구 리움미술관
제119호	연가7년명금동여래입상(延嘉七年銘金銅如來立像)	용산구 국립중앙박물관
제124호	한송사석조보살좌상(寒松寺石造菩薩坐像)	국립춘천박물관 보관
제125호	녹유골호〈부석제외함〉(綠釉骨壺〈附石製外函〉)	용산구 국립중앙박물관
제127호	삼양동금동관음보살입상(三陽洞金銅觀音菩薩立像)	용산구 국립중앙박물관
제129호	금동보살입상(金銅菩薩立像)	용산구 리움미술관
제131호	이태조호적원본(李太祖戶籍原本)	용산구 국립중앙박물관
제133호	청자진사연화문표형주자(靑磁辰砂蓮華文瓢形注子)	용산구 리움미술관
제134호	금동보살삼존상(金銅菩薩三尊像)	용산구 리움미술관
제135호	혜원풍속도(蕙園風俗圖)	성북구 고려대 박물관
제136호	용두보당(龍頭寶幢)	용산구 리움미술관
제137호	대구비산동출토동기류(大邱飛山洞出土銅器類)	용산구 리움미술관
제137-1호	동검검경 및 동모부속구(銅劍劍梗 및 銅鉾附屬具)	용산구 리움미술관
제138호	금관 및 부속금구(金冠 및 附屬金具)	용산구 리움미술관
제139호	군선도병(群仙圖屛)	용산구 리움미술관
제140호	나전단화금수문경(螺鈿團花禽獸紋鏡)	용산구 리움미술관
제141호	다뉴세문경(多鈕細紋鏡)	동작구 숭실대학교
제142호	동국정운1질(東國正韻一帙)	광진구 건국대학교
제143호	화순대곡리출토청동유물(和順大谷里出土靑銅遺物)	용산구 국립중앙박물관
제143-1호	청동검(靑銅劍)	용산구 국립중앙박물관
제143-2호	청동팔령구(靑銅八鈴具)	용산구 국립중앙박물관
제143-3호	청동쌍령구(靑銅雙鈴具)	용산구 국립중앙박물관
제143-4호	청동삭구(靑銅削具)	용산구 국립중앙박물관
제143-5호	청동공부(靑銅工斧)	용산구 국립중앙박물관
제143-6호	청동세문경(靑銅細文鏡)	용산구 국립중앙박물관
제145호	귀면청동로(鬼面靑銅爐)	용산구 국립중앙박물관
제146호	강원도출토일괄유물(江原道出土一括遺物)	용산구 리움미술관
제146-1호	팔수형동령(八手形銅鈴)	용산구 리움미술관
제146-2호	동조령부병두(銅造鈴附柄頭)	용산구 리움미술관
제146-3호	동조환상쌍두령(銅造環狀雙頭鈴)	용산구 리움미술관

제146-4호	동조령식(銅造鈴飾)	용산구 리움미술관
제148호	십칠사찬고금통요(十七史纂古今通要)	관악구 서울대학교 외
제148-1호	권지16(卷之十六)	관악구 서울대학교
제148-2호	권지17(卷之十七)	서초구 국립중앙도서관
제149호	동래선생교정북사상절(東萊先生校正北史詳節)	성북구 간송미술관
제149-1호	권지4, 5(卷之四, 五)	성북구 간송미술관
제149-2호	권지6(卷之六)	중구
제150호	송조표전총류(宋朝表牋總類)	관악구 서울대학교
제151호	조선왕조실록(朝鮮王朝實錄)	관악구 서울대학교 외
제151-1호	정족산본(鼎足山本)	관악구 서울대학교
제151-3호	오대산본(五臺山本)	관악구 서울대학교
제151-4호	기타산엽본(基他散葉本)	관악구 서울대학교
제152호	비변사등록부의정부등록(備邊司謄錄附議政府謄錄)	관악구 서울대학교
제152-1호	비변사등록(備邊司謄錄)	관악구 서울대학교
제152-2호	의정부등록(議政府謄錄)	관악구 서울대학교
제153호	일성록(日省錄)	관악구 서울대학교
제166호	백자철화매죽문대호(白磁鐵畵梅竹文大壺)	용산구 국립중앙박물관
제167호	청자인형주자(靑磁人形注子)	용산구 국립중앙박물관
제168호	백자진사매국문병(白磁辰砂梅菊文瓶)	용산구 국립중앙박물관
제169호	청자양각죽절문병(靑磁陽刻竹節文瓶)	용산구 리움미술관
제170호	청화백자매조죽문호(靑華白磁梅鳥竹文壺)	용산구 국립중앙박물관
제171호	청동은입사보상당초봉황문합(靑銅銀入絲寶相唐草鳳凰文盒)	용산구 리움미술관
제172호	진양군영인정씨묘출토유물(晋陽郡令人鄭氏墓出土遺物)	용산구 리움미술관
제172-1호	백자상감초화문편병(白磁象嵌草花文扁瓶)	용산구 리움미술관
제172-2호	묘지(墓誌)	용산구 리움미술관
제172-3호	잔(盞)	용산구 리움미술관
제173호	청자철채퇴화점문나한좌상(靑磁鐵彩堆花點文羅漢坐像)	강남구
제174호	금동수정감장촉대(金銅水晶嵌裝燭臺)	용산구 리움미술관
제175호	백자상감연당초문대접(白磁象嵌蓮唐草文大楪)	용산구 국립중앙박물관
제176호	청화백자〈홍치명〉송죽문호(靑華白磁〈弘治銘〉松竹文壺)	중구 동국대학교
제177호	분청사기인화문태호〈내외호〉(粉靑沙器印花文胎壺〈內外壺〉)	성북구 간송미술관
제178호	분청사기조화어문편병(粉靑沙器彫花魚文扁瓶)	서대문구

국보 제125호 녹유골호(부석제외함)

국보 제135호 혜원풍속도

국보 제145호 귀면청동로

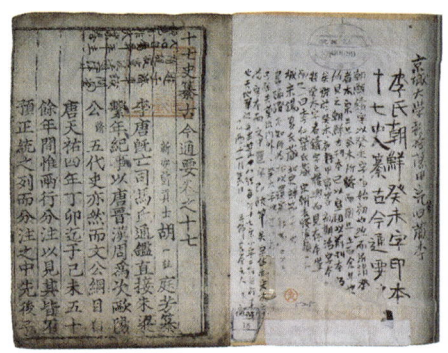
국보 제148호 십칠사찬고금통요

국보 제167호 청자인형주자

국보 제172호 진양군영인정씨묘출토유물

제179호	분청사기박지연어문편병(粉靑沙器剝地蓮魚文扁甁)	관악구 호림박물관
제180호	완당세한도(阮堂歲寒圖)	용산구 국립중앙박물관
제185호	묘법연화경(妙法蓮華經)	용산구 국립중앙박물관
제186호	양평금동여래입상(楊平金銅如來立像)	용산구 국립중앙박물관
제196호	신라백지묵서대방광불화엄경(新羅白紙墨書大方廣佛華嚴經)	용산구 리움미술관
제202호	대방광불화엄경 진본⟨권37⟩(大方廣佛華嚴經 晉本⟨卷三十七⟩)	중구 동국대학교
제203호	대방광불화엄경 주본⟨권6⟩(大方廣佛華嚴經 周本⟨卷六⟩)	중구 동국대학교
제204호	대방광불화엄경 주본⟨권36⟩(大方廣佛華嚴經 周本⟨卷三十六⟩)	중구 동국대학교
제207호	천마도장니(天馬圖障泥)	용산구 국립중앙박물관
제209호	보협인석탑(寶印石塔)	중구 동국대학교
제210호	감지은니불공견색신변진언경⟨권13⟩ (紺紙銀泥不空羂索紳變眞言經⟨卷十三⟩)	용산구 리움미술관
제211호	백지묵서묘법연화경⟨권1~7⟩(白紙墨書妙法蓮華經⟨卷一~七⟩)	관악구 호림박물관
제212호	대불정여래밀인수증료의제보살만행수능엄경⟨권1~10⟩ (大佛頂如來密因修證了義諸菩薩萬行首楞嚴經⟨卷一~十⟩)	중구 동국대학교
제213호	금동대탑(金銅大塔)	용산구 리움미술관
제214호	흥왕사명청동은입사운룡문향완(興王寺銘靑銅銀入絲蕓龍文香垸)	용산구 리움미술관
제215호	감지은니대방광불화엄경⟨권31⟩ (紺紙銀泥大方廣佛華嚴經⟨卷三十一⟩)	용산구 리움미술관
제216호	인왕제색도(仁王霽色圖)	용산구 리움미술관
제217호	금강전도(金剛全圖)	용산구 리움미술관
제218호	아미타삼존도(阿彌陀三尊圖)	용산구 리움미술관
제219호	청화백자매죽문호(靑華白磁梅竹文壺)	용산구 리움미술관
제220호	청자상감용봉모란문개합(靑磁象嵌龍鳳牡丹文蓋盒)	용산구 리움미술관
제222호	청화백자매죽문호(菁華百磁梅竹文壺)	관악구 호림박물관
제223호	경복궁근정전(景福宮勤政殿)	종로구 경복궁
제224호	경복궁경회루(景福宮慶會樓)	종로구 경복궁
제225호	창덕궁인정전(昌德宮仁政殿)	종로구 창덕궁
제226호	창경궁명정전(昌慶宮明政殿)	종로구 창경궁
제227호	종묘정전(宗廟正殿)	종로구 종묘
제228호	천상열차분야지도각석(天象列次分野之圖刻石)	종로구 국립고궁박물관
제229호	보루각자격루(報漏閣自擊漏)	중구 문화재청

국보 제186호 양평금동여래입상

국보 제209호 보협인석탑

국보 제214호 흥왕사명청동은입사운룡문향완

국보 제218호 아미타삼존도

제230호	혼천시계(渾天時計)	성북구 고려대학교
제231호	용범(鎔范)	동작구 숭실대학교
제234호	감지은니묘법연화경〈권1~7〉(紺紙銀泥妙法蓮華經〈卷一~七〉)	용산구 리움미술관
제235호	감지금니대방광불화엄경보현행원품 (紺紙金泥大方廣佛華嚴經普賢行願品)	용산구 리움미술관
제237호	고산구곡시화병(高山九曲詩畫屛)	동대문구
제238호	소원화개첩(小苑花開帖)	동대문구
제239호	송시열상(宋時烈像)	용산구 국립중앙박물관
제243호	현양성교론〈권11〉(顯揚聖敎論〈卷十一〉)	용산구 리움미술관
제245호	신찬일체경원품차록〈권20〉(新纘一切經源品次綠〈卷二十〉)	용산구 국립중앙박물관
제246호	대보적경〈권59〉(大寶積經〈卷五十九〉)	용산구 국립중앙박물관
제249호	동궐도(東闕圖)	성북구 고려대학교 외
제250호	개국원종공신록권(開國原從功臣錄券)	중구 동국대학교
제251호	대승아비달마잡집론〈권14〉(大乘阿毗達磨雜集論〈卷十四〉)	중구 동국대학교
제252호	청자음각연화문매병(靑磁陰刻蓮花文梅瓶)	용산구 리움미술관
제253호	청자양인각연당초·상감모란문은구대접 (靑磁陽印刻蓮唐草·象嵌牡丹文銀釦大楪)	용산구 국립중앙박물관
제254호	청자음각연화절지문매병(靑磁陰刻蓮花折枝文梅瓶)	중구
제258호	청화백자죽문각병(靑華白磁竹文角瓶)	용산구 리움미술관
제259호	분청사기상감용문호(粉靑沙器象嵌龍文壺)	용산구 국립중앙박물관
제260호	분청사기박지모란문철채자라병(粉靑沙器剝地牡丹文鐵彩자라甁)	용산구 국립중앙박물관
제261호	백자호(白磁壺)	용산구 리움미술관
제262호	백자대호(白磁大壺)	중구 우학문화재단
제263호	청화백자산수화조문대호(靑華白磁山水花鳥文大壺)	중구 우학문화재단
제265호	초조본대방광불화엄경주본〈권제13〉 (初雕本大方廣佛華嚴經周本〈卷第十三〉)	종로구 삼성출판박물관
제266호	초조본대방광불화엄경주본〈권제2, 75〉 (初雕本大方廣佛華嚴經周本〈卷第二, 七十五〉)	관악구 호림박물관
제267호	초조본아비달마식신족론〈권제12〉 (初雕本阿毗達磨識身足論〈卷第十二〉)	관악구 호림박물관
제268호	초조본아비담비파사론〈권제11, 17〉 (初雕本阿毗曇毗婆沙論〈卷第十一, 十七〉)	관악구 호림박물관

국보 제231호 옹범

국보 제239호 송시열상

국보 제253호 청자양인각연당초·상감모란문은구대접

국보 제263호 청화백자산수화조문대호

제269호	초조본불설최상근본대락금강불공삼매대교왕경〈권제6〉 (初雕本佛說最上根本大樂金剛不空三昧大教王經〈卷第六〉)	관악구 호림박물관
제270호	청자모자원형연적(靑磁母子猿形硯滴)	성북구 고려대박물관
제271호	초조본현양성교론〈권제12〉(初雕本顯揚聖教論〈卷第十二〉)	용산구 국립중앙박물관
제272호	초조본유가사지론〈권제32〉 (初雕本瑜伽師地論〈卷第三十二〉)	용산구 국립중앙박물관
제273호	초조본유가사지론〈권제15〉(初雕本瑜伽師地論〈卷第十五〉)	용산구 국립중앙박물관
제277호	초조본대방광불화엄경주본〈권제36〉 (初雕本大方廣佛華嚴經周本〈卷第三十六〉)	강남구 (주)한솔제지
제278호	태종11년이형원종공신록권부함 (太宗十一年李衡原從功臣錄券附函)	종로구 국립고궁박물관
제280호	성거산천흥사동종(聖居山天興寺銅鐘)	용산구 국립중앙박물관
제281호	백자주자(白磁注子)	관악구 호림박물관
제284호	초조본대반야바라밀다경〈권제162, 170, 463〉 (初雕本大般若波羅蜜多經〈卷第一百六十二, 一百七十, 四百六十三〉)	강남구
제286호	백자발(白磁鉢)	용산구 리움미술관
제291호	용감수경(龍龕手鏡)	성북구 고려대학교
제293호	금동관세음보살입상(金銅觀世音菩薩立像)	용산구 국립중앙박물관
제294호	청화백자철사진사국화문병(靑華白磁鐵砂辰砂菊花文甁)	성북구
제303호	승정원일기(承政院日記)	관악구 서울대학교
제306-2호	삼국유사〈권1~5〉(三國遺事〈卷一~五〉)	관악구 서울대학교

국보 제270호 청자모자원형연적

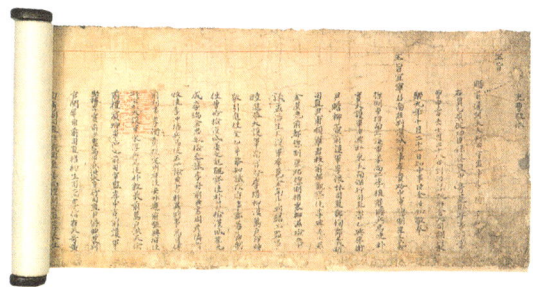

국보 제278호 태종11년이형원종공신록권부함

유형문화재 및 관광자원

경복궁(사적 제117호)

경복궁(景福宮)은 조선시대에 지어진 다섯 개의 궁궐 가운데 으뜸이 되는 정궁으로, 태조 3년(1394년) 태조 이성계가 고려의 수도였던 개성을 떠나 서울을 수도로 정한 후 새 왕조의 궁전으로 지은 것이다. 두 차례에 걸쳐 불에 탄 후 250년 가까이 버려져 있던 것을 고종 25년(1888년) 고종의 아버지인 흥선대원군이 다시 지어 완성하였는데, 규모가 무려 7,225칸에 달하였고 궁 밖에 따로 489칸이 만들어지는 큰 규모의 궁이 되었다. 일제강점기인 1926년 일제가 근정전 앞에 조선총독부 청사를 짓고 광화문을 치워 버리면서 옛 모습을 잃었으나, 현재 경복궁 복원사업을 진행하고 있다. 1990년부터 시작하여 1995년에 총독부 청사를 부수고 2009년 완공이 목표이다. 경복궁 전체가 사적 제117호이고 국보 제223호인 근정전과 제224호인 경회루를 비롯하여 총 61건의 관련 문화재를 보유하고 있다.

　근정전은 조선시대 정궁인 경복궁의 중심 건물로, 신하들이 임금에게 새해인사를 드리거나 국가의식을 거행하고 외국사신을 맞이하던 곳이

경복궁 근정전

경복궁 경회루

다. 태조 3년(1394년)에 지었으며, 정종을 비롯하여 조선시대 전기 여러 왕이 이곳에서 즉위식을 하였다. '근정'이란 '천하의 일은 부지런하면 잘 다스려진다'는 의미로 정도전이 지었다고 한다. 현재의 건물은 임진왜란 때 불탄 것을 고종 4년(1867년) 흥선대원군이 다시 지은 것이다. 처음 있던 건물에 비하면 많이 변형되었지만, 궁궐의 구조와 권위를 갖춘 웅장한 궁궐 건축물로 평가되고 있다. 앞면 5칸, 옆면 5칸 크기의 2층 건물로 팔작지붕에 지붕처마를 받치도록 장식하여 짠 구조가 기둥 위뿐 아니라 기둥 사이까지 있는 다포식 건물이며 그 형태가 화려하다. 건물의 기단인 월대의 귀퉁이나 계단, 주위 난간기둥에 훌륭한 솜씨로 12지 신상을 비롯한 동물을 조각하였다. 근정전에서 근정문에 이르는 길 좌우에 정승의 지위를 표시하는 품계석이 놓여 있으며, 정문 좌우로 복도건물인 행각이 연결되어 근정전을 둘러싸고 있다.

창덕궁과 금원(사적 제122호)

창경궁에서 창경원, 다시 창경궁, 창덕궁으로 이름이 여러 번 바뀐 창덕궁(昌德宮)은 조선시대 태종 5년(1405년)에 정궁(正宮)인 경복궁의 이궁(離宮)으로 창건된 궁궐이다. 세종 때 집현전과 장서각 등을 세웠고, 세조 5년(1459년) 세조가 옮겨 오면서 규모를 50만㎡까지 넓혔다. 1592년 임진왜란으로 모든 궁궐이 불에 타 버렸는데, 선조 39년(1606년)에 복구하기 시작하여 광해군 2년(1610년)에 끝마쳤다. 창덕궁은 조선시대 궁궐 건축의 명맥을 이어 온 유일한 궁이며, 광해군 이후 고종까지 258년 동안 본궁으로 쓴 곳으로 경복궁보다 더욱 궁궐다운 궁궐이라 할 수 있다. 현재 건물 13동이 원형 그대로 남아 있으며 나머지는 복원중이다. 창덕궁 후원(後苑)은 금원(禁苑)이라 불리는데 흔히 알려진 비원(秘苑)

창덕궁 전경   금원

이라는 이름은 일제가 붙인 것이다. 제왕이 수학하고 휴식하던 정원으로서 자연과 어울리는 아름다움을 한껏 살린 한국 전통 조경 기법이 잘 보존되어 있다. 현재 28동의 정자와 누각이 남아 있으며, 아름다운 연못과 160여 종의 아름다운 식물이 자라고 있는 세계적인 명원(名苑)이다. 창덕궁과 금원은 유네스코 세계문화유산으로 등록되어 있다.

광화문

광화문(光化門)은 경복궁의 남정문(南正門)으로서 조선 태조 4년(1395년)에 세워졌다. 섬세한 수법과 웅대한 구조를 보여 주고, 전체적으로 균형과 조화를 이루어 장려한 외관을 지닌 가장 뛰어난 궐문으로 평가된다. 임진왜란 때 소실되었으나 고종 1년(1864년) 흥선대원군의 경복궁 재건으로 다시 세워졌고, 1927년 일제에 의해 동문인 건춘문(建春文) 북쪽으로 옮겨졌다. 1950년 6·25전쟁 때 파괴되어 없어진 것을 1969년 박정희 대통령이 철근 콘크리트 구조물로 복원시켰고, 2006년 12월부터 본래 형태의 복원 및 이전 공사가 시작되었다.

1900년 전후 광화문 모습(왼쪽 위), 1969년 만들어진 광화문의 철거 모습(왼쪽 아래), 현재 철거된 모습(오른쪽)

숭례문(국보 제1호)

숭례문(崇禮門)은 서울 성곽의 정문이다. 조선 태조 7년(1398년)에 창건한 후 세종 30년(1448년)에 크게 개축되었다. 숭례문은 현존하는 서울의 목조건물 중 가장 오래된 것으로 석축 중앙에 홍예문이 있고, 그 위에 정면 5칸, 측면 2칸 중층 문루를 세웠으며, 지붕은 우진각 지붕으로 되어 있다. 기둥 위에 짜인 공포는 다포식으로 힘이 있고 아름다워 조선시대 초기 수법을 잘 나타내고 있다. 숭례문은 외관이 장중하고 내부 구조가 견실하여

숭례문

수도의 성문으로 당당한 모습을 지닌 조선시대 초기의 대표적 건축물이다. 일제에 의하여 속칭 '남대문'으로 불려 왔으나 '예(禮)를 숭상한다'는 조선의 건국이념이 깃든 '숭례문'으로 불러야 한다.

흥인지문(보물 제1호)

흥인지문(興仁之門)은 글자 그대로 '인(仁)이 흥하는 문' 이라는 뜻으로 지은 서울 성곽의 동쪽 문이다. 조선시대 태조 5년(1396년)에 창건하였으며, 단종 1년(1453년)에 중수가 있었고, 현재의 문루는 고종 6년(1869년)에 중건한 것이다. 일제에 의해 동대문이라고 불린 이 문은 문 밖에 옹성을 둘러쌓았는데 적을 공격하기에 합리적으로 계획된 시설이라 할 수 있다. 세부 기법이 연약하고 장식 위주인 조선시대 후기의 전형적인 양식을 잘 나타내고 있다.

흥인지문

종묘(사적 제125호)

종묘(宗廟)는 역대 제왕과 왕후의 신주를 봉안하고 제향을 올리는 사당이다. 이와 같은 사당을 고려시대는 태묘(太廟)라고 하였다. 종묘는 조선 태조 3년(1394년)에 건축이 시작되어 이듬해 9월에 완공되었는데, 중심 건물인 정전과 함께 종묘의 부속건물을 지어 영녕전이라 하였다. 지금까지 매년 5월 종묘제례가 옛 모습 그대로 엄숙하고 화려하게 치러진다. 전통 유교 문화가 그대로 보존된 곳으로 단순한 건축미와 유교적 정신문화의 보존 가치를 인정받아 1995년 유네스코 세계유산으로 등록되었다.

종묘 정전

보신각

보신각(普信閣)은 서울시 종로구 종로2가에 있는 종각(鐘閣)으로 정면 5칸, 측면 4칸으로 보신각종을 걸어 놓기 위하여 만든 것이다. 종을 서울에 건 것은 태조 7년(1398년)이며, 태종 13년(1413년) 종각을 종로 네거리로 옮겼으나, 임진왜란으로 종루는 소실되고 종은 파괴되었다. 광해군 11년(1619년) 다시 종루를 짓고 종을 가져다 걸었다. 그 후 조선시대 후기까지 네 번의 화재와 중건이 있었고, 6·25전쟁으로 파손된 것을 1953년 중건하고 1980년 2층 종루로 복원하였다. '제야(除夜)의 종'이란 본래 섣달 그믐날 밤 각 사찰에서 108번 종을 울려 인간의 번뇌를 벗고 나라의 안녕을 비는 것을 말한다. 하지만 한국은 보신각종을 새해가 시작되는 시간, 즉 12월

보신각

31일 자정에 33번을 쳐서 나라의 안녕과 국민들의 건강을 기원하는 제야의 종으로 삼고 있다.

성균관

성균관(成均館)은 한국의 가장 오래된 교육기관으로, '성균' 이라는 이름은 고려 충렬왕 15년(1289년) 국가 최고 교육기관인 국자감(國子監)의 명칭을 개칭하면서 사용되었다. 조선시대로 계속 이어진 성균관은 최고의 책임자로 정3품인 대사성(大司成)을 두었으며 그 아래 여러 관직을 두었다. 조선시대의 교육제도는 과거제도와 연결되어 있어 초시인 생원시와 진사시에 합격한 유생에게 우선적으로 성균관에 입학할 기회를 주었다. 성균관에 입학한 유생이 공부를 하는 건물이 명륜당이다. 명륜당은 총 18칸으로 좌우에 협실이 있고 중간에 마루(堂)가 있는 구조이다. 명륜당은 고전 정신을 북돋워 새로운 역사 창조의 바탕을 마련한 곳이며, 국민의 도 정신을 길러 사회정의를 뿌리내리게 한 근원이 된 곳이다. 조선시대 말까지 많은 학자와 정치인이 이곳을 통하여 배출되었다.

조선 개국 초는 성균관 유생의 정원이 150명이었으나 세종 11년(1429년)부터 200명으로 정착되었다. 유생은 국가의 전폭적인 후원으로 학문과 유교 교육을 받으며 과거를 준비하였다. 장차 관리의 모집단(母集團)으로 엄격한

명륜당

생활 규칙을 지켜야 했으나 자치적인 활동기구로서 때로는 현실정치를 비판하는 기능을 하였다. 1894년 갑오경장이 일어나면서 성균관은 역사적 굴절을 겪어야 했고, 과거제도가 철폐됨에 따라 성균관의 기능은 전통적인 유학과 도덕을 지켜 나가는 것만으로 약화되었는데, 1946년 성균관대학의 설립으로 그 전통이 면면이 계승되고 있다.

국립중앙박물관

국립중앙박물관은 한국의 문화유산을 수집·보관하여 일반인에게 전시하고, 유적과 유물 등을 조사하며 연구하기 위하여 설립되었다. 덕수궁 석조전, 경복궁박물관을 거쳐 전 조선총독부 건물인 중앙청 건물을 국립중앙박물관으로 사용하였다. 그러다 민족정기를 바로 세우고 경복궁 원형을 복원하기 위하여 중앙청 건물이 철거되면서 임시로 경복궁 내 사회교육관 건물을 증개축하여 이용하였고, 현재는 용산가족공원 내 새로운 건물에 개관하였다. 용산에 들어선 국립중앙박물관은 대지 295,551㎡에 건축 면적 49,178㎡로 지하 1층 지상 6층의 초현대식 건물이다. 총 15만여 점의 유물을 소장하고 있으며 전시 유물은 11,000여 점이 넘는다. 고고관, 역사관, 미술관I, 미술관II, 아시아관, 기증관 등의 상설 전시실을 운영하고 있으며, 기획 전시실, 어린이 박물관, 석탑 등 다양한 석조 유물을 전시한 야외 전시실이

국립중앙박물관

있다. 강당, 극장, 도서실 등의 교육 시설까지 갖추고 있다.

명동성당(사적 제258호)

명동성당은 중구 명동에 위치한 한국 가톨릭교회의 대표적인 교회건물로서, 한국 가톨릭의 상징이고 총본산이다. 1895년 프랑스인 고스트의 설계로 완성되었다. 부지 14,421㎡, 건평 1,498㎡의 장중한 고딕식 건물이다. 서울대교구 주교좌(主敎座) 성당이며, 한국 최초의 성당이다.

올림픽주경기장

1988년 서울올림픽은 전 세계의 화합과 전진을 기본 이념으로 하여 9월 17일~10월 2일까지 16일간 개최되었는데, 잠실의 올림픽주경기장을 비롯하여 34개 경기장, 72개 연습장 및 각 행사장이 있는 서울 및 경기와 부산, 대구, 대전, 광주 등 4개 도시에서 성공적으로 개최되었다.

명동성당   올림픽주경기장

올림픽공원

1988년 서울올림픽을 기념하기 위하여 송파구 방이동에 올림픽 공원이 건립되었다.

① 세계평화의 문

올림픽공원 내 선린기념공원에 건립된 '세계평화의 문'은 철근 콘크리트 구조물로서 36,000㎡ 대지에 높이 24m, 폭 37m의 아름답고 장중한 외양을 가졌다. 문의 개념을 최대로 살리면서 전통건축과 현대건축의 자연스런 만남을 시도한 이 작품은 한국 전통건축의 둥근 곡선을 활용하여 비약과 상승의 이미지를 강조한 뛰어난 조형물로서 김중업의 작품이다.

② 야외조각공원

올림픽공원 내에 위치하고 있는 야외조각공원은 세계 정상급 작가의 200여 작품이 전시되어 있는 세계적인 조각공원으로, 세계 5대 조각공원으로 꼽히고 있다. 이 조각공원의 작품에 문신의「올림픽-화합」, 김찬식의「사랑」, 조성목의「5개의 불꽃을 위하여」, 콜롬비아 보테로 제르멘의「무제」, 스페인 수비라비치호셉 마리아의「하늘 기둥」, 그리스 타키스의「서울을 위한 표지」, 이탈리아 아스가니의「빛의 피라미드」, 프랑스장 메사지에의「수면무대벽화(1)」, 오스트레일리아 로버트 오우엔의「영원을 향한 새」, 미국 엘리자베스 프러츠하임의「수면무대벽화(2)」등이 포함되어 있다.

세계평화의 문

올림픽공원 내 소마(SOMA)미술관

이 밖에 서울에는 전통 문화재와 현대 문화재가 많이 있다.
- 궁궐, 교육기관 및 종교 건물 : 덕수궁, 독립문, 진흥왕순수비(경복궁 내), 조계사, 천도교 중앙대교당, 고려대학교·연세대학교·이화여자대학교의 일부 건물 등
- 유적지 : 암사동 선사주거지, 몽촌토성, 풍납동 토성, 석천동 백제 초기 적석총 등
- 공원 및 경기장 : 남산공원, 용산가족공원, 장충공원, 탑골공원, 하늘공원, 한강시민공원, 서울월드컵경기장 등
- 종합 레저 시설 : 롯데월드, 어린이대공원 등
- 미술관 : 마로니에미술관, 서울시립미술관, 포스코미술관 등
- 공연장 : 국립극장, 세종문화회관, 아르코대극장, 연강홀, 예술의전당, 올림픽홀(올림픽공원 내), 충무아트홀, 호암아트홀 등

  ⊙ 대형 공연 작품은 체육관이 이용되기도 하며, 백화점 문화 센터, 대학 대강당 등 역시 가끔씩 공연장으로 이용되고 있다.

무형 문화재
문화재 이름 뒤 괄호 안 숫자는 무형문화재 고유번호이다.

1) 궁중 문화재

- 음악

종묘제례악(제1호)
조선시대 역대 왕과 왕비의 신위를 모신 사당인 종묘에서 제사(宗廟祭禮)를 지낼 때 무용과 노래와 악기를 사용하여 연주하는 음악을 말한다. 종묘제례 의식의 각 절차마다 「보태평(保太平)」과 「정대업(定大業)」이라

는 음악을 중심으로 조상의 공덕을 찬양하는 내용의 「종묘악장」이라는 노래를 부른다. 종묘제례악은 처음 세종대왕 17년(1435년)에 궁중연회에 사용하기 위하여 만들었으며, 세조 10년(1464년) 제사에 적합하게 고친 후 지금까지 전승되고 있다. 해마다 5월 첫 일요일에 행하는 종묘대제에서 「보태평」 11곡과 「정대업」 11곡이 연주된다. 종묘제례악은 조선시대의 기악 연주와 노래, 춤이 잘 어우러진 궁중음악의 정수로서 한국의 문화적 전통과 특성이 잘 나타나 있으며 외국에서 볼 수 없는 독특한 멋과 아름다움이 있다.

종묘제례악

대금정악(제20호)

정악(正樂)이란 궁중이나 관아 및 풍류방(각 지방의 풍류객이 모여서 음악을 즐기던 장소)에서 연주하던 음악으로 '속되지 않은 우아하고 바른 음악'이라는 뜻이다. 대금정악은 정악을 대금으로 연주하는 것을 말한다. 대금은 신라 삼죽(三竹), 즉 대금, 중금, 소금의 가로로 불게 되어 있는 관악기 중 가장 긴 것으로, 저 또는 젓대라고 한다. 쌍골죽이라는 속이 찬 대나무 밑동으로 만드는데, 왼쪽은 막혀 있고 위 첫마디에 입김을 불어넣는 구멍(吹孔)이 있다. 그 조금 아래로 갈대 속으로 만든 얇은 청을 대는 청구멍(淸孔)이 있고, 다시 그 아래로 구멍(指孔)이 여섯 개 뚫려

있다. 거기에 아래 끝에 뚫은 칠성공(七星孔) 다섯 개
와 함께 13공으로 되어 있다. 대금
의 길이는 82cm, 지름은 2cm 정도
이다.

대금정악 연주 모습

  주법을 보면 은은한 소리가 나게 낮게 부르는 저취(低吹)와 청아한 소리가 나게 세게 부는 역취(力吹)가 있다. 다른 악기에 비해 음량이 풍부하고 음높이를 조절할 수 있어서 국악기 중 대표적인 독주악기로 자주 쓰인다. 대금정악은 궁정음악 계통인 아악곡(나라의 의식 등에서 정식으로 쓰던 음악)의 전부를 다루고 있지만 모두 합주 음악에 속한다. 본래 독주로 연주되는 음악이 아니었는데 언제부터 독주로 연주되었는지는 모른다. 곡목으로 「청성자진한잎」, 「평조회상」, 「자진한잎」 등이 있다. 우리가 쉽게 접하는 대조산금은 정악이 아닌 민속악으로 대금의 크기부터 다르다.

  대금정악은 영롱하나 가볍지 않고, 부드러우나 유약하지 않으며, 섬세하나 천박하지 않은 오묘한 맛의 가락을 지닌 전통음악으로 그 가치가 크다. 예능보유자로 김응서가 지정되었다.

피리정악 및 대취타(제46호)

취타(吹打)란 부는 악기(吹樂器)와 치는 악기(打樂器)를 함께 연주하는 것을 말한다. 「대취타」는 왕의 행차나 군대의 행진 또는 개선 등에 취타와 세악(細樂:비교적 음량이 적고 실내에 알맞은 악기로 연주하는 국악 합주)

을 대규모로 연주하는 것으로 「무령지곡(武寧之曲)」이라고 한다. 취고수(취타악사)의 행진음악은 고구려 벽화나 백제 악기에 관한 기록으로 보아 상고시대부터 있었던 것으로 보인다.

2002 한일월드컵 개막식의 대취타 연주

고려시대는 음악을 연주하는 취각군(吹角軍)이라는 군사가 있어 조선시대까지 이어졌으나 조선시대 중기 이후부터 변화가 생겨 세악이 연주에 끼게 되었다. 군악수는 황색 옷을 입고 남색 띠를 두르며 머리에는 초립을 쓰고 징, 장구, 북, 나발, 소라, 태평소 등의 악기로 편성된다. 집사(지휘봉이라 할 수 있는 등채를 양손에 받쳐 들고 음악의 시작과 끝을 알리는 사람)의 호령에 따라 징이 울리고 북을 치면 모든 악사가 일제히 연주를 시작하는데, 매우 씩씩하고 우렁차며 장엄한 느낌을 준다. 조선시대 말 일본에 의해 군대가 해산된 후에는 형식을 갖추어 연주된 적이 없으며, 민간의 광고악대나 사찰의식에 사용되면서 겨우 명맥을 유지해 오다 2002년 한일월드컵대회 개막식에서 연주되었다.

「대취타」는 우리 선조의 기개를 한층 더 느끼게 해주는 고귀한 음악으로 그 가치가 매우 큰 문화재이다.

무용
학연화대합설무(제40호)
「학연화대합설무(鶴蓮花臺合設舞)」란 조선시대 전기에 궁중에서 악귀를

「학무」

쫓기 위해 베풀던 의식 다음에 「학무」와 「연화대무」를 연달아 공연하는 종합적인 춤 무대를 말한다. 「학무」는 임금의 경사를 기리고 축하하기 위하여 학 탈을 쓰고 추는 춤으로 고려시대부터 궁중의례에서 행해졌다. 새의 탈을 쓰고 추는 춤은 한국의 「학무」가 유일한 것이다. 「연화대무」는 두 여자 아이가 연꽃의 술로 태어났다가 왕의 덕망에 감격하여 춤과 노래로 그 은혜에 보답한다는 내용을 담고 있다. 온몸에 학의 탈을 쓴 두 무용수가 춤을 추다가 미리 마련된 꽃봉오리 두 개를 부리로 쪼면 연꽃이 벌어지며 여자 아이가 튀어나오고 학은 놀라서 뛰어나간다. 그 후 두 여자 아이가 추는 춤이 「연화대무」이다. 공연에서 두 가지 춤은 불가분의 관계를 맺으며 오랜 세월 전승되어 왔다. 반주 음악으로 「세령산」, 「삼현도드리」, 「타령」이 「학무」를 출 때 사용되며, 「연화대무」는 궁중음악만을 사용한다. 주로 서울에서 공연되었다. 「학연화대합설무」는 동물과 인간의 교감 세계를 표현한 독특한 춤으로 예술성이 높고 내용이나 형식이 오랜 역사성과 전통성을 가지고 있어 높은 가치가 있는 문화유산이다.

• 제사

종묘제례(제56호)

종묘제례(宗廟祭禮)란 조선 역대의 왕과 왕비 및 추존(追尊:왕위에 오르지 못하고 죽은 이에게 임금의 칭호를 주는 일)된 왕과 왕비의 신위를 모시는 종묘의 제향예절로서 신위는 종묘 정전(正殿)과 영녕전(永寧殿)에 나뉘어 봉안(奉安)되어 있다. 정전의 19실에는 태조부터 순종까지 48위의 신주를, 영녕전의 15신례는 태조의 선대 4조와 정전에 봉안되지 않은 왕과 왕비 등 32위의 신주를 각각 모시고 있다. 조선시대의 종묘제향은 왕이 친히 참석하는 대사(大祀)로서 사직과 함께하는 길례였다. 제사는 일반 가정과 마찬가지로 밤중에 지냈으며, 임금을 비롯한 왕세자, 여러 제관, 문무백관, 무·악사 등 700여 명이 참가하였다. 조선시대의 본전 제향은 4맹삭 상순, 즉 1, 4, 7, 10월의 각 10일 이내와 납일, 즉 동지 후 셋째 술일(戌日)에 대향을 드렸고, 매월 삭망과 5속일(五俗日: 正朝, 寒食, 端午, 秋夕, 冬至)에 소사(小祀)를 지냈다. 영녕전의 대향제는 4월과 8월 상순에 행하였다. 8·15광복 후는 종묘, 영녕전의 제향을 매년 5월 첫 일요일에 봉행한다. 일제강점기는 이왕가(李王家)에서 종묘제향을 지냈고, 광복 후는 전주이씨 종문(宗門)에서 주가 되어 행하고 있다. 종묘제례는 음악과 무용이 따르는데, 음악은 「보태평」, 「정대업」이 연주되고 무용은

종묘제례

「팔일무〔64명이 춤추는 문무(文舞)와 무무(武舞)〕」가 행해진다. 음악과 무용은 국립국악원의 악사와 무인이 대행한다.

석전대제(제85호)

석전대제(釋奠大祭)란 공자를 모시는 사당인 문묘에서 지내는 큰 제사를 말하며, 예법과 음악이 존중되는 국가의 의례로서 '문묘대제(文廟大祭)'라고 한다. 한국에 유교가 전래된 것은 정확하지 않으나 최초로 태학(太學:유교 교육을 위한 국립중앙대학)을 설립한 것은 고구려 소수림왕 2년(372년)의 일로 석전 역시 고대 중국의 제사 관례에 따라 행했을 것으로 추측된다. 석전대제는 매월 2월과 8월의 정해 놓은 날에 공자를 비롯한 옛 성인의 학덕을 추모하여 행해진다. 이때 연주되는 음악을 「문묘제례악」이라고 하는데 기악, 성악, 춤을 총칭하는 대성아악(大成雅樂)으로, 여덟 개의 아악기만 사용하고 등가와 헌가 두 악단이 절차에 따라 번갈아 연주해야 한다는 원칙이 있다. 현재는 조선조 세종대왕 때의 「영신곡(迎神曲)」, 「황종궁(黃鍾宮)」 이하 열두 곡과 「송신악(送神樂)」 중 세 곡을 채택하여 모두 열다섯 곡만 전승되고 있다. 석전대제는 국가적인 행사로 정숙하고 엄숙한 분위기 속에서 진행되는데, 음악이 연주되고 춤이 곁들여지는 종합예술 성격을 띠고 있다. 이 의식

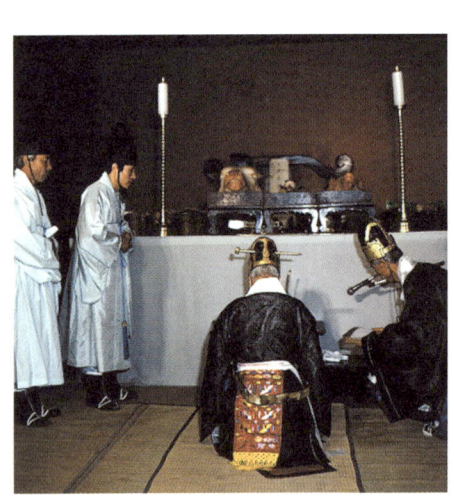

석전대제

을 통하여 우리 조상은 나라에 충성하고 효도하는 마음을 길렀는데, 문화유산에 대한 인식을 깊이 하게 되므로 자손으로서 보존해야 할 가치가 큰 무형문화재이다.

사직대제(제111호)

사직대제(社稷大祭)는 땅의 신과 곡식의 신에게 드리는 국가적인 제사로 '사'는 땅의 신, '직'은 곡식의 신을 의미한다. 예로부터 나라를 세우면 먼저 조상에게 제사를 지내고 이와 함께 땅과 곡식의 신에게 백성이 편안하게 살 수 있도록 풍요를 기원하는 사직제를 올렸다. 삼국시대부터 행해진 사직에 대한 제사로 자연에 감사하는 우리 조상의 마음을 알 수 있다. 태조는 조선을 세우면서 궁궐과 함께 경복궁의 동쪽에는 종묘를, 서쪽에는 사직단(사적 제121호)을 설치하였는데, 각 지방까지 사직단을 세워 백성의 평안함과 풍년을 기원하였다. 제사는 보통 2, 8월에 지내고 나라의 큰일이나 가뭄이 있을 때는 기우제를 지냈다. 오늘날은 소, 돼지, 양의 생고기를 비롯하여 각종 곡식을 마련하고 여러 절차를 의식화하여 진행한다.

사직제에 사용되는 음악, 무용, 음식, 의복, 의기를 비롯하여 제사를 행하는 고유의 제사 절차 등은 한국 전통문화를 이해하는 데 도움이 된다. 제사 의식은 아

사직대제

직 곳곳에 남아 있는 산신 등에 제사하는 민속이나 전통관습을 올바르게 이해하고 정리하는 데 기준이 되는 중요한 문화유산이다. 일제강점기에 철폐되었다가 1988년 10월 종묘제례 기능보유자인 이은표의 고증을 통하여 복원되어 봉행되어 왔다. 현재는 전주이씨 대동종악원대에 있는 사직대제봉행위원회에서 사직대제를 보존 계승하고 있다.

영산재(제50호)

영산재(靈山齋)는 사람이 죽은 뒤 49일 만에 지내는 49재의 한 형태로서, 불교를 믿고 의지함으로써 영혼이 극락왕생하게 하는 의식이다. 석가가 영취산에서 행한 법화경 설법 자리인 영산회상(靈山會上)을 오늘날에 재현한다는 상징적인 의미를 가지고 있다. 영산재는 제단이 만들어지는 곳을 상징화하기 위하여 야외에 「영산회상도(靈山會上圖)」를 내다 거는 것으로 시작한다. 신앙의 대상을 절 밖에서 모셔 오는 행렬 의식을 하는데, 이때 부처의 공덕을 찬양하기 위하여 해금, 북, 장구, 거문고 등의 각종 악기가 연주되고 「바라춤」, 「나비춤」, 「법고춤」 등을 춘다. 신앙의 대상을 옮긴 후에는 여러 예를 갖추어 소망을 기원하며 영혼에게 제사를 지낸다. 옛날에는

영산재

사흘 낮과 밤에 걸쳐 이루어졌으나 근래에는 규모가 축소되어 하루 동안 이루어진다. 영산재는 전통문화의 하나로 살아 있는 사람과 죽은 사람 모두 부처님의 참 진리를 깨달아 번뇌와 괴로움에서 벗어날 수 있는 경지에 이르게 하고, 하나의 공연이 아닌 대중이 참여하는 장엄한 불교의식으로서 가치가 있다. 국가의 안녕과 군인의 무운장구(武運長久), 큰 조직체를 위하여 행해지는데, 매년 서울 봉원사에서 거행되고 있다.

음식

조선왕조 궁중음식(제38호)

조선왕조 궁중음식은 한국을 대표하는 전통적인 궁중요리이다. 태조 이성계가 수도를 개성에서 한양으로 옮길 때 함께 옮겨온 개성의 고려시대 전통음식으로 나인(內人)이 만들었다. 기능으로 지정된 종목은 평상시의 수라상 음식과 장국장〔麵床〕음식을 한데 묶은 것이다. 궁중음식 중 아직 지정되지 않은 것은 진연상(進宴床)의 고배(高排:과일이나 과자, 떡 등의 음식을 그릇에 높이 괴어 담음)음식과 제례음식이다. 궁중음식 기술은 궁중에서 나인의 손에서 손으로 대를 이어 전승된 것으로 조선시대에 꽃을 피웠는데, 황혜성이 기능보유자로 지정되었다.

    수라상이란 고려시대 말과 조선시대에 왕에게 올린 밥상을 경어로 이르는 궁중용어이다. '밥'이라는 한국어는 『계림유사』에서 반(飯), 박거(朴擧)로 음을 표시하였고 나중에 밥으로 고정되었다고 하는데, 수라는 고려시대 원종 이후 몽골의 문물이 들어오면서 몽골어로 음식을 '슐라'라고 하는 것이 궁중어로 정착되었다고 추측하고 있다. 수라상의 반찬은 열두 가지로 정해져 있고 식단은 계절에 따라 바뀐다. 수라상은 왕과 왕비가 같은 온돌방에서 각각 받는데 동편에 왕, 서편에 왕비가 앉는다. 겸

수라상

1800년대 궁중 일상식(재현)

상은 없고 시중드는 수라상궁이 각각 세 명씩 대령하며, 원반(수라상)과 곁반, 책상반 등 세 개의 상이 들어온다. 원반에 흰밥, 탕, 조치(찌개), 찜, 전골, 김치와 열두 가지 반찬류(편육, 전, 회, 숙란, 구이, 적, 나물, 생채, 장아찌, 젓갈, 자반)를 놓고, 곁반에 팥밥, 전골함, 별식 육회, 별식 수란, 은공기 세 개, 차관, 찻주발, 빈 사기접시 세 개를 놓는다. 책상반에 찜, 곰탕, 젓국조치, 전골, 고추장 등을 놓는다.

2) 민속놀이 및 무속

남사당놀이(제3호)

「남사당놀이」는 조선시대 유랑연예인 집단인 남사당의 연희 내용이다. 남사당은 대개 농어촌이나 성곽 밖의 서민층 마을을 대상으로 하여 모심는 계절부터 추수가 끝나는 늦은 가을까지 공연 시기로 삼았다. 남사당은 서민으로부터 환영을 받았지만 양반에게는 심한 모멸의 대상이었기 때문에 아무 마을에서나 자유로이 공연할 수가 없었다. 공연을 하려면 공연에 앞서 마을에서 가장 잘 보이는 언덕을 골라 온갖 재주를 보여 주는 한편, 곰뱅이쇠가 마을로 들어가 마을의 최고 권력자나 이장 등에게 공연 허가를 받아야 했다. 만약 허락이 나면 곰뱅이 텄다고 하면서 의기

양양하게 길군악을 울리며 마을로 들어가지만 대개의 경우는 곰뱅이가 트이지 않았다고 한다. 저녁밥을 먹고 날이 어두워지면 놀이판으로 잡은 넓은 마당에 횃불을 올리고 공연을 시작한다.

놀이판은 사전에 어름(줄타기)의 줄을 매고 덜미(꼭두각시놀음)의 포장 막과 버나(대접돌리기), 살판(땅재주), 덧보기(탈놀음) 등을 위한 장치를 설치하며 마당 한가운데는 멍석을 대여섯 장 깐다. 여기서 벌이는 「남사당놀이」의 종목은 풍물, 버나, 살판, 어름, 덧보기, 덜미의 여섯 가지이다. 「남사당놀이」는 대략 밤 9시부터 다음날 새벽 3~4시까지 총 6~7시간을 공연하였다 한다.

덜미는 「꼭두각시놀음」이라는 이름으로 더 유명하다. 「꼭두각시놀음」은 민속인형극으로 지방에 따라 「박첨지놀음」 또는 「홍동지놀음」이라고 불리는데, 이러한 명칭은 이 극에 나오는 주된 등장인물에서 나온 것이다. 박첨지의 박(朴)은 그 인형이 바가지이므로 그 음이 같은 박에 벼슬 이름인 첨지를 붙여 박첨지라 부른 것이고, 홍동지의 홍(洪)은 그 인형이 빨간 알몸이어서 홍(紅)과 같은 음이므로 이것 역시 인형을 인격화하여 벼슬 이름인 동지를 붙여 홍동지라 부른 것이다.

「꼭두각시놀음」에 나오는 인물은 박첨지, 꼭두각시, 덜머리집(박첨지의 첩), 작은 박첨지, 두 명의 소무당, 홍동지, 상좌, 평안감사, 관속, 포수, 영노, 마을사람 등이다. 마을사람은 무대에 직접 나오는 것이 아니고 악사 자리에서 반주하는 악사가 박첨지와 대화를 하며 역할을 맡는다. 영노는 하늘에 산다는 가상의 동물로서 이 세상 무엇이라도 잡아먹을 수 있는 능력을 가졌다고 한다. 그 외에 이시미, 매, 꿩, 상여, 명정, 만사, 절, 부처가 등장한다.

「꼭두각시놀음」은 모두 8막으로 되어 있으나 8막 전부가 연결된 것은

버나   덜미

살판   덧보기

아니다. 일부 막을 제외하면 각 막이 독립성을 띠고 있다. 내용 줄거리는 큰 변화가 없으나 지방과 인형 조종사(操縱士)에 따라 약간의 차이가 있다. 「꼭두각시놀음」은 파계승의 풍자, 농촌 사회상의 일면, 한 지아비 대 처첩(妻妾) 사이의 삼각관계, 양반에 대한 조롱과 모욕, 죽은 이를 위한 축원으로서 불사의 건립 등을 곡예, 춤, 노래, 대화 등으로 보여 준다. 「꼭두각시놀음」은 보통 한 시간 정도 연희되나 다소 신축성이 있고 노래, 춤, 재담 중 형편에 따라 어느 것을 더 길고 짧게 할 수 있다. 이 놀음은 처음에 단순했던 것이 여러 시대를 지나오는 동안에 차차 그 내용이 하나둘씩 막(幕)으로 더해졌다. 그 시대의 뚜렷한 사회상을 풍자적으로 표현하고 반영하였으므로 대다수 민중의 지지를 받아 최근까지 전승되었다.

송파산대놀이(제39호)

「송파산대놀이」는 송파구 송파동에 전승되어 온 산대놀이이며, 산대놀이란 중부지방의 탈춤을 뜻한다. 탈춤이란 한 사람 또는 여러 사람이 가면(탈)으로 얼굴이나 머리 전체를 가리고 다른 인물, 동물 또는 초자연적 존재 등으로 분장하여 음악에 맞추어 대사로 연극하는 것을 말한다. 탈춤은 조선시대 전기까지 각 지방에서 행해지던 가면놀이이다. 궁중 관장하에 산대라 불리는 무대에서 상연된 산대도감극의 형태였다가 인종 12년(1634년) 궁중에서 상연을 폐지하자 민중에게 유입되어 전국으로 퍼졌다.

한강변 송파진(송파나루)은 1925년 대홍수가 나기 전까지만 해도 객주집이 270호나 될 정도로 큰 장터였다. 이곳에 약 200년 전 「송파산대놀이」가 창설되어 중간에 잠시 쇠퇴하였다가 1900년 초 다시 부활되어 활기를 띠었다. 정월대보름, 단오, 추석에 명절놀이로 공연되었는데 단오에는 1주일씩 계속되었다. 「산대놀이」는 음악 반주에 맞추어 춤이 주가 되고 몸짓과 대사가 따르는 탈놀음으로 산대도감극(山臺都監劇)의 한 분파이다.

「송파산대놀이」는 모두 일곱 마당으로 구성되어 있는데, 놀이 내용은 길놀이, 고사, 첫째 마당(상좌춤), 둘째 마당(옴중, 먹중), 셋째 마당(연잎과 눈끔적이), 넷째 마당(팔먹중:북놀이, 곤장놀이, 침놀이), 다섯째 마당(노장:파계승놀이, 신장수 놀이, 취발이 놀이), 여섯째 마당(샌님, 의막사령놀이,

「송파산대놀이」

미얄할미놀이, 포도부장놀이), 일곱째 마당(신할아비와 신할미)으로 이루어진다. 주제는 승려의 타락, 가족 관계의 갈등 등이다. 놀이에 사용되는 탈만 33종류가 되는데, 탈은 소나무껍질, 종이로도 만들지만 대부분 바가지로 만든다. 「양주별산대놀이」와 놀이 내용이나 구성이 비슷하지만 「양주별산대놀이」에서 이미 사라진 「화장무」 춤사위가 남아 있고 해산어멈, 신할미, 무당의 탈이 남아 있다. 「송파산대놀이」는 옛 형태를 지닌 민중놀이로서 가치가 높다.

서울새남굿(제104호)
서울 지역의 전통적인 망자 천도굿이다. 죽은 사람의 영혼을 좋은 곳으로 보내기 위한 굿으로 국승(國僧)이나 상류층에서 베풀어졌으며 진오귀굿이라고도 한다. 새남굿은 불교의 저승신앙 내용이나 망자에 대한 유교적 예를 포함하고 있어 무교, 불교, 유교의 관념과 의례가 적절하게 조화된 것이 특징이다. 화려한 궁중복식과 우아한 춤사위, 각종 정교한 의례용구를 갖추고 있어 조선시대 궁중문화의 요소가 많이 포함되어 있음을 알 수 있다.

서울새남굿은 안당사경맞이와 새남굿으로 구성된다. 안당사경맞이는 새남굿의 전날 저녁 8시경에 시작하여 다음날 아침 6시경까지 계속된다. 주당물림, 부정, 가망청배, 진적, 불사거리, 도당거리, 초가망거리,

본향거리, 조상거리, 상산거리, 별상거리, 신장거리, 대감거리, 성주거리, 창부거리, 뒷전거리 등 16거리이다. 이튿날 아침부터 시작되는 새남굿은 새남부정, 가망청배, 중디밧산, 사재삼성거리, 말미, 도령(밖도령), 영실, 도령(안도령), 상식, 뒷영실, 베째(베가르기), 시왕군웅거리, 뒷전의 13제 순서로 이루어진다.

중디밧산에서 만신(무녀를 높이 이르는 말)은 시왕[十王:『시왕경(十王經)』에 나오는 명계(冥界)에서 사자(死者)가 저지른 죄의 경중(輕重)을 다루는 열 명의 왕]의 신비와 훌륭함을 찬양하는 시왕풀이를 부른다. 망자의 혼백을 호위 인도하는 저승사자를 놀리는 거리가 사재삼성거리이다. 끝부분에 만신은 옛 왕녀의 화려한 복식으로 차려 입은 채 무조(巫祖)로 섬겨지는 바리공주의 무가(巫歌)를 부른다. 밖도령부터 마당에서 치러진다. 왕녀 복장의 만신은 지장보살을 모신 연지당 앞에 세워진 저승문 앞에서 자신의 억울한 사정을 호소하며 지장보살의 자비를 구한다. 안도령은 망자의 혼백을 인도하는 바리공주가 저승의 12대문을 안전하게 통과하려고 애쓰는 대목이다. 상식은 망자에게 유교식 제사를 드리는 거리이다. 뒷영실에서 망자의 혼이 만신에게 쓰이면 만신은 유족에게 마지막 당부의 말을 전한다. 그 다음 만신이 각기 이승다리와 저승다리를 상징하는 무명과 베를 찢어 그 길을 헤쳐 줌으로써 망자의 혼을 저승에 무사히 천도(薦度)한다. 시

서울새남굿

왕군웅거리는 저승의 십대왕을 호위하는 신장들에게 망자 혼백의 인도와 보호를 기원한다. 끝으로 뒷전에서 새남굿에 왕림한 제반 신령에게 모든 정성이 완료되었음을 알려 배웅하여 보내고 잡귀잡신까지 대접하여 돌려보낸다.

전통적인 새남굿은 거리 수가 많고 시간이 많이 걸리므로 만신 다섯 명이 참여하고 잽이 여섯 명은 삼현육각인 장구, 북, 대금, 해금, 피리 한 쌍을 잡는다. 서울새남굿은 세 가지 특징이 있다. 첫째, 거리가 가장 많으면서 정교한 구성을 보이며 화려하다. 둘째는 망자와 관련된 무, 불교, 유교의 관념과 의례가 적절히 편성, 혼합되어 있다. 셋째, 조선시대 궁중 문화의 요소가 많이 포함되어 있다. 이 굿은 궁중의 망자천도 의례로도 행해진 것으로 보인다.

기능보유자는 서울 최고의 만신으로 알려진 김유감이다.

3) 기술

각자장(제106호)

각자(刻字)란 글을 새기는 것으로 나무판에 글자나 그림을 새긴 목각판을 각자 또는 서각(書刻)이라 하는데, 인쇄를 목적으로 할 경우에는 목판본(木版本)이라 한다. 글자를 반대로 새겨 인쇄 방식에 따라 인쇄하는 과정 역시 각자라 하며 그 기술자를 각자장(刻字匠)이라 한다. 각자는 한국에서 가장 오래된 목판본으로 알려진 신라시대의 『무구정광대다라니경』과 현존하는 가장 훌륭한 목판본인 고려시대『팔만대장경』등에 이용되며 사찰을 중심으로 최전성기를 이루었다. 조선시대까지 그 기술이 전해져『훈민정음』원본을 비롯한 목판 인쇄물이 간행되었다. 각자장의 실력은 각질의 흔적, 글자체의 균형도, 잘못된 글자나 글자 획이 빠진 것 등으로 가늠한다. 잘못 새긴 것이 생길 경우는 잘못된 부분만 파내어 다른 나무를 박고 다시 새긴다.

각자장

　각자는 금속활자가 발달함에 따라 조선시대 후기 이후는 정교함이 매우 떨어지는 현상이 나타나고 서양 인쇄술의 도입으로 그 수요가 급격히 감퇴하였다. 국가에서 전통과 기술을 이어가기 위하여 문화재로 지정했는데, 오옥진이 기능보유자이다.

소반장(제99호)

소반(小盤)이란 음식을 담은 그릇을 올려놓는 작은 상으로 한국의 식생활부터 제사의례에 이르기까지 여러 용도로 쓰이는 부엌 기구이다. 이것을 만드는 기술 또는 그 기술자를 소반장이라 한다. 고구려의 고분벽화에 여러 유형의 소반이 나타나고 있으며『삼국사기』,『경국대전』 등의 기록에 의하면 국가에 소속된 상을 만드는 기관이 분업화되어 생산을 담당하였던 것을 알 수 있다. 조선시대는 유교 이념의 영향으로 겸상보다 독상이 주로 사용되었고, 제례, 혼례 등 크고 작은 많은 행사로 인하여 여러

주칠소반

소반장

용도의 상이 필요하게 되어 자연히 다양한 종류의 소반 제작이 발달하게 되었다. 그러나 1950년대 이후 합판 소반이 생산되고 식생활 문화가 바뀌어 서양식 식탁이 성행하게 되어 소반 수요가 급격하게 줄면서 소반 제작까지 쇠퇴하게 되었다. 지금은 전통적인 소반 제작 기술을 보전하기 위하여 문화재로 지정하고 있다. 이인제가 기능보유자이다.

칠장(제113호)

칠장은 옻나무에서 채취한 수액을 용도에 맞게 정제하여 기물에 칠하는 장인을 말한다. 한국에서 옻이 사용된 흔적은 기원전 3세기경부터 나타나지만, 본격적인 유물이 출토된 것은 기원전 1세기경부터이다. 낙랑에서 발전된 칠기는 신라에 들어와 더욱 발전하였고, 고려시대에 들어와서

칠장

는 나전과 결합하여 나전칠기라는 새로운 기법이 등장하였다. 조선시대는 더욱 대중화하였고, 국가에서 옻나무 산지를 파악하여 여기에서 생산되는 옻칠을 공납 받았다. 서울과 지방의 칠과 관련된 장인은 주로 관청에 소

속되어 있었다. 칠공예품은 완성되기까지 많은 시간이 필요하며 과정이 매우 복잡하다. 칠 제품은 표면이 매우 빛나고 촉감이 부드러우며 품위가 있고 멋스럽다.

나전칠기 소반

매듭장(제22호)

매듭장은 실, 노끈 등을 다양하게 맺거나 술을 다는 전통 매듭 기술을 말한다. 기술 습득의 순서는 실을 풀어서 오색물감으로 염색하고 부속을 만드는 일에 익숙해진 다음에 다양한 매듭 맺는 기법을 배운다. 끈목이란 여러 가닥의 실을 합해서 세 가닥 이상의 끈을 엮는 것을 말하는데, 매듭은 이 끈목을 이용하여 조리 있게 얽어 놓고 끝이 날카롭지 않은 대송곳으로 질서 있게 죄어 쓰임새에 따라 오색영롱하게 엮은 것이다. 매듭의 공정은 굵은 끈목을 치는 일, 두 가닥의 끈으로 잇대어 맺어 가는 일, 적절한 술을 만들어 치렁하게 늘어뜨리는 일 등으로 구분된다. 매듭

매듭장

노리개

의 재료는 명주실, 모시실, 닥나무실, 삼베실, 털실 등이 쓰이고 기법은 ㄱ자감개, 십자감개를 비롯하여 ㄷ자, ㅁ자, 곱셈, 개와집, 당초, 정자감개 등 다양하다. 매듭의 종류는 도래매듭, 외벌도래매듭, 귀도래매듭, 단추매듭, 연봉매듭, 매화매듭, 동심결매듭, 나비매듭, 벌매듭, 잠자리매듭, 생쪽매듭, 방석매듭, 전복술매듭, 장구매듭, 파리매듭 등 33종에 이르는데, 그 명칭은 궁중, 서울, 대구, 남원 등 지역에 따라 다르다. 김희진과 최은순이 기능보유자이다.

침선장(제89호)

침선(針線)이란 바늘에 실을 꿰어 바느질하는 것을 말하는데 복식(服飾)의 모든 것이라 할 수 있다.

삼국시대에 이미 상당한 수준의 침선 기술이 있었음을 고구려벽화나 『삼국사기』를 통하여 알 수 있다. 침선은 고려시대와 조선시대를 지나며 더욱 발전하였다. 한국은 옷감으로 주로 비단, 무명, 모시, 삼베, 마 등이 쓰였는데 실의 선택은 바로 이들 옷감 재료에 따라 달라진다. 바느질 방법 역시 매우 다양하다. 지금은 직조기계를 이용하여 대량으로 옷을

침선장

침선 도구

만들기 때문에 재래식 손바느질은 거의 하지 않게 되어, 중요무형문화재 침선장 기능보유자인 정정완이 한국의 고유한 침선 기법을 전승하고 있다.

조각장(제35호)

조각장(彫刻匠)은 금속에 조각을 하는 기능이나 기능을 가진 사람으로 조이장(彫伊匠)이라고도 한다. 금속조각은 금속제 그릇이나 물건의 표면에 무늬를 새겨 장식하는 것을 말한다. 출토된 유물을 보면 금속조각은 이미 청동기시대에 발견되고, 삼국시대는 여러 금속조각법이 사용되었으며, 고려시대에 매우 발달한 것으로 보인다. 무늬는 산수, 화조, 구름과 용, 덩굴무늬 등이 일반적이고 조선시대 말 이후는 아름답거나 좋은 뜻을 가진 문양이 주류를 이룬다. 전통공예 기술인 조각장은 현재 김철주가 기능보유자로 그 맥을 이어가고 있다.

조각장   오동입사 은 주발과 대접

배첩장(제102호)

배첩(褙貼)이란 글씨나 그림에 종이, 비단 등을 붙여 족자, 액자, 병풍 등을 만들어 아름다움은 물론 실용성 및 보존성을 높여 주는 전통적인 서화 처리법을 가리킨다. 지금은 일제강점기에 들어온 '표구'라는 말을 더 많이 사용한다. 배첩장은 조선 시대 전기에 서화를 담당하던 국가기관인 도화서 소속으로 궁중의 서화 처리를 전담하던 사람을 말한다. 배첩은 전통공예 기술로서 고서화를 보존하고, 손상된 고서화를 되살려 내는 작업까지 하므로 문화 전수에 꼭 필요한 중요 기술이다. 기능보유자는 김표영이다.

배첩장

2. 부산 / 경상남도

부산(釜山, Busan)은 한국 남단을 대표하는 한국의 제2도시이자 한국 최대 항구도시이다. 2006년 기준 인구 364만 명, 면적 765만km²의 대도시이며, 한국 수출입 물량의 40%, 컨테이너 화물은 약 81%를 수송하는 세계 제3위 항구이다. 특히 부산신항만이 2011년 완전 개항하면 지금보다 더 많은 수송 능력을 갖추게 되어 세계 1, 2위 항구로 도약하게 될 것이다. 부산은 2002년 아시안게임을 개최하였고, 부산국제영화제를 계속

해서 개최하고 있다. 부산은 서울에서 600km나 떨어져 있지만 비행기를 이용하면 3, 40분에 갈 수 있고, 2004년 초부터 개통한 초고속열차(KTX)를 이용하면 2시간 30분이면 닿을 수 있다. 부산은 30개의 대학이 있고, 박물관이 여러 개가 있고, 국보 역시 다수 보유하고 있다.

울산(蔚山, Ulsan)은 2005년 기준 인구 111만 명, 면적 1,057km²이다. 천혜의 자연경관을 가진 항구도시이며, 항구 내안 구릉지에 33km²의 공업단지가 조성된 공업도시이다. 울산광역시는 1963년 공업특정지구로 지정되어 정유, 비료, 자동차, 조선, 화학과 기계공업 등이 눈부시게 발전한 한국 최대의 공업도시이다. 크고 작은 기업체 1,500개 이상이 울산공업단지 안에 입주해 있다. 특히 현대자동차는 연 162만 대의 자동차를 생산할 능력을 갖추고 있으며, 2003년도에 연간수출 100만 대, 100억 달러를 달성하였다.

부산항구 야경

이 두 광역시가 자리한 경상남도는 한국의 동남부에 위치해 있으며, 두 광역시를 제외한 면적은 10,521km²이고 인구는 2007년 기준 318만 명이다. 경상남도는 창원, 마산, 진주 등 10개 시와 고성, 의령, 함안 등 10개 군으로 구성되어 있다. 국보를 비롯하여 무형, 유형 문화재가 비교적 많은 편이며, 박물관 등 관광자원이 풍부하다.

부산과 경상남도의 박물관

● 국공립박물관

부산박물관	부산 남구 유엔로 210 / T. 051-624-6341 http://www.museum.busan.kr/
부산해양자연사박물관	부산 동래구 우장춘로 317 / T. 051-553-4944 http://sea.busan.go.kr/
국립진주박물관	진주 남성동 169-17 / T. 055-742-5951 http://jinju.museum.go.kr/

● 대학박물관

동아대학교박물관	부산 서구 동대신동3가 1 / T. 051-240-2671 http://museum.donga.ac.kr/
동의대학교박물관	부산 부산진구 엄광로 995 / T. 051-890-1741 http://www.deu.ac.kr/museum/
부산대학교박물관	부산 금정구 장전동 30 / T. 051-510-1838 http://www.pnu-museum.org/
신라대학교박물관	부산 사상구 괘법동 1-1 미술관 4층 / T. 051-999-5281 http://museum.silla.ac.kr/
한국해양대학교박물관	부산 영도구 동삼동 1 / T. 051-410-4087 http://haeyang.itank.net/
경남대학교박물관	마산 월영동 449 / T. 055-249-2921
경상대학교박물관	진주 가좌동 900 중앙도서관 6층 / T. 055-751-5120

- 특수 테마 박물관

오륜대한국순교자기념관	부산 금정구 부곡1동 1-4 / T. 051-582-2920
진주산림박물관	진주 가좌동 719-1 / T. 055-759-3122 http://www.gntree.go.kr/
진주시향토민속관(장석박물관)	진주 본성동 10-4 문화관광센터 2층 / T. 055-746-6828

국보

- 부산

제69호	개국원종공신록권(開國原從功臣錄券)	서구 동아대학교
제151-2호	태백산본(太白山本)	연제구 국가기록원
제200호	금동보살입상(金銅菩薩立像)	남구 시립박물관
제233호	영태2년명납석제호(永泰二年銘蠟石製壺)	남구 시립박물관

국보 제200호 금동보살입상

- 부산 외 경상남도 지역

제32호	해인사대장경판(海印寺大藏經板)	합천군 해인사
제33호	창녕신라진흥왕척경비(昌寧新羅眞興王拓境碑)	창녕군
제34호	창녕술정리동삼층석탑(昌寧述亭里東三層石塔)	창녕군
제47호	쌍계사진감선사대공탑비(雙磎寺眞鑑禪師大空塔碑)	하동군
제52호	해인사장경판전(海印寺藏經板殿)	합천군 해인사
제75호	표충사청동함은향완(表忠寺靑銅含銀香垸)	밀양시 표충사
제147호	울주천전리각석(蔚州川前里刻石)	울산시 울주군
제206호	해인사고려각판(海印寺高麗刻板)	합천군 해인사

제206-1호	묘법연화경(妙法蓮華經)	합천군 해인사
제206-2호	화엄경관자재보살소설법문별행소 (華嚴經觀自在菩薩所說法門瞥行疏)	합천군 해인사
제206-3호	대불정여래밀인수증료의제보살만행수능엄경 (大佛頂如來密因修證了義諸菩薩萬行首楞嚴經)	합천군 해인사
제206-4호	대방광불화엄경세주묘엄품(大防廣拂華嚴經世州妙嚴品)	합천군 해인사
제206-5호	금강반야바라밀경(金剛般若波羅蜜經)	합천군 해인사
제206-6호	금강반야바라밀경(金剛般若波羅蜜經)	합천군 해인사
제206-7호	화엄경보현행원품(華嚴經普賢行願品)	합천군 해인사
제206-8호	법화경보문품(法華經普門品)	합천군 해인사
제206-9호	인천보감(人天寶鑑)	합천군 해인사
제206-10호	불설예수십왕생칠경(佛說預修十王生七經)	합천군 해인사
제206-11호	삼십팔분공덕소경(三十八分功德疏經)	합천군 해인사
제206-12호	불설아미타경(佛說阿彌陀經)	합천군 해인사
제206-13호	대방광불화엄경략신중(大方廣佛華嚴經略神衆)	합천군 해인사
제206-14호	화엄경변상도〈주본〉(華嚴經變相圖〈周本〉)	합천군 해인사
제206-15호	대광불경〈정원본〉(大方廣佛華嚴經〈貞元本〉)	합천군 해인사
제206-16호	대방광불화엄경〈진본〉(大方廣佛華嚴經〈晋本〉)	합천군 해인사
제206-17호	대방광불화엄경〈주본〉(大方廣佛華嚴經〈周本〉)	합천군 해인사
제206-18호	대방광불화엄경소(大方廣佛華嚴經疏)	합천군 해인사
제206-19호	대방광불화엄경수소연의초(大方廣佛華嚴經隨疏演義抄)	합천군 해인사
제206-20호	금강반야바라밀경(金剛般若波羅密經)	합천군 해인사
제206-21호	불설장수멸죄호제동자다라니경 (佛說長壽滅罪護諸童子陀螺尼經)	합천군 해인사
제206-22호	대각국사문집(大覺國師文集)	합천군 해인사
제206-23호	대각국사외집(大覺國師外集)	합천군 해인사
제206-24호	남양선생시집(南陽先生詩集)	합천군 해인사
제206-25호	백화도량발원문약해(白花道場發願文略解)	합천군 해인사
제206-26호	당현시범(唐賢詩範)	합천군 해인사
제206-27호	약제경론염불법문왕생정토집(略諸經論念佛法門往生淨土集)	합천군 해인사
제206-28호	십문화쟁론(十門和諍論)	합천군 해인사
제285호	울산대곡리반구대암각화(蔚山大谷里盤龜臺岩刻畵)	울산시 울주군

제290호	통도사대웅전 및 금강계단(通度寺大雄殿 및 金剛戒壇)	양산시 통도사
제302호	청곡사영산회괘불탱(靑谷寺靈山會掛佛幀)	진주시 청곡사
제305호	통영세병관(統營洗兵館)	통영시

국보 제206호 해인사고려각판

국보 제34호 창녕술정리동삼층석탑

국보 제290호 통도사대웅전 및 금강계단

유형문화재 및 관광자원

● 부산

해운대

해운대는 해운대구 일대의 경승지(景勝地)로서 온천장과 해수욕장으로 유명하다. 한국 8경(景)의 하나로 꼽히는 명승지이며, 해운대 자체의 8경이 또 있을 정도로 옛날부터 지금까지 많은 관광객이 모인다. 해운대라는 지명은 신라시대 말의 대학자 최치원이 난세를 비관하여 속세를 벗어나고자 해인사로 들어가던 길에 이곳에 들렀고, 절경에 감탄하여 동백

「부산바다축제」가 열리고 있는 해운대

섬 암반 위에 자신의 호 고운(孤雲)의 '운'자를 따서 '해운대(海雲臺)'라 새긴 데서 비롯되었다고 한다.

통일신라 제51대 진성여왕은 옛날 구남해수온천이라 부른 이 곳에 자주 놀러 와서 정사(政事)는 돌보지 않고 행락을 일삼았는데, 그 당시 한 관리가 이를 막기 위하여 용감히 온천을 폐쇄하였다고 한다. 한 동안 방치되었던 해운대는 조선시대에 공중욕장이 부활되면서 다시 활기를 띠었다. 조선시대 말 황실은 이곳 도남산에 대대적으로 계획 조림을 하였고 고관들은 다투어 별장을 지었다. 오늘날의 해운대는 해수욕장, 온천장, 풀장, 골프장 등 위락 시설을 고루 갖춘 관광지이다.

태종대(시도기념물 제28호)

태종대(太宗臺)는 영도구 동삼동에 있는 명승지로서 영도 남동쪽 끝에 위치한 해발고도 200m의 구릉 지역이다. 부산 일대에서 보기 드문 울창한 숲과 기암괴석으로 된 해식절벽 및 푸른 바다가 조화를 이룬다. 옛날 신선이 살던 곳이라 하여 신선대라 부르며, 신라 태종무열왕이 활을 쏘는 장소였다는 이야기가 전해진다. 오륙도가 가깝게 보이고, 맑은 날씨에는 56km 거리인 일본 쓰시

태종대 영도등대

마 섬이 바다 위에 검은 점처럼 희미하게 보인다. 1906년 섬 남동부의 가파른 해안 절벽 위에 설치되어 오랜 동안 부산항의 길목을 비쳐 온 영도등대는 시설 노후로 2004년 새롭게 교체되어 해양 관광 명소로 다시 태어났다. 부근에 신선대 바위와 망부석이 있으며, 전망대에는 이곳 명물인 모자상이 있다. 인공 해수풀장인 곤포의 집을 비롯한 위락 시설과 바다 낚시터 등이 있으며, 너비 10m, 길이 4km 가량의 순환관광로가 섬의 명소를 누비며 다닌다.

오륙도(시도기념물 제22호)
오륙도(五六島)는 남구 용호동에 속한 섬으로 영도구 조도(鳥島)와 마주보고 있으며, 영도등대와 함께 부산항의 입구를 밝히는 등대가 위치해 있다. 부산 시내에서 이 섬을 바라볼 때 위치나 그 날의 조수에 따라 섬이 다섯 개 또는 여섯 개로 보이기 때문에 '오륙도'라는 이름이 붙게 되었다. 예로부터 이 섬은 부산항을 지키는 파수꾼 구실을 한다고 하여 부산의 상징이 되어 왔다.

동삼동 패총(사적 제266호)
영도구 동삼동에 있는 선사시대 조개무지 유적이다. 층위(層位)가 섞여 뚜렷하지 않은 것으로 보아 대략 토기문화 전기에서 중기, 그리고 기하학무늬토기문화 후기와 민무늬토기문화기 등 3개 층의 문화가 있었던 곳으로 추측된다. 8·15광복 전후와 1969년 국립중앙박물관에 의하여 조사 발굴되었는데 발굴된 유물은 민무늬토기와 유문토기, 붉은간토기, 흑요석으로 만든 뗀석기와 간석기, 골각제품 등 다수이다. 이들 유물은 방사성탄소 연대 측정 결과 기원전 2995년의 것으로 밝혀졌다.

오륙도

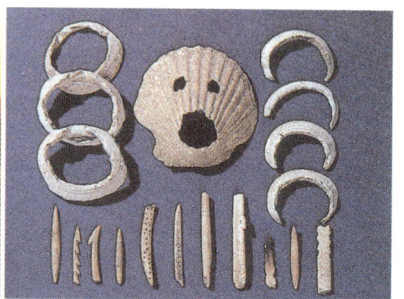
동삼동 패총 출토유물

금정산성(사적 제215호)

금정산성(金井山城)은 길이 17km, 높이 1.5~6m, 면적 715,472m²의 산성이다. 동래온천장 북서쪽 해발고도 801m의 금정산 꼭대기에서 서남쪽으로 계곡을 감싸고 능선을 따라 축성된 한국 최대의 산성이었으나 현재는 4km의 성벽만 남아 있다. 신라시대에 왜적을 막기 위하여 축조된 것으로 보이며, 동서남북 사방의 성문과 수구문, 암문 등의 시설이 있다. 이 산성은 낙동강 하구와 동래 지방이 내려다보이는 요충지에 위치하고 있어, 바다로 침입하는 적에 대비하기 위한 성곽임에 확실하고, 성의 규모나 성벽 축조 양식으로 볼 때 처음 축성 시기는 보다 앞 시기까지 올릴 수 있다고 여겨진다.

금정산성

　금정산성은 조선시대 후기 도성과 그 주변 대규모 방어 시설을 충실히 하는 과정에서 여러 차례 복원, 증축 등이 이루어져 현재 한국 최대의 산성으로서 중요한 의의를 지니고 있다.

범어사

범어사(梵漁寺)는 금정구 청룡동 금정산에 있는 절로서 화엄종 10찰의 하나이며, 문무왕 18년(678년)에 의상대사가 창건하였다는 설이 유력하다. 범어사는 상당한 기간에 걸쳐 지어진 거대한 규모의 사찰인데 임진왜란 때 모두 불탄 것을 그 뒤 선조와 광해군 때 중건하였다. 대웅전이 보물 제434호, 삼층석탑이 보물 제250호로 지정되었다.

범어사 대웅전과 삼층석탑

충렬사(시도유형문화재 제7호)

충렬사(忠烈祠)는 동래구에 있으며 임진왜란 때 부산에서 순절(殉節)하신 호국선열의 위패를 모신 사당이다. 경내에 여러 유적이 있으며 해마다 몇 차례의 제사를 지내고 있다.

부산박물관

남구 대연동에 있는 부산 최대의 박물관으로 1978년에 개관하였다. 연건평 31,075m²에 11,300점에 이르는 유물을 소장하고 있다. 선사시대와 삼국시대 유물, 민속유물이 전시된 일곱 개의 전시실과 유물수장고, 보존처리실, 강당 등이 있고 야외정원에 두구동 임석유적에서 검출된 가

충렬사

부산박물관

마터를 복원한 가마전시관과 석조물 등이 전시되어 있다. 지하 1층, 지상 2층 연건평 6,280m²의 제2전시관이 2000년 5월에 완공되어 2002년부터 새롭게 단장하여 개관하였다.

자갈치시장

중구 남포동과 서구 충무동에 있는 부산의 대표적인 재래 수산물 시장이다. 자갈치란 이름은 충무동 로터리까지 뻗어 있던 자갈밭을 자갈처라 불렀던 데서 유래하였다. 현재 480여 개의 점포를 형성하며 주로 연안이나 남해에서 잡히는 대구, 청어, 갈치, 조개, 해조류 등을 판매하고 있다.

부산항

부산항은 한국의 제1항구로서 1910년에 최초로 제1부두가 축조된 후 지금까지 제6부두까지 확장하여 네 개 항에 여섯 개의 컨테이너 터미널과 국제 여객 터미널 등을 갖춘 현대식 항만으로 발전하였다. 연간 하역 능력은 약 9,100만 톤, 컨테이너 처리 능력은 연간 460만 TEU(Twenty-foot Equivalent Units : 6m 길이의 컨테이너)까지 증가하였다. 부산항 국제 여객 터미널에서 일본 시모노세키까지 16,187톤의 페리보트가 매일 운항하며, 오사카까지 21,535톤의 초호화 카페리가 주 3일 운항한다. 그 밖에 일본 하카다, 쓰시마까지 여러 종류의 배가 매일 다니고 있다. 연안 여객 터미널에서 연안항로인 고현, 옥포, 장승포, 제주도 항로와 부산항 연안 크루즈를 이용할 수 있다. 계속 폭증하는 물동량을 다 처리할 수 없어 대규모 신항만을 건설하기에 이르렀는데, 2006년 개장하여 2011년에 완공될 부산신항만은 30척의 선박이 동시에 접안 가능하고 연간 804만 TEU의 컨테이너를 처리할 수 있어 동북아 중심 항만으로 우뚝 설 전망이다.

부산항 전경

유엔기념공원

1950년 6·25전쟁에 참전하였다 전사한 16개국 병사의 유해를 안치한 추모공원이다. 1954년까지 10,100기가 있었으나 유가족에 의하여 대부분 본국으로 돌려보내지고 지금은 2,300여 기만 남아 있다. 잔디 등 조경과 조각으로 꾸민 아름다운 공원으로 잘 정리하여 최고의 추모공원으로 가꾸어 놓았다.

유엔군 병사의 묘역

이 밖에 부산 지역에 있는 우수한 문화재 및 관광지는 다음과 같다.

광안리해수욕장, 다대포해수욕장, 송도해수욕장, 동래온천, 낙동강하굿둑, 금강공원, 용두산공원, 구덕운동장, 금정문화회관, 동래문화회관, 백산기념관, 부산국제컨벤션센터, 부산민주항쟁기념관, 부산시민회관, 사상공단, 수산진흥원, 우장춘기념관, 월드컵경기장 등이 있다.

● 부산 외 경상남도 지역

마산 외동 성산패총(사적 제240호)

창원시 외동에 있는 초기 철기시대 패총이다. 마산만에 면한 창원평야 중심부에 있는 높이 49m의 독립된 구릉 위에 있다. 1968년 부산대학교에 의하여 1차 발굴이 시도되었고, 1974년 2~5월에 재조사를 실시하였다. 패총이 분포하는 구릉 정상부는 약 35,000m²에 달하는 평탄한 지형을 이루고, 패총은 동, 남서, 북의 세 경사면에 흩어져 있다. 패총의 10~30cm 표토층 밑에 두께 2~3m의 두꺼운 패각층이 형성되었다. 그 속에 김해식 토기의 파편들이 발견되었는데 하층은 주로 적갈색 토기, 상층은 회청색 경질 토기와 신라 토기가 출토되었다. 여러 석기와 골각

 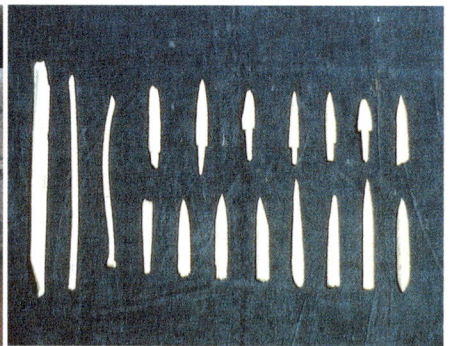

마산 외동 성산패총 야철지(왼쪽)와 출토유물(오른쪽)

기, 철제품 역시 출토되었다. 이 밖에 남서 경사면에서 중국 한나라시대 화폐인 오수전이 발견되어 초기 철기시대 유적 연대 결정에 중요한 근거가 되었다. 정상부 주변에서는 중국 당나라 시대의 개원통보가 채집되었다. 성산패총은 초기 철기시대에서 다음 삼국시대에 걸친 유적이 겹쳐있는 학술적으로 주목받는 문화재이다.

창녕 신라진흥왕척경비(국보 제33호)

신라 진흥왕 때 세워진 것이며 화강석제의 최대 높이 1.78m, 폭 1.75m, 두께 3m의 비이다. 「신라진흥왕척경비(新羅眞興王拓境碑)」는 자연 암석을 이용하여 받침돌(臺石)이나 뚜껑돌(蓋石)을 사용하지 않았는데, 삼국시대 비석에서 공통적으로 볼 수 있는 형식이다. 한 면을 간 다음 외연에 비석 형상을 따라 윤곽선을 둘렀는데, 오른쪽 윗부분은 암석이 사면(斜面)을 이루고 있으므로 1행씩 낮추어 계단식으로 되어 있다. 비문은 27행인데 1행의 자수는 일정하지 않으며, 끝 행은 3자뿐이고 오른쪽 반에서는 위에서 2행마다 1자씩 낮추어져 있다. 비문의 내용은 다른 세 개의 「진흥왕순수비」 내용과 같이 사적(史蹟)과 수가인물(隨駕人物)의 열기(列記) 등 두 부분으로 되어 있다. 인물의 열기는 속부, 인명, 관직, 직위를 표기하여 삼국시대 신라비문의 형식을 따르고 있으며 해서체로 글자 너비는 4cm이다. 앞부분이 마모 손상되어 자획이 불분명한 점이 있으나 한반도에 전하는 비석으로 가장 오래된 것이다. 건립 연대는 비문에 보이는 '신사년 2월 1일입(辛巳年二月一日立)'으로 미루어 진흥왕 22년(561년)으로 추정하고 있다. 이 「척경비」는 본래 창녕군 창녕면 화왕상록에 있던 것을 1924년에 현재의 위치로 옮긴 것이다.

진흥왕 시대는 신라가 종전의 미약했던 국가 체제를 벗어나 팽창하여

「창녕 신라진흥왕척경비」

삼국통일의 기틀을 마련한 때이다. 진흥왕은 6세기 재위 37년 동안 정복을 통한 국토의 확장을 단행하여 낙동강 서쪽 가야 세력을 완전 병합하였고, 한강 하류 유역으로 진출하여 서해안 지역에 교두보를 확보하였으며, 동북으로는 함경남도 이원 지방까지 이르렀다. 진흥왕은 이렇게 확대된 영역을 직접 순수(순방)하면서 이를 기념하려고 순수비를 세웠다. 지금까지 발견된 것은 「창녕 신라진흥왕척경비」, 「북한산 신라진흥왕순수비」(국보 제3호), 「마운령 신라진흥왕순수비」, 「황초령 신라진흥왕순수비」의 네 개이다.

남해 충렬사(사적 제233호)

남해군 설천면 노량리에 충무공 이순신 장군을 기리기 위하여 세운 사당이다. 이순신 장군이 선조 31년(1598년) 11월 10일 노량 앞바다 전투에서 순국하자 처음 이곳에 유해를 안치하였다가 충남 아산 현충사로 이장하였고 현재 이곳에는 봉분만 남아 있다. 인조 11년(1633년) 초사(草舍)와 비를 세워 추모하였고, 효종 9년(1658년) 사당을 건립

남해 충렬사

하였으며, 1662년 충렬사(忠烈祠)라는 사액을 받았다. 비에는 송시열의 비문이 있다.

한산도 이충무공 유적지(사적 제113호)

통영시 한산면에 있는 유적지로, 임진왜란 때 이순신 장군이 본영을 설치하고 삼도수군통제사 직무를 수행한 곳이다. 선조 26년(1593년) 8월 여수에서 이곳으로 중심 진영을 옮겼는데, 이곳에서 해상 세력을 장악하고 여러 해전을 승리로 이끌었다. 현재 제승당, 충무영당, 유허비각, 대첩문, 수루, 한산정을 포함한 여러 시설이 있다.

한산도 이충무공 유적지

촉석루(문화재자료 제8호)

촉석루(矗石樓)는 진주시 본성동에 있는 누각이다. 이 누각은 고려시대 말 진주성을 지키던 주장(主將)의 지휘소로서 공민왕 14년(1365년)에 세웠다. 임진왜란 때 의기(義妓) 논개가 일본 장군을 안고 함께 낙화하여 순국한 곳으로 유명하다.

합천 영암사지(사적 제131호)

합천군 가회면 둔내리에 있는 통일신라시대 사찰터이다. 9세기 중엽에 창건한 것으로 추정되는 영암사(靈岩寺)는 고려시대 말까지 존속된 대사찰로 짐작되는데, 남아 있는 유구와 유물이 이를 말해 준다. 절터는 금당

촉석루

합천 영암사지

지, 서금당지, 중문지, 회랑지 등의 건물터와 3층석탑, 쌍사자석등, 귀부(龜趺), 석조(石槽), 기단, 계단 등의 석조물이 남아 있다. 1984년 발굴조사 때는 통일신라부터 고려 시대에 이르는 각종 와편과 토기편, 금동여래입상 등이 발견되었다.

통도사

통도사(通道寺)는 양산시 하북면에 있는 사찰로 신라 선덕여왕 때 자장율사에 의해 창건된 곳이다. '통도사'란 불법을 통달하여 중생을 제도한다는 뜻에서 지어진 이름이다. 이 절은 자장율사가 당나라로부터 모셔온 부처님의 전골진신사리와 치아사리와 부처님께서 직접 입으셨던 가사와 창건주인 자장율사의 가사가 보관되어 있어 유명하다.

 부처님의 진신사리가 금강계단에 봉안되어 그 정면에 자리 잡고 있는 대웅전에 불상이 봉안되지 않았다. 대웅전은 일주문으로부터 들어설 때 마주하는 면과, 반대 측면, 그리고 금강계단을 향한 면의 지붕에 각각 합각 면을 둠으로써 두 방향성을 보여 주는 독특한 건물이다. 통도사 옆으로 흐르는 계곡의 맑은 물은 사찰의 운치를 더욱 돋보이게 한다.

 통도사는 한국 3대 사찰, 삼보사찰(三寶寺刹) 중 하나이다. 삼보는 불교에서 귀하게 여기는 세 가지 보물로서 불보(佛寶), 법보(法寶), 승보(僧寶)를 가리킨다. 불보는 중생을 가르치고 인도하는 석가모니를 말하고, 법보는 부처가 스스로 깨달은 진리를 중생을 위해

통도사

설명한 교법, 승보는 부처의 교법을 배우고 수행하는 제자 집단, 즉 사부대중(四部大衆)으로 중생에게는 진리의 길을 함께 가는 벗이다. 이 세 가지는 불교에서 가장 근본이 되는 믿음의 대상이다. 한국에서 통도사, 해인사, 송광사가 각각 불보사찰, 법보사찰, 승보사찰이며 규모 면에서 큰 이들 세 사찰을 일컬어 3대 사찰이라고 부른다.

해인사(사적 및 명승 제5호)

해인사(海印寺)는 합천군 가야면 가야산에 있는 사찰로서, 의상대사의 법손인 순응화상과 그 제자인 이정화상이 신라 제40대 애장왕 3년(802년) 왕과 왕후의 도움으로 창건한 곳이다. 해인사는 한국 화엄종의 본산이며 불교항일운동의 근거지인데, 국보 제32호인 고려 팔만대장경판과 제52호인 대장경판고 등이 보존되어 있는 곳으로 더욱 유명하다.

　해인사에 보존되고 있는 팔만대장경판의 『대장경』은 경(經), 율(律), 논(論)의 3장(三藏)의 불교경전을 총칭하는 말이다. 고려시대에 수차례 『대장경』 조판 사업이 이루어졌으나 번번이 몽골군의 침입으로 소실되었다. 그 후 세 번째 대몽항쟁 기간 중에 강화도로 천도한 고려 조정이

해인사 일원

불법(佛法)의 힘으로 몽골의 침입을 물리치겠다는 소망을 가지고 거국적 사업으로 고종 23년(1236년) 본격적인 『대장경』 조판에 착수하게 된다. 이 일은 당시 최씨정권의 집권자인 최이의 주도 아래 착수 진행되었고 그 아들인 최항에 의해 완성된다. 물론 불교계가 실로 엄청난 정력을 기울였다. 강화도에 대장도감을 설치하고 진주의 남해에 분사대장도감을 두어 일을 추진해 나갔다. 구고려본, 북송본, 거란본 등 여러 장경을 수집하여 편집 교정하여 고종 34년(1247년)에 각판작업이 일단락되었다. 그 후 강화도에 모아 정리를 마친 다음, 고종 38년(1251년) 9월에 왕과 백관이 대장경 판당에서 행향〔行香:재식(齋食) 때 시주가 먼저 중들에게 향을 나누어 주는 의식〕하기에 이르렀는데 이렇게 완성된 『팔만대장경』은 모두 511종, 6,806권으로 총 경판 수 81,137매에 이른다.

처음 강화도 대장경판단에 안치되었던 대장경판은 조선 태조 7년을 전후해 해인사로 옮겨졌다고 한다. 『팔만대장경』의 조성은 최씨정권이 주도하였지만 불교계, 지방세력, 문화지식층의 폭넓은 참여로 완성되었는데 당시 불교계의 경전에 대한 높은 식견이 응축된 것으로 평가된다. 오자나 탈자가 거의 없으며, 수록된 경전이 풍부하고, 글 자체가 아름다움의 극치를 보여 준다. 당시 한국 문화 수준을 나타내는 세계적 문화유산으로서 유네스코 세계문화유산에 등록되었다.

울산공업단지

울산시를 중심으로 건설된 임해공업단지이다. 면적 33km²의 대규모 공업단지로 1962~74년에 공사를 하여 완성하였다. 요소비료 공장, 석유 공장, 세계적 규모의 조선소와 현대자동차 공장이 모두 이곳에 있다. 현대중공업은 세계 최대 엔진(93,000마력급)을 생산하고 단일 중량 세계 최대인 해양 철구조물 40,000톤급 엑슨자켓을 생산하였다. 2007년 10월 방문객 누계 2,000만 명으로 기네스북에 올랐으며, 선박 건조량 세계 1위로 6일에 1척씩을 건조하며 세계 선박의 15%를 공급하고 있는 회사이기도 하다. 현대자동차 공장은 1967년에 창설된 한국 최대의 자동차 생산업체로서, 2007년 기준 임직원 54,000명이 연간 200만 대 이상을 생산하여 그 중 120만 대 이상을 수출하고 있다. 2006년까지 자동차 1,000만 대 수출을 달성하였다.

남해대교

남해군 설천면 노량리와 하동군 근남면 노량리를 잇는 다리인데 한국 최초의 현수교(懸垂橋)로 길이 660m, 너비 12m, 높이 52m이다. 1968년에 착공하여 1973년 준공되었으며, 이로써 남해도가 육지와 연결되어

울산공업단지   남해대교

한려해상국립공원 지역과 남해도 전체 개발에 이바지하였다. 남해 노량 해협은 통영, 여수를 잇는 해상교통의 요지이며 이순신 장군의 전적지인 동시에 전사한 곳으로 충무공을 추모하는 충렬사가 근처에 있다.

이 밖에 경상남도 지역에는 우수한 문화재가 더 있다. 예를 들면 다음과 같다.

가야산, 금산(錦山), 진양호, 통영·거제도 지역, 한산도, 해금강, 김해 회현동 패총, 함안 도항리 고분군, 김수로왕릉, 진주성, 함안 성산성, 화왕산성, 영남루, 농월정, 수승대, 세병관, 불곡사, 쌍계사, 창녕 관용사, 천진궁, 표충사, 산호공원, 마산수출자유지역, 삼랑진양수발전소, 옥포 조선소, 창원종합기계공단, 통영운하 등이다.

무형 문화재

무용

진주검무(제12호)

「진주검무」는 경남 진주 지방에 전승되는 여성 검무로서 「검기무」 또는 「칼춤」이라고 하며 대궐 안 잔치 때 행하던 춤의 한 가지이다. 유래는 정확하지 않으나 신라 사람들이 나라를 위해 죽은 소년을 애도하는 의미에서 춤을 추었다는 설과 논개의 얼을 달래기 위하여 진주 기생들이 「칼춤」을 춘 데서 비롯되었다는 설이 있다. 「진주검무」는 도드리장단, 느린 타령, 빠른 타령에 맞추어 조선시대 무사 복장을 갖춘 여덟 명의 무용수가 두 줄로 마주 보고 서서 양손에 색동천을 끼고 칼을 휘저으며 춘다. 춤사위의 종류는 한삼을 끼고 무릎을 굽혀 도는 숙은사위, 앉아서 추는 앉은사위, 허리를 앞으로 엎쳤다가 뒤로 제치며 빙빙 도는 연풍대가락, 맨손으로 팔을 펴는 손사위 등 다양하고 독특하다. 반주악기로 피리, 저, 해금, 장구, 북 등이 쓰인다.

「진주검무」

현재의 「진주검무」는 당시 진주 감영에 속해 있던 교방청(기생학교) 기녀(妓女)에 의해 전승되던 춤으로 궁중기녀가 낙향하여 관청기녀에게 가르쳤을 것으로 추정된다. 「진주검무」는 연출형식, 춤가락, 칼 쓰는 법 등 모든 기법이 과거 궁중에서 행해진 「검무」의 원형을 그대로 보유하고 있어 예술적 가치가 높은 것으로 평가된다.

승전무(제21호)

「승전무(勝戰舞)」는 「통영북춤」이라고 하는데, 『고려사』에 충렬왕 때 이혼이 영해에서 귀양살이를 하던 중 바다 위로 떠내려 온 나무토막으로 북을 만들고 지은 춤이라고 기록되어 있다. 고려시대 이후 조선시대 말까지 전승되었는데, 통영시 삼도수군(三道水軍) 통제영에 소속되어 있던 기녀들에 의해 추어졌다. 임진왜란 때 이순신 장군은 병사의 사기를 북돋아 주기 위해 배 위에서 이 춤을 추게 하였는데, 때로는 휴식할 때나 승전 후에 추게 하였다. 그 후 충무공의 춘추제사 때나 탄신제 등에 이 춤을 추어 바쳐, 원래는 궁중무용이던 「무고(舞鼓)」가 점차 통영시의 민속무용으로 바뀌었다. 춤은 사방색인 청, 홍, 흑, 백의 단삼(單衫)을 입은

「승전무」

원무 네 사람과 흰 치마를 입고 12방을 뜻하는 협무 열두 사람으로 구성된다. 「무고」와 마찬가지로 중앙에서 큰북을 두드리면서 춤을 추지만 원무를 둘러싸고 있는 협무는 춤은 추지 않고 노래만 부른다. 삼진삼퇴, 쌍오리사위 등의 춤사위가 펼쳐지는데 춤의 구성 및 도구 등은 「무고」와 비슷하다. 다만 전체적으로 독특하고 「무고」보다 부드럽다. 반주 음악은 도드리장단과 타령장단이며 피리 2, 해금 1, 장구 1, 북 1로 편성된다. 엄옥자가 이 「승전무」의 기능보유자이다.

● 가면극

통영오광대(제6호)

「오광대(五廣大)」는 조선시대 중엽 경상남도 지방 일대에 두루 분포되어 있던 민속가면극으로서, 서민의 애환과 계급사회에 대한 풍자로 꾸며진 가면극이다. 대개 다섯 마당으로 구성되어 있고 다섯 광대가 탈을 쓰고 춤추므로 「오광대」라고 한다. 1964년 「통영오광대」가 중요무형문화재 제6호, 「고성오광대」가 제7호, 「가산오광대」가 제73호로 지정되었다. 「오광대」의 모체는 산대도감극 계통이며, 조선시대 중기 합천 고을 초계(草溪) 밤마리〔栗旨〕에서 비롯되었다고 한다. 조선시대 중엽 이곳에 홍수가 났는데, 상자 하나가 물에 떠내려 와 이를 건져 열어 보니 다섯 개의 탈과 광대의 옷이 나와 마을사람들이 이를 가지고 탈춤을 추고 즐긴 것이 그 기원이다. 통영, 진주, 창원, 고성 등의 「오광대」가 있고 동래, 수영 등지는 「야유」라 한다.

「통영오광대」를 간단히 살펴보면 제1마당 「문둥탈춤」, 제2마당 「풍자탈놀이」, 제3마당 「영노탈놀이」, 제4마당 「농장탈놀이」, 제5마당 「포수탈놀이」의 다섯 마당으로 구성되어 있다. 양반계급에 대한 풍자가 주된 내용으로 양반의 하인인 말뚝이의 재담이 큰 비중을 차지한다. 대개 음력 정월보름 무렵에 벌어지는 이 탈놀이는 재담, 춤, 탈, 의상, 반주 음악 등에 이르기까지 향토색이 짙다. 「덧보기춤」은 이 놀이 특유의 춤이며, 문둥탈의 「병신춤」과 「사자춤」은 가장 볼 만한 대목으로 꼽힌다.

고성오광대(제7호)

「고성오광대」는 다른 지방의 「오광대」에 비해 노래 앞뒤에 「오방신장춤」, 「사자춤」 같은 귀신 쫓는 의식춤이 없고 오락성이 강한 놀이로 구성되어 있다. 「고성오광대」의 탈은 종이로 만든 것이 특색이었으나 근래는 오동나무로 만들거나 바가지탈을 쓴다. 배역에 따라 인물의 성격이 춤으로 잘 표현되어 있다. 반주 음악으로 꽹과리, 징, 장구, 북 등 타악기가

「통영오광대」

「고성오광대」

주로 사용되는데, 서민 생활의 애환을 담고 있는 전통 놀이마당이다.

가산오광대(제73호)

「가산오광대」놀이는 정월 초하룻날 천룡제를 지내고 이어서 지신밟기를 하다가 대보름날 밤에 행해진다. 「가산오광대」는 100년 전 어느 봄에 경남 가산 바닷가에 이상한 궤짝이 하나 표류해 와 주민들이 열어 보니 탈과 놀이의 대사가 적혀 있는 문서가 들어 있었던 것에서 유래되었다고 하며, 탈은 궤에 보관하다가 놀이 때만 썼다고 한다. 놀이의 내용은 다른 지방 탈놀이와 비슷하나 30명의 인물이 등장하는 것이 특이하다. 민중 생활 모습을 반영하고 있으며, 양반과 파계승에 대한 풍자, 처와 첩의 문제 등을 다루고 있다. 「가산오광대」는 전국에서 유일하게 「오방신장무」의 춤사위가 남아 있으며 할미가 아닌 영감이 죽는 「오광대」이다. 다른 「오광대」는 한두 명의 문둥이가 등장하지만 「가산오광대」에서는 다섯 명이 나와서 각자 춤을 추고 「장타령」, 투전놀이를 하는 것이 특이하다.

「가산오광대」

동래야류(제18호)

「야류(野遊)」는 넓은 들판 같은 데서 놀기 때문에 붙여진 이름이다. 경남 내륙 지방에서 행해지던 「오광대」가 바닷길을 따라 수영, 동래, 부산진 등에 전해진 것이다. 「오광대」가 전문 연예인에 의하여 행해진 도시 가면극이라면 「야류」는 비직업적인 연희자, 즉 마을 사람에 의하여 토착화된 놀이이다. 「동래야류」는 정월대보름 저녁에 벌어지는데, 그해 농사를 점치거나 기원하는 의미로 행해졌다고 한다. 근

「동래야류」

래는 대중오락 놀이로 공연되고 있다. 놀이는 「문둥이춤」, 양반과 말뚝이의 재담, 「영노춤」, 「할미와 영감춤」의 4과장으로 구성되어 있으며, 놀이에 앞서 가면과 의상을 갖추고 음악을 울리면서 공연 장소까지 행렬하는 길놀이를 한다. 탈은 대부분 바가지로 만드는데, 양반탈의 턱 부분을 움직여 마치 살아 있는 사람의 얼굴처럼 하는 것이 특징이다. 「동래야류」는 지역 주민의 자발적인 참여를 통하여 단결심과 애향심을 북돋아 주는 귀중한 향토문화재이다.

수영야류(제43호)

「수영야류(水營野遊)」는 부산 수영구 수영동에 전승되어 오는 탈춤으로서 현지에서는 「들놀음」 또는 「야유」라는 이름으로 통한다. 해마다 정월 보름을 전후하여 장터나 타작마당, 시냇가 같은 야외에서 행해지며 그해의 연중무사(年中無事) 및 풍년을 기원한다. 구전에 따르면 「수영야류」는 약 200년 전 좌수영수사가 마을의 죽광대패(竹廣大牌)가 유명하다는 말을 듣고 초청하여 공연하게 된 것을 군졸들이 따라 시작한 것이 시초라고 한다. 그 뒤 매년 음력 정월 대보름에 산신제와 함께 거행되어 그

해의 만사형통을 빌었다.

놀이 준비는 정초부터 시작하는데, 정초 3, 4일경 야류계가 주동이 되어 집집을 돌며 지신밟기를 하여 전곡을 거둬 경비를 확보하고 한편에서는 놀이에 사용할 가면을 제작한다. 경비, 가면, 의상 등의 준비가 완료되면 14일 밤에 시박을 가진다. 시박이란 제각각 연습한 연기를 원로들 앞에 보이고 자기 배역을 확정받는 절차이다. 보름날 낮은 분장을 한 수양반(首兩班)이 주축이 된 산신제가 베풀어지고, 이어 우물고사, 최영장군묘에 묘제를 지낸 뒤 달이 뜨면 본격적인 놀이에 들어간다.

놀이는 화려한 길놀이와 전체 네 마당의 가면극으로 구성된다. 길놀이는 일종의 시가행진으로 맨 앞에 등을 든 아이들이 서고 이어 농악대, 길군악대, 팔선녀, 수양반, 말뚝이, 난봉가패 등의 순으로 서서 놀이마당에서 약 1km 떨어진 수영강변에서 시작한다. 놀이판에 이르면 농악대의 흥겨운 농악에 맞추어 종이탈을 쓴 관중들이 무대에 뛰어올라 집단 난무를 벌인다. 농악놀이가 서너 시간 계속되고 나서 흥이 가라앉을 무렵, 수양반이 등장하면서 본격적인 가면극이 시작된다. 제1양반마당은 말뚝이(하인)가 양반의 이중인격을 폭로하면서 양반의 무능과 허세를 풍자한다. 제2마당은 영노가 자신이 양반이 아니라고 거짓말하는 양반을 잡아먹는다. 제3할미영감마당은 제대각시와 살림을 차린 영감과 본처인 할미가 싸우다가 영감의 발길에 채여 할미가 죽는다. 제4사자춤마당에서는 거대한 사자와 범이 대무

「수영야류」

(對舞)를 벌이다 범이 사자에게 잡아먹힌다.

전체적인 주제는 대부분의 가면극과 같이 양반에 대한 반감, 일부처첩에서 발생하는 가정문제, 역사의식 등을 다루었으며 마당간의 연결고리는 고려하지 않는 구성이다. 「수영야류」는 1930년 전까지 수영동의 연중행사로 전래되었으나 일제의 탄압으로 한때 중단되었다가 8·15광복 후 복원되어 1971년 중요문화재로 지정되었다.

● 민속놀이

영산쇠머리대기(제25호)

영산쇠머리대기는 일종의 편싸움놀이로 마을을 동서로 나누어 편을 짜는데, 이긴 편 마을은 풍년이 들고 진 편 마을은 흉년이 든다고 하여 농경의식의 하나로 전해져 왔다. 영산 지방에서 나무쇠싸움(木牛戰)으로 불린다. 정월 대보름에 행해지던 민속놀이였으나 현재는 3·1문화제 행사의 하나로 줄다리기와 함께 행해지고 있다. 영산의 영축산과 작약산의 형상이 마치 두 마리의 황소가 겨루고 있는 것 같다 하여 산의 나쁜 기운을 풀어 주고 불행을 막는다는 의미에서 산신에게 고사를 지내고 행해졌다. 나무를 깎아 만든 쇠머리에 사람이 올라타고 상대방 쇠머리를 쓰러뜨리거나, 자기편 쇠머리로 상대방 쇠머리 위를 덮쳐 땅에 닿게 하면 이기게 된다. 영산쇠머리대기는 풍년을 기원하는 마을 공

영산쇠머리대기

동체의 민속놀이이며, 경남 영산 지방에서 생겨나 영산 지방만 전승되는 독특한 향토놀이이다.

영산줄다리기(제26호)

『동국세시기(東國歲時記)』에 의하면 한국의 줄다리기는 오래전부터 중부 이남 지방에서 널리 행했다고 하며, 오늘날까지 가장 많이 하는 놀이이다. 놀이를 하기 위해서는 짚으로 단단한 새끼줄을 꼬아 만들어야 한다. 완성된 줄의 모양은 두 마리의 지네가 머리를 마주 대고 서 있는 모습이다. 같은 수의 수많은 남녀노소가 양편에서 줄을 잡아당기는 경기로, 심판의 신호에 따라 경기와 휴식이 번갈아 진행된다. 줄은 암줄과 수줄로 나뉘는데 암줄이 이겨야 풍년이 든다고 한다. 이긴 편의 밧줄과 꽁지줄을 풀어 짚을 한움큼씩 떼어다 자기 집 지붕 위에 올려놓으면 좋은 일이 생긴다고 하며, 그 짚을 소에게 먹이면 소가 튼튼하게 잘 크며, 거름으로 쓰면 풍년이 든다고 한다. 줄다리기가 끝나면 농악대를 앞세워 집집마다 다니면서 지신밟기를 한다.

영산줄다리기

좌수영어방놀이(제62호)

좌수영어방(左水營漁坊)놀이는 지금의 부산 동래에 전승되고 있는 놀이로, 어업의 작업 과정과 노동요를 놀이화한 것이다. 새해를 맞아 바다에 나가기 전에 굿을 하고 놀이를 벌여 많은 고기를 잡아 만선으로 돌아오기를 기원하였다. 좌수영 어방놀이는 어부들이 그 물로 고기를 잡으며 여러 노래를 부르는 내용이 중요 부분을 이룬다. 고기를 잡는 작업 과정에 따르는 앞소리, 뒷소리, 맞는 소리를 맞추며 부르는

좌수영어방놀이

것이다. 좌수영어방놀이는 어업에 따르는 노래와 풍어를 축하하는 어부, 여인들의 집단 놀이가 합쳐진 것으로 축제 성격이 강하다. 좌수영어방이 오랜 역사와 전통을 지닌 한국의 유일한 어업협동기구라는 점과, 어방의 전통적인 놀이라는 점에 큰 의의가 있다.

밀양백중놀이(제68호)

밀양 지방에 전승되는 민속놀이이다. 한국 중부 이남에서 벼농사를 주로 하는 지방의 호미씻이놀이 중 하나이다. 밀양 지방은 음력 7월 보름(百中日) 전후 하루를 머슴날로 정해, 머슴이 지주가 내려 주는 술과 음식을 먹고 갖가지 놀이로 하루를 즐기게 해준다. 지주가 준비해 주는 술과 음식을 일컫는 꼼배기참을 먹으며 논다 해서 꼼배기참놀이라고도 한다. 밀양은 유달리 양반, 중인, 천인의 계급차가 심한 곳이어서 천민의 설움이 놀이 속에 잘 표현되어 있다. 놀이는 처음 농신제(農神祭)로 시작하여 작두말타기, 춤판(「양반춤」·「병신춤」·「범부춤」), 뒷놀이로 구성된다.

농신제는 원을 지어서 빙빙 돌며 앉거나 서며 춤추는 놀이이고, 작두말타기는 지게와 비슷한 작두말에 좌상과 무상을 태우고 벌이는 양반을

밀양백중놀이

욕하는 내용의 놀이이다. 춤판은 지방색이 짙은 각종 향토무용이 펼쳐진다. 마지막 뒷놀이는 모든 놀이꾼이 화목의 뜻으로 함께 어울려 추는 춤으로 장단가락이 자주 바뀌면서 제각기 개성적이거나 즉흥적인 춤으로 꾸며진다. 밀양백중놀이의 특징은 상민과 천민의 한이 놀이 전체에서 익살스럽게 표현되어 있다는 점이다.

● 기술

나전장(제10호)

나전칠기장과 끊음질, 줄음질을 합쳐 나전장(螺鈿匠)으로 지정한 것이다. 나전이란 광채 나는 자개 조각을 박아 붙여 꾸민 공예품을 말하는데, 자개칠이라고도 한다. 한국은 이러한 방법으로 만든 가구나 장식품이 많기로 유명하다. 한국의 나전은 삼국시대부터 발달하였고 고려시대에 나전 기법이 눈부시게 발전하여 도자기와 함께 고려의 대표적인 공예가 되었다.

고려의 화려한 나전칠기 공예는 고려의 쇠퇴와 함께 13세기 후반부터 점차 그 의장(意匠)과 기법이 느슨해지면서 성글고 거친 기법이 조선시대 전·중기 나전으로 전승되었다. 19세기는 십장생(十長生)과 산수의 풍경을 사실적으로 표현한 것이 나타난다. 한편 매죽·화조 무늬를 익살과 동심으로 표현하는 기풍이 늘어나서 색다른 아름다움으로 조선시대 나

나전장(왼쪽)과 십장생도(오른쪽)

전이 지니는 하나의 매력을 형성하였다. 일제강점기에 나전 공예는 근근이 그 명맥만 유지하다가 8·15광복과 더불어 다시 활기를 되찾았다. 1960년대부터 나전 공예의 전성시대를 맞이하게 되면서 기법이 현대 감각에 맞게 더욱 정교하고 다양해졌다.

염장(제114호)

염장(簾匠)은 발을 만드는 장인을 말한다. 이전에는 다양한 재료로 발을 만들었는데, 재료에 따라 대를 엮어서 만든 대발, 갈대를 엮어 만든 갈대발, 껍질을 벗긴 삼대로 만든 겨릅발, 달풀로 만든 달발 등이 있다. 전통 한옥 생활에서 발은 필수품이었다. 여름에 주로 사용하는데 집 안 사람에게 시원함을 느끼게 해주고, 밖에서 안을 볼 수 없도록 하는 기능을 한다. 발은 가마의 문을 가리는 발부터 집의 대문을 가리는 발까지 다양한 크기로 만들어졌다. 대발을 만들려면 재료인 대나무에 보통 만 번 이상 손이 가야만 작업이 준비될 수 있을 만큼 많은 시간과 노력이 필요하다. 1970년대 이후 한옥이 거의 사라지면서 그 수요가 급격하게 줄어서 경

염장(왼쪽)과 발(오른쪽)

남 통영 등 일부 지역에서만 만들어지고 있는데, 현재 통영의 조대용이 장인으로 지정되어 선조들의 지혜와 공예 기술을 보존, 전수하고 있다.

3. 대구 / 경상북도

대구(大邱, Daegu)는 한국 제3의 도시로서 2007년 기준 인구 251만 명, 면적 884km², 경북대학교를 비롯해 40개가 넘는 대학이 있는 교육도시이다. 대구는 한국 한약재의 총본산으로서 약령시가 유명하고 세계적 섬유패션도시, 벤처산업도시, 국제적인 복합산업도시로 계속 발전하고 있다.

경주(慶州, Gyeongju)는 1,000년 왕국인 신라의 수도로서 전통이 살아 있는 곳으로 역사 유물의 도시이다. 한국을 관광하는 외국인에게 가장 인기 있는 도시이다.

경상북도는 면적이 19,025km²로서 전 국토의 19%를 차지하며, 2007년 기준 인구는 271만 명으로 대구와 합하면 전 국민의 약 11%에 달한

대구시 전경

경주시 전경

다. 대학은 영남대학을 비롯하여 아홉 개이고 대구와 합치면 약 50개의 대학이 있다. 경상북도는 옛 가야 문화, 신라 문화, 유교 문화의 본거지로 많은 문화재를 자랑한다.

대구와 경상북도의 박물관

● 국공립박물관

국립대구박물관	대구시 수성구 황금로 200 / T. 053-768-6051 http://daegu.museum.go.kr/
국립경주박물관	경주시 일정로 118 / T. 054-740-7518 http://gyeongju.museum.go.kr/
문경새재박물관	문경시 문경읍 상초리 242-1 / T. 054-572-4000 http://www.mgsj.go.kr/

● 대학박물관

경북대학교박물관	대구시 북구 산격동 1370 / T. 053-950-6869 http://museum.knu.ac.kr/
계명대학교행소박물관	대구시 달서구 신당동 1000 / T. 053-580-6992 http://www.hengsomuseum.com/
대구대학교박물관	경산시 진량읍 내리리 15 / T. 053-850-5620 http://museum.daegu.ac.kr/
상주대학교박물관	상주시 가장동 386 / T. 054-530-5360 http://s-job.sangju.ac.kr/edu/cult_edu/museum/start.htm

안동대학교박물관	안동시 송천동 388 본관 3층 / T. 054-820-5248 http://museum.andong.ac.kr/	
영남대학교박물관	경산시 대동 214-1 / T. 053-810-1707 http://www.yumuseum.net/	

● 특수 테마 박물관

국립등대박물관	포항시 남구 대보면 대보리 221 / T. 054-284-4857 http://www.lighthouse-museum.or.kr/
영일민속박물관	포항시 북구 흥해읍 성내리 39-8 / T. 054-261-2798
금오민속박물관	구미시 무을면 무이리 160 / T. 054-481-9194 http://www.geumofm.net/
경보화석박물관	영덕군 남정면 원척리 267-9 / T. 054-732-8654 http://www.hwasuk.com/
독도박물관(영토박물관)	울릉군 울릉읍 도동리 581-1 / T. 054-790-6432 http://www.dokdomuseum.go.kr/
소수박물관(유교박물관)	영주시 순흥면 내죽리 152-8 소수서원 내 / T. 054-639-6955 http://www.seonbichon.or.kr/
하회동탈박물관	안동시 풍천면 하회리 287 / T. 054-853-2288 http://www.tal.or.kr/

국보

● 대구

제182호	금동여래입상(金銅如來立像)	수성구 국립대구박물관
제183호	금동보살입상(金銅菩薩立像)	수성구 국립대구박물관
제184호	금동보살입상(金銅菩薩立像)	수성구 국립대구박물관

● 경주

제20호	불국사다보탑(佛國寺多寶塔)	불국사
제21호	불국사삼층석탑(佛國寺三層石塔)	불국사
제22호	불국사연화교칠보교(佛國寺蓮華橋七寶橋)	불국사
제23호	불국사청운교백운교(佛國寺靑雲橋白雲橋)	불국사
제24호	석굴암석굴(石窟庵石窟)	석굴암

제25호	신라태종무열왕릉비(新羅太宗武烈王陵碑)	경주시
제26호	불국사금동비로자나불좌상(佛國寺金銅毘盧舍那佛坐像)	불국사
제27호	불국사금동아미타여래좌상(佛國寺金銅阿彌陀如來坐像)	불국사
제28호	백률사금동약사여래입상(栢栗寺金銅藥師如來立像)	국립경주박물관
제29호	성덕대왕신종(聖德大王神鐘)	국립경주박물관
제30호	분황사석탑(芬皇寺石塔)	분황사
제31호	경주첨성대(慶州瞻星臺)	경주시
제37호	경주구황리삼층석탑(慶州九黃里三層石塔)	경주시
제38호	고선사지삼층석탑(高仙寺址三層石塔)	경주시
제39호	월성나원리오층석탑(月城羅原里五層石塔)	경주시
제40호	정혜사지십삼층석탑(淨惠寺址十三層石塔)	경주시
제87호	금관총금관(金冠塚金冠)	국립경주박물관
제88호	금관총과대 및 요패(金冠塚銙帶 및 腰佩)	국립경주박물관
제112호	감은사지삼층석탑(感恩寺址三層石塔)	경주시
제126호	불국사삼층석탑 내 발견유물(佛國寺三層石塔內發見遺物)	국립중앙박물관 보관
제126-1호	금동제사리외함(金東製舍利外函)	국립중앙박물관 보관
제126-2호	은제사리외합(銀製舍利外盒)	국립중앙박물관 보관
제126-3호	은제사리내합(銀制舍利內盒)	국립중앙박물관 보관
제126-4호	유향(儒香)	국립중앙박물관 보관
제126-5호	금동방형사리합(金東方形舍利盒)	국립중앙박물관 보관
제126-6호	무구정광대다라니경(無垢淨光大陀羅尼經)	국립중앙박물관 보관
제126-7호	동환(銅環)	국립중앙박물관 보관
제126-8호	경옥제곡옥(硬玉製曲玉)	국립중앙박물관 보관
제126-9호	홍마노환옥(紅瑪瑙丸玉)	국립중앙박물관 보관
제126-10호	수정절자옥(水晶切子玉)	국립중앙박물관 보관
제126-11호	수정보주형옥(水晶寶珠形玉)	국립중앙박물관 보관
제126-12호	수정환옥(水晶丸玉)	국립중앙박물관 보관
제126-13호	녹색유리환옥(綠色琉璃丸玉)	국립중앙박물관 보관
제126-14호	담청색유리제과형옥(淡靑色琉璃製瓜形玉)	국립중앙박물관 보관
제126-15호	유리제소옥(琉璃製小玉)	국립중앙박물관 보관
제126-16호	향목편(香木片)	국립중앙박물관 보관
제126-17호	청동제비천상(靑銅製飛天像)	국립중앙박물관 보관

국보 제22호 불국사연화교칠보교

국보 제28호 백률사금동약사여래입상

국보 제126호 불국사삼층석탑 내 발견유물(일부)

국보 제182호 금동여래입상

제126-18호	동경(銅鏡)	국립중앙박물관 보관
제126-19호	동제채자(銅製釵子)	국립중앙박물관 보관
제126-20호	목탑(木塔)	국립중앙박물관 보관
제126-21호	수정대옥(水晶大玉)	국립중앙박물관 보관
제126-22호	홍마노(紅瑪瑙)	국립중앙박물관 보관
제126-23호	수정제가지형옥(水晶製가지形玉)	국립중앙박물관 보관
제126-24호	유리제과형옥(琉璃製瓜形玉)	국립중앙박물관 보관
제126-25호	유리소옥(琉璃小玉)	국립중앙박물관 보관
제126-26호	심향편(沈香片)	국립중앙박물관 보관
제126-27호	섬유잔결(纖維殘缺)	국립중앙박물관 보관
제126-28호	묵서지편(墨書紙片)	국립중앙박물관 보관
제188호	천마총금관(天馬塚金冠)	국립경주박물관
제189호	금모〈천마총〉(金帽〈天馬塚〉)	국립경주박물관
제190호	금제과대 및 요패〈천마총〉(金製銙帶 및 腰佩〈天馬塚〉)	국립경주박물관
제191호	금관 및 수하식〈98호북분〉(金冠 및 垂下飾〈九十八號北墳〉)	국립경주박물관
제192호	금제과대 및 요패〈98호북분〉 (金製銙帶 및 腰佩〈九十八號北墳〉)	국립경주박물관
제193호	유리제병 및 배〈98호남분〉(琉璃製瓶 및 杯〈九十八號南墳〉)	국립경주박물관
제194호	금제경식〈98호남분〉(金製頸飾〈九十八號南墳〉)	국립경주박물관
제195호	토우장식장경호(土偶裝飾長頸壺)	국립경주박물관

국보 제189호 금모〈천마총〉

국보 제193호 유리제병 및 배〈98호남분〉

제199호	단석산신선사마애불상군(斷石山神仙寺磨崖佛像群)	경주시
제236호	월성장항리사지서오층석탑(月城獐項里寺址西五層石塔)	경주시
제275호	기마인물형토기(騎馬人物形土器)	국립경주박물관
제283호	통감속편(通鑑續編)	경주시

● 대구, 경주 외 경상북도 지역

제14호	은해사거조암영산전(銀海寺居祖庵靈山殿)	영천시 은해사
제15호	봉정사극락전(鳳停寺極樂殿)	안동시 봉정사
제16호	안동신세동칠층전탑(安東新世洞七層塼塔)	안동시
제17호	부석사무량수전 앞 석등(浮石寺無量壽殿 앞 石燈)	영주시 부석사
제18호	부석사무량수전(浮石寺無量壽殿)	영주시 부석사
제19호	부석사조사당(浮石寺祖師堂)	영주시 부석사
제45호	부석사소조여래좌상(浮石寺塑造如來坐像)	영주시 부석사
제46호	부석사조사당벽화(浮石寺祖師堂壁畵)	영주시 부석사
제77호	의성탑리오층석탑(義城塔里五層石塔)	의성군
제109호	군위삼존석굴(軍威三尊石窟)	군위군
제111호	회헌영정(晦軒影幀)	영주시 소수서원
제121호	하회탈 및 병산탈(河回탈 및 屛山탈)	안동시/국립중앙박물관 보관
제130호	선산죽장동오층석탑(善山竹杖洞五層石塔)	구미시
제132호	징비록(懲毖錄)	안동시
제181호	장량수급제패지(張良守及第牌旨)	울진군
제187호	봉감모전오층석탑(鳳甘模塼五層石塔)	영양군
제201호	봉화북지리마애여래좌상(奉化北枝里磨崖如來坐象)	봉화군
제208호	금동육각사리함(金銅六角舍利函)	김천시 직지사
제242호	울진봉평신라비(蔚珍鳳坪新羅碑)	울진군
제264호	영일냉수리신라비(迎日冷水里新羅碑)	포항시
제282호	흑석사목조아미타불좌상병복장유물 (黑石寺木造阿彌陀佛坐像幷腹藏遺物)	영주시 흑석사
제282-1호	불상(佛像)	영주시 흑석사
제282-2호	전적(典籍)	영주시/국립대구박물관 보관
제282-3호	직물류(織物類)	영주시/국립대구박물관 보관

제282-4호　　기타 복장물 오향, 칠약, 오곡, 칠보류, 사리함　　영주시/국립대구박물관 보관
　　　　　　（其他 腹藏物 五香, 七藥, 五穀, 七寶類, 舍利函）

국보 제16호 안동신세동칠층전탑

국보 제208호 금동육각사리함

국보 제46호 부석사조사당벽화

제2부 한국의 자연과 문화재　399

유형문화재 및 관광자원

● 경주

천마총

천마총(天馬塚)은 황남동 고분군에 속하는 신라시대 제155호 고분으로서 1973년에 발굴되었다. 이때 출토된 유물이 11,500점에 이르는데, 「금관」과 「천마도장니(天馬圖障泥)」가 가장 유명하다. 「금관」은 지금까지 발견된 신라 금관 중 금판이 가장 두꺼우며 금 성분이 매우 우수하다. 「천마도장니」는 말 양쪽 배를 가리는 가리개로 흙이나 먼지를 막는 외에 장식물로 사용되었는데, 자작나무 껍데기를 여러 겹으로 겹쳐 누빈 위에 하늘을 나는 천마가 정교한 솜씨로 그려져 있다. 지금까지 회화 자료가 전혀 발견되지 않던 고대신라의 유일한 미술품이라는 데 큰 의의가 있으며, 천마총 출토 유물 중 가장 값진 것으로 평가되고 있다. 이 고분의 이름을 천마총이라 한 것은 이 천마도 그림에 연유한 것인데, 일반에게 공개하고 있다.

천마총 전시관

「천마도장니」

무열왕릉(사적 제20호)

서악동에 있는 신라 제29대 태종무열왕의 능이다. 지정 면적이 4,165m²이며, 능의 외형은 원형봉토분으로 밑지름이 36.3m, 높이 8.7m이다. 밑둘레를 따라 비교적 큰 자연석을 무덤의 보호석으로 드문드문 놓았으며, 능 앞에 혼유석(魂遊石: '넋이 나와 놀도록 한 돌' 이라는 뜻으로 왕릉 봉분 앞에 놓는 직사각형의 돌)이 있다. 경내 비각에는 국보 제25호로서 비몸(碑身)은 없이 태종무열왕릉비의 몸통을 받쳤던 거북 모양 받침돌과 위를 장식하였던 이무기가 새겨진 머릿돌이 있다. 이 머릿돌 앞부분 가운데에 '태종무열대왕지비(太宗武烈大王之碑)'라 새겨져 있어 이 무덤이 무열왕의 것임을 알게 되었다.

무열왕릉

문무대왕릉(사적 제158호)

문무대왕릉은 신라 제30대 문무대왕의 수중릉이다. 경주시 양북면 봉길리 해안에서 200m 나아간 바다에 있다. 문무왕은 고구려와 백제를 평정한 후에 중국 당나라 세력까지 물리치고 삼국의 통일을 이룬 인물로 알려져 있다. 이런 인물의 유골이 바다 가운데 솟아 있는 자연 암석 사이에 묻힌 것이다. 『삼국사기』에 의하면 왕이 죽으면서 불교식 장례에 따라 화장하고 동해에 묻으면 용이 되어 동해로 침입하는 왜구를 막겠다는 유언을 남겼다고 한다. 아들 신문왕은 동해 근처에 감은사를 세워 법당 아

문무대왕의 수중릉

래 동해를 향한 배수로를 만들어 용이 된 문무왕이 다닐 수 있도록 하였다 한다.

안압지

안압지(雁鴨池)는 인교동에 있는 신라시대의 연못으로 월성 북동쪽에 인접해 있다. 동서 200m, 남북 180m의 갈고리 모양[鉤形]이다. 문무왕 14년(674년) 궁성 안에 못을 파서 세 개의 섬을 배치하고 북쪽과 동쪽으로 열두 개의 봉우리로 구성된 산을 만들어 화초를 기르고 진귀한 동물을 길렀다는 신라의 가장 대표적인 원지(苑池)이다. 동양의 신선사상을 상징하여 만든 것이라고 전해지고 있다. 못가에 세워져 있던 임해전과 여러 부속 건물은 나라의 경사가 있을 때나 귀한 손님을 맞을 때 연회가 베풀어지던 곳이다.

안압지

1974년 이후 못 바닥

을 파내는 공사와 고고학 조사에 의하여 중요한 유구와 유물이 발견되었다. 연못 바닥에서 출토된 유물 가운데 와전(瓦塼) 종류는 신라 특유의 아름다운 무늬가 있는 것이 많다. 불교 예술품으로서 판 모양의 「금동여래삼존상」과 「금동보살상」 등의 우수한 작품이 있고, 현존하는 예가 드문 목조의 배, 건축 부재(部材), 글을 적은 나뭇조각인 목간(木簡) 등의 채취와 그 보존에 성공한 것은 귀중한 공적이다.

분황사지

분황사(芬皇寺)는 구황동에 있던 신라시대 절이며 창건 연대는 성덕여왕 3년(634년)이다. 지금은 절의 기둥 흔적만 남아 보존되고 있다. 이 절에는 경덕왕 14년(775년) 불상 주조의 대가인 강고내말이 구리 약 115톤을 들여 제작한 「약사여래동상」이 있었는데 임진왜란 때 소실되었다고 한다. 현재는 통일신라 이전에 세운 9층 모전탑 중 3층만 남아 있다. 이 석탑은 국보 제30호로 지정되었는데, 바다 속 안산암을 갈아서 쌓은 것으로 탑 속에서 금은으로 된 각종 유물이 발견되었다. 원효가 이곳에서 『화엄경소(華嚴經疏)』를 썼고 솔거가 그린 「관음보살상」은 신화(神畵)로 일컬어졌다. 절의 좌전에 있던 「천수대비벽화」는 매우 영험이 있어서,

분황사지

「분황사석탑」

노래를 지어 부르며 소원을 빈 눈먼 여자 아이의 눈을 뜨게 했다는 이야기가 전해진다.

불국사(사적 및 명승 제1호)

경주시 토함산 기슭에 있는 절인 불국사(佛國寺)는 1995년 세계문화유산 목록에 등록되었다. 대한불교조계종 11교구 본사의 하나로서 그 경내 면적이 36만㎡가 넘는다. 불국사 창건에 대해 두 가지 설이 있는데, 확실한 것은 처음 5~6세기에 소규모로 창건되었으나 경덕왕 10년(751년) 재상 김대성에 의해 대대적으로 확장되었다는 것이다. 김대성이 전세의 부모를 위해 석굴암을, 현세의 부모를 위해 불국사를 창건했다고 하나 완공을 보지 못하고 죽자, 국가에서 30여 년의 세월을 거쳐 완성했다고 한다. 당시는 극락전 12칸, 무설전 32칸, 비로전 12칸 등 무려 80여 종 2,000칸의 건물이 있었다고 하나 임진왜란 때 모두 불타 버렸다. 1604년경~1805년 40여 차례 중수를 거쳤으나 일제강점기에 다시 많은 건물이 파손되고 도난당한 것을 1970~73년에 복원하였다. 경내에 「다보탑」(국보 제20호), 「석가탑」(국보 제21호), 「연화교」와 「칠보교」(국보 제22호), 「청운교」와 「백운교」(국보 제23호) 등 일곱 가지의 국보가 있는데, 1,000년 신라 문화를 보여 주는 한국 최고 문화재라 할 만하다.

불국사 경내

석굴암(국보 제24호)

석굴암(石窟庵)은 통일신라 경덕왕 10년(751년) 토함산에 불국사를 지을 때 왕명에 의하여 창건된 한국의 대표적인 석굴 사찰이다. 규모나 건축 기술의 과학성, 미적인 면에서 거의 완벽한 석굴이다. 유네스코 세계문화유산에 등록되어 있다.

경주 첨성대(국보 제31호)

「첨성대(瞻星臺)」는 동양에 현존하는 가장 오래된 천문대로서 인왕동에 있다. 높이 9.18m, 밑지름 4.9m, 윗지름 2.85m로서 신라 선덕여왕 때(632~47년) 건립되었다. 모양은 원통형으로 남문 쪽에 사다리를 걸었던 자리가 있다. 30cm 높이의 돌 362개로 27단을 쌓아 만들었는데, 꼭대기에 정자석(井字石)이 2단으로 짜여 있으며 그 위에 관측기구를 놓았던 것으로 보인다. 24절기를 별을 통해 측정하였는데, 정자석을 동서남북 방위를 가리키는 기준으로 삼았던 듯하다.

석굴암

「첨성대」

국립경주박물관

인왕동에 있는 국립박물관으로서 1913년에 건립되었다. 연건평 약 10,000여㎡, 소장 유물 20,000여 점 이상이다. 선사시대, 고신라시대, 통일신라시대의 각종 국보급 유물이 다수 전시되어 있고, 「성덕여왕신종」 및 석탑, 석불 등 석조물이 전시되어 있다.

보문관광단지

유네스코에 아시아 3대 유적으로 지정된 경주시에 보문호(普門湖)를 중심으로 약 1,033ha에 걸쳐 조성되어 있는 국제 관광단지이다. 1964년부터 개발에 착수하여 1970년에 완공되었다. 충분한 숙박 시설과 다양한 위락 시설을 제공하여 경주를 종합적인 관광 휴양지로 개발하는 데 중심 역할을 맡고 있다. 주요 시설로 각종 국내외 회의와 대규모 행사를 열 수 있는 국제회의장인 관광센터(5개국어 동시통역실 갖춤)와 골프장, 각종 토산품과 관광기념품을 판매하는 종합상가, 관광호텔 두 곳, 교육문화회관, 콘도미니엄 등이 있는데 이들 시설은 모두 전통 한국 건축양식에 따라 지어졌다.

국립경주박물관

보문관광단지

이 밖에 경주 지역에는 많은 문화재가 있다.

계림, 표암, 김유신장군묘, 경주의 고분, 신라오릉, 괘릉, 남산성, 반월성, 석빙고, 포석정, 옥산서원, 황룡사지, 보경사, 기림사, 양동마을, 「성덕대왕신종」, 「감은사지3층석탑」, 화랑교육원, 통일전 등이 그것이다.

경주 외 경상북도 지역

성류굴(천연기념물 제155호)

울진군 근남면 구산리에 있는 동굴이다. 한국에서 가장 유서 깊은 동굴 중 하나로 고려시대 말의 학자 이곡이 성류굴(聖留窟)에 대하여 언급한 『관동유기(關東遊記)』는 한국 최초의 동굴탐사기가 되는 셈이다. 성류굴은 주요 부분 길이 약 470m, 전체 길이 약 800m이고, 입구는 선유산 절벽 밑 왕피천(王避川)가에 있는 좁은 바위구멍이다. 동굴은 대체로 남서쪽에서 북동쪽을 향해 나아간다. 크고 작은 아홉 개의 동방(洞房)과 다섯 개의 호소(湖沼)로 이루어져 있으며, 곳곳에 각양각색의 종유석, 석순, 석주 등이 빽빽이 늘어서 있다. 특히 제3동방은 남북 간 32m, 동서 간 50여m에 달하는 큰 공동(空洞)이다. 이곳에 최대 깊이가 8m에 이르는 '마의 심연'이라는 큰 동굴호가 있는데, 주위 벽면에 발달한 큰 규모의 종유석이 수면에 잠기는 절경을 보인다.

성류굴

소수서원(사적 제55호)

소수서원(紹修書院)은 영주시 순흥면에 있는 한국 최초의 서원이다. 조선 중종 37년(1542년) 풍기군수 주세붕이 고려 안향의 사묘를 세우고 다음 해에 학사(學舍)를 이곳에 옮겨 건립하여 백운동서원을 설립한 것이 이 서원의 시초이다. 그 후 1544년 안축, 안향을 추배하고 명종 5년(1550년)에 이황이 풍기군수로 와서 조정에 상소하여 소수서원이라는 사액(賜額)과 사서오경 등 서책을 받아 최초의 사액서원이자 공인된 사학(私學)이 되었다. 대원군의 서원 철폐 때 철폐를 면한 47서원 중 하나로 지금까지 옛 모습을 그대로 간직하고 있다.

도산서원(사적 제170호)

도산서원(陶山書院)은 원래 퇴계 이황이 낙동강이 내려다보이는 안동 도산면 산기슭에 제자들을 가르치기 위해 세운 서당이었으나, 퇴계가 죽은 다음인 선조 7년(1574년) 퇴계 이황의 학덕을 추모하는 그의 제자들과 유림이 중심이 되어 그 자리에 창건한 서원이다. 영남 유학(儒學)의 본산이 되었다. 약 400종 4,000권이 넘는 장서와 장판(藏板) 및 이황의 유품이 남아 있다. 경내에는 이황이 제자들을 가르치기 위해 손수 지은 도산

소수서원

도산서원

서당이라는 아담하고 소박한 건물이 있으며, 도산서원이라는 현판은 당대 최고 명필이던 석봉 한호가 쓴 것이다. 오늘날까지 많은 사람의 발길이 이어지고 있는 곳이다.

병산서원(사적 제260호)

병산서원(屛山書院)은 조선 선조 때의 재상 유성룡을 제사 지내는 서원이다. 원래 선조 5년(1572년) 유성룡이 고려시대 말 풍산현에 있던 풍악서당을 안동시 서남쪽 낙동강 상류가 굽이치는 이곳으로 옮겨 온 것이다. 광해 5년(1613년) 정경세가 중심이 되어 유성룡의 학덕을 기리기 위하여 존덕사(尊德祠)를 창건하고 위폐를 모셨다. 철종 14년(1863년) '병산'이라는 사액을 받아 많은 학자를 배출하였으며, 현재 100여 종 3,000권 이상의 책을 소장하고 있다.

직지사

직지사(直指寺)는 김천시 대항면 황악산에 있는 사찰이다. 고구려 승려 아도가 지었다는 설이 있으나 현재 사적비가 허물어져 확실한 것은 알 수 없고, 신라 눌지왕 2년(418년)에 묵호자가 구미시에 있는 도리사(桃

병산서원

직지사

李寺)와 함께 창건했다고 전한다. 그 후 선덕여왕 14년(645년), 고려 태조 19년(936년)에 능여가 태조의 도움을 받아 중건하였다. 직지사라는 이름은 능여가 절터를 잴 때 자를 쓰지 않고 직접 자기 손으로 측량한 데서 유래되었으며 조선시대에 사명당 유정 스님이 이곳에서 승려가 되었다. 경내에 통일신라 때 작품인 높이 1.63m「석조약사여래좌상」(보물 제319호), 조선의 대표적인 사찰건물인 대웅전 앞 3층 석탑(보물 제606호), 1,000구의 아기 부처가 나란히 안치되어 있는 비로전(일명 천불전) 앞 3층 석탑(보물 제607호), 대웅전 탱화 3폭(보물 제670호) 등의 문화재와 1,000년 묵은 칡뿌리와 싸리나무 기둥의 일주문이 있다.

1994년에 5,000명을 수용할 수 있는 국제불교연수회관이 이곳에 준공되었다. 이 사찰을 둘러싸고 있는 황악산은 예부터 학이 많이 찾아와 황학산이라 불리던 것이 황악산으로 바뀌었다고 하는데, 울창한 소나무 숲과 깊은 계곡에 옥 같이 맑은 물, 가을 단풍과 겨울 눈꽃이 매우 아름답다.

부석사(문화재자료 제195호)

영주시 부석면 봉황산 중턱에 있는 사찰인 부석사(浮石寺)는 신라 문무왕 17년(677년)에 창건되었다. 부석사는 한국 화엄종의 근본 도장으로, 의상조사(義湘祖師)가 왕명을 받들어 창건하고 화엄의 대교(大敎)를 펼치던 곳으로, 창건에 얽힌 의상과 선묘 아가씨의 애틋한 사랑의 설화가 유명하다. 1016년 무량수전을 중건하였는데 1376년 원응국사가 다시 중수하고, 이듬해 조사당을 재건하였다. 경내에 무량수전(국보 제18호), 조사당(국보 제19호), 「소조여래좌상」(국보 제45호), 「조사당벽화」(국보 제46호), 「불사리탑」 등 많은 문화재가 있다. 의상은 제자가 3,000명이나 있었다고 하며, 그 중에 10대덕(大德)이라 불리는 걸출한 승려들을 배출하여 화엄의 이름을 드높였다고 한다.

용문사

예천군 용문면 내지리 용문산에 있는 절인 용문사(龍門寺)는 신라 경운왕 10년(870년)에 두운(杜雲) 선사에 의하여 창건되었다. 대한불교조계종 제16교구 본사인 고운사(孤雲寺)의 말사(末寺)이다. 전설에 의하면 고려 태조 왕건이 큰 뜻을 품고 두운선사를 만나러 이 산 동구에 이르렀을 때 갑자기 용이 나타나 영접하였다 하여 태조가 산 이름을 용문산, 절 이름을 용문사라 하였다고 한다. 또한 절을 짓기 시작했을 때 둥치 사이에서 무게 16냥의 은병(銀甁)이 나와 이것을 공사비에 충당했다는 전설이 있다. 왕건은 후삼국 정벌 중에 이 절에 머문 적이 있는데, 훗날 천하를 평정하면 이곳에 큰 절을 일으키겠다는 맹세를 했다고 한다. 그 뒤 태조 19년(936년) 칙명으로 이 절을 중건하였고, 매년 150석의 쌀을 하사했다고 하는데, 이후 이 절에 두운선사의 불법 계승이 끊이지 않았다고 한다. 의종 15년(1165년)에 왕의 칙명으로 다시 중수했으며, 명종 1년(1171년) 태자의 태(胎)를 보관한 뒤 절 이름을 창기사(昌其寺)로 바꾸

부석사

용문사

고 축성수 법회를 열어 낮에는 『금광명경(金光明經)』을 읽고, 밤에는 관세음보살을 염하는 의식을 삼았다고 한다. 성종 9년(1478년) 소헌왕비의 태실(胎室)을 봉안하고 성종 11년 정희왕후가 중수하여 성불산 용문사라 하였으나 정조 7년(1783년) 문효세자의 태실을 봉안하고는 다시 소백산 용문사로 고쳤다.

　문화재로 한국 유일의 회전식 불경 보관대인 「윤장대(輪藏臺)」(보물 제684호), 태조 왕건이 내린 「용문사 교지」(보물 제729호), 한국에서 가장 오래된 대추나무 불상조각인 「목불좌상 및 목각탱(木刻幀)」(보물 제989호), 균형미를 보여 주는 「대장전」(보물 제145호)을 비롯하여 여러 가지가 있다. 주변에 한국 최초의 백과사전인 『대동운부군옥책판(부)고본〔大東韻府群玉冊板(附)稿本〕』을 보관하고 있는 예천 권씨 종택과 초간 권문해가 건립한 초간정(草澗亭)의 경관이 뛰어나다.

명봉사

예천군 상리면 명봉리 소백산맥의 깊은 산기슭에 위치한 명봉사(鳴鳳寺)는 신라 헌강왕 원년(875년) 두운대사가 창건하였다. 문화재로 고려 태조 24년(941년)에 세운 「경청선원자적선사릉운탑비(境淸禪院慈寂禪師凌雲塔碑)」(시도유형문화재 제3호)는 이두문으로 된 비석으로 국문학 연구에 귀중한 자료이며 최언위가 지은 것으로 판독되었다. 「문종대왕태실비(文宗大王胎室碑)」(시도유형문화재 제187호) 역시 봉안되어 있다. 대웅전 안에 6·25전쟁 때 유일하게 소실되

「경청선원자적선사릉운탑비」

지 않은 「대세지보살상(大勢至菩薩像)」이 있다. 절 입구의 숲과 계곡 풍경이 빼어나며 경내에 소나무, 전나무, 느티나무 등이 해를 가려 한여름에 추위를 느끼게 한다. 계곡에는 맑은 물이 흘러 여름철 피서지와 산책로로 각광받고 있다.

안동하회민속마을(중요민속자료 제122호)
안동시 풍천면 하회리에 있는 민속 마을이다. 하회마을은 민속 전통과 건축물을 잘 보존하고 있는 풍산 류씨의 씨족 마을로서 서애 류성룡 등 많은 학자와 고관을 배출한 양반 고을이다. 임진왜란의 피해가 없어 전래의 모습이 잘 보존되어 있다. 하천 흐름에 따라 남북 방향의 큰길이 나 있는데 이를 경계로 하여 위쪽이 북촌, 아래쪽이 남촌이다.

북촌의 양진당과 충효당, 북촌댁, 남촌댁 등은 역사와 규모에서 전형적 양반 가옥으로 사랑채나 별당채를 옆면으로 연결하거나 뒤뜰에 따로 배치하는 등 발달된 주거 구조를 보이고 커다란 몸채, 사랑채, 행랑채가 공통된 특성이다. 특히 사랑채 서실, 대청 별당과 같은 문화적 공간을 지녀, 조선시대 신분제 사회에서 일반 서민이 소유한 최소한의 주거 공간과 확연히 다른 양반가의 가옥을 보여 준다.

「하회별신굿탈놀이」를 보존하고 있는 마을로 해마다 「탈춤 페스티벌」을 연다.

안동하회민속마을

하회탈(국보 제121호)

하회별신굿탈놀이 때 쓰는 탈이다. 하회탈은 주지 두 개, 각시, 스님, 양반, 선비, 초랭이, 이매, 부네, 백정, 할미 모두 10종 열한 개이며, 병산탈은 현재 두 개가 전해지고 있다. 제작자, 제작 연대 모두 미상인데, 대략 11~12세기경에 만들어진 것으로 추정하고 있고 제작자는 허도령 전설이 전해오고 있을 뿐이다. 탈은 오리나무로 만들어 옻칠을 한 것으로, 현존하는 가면 중 신성(神聖) 가면의 성격을 띤 예능 가면으로서 가장 오래된 것이다. 이들 가면의 모습은 다음과 같다.

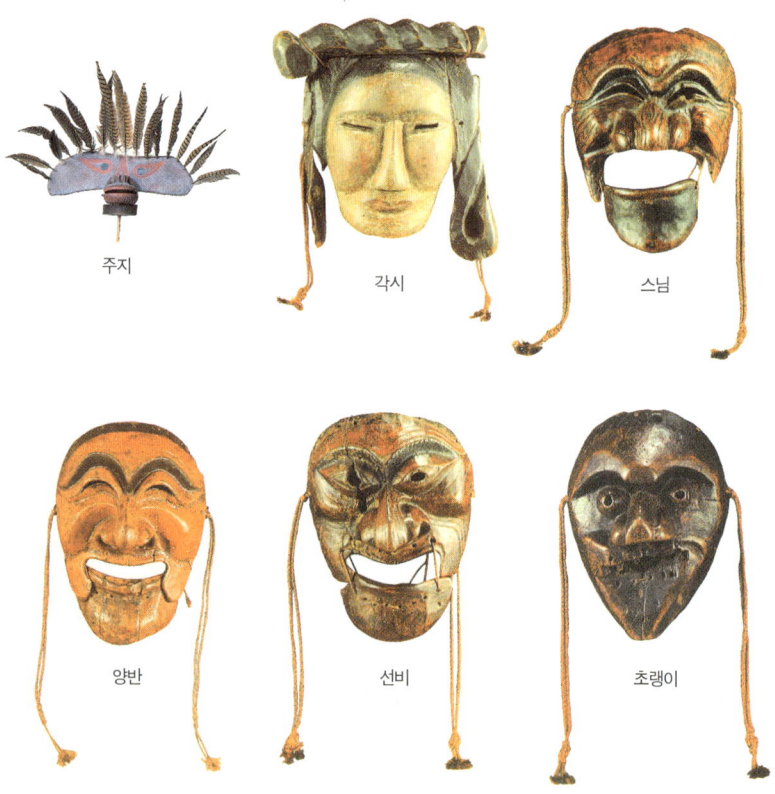

주지 　 각시 　 스님

양반 　 선비 　 초랭이

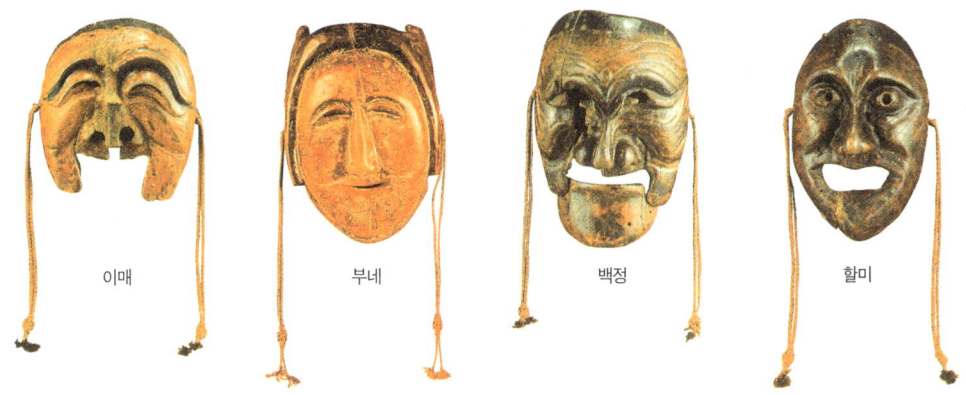

이매　　　　부네　　　　백정　　　　할미

의성김씨 종택(보물 제450호)

안동시 임하면 천전리에 있는 조선시대 의성김씨의 종택(宗宅)이다. 불타 없어진 것을 조선 선조 때 김성일이 사(巳)자 형으로 재건한 가옥으로 정면 4칸, 측면 2칸, 총 55칸이다. 조선시대 양반가 가옥을 보여 주는 귀중한 자료이다.

국립등대박물관

1982년 8월 4일 국내 최대 규모의 유인등대인 높이 26.4m의 호미곶등대가 지방기념물 제39호로 지정되었다. 팔각형 연와조 양식의 이 등대는 철근 없이 벽돌만 가지고 지은 건물인데, 6층으로 된 등탑 내부 각층 천장에 조선 왕실의 상징인 배꽃문양이 새겨져 있어 문화재적 가치를 더하는 고풍스러운 건물이다. 이 등대의 지방기념물 지정에 맞추어 건립된 것이 국립등대박물관이다. 포항시 남구 대보면에 세워진 한국 최초의 등대박물관으로서 1985년에 개관하였다. 해양수산관인 제1전시관과 등대관인 제2전시관, 기획전시관, 야외전시장, 수상전시장, 테마 공원 등으

의성김씨 종택

국립등대박물관

로 이루어져 있다. 한국 등대의 발달사와 각종 해운 자료를 한눈에 볼 수 있는 한국 유일의 등대박물관인 이곳에 등대 관련 자료 및 소장품 3,710여 점이 전시되어 있다. 해양수산관은 해운항만의 변화와 우리 수산의 위상, 해양 연구에 관한 자료와 유물 등이 전시되고, 등대관은 영일만의 유래와 역사 자료, 각종 항로표지, 등대원의 생활유물 등이 전시되며, 기획전시관은 등대에 관한 각종 문서 등이 전시되어 있다.

여기서 눈여겨보아야 할 것은 이곳 지명의 변천이다. 원래 호랑이꼬리라는 뜻의 호미곶을 일제가 토끼꼬리해변 또는 장기갑으로 둔갑시켜 놓았던 잘못된 역사적 사실로 인해 등대와 박물관의 이름 역시 장기갑등대, 장기갑등대박물관이었다 다시 바뀌는 굴곡을 겪었다. 현재는 호미곶이라는 이름을 되찾았다.

이곳에 밀레니엄을 기억하기 위한 해돋이 광장이 조성되었다. 전북 부안 채석장에서 채화된 20세기 마지막 햇빛과 21세기를 밝혀 주는 첫 태양으로 독도 해상과 이곳에서 채화한 것을 모아 합화한 성화가 여기에 영구 보존되고 있다. 두 손을 벌리고 있는 모양의 「상생의 손」이라는 밀레니엄 조형물이 이곳에 설치되어 있는데 손의 한쪽은 지상에, 다른 한쪽은 바다에 팔뚝의 반을 담그고 있다. 특히 바다에 잠긴 손바닥 위로 뜨는 태양의 모습이 장관으로 이름이 높아 매년 1월 1일에 한국에서 가장 큰 해맞이 축제가 열린다.

포스코(POSCO)

포스코는 삼성전자와 함께 한국을 대표하는 기업으로 1968년 포항에 설립된 한국 최대의 종합제철회사이다. 제4기 광양제철소 준공으로 현재 연간 3천만 톤의 철강 생산 능력을 갖춘 세계 굴지의 제철회사가 되었다. 총자산이 26조 원이 넘으며, 연 매출액 20조 원, 순이익 3조 원이

포스코

넘는 한국의 세계적 회사의 하나로, 종사 인원이 수만 명에 이른다. 1987년에는 포항공대를 설립하여 세계적 대학으로 육성하고 있다.

이 밖에 경상북도 지역에는 다음과 같은 많은 유형문화재와 관광자원이 있다.

동해안 지역, 울릉도 지역, 독도, 주왕산, 청량산, 구멍바위, 나리분지, 성인봉, 불영계곡, 봉래폭포, 덕구온천, 백암온천, 봉정사, 희방사, 월송정, 망양정, 임청각, 예안이씨 상리종택, 「안동 신세동 칠층전탑」, 안동댐 등이 그 예이다.

무형 문화재

● 음악

농요(제84호)

농민들은 힘들고 바쁜 일손으로부터 피로를 잊고 능률을 올리기 위해 노래를 부르며 일한다. 이러한 노래를 농요라 하는데 들노래라고도 한다. 농요의 주제는 농사와 관계되는 내용을 담고 있는데, 크게 논농사 소리와 밭농사 소리로 구분한다. 논농사 소리에 「쟁기질 노래」, 「벼베기 소리」, 「김매기 소리」, 「새쫓는 소리」 등이 있고 밭농사 소리에 「밭매기 소리」와 「보리타작 소리」가 있어 1년 동안의 주요 농사 과정이 잘 나타나 있다. 또한 노동과 직접 관계는 없지만 정월 대보름에 풍물을 치며 집집을 돌아다니며 그해의 풍년을 비는 지신밟기가 있다. 이러한 농요로 「고성농요」와 「예천통명농요」가 문화재로 지정되어 있다.

「예천통명농요」는 예천군 예천읍 통명동에 전승되어 온 농요로 1979년 제20회 「전국민속예술경연대회」에서 대통령상을 받으면서 널리 알려졌는데 통명동 토박이 이대봉과 이상걸이 기능보유자로 지정되었다. 이 농요는 「모심기 소리」, 「모심고 나오면서 부르는 소리」, 「논매기 소리」, 「논매고 나오면서 부르는 소리」, 「집에 들어가면서 부르는 소리」로 이루어져 있

「예천통명농요」

다. 유절 형식에 가락은 메나리토리, 12/8박자이다. 「모심기 소리」는 '아부래이순아' 라는 뒷소리가 있는 자유 리듬으로 느리게 부르고, 「모심고 나오면서 부르는 소리」는 '도움소 에헤여라 도움소' 라는 뒷소리로 받는다. 「논매기 소리」는 '에헤 아헤 오호 상사디야' 라는 뒷소리가 있고, 「논매고 나오면서 부르는 소리」는 한 장단을 메기면 '에이호' 라는 뒷소리로 받는다. 「집에 들어가면서 부르는 소리」는 「칭칭소리」와 비슷하며 두 장단을 메기면 두 장단을 '노세노세 캥마쿵쿵' 하고 뒷소리로 받는다.

● 가면극

처용무(제39호)

「처용무(處容舞)」는 궁중 「나례」나 「연례」에 처용의 가면을 쓰고 추던 탈춤이다. 「나례」란 궁중에서 악귀를 쫓기 위해 행하는 의식을 말한다. 신라 헌강왕 때 처용설화에서 유래된 가면무용으로 『악학궤범』에 섣달 그믐날 「나례」에 두 번씩 「처용무」를 추었다고 기록되어 있으며 그 격식은 다음과 같다.

　다섯 명의 무용수가 5방위 청색(靑:東), 홍색(紅:南), 황색(黃:中央), 백색(白:西), 흑색(黑:北)의 옷을 각각 입고 처용의 탈을 쓴 다음 한 사람씩 무대에 나가 한 줄로 선 채 「처용가」를 일제히 부른다. 노래가 끝나면 선 자리에서

「처용무」

다섯 명이 두 팔을 올렸다 내리고 서로 등지고 선다. 다음에 발돋움춤으로 3보 전진하여 4방으로 흩어져 서로 등을 지고 추는 춤, 다음은 왼쪽으로 돌며 추는 춤을 마치고는 중간에 있는 무용수가 4방의 무용수와 개별적으로 마주 보고 춤을 추는데, 이 춤이 「처용무」의 절정을 이루게 된다. 이어서 일렬로 북쪽을 향하고 「봉황음」을 같이 부른 다음 잔도드리 곡조에 따라 「낙화유수무(落花流水舞)」를 추면서 한 사람씩 오른쪽으로 돌아 퇴장한다.

울산은 1991년부터 「처용문화제」를 열고 있는데, 매년 10월 3일간 처용이 나타난 개운포 성지에 제단을 마련하고 처용을 모시는 의식을 시작으로 「처용무」, 「처용가면페스티벌」 등 다양한 문화행사를 개최한다.

하회별신굿탈놀이(제69호)

안동시 풍천면 하회리에 12세기 중엽부터 상민들에 의해 전승되어 오는 민속가면극으로서 「하회가면극」이라고도 한다. 별신굿이란 3, 5, 10년마다 마을의 수호신인 서낭님에게 마을의 평화와 농사의 풍년을 기원하는 굿을 말한다. 하회마을은 약 500년 전부터 음력 정초마다 마을 사람의 무병과 안녕을 위하여 마을의 서낭신에게 제사 지낸 동제(洞祭)가 있었다. 10년마다 섣달 보름날(12월 15일) 대제(大祭)를 지내고 마을에 액이 있거나 특별한 신탁이 있을 때는 무진생 서낭님에게 별신굿을 해 왔는데, 굿을 지낼 때 신을 기쁘게 하고자 마을 사람들이 광대와 악공이 되어 이 탈놀이를 하였다. 별신굿은 강신(降神), 오신(娛神), 송신(送神)의 구조로 진행되며 탈놀이는 신을 기쁘게 하는 오신(娛神) 행위에 해당하는 것이다. 즉 신을 기쁘게 해드림으로써 마을의 재앙을 막으려 했던 것이다.

내용은 파계승에 대한 조소와 양반에 대한 풍자 등이며, 모두 12마당

으로 구성되어 있다. 예전부터 전해
져 오는 탈놀이 중 가장 단순한 옛 모
양 그대로를 전승하는 서민극이다. 가
면극에 사용하는 탈 열한 개와 신령 한
개가 현재 전하나 그 연희자와 자세한 재담
및 춤사위는 전하지 않는다. 이 열한 개의 나

「하회별신굿탈놀이」

무로 된 탈과 이웃 병산의 나무 탈 다섯 개가 국보 제121호로 지정되었
는데 한국에서 가장 오래된 탈이다.

한국의 탈놀이는 서낭제 탈놀이와 산대도감 계통의 탈놀이로 크게 나
누어지는데, 「하회별신굿탈놀이」는 전자에 속한다. 종합적인 마을 굿에
포함되며 독립성을 뚜렷이 가진 놀이이다. 하회마을은 풍산류씨 동성 양
반의 생활문화가 가장 잘 보존되어 있어 마을 전체가 중요민속자료로 지
정되었다.

● 민속놀이
안동차전놀이(제24호)
안동의 향토놀이로서 중요무형문화재 제24호이며, 동채싸움 또는 동채
놀이라고 한다. 정월 대보름을 전후해서 벌어지는데, 차전놀이를 하기
위하여 연말을 앞두고 미리 사람을 시켜 인근에서 동채에 쓸 나무를 찾
는다. 동채는 길이 10여m쯤 되는 튼튼한 참나무 두 개를 베어다 X자 모
양으로 묶어 만드는데, 상대방에게 알려지지 않도록 대문을 잠그고 만들
었다고 한다. 동채의 크기나 견고성이 싸움의 승패를 거의 결정하기 때
문이다. 안동 시내가 동서로 갈라져 두 편이 서로 동채를 매고 백사장이
나 넓은 보리밭으로 나간다. 서로 대치하고 서서 동채를 들었다 놓았다

안동차전놀이

하며 환성을 지르면서 기세를 올린다. 시내의 청장년 거의가 다 모여들어 싸움에 가담한다. 동채 위에 정장을 한 대장이 올라타 한 손으로 떨어지지 않도록 끈을 쥐고 다른 손으로 동채 맨 사람들을 지휘한다. 동채를 매는 사람은 동채꾼이라고 한다. 동채 앞에 힘센 장정이 무리를 이루어 팔짱을 끼고 적과 부딪쳐 서로 어깨를 밀다가 상대방을 밀어젖혀 길을 내어 동채를 밀고 들어가 동채를 눌러 땅에 닿도록 하면 승부가 나는 것이다. 차전놀이를 할 때는 출생지를 기준으로 동서로 나누어 편을 짜기 때문에 이 날만은 부부라도 편이 다를 수가 있다.

차전놀이는 왕건과 견훤이 싸운 고사에서 유래했다는 설이 있으며, 청장년이 정정당당하고 용감하게 대장의 지휘에 따라서 일사불란하게 움직이는 민속놀이로, 동채 앞머리를 들고 전진하는 모습에서 한국인의 당당하고 진취적인 기상을 엿볼 수 있다.

안동차전놀이는 1958년 「전국민속예술경연대회」에서 대통령상을 수상하였다.

경산자인단오제(제44호)

경산자인단오제(慶山慈仁端午祭)는 경산군 자인면에서 단오날에 행하던 단오굿을 말한다. 한묘제(韓廟祭), 한장군(韓將軍)놀이, 큰굿, 호장굿, 자인팔광대(慈仁八廣大) 등으로 구성된다. 한장군놀이는 「여원무(女圓舞)」

로 불리기도 하는데, 자인마을의 전설에 의하면 신라시대 혹은 고려시대에 왜적이 침범하여 마을 사람을 괴롭히자 한 장군이 꾀를 내어 여자로 변장하여 누이동생과 함께 화려한 꽃관을 쓰고 광대들의 풍악에 맞추어 춤을 추었다고 한다. 그 춤을 구경하려고 왜병들이 산에서 내려오자 한 장군과 그의 부하들이 왜병을 급습하여 무찔렀으며, 그 후부터 한 장군의 사당을 짓고 해마다 단오날이면 제사를 지내고 성대한 놀이를 벌였다고 전해진다. 제사와 가장행렬, 여원무로 이어지는데 옛날에는 전쟁터까지 가서 여원무를 추고 사당에 올라가 제사를 지냈으나 지금은 시장의 광장에 모여 한 장군 묘를 향해 행렬하는 데서 시작한다. 가장행렬 순서는 동서남북과 중앙을 뜻하는 오방기가 맨 앞에 서고 농기, 여원화관(女圓花冠), 목부, 희강이, 여장동남(女裝童男), 군노, 사령, 까치사령, 포군, 영장, 기생, 중군, 익공, 통인, 일산, 도원수, 수배 등이 행렬을 이룬다. 행렬은 묘소를 한 바퀴 돌아 광장으로 내려가고 제사를 주관하는 제관들은 제사를 지낸다.

경산자인단오제는 여느 민속놀이와는 달리 이색적인 가장행렬로 화관의 높이가 3m나 되고 춤사위가 매우 독특해서 예술적인 가치가 높고, 오랜 역사를 지니면서 주민들의 확고한 신앙이 놀이의 정신적 지주가 되어 있다는 점에 그 의의가 있다.

1971년 중요무형문화재로 지정되었을 때는 '한장군놀이'라는 이름이었으나, 다른 의례와 연희를 모두 아우르지 못한다 하

한장군놀이

여 지금의 이름으로 바뀌었다.

- 기술

향토술 담그기(제86호)

향토술 담그기는 문배주, 면천두견주, 경주교동법주 등 3종의 술 담그기 기술이다.

서울의 문배주는 장미나무과에 속하는 문배나무의 열매로 만든 술인데 향기와 단맛이 있고 알코올 도수가 45도이다. 충남의 면천두견주는 술을 담그는 데 사용하는 물이 당진군

향토술 담그기

면천면 성상리에 있는 안샘 우물물이다. 재료는 쌀, 가루누룩, 밀가루, 찹쌀, 두견화 등이다.

경주교동법주는 경주 시내에서 생산되지만 전국 관광 명소에 고루 배급되어 있다. 술을 담그는 데 사용하는 물은 끓인 우물물이고 재료는 찹쌀, 누룩인데 공정이 매우 복잡하다.

전통장(제93호)

전통(箭筒)은 화살을 담아서 전쟁을 하거나 사냥을 할 때에 몸에 지니고 다니는 화살통을 말하고, 전통장이란 그 기술과 기술 보유자를 말한다. 한국에서 전통의 역사는 오래되어 이미 신석기시대부터 발달하기 시작하였으며, 삼국시대는 고구려 쌍영총의 「기마도」, 「수렵도」 등 벽화에서 그 모습을 보이고 있다. 전통의 재료로 대나무, 종이, 오동나무, 상어가

전통장   전통

죽 등이 있는데, 재료에 따라 각각 죽전통, 지전통, 목전통, 교피전통 등으로 다르게 불렸다. 임진왜란 이후 총포와 화약의 발명으로 활의 중요성이 감소하여 전통의 수요가 급격하게 줄게 되자 문화재로 지정하여 그 맥을 이어 가고 있다.

입사장(제78호)

입사(入絲)란 금속공예의 일종으로 금속 표면에 홈을 파고 금선 또는 은선을 끼워 넣어서 장식하는 기법을 말하는데, 이전에는 '실드리다'라는

입사장

「금은입사주철쟁반」

제2부 한국의 자연과 문화재 425

말로 표현하였다. 입사공예의 유래는 정확하지 않으나, 기원전 2~1세기경의 낙랑 출토 유물에서 발견되었고 신라 고분에서 유물로 나온 것을 보아 신라에서 매우 발달했을 것으로 학계는 보고 있다. 입사하는 문양은 매화, 난, 국화, 대나무, 학, 기린, 사슴, 박쥐, 호랑이, 소나무 등 전통적인 소재가 많다.

주철장(제112호)

주철장(鑄鐵匠)이란 인류가 오랫동안 사용하던 쇠를 녹여서 각종 기물을 만드는 장인을 말한다. 한국에서 주조물을 사용하기 시작한 시기는 대략 기원전 6~5세기경으로 추정되며, 문헌 자료로 『삼국지위지동이전』에 쇠가 생산되고 매매되었다는 기록이 있다. 인류문명사에서 쇠가 중요한 역할을 하였다는 것은 이미 모두 아는 사실이며, 고대부터 쇠를 이용하여 제품을 만드는 기술은 국가적 관심사였다.

한반도에 불교가 정착되고 사찰이 건립되면서 많은 범종이 제작되었는데, 쇠를 녹여서 범종을 비롯한 각종 쇠 제품을 만드는 장인 역시 주철장이라고 한다. 한국의 범종 가운데 가장 오래된 것은 통일신라시대인 725년에 제작된 「오대산 상원사 동종」이며, 그 규모와 미적인 면에서 가장 뛰어난 것은 통일신라 「성덕대왕신종」이다.

주철장

명주짜기(제87호)

명주(明紬)는 누에고치에서 풀어낸 견사(명주실)로 짠 무늬가 없는 평직 직물이다. 한국의 양잠은 고조선시대부터 시작되었고 신라는 이미 상당히 정교한 직물을 당나라에 보냈다는 기록이 있다. 고려시대는 보다 질 좋은 견직물(비단)이 생산되었으며, 조선시대는 종류가 다양해서 색과 품질에 따라 이름이 붙게 되었다. 명주는 뽕나무를 재배하고 누에를 치는 일에서부터 시작된다. 농촌은 지금까지 농사짓는 틈틈이 누에를 길러 부수입을 올리고 있다. 예전에는 집집마다 가정에서 베틀로 명주를 짜 자급자족하였지만 조선시대 후기 이후 개량식 직기로 대량 제작할 수 있게 됨에 따라 재래식 명주 짜기는 급격히 쇠퇴하였다. 그리하여 명주 제작 기술에 대한 전통을 잇기 위하여 경상북도 성주 두리실 마을의 명주짜기를 문화재로 지정하였다.

명주짜기

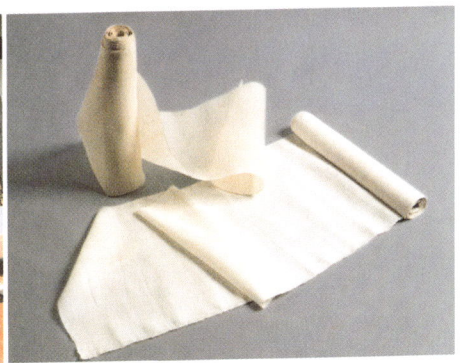
생명주

누비장(제107호)

누비란 옷감의 보강과 보온을 위해 사용된 재봉 기법으로 거죽과 안을 맞춘 옷감 사이에 솜을 넣고 함께 홈질하여 맞붙이는 바느질법이다. 누

누비장   누비옷

비는 직선을 따라 규칙적으로 반복해서 누벼 주는데 누비 간격이나 바느질 땀 수에 따라 세누비, 잔누비, 중누비 등으로 나누며, 형태에 따라 오목누비, 볼록누비, 납작누비로 나눈다. 누비 간격은 잔누비가 0.3cm, 세누비 0.5cm, 중누비 1.0cm 이상으로 구분된다. 오목누비는 특히 공이 많이 들어 궁중이나 일부 상류층만 이용하였다.

한국의 전통 손누비는 세계 유일한 재봉법으로 그 정교함과 작품성이 자수를 능가하는 예술품으로 평가받는다. 누비장은 이러한 누비 기술의 장인을 말한다.

4. 인천 / 경기도

인천(仁川, Incheon)은 수도권에 위치해 있으며, 인천국제공항과 인천항으로 한국의 교통중심지를 이루고 있는데, 2007년 기준 인구가 268만 명을 넘고 면적이 994km²이다. 한국의 제2항구도시로서 화물과 여객 수송량이 엄청나다. 인천은 현재 항구로서의 기능뿐 아니라 인천국제공

인천국제공항

항을 활용한 국제금융도시, 정보산업도시로 발전하고 있으며 수도인 서울과 가장 가까운 곳에 위치한 이점 등이 겹쳐 앞으로의 비약적인 발전이 기대되는 곳이다.

경기도는 2007년 기준 면적 10,184km², 인구 1,110만 명으로서 남한 인구의 약 1/4을 차지하는 거대 행정구역이다. 김포, 여주, 이천을 비롯한 31개 시군의 행정구역으로 나뉘어 있고 인하대학교 등 여러 개의 대학이 있다.

경기도는 풍부한 문화 자원을 가지고 있어 훌륭한 볼거리를 많이 갖추고 있다.

경기도의 박물관

● 국공립박물관

인천광역시립박물관	인천시 연수구 청량로 138 / T. 032-440-6130 http://museum.incheon.go.kr/
경기도박물관	용인시 기흥구 상갈동 85 / T. 031-288-5300 http://www.musenet.or.kr/

● 대학박물관

인하대학교박물관	인천시 남구 용현동 253 본관 013호 / T. 032-860-8260 http://site.inha.ac.kr/museum/
경기대학교박물관	수원시 팔달구 이의동 94-6 / T. 031-249-8901 http://museum.kyonggi.ac.kr/
명지대학교박물관	용인시 처인구 남동 산 38-2 / T. 031-330-6074 http://museum.mju.ac.kr/
수원대학교박물관	화성시 봉담읍 와우리 2-2 / T. 031-220-2341 http://www.museum.ac.kr/
한신대학교박물관	오산시 양산동 411 / T. 031-370-6594 http://www.hsmuseum.org/

● 특수 테마 박물관

가천박물관(의학박물관)	인천시 연수구 옥련동 567-22 / T. 032-833-4747 http://www.gcmuseum.org/
국제성서박물관	인천시 남구 주안1동 193-3 주안감리교회 교육관 T. 032-874-0385
인천상륙작전기념관	인천시 연수구 옥련동 525 / T. 032-832-0915 http://www.landing915.com/
삼성화재교통박물관	용인시 처인구 포곡읍 유운리 292 / T. 031-320-9900 http://www.stm.or.kr/museum_index.htm
신세계상업사박물관	용인시 남사면 창리 43 / T. 031-339-1234 http://about.shinsegae.com/museum/MUMainM.asp
태평양박물관 (화장 및 차 박물관)	용인시 기흥구 보라동 314-1 / T. 031-285-7215 http://museum.amorepacific.co.kr/

한국등잔박물관	용인시 모현면 능원리 258-9 / T. 031-334-0797 http://www.deungjan.or.kr/
한국민속촌	용인시 기흥구 보라동 107 / T. 031-288-0000 http://www.koreanfolk.co.kr/
호암미술관	용인시 처인구 포곡읍 가실리 204 / T. 031-320-1801 http://hoam.samsungfoundation.org/
동양맥주자료관	이천시 부발읍 신하리 27 (주)동양맥주 내 / T. 031-630-8232
한국기독교역사박물관	이천시 대월면 초지1리 474-2 / T. 031-632-1391 http://www.kchmuseum.org/
해강도자미술관	이천시 신둔면 수광리 330-1 / T. 031-634-2266 http://www.haegang.org/
산림박물관	포천시 소흘읍 수목원로 832 국립수목원 내 / T. 031-540-2000 http://www.kna.go.kr/
전통술박물관	포천시 화현면 화현리 511 / T. 031-531-0440 http://www.sansawon.co.kr/
덕포진교육박물관	김포시 대곶면 신안리 232-1 / T. 031-989-8580 http://www.dpjem.com/
마사박물관(말박물관)	과천시 주암동 685 경마공원 내 / T. 02-509-1283 http://company.kra.co.kr/enterprise/cyber/cyber_museum.jsp?Act=museum&Sub=0
중남미문화원병설박물관	고양시 고양동 302-1 / T. 031-962-7171 http://www.latina.or.kr/
철도박물관	의왕시 월암동 374-1 철도교육단지 내 / T. 031-461-3610 http://info.korail.com/2007/kra/gal/gal01000/w_gal01100.jsp
토지박물관	성남시 분당구 정자동 217 한국토지공사 내 / T. 031-738-8995 http://www.landmuseum.co.kr/
강화역사관	강화군 강화읍 갑곶리 1040 / T. 032-933-2178 http://ghm.incheon.go.kr/
목아불교박물관	여주군 강천면 이호리 396-2 / T. 031-885-9952

국보

● 인천

| 제276호 | 초조본유가사지론〈권제53〉(初雕本瑜伽師地論〈卷第五十三〉) | 연수구 가천박물관 |

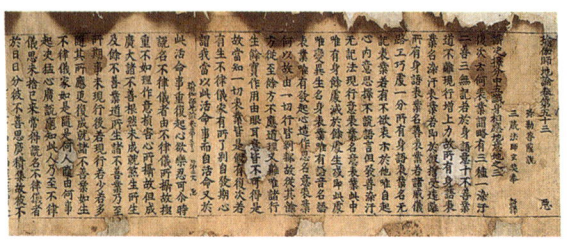

국보 제276호 초조본유가사지론〈권제53〉

● 인천 외 경기도 지역

제4호	고달사지부도(高達寺址浮屠)	여주군
제120호	용주사범종(龍珠寺梵鐘)	화성시
제128호	금동관음보살입상(金銅觀音菩薩立像)	용인시 호암미술관
제137-2호	광봉동모 및 검장(廣鋒銅鉾 및 劍裝)	용인시 호암미술관
제241호	초조본대반야바라밀다경〈권249〉(初雕本大般若波羅蜜多經〈卷二百四十九〉)	용인시 호암미술관
제244호	유가사지론〈권17〉(瑜伽師地論〈卷十七〉)	용인시
제248호	조선방역지도(朝鮮方域之圖)	과천시 국사편찬위원회
제255호	전충남출토청동방울일괄(傳忠南出土靑銅방울一括)	
제255-1호	팔주령(八珠鈴)	용인시 호암미술관
제255-2호	쌍두령(雙頭鈴)	용인시 호암미술관
제255-3호	조합식쌍두령(組合式雙頭鈴)	용인시 호암미술관
제255-4호	간두령(竿頭鈴)	용인시 호암미술관
제256호	초조본대방광불화엄경주본〈권제1〉(初雕本大方廣佛華嚴經周本〈卷第一〉)	용인시 경기도박물관
제296호	칠장사오불회괘불탱(七長寺五佛會掛佛幀)	안성시
제306호	삼국유사 권제3-5(三國遺事卷第三-五)	의왕시

국보 제4호 고달사지부도　　국보 제248호 조선방역지도　국보 제296호 칠장사오불회괘불탱

유형문화재 및 관광자원

강화 고인돌

인천 강화군 하점면 부근리에 있는 고인돌 유적은 청동기시대의 것으로 유네스코 세계문화유산에 등재되었다. 고려산 북쪽 경사면 높은 능선 위에서 그 기슭의 평탄한 대지에 이르는 지점에 약 20∼30기(基)의 북방식 고인돌이 분포되어 있다. 사적 제137호로 지정된 고인돌은 도로에서 약간 떨어진 밭 가운데에 1기가 독립해 있는 것으로, 경기 지방을 비롯해서 중부 지방에서는 보기 드문 거대한 탁자식이며 뚜껑돌은 길이 710cm, 너비 550cm나 되는 거석이고 그 밑에 두 매의 굄돌이 받치고 있다. 일반적으로 북방식 고인돌의 구조는 네 개의 굄돌로 직사각형의 돌방을 구축하고 그 위에 뚜껑돌을 얹어 놓는 방식인데, 이 고인돌은 돌방의 짧은 변을 이루는 두 개의 굄돌이 없다. 과거에 파괴되어 없어진 것

강화 고인돌

으로 추측하고 있다. 전체 높이는 260cm이며 긴 축은 남북 방향을 가리키고 있다. 1995년에는 강화군 강화읍 대산리에서 청동기시대의 지석묘가 발굴되어 인천시도기념물 제31호로 지정되었다. 길이 3.68m, 너비 2.6m, 두께 5m로 청동기시대의 대표적인 묘제(墓制)인 탁자 모양을 한 탁자식이다. 현재 강화 고인돌은 150기가 발견되어 있다.

고인돌은 크게 나누어 땅 위 4면을 판석으로 막고 그 위에 뚜껑돌을 올린 형식과 지하에 돌방을 만들어 그 위에 뚜껑돌을 놓고 돌을 괴는 형식으로 구분된다. 전자는 대체로 강화, 인천, 수원, 이천을 연결하는 선을 한계로 그 북쪽 지방에서 다수 나타나기 때문에 각각 북방식 고인돌, 남방식 고인돌로 부른다.

수원 화성(사적 제3호)

수원 화성(華城)은 조선 제22대 왕인 정조가 1794~6년에 걸쳐 완성한 성이다. 정조는 한양 남쪽 100리(39.3km)에 있는 수원에 화성이라는 성곽을 축조하고 그로 둘러싼 신도시를 건설하였다. 화성은 전체 길이 6km에 달하는 성곽과 부속 건물이 있는데, 이들 유적과 문화유산은 조선시대 후기 문화 발전의 진면목을 보여 주는 역사 자료로서, 국제적으로 그 중요성이 높이 평가되어 유네스코 세계문화유산으로 등록되었다. 화성은 도시 기반 시설과 생산 기반 시설의 총화로 이루어진 자족적 계획도시로, 조선 역사상 서울 건설 이후 가장 큰 규모의 도시 건설 사업이었다. 임진왜란과 6·25전쟁을 거치면서 훼손된 수원 화성은 1975~8년에 어느 정도 복원되었고 2012년까지 완전히 복원시킬 예정이다. 수

화성 서장대

원 화성은 경관이나 건축미가 뛰어날 뿐 아니라 군사적으로 완벽한 성으로 평가받고 있다

강화산성(사적 제132호)

강화산성(江華山城)은 고려 고종 19년(1232년) 몽골의 제2차 침입에 대항하기 위하여 착공하였는데, 공사가 끝나기 전에 강화도로 천도하여 2년 후인 1234년에 완공하였다. 강화산성은 강화군 강화읍에 있는 고려, 조선 시대의 산성이다. 이 성은 내성, 중성, 외성 등 3겹으로 축성되었는데, 내성은 둘레가 1.174km, 중성은 5.381km였으며, 외성은 1.232km였으나, 1270년 개경으로 천도한 후 몽골의 요청으로 외성은 헐어 버렸다. 조선시대 전기에 규모를 축소하여 다시 축성하였으나 병자호란 때 파괴되었고, 그 뒤 계속 보수하였으나 처음 모습은 찾아보기 어렵다.

강화산성

남한산성(사적 제57호)

남한산성(南漢山城)은 광주군 중부면 신성리 남한산에 있는 조선시대 산성이다. 북한산성과 더불어 서울을 남북으로 지키는 산성 중 하나로 신라 문무왕 때 쌓은 주장성의 옛터를 활용하여 인조 20년(1624년)에 축성하여

남한상성

2년 만에 완성하였는데, 성가퀴(성 위에 낮게 쌓은 담)는 1,700첩이고 4문과 8암문〔暗門:성벽에 누(樓) 없이 만들어 놓은 문〕이 있다. 성안은 국가에 큰일이 닥쳤을 때를 대비하여 임금이 거처할 154간의 행궁, 종묘를 모실 좌전, 좌승당 등 여러 관아, 군사 기관, 일곱 개의 절 등이 갖추어질 정도의 엄청난 규모로 지어졌다. 한때는 12,700여 명의 군사훈련까지 한 바 있으나, 인조 14년(1636년) 병자호란 때 막상 싸워 보지도 못하고 성문을 열어 화의(和議)를 하여 막대한 비용과 노력을 들여 쌓은 성이 제구실을 하지 못했다. 지금은 성의 많은 시설 중 일부만 남아 있다.

전등사

전등사(傳燈寺)는 강화군 길상면 정족산성 안에 있는 사찰로 고구려 소수림왕 11년(381년)에 아도가 창건하였는데 그때는 진종사(眞宗寺)라 하였다. 그 후 고려시대와 일제강점기에 걸쳐

전등사 대웅전

여러 번 중수하였으며, 전등사라는 이름은 고려 충렬왕 8년(1282년) 왕비 정화공주가 옥등을 시주한 데서 비롯되었다. 이 절에는 보물 제178호인 전등사 대웅전, 제179호인 전등사 약사전, 제393호인 「전등사 범종」이 있다. 대웅전에는 조선 중종 39년(1544년) 정수사(淨水寺)에서 개판(改版)한 『묘법연화경(妙法蓮華經)』의 목판 104장이 보관되어 있다.

이천 도자기

이천시는 청동기시대부터 이미 토기 제작이 활발했다. 이천 지방은 삼국시대의 토기문화 흔적이 남아 있는 곳으로 도자기 원료가 되는 고령토와 가마 불을 지피는 데 쓰이는 화덕이 넉넉한 곳이다. 옛 조선백자의 요지(窯址)로서 8·15광복 이후 인접해 있는 광주관요(廣州官窯)의 조선도자기 전통을 이어받아 전승공예의 맥을 이어 오고 있으며, 개성적인 예술성과 작품성을 추구하는 도예가들이 모여 살고 있다. 신둔면 일대는 경기도 유형문화재인 백자, 분천도공 고 지순택이 청자 및 백자를 재현 제작하던 전통요장인 지순택요를 비롯하여 동양 최대 도자기 미술관인 고 유근형의 해강도자미술관이 있다. 청자, 백자, 분청사기, 옹기 등을 빚는 작업부터 그림을 넣어 굽는 것 등 도자기를 만드는 전 과정을 볼 수 있다. 현대 한국 전통도예의 중심지로 2000년 기준 도요지가 300여 곳, 도자기 공장이 80여 업체에 이르며 해마다 「이천도자기축제」가 열린다. 이웃 도시인 광주, 여주와 함께 해마다 「세계도자기박람회」가 열려 한

도자기 가마

국 안팎에서 몇 백만 명의 관람객이 찾아온다.

백자

14세기에 백자(白瓷)를 만들 수 있는 나라는 중국과 한국뿐이었다. 왕실을 중심으로 사용되기 시작한 백자는 은기(銀器)를 대신하였다. 당시 사대부들은 많은 문물을 중국에서 배워 들여왔으나 그대로 따르거나 모방하지 않고 한국적인 것을 찾고 만들려고 노력하였다. 그러한 사상이 중국의 화려한 백자 대신 간결하고 기품 있는 순백자를 만들어 냈다. 당시 유럽과 일본은 그들 나름의 도자기문화를 발전시켰는데, 유럽인은 자기를 차이나(china)라 부를 만큼 중국의 자기를 선망하였다. 유럽은 일본의 자기 기술을 배워 18세기 초 자기를 만드는 데 성공하며, 그것을 더욱 발전시켜 소뼈를 태운 재를 첨가한 본차이나(bone china)를 생산하게 된다.

「청화백자매조죽문호」

「백자상감연당초문대접」

조선의 백자는 청초하고 간결하면서 기품이 있어, 중국이나 일본과 뚜렷이 대비되는 독특한 품격의 도자기이다. 다양한 조선 사회의 특징적인 모습을 나타내고 있다. 여러 상징적 의미의 문양인 용, 모란, 당초, 소나무, 매화, 학 등을 여백을 살려 간결하게 표현하는 양식을 지닌다. 백자를 바라보면 마치 자연과 마주한 듯한 아름다움을 느낄 수 있다. 조선시대의 대표 도자기인 백자는 검소, 질박, 결백함을 최고 가치관으로 여겨 온 한국 백의민족 상징의 하나이다.

판문점

판문점(板門店)은 서울에서 통일로를 따라 북으로 50km, 개성 동쪽 10km 지점인 북위 37°동경 126°에 위치해 있다. 6·25전쟁 전만 해도 의주가도(義州街道)와 사천(砂川)이 만나는 지점의 초가집 몇 채뿐인 가난하고 이름 없는 마을이었으나, 1951년 10월 25일 이곳에서 휴전회담이 열리기 시작하면서 세계 뉴스의 초점으로 부상하였다. 1953년 7월 27일 휴전협정이 이곳에서 조인되었고, 이때부터 이곳 명칭은 UN 측과 북한 측의 공동경비구역(JSA)으로 결정되었다. 같은 해 8~9월 초 포로 교환이 이 판문점을 통하여 이루어졌다. 현재 공동경비구역 안에는 군사정전위원회, 본회의장을 비롯하여 유엔 측의 자유의 집 등 10여 채의 건물이 들어서 있다. 판문점은 7,000만 한국 민족의 한이 서려 있는 곳이지만, 1971년 남북적십자회담, 1972년 7·4공동성명 등으로 희망의 상징이 되었다.

팔당댐

팔당(八堂)댐은 하남시 천현동과 남양주시 조안면을 잇는 한강 본류의 다목적댐으로서 높이 29m, 제방 길이 510m, 총 저수량 2억4,400만 톤으로서 북한강과 남한강의 합류점에서 하류로 7km 떨어진 곳에 있다. 1966년에 착공하여 12월에 준공되었는데 이 댐의 완공으로 연간 2억 5,600kw의 전력 생산이 가능해졌으며, 서울 및 수도권 지역에 260만 톤의 물을 공급하는 취수원으로서 큰 몫을 하고 있다. 그 밖에 유량 조절로 한강의 범람을 막아 주고 있는데, 댐 하류에 팔당유원지와 1995년에 개

판문점 팔당댐

통된 팔당대교가 있다.

한국민속촌

용인시 기흥읍에 있는 한국 고유의 민속전시장으로서 1974년 개장하였다. 대지 109만㎡에 옛날 관가(官家), 민가(民家), 반가(班家) 등 지방별로 구조가 다른 건축물이 흩어져 있으며, 그 속에 우리 조상의 생활 모습을 재현하고 각종 생활 기구, 농경 기구, 각종 공예품 등을 전시하고 있다. 또한 각종 민속놀이, 민속공예를 실제로 보인다.

  민속촌 안에 민속관이 있는데 1996년부터 매일 개관하고 있다. 민속관은 조선시대 후기의 어느 한 해를 기준으로 4대로 구성된 가족 각자의 한 해 동안의 삶을 계절별로 재현하여 세시풍속, 민속놀이, 관혼상제, 의식주 생활, 민간신앙 등을 복원하여 전시 보존하고 있다. 의식주 코너는 봄, 여름, 가을, 겨울의 옷 짓기와 평상복, 의례복을 전시하고 있으며, 각 절기에 맞는 일상음식과 장 담그기, 김장을 비롯한 각종 의례음식을 전시하고 있다. 세시풍속 코너는 설, 단오, 추석 등 명절을 비롯해 경칩, 우수, 청명, 처서 등 24절기를 지내면서 행해지는 행사와 풍속을 실물과 인형, 모형을 통하여 재현하고 있다. 결혼, 폐백, 회갑잔치, 장례, 출산,

백일, 돌잔치 풍속을 자세히 볼 수 있으며 농사와 관련된 기우제, 관개용수 시설, 여러 종류 농기구를 볼 수 있다. 야외 민속촌은 전시하기 어려운 다양한 민속 분야를 보다 폭넓게 수용하고 있다.

한국민속촌

주변의 경기도박물관, 태평양박물관, 호암미술관, 신세계한국상업사박물관, 에버랜드 등에 고려시대, 조선시대, 현대의 볼 만한 문화재가 많이 있다.

다른 경기도 유형문화재와 관광지로 다음과 같은 것이 있다.

고양 파주 지역, 관악산, 광성진, 갑곶, 마니산과 참성단, 백령도, 산정호수, 서호와 항미정, 소요산, 삼랑성, 고려궁지, 처인성, 행주산성, 정족산사고, 벽제관 터, 봉수터, 세마대, 광릉, 금곡릉, 동구릉, 서오릉, 서삼릉, 영릉, 용흥궁, 정몽주 묘, 정약용 묘, 고달사 터, 강화 선원사지, 보문사, 신륵사, 양평 용문사, 용주사, 정수사, 제암리 삼일운동 순국유적지, 경인고속도로, 인천항 수문식 도크, 청평양수발전소, 인천 자유공원, 임진각, 송도유원지, 수원농촌진흥청, 농업시험장, 자유로, 통일로 등이다.

무형 문화재

● 음악

경기민요(제57호)

경기도 민요의 종류로「노랫가락」,「창부타령」,「아리랑」,「이별가」,「청춘가」,「도라지타령」,「노들강변」,「사발가」,「베틀가」,「태평가」,「오봉산타령」,「오돌독」,「양류가」,「방아타령」,「자진방아타령」,「사설방아타령」,「양산도」,「군밤타령」,「풍년가」,「한강수타령」,「경복궁타령」,「개성난봉가」,「매화타령」,「늴리리야」,「는실타령」,「건들여타령」,「도화타령」,「사철가」 등이 있다. 이 중「노랫가락」과「창부타령」은 무가(巫歌)이고「양산도」,「방아타령」,「한강수타령」,「경복궁타령」 등은 선소리(立唱)에 속하며, 나머지는 대부분 속요(俗謠)이다. 서도민요나 전라민요에 비해 경기민요는 맑고 깨끗하며 경쾌하고 분명한 것이 특징이다.

● 가면극

은율탈춤(제61호)

「은율탈춤」은 단오에 2, 3일 동안 행해지고 그 밖에 석가탄신일과 7월 백중놀이로 행해진다. 약 200~300년 전에 난리를 피하기 위하여 섬으로 갔던 사람들이 고향으로 돌아올 때 얼굴을 내놓기가 부끄러워 탈을 쓴 데서 비롯된 놀이라고 전해진다. 이 놀이는「사자춤」,「상좌춤」,「팔먹중춤」,「양반춤」,「노승춤」,「영감과 할미 광대춤」의 6마당으로 구성되어 있으며 놀이에 앞서 숲에 모여 탈에 제사를 지내고 공연 장소까지 탈과 의상을 갖추고 행렬하는 길놀이를 한다. 모두 스물네 명이 등장하여 파계승에 대한 풍자, 양반에 대한 모욕, 일부처첩의 삼각관계와 서민의 애

경기민요

「은율탈춤」

환을 보여 주는 것은 「봉산탈춤」과 비슷하다. 그러나 다른 춤에 비해 호색 표현이 많고 파계승보다 양반을 모욕하는 대목을 강조한다. 「은율탈춤」은 황해도 은율 지방에서 전해 내려왔고 인천 전역에서 행해지던 탈춤으로서 다른 지방 탈춤과 비교함으로써 상호 교류와 영향 관계를 연구하는 데 좋은 자료가 된다.

● 민속놀이

양주별산대놀이(제2호)

서울 아현동, 사직동 등지의 것을 본산대라 하는 데 대하여 경기도 양주군에 전승되는 탈놀음은 「별산대」라고 부른다. 「양주별산대」는 약 200여 년 전에 이을축이 서울 사직골 딱딱이패에게 배워 양주에 정착시킨 것이라 하는데, 그는 양주 최초의 가면제작가라고 한다. 음력 4월 초파일(석가탄신일), 단오, 추석에 주로 연희되었고, 그 밖에 명절이나 기우제 때 연출되었다. 놀이 전에 탈고사를 지내는 것이 상례인데 고사에 술과 떡과 3색 과일, 소머리, 돼지다리 등 푸짐한 제물이 준비된다. 술과 음식을 음복(飮福)하여 취기가 돌면 앞놀이(길놀이)가 시작되는데, 서낭대와 탈들을 앞세우고 풍물을 울리며 마을을 돈다.

「양주별산대놀이」

놀이터는 양주 사직골 불곡산 계곡 입구의 사방 경사진 곳이 천연의 노천극장 구실을 하였다. 한가운데 개복청과 삼현청이 설치되었으며, 그 주위 잘 바라볼 수 있는 곳에 관객이 앉게 되고, 조명은 모닥불이나 기름불로 밝히는데 밑에서 위로 비추는 방법을 사용했다 한다. 놀이는 다른 가면극의 경우와 마찬가지로 음악 반주가 따르는 춤이 주가 되며 거기에 팬터마임 같은 몸짓과 동작, 사설, 그리고 노래가 곁들여져 가무 부분과 연극 부분으로 이루어진다. 등장인물은 여러 계층을 대표하는 스물두 명이 나와 역할에 따른 탈을 쓴다. 놀이는 모두 8마당 9거리로 짜여 있다. 대사는 대체로 평범한 일상대화로 비어(卑語)를 쓰며, 동작은 이야기를 전환하는 역할을 한다.

춤사위는 한국 민속가면극 가운데 가장 분화 발전한 것으로 평가된다. 몸의 마디마디 속에 멋(神)을 집어넣은 염불 장단의 거드름춤과 멋을 풀어내는 타령 장단의 깨끼춤으로 구분되어 몸짓 또는 동작이 유연한 형식미를 갖추었다. 반주 악기는 삼현육각(三絃六角), 즉 향피리 두 개, 대금, 해금, 장구, 북 등의 악기인데 꽹과리, 호적 등을 추가하는 경우가 있으며, 반주 장단은 염불, 타령, 굿거리 등이다. 연희 내용은 산대도감 계통과 같은 내용으로 남녀의 갈등, 양반에 대한 풍자나 모욕, 서민 생활의 빈곤 등 당시의 현실 폭로와 특권계급에 대한 반항 정신을 나타내는 것이다. 오늘날 「양주별산대놀이」는 산대놀이라 하면 바로 떠올릴 정도로 대표적인 것이 되었다.

줄타기(제58호)
줄타기는 맨 줄 위에서 재미있는 이야기와 발림을 섞어 가며 갖가지 재주를 부리며 벌이는 놀이이다. 주로 4월 15일이나 단오, 추석 등 명절날에 연희되었으며, 개인의 초청에 응해서 돈을 받고 놀아 주는 경우가 있었다. 줄타기는 조선시대에 두 계통으로 나뉘어 발달하였다. 하나는 주로 양반층을 위해 공연되었던 광대줄타기로 순수하게 줄타기로만 구성되어 기술의 종류나 솜씨에서 뛰어났으며, 다른 하나는 남사당패의 어름줄타기로 서민들을 위하여 공연되었으므로 재담이나 오락성이 뛰어났다.
  한국의 줄타기는 외국의 줄타기와 달리 줄만 타는 몸 기술에 머무르지 않고 노래와 재담을 곁들여 줄 타는 사람과 구경꾼이 함께 어우러진 놀이판으로 이끄는 데 의의와 특징이 있다.

발탈(제79호)
「발탈」은 발에 탈을 쓰고 노는 놀이이다. 유래에 대한 정확한 기록은 없으나 경기도 안성 지방의 남사당패가 행하던 「꼭두각시놀음」이 변형되어 주로 중부 지방에서 연희되었던 것으로 학계는 추측하고 있다. 「발탈놀이」 방법은 처음에는 허수아비 모양으로 만든 인형의 머리 부분을 탈꾼 발바닥에 씌우고 팔은 노끈으로 연결하여 당기거나 놓으면서 조종했다고 한다. 그 후 고 박춘재가 직접 손에 한삼을 끼고 공연하였으며, 고

줄타기　　　　　　「발탈」

남형우는 양팔 끝에 노끈을 연결시켜 위로 올린 것을 대나무에 연결하고 그 대나무를 양손으로 조종하면서 발탈놀이를 하였다고 한다.

　탈꾼은 발의 움직임과 손의 움직임을 기본으로 하여 노래와 춤, 재담 등을 하고, 포장 밖에서는 어릿광대가 탈꾼을 상대해 주며, 양옆에서 피리, 젓대, 해금, 북, 장구 등 삼현육각이 반주를 해준다. 「발탈놀이」는 인형극과 가면극의 성격을 함께 가진 특이한 형태의 놀이로서 잔재주나 장난기뿐 아니라 사회를 보는 비판력과 관찰력이 예리하게 반영되어 있다. 당시 억눌렸던 서민의 애환을 꾸밈없이 담고 있다는 데서 다른 지역 탈놀이에 담긴 내용과 일맥상통하고 있다.

● 제사

경기도 도당굿(제98호)

도당굿은 서울을 비롯한 한강 이북 지방과 수원, 인천 등지에서 마을의 평화와 풍년을 빌며 매년 혹은 2년마다 정월 초나 봄, 가을에 정기적으로 행해지는 굿을 말한다. 그 중 경기도 도당굿은 경기도 일대 한강 이남 지역에 전해져 내려오는 마을굿으로 지금은 부천의 장마름에서만 완전한 형태를 볼 수 있다. 기원은 정확하지 않으나 마을 동산 소나무 숲속에 300년 넘은 도당 할아버지와 할머니를 모신 당가리가 있는 것으로 보아 조선시대부터 전해진 것으로 보인다.

경기도 도당굿

굿은 오전에 시작해서 다음날 아침에 끝나며 집안의 대를 이어 기능을 연마하고 음악과 무용에 뛰어난 세습무당이 진행한다. 세습무당인 화랭이들은 줄을 타면서 재미있는 이야기를 하거나 재주놀이를 하면서 굿을 축제 분위기로 이끈다. 도당굿은 굿을 하기 전날 밤에 당주(堂主)의 집에서 벌이는 당주굿으로 시작하여 길거리를 정화하는 거리부정을 하고 굿당에 도착해 잡귀와 잡신에게 시루를 먹이는 안반고수레, 부정굿, 도당모시기, 마을과 집안의 평안을 비는 돌돌이, 시루말, 제석굿, 본향굿, 화랭이들이 한 사람씩 나와 춤과 묘기를 보여 주는 터벌림, 손님을 위한 손굿, 군웅굿, 도당보내기, 동네 축원의 중굿, 굿에 따라든 잡귀를 먹여 보내는 뒷전 등의 차례로 행하고 끝난다. 경기도 도당굿은 다른 지방의 도당굿에서 찾아볼 수 없는 남자무당 화랭이가 굿을 하고, 음악과 장단은 판소리 기법을 따르고 있어 예술성이 뛰어나며 전통문화 연구에 귀중한 자료가 되고 있다.

● 기술

유기장(제77호)

유기장(鍮器匠)은 놋쇠로 각종 기물을 만드는 기술과 그 기술자를 말한

유기장　　　　　　　　　　　방자유기반상기

다. 한국의 유기 역사는 청동기시대부터 시작되었고 신라시대는 유기를 만드는 국가기관이 있었다. 고려시대에 더욱 발달하여 얇고 광택 나는 유기를 만들었으며, 조선시대 전기는 약간 쇠퇴했다가 18세기에 이르러 다시 성행하였다. 사대부 귀족이 안성에 유기를 주문 생산시켜 안성유기가 유명해지면서 안성맞춤이란 용어가 생겨났다. 유기장은 전통적인 금속공예 기술로서 지역별로 독특한 양상으로 발전하였고 실용성 높은 고유의 공예품으로 그 가치가 인정되었다.

완초장(제103호)

완초장(莞草匠)이란 왕골로 기물을 만드는 사람을 말한다. 왕골은 논 또는 습지에서 자라는 1, 2년생 풀로서 키는 60~200cm에 이른다. 이러한 왕골 제품으로 자리, 돗자리, 방석, 바구니, 삼합 등이 있다. 왕골은 이미 신라시대에 사용되었으며 이것은 『삼국사기』의 기록을 통해 알 수 있다. 왕골 제품은 역사가 오랜 생활 문화유산으로 한때 단절 위기가 있었지만 1970년 이후 그 제작 활동이 활발히 이루어졌다. 사용되던 왕골 제품은 깔 것과 용기에 불과하였으나 염색과 굵기의 조절이 쉽고 특별한 도구 없이 다양한 기물을 창작할 수 있는 좋은 소재이므로 전통 제작 기

완초장   왕골 제품들

법을 계속 이어 나가기 위해 문화재로 지정되었다.

화각장(제109호)

화각(華角)은 쇠뿔 위에 다양한 그림을 그리고 색칠을 한 뒤 나무로 짠 함이나 장, 궤, 농 따위의 목판 표면에 붙이고 옻칠을 하여 아름답게 장식한 것을 말한다. 화각공예는 고려시대의 나전칠기와 쌍벽을 이루는 조선시대 왕실공예이며, 한국 공예의 특성을 가장 뚜렷하게 나타내는 독특한 공예 기법이다. 이 기법은 고려시대 초부터 만들어진 것으로 보이나 그 기술적 뿌리는 1,000년은 더 거슬러 올라갈 수 있다. 거북 등갑에 호박이나 수정을 이용해서 뒷면에 진채로 그림을 그려 앞면에 비쳐 보이게 하는 기술이 당나라에서 통일신라에 들어와 변형된 것으로 추정된다. 신라에서 구하기 쉽고 값싼 쇠뿔을 이용하는 기법으로 발달하였는데, 이것이 화각공예의 시작이다. 화각에 그리는 그림은 빨강, 파

화각화형함

화각장

랑, 노랑, 검정, 흰색 등 다섯 가지 색을 기본으로 십장생(十長生)을 비롯해서 사군자(四君子) 등 각종 상징물 및 자연물을 그려 넣는다.

화각 공예품으로 장, 궤, 함, 농, 경대뿐 아니라 양반 내실에서 사용하는 실패, 자, 반짇고리, 참빗, 부채 및 보석함까지 다양하게 전해지고 있다.

5. 대전 / 충청도

대전(大田, Daejeon)은 2007년 기준 면적 539km², 인구 147만 명으로 과학기술과 교육의 도시이다. 한국과학기술원(KAIST)을 비롯하여 대학이 열다섯 개 정도 있고, 한국의 대표 연구소가 모두 이곳에 있으며 벤처기업이 수없이 많다. 엑스포과학공원과 화폐박물관이 유명하다. 노령산맥 북서쪽과 차령산맥 남동쪽, 금강 중류 지역에 위치한 내륙 분지로 대둔산, 계룡산, 구봉산, 보문산, 식장산, 계족산의 산봉우리가 병풍처럼 둘러싸고 있다. 크고 작은 30여 개의 하천이 있는데 갑천, 유등천, 대전천은 남쪽에서 북쪽으로 흘러 금강에 합쳐진다.

충청북도의 단양은 단양팔경(丹陽八景)이라 하여 빼어난 자연경관을 자랑하고 있다. 단양팔경은 단양군을 중심으로 주위 12km 내외에 산재하고 있는 8대 명승지로서 하선암, 중선암, 상선암, 구담봉, 옥순봉, 도

담상봉, 석문, 사인암이 그것이다. 단양에는 그 밖에 아름다운 경치를 뽐내는 산자수명(山紫水明)한 죽령폭포, 운선계곡, 칠성암, 북벽, 구봉팔문, 온달성, 일광굴, 고수동굴의 제2단양팔경까지 있다.

대전시 전경

충청도에는 국립충북대학, 국립충남대학과 여러 개의 사립대학이 있으며, 국보와 다양한 문화자원이 있다.

충청도의 박물관

● 국공립박물관

국립청주박물관	충북 청주시 상당구 명암로 393 / T. 043-252-0710 http://cheongju.museum.go.kr/
충주박물관	충북 충주시 중앙탑길 56 / T. 043-850-3927 http://museum.cj100.net/main/
국립공주박물관	충남 공주시 정지사길 30 / T. 041-850-6300 http://gongju.museum.go.kr/

● 대학박물관

충남대학교박물관	대전시 유성구 궁동 220 / T. 042-821-6041 http://museum.cnu.ac.kr/
한남대학교중앙박물관	대전시 대덕구 오정동 133 / T. 042-629-7696 http://bakmul.hannam.ac.kr/
청주대학교박물관	충북 청주시 상당구 내덕2동 36 / T. 043-229-8762 http://cyber.cju.ac.kr/~museum/
충북대학교박물관	충북 청주시 흥덕구 개신동 48 / T. 043-261-2902 http://museum.chungbuk.ac.kr/

● 특수 테마 박물관

동산도기박물관	대전시 서구 도마동 107-1 / T. 042-534-3453 http://www.dongsanmuseum.org/
충남전기통신박물관	대전시 중구 산성동 279-11 남대전지점 3층 / T. 042-478-7174
화폐박물관	대전시 유성구 가정동 35 / T. 042-870-1000 http://museum.komsco.com/
고인쇄박물관	충북 청주시 직지로 113 / T. 043-269-0556 http://www.jikjiworld.net/
공군박물관	충북 청원군 남일면 쌍수리 335-1 / T. 043-290-6071 http://www.afa.ac.kr/museum2/index.htm
문의기와전시관	충북 청원군 문의면 문산리 문의문화재단지 내 / T. 043-251-3545
한독의약박물관	충북 음성군 대소면 대풍리 37 한독약품 내 / T. 043-530-1004 http://www.handok.co.kr/
온양민속박물관	충남 아산시 온양3동 403-1 / T. 041-542-6001 http://www.onyangmuseum.or.kr/
현충사유물관	충남 아산시 염치읍 현충사1길 67 현충사 내 / T. 041-539-4600 http://www.hcs.go.kr/
보령석탄박물관	충남 보령시 성주면 개화리 114-4 / T. 041-934-1902 http://www.1stcoal.go.kr/
우정박물관	충남 천안시 양지말길 111 / T. 041-560-5900 http://www.postmuseum.go.kr/
교과서박물관	충남 연기군 동면 내판리 25-1 (주)대한교과서 내 T. 041-861-3141 http://www.textbookmuseum.com/
연기향토사료관	충남 연기군 서면 청라리 146 / T. 041-862-7449
예산보부상유품전시관	충남 예산군 덕산면 신평리 423-4 / T. 041-337-4302

고인쇄박물관

국보

● 충청북도

제5호	법주사쌍사자석등(法住寺雙獅子石燈)	보은군 법주사
제6호	중원탑평리칠층석탑(中原塔坪里七層石塔)	충주시
제41호	용두사지철당간(龍頭寺址鐵幢竿)	청주시
제55호	법주사팔상전(法住寺捌相殿)	보은군 법주사
제64호	법주사석연지(法住寺石蓮池)	보은군 법주사
제106호	계유명전씨아미타불삼존석상(癸酉銘全氏阿彌陀佛三尊石像)	청주시 국립청주박물관
제197호	청룡사보각국사정혜원륭탑(靑龍寺普覺國師定慧圓融塔)	충주시
제198호	단양신라적성비(丹陽新羅赤城碑)	단양군
제205호	중원고구려비(中原高句麗碑)	충주시
제257호	초조본대방광불화엄경주본〈권제29〉(初雕本大方廣佛華嚴經周本〈卷第二十九〉)	단양군 구인사
제279호	초조본대방광불화엄경주본〈권제74〉(初雕本大方廣佛華嚴經周本〈卷第七十四〉)	단양군 구인사
제297호	안심사영산회괘불탱(安心寺靈山會掛佛幀)	청원군 안심사

국보 제5호 법주사쌍사자석등

국보 제106호 계유명전씨아미타불삼존석상

● 충청남도

제7호	봉선홍경사사적갈비(奉先弘慶寺事蹟碣碑)	천안시
제8호	성주사낭혜화상백월보광탑비 (聖住寺朗慧和尙白月葆光塔碑)	보령시
제9호	부여정림사지오층석탑(扶餘定林寺址五層石塔)	부여군
제49호	수덕사대웅전(修德寺大雄殿)	예산군 수덕사
제58호	장곡사철조약사여래좌상부석조대좌 (長谷寺鐵造藥師如來坐像附石造臺座)	청양군 장곡사
제76호	이충무공난중일기부서간첩임진장초 (李忠武公亂中日記附書簡帖壬辰狀草)	아산시 현충사관리소
제84호	서산마애삼존불상(瑞山磨崖三尊佛像)	서산시
제108호	계유명삼존천불비상(癸酉銘三尊千佛碑像)	공주시 국립공주박물관
제154호	금제관식〈왕〉(金製冠飾〈王〉)	공주시 국립공주박물관
제155호	금제관식〈왕비〉(金製冠飾〈王妃〉)	공주시 국립공주박물관
제156호	금제심엽형이식〈왕〉(金製心葉形耳飾〈王〉)	공주시 국립공주박물관
제157호	금제수식부이식〈왕비〉(金製垂飾附耳飾〈王妃〉)	공주시 국립공주박물관
제158호	금제경식〈왕비〉(金製頸飾〈王妃〉)	공주시 국립공주박물관
제159호	금제뒤꽂이〈왕〉(金製뒤꽂이〈王〉)	공주시 국립공주박물관
제160호	은제팔찌〈왕비〉(銀製팔찌〈王妃〉)	공주시 국립공주박물관
제161호	청동신수경(靑銅神獸鏡)	공주시 국립공주박물관
제161-1호	청동신수경(淸銅神獸鏡)	공주시 국립공주박물관
제161-2호	의자손수대경(宜子孫獸帶鏡)	공주시 국립공주박물관
제161-3호	수대경(獸帶鏡)	공주시 국립공주박물관
제162호	석수(石獸)	공주시 국립공주박물관
제163호	지석(誌石)	공주시 국립공주박물관
제164호	두침(頭枕)	공주시 국립공주박물관
제165호	족좌〈왕〉(足座〈王〉)	공주시 국립공주박물관
제247호	공주의당금동보살입상(公州儀堂金銅菩薩立像)	공주시 국립공주박물관
제287호	부여능산리출토백제금동대향로 (扶餘陵山里出土百濟金銅大香盧)	부여군 국립부여박물관
제288호	백제창왕명석조사리감(百濟昌王銘石造舍利龕)	부여군 국립부여박물관
제298호	갑사삼신불괘불탱(甲寺三身佛掛佛幀)	공주시 갑사

제299호	신원사노사나불괘불탱(新元寺盧舍那佛掛佛幀)	공주시 신원사
제300호	장곡사미륵불괘불탱(長谷寺彌勒佛掛佛幀)	청양군 장곡사
제307호	태안마애삼존불(泰安磨崖三尊佛)	태안군

국보 제7호 봉선홍경사사적갈비

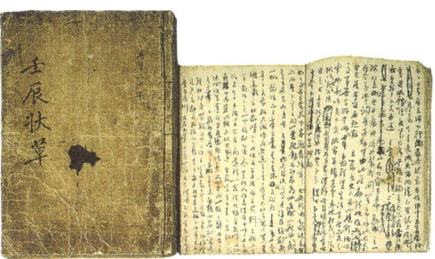

국보 제76호 이충무공난중일기부서간첩임진장초

국보 제161호 청동신수경

국보 제164호 두침

국보 제307호 태안마애삼존불

유형문화재 및 관광자원

낙화암(충남문화재자료 제110호)

백제가 멸망하던 의자왕 20년(660년) 수많은 궁녀가 백마강 바위에서 강으로 떨어져 죽었다. 이것을 아름다운 꽃이 떨어지는 것에 비유하여 그 바위를 낙화암(落花岩)이라 부르게 되었다. 낙화암은 백제 여성의 굳은 절개와 고귀한 충절의 표상이 되고 있다.

공주 공산성(사적 제12호)

충청남도 공주시 산성동에 있는 백제 때 산성인 공산성(公山城)은 둘레가 2.2km, 면적 21만㎡이다. 금강변 야산에 계곡을 둘러싼 포곡식(包谷式) 산성으로 진남루, 공북루의 남북 문루와 암문, 치성, 고대, 장대, 수구문 등의 방어 시설이 있으며, 동문과 서문은 문지방만 남아 있다. 백제 문주왕 1년(475년)부터 성왕 16년(538년)까지 수도였던 웅진을 수비하기 위해, 웅진 시대 중 국력이 안정되고 축성이 많이 이루어진 동성왕 때(재위 479~501년) 축성된 것으로 보고 있다. 그러나 웅진 천도 이전에 이미 성책 시설이 있었다는 견해가 있다. 백제 때 성의 명칭은 웅

낙화암

공주 공산성

진성이었다.

법주사

법주사(法住寺)는 충청북도 보은군 속리산에 있는 대사찰로서 신라 진흥왕 14년(553년)에 창건된 것이다. 의신이 일찍이 불법을 구하러 천축(인도)으로 건너가 그곳에서 경전을 얻어 귀국하였고, 경전을 나귀에 싣고 속리산으로 들어가 이 절을 창건하였다. 법(法)이 안주할 수 있는 탈속(脫俗)의 절이라 하여 법주사라는 이름이 붙여졌다고 한다. 창건 이후 여덟 차례의 중수를 거듭하여 조선시대 중기는 60여 동의 건물과 70여 개의 암자를 거느린 대사찰이었으나 임진왜란으로 거의 다 불탔다. 1624년경 벽암스님에 의해 중건을 거듭하였고, 1851년에 국가적으로 중수가 이루어졌다. 현재 대웅보전을 비롯하여 도합 30여 동의 건물이 들어서 있고, 높이 33m의 청동 미륵불이 법주사의 상징이 되어 있다. 국보 제55호인 법주사팔상전을 비롯한 석등, 연못, 사리탑 등 여러 가지가 국보로 지정되어 있다.

법주사

현충사(사적 제155호)

현충사(顯忠祠)는 충청남도 아산시 영치읍 백암리에 있는 조선시대 중기

현충사

의 무신 충무공 이순신 장군의 사당이다. 숙종 32년(1706년) 지방 유생들이 조정에 건의하여 세운 것이다. 경내에 본전(本殿), 고택(古宅), 정문(旌門), 유물전시관, 활터, 연지(蓮池) 등이 있다. 이순신 장군은 조선시대의 가장 뛰어난 장군으로 임진왜란을 승리로 이끈 해군의 표상이다. 한국 국민으로부터 가장 존경받는 영웅 중 한 사람이다.

부여박물관

부여박물관은 충청남도 부여군 부여읍 동남리에 있는 국립박물관으로 1929년에 건립되었으며, 연건평 1,947㎡에 소장유물 7,162점이다. 제1실은 선사시대와 백제시대실이고, 제2실은 불상 및 공연춤실, 제3실은 옛 객사 건물로 석불, 석등 등의 석조물실이며, 정원에 석조, 석비, 탑재, 주춧돌 등이 전시되어 있다. 이들 유물 중 가장 뛰어난 것은 국보 제287호인 「백제금동대향로」이다.

　이 향로는 전체 높이가 64cm, 무게가 11kg이나 되는 대형 향로로 크게 몸체와 뚜껑으로 구분되며, 위에 부착한 봉황과 받침대를 포함하면 네 부분으로 구성된다. 뚜껑은 스물세 개의 산이 네댓 겹으로 첩첩산중을 이루는 풍경을 보여 주고 있다. 피리와 소비파, 현금, 북을 연주하는 다섯 명의 악사와 각종 무인상, 기마수렵상 등 열여섯 명의 인물상과 봉

부여박물관 「백제금동대향로」

황, 용을 비롯한 상상의 날짐승, 호랑이, 사슴 등 서른아홉 마리의 현실 세계 동물이 표현되어 있다. 이 밖에 여섯 개의 나무와 열두 개의 바위, 산 중턱에 있는 산길, 산 사이로 흐르는 시냇물, 폭포, 호수 등이 변화무쌍하게 표현되어 있다. 뚜껑 꼭대기에 별도로 부착된 봉황이 목과 부리로 여의주를 품고 날개를 편 채 힘있게 서 있는데, 길게 약간 치켜 올라간 꼬리의 부드러움은 백제의 특징이라 하겠다. 봉황 앞가슴과 악사상 앞뒤에 다섯 개의 구멍이 뚫려 있어 몸체에서 향 연기가 자연스럽게 피어오를 수 있게 하였다. 몸체는 활짝 피어난 연꽃을 표현하였다. 연잎 표면에 불사조와 물고기, 사슴, 학 등 스물여섯 마리의 동물이 배치되어 있다. 받침대는 몸체의 연꽃 밑부분을 입으로 문 채 하늘로 치솟듯 고개를 쳐들어 떠받고 있는 한 마리의 용으로 되어 있다. 이 삼라만상의 표현에서 당시 백제인의 사상과 자연관을 엿볼 수 있다.

이 향로는 조형미가 매우 뛰어나 동양의 향로 중 최대의 걸작으로 평가되고 있다. 창의성과 조형성이 뛰어나고 불교와 도교가 혼합된 종교와 사상적 복합성까지 보이고 있어 백제의 공예와 미술 문화, 종교와 사상, 제조 기술까지 파악하게 해주는 귀중한 작품이다. 민속학, 복식학,

고고학 가치 외에 백제 문화 수준까지 짐작할 수 있게 하는 뛰어난 문화재이다.

온양민속박물관

온양민속박물관은 충청남도 아산시 권곡동에 있는 박물관으로 1978년에 설립되었다. 한국 고유의 민속자료를 소장, 전시하는 사설 박물관으로 대지 82,645㎡, 연건평 10,909㎡, 소장 자료 17,000여 점이다. 제1전시실은 한국인의 의식주 등 일상생활, 제2전시실은 생업, 제3전시실은 민속공예, 민간신앙 및 오락, 학술, 제4전시실은 특별 전시실로 민화실, 불교회화실 등이 있다. 야외에 석조 미술품과 토속 가옥, 방앗간, 정자, 장승 등을 복원해 놓았다.

청풍문화재단지

충청북도 제천시 청풍면 물태리에 위치한 문화재 마을인 청풍문화재단지(淸風文化財團地)는 1983년부터 3년간 조성되었다. 청풍은 자연경관이 수려하고 문물이 번성한 곳으로 많은 문화 유적을 갖고 있었으나 충주댐 건설로 청풍면 후산리와 황석리, 수산면 지곡리의 마을이 문화재와

온양민속박물관

청풍문화재단지

함께 수몰될 위기에 놓이자 충청북도청에서 수몰 지역 문화재를 원형대로 현재 위치에 이전 복원해 단지를 조성하였다. 단지에 향교, 관아, 민가, 석물군 등 43점의 문화재를 옮겨 놓았는데, 인가 네 채 안에 생활유품 1,600여 점이 전시되어 있다. 고려시대 관아의 연회 장소로 건축된 청풍한벽루(보물 528호)와 청풍석조여래입상(보물 546호) 등 보물 두 점과 청풍부를 드나들던 관문인 팔영루(충청북도유형문화재 35호), 조선시대 청풍부 아문인 근만루(충청북도유형문화재 20호), 응청각(충청북도유형문화재 90호), 청풍 향교(충청북도유형문화재 64호) 등 건축물 및 도호부 시대의 부사나 군수의 숭덕비, 선정비, 열녀문, 공덕비 등이 세워져 있다. 한벽루에서 충주호가 한눈에 보이며, 주변에 비봉산, 구담봉, 옥순봉, 능강구곡, 금수산, 단양팔경, 월악산국립공원, 수안보온천 등의 관광지가 있다.

대덕연구단지

대전 유성구에 있는 이 단지는 첨단 과학의 효율적 개발을 위하여 조성된 것이다. 관련 연구 기관의 집중 배치와 육성을 통하여 시설과 인력의 공동 이용과 상호 교류 및 산학연(産學硏) 공동 연구를 촉진하고, 국토 중앙에 위치하므로 국토 균형 발전을 도모한다. 1973년에 2,752만㎡를 교육 및 연구 지구로 결정 고시하고 1974년에 단지 기반 조성과 건설에 착수하였다. 1978년부터 표준 연구소, 화학 연구소, 선박 연구소부터 입주하기 시작하여 2005년 기준으로 교육 연구 기관이 72개, 벤처 기업이 281개, 협동화 단지가 6개, 기관이 105개에 2만여 명의 연구 인력(박사만 약 4,500명)이 일하고 있다. 교육과 연구를 동시에 수행하면서 사실상 한국 과학 발전의 견인차 역할을 하는 대표적 교육 연구 기관으로 전 세

엑스포과학공원

계에 명성을 떨치고 있는 한국과학기술원(KAIST)을 비롯해 15개의 대학이 있다. 단지 안에 「93 대전 EXPO」를 기념하는 엑스포과학공원이 조성되어 있어 색다른 과학 학습 공간으로 활용되고 있다. 유성은 연구단지 외에 옛날부터 있던 좋은 온천들과 화폐박물관이 있어 가 볼만하다.

화폐박물관

대전시 유성구에 있는 화폐박물관은 1988년에 개관하였으며, 뛰어난 조형미와 우아하고 장중한 건축미의 한식 석조 건물로 대덕연구단지 내에 자리 잡고 있다. 다섯 개의 전시실, 영상실, 회의실 등을 갖추고 고대부터 현대에 이르는 세계 각국 화폐와 발달사를 일목요연하게 전시하고 있다. 흥미와 이해를 돕기 위하여 과거와 현재의 화폐 제조 기계를 실물과 축소 모형으로 보여 주고 있고, 한국의 화폐 역사를 멀티 슬라이드 영상으로 볼 수 있다. 화폐 외에 우표, 크리스마스 씰, 메달, 훈장 등이 전시되어 있는데, 다양한 전시품을 통하여 한국조폐공사의 기술과 예술성을 가늠해 볼 수 있는 전

화폐박물관

문 박물관이다. 매주 월요일을 제외하고 매일 오전 10시~오후 4시까지 개관하며, 입장료는 무료이다.

삽교호 방조제

충청남도 평택과 아산을 잇는 아산호와 삽교호의 방조제는 인근 지역 농·공업 용수 공급을 위해 1973년에 준공되었으며 길이가 2.564km이다. 1983년 국민관광지로 지정되었는데, 고 박정희 대통령이 마지막 공식 행사를 치른 장소로 유명하다.

서해대교

경기도 평택시 포승면 내기리에서 충청남도 당진군 송악면 복운리까지 잇는 다리로 서해안고속도로 구간 중에 있으며, 총길이 7.31km, 도로 폭 31.4m이다. 풍속 65m/sec의 강풍에 견딜 수 있도록 설계되었다.

서해대교의 교량 형식은 주탑을 중심으로 세워지는 사장교(斜張橋)와 미리 만들어진 콘크리트 상판을 차례로 얹어 잇는 PSM교(연속 콘크리트 상자형교), FCM교〔장경(長徑)간 콘크리트상자형교〕등 세 개의 건설 공법이 혼합되어 있다. 다리의 총길이 중 사장교 부분은 990m이고, PSM교 부분은 5,820m, FCM교 부분은 500m이다. PSM교 부분이 가장 긴 것은 경제적 이점과 아름다움을 함께 고려한 결과이다.

다리의 중간 지점인 행담도는 현재 완공된 휴게소를 비롯하여 약 57만5천㎡ 규모의 해양생태공원과 호텔, 휴양시설, 체육시설 등이 들어서서 관광지로 조성될 예정이다.

삽교호 방조제

서해대교

이 밖에 충청도에는 다음의 문화재가 있다.

계룡산국립공원, 소백산국립공원, 속리산국립공원, 월악산국립공원, 칠갑산도립공원, 박달재, 탄금대, 선유동계곡, 화양동계곡, 고수동굴, 대천해수욕장, 아산만, 덕산온천, 도고온천, 수안보온천, 상당산성, 궁남지, 부소산성, 해미읍성, 조양문, 송산리 고분군, 「중원고구려비」, 「단양 신라적성비」, 임충민공충렬사, 남간정사, 칠백의총, 이충무공묘, 청주 흥덕사지, 갑사, 고란사, 관촉사, 구인사, 동학사, 마곡사, 수덕사, 장곡사, 「각원사 청동아미타불상」, 「탑평리 칠층석탑」, 「중원 미륵리 삼층석탑」, 「정림사지 오층석탑」, 「서산 마애삼존불상」, 「태안 마애삼존불」, 추사고택, 김대건신부생가지, 배론성지, 공주박물관, 단재신채호사당, 유관순기념사당, 윤봉길의사사적지, 독립기념관, 청남대, 당진 대호방조제, 대청댐, 충주댐, 금산위성통신지구국 등이다.

무형 문화재

무용

승무(제27호)

「승무(僧舞)」는 불교적인 색채가 강한 독무(獨舞)로 한국무용 특유의 정중동(靜中動), 동중정(動中靜)의 정서가 잘 표현되어 민속무용 중 가장 예술성이 높다는 평가를 받고 있다. 춤추는 이의 복장은 대개 날렵하게 걸어 올린 남색 치마에 흰 저고리, 흰 장삼을 걸쳤고 머리에 흰 고깔을, 어깨는 붉은 가사를 입었으며 양손에 북채를 들었다. 북을 향하여 관객을 등진다는 점이나 머리에 고깔을 써서 무희의 얼굴을 확연히 볼 수 없게 한 점 등이 관객에게 아첨하지 않으려는 예술 본연의 내면적인 멋을

「승무」

자아낸다고 평가받는다. 기원에 대한 여러 학설이 있으나 불교 의식 중 「법고춤」에서 유래하였다는 설이 유력하다. 조선시대 중엽 이후 서산대사에 의해 포교의 한 방법으로 「승무」를 승려의 필수 일과로 중시한 뒤부터 더욱 발전하게 되었으나, 그 뒤 탁발에 이용되어 종교적 의의가 없어질 수 있다는 이유로 금지된 후 민간으로 내려와 점차 민속무용으로 변모되었다.

「승무」를 반주하는 악기는 삼현육각이며 악곡은 염불, 타령, 진진모리, 굿거리, 당악 등이다. 1900년 이후 한성준의 노력으로 예술무용이 되어 1969년 문화재로 지정되었다.

- 민속놀이

기지시줄다리기(제75호)

줄다리기는 길쌈이라고도 하는데, 농경의례의 하나인 편싸움 놀이이다. 마을을 육지와 바다 쪽 두 편으로 나누는데, 생산이라는 뜻에서 여성을 상징하는 바다 쪽이 이겨야 풍년이 든다고 믿었다. 줄다리기는 윤년 음력 3월 초에 마을의 재앙을 막고 풍년을 기원하는 당제를 지낸 다음에 주로 행해졌다. 전설에 의하면 당진의 기지시라는 마을이 풍수적으로 옥녀가 베 짜는 모습이어서 베를 양쪽에서 잡아당기는 시늉을 한 데서 줄다리기가 생겼다고 하고, 또 지형이 지네 모양이라서 그런 모양의 큰 줄을 만들어 줄다리기를 했다는 이야기가 있다.

줄은 길이가 50~60m인데, 지름이 1m 넘는 경우에는 사람이 잡아당길 수 없기 때문에 원줄 중간 중간 가늘게 만든 곁줄을 여러 개 매달아 잡아당기기 좋게 하였다. 줄을 당기며 승부를 겨루는 동안 마을 농악대가 빠른 장단으로 사람들의 흥을 돋운다. 승부가 결정되면 사람들이 몰려들어 칼로 줄을 끊어 가는데, 이 줄을 달여서 먹으면 요통이나 불임증에 효과가 있다

줄

기지시줄다리기

고 믿었기 때문이다. 여자가 줄을 넘으면 그곳이 끊어진다는 금기가 있어 이 놀이는 주술적(呪術的)인 의미까지 지니고 있다. 기지시줄다리기는 마을의 재앙을 막고 풍년을 기원하는 민간신앙이며, 줄다리기를 통한 농촌 사회의 협동 정신과 시대 변화를 알 수 있는 문화적 의미가 있다.

- 제사

은산별신제(제9호)

은산별신제(恩山別神祭)는 충청남도 부여군 은산면 은산리 마을 사당인 별신당에서 열리는 제사를 말한다. 그 유래를 보면 옛날 은산 마을에 큰

은산별신제

병이 돌아 젊은 사람이 많이 죽어 나갔다. 어느 날 밤 한 마을 어른의 꿈에 백제를 지키다 억울하게 죽은 장군이 나타나 병을 없애 줄 테니 자신과 부하들을 양지 바른 곳에 묻어 달라고 하였다. 꿈에서 깨어 장군이 말한 곳으로 가 보니 오래된 뼈가 잔뜩 널려 있었다. 마을 사람들은 뼈를 잘 묻고 그들의 영혼을 위해 굿을 하였고, 그 후 마을에 병이 사라졌고 평화가 왔다. 이렇게 해서 마을 사람은 장군과 병사들을 위로하는 뜻으로 제사를 지내 왔는데, 이것이 바로 오늘날의 은산별신제이다.

별신제는 3년에 한 번씩 1월 또는 2월에 열리고 보통 15일 동안 약 100여 명의 인원이 참가한다. 제사에 앞서 마을 어른들은 제사를 준비하는 임원을 선출한다. 임원은 몸과 마음이 깨끗하고 부정이 없는 사람으로 대장, 중군, 패장, 사령 등 군대 조직의 이름으로 불리는데, 이것은 은산별신제가 장군제의 성격을 띠고 있기 때문이다. 제물을 준비하는 화주(火主)는 제물에 부정이 타지 않도록 조심하고 제사 때 쓰일 우물에 멍석을 덮고 주위에 금줄을 친 후 노랗고 검은 흙을 뿌려 부정의 접근을 막는다. 마을 장승 옆에 세워 둘 나무를 베는 진대베기를 하고 신에게 올릴 종이꽃을 만들어 제물과 함께 당집으로 향하는데, 제물을 나르는 사람들은 부정을 막기 위해 입에 백지를 문다.

제사는 저녁에 시작해서 새벽에 끝나며, 무당이 굿을 한 후 마을로 내려와 마을의 번영을 위한 거리제를 열고 마을 동서남북에 장승을 세우는 것으로 마무리한다. 큰 행사답게 의상, 소도구, 장비가 다양하게 동원된다. 은산별신제는 백제 군사의 넋을 위로하고 마을의 풍요와 평화를 기원하는 향토 축제이다.

무예

택견(제76호)

택견은 한국의 전통무예로서 탁견, 각희라는 이름으로 그 기예가 전승되어 오다가 8·15광복 후는 태권도로 고쳐 체계를 현대화하여 국기(國技)로 보급되었다. 택견은 유연한 동작으로

택견

손과 발을 순간적으로 우쭐거려 생기는 탄력으로 상대방을 제압하고 자기 몸을 방어하는 무술이다. 고구려 고분벽화에 택견을 하는 모습이 그려져 있는 것으로 보아 삼국시대에 이미 행해졌음을 알 수 있고, 고려시대에 와서 무술로서 기술이 더 발달하여 무인 사이에 성행하게 되었다. 조선시대는 대중적 경기로 퍼져서 일반인이 널리 행하게 되었다. 택견의 특징은 첫째, 손발과 몸동작이 근육의 움직임과 일치하고 유연하며 자연스럽게 주고받을 수 있는 전통무술이다. 둘째, 음악적이고 무용적인 리듬을 지니고 있어 예술성 짙은 무예이다. 셋째, 공격보다 수비에 치중하고 발을 많이 움직이는 운동이다.

● 기술

금속활자장(제101호)

금속활자장(金屬活字匠)은 금속으로 활자를 만들어 각종 서적을 인쇄하는 장인을 말한다. 금속활자 인쇄 기술은 세계에서 처음으로 고려시대에 창안되었으나 정확한 시기는 알 수 없다. 고종 19년(1232년)에 강화도로 천도한 고려 조정이 개경 서점에서 찍은 금속활자본『남명천화상송증도가(南明泉和尙頌證道歌)』를 다시 새겨 낸 것이 전하며, 국가 전례서(典禮書)인『상정예문(詳定禮文)』을 금속활자로 찍은 것으로 보아 이 시기 이전에 금속활자가 발달한 것은 틀림없어 보인다. 금속활자는 글씨를 바탕으로 여러 가지 과학과 기술을 총망라하여 만들어 낸 종합예술로서 우리 민족의 우수성을 보여주는 전통공예 기술이다. 그러나 근대 이후 서양 문화가 전래되면서 금속활자 인쇄술이 사라져서 약 100년간 단절되었다 충청북도의 오국진이 기능보유자로 지정되어 전통적인 금속활자 제작 기술의 원형 발굴과 복원, 전수에 힘쓰고 있다.

금속활자장

주조된 금속활자판

바디장(제88호)

바디는 베를 짜는 베틀의 한 부분으로 이를 만드는 기술과 그 기술을 가진 사람을 바디장이라 한다. 바디는 3, 4년 이상 된 단단한 대나무로 만드는데 모시베, 명주베, 무명베, 삼베 등 옷감에 따라 다르고, 같은 모시베라도 베 바탕 올의 굵기에 따라 9~18새까지 모두 다르다. 바디는 경상북도 안동과 충청남도 한산 지방에서 제작된 것이 섬세하고 튼튼하여 명물로 인정받고 있는데, 한산 모시는 세계적으로 유명하여 각종 직조 기술이 발달하였다. 현재는 합성섬유의 발달로 바디 제작

바디장

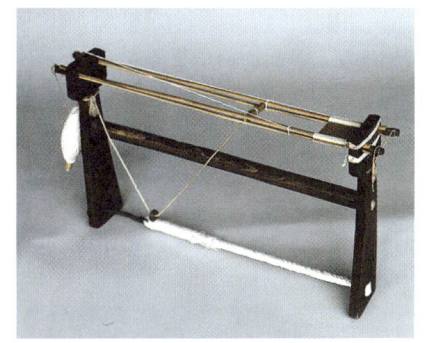
바디틀

이 많이 쇠퇴하였으며, 충청남도 서천군 한산면 종지리 구진갑이 기능보유자로 그 맥을 이어가고 있다.

한산모시짜기(제14호)

충청남도 한산 지방의 모시 짜기 기술자를 말한다. 모시는 마(麻)에 속하는 다년생 초목(草本)으로 삼을 가늘게 하여 만든 베를 저이라 하고 저이 가늘고 하얀 것을 저라고 한다. 흔히 우리가 사용하는 모시는 모시풀

한산모시짜기

생모시

의 껍질을 벗겨 삼베와 같은 과정으로 만든 것인데, 그것을 모시베라 하고 날을 아주 가늘게 짠 모시베를 세모시베(細紵布)라 한다.

모시는 삼과 함께 한국에서 오래전부터 직물로 사용되어 의류로 발전되어 왔다. 신라 48대 경문왕 때 모시를 해외에 수출한 사실로 보아 삼국시대에 이미 상당한 기술이 발달하였고, 마한과 예 역시 모시를 생산했을 것으로 추측하고 있다. 고려시대에 모시는 농가 부업으로 가장 중요했으며, 서민 생활의 물물교환 수단이었다. 고려시대의 국민 경제에서 모시나 쌀이 화폐 대용 역할을 한 것으로 보아, 고려의 모시 생산은 가내 수공업으로서 큰 비중을 차지했으리라 여겨진다. 고려의 모시는 중국에 수출하는 품목 가운데 가장 중요한 위치를 차지하였다. 조선시대에 모시 생산은 국내 수요뿐만 아니라 수출에 큰 몫을 담당하였으므로 직조 기술은 더욱 발달하였다. 생산 지역은 전국으로 확대되었고 한산, 서천, 홍산, 비인, 임산, 정산, 남포 등 충청도 지역과 전라도 연안 지방에서 특히 많이 생산되었는데, 이곳을 저포칠처(紵布七處)라고 불렀다. 이 중 한산은 예로부터 모시

모시옷

짜기의 본고장이었다.

　모시옷은 지금까지 노인이 무더운 여름철에 입는 옷으로서 가장 큰 인기를 누리고 있는데 통풍, 착용감, 모시옷만이 풍기는 독특한 멋과 품위는 세계 어떤 옷과도 비교될 수 없는 한국의 자랑이다.

6. 광주 / 전라도

광주(光州, Gwangju)는 2007년 기준 면적 501km², 인구 141만 명으로 한국 제5위의 큰 도시이다. 산지 지역과 평야 지대가 접하는 곳에 자리하여 군사, 행정, 교역에 좋은 입지 조건을 가지고 있다. 예로부터 호남 지방의 행정, 군사, 경제, 사회, 문화의 중심지이고, 교육도시로서 국립전남대학교와 조선대학교를 비롯한 모두 여덟 개의 4년제 대학이 있다. 또한 문화도시로서 각종 공연장과 체육 시설이 마련되어 있고 여러 개의 박물관이 있다. 문화 행사로 광주김치축제, 「광주비엔날레」가 매년 열리고 있고 중요무형문화재 제33호인 고싸움놀이가 전해 온다. 대만과 미국 등의 여러 외국 도시와 자매결연을 하고 국제도시로 발전하고 있다. 초고속열차가 자주 다니므로 왕래가 더욱 편리해져서 앞으로 발전이 기대되는 도시이다.

　전라도는 한국 서남부에 위치해 있고, 태평양에 맞닿아 있어 일찍부터 해상문화가 발달하였다. 장보고의 해상왕국인 청해진(완도) 역시 이 지역에 있다.

　전라북도는 2007년 기준 면적 8,051km², 인구 188만 명으로 전체 인구의 약 3.9%이다. 국립전북대학교를 비롯해 원광대학교 등 여러 개의

광주시 전경

대학이 있다. 예로부터 전주와 완주를 중심으로 찬란한 문화가 꽃피었던 곳이며 수려한 자연 경관을 지녀 도내 각처에 많은 문화 관광지와 자연 관광지가 있다. 익산을 중심으로 한 백제 유적, 전주 일대의 역사 유적, 정읍 일대의 동학 관련 유적 등 문화 관광자원과 덕유산 등 자연 관광지가 있다.

전라남도는 2007년 기준 면적 12,073km^2, 인구 198만 명으로 광주를 합하면 339만 명이므로 남한 전체 인구의 약 7.1%를 차지하고 있다. 내장산국립공원, 월출산국립공원, 한려해상국립공원, 다도해국립공원, 지리산국립공원 등 자연 자원이 풍부하고, 항구인 목포와 녹차로 유명한 보성이 있다.

전라도의 박물관

● 국공립박물관

국립광주박물관	광주시 북구 박물관로 114 / T. 062-570-7000 http://gwangju.museum.go.kr/
국립전주박물관	전북 전주시 완산구 효자동2가 900 / T. 063-223-5651 http://jeonju.museum.go.kr/

● 대학박물관

전남대학교박물관	광주시 북구 용봉로 333 / T. 062-530-3591 http://museum.chonnam.ac.kr/
조선대학교박물관	광주시 동구 서석동 375 / T. 062-230-6333 http://museum.chosun.ac.kr/
전북대학교박물관	전북 전주시 덕진구 덕진동1가 664-14 / T. 063-270-3488 http://museum.chonbuk.ac.kr/
전주대학교박물관	전북 전주시 완산구 효자동3가 1200 / T. 063-220-2158 http://museum.jeonju.ac.kr/kor/mai/mai.jsp
군산대학교박물관	전북 군산시 미룡동 68 / T. 063-469-4191 http://san.kunsan.ac.kr/~museum/

● 특수 테마 박물관

광주민속박물관	광주시 북구 용봉동 1004-4 / T. 062-525-8633 http://www.kwangjufolk.go.kr/
동진수리민속박물관	전북 김제시 신풍동 491-1 농업기반공사 동진지사청 내 T. 063-540-1135
벽골제수리민속유물전시관	전북 김제시 부량면 신용리 119-1 / T. 063-540-4986
전주전통술박물관	전북 전주시 완산구 풍남동3가 39-3 / T. 063-287-0904 http://urisul.net/
종이박물관	전북 전주시 덕진구 팔복동2가 (주)팬아시아페이퍼코리아 T. 063-210-8103 http://www.papermuseum.co.kr/
미륵사지유물전시관	전북 익산시 금마면 기양리 104-1 / T. 063-836-7804 http://www.mireuksaji.org/
고창판소리박물관	전북 고창군 고창읍 읍내리 241-1 / T. 063-560-2761 http://pansorimuseum.com/
금구원조각공원	전북 부안군 변산면 도청리 861-20 / T. 063-584-6770 http://www.keumkuwon.org/
전라북도산림박물관	전북 순창군 복흥면 서마리 252 / T. 063-652-6792 http://www.jbfm.or.kr/
국립해양유물전시관	전남 목포시 남농로 138 / T. 061-270-2000 http://www.seamuse.go.kr/

나주배박물관	전남 나주시 금천면 석전리 384-5 / T. 061-331-5038 http://cybernaju.jeonnam.kr/html/service/specialty/pear_sub_07.html
강진청자자료박물관	전남 강진군 대구면 사당리 117 / T. 061-430-3524 http://www.gangjin.go.kr/celadon/museum/content01.htm
와보랑께박물관 (사투리 및 민속품 박물관)	전남 강진군 병영면 도룡리 596-1 / T. 061-432-1465 http://www.와보랑께.kr/
안경박물관	전남 무안군 무안읍 무안로 1644 초당대학교 본관 내 T. 061-450-1238 http://web.chodang.ac.kr/opmuseum/
한국대나무박물관	전남 담양군 담양읍 천변리 401-1 / T. 061-381-4111 http://www.damyang.jeonnam.kr/new1/museum/

국립해양유물전시관

국보

● 광주

제103호	중흥산성쌍사자석등(中興山城雙獅子石燈)	북구 국립광주박물관
제295호	나주신촌리고분출토금동관(羅州新村里古墳出土金銅冠)	북구 국립광주박물관

국보 제295호 나주신촌리고분출토금동관

● 전라북도

제10호	실상사백장암삼층석탑(實相寺百丈菴三層石塔)	남원시 백장암
제11호	미륵사지석탑(彌勒寺址石塔)	익산시
제62호	금산사미륵전(金山寺彌勒殿)	김제시 금산사
제123호	익산왕궁리오층석탑 내 발견유물 (益山王宮里五層石塔 內 發見遺物)	전주시 국립전주박물관
제123-1호	순금금강경판〈부금대2개〉 (純金金剛經板〈附金帶二個〉)	전주시 국립전주박물관
제123-2호	유리제 사리병(유리製 舍利甁)	전주시 국립전주박물관
제123-3호	금제방합〈개부〉(金製方盒〈蓋付〉)	전주시 국립전주박물관
제123-4호	금동여래입상(金銅如來立像)	전주시 국립전주박물관
제123-5호	기타 유물(其他 遺物)	전주시 국립전주박물관
제232호	의안백이화개국공신록권(義安伯李和開國功臣錄券)	정읍시
제289호	익산왕궁리오층석탑(益山王宮里五層石塔)	익산시

국보 제123호 익산왕궁리오층석탑 내 발견유물

● 전라남도

제12호	화엄사각황전 앞 석등(華嚴寺覺皇殿 앞 石燈)	구례군 화엄사
제13호	무위사극락전(無爲寺極樂殿)	강진군 무위사
제35호	화엄사사사자삼층석탑(華嚴寺四獅子三層石塔)	구례군 화엄사
제42호	목조삼존불감(木彫三尊佛龕)	순천시 송광사

제43호	고려고종제서(高麗高宗制書)	순천시 송광사
제44호	보림사삼층석탑 및 석등(寶林寺三層石塔 및 石燈)	장흥군 보림사
제50호	도갑사해탈문(道岬寺解脫門)	영암군 도갑사
제53호	연곡사동부도(鷰谷寺東浮屠)	구례군 연곡사
제54호	연곡사북부도(鷰谷寺北浮屠)	구례군 연곡사
제56호	송광사국사전(松廣寺國師殿)	순천시 송광사
제57호	쌍봉사철감선사탑(雙峰寺澈鑒禪師塔)	화순군 쌍봉사
제67호	화엄사각황전(華嚴寺覺皇殿)	구례군 화엄사
제117호	보림사철조비로자나불좌상(寶林寺鐵造毘盧舍那佛坐像)	장흥군 보림사
제144호	월출산마애여래좌상(月出山磨崖如來坐像)	영암군
제240호	윤두서상(尹斗緖像)	해남군
제301호	화엄사영산회괘불탱(華嚴寺靈山會掛佛幀)	구례군 화엄사
제304호	여수진남관(麗水鎭南館)	여수시
제308호	대흥사북미륵암마애여래좌상(大興寺北彌勒庵磨崖如來坐像)	해남군 대흥사

국보 제13호 무위사극락전

국보 제240호 윤두서상

유형문화재 및 관광자원

고창 고인돌군(사적 391호)

전라북도 고창군 고창읍 죽림리와 아산면 상갑리에 걸쳐 있는 청동기시대 고인돌군이며, 유네스코 문화유산에 등재되었다. 기원전 400~100년경 청동기에서 철기시대 초기까지 이 지역을 지배한 청동기시대 족장의 가족무덤 구역이다. 5만여 채에 1,000기 이상으로 추정되나 현재 447기가 확인되었다. 크기는 길이 1m 미만에서 최대 5.8m에 이른다. 탁자 모양의 북방식, 바둑판 모양의 남방식, 천장돌만 있는 개석식 등 한국에서 볼 수 있는 고인돌의 각종 형식을 갖추고 천장돌의 크기 또한 소형 개석부터 거석까지 다 있어 동북아시아 고인돌 변천사에 중요한 자료가 되고 있다.

남원성(사적 제298호)

남원성(南原城)은 전라북도 남원시 동충동에 있는 조선시대 석성이다. 축조 연대는 알려지지 않았으나 석축 둘레 2.484km, 높이 3.93m, 그 안에 우물 71개가 있고 성 밖 옹성이 16개, 성가퀴(성 위에 낮게 쌓은 담)가

고창 고인돌군

남원성 성곽

1,016개라 한다. 선조 30년(1597년) 임진왜란 때 원군(援軍)을 끌고 온 명나라 장수 낙상지가 대대적으로 다시 쌓았는데, 네 개의 문이 있었다고 기록되어 있으나 지금은 거의 헐렸다. 이 성은 1597년 정유재란 때의 격전지로, 왜병과 싸우다 죽은 관민 1만 명의 유해를 안장한 만인의총이 북문 쪽에 있었으나 지금은 향교동으로 옮겨졌다.

만인의총(사적 제272호)

만인의총(萬人義塚)은 정유재란(1596년) 때 남원성을 지키다 순절한 지사들의 무덤으로 전라북도 남원시 향교동에 있다. 선조 29년(1596년) 왜장 가토 기요마사와 고니시 유키나가가 56,000명을 이끌고 삼남의 요충인 남원성을 공격해 왔을 때, 접반사 정기원, 병사 이복남을 비롯한 8충신과 5,000병사 그리고 5,000명의 무명의사가 최후까지 싸우다 순절하여 그들을 안장한 곳이다. 남원시 동충동에 있었으나 1964년 현 위치로 옮기고 1979년 정화사업을 완성하였다. 경내에 「만인의총

만인의총

봉분

사적비」, 만인의총기념관, 만인의총충의문 등이 있다.

광한루(보물 281호)

누(樓)란 사방을 트고 마루를 한층 높여 자연과 어우러져 쉴 수 있도록 경치 좋은 곳에 지은 건물을 말한다. 전라북도 남원시 천거동에 있는 정자로 황희정승이 남원에 유배되었을 때 지은 것으로 처음엔 광통루(廣通樓)라 불렀다. 광한루(廣寒樓)라는 이름은 세종 16년(1434년) 정인지가 고쳐 세운 뒤 바꾼 이름이다. 지금 있는 건물은 정유재란 때 불에 탄 것을 인조 16년(1638년) 다시 지은 것이고 부속건물은 정조 때 세운 것이다. 앞면 다섯 칸, 옆면 네 칸이며 팔작지붕이다. 춘향전의 무대로 널리 알려져 있다. 광한루 밑 넓은 연못은 연꽃으로 장관을 이룬다.

송강정(전남시도기념물 제1-2호)

송강정(松江亭)은 전라남도 담양군 고서면 원강리에 있는 정자이다. 서인에 속했던 송강 정철은 선조 17년(1584년) 대사헌이 되었으나, 당쟁의 소용돌이 속에 동인의 탄핵을 받아 다음해 자리에서 물러났다. 그 후 이곳 창평으로 돌아와 4년 동안 조용히 은거 생활을 하였다. 여기서 초

광한루

송강정

막을 짓고 살았는데, 당시 이 초막을 죽록정(竹綠亭)이라 불렀다. 지금의 정자는 1770년 후손들이 그를 기리기 위해 세운 것으로 그때 이름을 송강정이라 하였다. 정철은 이곳에 머물면서 식영정(息影亭)을 왕래하며 「사미인곡」과 「속미인곡」을 비롯하여 많은 시가와 가사를 남겼다.

이 정자는 정면 3칸, 측면 3칸이고 단층 팔작지붕 기와집이다. 정자 정면에 '송강정'이라 새겨진 편액(扁額:건물의 이름을 널빤지나, 비단, 종이에 써서 문 위에 거는 액자)이 있고, 측면 처마 밑에 '죽록정'이라는 편액이 있다. 둘레에 노송과 참대가 무성하고, 앞에는 평야가 펼쳐져 있으며, 멀리 무등산이 바라다 보이며, 정자 앞으로 흐르는 중앙천은 송강 또는 죽록천이라 한다.

필암서원(사적 제242호)

필암서원(筆巖書院)은 전라남도 장성군 황룡면 필암리에 있으며, 선비들이 모여서 학문을 닦고 제사를 지내던 곳이다. 선조 23년(1590년) 김인후의 학덕을 추모하기 위하여 세워졌는데, 정유재란 때 불타 없어진 것을 인조 2년(1624년) 다시 세웠으며, 유생들의 소청으로 현종 3년(1662년)에 '필암서원'이라는 사액(賜額:임금이 사당, 서원, 누문 따위에 이름을 지어 새긴 편액을 내리던 일)을 받고 현종 13년(1672년) 현재의 위치로 옮겼다. 정조 10년(1786년) 양자징의 신주를 추

필암서원 확연루

가하여 모시는 배향(配享)을 하였다. 서원의 문루(門樓)인 확연루(廓然樓)는 네모진 기둥인 방주(方柱)를 쓴 정면 3칸, 측면 3칸, 상하 18칸의 2층 기와집인데 문루의 편액은 우암 송시열의 글씨이다.

전주향교(사적 제379호)

전주향교(全州鄕校)는 전라북도 전주시 완산구 교동에 있다. 향교는 지방에서 유학(儒學)을 교육하기 위하여 설립한 교육기관이다. 상징적 기능만으로 이해되던 유교 이념과 정치 구조의 내용을 서민 사회까지 침투시키려 설립된 향교는 지방 사회 내부에서 자기 발전 도구 역할을 담당하였다. 유학 교육의 성과는 과거 제도를 통하여 확인하게 되므로, 관리(官吏) 후보자를 양성하기 위한 기관의 역할 역시 담당하였다. 전주향교의 구성은 서울의 성균관과 닮아 선현을 배향하는 공간과 학생을 교육하는 공간으로 이루어져 있으나, 둘 중 배향 공간이 우위에 있다. 전주향교는 여러 향교 중 하나로 고려시대 말에 세워졌으며, 총 99칸의 대규모 건물로 이루어져 있어서 전라도 53관의 수도향교(首都鄕校)라 칭한다. 이 향교의 대성전(大成殿)은 전북시도유형문화재 제7호로 지정되어 있는데, 향교의 설립 취지에서 지(知)와 행(行)의 일치를 추구하던 선비 정신을 엿볼 수 있다.

정다산유적(사적 제107호)

전라남도 강진군 도암면 만덕리에 자리 잡은 정다산유적(丁茶山遺蹟)은 다산 정약용이 유배 생활을 하면서 실학을 집성한 곳이다. 면적 11만 190㎡인 유적의 중심이 되는 다산초당은 5칸 도리(서까래를 받치기 위하여 기둥 위에 건너지르는 나무) 단층의 기와집으로, 측면 2칸은 뒤가 거실

전주향교 대성전   다산초당

이며 앞이 마루로 된 소박한 남향집인데, 처마 밑 원판이 없어져 뒤에 완당(阮堂)의 글씨를 집자(集子)한 '다산초당(茶山草堂)' 이라는 현판을 달았다. 만덕산에 자리 잡고 강진만을 한눈으로 굽어보는 다산초당은 원래 귤동 윤규로의 산속 정자였는데, 다산이 이곳에서 귀양살이하는 동안 실학을 집대성함으로써 문화재로서 빛을 더하게 되었다. 경내에는 정석(丁石), 다조(茶竈), 약천(藥泉), 연지(蓮池) 등 다산4경(茶山四景)이 있는데, '정석'은 다산이 석벽에 직접 글씨를 새긴 것이고, '다조'는 뒷담 밑 '약천'의 석간수를 손수 떠다가 앞뜰에서 차를 달이던 청석(青石)이며, '연지'는 초당 동쪽 앞에 수양을 늘어뜨린 아담한 못으로 그 안에 몇 개의 괴석으로 석가산(石假山)을 쌓았다. 순조 1년(1801년)의 신유박해 때 유배된 다산은 강진 유배 생활 가운데 11년을 이곳에 살면서 현재의 『정다산전서(丁茶山全書)』에서 보이는 방대한 실학 체계 대부분을 구상하고 집필하였다.

송우암수명유허비(전북시도유형문화재 제50호)
우암 송시열은 조선 숙종 15년(1689년) 2월 제주도로 유배되었다가 같은 해 5월에 조정의 명령으로 다시 서울로 압송되던 도중, 6월 7일 밤 정읍에 도착하여 객관에서 사약을 받고 죽었다. 그 후 죄가 없음이 밝혀져 숙종 21년(1695년) 정주읍 하모리 모촌에 고암서원(考巖書院)이 세워졌고 영조 7년(1731년) 이곳에 「수명유허비(受命遺墟碑)」가 세워졌다.

「송우암수명유허비」

송시열은 효종, 현종, 숙종 때의 대학자로 호는 우암(尤庵)이고, 시호는 문정(文正)이며, 노론의 영수였다. 당쟁의 소용돌이 속에서 몇 차례 유배를 당했으며, 결국 83세에 정읍에서 사약을 받았다. 송시열의 문묘를 배향한 곳이 전국적으로 70여 곳이며, 이 중 임금이 이름을 지어 편액을 내린 사액서원(賜額書院)만 37개에 이른다.

이충무공 유적지

조선 500년 동안 수군의 본거지였던 전라남도 여수는 곳곳에 역사의 숨결이 고스란히 남아 있는데, 특히 「좌수영대첩비(左水營大捷碑)」는 한국 최대의 대첩비로서 이충무공의 전승을 기념하여 1602년에 건립되었다. 글씨는 당대의 명필 김현성이 썼고, 글은 이항복이 지었다. 「좌수영대첩비」 오른쪽의 「타루비」는 부하들이 충무공을 기리며 세운 비인데, 충무공의 죽음을 슬퍼한

「좌수영대첩비」

제2부 한국의 자연과 문화재 485

수군 장병들이 눈물을 흘린 곳이라 하여 타루(墮淚)라고 하였다 한다. 여수는 충민사, 봉화산, 장군산, 북봉연대, 군자동 등 유적터가 많다. 해마다 5월 4일이면 이 충무공의 정신과 향토 민속을 전승하기 위한 진남제(鎭南祭)가 거행된다. 진남제는 영거 행렬, 판옥선 행렬, 진해루군사회의, 수군 행렬의 가장행렬과 영당고유제, 동상 참배, 용줄다리기 등으로 구성된다.

「타루비」

화엄사(사적 및 명승 제7호)

전라남도 구례군 마산면에 있는 사찰인 화엄사(華嚴寺)는 대웅전이나 사찰 안에 있는 여러 석탑이 모두 보물로 지정되어 있다. 화엄사는 대한불교조계종(大韓佛敎曹溪宗) 제17교구 본사이다. 창건에 관한 자세한 기록은 남아 있지 않으나 신라 진흥왕 5년(544년)에 인도 승려 연기가 세웠다고 전해진다. 신라 문무왕 10년(670년) 의상대사가 화엄 10찰을 불법 전파의 도량(道場)으로 삼으면서 화엄사를 중수하였다. 기록에 따르면 당시의 화엄사는 가람 8원(院) 81암(庵) 규모의 대사찰로 '화엄불국세계(華嚴佛國世界)'를 이루었다고 한다. 신라시대 말에 도선 국사가 중수

화엄사

각황전

하였으나 임진왜란 때 전부 불에 타고 1630년 벽암대사가 다시 크게 중수하였다. 경내의 석등, 석탑과 대웅전이 함께 국보로 지정되어 있다. 특히 각황전은 정면 7칸 측면 5칸의 2층 팔작지붕으로 한국 최대 목조 건축물이다.

송광사

전라남도 순천시 송광면 조계산 서쪽에 있는 사찰로서 대한불교조계종의 발상지이다. 제21교구 본사인 송광사(松廣寺)는 신라시대 말 혜린에 의해 창건되었다. 한국의 삼보(三寶) 사찰 가운데 승보(僧寶) 사찰로서 조계종의 중흥도장(中興道場)이 되면서 송광산을 조계산이라 불렀다. 대각국사 의천(義天)이 일으킨 천태종(天台宗)과 대치되는 조계종은 보조국사, 진각국사에 이어 조선시대 초기에 이르는 180년 동안 이 송광사에서만 지눌스님을 비롯한 16명의 국사를 배출하였다. 현재 이 16국사의 진영(眞影)을 봉안한 국사전(國師殿)이 경내에 있다. 원래 80여 동의 건물이 있었으나 180년 동안 두어 번의 큰 화재를 겪었고, 그 뒤 승려들의 노력으로 어느 정도 복원되어 현재 50여 동의 건물이 중건되어 있다. 긴 역사와 함께 가장 많은 사찰문화재를 간직하고 있는 사찰이다. 국보 제

송광사

42호인 「목조삼존불감」부터 제43호인 『고려고종제서(高麗高宗制書)』, 국보 제56호인 국사전, 보물 제90호인 『대반열반경소(大般涅槃經疏)』 등 많은 국보급 불교문화재를 가지고 있다.

논개사당(전북시도기념물 제46호)

논개사당(論介祠堂)은 전라북도 장수군 장수읍에 위치한 논개의 영정을 모신 사당이다. 논개는 조선시대 중기의 의기(義妓)이다. 임진왜란 때 끝까지 저항하던 진주성이 함락되자 왜장들은 촉석루에서 술잔치를 벌였다. 기생으로서 그 자리에 있던 논개는 성의 함락과 군관민의 죽음에 대한 울분을 참지 못하고 왜장 게야무라 로쿠스케를 바위 위로 유혹해 껴안은 채 남강 아래로 투신하여 자결했다. 그가 뛰어내린 바위를 훗날 의암(義岩)이라 하였는데, 논개의 사당을 의암사라 부르는 이유이다. 현종 12년(1846년) 현감으로 장수에 온 정주석은 이곳이 논개가 자란 고장임을 기념하여 「논개생향비(生鄕碑)」를 세웠는데, 사당 건립 당시 발굴되어 경내에 옮겨져 있다.

지금의 사당은 1956년에 『호남절의록(湖南節義錄)』, 『호남삼강록(湖南三岡錄)』, 「의암주논개사적비」 등 사실(史實)에 근거하여 각계 인사가 성금을 모아 건립을 추진하여 만들어진 것이다. 이당 김은호가 여러 고서와 전문가의 의견을 종합하여 영정을 봉안하고 의암사(義岩祠)라는 당시 함태영 부통령의

논개사당

친필 휘호로 현판을 각자하여 걸었다. 그 후 1960년대 후반부터 의암사 성역화 사업을 추진하여 전체 66,000㎡에 이르는 대지를 조성하여 이곳으로 옮겼다. 의암사를 지은 후에 장수군은 매년 9월 9일을 장수군민의 날로 정하고 군민의 날 행사와 겸하여 대제(大祭)를 지낸다.

전라도에는 다음과 같은 관광자원이 더 있다.
내장산국립공원, 덕유산국립공원, 변산반도국립공원, 월출산국립공원, 지리산국립공원, 대둔산도립공원, 마이산도립공원, 무등산도립공원, 강천산, 유달산, 성수산 상이암, 운일암, 뱀사골, 수분고개, 원효계곡, 채석강, 화순적벽, 계화도 간척지, 땅끝마을, 정도리 구계등, 명량해협, 거문도, 백도, 보길도, 오동도, 장군도, 장도, 진도 바닷길, 홍도, 낙안성, 모양성, 교룡산성, 용장산성, 위봉산성, 적상산성, 풍남문, 전주객사, 진남관, 경기전, 충민사, 무성서원, 장수향교, 녹우당, 한벽당, 식영정, 소쇄원, 신재효고택, 전봉준장군고택, 조경묘, 조경단, 피아골 석주관 칠의사묘, 벽골제, 선소유적, 대구면 도요지, 유천리 도요지, 왕인박사유적지, 이치싸움터, 황토현전적지, 「팔마비」, 「충무공대첩비」, 황산대첩비지, 만복사지, 미륵사지, 금산사, 내소사, 내장사, 대둔사, 도갑사, 보림사, 선암사, 선운사, 실상사, 쌍봉사, 연곡사, 운주사, 위봉사, 증심사, 천은사, 충민사, 충장사, 포충사, 흥국사, 일지암, 「익산 왕궁리 오층석탑」, 광주박물관, 경천저수지, 대아리저수지, 영산호, 보성다원, 군산신항 축항공사, 금강하굿둑, 돌산대교, 진도대교, 새만금간척지, 섬진강댐, 영광원자력발전소, 광양제철공장, 여천공업단지, 담양죽세공품전시장, 목포향토문화관, 원불교 익산총부, 중외공원, 「광주학생독립운동기념탑」 등이 그것이다.

무형 문화재

● 음악

판소리(제5호)

판소리는 한 명의 소리꾼이 고수(북 치는 사람)의 장단에 맞추어 창, 말, 동작(너름새)을 섞으며 긴 이야기를 엮어 가는 것을 말한다. 조선 숙종 시대(1674~1720년) 이전에 시작된 것으로 학계는 보고 있다. 판소리는 순조 시대(1800~34년) 무렵부터 판소리 8명창이라 하여 권상득, 송흥록, 고수관 등이 유명했는데, 이들에 의해 오늘날과 같이 발전하였다. 판소리는 동편제(전라도 동북 지역), 서편제(전라도 서남 지역), 중고제(경기도, 충청도) 등 지역에 따라 나뉜다. 판소리는 한국의 시대적 정서를 나타내는 전통 종합예술로 삶의 희로애락을 해학적으로 음악과 어울려서 표현하되, 청중이 참여하는 점이 특이하고 흥미롭다. 원래는 열두 마당(작품)이었으나 지금은 「춘향가」, 「심청가」, 「수궁가」, 「흥보가」, 「적벽가」만 전승되고 있다.

판소리 발림

남도들노래(제51호)

「남도들노래」는 전라남도 진도 지방의 농부가 농사일을 할 때 부르는 노래를 말하는데 크게 '논일노래' 와 '밭일노래' 로 이루어진다. 모판에서 모를 찔 때(농업에서 '찌다' 라는 말은 '모판에서 모를 한 모숨씩 뽑아내다' 라는 뜻)는 「모뜬소리」를 부르고 논에 모를 심을 때는 「못소리」를 부르며,

논에서 김을 맬 때는 「절로소리」를 부른다. 김매기가 끝나고 농부들이 마을에 돌아올 때는 「길꼬냉이」를 부르는데, 여흥으로 「진도아리랑」을 부르기도 한다. 농부들이 들일을 하며 노래를 부르는 것은 예로부터

「남도들노래」 중 「절로소리」

어느 고장에서나 볼 수 있었지만, 전라도 서남 지역의 노래는 특히 그 종류가 많고 음악성이 뛰어나다. 진도군의 논매는 소리는 전라남도 다른 지역 노래보다 단순한데, 토질이 비옥하여 호미로 논을 맬 필요 없이 손으로 매면 충분하기 때문이다. '밭일노래' 는 콩밭을 베며 부르는 「콩밭노래」, 목화밭 일을 하며 부르는 「미영밭노래」가 있다. 「남도들노래」는 향토색이 짙고 가락이 매우 흥겹다.

향제줄풍류(제83호)

풍류(風流)란 8~15개의 곡이 연이어 짜여 있는 「영산회상(靈山會上)」을 연주하는 것으로, 풍류라는 이름은 옛날 각 지방 풍류객이 「영산회상」을 연주하던 곳인 풍류방에서 비롯하였다. 조용하고 우아하여 상류사회에서 즐겨 왔다. 풍류는 현악기를 중심으로 하여 실내에서 연주하는 줄풍류와 관악기를 중심으로 하여 실외에서 연주하는 대풍류로 나뉜다. 줄풍류는 서울과 지방에서 모두 전승되어 왔는데, 서울에서 전승되는 경제(京制)줄풍류와 구별하기 위해 지방의 줄풍류를 향제(鄕制)줄풍류라

한다.

구례 향제줄풍류

풍류방에 모이는 사람을 율객(律客)이라고 하는데, 이들은 며칠에 한 번씩 정기적으로 모여 풍류 음악을 즐기고 서로 친목을 도모하였다. 「영산회상」은 원래 조선시대 전기 궁중 축제 때 궁중악사들이 부르던 「영산회상불보살(靈山會相佛菩薩)」이라는 성악곡이었으나 후대로 내려오면서 노래 없이 연주만 하게 되었고 다른 곡들이 덧붙여졌다. 경제줄풍류의 가락은 좀 뻣뻣한 느낌이 있지만 향제줄풍류의 가락은 현악기를 연주할 때 왼손으로 줄을 짚고 흔들어서 꾸밈음을 내는 농현(弄絃)이 더 굵고 흥겹다. 향제줄풍류는 지방에 따라 영제풍류, 완제풍류, 내포제풍류 등으로 나뉘어 약간씩 음악적 특성을 달리하였으나 현재 다른 지방의 것은 맥이 끊어졌고 전라북도 이리 향제줄풍류와 전라남도 구례 향제줄풍류만 전승되고 있다.

● 가면극

봉산탈춤(제17호)

「봉산(鳳山)탈춤」은 원래 황해도 봉산 지방에 전승되어 내려온 가면극이다. 예로부터 황해도 각 지방은 5일장이 서는 거의 모든 장터에서 적어도 한 번씩 탈춤놀이가 벌어졌는데, 그 중 봉산은 남북을 잇는 유리한 지역적 조건 때문에 나라의 각종 사신을 영접하는 행사가 잦았고, 지방 농산물이 모여드는 중심지여서 더욱 이런 놀이가 성행하였다. 약 200여 년

전 봉산에서 관청 하급관리인 이속(吏屬) 노릇을 하던 안초목이 전라남도 어느 섬에 유배되었다 돌아온 후 나무탈을 종이탈로 바꾸는 등 많은 개혁을 이루어 놓았다. 이후 「봉산탈춤」은 19세기 말부터 「해서탈춤」의 대표적 놀이로 발전하였다. 연희는 5월 단오 날 밤에 시작하여 다음날 새벽까지 계속되었다. 단오 때 외에 원님 생일이나 원님 부임 날, 사신 영접, 탈춤대회가 있을 때 연희되었다. 연희 장소는 봉산의 경수대였으나 1915년경 행정기관들이 사리원으로 옮겨지자 놀이판 역시 사리원 경암산 아래로 옮겨졌다. 당시 놀이에 사용되는 비용은 지방의 유지나 상인이 부담하였다.

연출 형식은 보통 다른 가면극처럼 춤이 주가 되고 몸짓과 동작, 재담, 노래 등이 따르는데, 춤은 「팔목중의 외사위」, 「곱사위」, 「양사위」, 「민사위」, 「무동춤」과 「취방이의 깨끼춤」, 「말뚝이의 두어춤」, 「미얄의 궁둥이춤」, 「까치걸음」 등 다양하다. 음악은 피리, 대금, 해금, 장구, 북으로 구성된 삼현육각이 「염불곡」, 「타령곡」, 「굿거리곡」 등을 연주한다. 등장인물은 서른여섯 명이나 겸용하는 탈이 있으므로 사용되는 가면 수는 스물일곱 개이다. 사용되는 가면은 상좌 네 개, 목중(墨僧, 目僧) 여덟 개, 거사(居士) 여섯 개, 사당(社堂)·소무(小巫)·노장(老長)·신발장수·원숭이·취발이·맏양반·둘째양반·도령·말뚝이·영감·미얄·덜머리집·남강노인·무당·사자 각 한 개 등이다. 대부분의 탈이 요철이 심한 비사실형(非寫實型)이다. 특히 목중탈은 귀면형(鬼面型)으로 역귀를 쫓는 용도의 탈을 연상하게 한다. 한때 무당 옷을 빌려 입었다고 하는데, 대부분의 의상이 화려하다. 대사는 운문식(韻文式) 억양을 고집하는 경향이 있으며, 어느 가면극보다 한문 시구와 말장난, 야유 등이 심하다.

「봉산탈춤」은 전체가 7마당 5거리로 짜여 있는데, 본격적인 탈놀이에 들어가기 전 길놀이부터 시작한다. 악사의 주악을 선두로 사자, 말뚝이, 취발이, 포도부장, 소무, 양반, 상좌, 노장, 남강노인의 순으로 열을 지어 읍내를 한 바퀴 도는데 원숭이가 앞뒤로 뛰어다니며 장난한다. 길놀이가 끝나면 「봉산탈춤」 중흥자인 안초목을 위령하는 고사를 지낸다. 해가 지면 무동(舞童)춤, 줄타기, 땅재주 등의 곡예와 풍물놀이로 흥을 돋우다가 밤늦게 탈춤놀이가 시작된다.

제1사상좌(四上佐)춤마당은 네 명의 상좌가 나와 4방신에게 배례하는 「의식춤」을 춘다. 제2팔목중춤마당의 첫째거리는 「목중춤」으로 여덟 명의 목중이 차례로 나와 승려 생활을 파계하는 모습을 연출한다. 둘째거리는 버꾸놀이로 목중들이 버꾸〔주로 농악에 쓰이는 작은 북, 소고(小鼓)〕를 들고 나와 '버꾸놀이하자'를 '벗고 놀이하자'로 말하면서 서로 희롱한다. 제3사당춤마당은 사당과 거사가 함께 어울려 가면을 젖혀 쓰고 「놀량」, 「앞산타령」, 「뒷산타령」, 「경발림」 등의 노래를 주고받는다. 제4노장춤마당의 첫째거리는 많이 알려진 「노장춤」으로 노장이 소무의 유혹에 빠져 타락하는 장면을 격조 높게 풍자하였다. 둘째거리는 신발장수가 등장하여 노장에게 신을 파는데, 강도로 변한 노장에게 신만 빼앗기는 장면이다. 셋째거리는 힘이 센 취발이가 노장으로부터 소무를 빼앗아 살

「목중춤」

「노장춤」

림을 차리는 장면으로 소무는 취발이의 아이를 낳고 취발이는 아이에게 글을 가르친다. 제5사자춤마당은 석가여래의 명을 받고 왔다는 사자가 노승을 꾀어 파계시킨 목중들을 혼내 주는 장면이다. 제6양반춤마당에서 머슴인 말뚝이가 양반 3형제를 지독하게 놀려 주나 양반들은 자신이 망신당하는 것조차 모른다. 제7마당은 난리로 헤어졌던 영감의 첩인 덜머리집이 등장하여 미얄과 싸운다. 이어 영감이 미얄을 마구 때려죽이면 무당이 나와서 미얄의 혼백을 위로하는 굿을 하고 탈춤 전 마당이 끝난다.

「봉산탈춤」은 현재 전하는 어느 가면극보다 오락성과 예술성이 강한데, 6·25전쟁 이후 황해도에서 월남한 연희자에 의해 전승되고 있으며, 1967년 중요무형문화재로 지정되었다.

민속놀이

강강술래(제8호)

「강강술래」는 전라도 지방에 전하는 민속놀이이다. 해마다 음력 8월 15일 추석 밤에 곱게 단장한 부녀자가 수십 명씩 일정한 장소에 모여 손에 손을 잡고 원형으로 늘어서서 '강강술래'라는 후렴이 붙은 노래를 부르며 빙글빙글 돌면서 뛰노는 놀이이다. 목청이 좋은 여자 한 사람이 가운데 서서 앞소리(先唱)를 부르면 놀이를 하는 일동은 뒷소리(合唱)로 후렴을 부르며 춤을 춘다. 임진왜란 중 수군통제사인 이순신이 수군을 거느리고 왜군과 대치하고 있을 때, 적에게 해안을 경비하는 우리 군세가 많음을 보이고 왜군이 우리 해안에 상륙하는 것을 감시하기 위해 행한 것이 유래라고 한다. 전쟁터 부근 부녀자로 하여금 수십 명씩 떼를 지어 해안 지대 산에 올라 곳곳에 모닥불을 피워 놓고 돌면서 「강강술래」라는

「강강술래」

노래를 부르게 하였다고 한다. 싸움이 끝난 뒤 그곳 해안 부근 부녀자들이 당시를 기념하기 위하여 연례행사로서 「강강술래」 노래를 부르며 놀던 것이 전라도 일대에 퍼져 전라도 지방 특유의 여성 민속놀이가 되었다.

「강강술래」라는 이름은 한자의 강강수월래(江羌水越來)에서 온 것이 아니라 우리말에서 유래한 것이다. '강강'의 강은 주위나 원이란 뜻의 전라도 방언이고 '술래'는 한자어로 된 순라(巡邏)에서 온 말로 경계하라는 뜻이니, 이는 주위를 경계하라는 뜻의 구호라는 설이 있다. 여기에 주위라는 뜻인 '강'이 둘 겹친 것은 특히 주위에 대한 경계를 강조한 것으로 볼 수 있다는 것이다. '술래'가 수월래로 들리며, 그렇게 기록되기 쉬운 것은 진양조(晉陽調)로 길게 뽑을 때 수월래로 들리기 때문이라고 한다. 그러므로 「강강술래」로 표기해야 한다.

- 제사

진도씻김굿(제72호)

씻김굿은 죽은 사람의 영혼이 극락에 가도록 인도하는 무제(巫祭)이다. 다른 지방에서 하는 씻김굿은 무당이 불 위, 또는 작두날 위를 걷는 등 다분히 사술적(詐術的)이며 보통 궁중복을 입고 무당 자신이 직접 죽은 사람과 접한다. 그러나 진도씻김굿은 춤과 노래로 신에게 빌고, 소복 차림이며, 죽은 자의 후손과 죽은 자와 접하게 하는 점이 특징이다.

진도씻김굿의 종류는 다음과 같다.

① 곽머리씻김굿 : 초상이 났을 때 시신 옆에서 직접 하는 굿이다.

② 소상씻김굿 : 초상에 하지 않고 소상 날 밤에 하는 씻김굿이다.

③ 대상씻김굿 : 대상 날 밤에 하는 굿으로 탈상씻김굿이라고도 한다.

④ 날받이씻김굿 : 집안에 우환이 있거나 좋지 않은 일이 자주 일어날 때 이승에서 풀지 못한 조상의 한을 풀어 주기 위하여 하는 굿으로, 점쟁이가 날받이를 해주기 때문에 날받이씻김이라고 한다.

⑤ 초분 이장 때의 씻김굿 : 초분을 하였다가 묘를 쓸 때 하는 굿으로, 묘를 쓴 날 밤 뜰에 차일을 치고 죽은 자의 넋을 씻어 준다.

⑥ 영화씻김굿 : 조상 중 어느 한 분의 비를 세울 때 그 분의 넋이 영화를 누리라고 하거나, 집안에 경사가 있을 때 이는 조상이 돌보아 준 은덕이라 하여 조상들을 불러 하는 굿이다.

⑦ 넋건지기굿 : 물에서 죽은 자의 넋을 건져 주고자 할 때 하는 굿으로 용굿, 혼건지기굿이라고 한다.

⑧ 저승혼사굿 : 총각이나 처녀로 죽은 자끼리 사후 혼인을 시키면서 하는 굿이다.

진도 씻김굿의 순서는 다음과 같다.

① 안땅 : 대청마루에서 여러 조상에게 오늘 누구를 위한 굿을 한다고 고하는 굿이다.

② 혼맞이 : 객사한 자의 씻김굿을 할 때만 하는 굿이다.

③ 초가망석 : 씻김을 하는 망자를 비롯하여 상을 차려 놓은 조상들을 불러들이는 대목의 초혼이다.

④ 쳐올리기 : 초가망석에서 불러들인 영혼을 즐겁게 해주고 흠향하

게 하는 대목의 굿이다.

⑤ 제석굿 : 진도 지방 굿의 중심 굿으로 어느 유형의 굿에서나 모두 행한다.

⑥ 고풀이 : 이승에서 풀지 못 한 채 저승으로 간 한을 의미

진도씻김굿 중 길닦음

하는 '고'를 차일 기둥에 묶어 놓았다가 이를 하나하나 풀어 가면서 영혼을 달래는 대목의 굿이다.

⑦ 영돈말이 : 시신을 뜻하는 영돈을 마는 대목에 망자의 옷을 돗자리에 펼쳐 놓고 이를 돌돌 말아 일곱 매듭을 묶어 세운다.

⑧ 이슬털기 : 씻김이라고도 하는데 씻김굿의 중심 대목이다. 앞에 세워 놓은 영돈을 쑥물, 향물, 청계수의 순서로 빗자루에 묻혀 머리부터 아래로 씻는다. 축귀적(逐鬼的) 의미를 지닌 쑥물이 넋풀이, 동갑풀이, 양풀이, 넋올리기, 손대잡이 희설, 길닦음의 순서로 굿이 진행되어 마지막 대목인 종천에서 끝난다.

하룻밤 내내 걸리는 씻김굿은 길닦음에서 절정을 이루는데, 끊어질 듯 애절하게 이어지는 삼장개비 곡조가 사람들의 눈물을 자아낸다.

진도다시래기(제81호)

다시래기는 진도 지방에서 초상이 났을 때, 특히 수명을 다 누리며 행복하게 살다 죽은 사람의 초상일 경우에 동네 상여꾼들이 상제를 위하고

죽은 자의 극락왕생을 축원하기 위해 전문 예능인을 불러 함께 밤을 새우며 노는 민속적 성격이 짙은 상여놀이이다.

진도다시래기는 다섯 마당으로 되어 있는데 첫째 마당은 가상제놀이로

진도다시래기

가짜 상제가 나와 상여꾼들과 농담을 주고받는다. 둘째 마당은 봉사인 거사와 사당 그리고 중이 나와 노는데, 진도다시래기의 중심 굿으로 민속가면극의 파계승 마당에 해당한다. 셋째 마당은 상여꾼들이 빈 상여를 메고 만가를 부르는데 다른 지역의 상여소리와 달리 씻김굿의 「무당노래」가 중심을 이루고 있다. 넷째 마당은 묘를 쓰며 부르는 「가래소리」를 하면서 흙을 파는 시늉을 한다. 다섯째 마당은 여흥놀이로 이어져 예능인들이 후한 대접을 받는다.

진도다시래기는 한국에서 유일하게 무당단체인 신청(神廳)을 중심으로 조직된 전문 예능인에 의해 전승된 장례 때 행하는 민속극으로 장례풍속과 민속극 연구에 중요한 가치를 지니고 있다. 또한 우리 조상의 죽음에 대한 의식 구조를 살펴볼 수 있는 귀중한 문화재이다.

• 기술

제와장(제91호)

제와장(製瓦匠)이란 기와를 전문으로 구워 만드는 사람을 말한다. 기와는 건축물 지붕에 빗물이나 습기가 새어들지 못하고 흘러내리게 덮어 씌

완성된 기와

제와장

위 침수를 막고, 지붕 밑에 있는 목재의 부식을 방지함과 동시에 건물의 경관과 치장을 돋보이게 하는 것이다. 재료는 찰진 진흙이며, 1,000℃ 이상으로 구워 냈을 때 검은 회색이나 은회색이 되어야 한다. 한때는 기와가 장식 효과와 함께 권위와 부의 상징이었다. 한국의 기와는 기원전 1~2세기경 중국 한나라에서 대동강 유역으로 먼저 들어와 전국에 퍼져 다양하게 발전하였다. 현재는 콘크리트로 만든 슬래브 집, 특히 아파트가 많이 지어지면서 수요가 급격하게 줄고 양적으로 기계제품에 밀려나서 경상도 울산과 전라도 장흥 지방만 제작하고 있다. 전라남도 장흥군 안양면의 한형준이 전승보유자로 지정되었다.

옹기장(제96호)

옹기장(甕器匠)은 옹기를 굽는 기술을 전수받아 이 일에 종사해 온 기술자이다. 옹기는 식기, 솥 등 그릇으로 사용되어 수요가 많았기 때문에 신라는 기와와 그릇을 굽는 일을 관장하는 와기전(瓦器典)과 그 일을 담당하는 관원을 두었다. 조선시대는 서울에 옹기장이 100여 명 있었고, 지방에 다시 비슷한 수의 옹기장을 두어 관수용(官需用) 옹기를 생산하게 하였다. 현재는 오랜 전통을 가진 옹기 제조 기술을 보존하기 위해 문화

옹기장　　　　　　　옹기

재로 지정하여 육성 보호하고 있다. 다른 도자기와 마찬가지로 옹기 굽기 역시 가마 온도 맞추기, 유약 처리 등이 가장 중요하다. 가마 땔감은 오랜 시간 제 온도를 유지해 주는 소나무 장작을 쓴다. 광택을 내는 유약은 납 성분이 많은 유해한 유약 대신 풀과 소나무를 태운 재에 약토를 갠 유약을 만들어 쓴다. 물론 기본 재료로 질 좋은 점토를 쓴다.

장도장(제60호)

장도(粧刀)는 몸에 지니는 자그마한 칼로, 일상생활이나 호신용 또는 장신구로 사용되었다. 장도를 만드는 기능과 그 기능을 가진 사람을 장도장이라 한다. 장도는 고려시대부터 성인 남녀가 호신용으로 지니고 다녔으며 특히 조선시대 임진왜란 이후부터 사대부 양반가문의 부녀자가 순결을 지키기 위하여 필수적으로 휴대했다. 조선시대 말에 장도가 몸단장을 하는 노리개로서 일종의 사치품이 되었기 때문에 그 제작 과

을자도와 네모도

장도장

정이 정교하게 발달했다.

장도는 서울을 중심으로 하여 울산, 영주, 남원 등지에서 많이 만들어졌다. 그 중에 전라남도 광양 지방의 장도가 역사가 깊고 섬세하며 종류 또한 다양하여 한국적 우아함과 장식용으로 뛰어난 공예미를 나타내고 있다. 각종 재료를 사용하여 다양한 종류로 만들어지는 장도 제작 기법은 조선시대의 다양하고 우수한 공예 기법을 알려 주는 것으로 그 중요성이 인정된다.

백동연죽장(제65호)

연죽(煙竹)이란 일반적으로 담뱃대를 말하며, 백동연죽(白銅煙竹)은 백동으로 만든 담뱃대를 말한다. 백동담뱃대를 만드는 기술과 그 기술을

백동연죽장

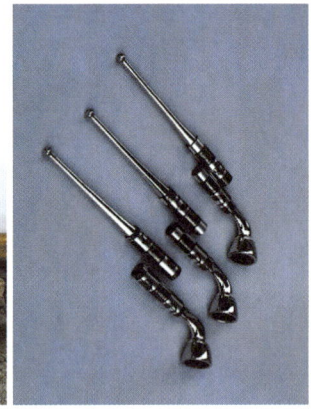

「오동송학문백동담뱃대」

가진 사람을 백동연죽장이라고 한다.

담뱃대는 입에 물고 연기를 빨아들이는 물부리와, 담배를 담아 태우는 대꼬바리, 그리고 그것을 잇는 가는 대나무 설대의 세 부분으로 구성된다. 대꼬바리는 열을 받는 곳이고 구조상 파손되기 쉬워서 구리, 놋쇠, 백동과 같은 금속으로 만든다. 한국의 연죽은 동래의 파란 장식연죽과 금은으로 새긴 담뱃대, 경주, 김천, 울산, 예천 등에서 만든 것이 유명한데 그 가운데서 오늘날까지 전승되고 있는 곳은 전라북도 남원과 경기도 안성 지방 두 곳뿐이다.

낙죽장(제31호)

낙죽장(烙竹匠)이란 불에 달군 인두를 대나무에 지져 가면서 장식적인 그림이나 글씨를 새기는 기능 또는 그러한 기술을 가진 사람을 말한다. 낙죽이 물건에 사용되기 시작한 것은 고대 중국부터이며 한국에서는 매우 드문 기술이었으나, 조선 순조 때 박창규에 의해 일제강점기까지 전승되었다. 낙죽은 온도를 맞추어 그려야 하고 인두가 식기 전에 한 무늬나 글씨를 마무리해야 하기 때문에 경험과 속도를 필요로 한다. 낙죽은 화살대, 침통, 칼자루, 병풍, 담뱃대, 부채 등에 쓰이며, 접는 부채 처음과 끝에 쓰이는 두꺼운 대나무살에 가장 많이 쓰인다. 낙죽장은 전라남도 지역의 전통적인 공예 기술로 현재는 수요가 줄어 관광지에서나 맥이 유지되고 있는 실정이므로 그 기술을 전승하고 보존하기 위해 문화재로 지정하였다.

낙죽장

채상장(제53호)

채상장(彩箱匠)은 얇게 저민 대나무껍질을 색색으로 물을 들여 다채로운 기하학무늬로 고리 등을 엮는 기능 또는 그 기능을 가진 사람을 말한다. 채상은 고대 이래로 궁중과 귀족 계층의 여성용 가구로 이용되었고, 귀하게 여겨진 고급 공예품의 하나였다. 조선시대 후기에는 양반 사대부뿐 아니라 서민층까지 혼수품으로 유행하였으며, 주로 옷과 장신구, 반짇고리, 귀중품을 담는 용기로 사용되었다. 채상의 무늬는 완자, 수복강녕, 십자, 번개, 줄무늬 등 주로 길복(吉福)을 추구하는 무늬이다. 채상장은 전통 민속공예로서 그 가치가 높다.

채상(위)과 채상장(아래)

소목장(제55호)

소목장(小木匠)은 건물의 창호라든가 장롱, 궤, 경대, 책상, 문갑 등 목가구를 제작하는 목수를 말한다. 기록상으로 보면 목수는 신라 때부터 있었고, 소목장이라는 명칭은 고려시대부터 있었다. 조선시대 전기까지는 목가구가 주로 왕실과 상류계층을 위해 만들어졌으나, 조선시대 후기에는 민간까지 널리 보급되어 자급자족에 따른 지역적 특성이 나타나게 되었다. 장롱은 재료에 따라 귀목장롱, 솔장롱, 오동장롱이 있고, 칠을 안한 백골장롱, 칠을 한 칠장롱, 무늬가 없는 민장롱, 들기름을 먹인 종이를 바른 발림장롱으로 나누어진다. 즐겨 사용하는 무늬는 삼호장, 성타무늬, 번개무늬, 겹귀무늬, 홑귀무늬 등이 있고 제작 도구는 톱 종류와 대패, 등밀이, 장도리, 송곳, 놋줄 등이다.

소목장

　소목장은 무늬가 있는 나무로 자연스러운 미를 최대한 살린 한국 전통 목공예 기법이다. 자연환경과 주택 구조 등을 고려하여 한국적인 독특한 조형 양식을 만들어 낸 민속공예사적 가치가 높다.

윤도장(제110호)

윤도장(輪圖匠)은 풍수가나 지관이 쓰는 나침반을 만드는 기술자를 말한다. 윤도란 일정한 방향을 가리키는 자침(바늘)을 활용하여 지관들이 음택(무덤)과 양택(사람이 사는 집) 등의 풍수를 보고, 여행자들이 방향을 알기 위하여 사용하는 나침반이다. 지관이나 여행객이 항상 몸에 차고 다닌다고 하여 패철, 자침이 항상 남쪽을 가리킨다고 하여 지남철이라고 한다. 윤도는 통일신라시대 말부터 발달했으며, 고려시대 초는 풍수지리설과 연결되어 풍수가나 지관에게 중요한 기구로 쓰였고, 15세기부터는 항해자나 여행자가 실용적인 목적으로 사용하였다.

　윤도는 천문, 역수, 측후, 각루 등의 일을 맡아 보던 서운관에서 많이 제작했으며, 재료는 대추나무나 회양목을 사용하였다. 윤도 제작은 전라북도 고창군 성내면 산림리 마을에서 300여 년 넘게 이어져 온 기술로

윤도장   윤도(나침반)

김씨, 한씨, 서씨 집안을 거쳐 김정대의 조부인 김권상과 백부인 김정의에게 전해졌고 가업을 받은 아들 김종대가 기능보유자로 지정되었다.

나주 샛골나이(제28호)

샛골나이는 전라남도 나주시 다시면 신풍리 샛골의 무명길쌈 기술이다. 이 고장은 예로부터 무명길쌈이 유명하여 한산모시나 곡성의 돌실나이와 같이 널리 알려져 있는 곳이다. 샛골나이는 무명베의 대명사처럼 불리었다.

무명은 일찍이 고려 공민왕 때 문익점이 중국에서 목화씨를 가져오고 그의 장인인 정천익이 그 재배와 직조에 성공하여 전국에 보급함으로써 한국 사람이 무명옷을 입게 된 것이다. 조선 태종 때 충청, 전라, 경상 3도에서 면업이 정착되었고 세종 때부터 조세의 일종이 되었으며, 중종 때는 군복 재료로 징수되

나주 샛골나이

었다.

샛골나이의 제작은 목화송이에서 딴 목화를 볕에 말리는 일부터 시작하는데, 씨아를 거쳐 씨를 뺀 솜을 무명활

무명

로 타서 말대로 말아 꼬치를 지어 묶음으로 만든 다음, 물레질을 하여 실을 뽑아 가락에 감는다. 한 다발의 꼬치에서 열 개의 덩이, 즉 열 개의 실 몽당이가 나오며 무명 한 필은 50덩이의 실이 필요하다. 무명 올이 감긴 두루마리를 베틀로 옮겨 무명 짜는 과정이 시작된다.

곡성 돌실나이(제32호)

곡성의 돌실나이는 전라남도 곡성군 석곡면에 전승되는 극세(極細)의 삼베를 짜는 기술이다.

삼(杉)은 음력 3월 하순에 파종하여 소서(小暑)가 지나서 벤다. 냇가에서 삼솥에 넣어 삼을 쪄서 냉수를 끼얹어 식혀 껍질을 벗긴 후 상·하품을 골라 따로 묶어 둔다. 볕에 말린 삼 껍질을 또다시 물에 적셔 쨴 다음 쨴 삼을 삼톱으로 훑어 외피를 벗긴다. 손톱으로 모시보다 좀 굵게 다시 쪼개어 그 삼 뿌리와 가지 끝을 서로 무릎에 대고 손으로 비벼서 잇는다. 그런 다음 물레에 자아 삼올을 꼬고 타래를 만들기 위하여 돌굿에 올리고 그것을 볕에 말린다. 이것을 실것이라고 한다. 실것을 물에 적셔 짚을 태운 재에 버무려 35℃쯤의 따뜻한 방에서 1주일간 띄운다. 그 후 푹 삶아 내어 볕에 말리면서 바랜다. 찰볏짚을 태운 잿물에 삶아 다시 바랬다가 쌀뜨물에 치자를 넣어 물감을 우린다. 다음에는 그 물에 담가 5~6시간이 지난 후 건져 꼼꼼하게 말리고 다시 손으로 비벼 말린다. 완전히

곡성 돌실나이

삼베 수의

마르면 돌굿에 메워 다시 내린다. 이와 같은 삼올 뭉치를 '실떡'이라 한다. 실떡 1.8kg이면 한 필을 짤 수가 있다. 삼베는 삼올의 굵기에 따라 새가 정해지는데, 가장 거친 상복용 4새부터 가장 가는 13새까지 있었다고 하나 지금은 9새를 가장 가는 것으로 본다.

염색장(제115호)

염색장(染色匠)이란 천연염료로 옷감을 물들이는 기술자를 말하는데, 여기에서 말하는 것은 쪽 염색을 하는 염색장이다. 염색은 전문 기술이 필요하다. 조선시대 궁중은 염색을 담당하는 전문 장인을 두었을 정도였다. 천연염료란 식물, 광물, 동물 등에서 채취한 원료 그대로 또는 약간의 가공을 통해 옷감을 물들일 수 있는 염료를 가리키며 여러 종류가 있다. 천연 염색은 근대화 이후의 화학 염색 도입으로 그 전통이 끊어졌으나, 1970년대 이후 염색장으로 지정된 윤병운, 정관채는 전통 방식의 천연 염색에 능통할 뿐 아니라 모든 재료를 스스로 직접 생산해 사용하고 있다. 천연 염색은 엄청난 독성 유해 물질의 배출로 수질 오염 주범이 되고 있는 화학 염색과 비교해 환경 파괴가 전혀 없다. 게다가 입는 이의 건강에 좋고, 보기에 좋으며, 옷감의 질을 유지해 주는 효과가 있다.

염색장(왼쪽)과 염색한 천(오른쪽)

옥장(제100호)

옥(玉)은 동양문화권에서 발달한 보석류로서 금은과 함께 쓰인 주요 보석이며, 음양오행의 5덕인 인의예지신(仁義禮智信)을 상징하는 장신구로 쓰여 왔다. 특히 상류층의 중요한 장신구였다. 옥은 채석-디자인-절단-성형-세부 조각-광택의 복잡한 과정을 거쳐야 한다. 한국은 국가에서 옥공예 공인의 수를 극히 제한했으므로 옥장이 귀할 뿐 아니라 옥공예의 종주국으로 알려진 중국보다 옥 기술과 작품성이 우수하여 신장(神匠)으로 평가받고 있다. 옥장은 고가의 원석을 다루므로 정확한 예측이

옥장   황옥으로 만든 주전자와 잔

필수이며, 정교한 조각 기능뿐 아니라 고도의 예술성이 요구되는 매우 소중한 공예 기술이다.

7. 강원도

강원도는 2007년 기준 면적이 16,873km²로 남한의 16.9%에 해당하고, 인구는 151만 명으로 총인구의 3%를 조금 넘는다. 면적의 81%가 산지여서 경관이 좋고 공기가 매우 맑다. 대학은 국립대학인 강원대학교, 강릉대학교를 비롯하여 10개 이상의 4년제 대학과 비슷한 수의 2년제 대학이 있다. 강원도는 자연 자원이 풍부한 대신 문화 자원은 그리 많지 않은 편이다. 역사적으로 후고구려가 철원을 수도로 삼은 잠깐의 기간을 제외하면 국가의 수도였던 지역이 없기 때문일 것이다.

강원도는 강원 문화재의 원형 보존을 위한 기록 보존 작업의 일환으로 도내에 소재한 유·무형 문화유산을 집대성한 『강원문화재대관(江原文化財大觀)』을 2007년 2월에 출간하였다. 총 사업비 3억5천만 원을 들였고, 지난 2003년부터 문화재 실측 작도를 시작으로 사진촬영, 해설 원고 집필 등의 발간을 위한 기초 작업을 마치고, (사)강원향토문화연구회에 강원도문화재위원과 학계 및 사계 전문가가 참여한 가운데 총 3권(국가 지정 편, 강원도 지정 편 1·2) 1,280쪽 규모로 발간한 것이다. 이 대관에서 강원도 문화재에 관

강릉 단오장터

한 많은 정보를 얻을 수 있다.

강원도의 박물관

● 국공립박물관

국립춘천박물관	춘천시 우석로 88 / T. 033-260-1500 http://chuncheon.museum.go.kr/
속초시립박물관	속초시 노학동 신흥길 16 / T. 033-639-2976 http://www.sokchomuse.go.kr/
오죽헌시립박물관	강릉시 죽헌동 201 / T. 033-640-4457 http://www.ojukheon.or.kr/
대관령박물관	강릉시 성산면 어흘리 374-3 / T. 033-640-4482

● 대학박물관

강원대학교박물관	춘천시 강원대학길 1 / T. 033-250-8077
관동대학교박물관	강릉시 내곡동 522 / T. 033-649-7851 http://museum.kwandong.ac.kr/
연세대학교원주박물관	원주시 흥업면 매주리 234 도서관 지하 1층 / T. 033-760-2732 http://hosu.yonsei.ac.kr/~wmuseum/

● 특수 테마 박물관

석봉도자기미술관	속초시 교동 668-57 / T. 033-638-7711 http://www.dogong.net/
선교장민속자료전시실	강릉시 운정동 431 / T. 033-648-5303 http://www.knsgj.net/
참소리축음기·에디슨과학박물관	강릉시 저동 35-1, 36 / T. 033-655-1130 http://www.edison.kr/
치악민속박물관	원주시 행구동 75-4 / T. 033-747-6956
태백석탄박물관	태백시 소도동 166 / T. 033-550-2743 http://coalmuseum.or.kr/
강원민속박물관	횡성군 청일면 춘당리 726-1 / T. 033-342-2331 http://theme.themetour.com/tour/miscellany/knf-museum/k-folk.html

곤충박물관	영월군 북면 문곡리 603-1 / T. 033-374-5888 http://www.insectarium.co.kr/
조선민화박물관	영월군 하동면 와석리 841-1 / T. 033-375-6100 http://www.minhwa.co.kr/museum/museum_1.htm
선사박물관	양구군 양구읍 하리 510 / T. 033-480-2677 http://210.178.146.5/cyber/sunsa/sa_main.html
정선향토박물관	정선군 동면 화암리 화암관광지 내 / T. 033-560-2057

조선민화박물관

국보

제36호	상원사동종(上院寺銅鐘)	평창군 상원사
제48호	월정사팔각구층석탑(月精寺八角九層石塔)	평창군 월정사
제51호	강릉객사문(江陵客舍門)	강릉시
제59호	법천사지광국사현묘탑비(法泉寺智光國師玄妙塔碑)	원주시
제63호	도피안사철조비로자나불좌상(到彼岸寺鐵造毘盧舍那佛坐像)	철원군 도피안사
제122호	진전사지삼층석탑(陳田寺址三層石塔)	양양군
제221호	상원사목조문수동자좌상(上院寺木彫文殊童磁坐象)	평창군 상원사
제292호	오대산상원사중창권선문(五臺山上院寺重創勸善文)	평창군 월정사

국보 제36호 상원사동종

국보 제51호 강릉객사문

유형 문화재 및 관광자원

설악산(천연기념물 제171호)

설악산(雪嶽山)은 속초와 양양, 그리고 인제군의 경계선에 있는 남한 최고의 아름다운 산으로서 높이 1,708m이다. 신성하고 숭고한 산이라는 뜻에서 설산(雪山), 설봉산(雪峰山)이라고도 한다. 최고봉은 대청봉이며 그 남쪽에 한계령, 북쪽에 마등령과 미시령이 있으며 이들 고개를 연결하는 능선이 태백산맥이다. 설악산에서 산맥 서쪽인 인제군에 속하는 지역을 내설악, 동쪽 면을 외설악이라고 한다. 내설악은 북한강 유역인데 미시령, 대청봉, 한계령을 수원(水原)으로 하여 흐르는 산 능선에 백담사, 대승폭포, 옥녀탕 등의 명소가 있

설악산

다. 설악산은 한국에서 처음으로 1982년 유네스코 생물권 보존 지역으로 지정되었다.

원주 감영(사적 제439호)

원주 감영(原州 監營)은 원주시 일산동에 있는 옛 도청 건물이다. 조선 태조 4년(1395년) 이곳에 강원도 관찰부가 설치된 때부터 1895년 원주군이 되고 고종 33년(1896년) 도청이 춘천으로 옮겨질 때까지 500여 년 동안 원주는 강원도의 중심지 역할을 하였다. 원주 감영은 비교적 형태가 잘 보존되어 있는데 원주 시내에 위치해 있다. 감영을 들어가는 입구에 포정루라는 문루가 있다. 정문으로 들어가면 큼직한 전통 기와집인 선화당과 현 시청별관인 3층 콘크리트 건물이 대조적으로 마주 보고 있다. 원래의 선화당은 임진왜란 때 불타 버렸고 현종 원년(1660년)에 다시 복원한 것이다. 선화당 북쪽에 연못과 섬이 있고 주변에 여러 채의 누각이 서 있다. 원래는 동서남북으로 4대문까지 갖춘 큰 규모였으나 지금은 그 흔적만 남아 있다.

원주 감영

경포대(시도유형문화재 제6호)

경포대(鏡浦臺)는 강릉시 정동 경포호 북쪽 가에 있는 누각이다. 고려시대 말기인 충숙왕 13년(1326년)에 박숙정이 현 방해정(放海亭) 북쪽에 세웠는데, 그 뒤 중종 3년(1508년)에 현재의 위치로 옮겼다. 숙종의 어제시(御製詩)를 비롯하여 여러 명사의 글과 글씨가 걸려 있어 빼어난 경관과 함께 그 역사를 자랑하고 있다.

의상대(시도유형문화재 제48호)
의상대(義湘臺)는 양양군에 있는 사찰인 낙산사(洛山寺) 경내에 있는 정자이다. 낙산사는 672년 신라의 유명한 승려인 의상대사에 의해 건립되었다. 의상대는 의상대사가 당나라에 건너가 불교사상을 공부하고 돌아와 낙산사를 짓기 위해 기도를 드렸던 곳에 지은 것이라고 하는데, 기도 중에 관음보살이 나타나 염주를 주고 동해의 용이 여의주를 주었다 한다. 지금의 의상대는 그 전 정자가 불탄 곳에 1925년 한용운이 8각 모양의 정자를 지은 것이며, 무너진 것을 1975년에 다시 복원하였다.

경포대

의상대

오죽헌(보물 제95호)
강릉의 오죽헌(烏竹軒)은 조선시대 중기의 목조건물이다. 율곡 이이가 태어난 곳이며 조선 중종 때 지은 집으로 한국 개인 주택 중 가장 오래된 건물에 속한다. 정원에 검은 대나무가 많다고 하여 오죽헌이란 이름이 붙

오죽헌과 오죽헌 내부　　　　　신사임당

었다. 나중에 후학들에 의해 율곡기념관이 옆에 세워졌다. 율곡의 어머니는 한국 역사상 가장 존경받는 여성 중 한 분인 신사임당이다. 신사임당은 훌륭한 현모양처였고, 이름난 효녀였으며, 글과 그림에 뛰어났다.

선교장(중요민속자료 제5호)

선교장(船橋莊)은 강릉시 운정동에 있는 고가(古家)이다. 이 집은 조선시대 이 지방 명문인 이내번이 처음 살기 시작하여 대대로 후손이 거처하는 집인데, 열화당, 안채, 동별당, 활래정 등 모두 네 채가 있다. 사랑채인 열화당은 1815년 오은거사(鰲隱居士) 이후가 건립한 것이며, 활래정은 그 이듬해 세운 것을 증손인 이근우가 현재의 건물로 중건하였고, 동별당은 약 50년 전에 새로 지은 건물이다. 가장 오래된 안채는 동편에 있으며 주택의 평면 구조는 ㄱ자 형으로서, 동쪽 끝이 부엌이고 건넌방은 서쪽에 있다. 안채와 담을 쌓아 구분한 행랑채는 남쪽에 있고 서쪽으로 사랑채에 출입하는 솟을대문이 있다.

진전사지 삼층석탑(국보 122호)

진전사(陳田寺) 옛터에 서 있는 것이다. 진전사는 통일신라 도의국사가 창건한 절이라 하는데, 터 주변에 '진전'이라 새겨진 기와 조각이 발견되어 절의 이름이 밝혀졌다.

탑은 통일신라시대의 일반적인 모습으로, 2층의 기단(基壇)을 쌓고 그 위로 3층의 탑신(塔身)을 올려놓았다. 아래층 기단에 날아갈 듯한 옷을 입은 천인상(天人像)이 있으며, 위층 기단은 구름 위에 앉아 무기를 들고 있는 웅건한 모습의 8부신중(八部神衆)이 있다. 탑신의 몸돌과 지붕돌은 각각 하나의 돌로 만들어졌는데, 1층 몸돌에 각기 다양한 모습의 불상 조각들이 있다. 3층 지붕돌 꼭대기는 받침돌만 남아 있을 뿐 머리장식은 모두 없어졌다. 기단에 새겨진 아름다운 조각과 1층 몸돌의 세련된 불상 조각이 진전사의 화려했던 모습을 떠올리게 한다.

전체적으로 균형이 잡혀 있으면서 지붕돌 네 귀퉁이의 추켜올림이 경쾌한 아름다움을 더해 주는 이 탑은 통일신라의 대표적인 석탑 가운데 하나이다.

선교장　　　　　　　　　　　　　　　「진전사지 삼층석탑」

용평리조트

강원도 평창군 도암면에 있는 종합 레저 단지로 1975년 태백산맥의 발왕산(1,458m) 북쪽 자락에 개장한 한국 최초의 스키장이다. 연평균 250cm의 눈이 내리고 연평균 6.4℃로 기온이 낮아 11월부터 이듬해 4월 초까지 스키를 즐길 수 있다. 스키 시즌이 끝나는 4~11월은 18홀과 9홀의 퍼블릭코스에서 골프를 칠 수 있다.

1998년 월드컵스키대회와 1999년 강원 동계아시아경기대회를 이곳에서 개최하였다. 국제스키연맹(FIS)의 공인을 받은 레인보우 레드·실버·골드 슬로프를 비롯하여, 초급자를 위한 옐로우라인과 핑크라인, 중급자를 위한 뉴레드라인과 그린라인 등 총 28면의 슬로프와 15기의 리프트, 3.7km 길이의 8인승 곤돌라 1기를 갖추고 있다.

이 밖에 수영장, 사우나, 볼링장, 헬스클럽, PC방 등의 부대시설이 있고, 단지 내에 산악썰매장, 인도어골프장, 서바이벌게임장, 산악자전거길을 비롯하여 6홀 규모의 간이골프 퍼팅연습장과 삼림욕로, 양궁장, 게이트볼·크로켓골프장, 테니스장, 캠프장 등이 있다. 숙박시설로 호텔과 콘도, 유스호스텔 등 총 1,340실의 객실이 마련되어 있다. 주변에 오대산국립공원, 대관령목장, 대관령박물관 등 관광지가 많다.

용평리조트

참소리축음기·에디슨과학박물관

강릉시 저동에 있는 참소리축음기·에디슨과학박물관은 세계 최대 오디오 박물관으로 손성목 박물관장이 45년에 걸쳐 모은 축음기를 전시하고 있다. 축음기가 나오기 200~300년 전에 사용하던 오르간과 뮤직 박스부터 축음기, 라디오, TV 등의 기기와 에디슨이 1,093개의 특허권을 받았다는 기록과 함께 에디슨이 만든 2,000여 가지 발명품을 직접 눈으로 확인할 수 있다. 세계 하나밖에 없다는 최초의 스탠드 형식(대나무 필라멘트) 전구와 최초의 축음기 등 여러 기기가 전시되어 있으며, 에디슨이 직접 제작하여 몰고 다니던 전기 자동차가 박물관 야외에 전시되어 있다. 감상실에서 축음기시대의 아날로그 음악에서 DVD 디지털 음악에 이르는 다양한 음악을 들을 수 있다. 2007년 강릉시 송정동의 옛 박물관 건물에서 현재의 경포호수 변 위치로 이전하면서 참소리축음기박물관과 에디슨과학박물관으로 건물을 나누었다. 각 2,500여 점과 2,000여 점이 전시되어 있으며 그 외 창고에 보관중인 소장품이 3,500여 점에 이르고 있어 연 3, 4회 교환 전시되고 있다. 매년 여름·겨울 방학 시즌을 이용하여 다양한 행사를 열고 있는데, 팝, 재즈, 클래식, 뮤지컬 등 다양한 음악을 스크린을 통하여 선사한다.

참소리축음기박물관

이 밖에 강원도에는 다음의 유형문화재가 더 있다.

남이섬, 양구 펀치볼, 청령포, 치악산국립공원, 청학동 소금강, 삼악산, 육향산, 대관령, 한계령, 대청봉, 장수대, 하조대, 무릉계곡, 백담계곡, 천불동계곡, 토왕계곡, 구문소, 등선폭포, 삼부연폭포, 화진포, 소양호, 송지호, 영랑호, 의암호, 청초호, 춘천호, 파로호, 황지, 오색온천, 척산온천, 대이동굴, 영월 고씨굴, 권금성, 영원산성, 객사문, 영모전, 태백산 천제단, 선화당, 장릉, 죽서루, 고석정, 청간정, 건봉사, 구룡사, 낙산사, 백담사, 삼화사, 신흥사, 월정사, 창절사, 청평사, 양구 전쟁기념관, 제2땅굴, 통일전망대 등이다.

무형 문화재

- 음악

강릉농악(제11-4호)

강릉농악은 강원도 태백산맥 동쪽에 전승되는 영동농악의 대표이다. 농경생활을 흉내 내어 재현하는 농사풀이가 있어서 「농사풀이농악」이라 부른다. 유래는 정확하지 않으나 농경생활의 시작과 동시에 생겨난 것으로 추측한다. 농기, 날라리, 꽹과리, 징, 북, 장구, 소고, 범고 및 무동으로 편성된다. 연주자는 흰 바지저고리에 홍색, 청색, 황색의 삼색 띠를 두르고 무동은 여러 색이 섞인 옷을 입는다.

강릉농악

강릉농악은 정월대보름을 전후해 3, 4일간 농악대가 집집마다 다니며 농악과 고사를 나는 지신밟기, 마을의 공동 기금을 걷기 위해 걸립패로 꾸며 농악을 하는「걸립농악」, 모심기와 김매기 등을 할 때 하는「김매기농악」, 김매기가 끝난 후 질 먹을 때 하는「질먹기(호미씻이)」, 건립굿이나 봄철 화전놀이 때 큰 마당에서 벌이는 마당굿이 있다. 다른 지역에서 볼 수 없는 것으로 달을 보고 소원을 비는 달맞이굿, 남촌과 북촌 사람들이 횃불을 들고 서로 풍물을 하며 싸움을 하는 횃불놀이, 젊은 여자들의 놀이로 한 명을 뽑아 나머지 여자들의 굽힌 허리를 밟고 지나가게 하는 놋다리밟기가 있다. 두레농악인「김매기농악」과「질먹기」,「길놀이농악」이 특색이다.

제사

강릉단오제(제13호)

단오는 음력 5월 5일로 높은 날 또는 신의 날이란 뜻으로 수릿날이라고 한다. 강릉단오제는 한국에서 가장 역사가 깊은 강원도 전역의 축제이다. 마을을 지켜 준다고 믿는 대관령산신을 제사하고 마을의 평안과 농사의 풍년 및 집안의 태평을 기원하는 축제로서 준비 과정, 규모가 대단하다. 음력 3월 20일에 제사에 드릴 술을 빚는 데서 준비를 시작한다. 대관령산신당에서 제사를 지내고 굿을 하며, 5월 1일 강릉 남대천에 설치한 본제청의 본제

강릉단오제

를 시작으로 며칠간 무당굿과 관노의 탈놀이가 벌어지며, 그네타기, 씨름, 농악경연대회 등 갖가지 민속놀이가 행해진다. 관노의 가면극은 한국 유일의 무언극으로 대사 없이 몸짓만으로 관객을 웃기고 즐겁게 한다. 5월 7일에 소제(燒祭)를 하는데 대관령국사성황을 보내 드리는 소제 및 봉송을 끝으로 행사를 마친다. 강릉단오제는 민간신앙이 결합된 한국 고유의 향토 축제이며, 지역 주민이 화합하고 단결하는 협동 정신을 보여 준다. 세계무형문화유산에 등재되었다.

- 기술

나전장(제10호)

나전(螺鈿)은 고유어로 '자개'라 하며, 여러 무늬의 조개껍질 조각을 물체에 붙이는 것을 말한다. 나전칠기는 나전 위에 옻칠을 해서 만들어 낸 공예품을 말하며, 이러한 기술이나 만드는 사람을 나

나전 상자

전장이라고 한다. 한국의 나전칠기 기술은 삼국시대부터 일반적인 생활용기로 널리 사용되었다.

 나전칠기는 먼저 나무로 화장대, 교자상 등의 기본틀인 '백골'을 짠 다음 표면에 고르게 하여 칠죽을 발라 자개를 백골에 붙인 후 연마, 옻칠, 광내기 과정을 거쳐 완성한다. 자개로 무늬를 만드는 방법에 자개를 실처럼 잘게 자른 '상사'를 백골에 붙여 직선 또는 대각선으로 기하학적인 문양을 만들어 내는 끊음질과, 자개를 실톱이나 줄로 문질러서 국화, 대나무, 거북이 등의 각종 도안 문양을 만들어 백골에 붙이는 줄음질이 있다.

 나전칠기를 만드는 가장 중요한 재료는 옻나무 수액인 칠과 자개이다.

자개는 전복, 소라, 진주조개 껍데기가 주로 쓰이는데. 현재 나전칠기로 가장 유명한 지역은 경남 통영이며 강원도 원주는 우수한 옻칠 생산지로 널리 알려져 있다.

　나전장은 인내를 요구하는 복잡한 전통공예 기술로 가치가 크며 기능보유자로 끊음질에 서울의 송방웅, 줄음질에 김봉룡의 대를 이은 원주의 이형만이 그 맥을 이어 가고 있다.

나전장

8. 제주도

제주도는 2007년 기준 면적 1,848.3KM2, 인구 56만 명으로 한국 남단에 위치한 제일 큰 섬이다. 육지에 나지 않는 온대 지방의 식물과 과일이 생산되며, 바다에서 많은 수산물을 생산하고, 뛰어난 자연경관과 쾌적한 기후 조건을 갖춘 세계적 관광 휴양지이다. 앞으로 금융 무역 지역으로 발전시킬 계획인데, 국제자유도시로 지정하여 2002년부터 본격적인 개발에 착수하였으며 2006년 국방과 외교, 사법을 제외한 모든 행정 권한을 자체적으로 관리할 수 있는 특별자치도로 지정하여 자유 시장 경제

제주시 전경

모델을 추구하는 지역이 되었다.

제주도의 박물관

● 국공립박물관

| 국립제주박물관 | 제주시 삼사석로 11 / T. 064-720-8000
http://jeju.museum.go.kr/ |

● 대학박물관

| 제주대학교박물관 | 제주시 아라1동 제주대학교 내 / T. 064-754-2242 |

● 특수 테마 박물관

제주교육박물관	제주시 교육박물관로 35 / T. 064-752-9101 http://www.jjemuseum.go.kr./
제주민속박물관	제주시 삼양3동 2505 / T. 064-755-1976
제주민속자연사박물관	제주시 삼성로 46 / T. 064-722-2465 http://museum.jeju.go.kr/
평화박물관	제주시 한경면 청수리 평화마을 1166 / T. 064-772-2500 http://www.peacemuseum.co.kr./
해녀박물관	제주시 구좌읍 하도리 3204-1 제주해녀항일운동기념공원 내 T. 064-782-9898 http://www.haenyeo.go.kr/
닥종이인형박물관	서귀포시 법환동 914 제주월드컵경기장 내 T. 064-739-3905
소리섬박물관 (세계소리문화과학체험박물관)	서귀포시 색달동 2664-36 중문관광단지 내 T. 064-739-7782 http://www.sorisummuseum.com/
신영영화박물관	서귀포시 남원읍 남원리 2381 / T. 064-764-7777 http://www.jejuscm.co.kr/
아프리카박물관	서귀포시 대포동 1833 / T. 064-738-6565 http://www.africamuseum.or.kr/
제주민속촌박물관	서귀포시 표선면 표선리 40-1 / T. 064-787-4501 http://www.jejufolk.com/

제주테디베어뮤지엄	서귀포시 색달동 2889 / T. 064-738-7600 http://www.teddybearmuseum.co.kr/newteddy/
설록차뮤지엄	남제주군 안덕면 서광리 1235-3 / T. 064-794-5312 http://www.osulloc.co.kr/museum/mu_intro.jsp
초콜릿박물관	남제주군 대정읍 일과리 551-18 대정농공단지 내 T. 064-792-3121 http://www.chocolatemuseum.org/

테디베어뮤지엄

유형문화재 및 관광자원

한라산(천연기념물 제182호)

제주도 중앙부에 있는 산인 한라산(漢拏山)은 높이 1,950m로 남한에서 가장 높다. 한라산은 신생대 제3기 말에서 제4기 초에 분출한 현무암으로 이루어졌으며 한국의 남벽을 형성한다. 부악, 원산, 진산, 선산, 두무악, 영주산, 부라산, 혈망봉, 여장군 등 많은 이름으로 불리어 왔고, 전설로 전해지는 삼신산의 하나로 친다. 정상에 지름 500m의 화구호(火口湖)인 백록담이 있으며, 주위 사방에 360개의 측화산을 거느리고 있다. 산세가 수려하고 희귀한 식물이 많이 자라며, 봄에는 철쭉이 온 산을 뒤덮어 아름다움의 극치를 보여 주어 많은 관광객이 몰린다.

백록담

백록담(白鹿潭)은 한라산 산정(山頂)에 있는 화구호이다. 지름이 약 500m이고 주위 약 3km의 타원형을 이루며, 거의 사시사철 물이 고여 있다. 백록담이라는 이름은 옛날 선인들이 이곳에서 흰사슴으로 담근 술을 마셨다는 전설에서 나왔다고 한다. 동서쪽 화구벽의 암질이 서로 다른데, 동벽은 신기(新期) 분출의 현무암이고, 서벽은 구기(舊期)의 흰색 알칼리 조면암이 심한 풍화작용을 받아 단면 형태가 육각형 내지 삼각형으로 긴 기둥 모양을 이루고 있는 주상절리(柱狀節理)가 발달되어 기암절벽을 이룬다.

한라산

백록담

산굼부리(천연기념물 제263호)

제주시 북제주군 조천읍의 해발 400m 고지에 발달한 기생화산 분화구이다. 깊이 100~146m, 동서 지름 544m, 남북 지름 450m, 바깥 둘레 2,067m, 안 둘레 756m로 한라산 생성과 시기를 같이하여 그 산정에 발달한 화구호로 백록담과 비슷한 모습이다. 하늘에서 바라보면 주위의 광활한 초원 가운데 마치 인공적으로 만들어 놓은 원형 운동장을 보는 듯하다. 식물의 종류가 다양한데, 북쪽은 항상 햇빛이 닿아 불가사리나무, 후박나무 등의 난대성 수목이 자라고 그 밑에 희귀식물로 겨울에 익는 겨울딸기가 자라고 있다. 분화구의 남쪽 사면에는 소나무, 단풍나무, 산딸기나무 등 온대림, 난대림, 상록활엽수, 낙엽활엽수림이 공존하고 있어 학문적으로 희귀한 연구 대상이다.

성산일출봉(천연기념물 제420호)

성산일출봉(城山日出峰)은 남제주군 성산읍 성산리에 있는 산으로 높이는 182m이다. 제주도 동쪽에 돌출한 성산반도 끝머리에 있는 화산이다. 3면이 깎아지른 듯한 해식애(海蝕崖:해식과 풍화 작용에 의하여 해안에 생긴 낭떠러지)를 이룬다. 그 모습이 거대한 성과 같다 하여 성산이라 하며,

산굼부리   성산일출봉

해돋이가 유명하여 일출봉이라 한다. 2.64km²의 넓은 분화구 안에 나무는 거의 없고 억새, 띠 등의 식물이 군락을 이루고 있다. 이 풀밭은 예로부터 성산리 주민의 연료 및 초가지붕을 이는 띠의 채초지와 방목지로 쓰여 왔다. 본래는 육지와 떨어진 섬이었으나 너비 500m 정도의 사주(砂洲)가 길이 1.5km에 걸쳐 발달하여 일출봉과 제주도를 이어 놓았다. 전망대에서 바라보는 해돋이 광경은 예로부터 유명하다. 성산포에서 관광유람선이 일출봉 주위와 북쪽 우도(牛島) 주위를 운항하고 있다.

만장굴(천연기념물 제98호)

만장굴(萬丈窟)은 북제주군 구좌읍에 있는 동굴이다. 이 굴의 총길이는 10.7km로서 동굴 내부 규모가 세계적이며 석주, 종유석 등이 장관을 이루고 있다. 내부 지형이 험해서 탐사 시간이 오래 걸린다. 동굴이 같은 방향으로 2, 3중으로 발달한 것은 만장굴의 지형적 특징이다. 박쥐를 비롯하여 땅지네, 농발거미, 굴꼬마거위, 진드기, 가재벌레 등 동굴 생물이 서식하고, 남조류 및 녹조류 식물을 찾아볼 수 있다.

만장굴

협재굴(천연기념물 제236호)

협재굴(挾才窟)은 북제주군 한림읍 협재리에 있는 용암동굴이다. 길이 100m, 높이 5m, 너비 약 10m로 부근의 황금굴, 소천굴, 황금굴, 초깃굴 등과 함께 제주도 용암동굴 지대를 이룬다. 대체로 남쪽을 향해 뻗다가 끝은 패사(貝砂)로 막혔다. 용암동굴이면서 석회암 동굴을 연상시키는 패사 석회질인데, 종유석 등이 발달되어 있으며 천장의 절리를 따라 발달된 종유관(鍾乳管)이 보인다.

협재굴 입구

용연과 용두암(시도기념물 제57호)

용연(龍淵)은 제주시 용담동에 있는 기암계곡의 명승지 연못이다. 용의 놀이터였다는 전설에 연유하여 붙여진 이름으로서, 용두암(龍頭岩)에서 동쪽으로 약 200m 지점에 있는 한천(漢川)의 하류 지역이다. 용두암은 용연 부근 바닷가에 있는 기암(奇巖)으로 용머리 형상을 하고 있다. 높이는 약 10m이고 관광객에게 인기 있는 관광지이다. 화산 용암이 바닷가에 이르러 식어 해식을 받아 형성된 것으로 보이며, 용이 승천하려다 뜻을 이루지 못했다는 전설이 내려오고 있다.

용두암

삼성혈(사적 제134호)

삼성혈(三姓穴)은 제주시 이도동 남문 밖 송림에 있는 세 개의 구멍이다.

삼성혈

면적 약 26,000m²이고 모흥혈(毛興穴)이라고도 한다. 제주도 원주민의 발상지로, 전설에 의하면 탐라국의 시조 고을나, 양을나, 부을나 3신인(神人)이 솟아났다는 곳이다. 소규모의 구멍들이 평지에 각각 수 m의 간격을 두고 삼각형을 이루며 솟아난 곳이나, 현재는 잔디로 덮여 있어 본래의 모습은 알 수 없다. 삼성혈은 조선 중종 21년(1526년) 목사 이수동이 돌 울타리를 쌓고 구멍 북쪽에 홍문, 「혈비」를 세워 후손들에게 혈제(穴祭)를 지내게 함으로써 성역화되었다. 그 뒤 삼성전을 비롯한 여러 건물과 석비가 세워졌다. 매년 4월과 10월 삼성전에서 춘추제를 지내고 매년 12월 10일 혈단에서 건시제(乾始祭)를 지낸다.

오현단(시도기념물 제1호)

오현단(五賢壇)은 조선시대에 제주에 유배되었거나 방어사로 부임하여 이 지방 발전에 공헌한 다섯 분을 배향한 곳이다. 제주시 이도1동에 제주 성지의 흔적이 있는데 그 북쪽에 바로 인접하여 오현단이 있다. 오현은 충암 김정, 규암 송인수, 청음 김상헌, 동계 정온, 우암 송시열이다. 오현단은 원래 선조 11년(1578년) 임진이 목사로 있을 때, 판관 조인준이 가락천 동쪽에 유배되었다 사사된 김정의 넋을 위로하기 위하여 충암묘를 세운 것이 그 시초였다. 숙종 8년(1682년) 귤림서원(橘林書院)으로 사액을 하고 김정, 송인수, 김상헌, 정온의 4현을 봉향하다, 숙종 21년

(1695년) 송시열이 추향됨으로써 5현을 배향하게 되었다. 고종 8년(1871년) 흥선대원군에 의해 내려진 서원 철폐령에 따라 귤림서원이 철폐된 후, 고종 29년(1892년) 김의정이 중심이 되어 그 자리에 오현의 뜻을 기리는 조두석을 세우고 제단을 쌓아 제사를 지냈다. 지금도 단 내는 오현의 위패를 상징하는 조두석이 서 있다. 오현단 서쪽 병풍바위에 김정과 송시열의 '적려유허비(謫廬遺墟碑)'가 있다.

추사적거지(시도기념물 제59호)
추사 김정희는 영조의 사위였던 김한신의 증손으로, 헌종 6년(1840년)에 동지사부로 임명되어 중국행을 앞두고 안동김씨 세력과의 권력 싸움에서 밀려나 제주도로 유배되었다. 김정희가 9년 동안 유배 생활을 한 곳인 추사적거지(秋史謫居祉)는 남제주군 대정읍 안성리에 있다. 이곳에 옛 대정현의 돌하르방과 김정희의 글씨 및 그림 복제품을 전시해 놓은 추사기념관이 있고, 김정희가 살던 초가 4동이 옛 모습대로 복원되어 있다. 김정희는 이곳에서 유배 생활을 하면서 추사체를 완성하고, 「완당세한도(阮堂歲寒圖)」를 비롯한 많은 서화를 남겼으며, 제주 지방 유생에게 학문과 서예를 가르쳤다.

오현단

추사적거지

제주민속촌박물관

제주도는 한국의 남쪽 끝에 자리 잡은 한국의 가장 큰 섬으로서, 자연경관이 뛰어날 뿐 아니라 이 고장 특유의 문화유산을 가지고 있다. 제주도를 흔히 삼다(三多:돌, 여자, 바람이 많다),

제주민속촌박물관

삼무(三無:도둑, 대문, 거지가 없다), 삼보(三寶:해안경관, 자연경관, 방언이 자랑거리이다)를 가진 고장으로 일컫는다. 제주민속촌은 이런 제주도의 전통 생활풍속을 하나로 모아 보여 주는 거대한 박물관이다. 이 민속촌은 157,100㎡의 광활한 대지 위에 산촌 16동, 중간산촌 38동, 어촌 11동, 무속신앙촌 5동, 제주관아 12동, 장터 14동, 민속공연장 2동, 무형문화의 집 1동, 농기구전시관 1동, 기타 시설 19동의 총 119동 마을로 꾸며져 약 8,000점의 민속자료가 전시되어 있다.

제주민속박물관

1964년 민속학자 진성기가 제주시 삼양3동에 설립한 사립민속박물관이다. 소장유물 1만 점을 갖추었는데 제주 고유의 민속유물을 많이 전시하고 있다. 전시품은 대부분 대나무, 볏짚, 돌 등으로 만든 서민용품이다. 부설 제주민속연구소에서 제주 고유의 무형·유형 문화재 1만여 편을 수집하여 18권의 『제주민속총서』를 펴냈다.

이 밖에 제주도에는 다음의 관광자원과 유형문화재가 더 있다.

가파도, 마라도, 비양도, 단산, 삼매봉, 영실기암, 정방폭포, 천지연폭포, 외돌괴, 금녕사굴, 관덕정, 항파두리항몽유적지, 산방굴사, 성읍민속촌, 제주민속자연사박물관, 중문관광단지, 탐라목석원, 하멜기념비, 제주도농원, 도깨비도로 등이다.

무형 문화재

● 음악

제주민요(제95호)

민요는 민중 속에 전승되어 온 가요로서 대개 농업과 어업 등에 종사하는 사람들이 제례(祭禮)나 노동을 할 때 집단적으로 부르기 시작한 노래이다. 특정한 창작자가 없는 자연적 민요는 유행가처럼 일시적인 것이 아니라 대대로 오래 전승되고, 문자나 악보로 전하지 않고 입에서 입으로 전해지며, 필요에 따라서는 춤과 함께 집단으로 부르기 때문에 가사와 곡조가 시대에 따라 변한다. 한국의 민요는 같은 가락의 사설을 바꾸어 부르는 유절형식(有節形式)이 많고 흔히 후렴이 붙는다. 또 그 전파 범위와 세련도에 따라 토속민요와 창민요(唱民謠)로 구분한다. 토속민요는 어느 국한된 지방에서 불리는 것으로 사설이나 가락이 극히 소박하고 향토적이다.「김매기」,「모내기」,「상여소리」,「집터다지는소리」,「타작소리」

제주민요 부르는 모습

등이 그 대표적인 예이다. 이와 달리 창민요는 흔히 직업적인 소리꾼에 의해 불리는 세련되고 널리 전파된 민요로서 「육자배기」,「수심가」,「창부타령」,「강원도아리랑」 등이 그 예인데, 민요라 하면 대개의 경우 이 창민요를 가리킨다. 창민요는 지방에 따라 그 가락이 차이가 나므로 대개 경기민요, 남도민요, 서도민요, 동부민요, 제주민요로 분류한다.

제주민요는 일하면서 부르는 노동요가 많고 부녀자가 부르는 것이 흔하다. 제주도 사투리를 많이 사용하며 경기민요보다 구슬픈데, 한스럽고 푸념하듯 나타내는 느낌이 색다르다.

● 제사

제주칠머리당영등굿(제71호)

매년 음력 2월 1~14일에 제주시 건입동 칠머리당에서 하는 당굿이다. 원래 옛날부터 행해 온 영등굿의 일종으로 영등신, 영등대왕을 대상으로 하는 무속적 행사이다. 굿은 해녀들이 채취하는 해산물이 늘어나고 어업이 번창하기를 영등신에게 기원하는 내용으로, 각종 제물을 차려 놓은 제단에서 신을 불러들이는 초감제부터 시작된다. 이어서 용왕과 영등신이 내왕할 길을 닦아 맞아들이는 용왕맞이굿, 소라, 미역, 전복 등의 씨

제주칠머리당영등굿

용왕제 제물

앗을 바다에 뿌려 증식시킨다는 씨드림굿, 뿌린 씨가 잘 자라서 풍년이 들겠는가를 점치는 씨점굿, 끝으로 짚으로 만든 모조 배에 돛을 달아 신을 떠나보내는 방선(放船)굿 순서로 진행된다.

기술

망건장(제66호)

망건(網巾)은 갓을 쓰기 전에 머리카락이 흘러내리지 않도록 하기 위해 매는 일종의 머리띠로, 고려시대 말부터 만들기 시작하였다. 망건을 만드는 기술이나 그 기술을 가진 사람을 망건장이라고 한다. 망건의 재료는 말의 꼬리나 사람의 머리카락을 사용하는데, 사람의 머리카락은 귀해서 해진 망건을 수리할 때나 썼다. 망건은 한국적 의관의 일부로서 매우 소중하게 여겨 온 장식품인데, 개화기 이후 단발을 하게 되어 점차 쇠퇴해 수요가 거의 없게 되었다. 현재는 전통적인 공예기술로 인정하여 문화재로 지정받았다.

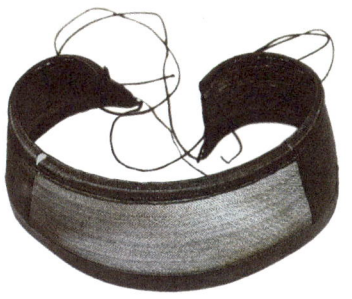

망건(위)과 망건장(아래)

탕건장(제67호)

탕건(宕巾)의 전통적인 제조 기법을 가지고 있는 장인이 탕건장이다. 탕

탕건장

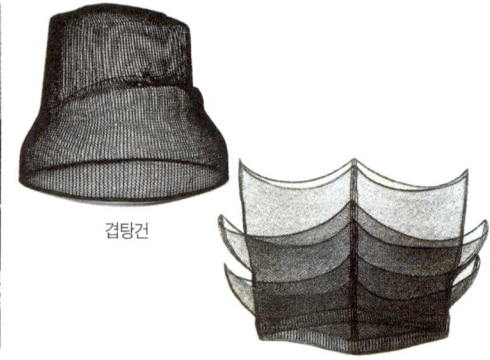
겹탕건

정자관

건은 집안에서 맨 상투로 둘 수 없기 때문에 간편하게 쓰는 모자의 일종이다. 형태로 보아 과거에 급제하고 홍패(紅牌)를 받을 때 주로 쓰던 복두(幞頭), 문무백관이 관복을 입을 때 갖추어 쓰는 사모(紗帽) 등의 영향을 받아 생긴 것으로 보인다. 말총이나 쇠꼬리 털의 유연한 엮음으로 만들기 때문에 착용하는 데 부담을 주지 않고 땀이나 기름때가 잘 묻지 않는다. 탕건은 제주도에서 많이 만들어졌는데, 말총이 대부분 제주도에서 나기 때문이다. 한창때는 한 해 수만 개의 탕건이 제조되었다. 그 영향으로 지금까지 제주에는 탕건을 엮을 줄 아는 여성이 많다. 탕건은 홑탕건과 겹탕건, 바둑탕건으로 나누어지는데, 형태는 같으나 겹으로 또는 2중, 3중으로 엮는 방법에 따라 구분하는 것이다. 바둑탕건은 2, 3, 5중의 실을 엮는 사망(絲網) 기법으로 사각무늬를 놓은 것인데, 이는 탕건이 독립된 모자 구실을 하게 됨에 따라 장식화한 변형이다.

9. 기타

어느 특정한 지역에만 있는 것이 아니고 전국에 펴져 있거나 현재 북한에 속해 있는 지역의 문화재는 다음과 같다.

무형문화재

● 음악

농악(제11호)

농악(農樂)은 농부들이 두레를 짜서 서로 도우며 일할 때 연주하는 음악으로 넓은 의미로는 꽹과리, 징, 장구, 북과 같은 악기를 치며 행진, 의식, 노동, 판놀음 등을 벌이는 음악을 두루 가리키는 말이다. 굿, 매구, 풍장, 금고(金鼓), 취군 등으로도 불린다. 상고시대 제천의식(祭天儀式)에서 남녀가 노래하고 춤추었다는 기록이 있어 농악의 기원을 흔히 여기에 두고 있으며, 여러 과정을 거쳐 오늘날과 같은 형태로 발전한 것으로 보인다. 농악을 공연하는 목적, 계기, 방법에 따라 당산굿, 마당밟기, 걸립굿, 두레굿, 판굿으로 나누며 이 밖에 기우제굿, 배굿 등이 있다. 농악에 사용되는 악기로 꽹과리, 징, 장구, 북, 소고, 호적, 나

농악

발이 있는데, 주된 악기가 꽹과리이므로 농악 장단을 흔히 꽹과리가락으로 나타낸다.

농악은 지역마다 특성이 있어 여러 가지로 분류된다. 지역적 특징에 따라 분류하면 대개 경기농악, 영동농악, 호남우도농악, 호남좌도농악, 경남농악, 경북농악으로 나뉜다. 이들 중 진주삼천포농악, 강릉농악, 이리농악, 평택농악, 임신필본농악 등 다섯 지방의 농악이 중요무형문화재 제11호로 지정되었다.

서도소리(제29호)

서도소리는 황해도와 평안도 지방, 즉 서도 지역에서 불린 민요나 잡가 등을 말하는데, 평안도민요와 황해도민요, 서도잡가, 한시를 읊는 시창(詩唱)으로 나뉜다. 평안도민요에 「수심가」, 「긴아리」, 「자진아리」, 「안주애원성」 등이 있는데, 조선시대 전기부터 서도 지방 사람의 벼슬길이 막히자 그 설움을 푸념으로 읊은 「수심가」가 가장 유명하다. 평안도소리는 일반적으로 레, 미, 솔, 라, 도의 다섯 음으로 구성되어 있고 떠는 음인 라에서 완전 5도 내려가는 것으로 선율의 골격을 이루고 있다. 대체로 사설이 길고 장단도 일정하지 않아 적당히 사설에 맞추는 것이 특징이다.

서도소리 부르는 모습

서도소리는 예로부터 대륙과 인접한 거친 풍토에서 북쪽의 다른 민족들과 겨루며 굳세게 살아온 서도 지방 사람의 생활 속에서 면면이 이어져 내려온 소리로, 노랫가락에 그들의 생활 감정이 잘 드러나 있다.

대금산조(제45호)

산조란 장구 장단에 맞추어서 다른 악기를 독주 형태로 연주하는 것을 말하며, 4~6개의 악장을 구분하여 느린 장단에서 빠른 장단 순서로 연주한다. 대금산조는 대금으로 연주하는 산조를 일컫는다. 대금 연주에 사용되는 대금은 시나위나 남도무악 등 다양한 가락을 연주할 수 있도록 만든 것으로 음의 변화가 없어 합주에 사용되고 있는 정악대금과는 크기, 잡는 방법, 음높이가 다르다. 대금산조는 조선시대 후기 박종기에 의해 만들어졌다고 하는데, 음악적 특징으로 가락에 리듬과 장단을 더하기 위한 장식법, 노음(老陰: 음의 기운이 사그러지어 없어지는 일), 틀, 즉 흥성을 들 수 있다. 대금산조는 오랜 세월 동안 독특함을 지닌 채 전승되어 왔으며, 더욱 듣기 좋게 편곡되어 기교 어린 연주 속에 긴장과 흥겨움을 주는 음악이다.

대금산조 연주 모습

- **제사**

황해도 평산 소놀음굿(제90호)

황해도 평산 소놀음굿은 무당이 소 모양으로 꾸미고 노는 굿놀이로 농사의 풍년과 장사의 번창, 자손의 번영을 비는 뜻에서 행해졌다. 굿은 해질 무렵에 시작하여 다음날 새벽까지 계속된다. 앞마당에서 여섯 명의 여자

무당이 장구와 징, 저나 피리를 가지고 굿놀이를 한다. 마당에 팔선녀가 내려오는 여덟 개의 무지개를 상징하는 천을 늘어뜨리고 그 밑에 팔선녀가 내려와 목욕하는 곳이라 하여 큰 물통에 바가지 여덟 개를 띄운다. 흰 장삼에 고깔을 쓴 무당이 나와서 옥황상제의 명을 받아 지상에 내려와 인간을 탄생시키고 조선을 개국한 내력을 노래한다. 이때 마부가 소를 끌고 가면서 밭갈이하는 흉내를 내고, 애미보살(愛未菩薩)이 나와 씨를 뿌리고, 치마저고리에 호미를 든 지장보살(地藏菩薩)이 김을 매면, 갓 쓰고 도포 입은 신농씨(神農氏)가 농사일을 감독하는 시늉을 한다. 이어서 농기구 제작법 가르치기, 방아 찧기, 지경 다지기, 아이 만들기 놀이를 하면서 농사법과 복을 준다. 제석(帝釋:무당이 모시는 신의 하나)이 소를 타고 나졸들이 춤을 추며 굿판을 돌아 서천서역국으로 가는 것으로 소놀음굿이 끝난다. 굿에 등장하는 삼불제석과 애미보살, 지장보살은 불교의 신으로 지상에 내려와 고통받는 인간에게 복을 주며 좋은 길로 인도하는데, 이것은 평산 소놀음굿에서 볼 수 있는 독특하고 고유한 장면이다. 전문 무당에 의해 진행되는 놀이이지만 한편으로 불교적인 성격이 매우 강하며, 주민들의 풍요를 기원하면서 화합을 다지는 기회가 되는 오락성과 예술성을 동시에 지니고 있는 놀이이다.

평산 소놀음굿은 평산 출신 무당 장보배가 그녀의 어머니에게 굿을 배우고 해방 이후 강원

황해도 평산 소놀음굿

도에 살면서 딸을 낳아 인천에서 소놀음굿을 재현함으로써 오늘에 이르고 있다.

풍어제(제82호)

풍어제는 해안 지방에서 마을의 평안과 고기를 많이 잡기를 비는 제사이다. 3면이 바다로 둘러싸인 한국의 해안 지방 어민들은 바다에 생명을 걸고 고기잡이를

풍어제

해왔으며, 험한 바다와 싸우다 목숨을 잃는 일이 많았다. 어촌은 풍어제를 지냄으로써 바다에서 생길 수 있는 여러 사고를 막고 마을의 평안을 기원하고 풍성한 고기잡이를 축원하였다. 풍어제는 육지 또는 바다 위에서 무당이 춤과 노래를 곁들인 굿을 하여 제사를 축제 분위기로 이끈다. 마을 산에 신당을 모셔 놓고 굿을 하거나, 마을을 돌면서 하는 굿, 바다에 빠져 죽은 사람의 집에서 용신과 해신에게 밥을 주는 용왕굿 등 다양하다. 풍어제는 마을 주민이 함께 참여해 화목과 협동을 다지며 마을의 평안과 공동 번영을 기원하는 마을 축제로, 굿판에서 벌어지는 익살스런 대화와 몸짓이 예술성을 띠고 있다.

● 기술

두석장(제64호)

목가구나 건조물에 붙여 결합 부분을 보강하거나 열고 닫을 수 있는 자

두석장

물쇠 등의 금속제 장식을 총칭하여 장석(裝錫)이라 하며, 구리와 주석을 합금한 황동(놋쇠) 장석을 만드는 장인을 두석장(豆錫匠)이라 말한다. 두석이란 황동 또는 주석과 같은 말로서, 황동은 구리와 아연을 합금한 금속인데 조선시대에 두석이라 하였다. 백동은 구리, 아연, 니켈의 합금이었다. 황동과 백동 등의 재료를 이용하여 여러 장식을 만드는 기술이 두석장이다. 장석은 그 자체로 완전한 하나의 물품이 되지 못하고 부품에 불과하므로 소목장의 주문에 따라서 특별 제작되었다. 근래에는 이미 제작된 주석, 백동, 스테인리스 판과 봉으로 장석을 만들기 때문에 전통장석의 수요가 급격히 줄어 한국 전통 목가구의 전통과 맥을 잇기가 어려워졌다. 전통의 보호를 위해 김극천, 박문열을 기능보유자로 지정하여 기술을 전수하고 있다.

반닫이

장석

궁시장(제47호)

궁시장(弓矢匠)이란 활과 화살을 만드는 기능과 그 기능을 가진 사람을 말한다. 활을 만드는 사람을 '궁장', 화살을 만드는 사람을 '시장'이라 한다. 본래 우리 민족은 오래전부터 활 제작에 있어서 세계 어느 민족보다 탁월한 기술을 가졌다고 전해진다. 고구려 활의 형태는 고구려 벽화 속에서 볼 수 있는데 현재 사용하고 있는 국궁(國弓)과 같은 모습을 하고 있어 한국의 전통 활은 이때부터 계속 이어진 것으로 보인다. 고려시대는 활쏘기를 중요시하였으며, 조선시대 전기는 과거시험 무과 과목에 궁술이 있었다. 임진왜란 이후에 조총이 수입되면서 활은 전쟁 무기로서의 기능을 거의 상실하였다.

궁시장

지금은 국궁인 각궁(角弓)이 보편화되어 있다. 활의 재료는 통대나무를 쪼갠 죽편(竹片), 뽕나무 조각, 참나무 조각, 근, 부레풀 등이 쓰인다. 화살의 종류는 그 재료에 따라 다양하다. 현재 궁장은 김박영, 시장은 박

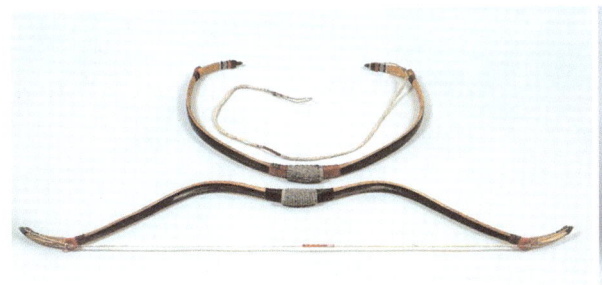

활

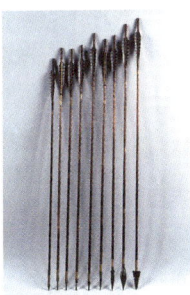

화살

상준, 유영기가 기능보유자이다. 김박영은 예로부터 활의 고장이던 경북 예천에서 5대 동안 활을 만든 집안의 자손이다. 궁시장이던 아버지에게서 배우다 궁 제작에 뛰어난 김창환 선생 문하로 들어가 경기도에서 궁 제작을 계속하고 있다.

대목장(제74호)

대목(大木)이란 건축물을 짓는 일이다. 건축물을 비롯하여 비각, 종각, 문루, 기타 주택 등의 독립건축물을 짓는 기술자를 대목장이라 한다. 일반적으로 목수라고 부르지만 지금은 건축 양식이나 건축 기법이 옛날과 많이 달라져서 목수의 기술 역시 달라졌다. 대목장은 목재를 이용하여 전통적인 건축을 하는 장인으로서, 이 기술을 보존하기 위하여 문화재로 지정되었다.

목조각장(제108호)

목조각(木彫刻)은 목재를 소재로 나무가 가진 양감과 질감을 표현하는 조각이다. 재료로는 결이 아름답고 견실한 오동나무, 소나무, 전나무, 은행나무, 느티나무 등이 많이 사용되어 왔다. 한국은 삼국시대에 불교가

대목장

목조각장

전해지면서 불교 의식과 관련된 조각이 제작되기 시작한 것으로 보인다. 그러나 여러 차례의 전란으로 대부분 소실, 분실되어 전하는 것은 많지 않다. 현재는 목조각장의 전통기술을 보전하고 전승하기 위하여 무형문화재로 지정하여 조상들의 문화를 이어 가고 있다.

자수장(제80호)

자수(刺繡)는 여러 색깔의 실을 바늘에 꿰어 바탕천에 무늬를 수놓아 나타내는 조형 활동이다. 자수의 유래는 직조 기술의 발달과 함께한 것으로 여겨지나 기록상으로 삼국시대부터 확인되고 고려시대는 일반 백성의 의복까지 자수 장식이 성행하였다. 조선시대는 궁중에서 수방나인들에 의해 만들어진 궁수(宮繡)와 민간에서 일반적으로 만들어 쓰던 민수(民繡)로 구별되는 뚜렷한 특징을 보이면서 발달하였다. 자수는 실의 재료와 놓는 방법에 따라 그 종류가 다양한데 단순히 직물 표면을 장식하는 기능 외에 각 시대의 생활환경, 풍습, 신앙 등에 따라 독자적인 특성을 이루면서 발전해 왔다.

자수장　　　　　　　　자수굴레

갓일(제4호)

갓일이란 갓을 만드는 기술로서, 갓 만드는 과정은 크게 양태(갓의 테)일, 총모자(모자집)일로 나누어진다. 양태는 대나무 중 참대로 만든다. 대나무를 머리카락과 같이 가늘게 쪼개어 엮어 짜는, 즉 겯는 작업을 하는데, 겯을 때는 지름이 양태만한 둥근 양태판을 써서 겯으며 그 가운데에 총모자만한 원을 비워 둔다. 총모자는 말꼬리나 말갈 깃털인 말총으로 엮어 짜고 원통형 골판에 창호지를 깔고 아교로 날줄을 고정한 뒤에 짜나간다. 양태와 총모자를 만든 후 그것을 갓으로 맞추는 일이 입자이다. 갓으로 모아지면 마지막으로 옻칠을 하여 마무리를 한 후 투명하고 얇은 비단으로 갓끈을 단다.

갓(위)과 갓일하는 모습(아래)

지금까지 살펴본 바와 같이 한국 각 지역은 고유의 자연, 풍습, 예술, 기술, 삶의 지혜와 조상에 대한 감사와 자손의 안녕을 비는 여러 행사와 제사가 있다. 동시대를 사는 사람 사이의 화목과 번영을 바라고, 어려움을 함께 극복하기 위한 협동 정신이 있고, 살아 있음을 축하하는 축제가 있다. 이것이 곧 문화이고 우리가 살아 온 방식이다. 이렇게 축적된 예술, 기술, 그리고 협동 정신이 더욱 깊어져 1960년부터 조금씩 대중문화 예술이 발전하였다. 1980년대, 1990년대를 지나며 세계 최고인 한국의

IT 기술을 가지게 되었고, 이것이 대중문화 상품인 TV 드라마, 영화 등의 비약적인 발전을 이루어, 국내의 성공을 바탕으로 외국으로 수출하기에 이르렀다. 처음엔 소극적으로 시작했지만 한국인 스스로 놀랄 만큼 중국, 일본을 비롯한 동남아시아에서 큰 호응을 얻게 되고, 급기야 '한류'라는 신조어까지 등장하며 동남아를 넘어 세계로 확대되고 있다.

다음 제3부에서 이러한 한류의 현황에 대하여 살펴보기로 한다.

3

세계 속의
한국 문화:
한류

1. 한류란?

한류의 의미

한류(韓流, the Korean wave)란 한국 외 국가에서 한국의 대중문화를 좋아하는 하나의 사회현상을 말한다. 중국에서는 한조(韓潮), 한풍(韓風)이라고 한다. 그 선호도와 인기가 워낙 열광적이어서 '한류열풍(韓流熱風)'이라고 표현하는 것이다. 한국의 대중문화에 열광하고 동경하며 빠져 있는 사람들을 '합한족(哈韓族)', '한광(韓洸)' 또는 '한미(韓迷)'라고 부른다. 한류를 형성하는 요소는 음악, 드라마, 영화, 의상, 음식, 만화, 애니메이션, 게임 등 폭넓게 분포되어 있고 휴대폰, 자동차, 가전제품, 과자류의 한국 제품에 이르고 있다. 한류는 한국어 학습과 한국 관광, 유학 등까지 확산되는 경향을 보이고 있다. 물론 한국 TV 프로그램 유통의 85%가 타이완, 중국, 일본, 홍콩 등의 아시아 지역에 편중되어 있는 만큼 한류는 '아시아적 현상'이다. 하지만 기타 지역, 예를 들면 중남미 여러 나라와 이집트 등 중동 지역, 아시아계를 통하여 미국, 국제영화제를 통하여 유럽 지역까지 한국 대중문화가 활발하게 유통되기 시작하였다. '한국'은 이제 대중문화 영역에서 거대한 브랜드로 자리 잡아가고 있다.

한류는 미국 영화 문화의 대명사인 할리우드와는 다른 문화적 배경을 가지고 출발하였다. 할리우드 영상 산업의 해외 전파는 상당한 정치적, 경제적 배경 위에 이루어졌지만 한류는 이러한 배경 없이 자생적으로 이루어졌다. 한류 음악과 드라마는 아시아의 감성이 첨가된 한국적 역동성과 감성 및 미디어 기술의 발달로 이루어졌다. 게임과 애니메이션은 또 다른 세상의 창조라는 독창성과 과학 기술의 발달로 이루어진 것이다.

경기도 고양시 한류우드 조감도(2010년 완공 예정)

한국의 문화 산업은 정치 경제적 후광 없이 독립적으로 발달한 것이다.

한류열풍에 따라 한국의 전체 문화 콘텐츠 수출은 지난 2001~6년 사이 다섯 배가 넘게 늘었다. 2005년 영화와 TV 드라마 음반 수출로 벌어들인 외화가 사상 처음 1억 달러를 넘어선 이래, 계속 증가하고 있는 것으로 나타나고 있다. 한류는 국가 경제의 성장 동력이 되고 있다. 여기에 더하여 인터넷 매체의 발달은 한류 관련 소식이 전 세계에 실시간으로 전해질 수 있게 하며, 한국 문화 상품의 전파를 빠르게 하고, 한류 팬 층의 확대를 가속화시킨다. 한류는 대중문화 컨텐츠 수출 자체는 물론 그 파급 효과로 드라마 촬영지 관광이나 DVD 같은 파생 상품 판매를 늘리고 더 나아가 한국 문화에 관심을 갖게 하는 효과까지 있다. 그로 인한 한국 이미지 상승 덕분에 휴대폰이나 디지털 TV 등의 한국 상품을 많이 구입하고 한국을 직접 찾아오게 하는 등 아시아인의 소비 풍경이나 일상을 바꾸고 있다. 한류는 이제 대중문화에 국한되지 않고 경제, 학문까지 확장되어 한국 바람, 한국 물결에 폭넓게 쓰이는 용어가 되었다.

21세기는 '무형문화의 시대'라고 한다. 유네스코는 2003년 총회에서 '무형문화유산보호협약'을 만장일치로 통과시켰다. 인류는 그동안 의식적으로든 무의식적으로든 도외시하였던 무형문화유산의 중요성을 1990년대 이후 새롭게 인식하고 있다. 유네스코는 1993년 '인간문화재(Living Human Treasure)' 제도를 권장할 만한 제도로 채택하였다. 1960년대에 이미 인간문

「겨울연가」 촬영지(춘천 명동)

화재 제도를 도입한 한국의 제도를 유엔에서 40년 후에 수용한 것이다. 이제 변방 문화가 새롭게 인식되고 부각될 수 있게 되었으며 무형문화를 보호, 보존, 전승할 수 있는 토대가 구축되었다. 이러한 변화는 지식정보 시대, 디지털 시대로 대표되는 21세기의 산업과 매우 잘 맞는다고 할 수 있다. 현대는 인간의 소리, 활동상을 저장, 가공, 복제하여 시간과 공간을 자유롭게 넘나드는 디지털 기술로 국력과 상관없이 문화 산업만으로 얼마든지 세계의 강자가 될 수 있다. 한국은 이러한 시대적 흐름과 천부적인 예술적 감수성, IT 기술이 어우러져 문화 콘텐츠 강국으로 거듭나고 있다. 한류는 이제 지역, 장르, 계층, 채널의 한계를 넘어 양적으로 확대되고 질적으로 고도화되며 아시아에서 세계로 확대되고 있는 것이다.

일본에서 발간된 한류 관련 도서들

이러한 한류가 더 지속되고 확산될 수 있느냐 하는 문제는 근본적으로 문화 상품의 질에 달려 있지만, 한국 관계 기관이나 관계자의 노력과 전략 역시 큰 영향을 미칠 것이다.

한류 현상을 요약하면 다음과 같이 정리될 수 있다.

① 최근 몇 년 동안 아시아 지역에서 일어난 글로벌(global) 문화 현상이다.

② 서구, 일본, 홍콩 등지에서 쏟아져 들어오는 대중문화의 일방적 소비 국가였던 한국이 문화창조국 혹은 문화수출국의 위상을 갖게 된 현상이다.

③ 유사 이래 존재하지 않았던 현상으로 한국인에게 신선한 충격과 자부심을 갖게 해주었고, 문화 상품이 훌륭한 국가 경쟁력이 될 수 있다는 사실을 깨닫게 해주었다.

④ 문화의 전파뿐 아니라 국제정치적, 경제적 파급 효과까지 가져다 준 현상이다.

⑤ 한국어에 대한 관심이 증대하여 한국어 학습으로 이어지고 있고, 또한 그렇게 되기 위한 노력이 이루어지고 있다.

⑥ 한국의 문화 영토 확장과 경제적 파급 효과 면에 있어 앞으로 무한

한 잠재력을 가지고 있다.

이와 같이 한류는 21세기의 세계적 문화 코드가 되어 가고 있다.

한류의 원인

- 한국 문화의 상대적 우수성

1990년대 중반 이후, 한국의 대중문화가 청소년층으로 빠르게 확산됨에 따라 양적 팽창이 가능해졌고, 이에 따라 질적 성장이 따르게 되어 현재 한국 대중문화 수준은 선진국과 어깨를 나란히 할 정도로 발전하였다. 댄스 음악, TV 드라마, 영화 등이 모두 동남아시아에 호평을 받으며 수출되고 있는데, 이들 대중문화 상품이 충분히 경쟁력을 확보하였다는 뜻이다.

- 유교·한자 문화권 국가와 정서적 공감대 형성

한국, 중국, 일본, 타이완, 홍콩, 싱가포르, 몽골 등은 모두 유교와 한자 문화권이다. 따라서 많은 문화적 공통점을 가지고 있고 정서적 공감대 형성이 가능하다. 한국의 문화 상품은 이러한 배경 아래에서 중국을 비롯한 동아시아에 진출함으로써 그들의 대중문화 욕구를 충족시킬 수 있었다. 불교 문화를 공유하는 타이 역시 비슷한 정서를 느낀다고 할 수 있다.

- 매스미디어의 발달과 세련된 대중문화

1990년대 중반 이후 중국과 베트남은 개방 붐이 거세게 일면서 서구화 및 자본주의적 개방이 엄청난 속도로 진전되었고 경제 발전을 이루었다. 이에 따라 문화 소비 욕구가 엄청나게 증가했지만 그것을 채워 줄 만한 세련된 문화와 매스미디어는 상대적으로 발전하지 못하였다. 따라서 한국의 세련된 문화 상품과 고도로 발달한 매스미디어가 문화 소비에 목말라 있는 그들에게 쉽게 흡수될 수 있었다.

- 한국 문화의 독특함

한국의 대중문화는 미국과 일본 문화의 장점을 소화한 뒤 다시 한국만의 독특한 색깔을 잘 만들어 낸 것이라고 평가받는다. 현재 중국은 개방화 과정에 있지만 아직 미국의 완전한 개방 문화를 받아들일 여건은 되어 있지 않은 상태이다. 급속한 산업화가 초래한 중국 내의 문화적 충격과 새로운 문화적 욕구를 한국의 드라마, 음악, 영화가 어느 정도 해결해 주고 있다. 한류는 댄스 음악과 드라마에서 시작하여 음반, 공연 등과 배우를 모델로 한 상품, 잡지, 패션, 게임, 음식, 관광과 성형수술에 이르기까지 광범위하게 번져 가고 있다. 새롭고 색다른 것을 열망하는 젊은이나 여성을 매료시키는 복합 문화 현상으로 아시아의 소비 풍경과 일상을 바꾸고 있다.

한국을 널리 알린 2002년 월드컵 응원 모습

한국의 전반적인 경제 성장이나 스포츠 행사 등을 통하여 높아진 인지도 역시 한류를 형성하는 데 어느 정도 역할을 했을 것으로 추측된다. 한국의 문화 상품은 서양과 동양 문화의 장점을 살린 것이 많아서 익숙한 가운데 신선한 느낌을 주었고, 한국 기업의 한류 마케팅 능력과 전략이 주효하였다.

한류의 지속과 확산의 과제

각계각층에서 한류를 이야기하고 있지만 한류에 대한 중립적, 체계적, 심층적인 분석이 부족한 결과, 아직 한국은 이 기회를 국가 이익으로 극대화시키는 구체적인 프로그램이 제대로 운영되지 못하고 있다. 한류를 통한 문화 산업의 경제 가치에 대하여 성급하게 당장의 이익을 추구하려는 것은 이제 막 타오르려는 진정한 한류 전파에 찬물을 끼얹는 것이다. 한류의 시작은 편당 2만 달러인 일본 드라마에 비해 편당 1,000달러인 값싼 경쟁력으로부터 시작되었다. 그러나 불과 5년이 안 되어 일본보다 훨씬 비싼 편당 25,000달러라는 단가를 제시함으로써 가격경쟁력을 잃어 가고 있다.

한류의 실질적 가치는 무엇보다 한국의 국가 이미지 상승이라고 할 수 있다. 드라마로 인한 한류열풍이 전파되기 전, 정보와 이미지 부족으로 폄하되었던 한국의 이미지가 한류열풍을 통하여 상승되었고 한국 제품에 대한 신뢰도와 이미지가 함께 상승되었던 것이다.

한류열풍의 주역인 드라마 속 아름다운 주인공 및 배경이 한국이라 하면 6·25전쟁의 처참함을 떠올리는 외국인들에게 신선한 충격을 주었다. 여기에 더하여 스토리 전개나 배우의 외모, 영상 기술 등 드라마를 제작하는 높은 수준에 놀라고, 반전에 반전을 거듭하는 스토리 전개에 매료당하였다. 그러나 계속 한국의 여러 드라마를 보다 보면 비슷비슷한 줄거리와 연기자의 겹치기 출연에 식상하는 등 열기가 식게 된다. 좀 더 치밀한 준비로 완성도 높은 상품 개발에 노력해야 하고, 비슷한 작품을 많이 만들지 말며, 너무 '한국'을 내세우지 말고, 상대 문화와 상호 교류한다는 자세로 임한다면 한류는 더 오래 지속되고 확대될 수 있을 것이다.

이를 위하여 한국 문화 사업의 근본적인 체질 개선이 필요하다. 창작자에게 경제적 이익이 돌아갈 수 있도록 하며, 새로운 콘텐츠 개발에 투자하는 정부와 기업의 노력이 필요하다. 중국의 엄청난 문화 산업 인력, 자원과 결합하여 세계적 유통 구조를 거쳐 퓨전화 또는 글로벌화하여 진출하는 전략까지 생각할 수 있다. 전통적인 한국 상품이기에 앞서 세계인이 선호할 수 있는, 문화 소비 심리를 연구하고 발전시킨 창작물인 한국 문화 상품이 진정한 신한류를 창조하게 될 것이다.

그러면 한류를 형성한 각 장르에 대하여 그 전개 양상과 앞으로의 과제를 중심으로 간단히 살펴보기로 하자.

2. 드라마

한국 드라마 성공의 원인은 새로운 내용, 세련된 기술, 배우의 매력 등으로 분석한다. 드라마의 줄거리나 구성 면에서 진부하지 않고 참신하며, 변화의 굴곡이 큰 역동성이 있고, 일상생활에서 흔히 발견되는 친근한 소재를 사용한다. 작품 제작 기술이 뛰어나 배경 설정, 세팅, 배경 음악이 좋고, 특히 카메라 작업이 수준급이라고 한다. 배우의 수려한 외모, 돋보이는 개성, 감각적인 패션과 뛰어난 연기력 등이 한국 드라마의 인기를 이끈다. 한국의 대중문화는 국가간 장벽을 넘어서서 세대의 갈등, 남녀 성별 갈등, 가족의 문제를 제기하고 해결하는 현대 사회문제를 논의하는 역할을 한다.

대표적인 한류 드라마는 「겨울연가」이고, 다음에는 「대장금」이 단연 두각을 나타냈다. 「겨울연가」가 일본을 중심으로 인기를 형성했다면 「대장금」은 이미 3억 명 이상이 시청한 중국에서 폭발적인 인기를 누렸음은 물론 비교적 한류가 뜨겁지 않았던 나라까지 방영되어 한국 드라마의 위력을 보여 주었다.

「겨울연가」가 부른 욘사마 열풍은 주로 일본 3, 40대 주부의 뜨거운 관심에서 시작되었지만, 한국에 대한 일본인의 인식까지 영향을 미쳤다. BBC와 AP 등 주요 외신은 일본의 욘사마 신드롬을 전하면서 일제강점기 이후 긴장 관계가 계속되었던 한일 양국 사이에 새로운 현상이 나타나고 있다고 보도하였다.

2005년부터는 「대장금」의 인기가 넓게 확산되어 엄청난 시장 가치를 창출하였다. 한국에서 방영 당시 시청률 50%를 웃돌며 '국민 드라마'로 불린 「대장금」이 사극으로는 전례 없이 세계 곳곳에 진출하여 폭발적인

「겨울연가」　　　　　　　　　　　「대장금」

인기를 모으면서 한류의 새 지평을 열었다. 타이완을 시작으로 홍콩, 싱가포르 등 중화권을 차례로 휩쓴「대장금」열풍은 중국 본토에 상륙하여 큰 반향을 일으켰다.「대장금」은 중화권 외에 베트남, 타이, 말레이시아 등 아시아 전역은 물론 우즈베키스탄과 이란 지상파 방송까지 진출하였다. 유럽, 미국, 호주 등지의 일본어와 중국어 채널을 통해 방송되는 것까지 포함하면 그야말로 '세계적 드라마'로 이름을 날린 것이다.

　드라마「대장금」의 영향으로 아시아는 물론 비만, 심장병 등 성인병이 사회문제로 되고 있는 서양에서 건강식인 한국 전통음식에 대한 관심이 증가하고 있다. 문화관광부와 농림부는 한국음식 조리법 표준화 사업의 성공을 위해 공동 추진이 필요하다는 인식을 같이하고 양부처간 업무 협력 사업으로 추진키로 합의하였다. 이 사업은 한국음식 조리법의 표준화와 외국인 선호 식단 개발, 표준화된 자료의 영어·일본어·중국어 번역, 책자 및 DVD 제작 등 홍보 자료 제작을 주요 내용으로 하고 있다.

　「겨울연가」와「대장금」에 이어「주몽」과「황진이」가 드라마 한류를 이어갈 것으로 보인다. 이미 타이완을 비롯한 아시아의 여러 나라 방송국과 수출 계약을 마쳤다고 한다.「대조영」,「태왕사신기」,「이산」등의 진출 역시 기대해 볼 만하다.

'신한류'란 자신이 좋아하는 가수와 공연을 보기 위하여, 또는 드라마 촬영지를 답사하거나 한국 배우와의 만남을 위하여 한국을 찾는 것 등을 포함한 일종의 '기획된 열풍'을 말하는 것이다. 아시아 전역에 만연된 복제 문화와 상대적으로 낮은 편당 드라마 판매가나 공연 수익을 고려하면 한류 드라마의 경제 효과는 오히려 '신한류'에서 발생한다고 할 수 있다.

'한국음식 조리법 표준화 사업'의 첫 결과물인 『아름다운 한국음식 100선』

한류 드라마의 원인을 요약해 보면 다음과 같다.

① 한국은 드라마 제작 기술이 축적되어 있다.
② 한국 연예인의 아름다운 외모와 세련된 의상 및 액세서리 등이 주목을 끌었다.
③ 한국의 자연풍경이나 아름다운 건축미 등 영상미를 확보하였다.
④ 인류보편적인 '사랑' 이야기가 대부분 작품의 주제를 이루고 있다.
⑤ 한국적 윤리관인 '효'나 '가족애', '우정', '이웃 사랑'이 작품 구석구석에 나타난다.
⑥ 작품에 따라 지난날의 향수를 불러일으키는 요인이 있다.
⑦ 연기자의 연기가 상당한 수준에 도달해 있다.
⑧ 감칠맛 나는 대사가 많다.
⑨ 다른 나라는 대부분 드라마를 일주일에 한 번 방영하는 데 비해 한국 드라마는 일주일에 두 번 방영하므로 시청자 입장에서 줄거리를 기억하기 쉽고 몰입할 수 있다.

드라마 「대조영」(위 왼쪽), 「태왕사신기」(위 오른쪽), 「이산」(아래)의 포스터

중국의 한류 드라마

중국에 가장 먼저 상륙한 한국 드라마는 1993년에 방영한 「질투」였다. 본격적으로 베이징에 한국 문화가 소개되고 주목을 받은 것은 몇 년 후였다. 1997년 중국 중앙 TV 방송국에서 김수현 작가의 「사랑이 뭐길래」를 방영한 것이다. 이 드라마는 중국 시청자의 열화 같은 요청에 의하여 황금시간대에 재방영되었다. 이 드라마로 인하여 한국 문화가 폭발적인 인기를 끌고 한국에 대한 관심이 일어나면서 중국 언론의 관심을 끌었

다. 「별은 내 가슴에」를 통해 중국인은 안재욱을 알게 되었는데, 그의 연기와 더불어 그가 부른 드라마 주제곡을 접하고 가수로서 더욱 좋아하게 되었다. 안재욱은 오랜 기간 중국에서 큰 인기를 누렸다.

중국의 경우, 급속한 현대화 과정에서 청소년의 대중문화가 없다는 점이 한류열풍의 주요 요인이다. 새로운 문화에 대한 사회적 욕구는 커지고 있으나 이를 충족시킬 수 있는 현대적 문화 기반이 취약하다. 한국 문화는 다른 어떤 대안보다 개혁개방 이후 새로운 것에 목말라 있는 중국의 신세대에게 강한 비전을 제시했다고 볼 수 있다. 중국은 서구 문화의 직접적인 중국 유입보다 서구풍의 대중문화를 여과하여 '아시아화' 한 한국의 대중문화를 수용하는 것이 구 공산권 국가들의 급속한 붕괴와 산업화에 따른 문화적 충격과 혼란을 완충시키는 데 효과적이라고 인식하고 있다는 것이다. 중국 정부가 한국 연예인에게 문호를 개방한 것은, 중국인이 홍콩이나 타이완 문화에 너무 깊이 빠지는 것을 막기 위한 것이라는 분석이 있고, 상대적으로 생소한 서구 문화나 역사적인 반감이 있는 일본 문화에 비하여 한국 문화는 중국인의 전통적 가치관에 매우 가깝기 때문이라고 한다.

또한 중국의 비약적인 경제 발전에 따라 새롭게 등장한 중산층의 문화 소비 욕구를 자국 내에서 다 채울 수 없으므로 일시적으로나마 한국의 대중문화가 그 자리를 메우고 있다는 분석이 있다. 중국은 오랜 기간 동안의 사회주의와 통제경제 체제로 인해 아직 자체적으로 다양한 문화 상품을 제작, 생산,

장나라가 출연한 한중 합작 드라마 「다오만 공주」

유통시킬 수 있는 인프라가 갖추어져 있지 않은 상황이다. 따라서 한국 문화의 유입이 허락되었는데, 예상 외로 시청자의 호응도가 높음에 따라 한류가 생겨났다는 것이다.

중국의 방송사들은 한류에 대한 대응책으로 「가을동화」의 기본 구상을 모방하여 「녹나화(綠蘿花)」 같은 드라마를 만들거나, 중국 드라마에 한국 연예인을 출연시키는 일 등을 시도하고 있다. 안재욱이나 김민이 출연한 중국 드라마는 이 사실을 앞세워 홍보하였고, 한중 합작 드라마 「아름다운 나비」와 「101번째 구혼」 역시 김소연과 최지우가 출연하여 이 점을 집중적으로 홍보하였다. 장나라와 차인표 등 중국 드라마에서 활동하는 한국 연기자가 점차 늘고 있는 가운데, 김재원은 2006년 제1회 톱 TV 중국 드라마 시상식에서 '최고 인기 해외 연기자 상'을 수상하였다.

2006년 중국 10대 유행어 가운데 네 번째로 꼽혔던 「대장금」의 열기는 기민한 상인들의 판촉과 사업 대상이 되었다. 우선 한국식당은 「대장금」에 나온 각종 약선 요리 등 보양 식품과 궁중 음식을 선보이며 쏠쏠한 재미를 보고 있다. 한 인터넷 매체 조사에 따르면 「대장금」을 빼 놓지 않고 보았던 중국인 열 명 중 두 명은 극 중에 나오는 음식 때문에 「대장금」에 관심을 가졌다고 한다. 건강과 양생(養生)에 남다른 관심이 있는 중국인을 대장금의 음식 이야기, 약선(藥膳 : 한약재를 넣어 만든 음식)

중국에서 「대장금」 열풍으로 성황을 이루는 충칭의 장금예복 판촉 가게

이야기가 끌어들인 것이라 하겠다.

　상하이의 한 TV 방송사는 「대장금」에 나온 음식으로 요리대회를 열었는데 시청률이 부쩍 올라갔다고 한다.『대장금과 한의학』,『대장금과 미식』이란 책이 쏟아져 나오더니 한술 더 떠『대장금 성공학』이 상하이의 젊은 직장 여성 사이에서 인기였다고 한다. 「직장인 대장금」, 「장금의 목표 달성 계시록」, 「대장금과 여성」 등의 내용이 담겨 있다고 하는데 「대장금」에서 성공하는 비결을 배우자는 뜻으로 풀이된다.

　중국에 끼친 한류 드라마의 영향은 다음과 같이 정리할 수 있다.

　① 중국 청소년의 외양적 변화

　② 한국 문화에 대한 동경과 국가 이미지 홍보

　③ 중국 미디어의 연쇄 반응

　④ 경제적 영향

　투자 차원에서 시작되고 계속되어 온 한국 대중문화의 중국 진출이 현지에서 폭발적 호응을 받으면서 기대 이상의 수익을 냈다. 김희선이 중국의 휴대폰업체와 6억 원이라는 파격적인 개런티를 받고 CF에 출연한 것이 하나의 예이다. 드라마의 경우 1회당 1,500달러 수준이었지만 방송국들의 경쟁이 치열해지면서 편당 억대 돌파가 가능할 것으로 예상된다. 한류열풍 덕분에 삼성전자 제품, LG전자, 현대자동차 등의 수출이 호조를 이루고 있다. 컴퓨터, 과자류 등이 덩달아 팔리고 있으며, 한국의 스타를 보기 위한 중국인 관광객이 꾸준히 증가하고 있다. 더 중요한 것은 한국어를 배우고자 하는 중국 대학생이 엄청나게 늘고 있다는 것이다. 한국어의 수출은 그 어떤 문화 상품의 수출보다 더 큰 의미를 지닌다. 중국국영교육방송은 매일 오후 20분씩 한국어 교육 프로그램「환러슈」를 방송하고 있다. 중국국영방송에서 외국어 교육 프로그램을 방송하는 것은 영어를 제외하면 한국어가 처음이라고 한다. 한류 영향 등으로 한국에 대한 관심이 높아지면서 한국어를 배우려는 중국인이 크게 늘고 있기 때문이다.

타이완의 한류 드라마

타이완은 일본의 강력한 문화가 이미 자리를 잡고 있었다는 점에서 중국 대륙과 다르다. 타이완에서 한류열풍이 일어나게 된 것은 또 다른 배경과 의미가 있다는 것이다. 타이완은 역사적으로 스페인, 네덜란드, 일본 등의 식민 통치를 오랜 기간 동안 받아 왔다. 그런 경험을 통해 타이완은 외래문화를 비교적 이질감 없이 받아들이는 데 익숙해져 있다. 한국보다 훨씬 더 긴 기간 동안 일본의 식민 통치를 받았으면서 반일 감정이 그렇게 강하지 않은 특징을 지니고 있다. 오히려 그간 타이완인의 문화 소비 욕구를 충족시켜 온 것은 일본의 대중문화였다. 지난 12년간 타이완 총통을 지낸 리덩후이의 친일 정책의 결과이다.

20세기 들어 아시아 지역은 미국 문화의 주도적이고 선점적인 역할에 이어 자본주의적 상업화를 앞세운 홍콩과 일본 문화가 그 다음 자리를 차지하고 있었다. 타이완에 들어온 일본 문화는 세련되고 현대화된 것이었다. 1980년대에 일본의 가요와 드라마 등이 물밀듯이 들어왔고, 타이베이 주요 번화가는 일본 제품 일색이었으며, 타이완 사람들은 일본 문화에 열광하였다. 일본 문화를 맹목적으로 좋아하는 사람을 일컫는 '하르주(哈日族)'가 상당히 많았다. 그러나 타이완에 큰 영향을 미친 일본 대중문화는 그 독특함과 자극성, 엽기적인 부분 때문에 수용하기 어려운 점을 가지고 있다. 홍콩의 대중문화는 중국으로 귀속된 후 중국에 맞춰 하향평준화하는 경향을 보였고, 외교적으로 타이완과 거리가 멀어지게

타이완 버스에 부착한 한국 드라마 방영 광고

되었다.

그러다 1990년대 후반에 들어 일본 문화의 강세 속에 한국 문화가 차별성을 지닌 하나의 대안 문화로 떠오르게 되었다. 한국 문화는 세련되고 화려한 서구 대중문화를 수용하였으나 실정에 맞게 새로이 가공하면서 독자적 특성을 갖춤으로써 기존의 서구 문화, 홍콩과 일본 문화와 차별화된 요소를 가지고 있다. 타이완 현지 언론은 이를 '일본이나 서구 문화와는 다른 폭발적이고 강력한 힘과 순수함 그리고 정열이 내재되어 있다'고 표현한다. 한국 문화는 같은 유교문화권의 공통점이 있으면서 독특한 색깔을 가지고 있다는 것이다. 다르고 멀게 보이면서 가깝고 친근하게 느껴지는 특유의 이중적 매력이 있다는 것이다. 한국의 문화는 일본 문화보다 상대적으로 남성적이고 힘찬 이미지로 어필하였지만, 한국 사회의 발전과 국가 경쟁력 증대가 한류 확산에 기여하였다고 보는 이들이 많다.

「가을동화」가 방영되면서 '다시 태어나면 한 그루의 나무가 되고 싶어' 라는 대사의 중국어 번역인 '시아 뻬이즈워야오당이위안쑤(下輩子我要當一願樹)'라는 말이 유행하였고, 방영이 끝난 후는 송승헌의 인기가 치솟아 '승헌 커피', '승헌 티셔츠'가 인기 상품이 되었다. 한국의 대중문화가 전통과 현대의 조화, 친숙함과 신선함의 병존, 신세대의 새로운 영웅상 제시, 대리 만족 등을 하게 하였다.

타이완 방송의 드라마 프라임 타임인 오후 8~10시대에「미안하다,

사랑한다」,「애정의 조건」 등 한국에서 종영된 지 얼마 안 된 최신 드라마가 잇따라 방영되었고, 10여 개 채널의 50% 이상이 한국 드라마를 방영하기에 이르렀다. 타이완 주요 신문은 연예 면에 할리우드 스타의 동정과 더불어 한류 스타의 최신 근황을 매일 전하고 있으며, 한국에서 큰 인기를 끌었던 드라마의 현지 취재와 함께 타이완 방영 시간을 예고하는 등 한국 드라마의

「가을동화」의 한 장면

뜨거운 인기는 식을 기미를 보이지 않고 있다고 한다.

한류 덕분에 한국으로 오는 관광객이 증가하였고, 한국 제품과 한국 온라인 게임의 수출이 매우 증가했으며, 한국의 대외 이미지가 높아졌다. 단교로 인해 생겼던 한국의 부정적인 이미지, 낙후된 이미지가 우호적으로 바뀌었다. 한국을 바로 알기 위하여 정규대학이나 사설학원에서 한국어를 배우려는 사람이 매년 증가하고 있고, 한국어를 외국어 과목에 포함시킨 중·고등학교가 생기기 시작하였다. 타이완의 한류는 드라마 분야의 인기를 시작으로 영화, 대중음악, 음식, 게임 등 각 방면으로 확산되고 있고, 그만큼 한국어를 배우고자 하는 사람이 증가하고 있는 것이다.

일본의 한류 드라마
일본의 한류는 2002년 한일월드컵 공동 주최를 계기로 한국 문화에 대

한 관심이 시작되다, 드라마에 이르러 적극적인 호응을 받게 되었다. 일본 드라마는 한국에서 1%대의 시청률밖에 올리지 못해 결국 한국 상륙에 실패했다고 할 수 있는 반면, 한국 드라마는 그간 질적 성장을 거듭하여 오면서 탄탄한 내공을 쌓았기 때문에 일본 드라마에 앞서게 되었다.

일본의 한류는 특히 드라마 수출 시장에서 큰 성과를 거두고 있다. 무엇보다 「겨울연가」가 일본 NHK 방영으로 폭발적인 인기를 얻으면서 '배용준'이라는 스타를 일약 일본 여성의 대중 영웅으로 만들었다. 그 뒤 니혼 TV에서 배용준 주연의 「호텔리어」를 내보냈고, 「파리의 연인」을 방영하였다. NHK는 「아름다운 날들」, 「대장금」을 방영했고 후지TV는 「천국의 계단」을 방영하였다. 일본 주요 방송국의 경쟁으로 한국 드라마의 방송권료가 치솟았다. 배용준은 최고 호칭인 '욘사마'로 불리며 최고의 인기를 누리고 있고, 「가을동화」와 한일 합작 드라마 「프렌즈」의 주인공인 원빈, 이병헌, 장동건이 일본에서 '4대 천왕'으로 불리며 인기를 누리고 있다.

일본의 한류열풍을 주도하는 「겨울연가」는 주로 30대 이상 여성의 열렬한 호응을 받으며 몇 차례 재방영되었고, 「겨울연가」와 관련된 상품 판매와 관광객의 증가 등으로 실질적인 한류열풍을 주도하였다. 일본에서 성공한 한국 드라마의 유형을 보면 권선징악 성격에 해피엔딩 멜로드라마이지만 반전에 반전을 거듭하는 스토리 전개가 재미있다, 또 한국 드라마는 현재 일본에 없는 과거의 향수를 불러일으킨다는 의견이 압도적이다. 한국 드라마는 트렌드드라마에 길들여진 일본 젊은이에게 색다른 재미를 주고, 중장년 시청자의 추억을 자극하며, 일상생활에서 맛볼 수 없는 일을 드라마틱하게 보여 주어 대리 만족을 느끼게 해준다. 사실적인 일본 드라마의 특징상 전형적인 러브 스토리가 거의 없는 데 비하여, 한국 드라마는 드라마틱한 러브 스토리가 있고 그 속에 부모, 형제, 친구와 같은 가까운 사람이 자주 등장하는 것이 매력으로 꼽힌다. 또 여성 톱스타를 중심으로 제작되는 일본 드라마에 식상한 일본 여성 시청자가「겨울연가」의 배용준,「올인」의 이병헌 등 한국 남자 탤런트에 매료되었다는 것이다. 일본 드라마는 일주일에 한 번 방영하지만 한국 드라마는 일주일에 두 번씩 방영하는 것 역시 드라마에 몰입하는 데 훨씬 효과적이었다고 한다. 한국 드라마는 제작비를 많이 투입하여 영상미와 배경 음악이 매우 높은 수준을 유지하고 있어 앞으로도 한국 드라마의 인기는 지속될 수 있다고 여겨진다.

「겨울연가」성공의 비결은 드라마 자체의 매력, 아름다운 배경과 대사, 주연배우의 외모와 연기력 등의 조화라고 한다. 또한 NHK라는 공신력 있는 매체를 유통 창구로 삼은 점이 지적되었다. 주인공인 배용준과 최지우는 '욘사마', '지우히메'라는 용어를 만들어 낼 정도의 사회적 현상을 만들었다.「겨울연가」의 주 무대인 춘천은 일본뿐 아니라 한국에서 줄을 이어 찾고 있는 관광객 덕분에 관광 수입 증가는 물론 시 자체가 유명세를 타고 있다. 특히 주목되는 것은 NHK 한국어 강좌에 대한 반응이다. 별 반응을 얻지 못하던 이 강좌는「겨울연가」의 대본을 교재로 채택한 후 시청률이 급격히 상승하여 교재가 20만 부 이상 팔렸고, NHK의 문화센터 수강생까지 세 배나 늘어 한 달 이상 대기해야 할 정도가 되었다는 것이다. 문화의 힘은 실로 대단하다. 몇 십 년간 국교 정

배용준의 입국을 기다리는 일본 팬들(2004년 나리타 공항)

상화를 위해 양국 정부가 노력해 온 것을 드라마 한 편으로 뛰어넘었다고 할 만큼 크게 평가받는 「겨울연가」가 일으킨 일본의 한류열풍을 통하여, 한일 양국은 상호 우호 평등 관계로 발전해 나갈 기회를 얻었다.

「겨울연가」 열풍으로 엄청난 수익을 올린 일본 NHK는 이미 위성방송에서 방영하여 인기를 끈 「대장금」을 2006년 6월부터 지상파로 방송하여 커다란 반향을 불러일으켰다. NHK는 앞서 시청자들의 요청으로 2005년 위성 BS2 채널에서 「대장금」을 재방송하면서 드라마 내용을 알기 쉽게 소개한 「대장금 대사전」 등 특집 프로그램을 내보낸 데 이어, 지상파 방송에 맞춰 이영애의 개인 이야기를 담은 한 시간짜리 다큐멘터리를 방송하였다. NHK는 주로 중년 여성들이 열광한 「겨울연가」와 달리, 「대장금」의 시청자 층은 폭이 넓다고 하였다.

일본의 한류 전문 위성 채널인 KNTV는 2006년 「주몽」을 방송하였다. KNTV 관계자에 따르면 「주몽」은 KNTV에서 가장 인기 있는 프로그램 중 하나로 특히 주몽 역을 맡고 있는 배우 송일국의 인기가 예사롭지 않다고 했다. 「겨울연가」 이후 비슷비슷한 한국 드라마에 식상한 일본 팬들이 한국 사극에 눈을 돌리기 시작하였고, 그 중심에 송일국이 있다는 것이다. 하지만 위성 채널의 인기를 업고 시작된 후지TV의 「주몽」 지상파 방송은 24회에서 중단되고 말았다. 방송 중단의 이유는 명확하지 않지만 저조한 시

2007년 8월 도쿄돔에서 열린 「대장금 페스티벌」 포스터

「주몽」 일본 후지TV 공식 사이트(http://wwwz.fujitv.co.jp/chumon/)

청률 때문인 것 같다고 하는데, 이로써 한국에서 인기있는 드라마가 꼭 일본에서 통하지 않는다는 가르침을 얻게 되었다. 이후 일본의 한류 드라마 열풍은 주춤하고 있다.

베트남의 한류 드라마

베트남에서 한국 대중문화의 본격적인 확산은 TV 드라마의 방영을 통하여 시작되었다. 「느낌」이 1997년에 매주 2회 두 달간 호치민시 TV에서 방영되어 인기를 끌었고, 「금잔화」 역시 1997년에 호치민 TV의 전파를 탔다. 1998년은 「내 사랑 유미」, 「아들과 딸」, 「의가형제」 등이 방영되었으며, 「느낌」이 VTV를 통하여 재방영되었다. 이 밖에 1998~9년에 「첫사랑」, 「사랑을 그대 품안에」, 「별은 내 가슴에」, 「형제」, 「예스터데이」, 「마지막 승부」 등이 방영되었다. 1997년부터 99년 5월까지 베트남 내에 소개된 한국 드라마가 무려 14편이었다.

『타임』지(2005년 11월) 아시아판 표지를 장식한 장동건

이 중 가장 주목을 받은 것은 장동건과 이영애가 주연을 한 「의가형제」로 여섯 차례나 재방영을 할 정도로 인기를 끌었다. 이 드라마에 출연한 장동건, 이영애 등 한국 연예인이 베트남에 소개되었고, 특히 주인공인 장동건은 이후 베트남 국민으로부터 큰 인기를 얻어 '국민배우'라는 평을 받게 된다. 안재욱이 주인공을 맡은 「별은 내 가슴에」 역시 큰 인기를 얻었다. 이 드라마는 이미 비디오테이프를 불법 복제한 것이 대중에게 널리 퍼졌는데, 큰 인기를 얻자 지방 TV에서 정식으로 방영했고 안재욱의 인기는 더욱 상승하였다. 이 드라마에서 안재욱이 가수 역할을 맡아 부른 「포에버」는 베트남 젊은이에게 널리 불리는 인기곡이 되었다.

이후에 「순수」, 「해바라기」, 「웨딩드레스」, 「종합병원」, 「장미와 콩나물」, 「모델」, 「토마토」, 「황금시대」, 「보고 또 보고」, 「모래시계」, 「가을동화」, 「불꽃」, 「안녕, 내 사랑」 등이 방영되었다. 1999~2001년에 베트남 TV에 소개된 한국 드라마는 총 30여 편에 이르렀다. 이후 「겨울연가」, 2003년 「유리구두」, 2005년 「대장금」, 2006년 「내 이름은 김삼순」, 「궁」 등이 인기를 모으며 방영되었다. 베트남의 TV 채널은 한국 TV 드라마를 매일 방영하고 있다. 한류열풍은 베트남인의 소비 행태까지 바꾸어 놓아서 옷, 구두, 핸드백, 화장품. 휴대전화 등 한국 제품에 대한 선호도가 크게 늘고 있는 것으로 전해지고 있다.

베트남에서 한국 드라마가 특별히 인기 있는 것은 다음 이유 때문이라고 한다.
① 배우들의 외모와 연기력이 뛰어나다.
② 드라마의 배경이 아름답고 선진적인 한국의 문물을 볼 수 있어 즐거움을 준다.
③ 언제나 주인공은 죽지 않고 권선징악, 해피엔드로 끝나는 베트남의 틀에 박힌 드라마에 식상해 있던 중 주인공이 죽기도 하는 등 역동적인 한국 드라마에서 신선한 새로움을 느낄 수 있었다.
④ 많은 생각을 요하는 중국 드라마에 비해 부담 없이 볼 수 있어 특히 청소년에게 인기가 높다.
⑤ 한국과 베트남 사회가 동일한 문화성을 갖고 있어 공감하는 부분이 많다.
⑥ 일본 및 중국 드라마와 비교할 때, 한국 드라마는 베트남 현대사회에 더 큰 친화력을 제공한다.

한국 드라마에서 다루는 가족 관계, 자녀 교육 방식, 삼각관계 등의 내용이 베트남인의 정서와 서로 비슷하다. 예를 들어 「아들과 딸」은 1970년대 한국 농촌을 배경으로 한 것이어서 현재의 베트남 농촌 풍경과 비슷하고, 남아 선호 사상, 고부 관계, 시누이와 올케 관계 등 유교문화 요소가 베트남 문화와 비슷하여 문화적 공감을 얻었다. 「보고 또 보고」 역시 가족 갈등과 화해를 담고 있어 전 연령층에 공감을 얻었다.

일본 드라마는 현대 고급문화를 배경으로 한 것이어서 배경과 소재 면에서 베트남 상황에 맞지 않고, 중국 드라마는 대부분 역사물이어서 현실과 너무 떨어져 있어 베트남인의 관심을 끌지 못하고, 특히 청소년이 외면하였다. 그에 반하여 한국 드라마는 산업화사회를 겪은 뒤의 현대물

이영애의 베트남 LG전자 광고

로서 베트남이 지향할 방향을 제시해 준다는 점에서 인기가 있다.

하지만 점차 베트남에서 한국 드라마에 대한 비판이 나오고 있다. 내용 면에서 사치 풍조, 향락 문화, 권모술수, 폭력 등 청소년에게 나쁜 영향을 미칠 요소가 많다는 것이다. 베트남 정부는 한국 드라마 비율이 80%에 이르자 2001년부터 50% 상한선을 두는 등의 조치를 취했다. 그럼에도 불구하고 한국 배우의 의상이나 화장, 액세서리, 자동차 등에 대한 베트남인의 선망이 한국 제품을 사려는 구매욕구로 이어지고 있어 한국의 화장품회사, 의류회사, 자동차회사 등이 베트남 수출에서 큰 수익을 올리고 있다고 한다. LG전자는 2002년부터 연속 베트남 에어컨 시장 1위를 차지하였다. 한국 TV 드라마「대장금」의 주인공 이영애가 LG 에어컨과 텔레비전 광고 모델로 나서면서 판매에 큰 몫을 하였기 때문이다. 한국 드라마 필름을 현지 방송사에 무상으로 제공하고 드라마 앞뒤로 광고를 하는 드라마 스폰서 전략을 펼친 LG생활건강은 화장품 점유율 1위를 차지하고 있다.

우즈베키스탄의 한류 드라마

중앙아시아에 위치한 우즈베키스탄 역시 한류열풍이 거세게 불고 있다. 우즈베키스탄국영TV에서 2005년부터 방영한「겨울연가」는 시청률이 60%에 달하였고 최근까지 네 번이나 재방영을 한 것으로 알려지고 있다. 문하영 전 우즈베키스탄 대사가 '우즈베키스탄에서 한국의 영향력은 미국, 러시아 다음이며 우즈베키스탄 젊은 이에게 한국은 겨울연가의 주인공 준상과 유진이 사는 꿈과 희망의 나라'라고 말할 정도의

우즈베키스탄 공항의 LG 휴대폰 광고판

인기였다. 「겨울연가」에 이어 「대장금」이 또 한 번 우즈베키스탄인의 심금을 울렸다. 이에 힘입어 우즈베키스탄 전자제품 시장의 80%는 한국산이고, 거리를 돌아다니는 자동차 대부분이 한국산이며, 현재 한국 기업 100여 곳이 우즈베키스탄에서 활동하고 있다.

싱가포르의 한류 드라마

중국과 타이완에서 일어난 한류가 싱가포르까지 전파되었다. 싱가포르는 면적이 서울보다 조금 더 넓은 인구 455만의 도시국가이다. 중국계가 다수인 다민족국가로 영어, 말레이어, 중국어, 타밀어가 모두 공용어로 사용되며 영어가 가장 큰 세력을 가진다. 싱가포르는 한류가 존재하는 국가 중 1인당 소득이 3만 달러가 넘는 가장 잘 사는 국가이다. 영국이 건설한 국가이기 때문에 서구 제도와 문물에 익숙하나 인구의 2/3를 차지하는 중국계 국민 탓에 중국 문화와 매우 밀접한 국가이다.

싱가포르의 한류는 영화에서 시작되었는데 TV 드라마 「불꽃」과 「가을동화」를 통하여 한국 문화에 관심을 갖는 계층이 확대되었다. 중국어 유선 TV인 채널 U가 개국하여 「가을동화」, 「불꽃」, 「이브의 모든 것」, 「아름다운 날들」, 「토마토」, 「미스터 Q」 같은 한국의 인기 드라마를 방영

드라마「불꽃」의 한 장면

하였다. 이 중에 「불꽃」과 「가을동화」는 상당한 호평을 받았다. 싱가포르 언론은 「불꽃」과 「가을동화」가 한류에 전환점이 되었다고 보도하였다. 이들 드라마의 방영 이후 싱가포르인은 한국 TV 드라마의 흡인력과 수준에 놀랐으며, 다른 드라마까지 속속 수입하여 방영하였다. TV 드라마의 성공은 주제곡에 대한 관심을 불러일으켰고 이영애, 송승헌, 원빈 같은 한국 연예인에 대한 관심이 고조되면서 한류가 확산되었다.

영국과 미국, 타이완과 홍콩의 대중문화가 장악하고 있던 싱가포르 대중문화 시장은 이미 일본류가 도입되어 새로운 활기를 불러일으킨 일이 있다. 그러다 이번에는 슬슬 일본 문화에 식상해진 싱가포르인에게 중화권에서 맹렬하게 불고 있는 한류가 틈새시장으로 들어가 어느 정도 성공을 거두고 있는 것이다.

몽골의 한류 드라마

1990년 한국과 몽골의 수교 이후, 한몽 관계는 여러 면에서 발전하고 있다. 몽골인에게 있어 한국은 과거 지배한 적이 있는 민족적 우월감의 대상인 동시에 경제적 동경의 대상이다. 1990년대 말부터 몽골은 과거 획일적인 대중매체에서 벗어나 다양한 매체를 통하여 다양한 외래문화 특히 거리감이 없는 한국 문화를 접할 수 있는 기회를 갖게 되었다.

몽골은 290만의 인구를 가진 작은 나라로 강대국의 매력적인 시장이 될 수 없는 여건이다. 거의 1세기 가까이 러시아의 영향을 받고 있던 조그만 나라 몽골에 어느 제3나라가 들어와 경제활동을 하는 것은 상상할 수 없는 일이었다. 그런데 한몽 수교 이후 적극적인 지원을 아끼지 않고 과감하게 몽골에 투자하는 한국이란 나라에 대하여 관심을 갖기 시작하였고, 경제 성장과 민주화를 이룩한 국가 모델로 선망하게 되었다. 언론에서 자주 한국을 소개하거나 보도를 하는 배경 위에 몽골의 젊은 층을 중심으로 '한국 문화의 수용'이라는 형태로 한류가 시작되었다.

'한국처럼'이라는 뜻을 가진 몽골어 '솔롱고스식'으로 표현되는 몽골 한류 역시 한국 드라마로 일어난 것이다. 1999년 「모래시계」가 몽골국영방송에서 방영되었다 인기가 높아 울란바토르TV에서 다시 재방영한 때부터 몽골에 한국 드라마 붐이 일어나기 시작하였다. 2001년은 「장미와 콩나물」,「첫사랑」 등이 선풍적인 인기를 끌었고 이 드라마에 나온 옷과 핸드백 등이 상상을 초월할 정도로 유행하였다. 몽골국영방송은 2001년 배용준이 주연한 「호텔리어」를 방영하여 높은 시청률을 기록한 이후로 「첫사랑」,「대장금」 등 여섯 편의 한국 드라마를 방송했는데, 평균 40% 이상의 시청률을 기록하였고 60%를 넘은 때까지 있었다. 몽골인은 한국 드라마를 좋아하는 이유로 '폭력과 성 묘사가 적어서 좋다', '스토리가 좋다' 등을 꼽았는데, 한류는 수도인 울란바토르에서 멀리 떨어진 지방까지 확산되고 있다.

개혁 개방 이후 몽골에서 제일 먼저 유행한 것은 한국어 학습과 한국 현대사 연구였다. 수많은 학생이 한국에 와서 한국어를 배우고 돌아가 몽골 사회에 한국을 알리고 있다. 한국에서 몽골에 간 선교사

2007년 제3회 「몽골한글날큰잔치」 장면

나 청년 봉사단원이 제일 먼저 요구받는 것은 한국어를 가르쳐 달라는 것이다. 한국어 학습은 한국 기업 취업이 가장 큰 동기가 되겠지만, 가장 근본적인 동기는 한국 현대사 특히 경제 발전사를 배워 몽골에서 필요한 인재가 되려는 것이라고 한다.

기타 나라의 한류 드라마

홍콩에서 「대장금」은 2005년 홍콩 인구 780만 명 중 절반에 가까운 300만 명이 시청하여 역사상 최고 시청률을 나타냈다. 이 기록은 앞으로 깨지기 어려울 것으로 보고 있다. 「대장금」 마지막 회 평균 시청률이 사상 최고치인 47%를 기록한 것에 현지 언론은 경악을 감추지 못하였다. 「대장금」 열풍이 한국어 학습 열기로 이어지면서 홍콩 정부는 한국어 학습자에 대한 학비 지원 결정을 발표하였다. 홍콩의 『사우스 차이나 모닝포스트 South China Morning Post』는 「대장금」이 홍콩 방송사에 새로운 장을 열었다고 보도하였다. 드라마 「대장금」이 수많은 홍콩인의 마음을 사로잡아 아예 대장금의 정신을 교과서에 싣자는 움직임까지 일고 있다고 한다. 홍콩의 시사평론가 탐먼틴은 칼럼을 통하여 대장금 정신은 '곧고 강인하며, 근면하게 노력하면서 배우기를 좋아하고, 새롭게 창조하고, 교만하거나 비굴하지 않고, 사랑으로 충만하며, 인생에 목표가 있으며, 절대 포기하지 않는 불굴의 정신'이라고 하면서, 이 대장금 정신을 초등학교 교과서에 실어 홍콩 초등학생들이 이를 통하여 적극적인 자기 인생관을 형성할 수 있도록 해야 한다고 주장하였다. 대장금 정신은 150년 동안 식민지 시대를 거치며 경제적 동물, 단기투자자, 돈벌레와 같은 모습을 지니게 된 홍콩인에게 스스로를 돌아보게 하고 있다고 탐먼틴은 덧붙이고 있다.

한류는 북한까지 전해지고 있다고 한다. 중국을 통하여 북한으로 흘러들어간 녹화 테이프로 「겨울연가」가 북한 젊은이들에게 인기를 끌고 있는 것으로 알려지고 있다.

인도네시아는 「원더풀라이프」, 「내사랑 팥쥐」, 「로망스」, 「풀하우스」 등의 한국 드라마가 사랑을 받았다. 2006년 「풀하우스」가 방영되면서 큰 인기를 끌고 난 후 뒤를 이어 「대장금」이 폭발적인 인기를 얻었다.

2005년 홍콩을 방문한 이영애

말레이시아는 이슬람 국가여서 한류 중동 진출의 거점으로 꼽히고 있다. 말레이시아의 이슬람교도에게 인기를 얻는 드라마나 노래는 중동 국가에서 거부감 없이 받아들여질 수 있기 때문인데, 특히 「가을동화」가 가장 인기가 높았다.

이집트는 2004년 국영TV에서 「가을동화」를 방영했는데, 이집트 한국대사관에 이 드라마와 관련된 문의 전화가 수백 통이 걸려올 정도로 이집트인의 관심이 컸다고 한다. 이후 「겨울연가」가 한류를 이어 갔고 「대장금」이 2006년 이집트 국영ERTU의 황금시간대에 방영되었다.

요르단 방송 전문 배급사인 MEM은 「대장금」의 아랍어권 TV 방영권 수출 계약을 체결하고, 중동 시장 본격 공략에 나섰다. MEM과 「궁」, 「별은 내 가슴에」의 수출 가계약까지 체결한 MBC는 이번 계약으로 중남미나 중국 드라마를 주로 수입하던 아랍어권이 본격적인 한류 영향권에 들어섰다고 보았다. 손선홍 외교통상부 홍보과장은 '이집트는 중동과 아프리카를 잇는 문화적 접점 지역이고 우즈베키스탄과 카자흐스탄 역시 이슬람 계열이어서 이집트-중동-아프리카를 묶는 한류 벨트를 만들어 볼 수 있다'고 한국 언론에 밝힌 바 있다.

아랍국가인 이란은 이미 '대장금 한류(韓流)'에 휩싸였다고 한다.『조선일보』기사에 따르면,「왕궁의 보석(Jewelry in The Palace)」이란 이름으로 방영되는「대장금」을 보는 이란인들은 '장금'을 '양곰'이라고 부른다.「대장금」은 전국 최고 86%, 테헤란에서 90% 이상의 시청률을 기록했다고 한다. 테헤란 거리를 걷다 보면, 이 믿기지 않는 시청률 통계에 조금씩 신뢰가 간다고 한다. 이란인은 한국인으로 보이는 사람이 나타나면 갑자기 다가와 악수를 청하거나, 바짝 다가와 차량 경적을 울려 대며 '코레아? 양곰, 카일리 쿠베(Kaili Khube : 아주 좋다)!'를 연발한다는 것이다. 이란 곳곳의 서점이나 백화점에는 배우 이영애와 지진희의 얼굴이 표지 전체를 장식한 다양한 페르시아어 잡지가 놓여 있다.

한류는 아시아를 넘어 중동, 멕시코를 비롯한 중남미까지 확산되고 있다. 특히 멕시코는 중남미 한류 바람의 중심지로 멕시코공영방송 메히켄세가 2002년에 드라마「별은 내 가슴에」,「이브의 모든 것」을 방영하자 안재욱, 장동건 팬클럽이 만들어졌다.「별은 내 가슴에」는 이후 여러 차례 재방영되었다.

드라마「해신」포스터

미국 역시 서서히 한류가 시작되고 있다. KBS 관계자는「해신」이 동양적인 신비감과 웅장한 해상 전투 장면으로 호평을 받아 미국에서 관심을 받고 있다고 하였다. 2006년 뉴

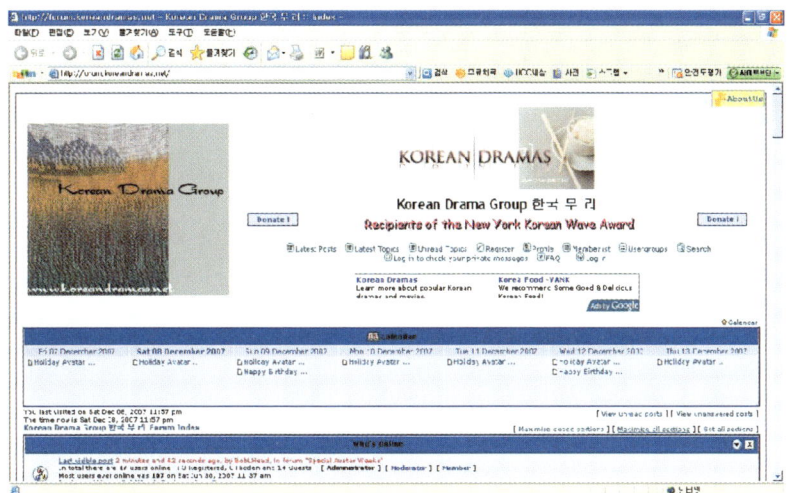

'한국무리' 웹 사이트(http://forum.koreandramas.net/)

욕 맨해튼의 한국문화원에서 열린「아시아의 창 KBS」시사회는 미국 내에서 자생적으로 조직된 한국 드라마 마니아 단체인 '한국무리'와 미국 내 일본인의 한류 단체인 '한류클럽' 회원이 다수 참석해 눈길을 끌었다. '한국무리'는 회원 수가 500여 명에 달하며 자체 웹 사이트까지 운영하고 있는 대표적인 한국 드라마 마니아 모임이다. 회원 대부분은 뉴욕과 필라델피아 지역에 거주하고 있는 미국인이지만 한국과 중국, 타이완, 필리핀, 캐나다, 호주 등지에 살고 있는 미국인의 가입이 꾸준히 늘어나고 있다고 한다.

한국관광공사는 드라마의 관광객 유치와 연계해 새로운 시장을 개척하는 활동을 하고 있다. 2007년 한국의 효와 가족애를 알리기 위하여 러시아 연해주에서 드라마「세상에서 가장 아름다운 이별」을 방송하여 한류 시장을 아시아 밖으로 넓히려는 시도를 하였다.

한류 드라마의 지속과 확산 방안

① 드라마에 나타난 내용을 한국 문화 전체로 보는 경향이 생기고 있으므로, 한국의 전통적인 자랑할 만한 고급문화를 알리는 방안을 다각적으로 모색해야 한다.

② 지나치게 많은 양이 한꺼번에 유입됨으로써 한국 드라마가 대동소이하다는 느낌을 주어 신선함을 잃어 가고 있다. 좀 더 완성도 높은 작품을 만들어 외국에 수출하는 노력과 무분별하게 많이 공급하지 않고 속도를 조정하는 노력이 필요하다.

③ 드라마만 수출하지 말고 뮤지컬, 오케스트라, 콘서트, 미술 전시회, 시 낭송회, 우수 도서의 번역 판매 등과 같은 기타 문화 소개 노력을 병행할 필요가 있다. 한류를 한국어 학습으로 이어지게 하는 노력 역시 필요하다.

④ 좀 더 건전하고 인류보편적인 가치에 한국적인 미가 포함된 주제의 드라마 대본 등이 발굴, 창작되어야 한다. 이런 것을 권장하기 위한 작품 공모를 할 필요가 있다.

⑤ 작품 공모를 통해 모은 작품을 가지고 드라마 등을 제작하여 세계에 수출해야 한다.

⑥ 작품 공모에서 발굴하거나 창작된 작품을 한국어 교육 현장에서 교육 자료로 활용한다.

⑦ 기존의 드라마 중 세계에 내놓을 만한 것은 다시 가공하여 한국어 교육 자료로 활용하는 방안이 강구되어야 한다.

⑧ 한국의 대표적인 한류 스타를 모델로 한 상품을 많이 개발하여 판매하는 것이 좋다.

⑨ 한국문화체험마을을 서울을 비롯한 대도시에 건립할 필요가 있다.

⑩ 한국 대도시에 국제학교를 만들고 교육 과정 속에 한국어와 한국 문화 과목을 넣어 한국에 체류하는 외국인 자녀가 자연스럽게 한국어를 배우고 한국 문화를 체험하게 한다.

⑪ 세계 주요 국가와 동남아 국가의 주요 도시에 '세종한국어교육원'과 같은 국가 차원의 권위 있는 한국어교육원을 건립해야 하고, 문화원이 없는 나라에는 국가에서 한국문화원을 건립해야 한다.

⑫ 한류는 수출되는 각 나라별로 면밀하고 정확한 분석과 연구를 통하여 전략적으로 접근하는 것이 필요하며, 글로벌 시대에 맞게 동반자적 문화 정책 비전을 수립해야 한다. 즉 나라별 '맞춤형' 문화 수출을 할 수 있는 체제를 구축해야 한다는 것이다. 한류의 지속적인 발전을 위해 쌍방향 문화 교류를 보다 적극적으로 할 필요가 있다.

경기도 양주에 위치한 「대장금」 테마 파크

3. 대중가요

드라마 못지않게 높은 인기를 얻고 있는 한류 문화 컨텐츠가 바로 대중가요이다. 1970, 80년대 조용필, 김연자, 계은숙 등이 일본에서 높은 인기를 얻으며 활동하였고, 1980년대 조용필의 '친구여' 번안곡이 중국에서 히트하고 타이완에서 김완선과 장호철이 활동했으나 인기 면에서 산발적이었다. 1990년대 중후반부터 중국에서 H.O.T., 타이완에서 클론 등 신세대 댄스 가수가 높은 인기를 거두었으며, 중화권 국가 진출을 시작으로 현재까지 아시아 각국 차트에서 상위권을 휩쓸고 있다. 한국 대중가요는 강타, 보아, 비, 신화, 동방신기, 장나라, 세븐 등 아시아 각국에서 인기를 누리며 전 세계로 인지도를 높여 가는 가수를 여러 명 배출해 냈다.

'한류'라는 말은 중국 언론에서 1999년에 가장 먼저 쓴 것으로 알려져 있다. 드라마 방영으로 조성된 한국 문화에 대한 관심이 H.O.T.의 음반 발매와 더불어 커져서 한국 대중문화에 대한 열기가 조성되기 시작할 무렵 클론의 공연이 성공적으로 끝나자 그런 용어를 만들어 낸 것이다.

한국 대중음악의 인기가 아시아 전역으로 확산된 계기는 무엇보다 1990년대 이후 한국 음악이 질적 향상으로 한국 음반 시장을 완전히 석권한 데서 비롯된 것이다. 1980년대까지 음악적 수준이나 시장점유율 면에서 외국 팝송에 뒤쳐졌던 가요는 1988~97년에 한국 대중음악 시장이 연간 12~30%의 높은 성장을 거둔 데 힘입어 한국 음반 시장에서 주도권을 장악하게 되었다. 신승훈, 이승환 등 기존 인기 장르였던 발라드 음악에서 시작하여 김건모, 서태지와 아이들이 불을 지핀 댄스, 힙합 음악은 한국 음악만이 가진 융합성으로 서양음악에 동양적 느낌을 가미

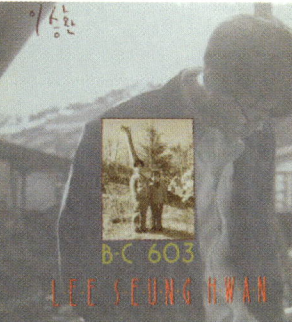
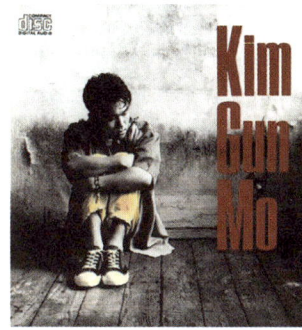

한국 가요의 새로운 인기를 이끈 신승훈, 이승환, 서태지와 아이들, 김건모의 1집 앨범(왼쪽 위부터 시계방향으로)

한 것으로 한국 팬의 절대 지지를 받게 되었다. 1990년대 후반은 화려한 비주얼과 퍼포먼스를 장기로 하는 H.O.T., S.E.S., 베이비복스, 신화 등 젊은 댄스 그룹이 등장하였다. 이들은 아시아 젊은이의 마음을 사로잡으며 한류 열풍의 주역이 되었다. 2000년대 들어 한국 음악은 한국 음악 시장의 75%를 차지한다. 동남아시아에서 높은 인기를 끌고 있는 일본 음악, 소위 제이팝(J-pop)이 록 음악 위주라면 한국의 케이팝(K-pop)은 댄스 음악 위주로, 적어도 이 분야만큼은 아시아 전체에서 높은 경쟁력을 가지고 있다. 특히 한국 연예인의 친근하면서 세련된 외모와 주로 춤을 동반하고 의상, 무대, 백그라운드 댄서 등으로 청각과 시각적 즐거움을 모두 만족시킨 것이 아시아에서 높은 경쟁력을 갖게 하였다.

뮤직 비디오 위주로 꾸며진 한국 케이블 TV 수출은 한류를 끌어간 요소였는데, 버라이어티 쇼 프로그램「쇼킹 엠(Showking M)」등이 좋은 반응을 얻었다. 타이완, 싱가포르 등 동남아 전역을 포괄하는 홍콩의 위성방송 TV B8은 간판 음악 프로그램인「만다린 뮤직 온 디맨드(Mandarin Music-on-Demand)」가 방송되는 30분 절반 분량에 '한국풍'이라는 코너를 신설, 한국 가요 1~5위를 따로 보여 주고 있다. 2000년 이후는 한국 인터넷 기업이 한류 음악을 이끌었는데, 예를 들어 벅스(Bugs)의 경우 실명회원 1,600만 명의 세계 최대 음악 스트리밍 사이트로 교포 및 유학생의 입소문으로 해외에서 유입되는 이용자만 대략 1,000만 명 이상으로 알려져 있다. 한국은 자타가 공인하는 세계 최고 디지털 음악 유통 기반 및 뛰어난 인프라를 갖고 있어 디지털 문화 콘텐츠의 해외 진출은 앞으로 더 확대될 전망이다.

소후닷컴(sohu.com), 시나닷컴(sina.com) 등 중국 포털 사이트는 한국 인기 가수의 뉴스가 넘치고 있다. 한류를 소개하는 잡지인『당대가단(當代歌壇)』,『일한경음악(日韓輕音樂)』,『청춘의 별』등에서 한국 가수, 연예인뿐 아니라 문화, 음식, 여행 정보, 유학 정보, 유행 상품 등을 소개하고 있다.

중국의 대표적 한류 대중가요 잡지『쿨경음악(COOL 輕音樂)』

한편으로, 한류로 인기를 끌고 있는 음악의 '음악적 완성도'나 과연 '한국의 음악'인가 하는 면에서 문제가 제기된다. 음악적 완성도는 TV 매체에 지나치게 의존하고 있다는 점에서 음악성보다 화려한 외모와 현란한 리듬, 그리고 능숙한 댄스가 어필한다는 문제점이 있다. 한국 음악이냐 하는 문제는 우리 것이 아닌 힙합이나 랩이 한국 리듬을 대변하고 있다는 점과 관련이 있다. 보다 한국적이면서 세계적인, 다양한 스타일의 수준 높은 컨텐츠만이 한류를 지속시킬 힘이 될 것이다. 예를 들어 전통적인 국악을 현대에 맞게 편곡하여 부르거나 현대적 한국 클래식 음악을 편곡하여 부르는 노력이 필요할 것으로 보인다.

한류를 형성한 대중가요는 댄스 음악으로 미국의 랩, 힙합 등을 한국적 정서에 맞게 변용시킨 것이다. 서구적 스타일과 동양적 감성이 잘 배합된 절묘한 매력을 가지고 있어 우리와 비슷한 문화권을 형성하고 있는 동아시아 젊은이의 요구를 만족시킬 수 있었다고 평가된다. 예를 들어 발라드는 원래 느린 템포의 서정적 사랑 노래이지만 한국 대중가요는 이를 좀 더 빠른 리듬으로 만들었다. 랩은 원래 멜로디가 없고 리듬과 비트만 있는 노래이지만 멜로디와 언어가 있는 노래로 만드는 등 한국화하였다. 힙합은 원래 흑인들이 가진 사회적 불만을 이상한 의상과 독특한 춤, 욕설과 속어 등으로 푸는 노래이지만 한국에서 아름다운 외모, 아름다운 의상, 순화된 노랫말로 부르는 등 한국화에 성공한 것이 이웃 나라에 공감을 불러일으켰다는 것이다.

대중가요 한류는 현지에 직접 뛰어들어 엔터테인먼트 비즈니스에 기여한 개인과 기업의 노력이 한몫을 하였다. 라디오 방송을 통한 한국 대중음악 소개, 합작 음반 발매, 대형 콘서트 기획 등으로 진출의 발판을 마련하였다. 스타의 현지화에 성공한 일본의 보아를 필두로 중국의 장나라, 미국의 비, 그 외 신화, 세븐, 동방신기, SS501 등은 한류 음악의 주체가 되었다. 보아는 일본 매니지먼트를 통해 철저하게 현지화하여 대성공한 가수이다. 한국 발라드의 황제로 불리는 신승훈 역시 일본에서 명성을 얻고 있다. 아시아 가수 최초로 비는 일본 MTV가 주최하는 음악 시상식에 공연 가수로 초청되었는데, 비는 어느 가수보다 댄스에 뛰어나 청각과 시각을 만족시키는 가수로 유명하다. 한국 젊은 세대에게 큰 인기를 얻고 있는 가수 비와 세븐의 노래는 타이 음악 차트 1, 2위를 다투었다. 원래 동남아시아 음악 시장은 일본의 제이팝이 독차지했으나 한국 가수의 외모, 의상, 독특한 노래 등이 동남아 젊은이를 케이팝으로 끌어 오는 데 상당한 성공을 거둔 것으로 평가된다.

이제 한류의 미국 시장 공략이 시도되고 있다. 최고 프로듀서 릴 존과 박진영이 공동 제작과 프로듀싱을 맡는다고 발표하여 화제가 되고 있는 신인가수 민(min)을 비롯하여 임정희, 지-소울(G-Soul)의 본격 빌보드 공략이 시작된다. 세븐 역시 몇 년째 미국에 머물며 첫 앨범 준비를 하고 있다.

신인 가수 민의 블로그(http://www.myspace.com/minjype)

중국의 한류 음악

1996년부터 방송된 중국의 FM 라디오 프로그램인「서울 음악실」에서 처음으로 한국의 대중음악을 소개했는데, 중국 10여 개 대도시에 방송되어 평균 10%가 넘는 청취율을 기록하였다. 1997년 3월 한중 문화 교류를 위한 음악 프로그램이 송출 비준을 받았으며, 1998년 아시아권 전역에 걸쳐 광범위한 네트워크를 가지고 있는 홍콩 스타TV의 음악 방송은 채널V에서 한국 최신 대중가요를 소개하는「서울 바이브레이션(Seoul Vibration)」을 방영하였다. 1999년 한국 KBS와 중국 CCTV가 공동 주최한 제1회「한중가요제」가 베이징 CCTV 스튜디오에서 열린 이래, 매년 중국과 한국에서 번갈아 개최되며 정상급 가수들이 양국 시청자에게 강한 인상을 남기고 있다. 이후 한국 최신 대중음악이 중국국영 라디오방송국(CNR)을 통해 사상 처음으로 중국 전역에 방송되기 시작하였으며 2001년 한국 음악 전문 프로그램「한국을 들어 보세요」가 126개 주요 도시에서 동시에 방송되었다. 2001년 9월 중국 정부가 허가한 제1호 팬클럽인 한국 음악 마니아 모임인 '도레미팬클럽'이 생기고, 2002년 베이징예술대학에 한국댄스학과가 설치되었다.

한국 청소년에게 최고의 인기를 구가하던 그룹 H.O.T.의 앨범 '행복'이 1998년 5월 17일 한국 음반으로는 최초로 중국 정부의 허가를 받아 공식 발매되어 한 달 만에 5만 장이 판매되었다. 2000년 베이징공안체육관에서 열린 H.O.T. 콘서트는 외국 가수 공연으로는 처음으로 12,000석이 모두 매진될 정도로 열띤 반응을 얻었으며, H.O.T.는 이후 발행부수 100만 부가 넘는 음악 잡지『당대가단』에서 5개월 연속 인기 순위 1위를 차지하는 기록을 세웠다.

1998년「별은 내 가슴에」에 출연했던 안재욱은 드라마와 함께 주제곡

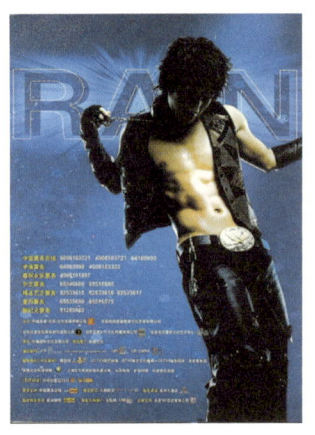

2005년 가수 비의 베이징 콘서트 포스터

이 중화권에서 높은 인기를 끌며 가수 겸 연기자로 한류열풍을 이끌었다. 1999년 한국 가수로는 최초로 클론이 베이징에서 콘서트를 열었고 CCTV가 이를 녹화 방송하였다. 역시 1999년 베이비복스가 난징, 쿤밍, 구이린 등에서 대형 순회공연을 벌였으며, NRG가 베이징, 상하이, 하얼빈 등에서 공연하여 대성공을 거두었다. 그 밖에 S.E.S., 유승준, 김현정 등 많은 한국 가수의 음반이 발매되었으며 베이징이나 상하이 등의 대형 콘서트가 대성황을 이루었다. 인기 가수 비의 앨범은 10만 장 넘게 팔렸다고 한다.

여가수 중 장나라의 활약이 눈부시다. 장나라는 중국에서 '천후(天后)'라 불리고 있으며, 최근 일고 있는 중국의 반 한류 기류와 상관없이 인기를 누리고 있다. 1집 '이짱(一長)'과 2집 '쿵푸' 등의 중국 발매 앨범의 노래를 중국어로 부른 철저한 현지화 전략이 성공 비결이다. 장나라는 중국 드라마「댜오만 공주」,「은색연화」의 주연까지 맡아 중국인의 사랑을 한 몸에 받았다. 장나라는 2005년 중국 첫 발매 앨범 '이짱'으로 120만 장의 판매고를 올렸고 차이나골든디스크 어워즈에서 최고인기가수상, 아시아뮤직어워드 아시아최고가수상, 중국가요대상 등을 수상하여 중국 대중음악 시장 내에 '나라짱' 열풍을 일으켰다. 드라마「댜오만 공주」는 평균 시청률 8.5%를 기록하며 드라마 부문 1위를 차지할 정도로 폭발적 인기를 얻었다.

H.O.T.는 중국 팬에게 가장 먼저 알려진 한국 가수로서, 지금은 해체

되었지만 아직 기억해 주는 중국인이 많다. 특히 H.O.T.의 멤버였던 강타는 2006년 베이징수도체육관에서 열린 첫 단독 콘서트에 1만 여 명의 팬을 모은 것을 비롯하여, 히트 곡 「가면」, 「느리게 걷기」 등을 중국어 버전으로 불러 현지화에 성공하였다. 또 'TV 광고계 최고 가치 있는 연예인 상', '베스트 드레서' 등 중국에서 열리는 각종 시상식을 휩쓸었다. 강타의 행보는 노래에 그치지 않고 드라마 진출까지 이어졌다. 2005년 8월 소유붕 등 중국어권 스타와 함께 「마술기연(魔術奇緣)」, 2007년에는 「남재여모(男才女貌) 2」와 CCTV의 특집극 「정가네 여자들 경사났네」라는 드라마에 출연하여 안방극장까지 점령하였다.

2006년 강타 & 바네스 그룹 콘서트가 중국 베이징인민대회당에서 성대히 개최되었다. 이들의 콘서트는 기획 단계부터 중국 언론의 스포트라이트를 받았으며, 특히 한중 양국의 최고 인기 가수가 손잡았다는 면에서 팬들의 열광적인 환영을 받았다. 강타는 중국에서 많은 고정 팬을 확보하고 있으며, 바네스(吳建豪) 또한 타이완의 인기 그룹인 F4의 일원으로 동아시아권에서 상당한 인기를 누리고 있기 때문에 이들의 만남은 동아시아 전체를 겨냥한 아주 현명한 문화적 협력 전략이라고 볼 수 있다. 이러한 전략에 걸맞게 기획사는 사전 홍보, 기자회견, 콘서트 장소, 노래 선정, 게스트 선정 등 모든 면에서 최고의 콘서트 수준에 부합되게 철저한 준비를 하였다. 몇 개월 전부터 중국 언론은 이 콘서트에 대한 보도를 시작하였다.

가장 중요한 것은 콘서트 장소이다. 중국에서 가장 신성한 장소로 불리는 인민대회당에서 개최된

강타 & 바네스의 베이징 콘서트 모습

콘서트는 장소 선정부터 최고 대중가수의 콘서트임을 팬에게 보여 주었다. 일반적으로 정부 차원의 문화 행사나 클래식 공연 개최만 허가하던 인민대회당에서 한중 양국 대중가수의 콘서트를 개최한다는 사실 자체로 중국 언론의 관심을 끌기에 충분하였다. 이번 콘서트는 두 가수의 인기와 기획사의 철저한 기획, 홍보 등을 거쳐 최고 수준의 열광적인 콘서트로 자리 매김하였다.

한국문화콘텐츠진흥원이 2004년 발표한 보고서에 따르면 중국의 10~20대 젊은이가 한국 음악을 접하는 경로는 CD를 공유하거나 MP3나 스트리밍 사이트를 통하는 것으로 실속파가 대부분이다. 경제력이 없는 10대와 달리 20대는 인터넷에서 음악을 접한 이후 선별해서 CD 구매를 하는 경향이 있다. 단순히 듣고 싶은 음악은 인터넷으로 듣고, 정말 소장하고 싶은 곡만 CD 구매하는 것으로 변하고 있다는 것이다. 2007년 중국인터넷정보센터(CNNIC)에 의하면 중국 네티즌 수는 1억6천2백만 명에 달한다고 한다. 이들은 인터넷으로 음악을 검색하고 즐기는데 아직 지적재산권 문제가 명확히 체계화되지 않아 거의 불법 음반 시장을 통하여 한국 음악을 즐기는 것이 현실이다. 우선은 한국 음악에 많이 접속하도록 하고, 다음은 정당한 값을 받는 방법을 강구해야 할 것으로 보인다. MP3폰을 통한 음악 소비가 현재 음악 시장의 30%를 차지하고 있는데 해가 거듭될수록 폭발적 증가가 예상된다.

2004년 한국관광공사에 따르면 한국 음악의 중국 진출은 10대인 젊은 층을 중심으로 확산된 것이다. 음악은 MP3, 워크맨, 인터넷 등을 이용하여 듣게 되므로 시간과 장소에 구애받지 않는 장점이 있어 다른 분야보다 접근성이 좋아 중국 10대 청소년에게 더 가까이 다가갔다고 할 수 있다. 중국의 대중음악계는 부드러운 발라드에 록 요소가 가미된 장르가 주를 이루고 있었 는데 걸출한 스타가 없 는 상태였다. 이를 틈타 2000년 H.O.T.의 공연 으로 시작된 한류는 다 이내믹하고 빠른 한국 의 음악으로 10~20대 초 중국 젊은이를 사로

홍콩 공항에 있는 MP3 기능이 탑재된 삼성 휴대폰 광고

잡아 인기를 끌게 되었다. 그러나 댄스 음악 중심으로 편중된 한국 음악 이 여러 계층에게 지속적으로 인기를 얻기 위해서는 다양한 장르의 음악 이 발전해야 한다. 드라마와 영화의 인기에 따른 OST에 대한 관심의 증 가와, 가사와 내용을 이해하고자 하는 욕구의 증가에 어떻게 효율적으로 대응할 것인가가 앞으로의 과제라고 하겠다.

가요 한류는 음반 소비의 위축, MP3 출현에 의한 음악 시장 축소, 불 법 음반 시장에 의하여 위협받고 있다. 특히 중국 음반 시장은 93%가 불 법 시장이고 단 7%만 정품 시장이므로 음반 판매 자체로는 수익을 올릴 수 없다. '따오반'이라 불리는 불법 복제 음반이 중국 음반을 거의 장악 하고 있지만 중국 정부가 저작권 보호에 적극적이지 않다. 이것은 저작 권 보호시 중국에 득이 되기보다 선진국 특히 미국에게 그 혜택이 돌아 가기 때문이라는 견해가 있어 음악 저작권 보호를 위한 한국 정부의 정 책적 지원이 필요해 보인다.

중국에 진출한 가수는 현지에서 인기가 아무리 높더라도 불법 음반이 성행하기 때문에 중국 내 음반 발매를 꺼리고 1회성 콘서트 위주로 활동 을 전개한다. 그러나 현지 유력한 공연기획사와 연계하는 대신 주먹구구

중국 레코드 가게에 진열된 한국 가수 CD

식으로 운영되는 부실한 공연기획사와 손을 잡아 공연이 실패로 돌아가기도 하고, 이득 분배를 둘러싼 갈등이 잦아 제대로 경제적 이익을 보지 못하고 있는 실정이다. 그러므로 한국 대중음악을 통해 기업 이미지 제고나 제품 판매 촉진 등을 할 목적으로 중국에 진출한 몇 대기업이 관련 행사 협찬에 적극 나서고 있으며, 중국 공연과 방송 출연, 음반 배급 등을 대행할 한국 연예기획사가 베이징에서 사무실을 열었다.

폭발적이던 중국의 한국 대중음악 판매량은 2003년 이후 눈에 띄게 줄고 있다. H.O.T. 해체 이후 이를 대체할 슈퍼스타가 없어 대중음악 한류의 영향력 감소가 눈에 띄며 최근 공연에 실패하는 가수가 많다. 한류의 층은 넓어지나 그 열기가 약해지고 있는 것이다. 이에 따라 음반 산업의 해외 시장 진출 지원으로 영어, 일본어, 중국어로 된 한국 대중음악 음반 제작 및 음반계 최신 동향을 소개한 책자 발간 및 배포 등의 노력이 있었다.

중국에서 일어난 한류 음악 확산의 외적 요인으로 다음과 같은 것이 지적되었다.

① 중국의 경제적 성장과 일본 문화에 대한 거부감이 작용하였다.
② 중국은 경제 성장과 함께 증가한 국민의 문화적 소비 욕구를 충족시킬 수 있는 문화 콘텐츠가 부족한 편이었다.
③ '일류(日流)'로 불리는 일본 문화의 동북아시아 지역 확산이 과거

의 일본 식민지 지배 경험을 가진 국민적 정서와 대립하게 되고, 문화 발산 기지로서 홍콩의 기능이 점차 상실되면서 그 공백을 한류가 메워 주고 있다.

④ 중국의 눈부신 경제 성장에 따른 새로운 청소년 문화의 형성과, 신선한 감각과 매력을 가진 한국 대중문화의 숙명적인 만남으로 한류가 일어났다.

⑤ 중국에서 새롭게 등장한 도시 부유층 청소년은 자유와 쾌락을 중시하고, 가족 중심에서 자기중심적이 되고, 미적 감각과 소비 성향이 강하며, 기분과 품위를 중시하고, 행동이 과감해져 있는데, 이런 것을 한국 대중문화 상품이 상당히 충족시켜 주었다.

⑥ CD 판매에 의존하는 음반 시장은 몰락하는 한편, 컬러링, 벨소리, 스트리밍 같은 디지털 음악 시장이 전통적인 음악 시장을 넘어서고 있는데, 이를 이끈 최초의 국가가 한국이다.

현재 디지털 음악 시장은 음악 저작권 문제와 MP3 음악 재생 시간의 제한 조치 해제 등의 새로운 난제에 봉착하고 있다.

일본의 한류 음악

일본의 한류 대중가요는 1980년대 조용필, 김연자 등에서부터 시작되었다고 할 수 있으나 한류를 일으켰다고 보기는 어렵고, 본격적인 한류는 보아에 와서 이루어졌다고 보아야 할 것이다. 보아는 이제 20세를 갓 넘긴 젊은 가수로 이미 10대부터 한국, 일본을 거쳐 아시아의 별로 우뚝 섰다고 할 만하다. 그의 화려한 수상 경력을 보더라도 얼마나 영향력 있는 가수인지 짐작이 된다.

보아는 일본에서 2001년 첫 싱글을 발표한 이래 6년 연속 오리콘 앨범 차트 정상을 차지하고, 일본 톱 가수만 공연하는 NHK「홍백가합전」에 6년 연속 참가했으며, 일본 최고 권위의 음악상 중 하나인 제48회 일본 레코드 대상에서 금상을 수상하였다. 보아는 일본작곡협회가 주최하는 이 시상식에서 2002~4년 3년 연속 금상과 수아레 투어(야간 콘서트) 5회 등 일본 정상급 가수의 위상을 획득하였고, 일본 내 음반 판매 천만장 돌파를 눈앞에 두고 있다. 2004년 MTV 뮤직어워즈에서 '아시아에서 가장 영향력 있는 아티스트상'을 수상, '아시아의 별'이라는 위치를 굳건히 하였다.

보아의 성공은 철저한 시장 분석과 현지화 전략, 오랜 투자의 3박자가 어우러진 결과이다. 보아가 데뷔하던 2001년은 일본 가요계에서 새로운

보아의 일본 싱글들

여성 스타를 갈구하던 때였다. 10대 초반의 보아를 발굴하여 노래와 춤을 훈련시키는 한편, 어학 훈련을 병행하여 현지 청소년이 원하는 스타일의 가수를 만들

2006년 「홍백가합전」 무대에 선 보아

어 낸 것이다. 결국 보아는 10대를 뛰어넘어 30~40대까지 이르는 다양한 팬 층을 가진 일본 대표 가수의 한 명으로 성장함으로써 가요 한류를 선도한다고 할 수 있다.

　신화 역시 일본에서 인기를 얻고 있다. 첫번째 일본 정규 음반 '인스피레이션(Inspiration) #1'이 발매를 앞두고 일본 최대 음반 사이트 HMV에서 음반 전체 예약 순위 1위를 차지하였다. 2006년 도쿄 부도칸과 오사카 오사카조홀에서 열린 「신화 2006 재팬 투어 인스피레이션 #1」의 티켓 역시 1분 만에 매진되었다.

　'오리콘 차트'로 유명한 일본의 음악 서비스 회사 '오리콘'이 한국 가수의 인기 비결을 분석하여 눈길을 끌었다. '오리콘에 따르면 일본 여성이 한국 남자 가수를 좋아하는 첫번째 이유는 '남자다움'이다. 오리콘은 '실제로 한국의 아티스트는 일본 아티스트보다 키가 크고 몸매가 좋다'며 '그러나 외모만으로 '비'를 좋아하는 팬이 있는가 하면 음악만으로 한국 가수를 좋아하는 사람이 있는 등 일본 여성 팬의 취향은 다양하다'고 분석하였다. 한국 가수를 좋아하는 두 번째 이유는 '인품'이다. 오리콘은 '한국 가수에 대한 흥미가 열광으로 바뀐 이유로 인품이나 성격을

신화의 일본 발매 앨범(왼쪽)
신화의 일본 발매 싱글(왼쪽 아래)

신화 일본 투어 CD+DVD

드는 팬이 많다는 점에 주목해야 한다'고 강조하였다. 일례로 신화 이민우(M)의 팬이라는 일본 여성은 '한국 가수를 공유하는 모임이나 팬 미팅 등의 이벤트가 즐겁다'면서 '일본의 톱 아티스트의 경우, 콘서트 장조차 얼굴을 보기가 힘들지만 한국 가수는 언제나 가까이에서 느낄 수 있고 팬들을 다정하게 대해 준다'고 밝혔다.

신화, 슈퍼주니어, 버즈, 백지영, 휘성, 테이 등이 2007년 1월 6일 일본 사이타마 슈퍼아레나에서 열리는 「제2회 케이팝 슈퍼 라이브 콘서트」에서 합동 공연을 펼쳤다. 연례행사로 치러지는 이 콘서트는 일본 등 아시아권에 소개되고 있는 단편적인 한류 음악에서 탈피해 한국의 인기 가수와 신인을 일본에 소개하고 한·일 문화 교류를 활성화하자는 취지로 열리는 것이다. 「케이팝 콘서트」가 매진을 기록하여 한·일 음악 팬에게 주목을 받은 가운데 불신과 반목의 대상이었던 민단과 조총련계 학생 300여 명이 함께 나란히 공연을 관람하여 관심을 끌었다. 일본에서 '한류'는 민족 화합에 큰 몫을 하고 있는 것이다.

특이하게 한류 스타 권상우, 송승헌, 류시원 등이 일본 음반 시장을 휩쓸고 있다. 류시원은 첫 싱글 「사쿠라」를 발매한 당일 한국 남자 가수로는 처음으로 오리콘 일일순위 1위에 오르는 대성공을 거

류시원의 일본 공연 모습

두었다. 2007년 발매한 다섯 번째 싱글 「바빌론(Babylon)」은 오리콘 데일리 싱글 차트 2위와 위클리 싱글 차트 4위에 올랐다. 4집 앨범 '위드 유(With You)'는 발매 당일 오리콘 데일리 앨범 차트 2위에 올랐다. 류시원은 지금껏 일본에서 발표한 앨범을 모두 상위권에 올리는 기록을 세웠다. 류시원은 고베를 시작으로 나고야, 사이타마 등을 돌며 「2007 류시원 라이브 투어 위드 유」란 타이틀로 전국 라이브 투어를 펼쳤다.

2005년에 발매된 권상우의 공식 DVD인 'KSW'가 상당한 성공을 거두었다. 인기 가수이자 텔레비전 배우인 안재욱의 인기 또한 일본에서 계속 상승세를 타고 있다. 2006년 도쿄 부도칸에서 열린 안재욱의 공연에 만여 명의 일본 관객이 몰렸고 안재욱의 인기 곡 「포에버」를 한국어 노래 가사로 일제히 따라 불러 안재욱을 감동시켰다고 한다.

기타 아시아 나라의 한류 음악

타이완에서는 가수 김완선과 장호철이 비교적 일찍 활발한 활동으로 한국 가요를 알리는 첨병 역할을 하였다. 그 후 타이완의 대형 음반 회사인 록 레코드(Rock Records)가 한국 대중가요의 번안곡들을 타이완에서 유행시키면서 한국 대중가요가 널리 알려졌다. 특히 1990년대 말 클론이 「쿵따리샤바라」를 히트시킴으로써 한국 댄스 음악 진출이 본격화되었다. 타이완의 한류열풍은 대중가요가 선도했는데, 남성 2인조 댄스 그룹 클론이 발표한 「쿵따리샤바라」 앨범은 한국어로 녹음되었음에도 불구하고 45만 장이나 판매되어 1998년 타이완에서 판매된 외국 음반 중 50만 장의 영화 「타이타닉」 OST에 이어 2위를 기록하였다. 특히 2000년 총통 선거전에 당시 정권 교체를 노리던 민진당 첸수이볜 후보가 클론의 노래를 캠페인 송으로 사용한 것이 이들의 높은 인기를 단적으로 증명한다. 클론의 진출로 자극적이고 진보적인 일본 유행음악에 결코 뒤지지 않는 역동적인 한국 음악에 대한 관심이 생겼을 뿐 아니라 타이완의 유명 연예인부터 일반 젊은이까지 첨단 유행의 상징으로 한국 스타의 패션을 추종하는 현상이 발생하였다.

그 뒤 S.E.S., 핑클, 유승준, 터보 등이 인기를 끌었고 H.O.T.를 통해 그 유행이 절정에 달하였다. 고정적으로 한국 최신 유행 가요를 방송하는 V채널을 통하여 시내 곳곳에서 한국 음악을 들을 수 있었고, 공중파 방송인 ATV의 「팝스 인 서울(Pops in Seoul)」 같은 프로그램을 통하여 한국 대중가요가 고정적으로 소개되었다. 한국 가수는 높은 인기를 누리고 각종 언론 매체 인기 순위에서 높은 순위를 차지했다. 클론 외에 H.O.T., S.E.S., 디바, 유승준, 젝스키스, 박지윤 등이 대규모 콘서트를 성공적으로 개최하며 한국 대중가요의 인기를 높였다.

클론   S.E.S.   젝스키스

외국 곡을 번안하여 부르는 문화가 뿌리 깊게 자리 잡고 있는 홍콩, 타이완 등은 한국에서 인기를 끌었던 가요가 번안되어 많이 불리고 있다. 1980년대 알란 탐이 조용필의 「친구여」, 코리아나의 「손에 손 잡고」 등의 히트 곡을 번안해 불렀는데 1990년대 말에 번안곡의 수용 폭이나 전개 속도가 급속도로 팽창하였다. 댄스 음악, 한국 음악 따라하기가 유행해 클론, 이정현, 이수영 등, 중국어 번안 곡으로 1차적 검증을 거쳐 적지 않은 인지도를 확보한 한국 가수들은 보다 수월하게 중화권 국가에 진출하게 되었다.

동방신기의 3집 'O-정.반.합.'은 타이완에서 각종 음악 차트 1위를 석권하였다. 동방신기의 3집은 2006년 타이완 현지에서 발매되어 출시 일주일 만에 'G 뮤직 풍운방(風雲榜)', '파이브 뮤직', '히트 FM 아시아 차트' 등 각종 음악 차트에서 1위에 올랐다. 특히 타이틀 곡 「O-정.반.합」은 타이완의 대표적 라디오 히트 FM 아시아 차트, 즉 '일아배행방(日亞排行榜)'에서 단숨에 1위에 올랐다.

동방신기는 타이에서도 최고의 해외 스타로 급부상하였다. 동방신기는 2006년 방콕의 임팩트아레나에서 「비 마이 초콜릿(Be My Chocolate) TVfXQ 라이징 선 라이브 인 방콕(Rising Sun Live in Bangkok) 2006」이

타이를 방문한 동방신기

란 타이틀로 단독 콘서트를 열어 12,000석의 입장권이 매진되는 기록을 세웠다. 동방신기의 콘서트 입장권은 가장 비싼 것이 4,500바트(한화 약 12만 원), 가장 싼 것이 700바트(19,000원)에 판매되었다. 동방신기의 이 같은 인기는 그간 타이에서 베스트 아시안 어워드와 베스트 외국 뮤직 비디오상을 수상하며 꾸준히 이름을 알려 온 데다 2년에 걸친 꾸준한 투자와 기획 프로모션의 힘으로 분석되고 있다. 2007년 타이에서 발매된 동방신기의 정규 2집 타이틀 곡 「라이징 선」은 팝스타 마돈나, 비욘세를 모두 누르고 타이 최고 권위의 음악 차트인 채널 V 인터내셔널 차트에서 3주 연속 1위를 기록하였다. 동방신기 2집 앨범의 인기는 타이에서 공연이나 이벤트 등의 프로모션을 전혀 진행하지 않은 가운데 나온 결과여서 더욱 뜻 깊다. 동방신기는 2007년 다시 15,000명의 타이 팬들 앞에서 「동방신기 세컨드 아시아 투어 콘서트 "O" 인 방콕」 공연을 가졌다. 이로써 동방신기는 타이 2년 연속 해외가수 공연 사상 최다 관객 동원 기록을 세웠다.

그룹 신화는 「신화 2006 투어 스테이트 오브 더 아트(Shinhwa 2006 Tour State Of The Art)」라는 이름의 아시아 투어 콘서트 중에 4,000명의 타이 팬을 사로잡았고, 2007년 소니BMG타일랜드를 통하여 8집 '스테이트 오브 더 아트'를 타이에서 정식으로 발매하였다. 이 앨범의 타이틀 곡 「온스 인 어 라이프타임(Once in a Lifetime)」이 타이의 국영방송 채널3의 '스포트라이트 차트'에서 1위에 올라 큰 관심을 얻었다. 「온스 인 어 라이프 타임」은 동남아시아에서 판매되는 10만 대의 휴대전화에 실렸다. 소니BMG타일랜드와 함께 신화의 타이 공연을 후원한 타이의 유명 휴대전화 회사 아이모바일(i-mobile)이 신제품에 신화의 노래를 실은 것이다. 신화는 2006년 8,000석 규모의 싱가포르SIS(Singapore Indoor Stadium)에서 열린 공연을 매진시켰다. 신화의 멤버인 이민우는 2006년 타이 채널V의 뮤직 비디오 어워드에서 '아시아 아티스트' 상을 수상했다.

비의 2007 월드투어 타이 방콕 공연 모습

2006년과 2007년 타이 방콕의 임팩트아레나에서 열린 가수 비의 콘서트는 말 그대로 열광의 도가니였다. 타이인들은 6,000바트(약 15만 원)에 달하는 티켓 가격을 기꺼이 지불했으며, 심지어 표 품귀 현상이 일어나며 암표까지 등장할 정도로 인기를 끌었다. 공연장을 찾은 15,000여 명의 팬은 비가 보여 준 춤과 노래에 끝없는 환호성을 질렀다.

동남아 시장을 향한 한국 가수의 행보는 앞으로 점차 빨라질 전망이다.

미국의 한류 음악

미국 전역에서 24시간 방송하는 한국 대중음악 전문 채널 'MTV K'가 2006년 6월 27일 개국하였다. MTV K의 개국으로 한국 가수와 대중음악이 세계 최대 규모인 미국 팝 시장에 직접 진입하게 되었다. 'MTV 코리아'와 'MTV 월드'가 미국 뉴욕에 합작 설립한 MTV K는 미국 내에 한국의 인기 아티스트와 노래를 소개하고 재미교포에게 모국의 음악을 접할 수 있는 기회를 주는 것을 목표로 24시간 방송을 하고 있다. MTV K는 개국 전 실시한 인터넷 투표에서 최고의 인기를 얻은 보아의 「마이 네임」 뮤직 비디오를 '더 퍼스트 비디오 온(The First Video on) MTV K'로 선정하여 개국과 동시에 미국 전역에 방송했으며, 홈페이지를 통해 '한류를 이끄는 가장 영향력 있는 가수'라고 보아를 소개하였다.

MTV 본사가 미국에 거주하고 있는 비(非) 영어권 국가 사람을 위해 만든 MTV 월드 중 인도 음악을 다루는 'MTV Desi'와 중국 노래를 소개하는 'MTV Chi'에 이어 세 번째로 설립한 채널인 MTV K는 비, 세븐, 이효리, 신화 등 한국 인기 가수의 뮤직 비디오를 연일 미국 전역에 방영하고 있다. 2006년 미국 뉴욕 매디슨스퀘어가든에서 아시아 가수로는 처음으로 단독 공연을 가졌던 비와 'MTV 아시아 어워즈' 및 '비디오 뮤직 어워즈 재팬 2006'에서 최고 인기 한국 가수상을 수상한 세븐이 본격적인 미국 진출을 준비하고 있다는 점에서 MTV K의 개국에 대해 한국 가요계는 큰 기대감을 갖고 있다.

비가 미국과 영국에서 계속 소개되고 있다. 로이터 통신은 비에 대하여 '서울에서 싱가포르까지 모든 여인을 졸도시키는 한국의 팝스타'라고 평가하였으며, 『타임Time』지는 세계에서 가장 영향력 있는 100명 중 하나로 비를 선정하였다.

비 외에도 많은 한국 가수들이 미국 시장 공략을 서두르고 있다. 세븐은 본격적인 미국 진출을 위하여 현지에서 미국 데뷔 앨범을 낼 예정이다. 가수 겸 제작자 박진영은 뉴욕에 'JYP USA'라는 음반사를 세우고 임정희, 지-소울, 민을 데뷔시키는 작업을 하고 있다. 2004년부터 미국 로스앤젤레스와 뉴욕에서 팝편의 최고 권위자인 휴고 등 정상급 뮤지션들에게

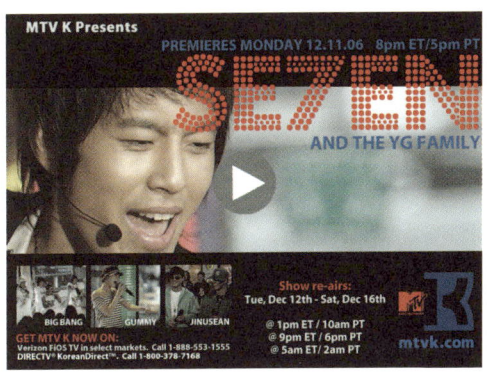

MTV K의 세븐 방송 출연 광고

록그룹 자우림

훈련받으며 활동 준비를 마친 민은 미국에서 싱글 앨범을 출시할 계획이다. 한류 대중음악의 주인공이 대부분 댄스, 힙합 가수인 가운데 록 음악을 하는 4인조 혼성 밴드 자우림은 한류 대중음악의 새로운 대안으로 캐나다 등의 음악평론가들의 주목을 받았다.

한류 음악의 지속과 확산 방안

① 한류 음악이 전 세계인의 문화적 자산이 되게 하기 위해서는 불법 복제, 댄스 음악 획일화, 함량 미달 가수를 양산하는 대중음악계 문

제가 해결되어야 한다.

② 음악 시장에 참여하고 있는 각 주체인 가수, 작곡가, 음원 관리자, 유통업자, 음악 콘텐츠업자, 이동통신사, 소비자 등 모두가 좋은 결과를 얻을 수 있는 길을 모색해야 한다.

③ 새로운 시대에 걸맞은 음악 서비스 체제를 구축하는 한편, 대중문화산업 종사자의 문화적 역량과 창의력을 더욱 키워 나가야 한다.

④ 음악 발전의 척도를 반영하는 새로운 음악제와 음악상을 창설할 필요가 있고, 세계 시장의 유행을 반영하며 음악가의 발굴 및 지원, 축제를 통한 공연문화의 활성화를 통하여 한국 대중음악이 아시아 음악의 중심이 되고 더 나아가 세계 대중음악의 중심이 되도록 노력할 필요가 있다.

⑤ 양질의 한국 노래를 작곡, 작사하고 가창력, 외모, 춤, 외국어 능력을 두루 갖춘 세계적인 가수를 더 길러 내야 한다.

⑥ 현지화 노력을 더 해야 한다.

⑦ 불법 CD나 DVD의 복제를 막을 수 있는 방법을 모색한다.

⑧ 와이브로(WiBro)가 상용될 때를 대비해 좀 더 많은 세계 팬을 확보할 수 있는 곡과 가창력 있는 가수의 발굴 및 육성이 이루어져야 한다.

휴대 인터넷 또는 모바일 와이맥스로 불리는 와이브로는 이동중에도 광대역 인터넷 접속이 가능한 무선통신 서비스이다. 2007년 10월 17일 한국이 세계 최초로 개발한 와이브로 기술이 IMT-2000으로 통칭되는 3세대(G)의 여섯 번째 국제표준으로 채택되었다. 국제전기통신연합(ITU)이 한국의 와이브로 기술을 3G 국제표준으로 승인한 것이다. 이에 따라 와이브로는 글로벌 로밍이 가능한 전 세계 IMT-2000 주파수를 사용할 수 있게 되는 등 기존의 이동통신 서비스와 동등한 위치에서 경쟁을 벌일 수 있어 상대적으로 유리한 고지를 점하게 되었다. 한국의 음악, 휴대폰, 인터넷 게임 분야의 한류에서 한 단계 더 발전할 수 있는 계기가 될 것으로 전망된다.

4. 영화

한류 영화는 1990년대 후반부터 중국과 동남아 지역의 한국 드라마 인기와 함께 '한류열풍'의 시너지(synergy) 효과를 내고 있다. 일본의 경우, 「쉬리」와 「공동경비구역 JSA」 등의 영화로 인하여 한국이 어디에 있는지 관심조차 없던 사람들에게 한국에 대한 관심을 끌어 낼 수 있었다.

한국 영화의 해외 진출은 2000년 「쉬리」가 일본 진출에 성공하면서 시작되었다고 할 수 있다. 「쉬리」는 18억5천만 엔의 흥행 실적을 올렸다. 「공동경비구역 JSA」는 일본 350여 개 극장에서 개봉하여 두 달여 만에 약 80만 명의 관객을 동원하였다. 2004년 개봉작인 「그녀를 믿지 마세요」는 2005년 일본 전역에서 개봉되어 화제를 불러일으켰으며 그 외 많은 한국 영화가 일본 영화 시장의 문을 두드렸다. DVD로 발매된 「올드보이」와 「누구나 비밀은 있다」는 여전히 도쿄 DVD 매장에서 가장 잘 팔리는 베스트셀러 판매대를 장식하고 있다.

중국의 영화 한류는 영화에 대한 중국 정부의 규제로 인하여 본격적인

영화 「그녀를 믿지 마세요」(왼쪽), 「올드보이」(가운데), 「누구나 비밀은 있다」(오른쪽) 포스터

수출이 쉽지 않아 어렵게 이루어졌다. 많은 제약 속에서 수출 편수는 꾸준히 증가하여 1998년 일곱 편에서 2001년 마흔아홉 편으로 증가하였고, 수출 가격 역시 열 배 정도 증가하였다. 한국 영화에 대한 인기가 급상승,「친구」,「쉬리」,「동갑내기 과외하기」등 한국 영화 DVD가 베이징 음반 비디오 가게에 자리 잡고 있으며 불법 복제판 역시 성행하고 있다. 홍콩은「쉬리」,「반칙왕」등이 성공했고「엽기적인 그녀」,「조폭마누라」등이 성공을 거두었다.

　타이완은 다른 분야에 비해 유독 한국 영화의 진출이 저조한 편이었으나 2002년 들어「엽기적인 그녀」,「집으로...」가 폭발적인 인기를 얻으며 한국 영화 수출이 늘어났다.「쉬리」,「공동경비구역 JSA」,「비천무」,「엽기적인 그녀」등이 연일 관객 동원 기록을 경신하였다. 이는 한류가 다양한 문화 콘텐츠로 서서히 확대되고 한국 문화에 대한 선호가 지속적으로 이루어지고 있음을 알려 주는 현상이다.

　「엽기적인 그녀」는 동아시아 젊은이 사이에서 큰 인기를 얻었다. 베트남은 한국 영화가 널리 퍼져「찜」,「엽기적인 그녀」등이 인기를 끌었으며, 한국의 복합상영관 체인업체인 '좋은친구들'이 2002년 호치민, 2003년 다낭에 극장을 세우고 한국 영화 보급에 적극 나서고 있다.

　한국 영화의 위상이 높아진 이유는 스타성을 가진 배우 덕분인데, 크게 성공한 한국 드라마 또는 영화의 배우가 팬을 확보하면서 한국 영화에 대한 관심이 급증한 것으로 보고 있다. 또 한국 영화의 연이은 성공은 전 세계적으로 할리우드에 맞서고 있는 한국 영화의 독창성 때문이라는 분석이 나오고 있다. 또 임권택 감독이 2002년 칸 영화제에서「취화선」으로 감독상을 차지하고「엽기적인 그녀」가 아시아권 젊은이의 마음을 사로잡는 등 한국 영화는 예술과 흥행 면에서 고른 성적을 냈다. 홍콩,

영화 「엽기적인 그녀」(왼쪽), 「집으로...」(가운데), 「외출」(오른쪽) 포스터

싱가포르, 말레이시아, 타이 등지에서 「쉬리」, 「공동경비구역 JSA」 등의 영향으로 한국 영화에 대한 시각이 크게 변했으며 특히 「엽기적인 그녀」처럼 젊은 층을 겨냥한 로맨틱 코미디 영화가 큰 인기를 얻었다.

한편으로 한류 영화의 열기가 식고 있다는 의견 역시 나타나고 있다. 2005년 배용준과 손예진 주연의 「외출」이 일본, 타이완, 홍콩, 말레이시아, 싱가포르와 공급 계약을 맺었고, 타이, 중국, 필리핀과 수출 계약을 맺었으며, 호주, 미국, 캐나다로 진출했으나 특별한 성공을 거두었다고 하기는 어렵다. 일본 한류열풍을 이끌고 있는 배용준이 주연이라는 점을 생각하면 기대한 만큼의 성공은 아니었다. 더 이상 스타 마케팅을 내세운 한류 영화가 힘들 것이라는 예상이 나오기 시작하였다.

일본의 한류 영화

2007년까지 일본 흥행 기록을 보면, 「내 머리 속의 지우개」가 가장 흥행한 한국 영화이다. 두 주연배우인 손예진과 정우성은 개봉 당시만 해도 한류 스타가 아니었지만, 이 영화는 일본 전국 308개 극장에서 개봉되어 일본 박스 오피스 1위에 오르는 기염을 토하였다. 일본 드라마를 원작으로 한 탄탄한 스토리와 주연들의 호연에 일본 관객이 손을 들어 주었다고 볼 수 있다.「내 머리 속의 지우개」는 30억 엔(약 240억 원)의 흥행 실적을 올렸다.

이어 '욘사마' 배용준과 손예진이 주연한「외출」이 27억5천만 엔(약 225억 원)의 입장 수익을 올리며 2위에 올랐다. 2005년 일본에서「4월의 눈」이라는 제목으로 개봉한「외출」은 700만 달러에 일본에 선판매되는 등 배용준 주연이라는 사실만으로 일본 내에서 비상한 관심을 불러 모았다.

전지현 주연의「내 여자친구를 소개합니다」는 20억 엔(약 164억 원)의 입장 수입을 기록하여 3위에 올랐고 그 뒤를 이어「쉬리」가 18억 엔(약 147억 원),「태극기 휘날리며」가 12억 엔(약 98억 원),「공동경비구역

영화「내 머리 속의 지우개」일본 광고

JSA」 11억5천만 엔(약 94억 원)을 기록하여 10억 엔 이상의 입장 수입을 기록하였다.

「내 머리 속의 지우개」 이후 흥행에 성공하는 한국 영화가 줄어들고 있어, 일본 내에서 이제 한류 붐이 끝나 가는 것은 아닌가 하는 우려의 목소리가 나오고 있다. 일본 영화수입업자가 한국 영화를 외면하는 가장 큰 이유는 비용 문제이다. 드라마 「겨울연가」 이후 한류열풍으로 한국 영화가 대박을 가져다주는 상품으로 떠오르면서 판권 가격과 마케팅 비용이 급상승했기 때문이다.

한때 한국 영화는 '엔화를 벌어들이는 황금거위' 처럼 보였다. 2005년 칸 마켓은 그 절정이었다. 「외출」이 700만 달러, 「형사 Duelist」가 500만 달러, 「괴물」이 470만 달러(투자액 120만 달러 포함), 「야수」가 400만 달러, 「아파트」가 200만 달러의 미니멈개런티를 받고 선판매되었다. 칸 영화제 전후로 「청춘만화」가 520만 달러를 받은 것을 비롯하여, 「연리지」와 「태풍」은 350만 달러, 「달콤한 인생」은 320만 달러, 「웰컴 투 동막골」은 200만 달러의 미니멈개런티를 받았다. 2005년 한국 영화의 일본 수출액은 6,032만 달러로 2004년에 비하여 무려 49.3%나 상승한 수치를 기록하였다. 2004년의 일본 수출액 4,040만 달러가 2003년보다 191% 늘어난 것임을 고려하면 한국 영화의 대 일본 수출 규모는 2년 사이에 3.3배나 증가한 것이다. 2004년 「내 여자친구를 소개합니다」와 「스캔들―조선남녀상열지사」의 흥행이 비교적 좋았지만, 이러한 급증세의 배경은 한류 스타의 높은 인기라는 평가였다.

그러나 2006년 칸 마켓은 이러한 뜨거운 열기가 사라졌다. 일본 내 한국 영화 흥행 성적은 「내 머리 속의 지우개」 이후 내리막길을 걸었다. 2006년 12월 일본에서 개봉한 「왕의 남자」는 첫 주말 흥행 순위에서 10

위를 기록하였다. 이는 9월 일본에서 개봉한 「괴물」이 첫 주말 박스 오피스 7위에 오른 것보다 낮은 성적이다. 「왕의 남자」는 도쿄와 오사카를 중심으로 108개 스크린에 간판을 내걸어 250개 스크린을 확보한 「괴물」의 절반에 미치지 못하였다. 한국에서 큰 흥행을 거둔 작품들의 성적이 기대에 못 미쳤고 「태풍」, 「연리지」, 「데이지」 등 한류 스타를 앞세운 작품이 줄줄이 한 자리수 매출에 머물러 한류 영화는 끝난 것이 아니냐는 우려를 낳았다. 2006년 한국 영화 일본 수출은 1,038만 달러로 곤두박질 쳤다.

 2007년 역시 한국 영화는 좋은 성적을 거두지 못하였다. 「그해 여름」, 「비열한 거리」, 「국경의 남쪽」, 「가을로」, 「우리들의 행복한 시간」, 「미녀는 괴로워」 등 2007년 개봉한 10여 편 모두 일본 박스오피스 10위권 내에 진입하지 못하였다. 한국 영화의 일본 수출은 점차 힘들어지고 있으며, '일본 시장을 잃었다'는 극단적인 말까지 나오고 있을 정도이다.

 이런 침체기임에도 일본의 한국 대중문화를 통하여 돈을 버는 연예관련업체가 존재하는 한 한류는 지속될 것이라는 주장 역시 존재한다. 문화평론가 김지룡은 2006년 한국언론재단 주최로 강원도 속초에서 열린 '한류의 현황과 발전 방안' 세미나에서 일본 내 한류열풍은 한국 대중문화의 붐이지만 일본 연예업체들은 이를 돈이 되는 내수 산업으로 바라보고 있으므로 한류가 지속될 것이라

영화 「그해 여름」 일본 광고

고 하였다.

그러나 순수 한국 원작으로 세계적인 영화를 만들어 수백, 수천만의 관객을 확보했을 때 비로소 한류 영화라 할 수 있을 것이다. 이렇게 하기 위해서는 작품성, 주연의 인기 및 연기력, 화면, 재미 등 모든 요소를 갖춘 영화를 만들어야 생명력이 있을 것이다.

중국의 한류 영화

중국은 1993년 제1회「상하이국제영화제」에서「서편제」가 감독상과 여우주연상을 수상한 이후부터 한국 영화가 소개되었으나, 영화에 대한 중국 정부의 규제로 인하여 본격적인 수출은 쉽게 이루어지지 않았다. 중국에 한국 영화가 본격적으로 소개된 것은 2000년 베이징영화대학에서「한국영화제」를 개최한 것이 계기로, 그때부터 한국 영화 붐을 일으키게 되었다.「초록물고기」,「주유소 습격사건」등 한국 영화 열두 편이 처음으로 중국에서 상영되었다. 이후 한국 영화에 대한 인기가 급상승하여「친구」,「쉬리」,「동갑내기 과외하기」등 한국 영화 DVD가 베이징 음반 비디오 가게에 자리 잡고 있으나 불법 복제판이 너무 성행하고 있어 큰 문제이다.

2005년「상하이국제영화제」에 강제규 감독이 메인 경쟁 부문 '진주상' 심사위원으로, 이명세 감독이 '아시아신인감독' 심사위원으로 참여하였다.「쉬리」와「태극기 휘날리며」의 현지 인기에 비해 비교적 생소한 존재였던 강제규 감독이 현지 취재진의 주목을 받으며 '한국의 장예모', '아시아의 스티븐 스필버그'라는 칭호로 현지 언론을 장식하였다.

이 같은 현상은 중국 내에서 한국 영화에 대한 관심과 위상이 높아졌으며 이미 하나의 문화로 자리 잡았다는 증거로 풀이된다. 그러나 영화제에 참석한 한 관계자는 '일부에서는 한국 영화, 드라마가 콘텐츠 양에 비하여 반복, 한정된 소재상의 문제를 가지고 있으며 검증되지 않은 작품의 무분별한 배포가 한류의 발전을 가로막을 것이라는 우려의 목소리가 나오고 있는 실정'이라고 하였다.

더구나 중국 지도층과 국영 매체는 이미 한국 영화, 드라마를 문화 점령의 시각으로 바라보아 경계의 목소리가 일고 있는 실정이다. 이제부터는 문화 상품의 양과 질을 제대로 관리할 필요가 있으며, 일방적인 수출보다 상호 교류라는 개념으로 접근할 필요가 있다.

강제규 감독(위), 이명세 감독(아래)

미국의 한류 영화

미국 시장에서 한국 영화는 아직 이렇다 할 성적을 거두지 못하고 있다. 독특한 소재를 앞세운 한국 영화는 「태풍」, 「태극기 휘날리며」, 「왕의 남자」 등이 차례로 영화의 본고장 미국의 문을 두드렸으나 외국 영화의 한계를 극복하지 못하고 흥행에 실패하였다.

그러나 미국 할리우드는 한국 영화의 대도약에 찬사를 아끼지 않았다. 2006년 북미 지역 최대 영화 시장인 AFM(아메리칸필름마켓)의 폐막을 앞두고 『LA타임스 *LA Times*』가 한국 영화 시장의 무서운 성장세에 대하여 대서특필하였다. 20세기폭스사의 토니 새포드 부회장과의 인터뷰를 인용, '한국이 영화 강대국으로 우뚝 올라섰다. 기존의 프랑스어, 스페인어, 일어권 영화와 어깨를 나란히 할 만큼 초고속 성장을 거듭하고 있다'

고 밝혔다.

『LA타임스』는 2007년 1월 5일자 비즈니스 섹션에 「한국 영화가 몰려온다」는 제목 아래 AFM에 대거 참가한 한국 영화 배급사의 존재와 할리우드 스튜디오들이 앞다투어 한국 영화의 리메이크 판권을 사들이려 한다는 내용을 머리기사로 실었다. 한국 영화의 작품성에 대해서 높이 평가하고, 이를 반영한 듯한 할리우드의 한국 영화 리메이크 열풍을 자세히 소개하였다. 신문은 '한국 영화를 처음으로 리메이크한 키아누 리브스와 산드라 블록의 「레이크 하우스(The Lake House)」는 예상을 뛰어넘는 선전으로 전 세계적으로 1억 달러(약 940억 원) 이상의 흥행 수입을 기록하였다'고 보도하였다. 「레이크 하우스」는 바로 전지현과 이정재 주연의 2000년 개봉 「시월애」를 리메이크한 작품이다. 이러한 흥행에 힘입어 유니버설픽처스에서 「올드보이」와 「괴물」, 드림웍스 SKG에서 「장화홍련」 등을 리메이크한다고 덧붙였다.

『LA타임스』는 「괴물」의 봉준호 감독 인터뷰 기사를 2007년 1월 1일자 엔터테인먼트 면에 게재하였다. 「괴물」에 관하여 『LA타임스』는 '영화 속 악당이 미국인이 기대할 법한 북한이 아니라 미국으로 그려져 있다'는 점을 부각시키는 등

영화 「시월애」(위)와 리메이크작 「레이크 하우스」(아래) 포스터

영화가 지니고 있는 반미적 태도를 주목, 북한 핵실험 등으로 민감한 시점에 로스앤젤레스 관객에게 첫선을 보이는 「괴물」의 정치성을 강조하였다. 「괴물」은 미국의 대표적 영화 전문 사이트인 AICN이 선정한 2006년 톱 10 영화에 들었다. 2007년 미국에서 개봉한 「괴물」은 좋은 성적을 거두지는 못했으나 평론가들에게 좋은 평을 받아 현지에서 한국 영화에 대한 기대를 높였다고 할 수 있다.

2007년 심형래 감독의 영화 「디 워」가 미국에서 개봉하여 첫 주말 박스 오피스 4위에 올랐다. 미국에서 개봉한 한국 영화로는 최고 흥행 성적이다. 미국 전역 2,275개 스크린에서 개봉한 「디 워」는 북미 지역 주말 박스 오피스 잠정 집계로 540만 달러의 입장료 수입을 올렸다고 한다. 지금까지 미국에 진출해 상영된 한

영화 「괴물」(위)과 「디 워」(아래)의 미국 포스터

국 영화 중 최고 수익을 거둔 영화는 김기덕 감독의 「봄 여름 가을 겨울, 그리고 봄」으로 이 영화는 28주 동안 238만 달러를 벌어들였다. 미국 시장에서 「괴물」은 116개 스크린에서 상영되었고, 「태극기 휘날리며」는 34개, 「올드보이」는 28개에 그쳐 소규모 개봉이었던 것에 비하면 이번 「디 워」는 상당히 성공한 것으로 평가된다. 그러나 「디 워」의 작품성에 대해서는 미국 영화평론가들의 엇갈린 평가가 나왔다. 어쨌든 한국 영화

가 영화의 종주국인 미국에 상륙하였다는 것, 그것도 몇 천 개의 스크린에서 개봉되었다는 것 자체가 한국 영화로서는 매우 고무적인 일이며, 좀 더 좋은 영화를 만들면 세계 어느 나라에도 수출할 수 있다는 자신감을 얻었다는 것을 큰 성과로 볼 수 있다.

기타 나라의 한류 영화

한국 영화의 역사를 다시 쓴 영화 「괴물」이 2006년 싱가포르 23개 극장에서 개봉되어, 역대 한국 영화 중 최고의 흥행을 기록하였다. 개봉 당일 수익은 80,0760.54SGD(싱가포르달러, 약 5천만 원)로, 주말까지 나흘 동안 353,000SGD(약 2억1,500만 원)의 수입을 올릴 것으로 싱가포르 배급사는 예상하였다. 싱가포르에서 개봉된 역대 한국 영화 중 「여고괴담3—여우계단」이 295,855SGD, 「태극기 휘날리며」가 258,356SGD의 수익을 올린 바 있다. 「괴물」이 세운 싱가포르 한국 영화 흥행 1위 기록은 2007년 개봉한 「미녀는 괴로워」에게 깨질 때까지 유지되었다.

「괴물」은 싱가포르에 이어 홍콩, 타이완, 말레이시아 등 동남아시아와

영화 「미녀는괴로워」의 한국(왼쪽), 중국(오른쪽) 포스터

영국, 스페인, 프랑스 등 유럽에 이르기까지 전 세계 개봉을 하였다. 한국의 역대 최고 흥행 기록에 이어 전 세계의 뜨거운 반응을 기대하였으나 한국 내 기록에 많이 못 미친 것으로 나타났다. 다만 영화 수출의 다변화를 이루었다는 것은 다행이다. 남미와 동구권에서 한국 영화에 대한 수요가 높아졌기 때문이다.

「괴물」은 2006년 영국 45개관에서 개봉하여 첫주 117,117달러(1억9백만 원)를 벌어들여 흥행 순위 19위에 올랐다. 프랑스는 223개관에서 개봉되어 주말 동안 680,805달러(약 6억3천만 원)를 벌어들여 9위에 올랐으며 파리 박스 오피스 4위에 올라 프랑스에서 개봉한 한국 영화 중 가장 좋은 성적을 올렸다. 이전까지 프랑스에서 개봉한 한국 영화 중 가장 많은 관객이 찾은 영화는 김기덕 감독의 「봄 여름 가을 겨울, 그리고 봄」이 20만 명으로 최고였다. 미국에서 이미 상영되었던 강재규 감독의 영화 「태극기 휘날리며」 역시 2005년 프랑스 전역에서 개봉하였다. 당시 프랑스 여러 공공장소에 「태

「괴물」의 타이(위 왼쪽), 브라질(위 오른쪽), 영국(아래) 포스터

극기 휘날리며」의 포스터와 대형 광고판이 전시되었다. 「태극기 휘날리며」는 프랑스 개봉을 시작으로 영국과 벨기에, 네덜란드, 독일, 스칸디나비아 반도, 스페인과 포르투갈, 이탈리아 등의 극장가에 개봉되었다.

2007년 제60회 프랑스 「칸 국제영화제」에서 이창동 감독의 「밀양」에서 열연한 전도연이 여우주연상을 받았다. 한국 여배우가 세계 3대 영화제(베니스, 베를린, 칸)에서 주연상을 받은 것은 1987년 「씨받이」로 「베니스 영화제」 여우주연상을 수상한 강수연 이후 20년 만이다.

한류 영화의 지속과 확산 방안

한류열풍에 힘입어 영화 제작사가 특정 영화 제목을 사용한 여행 상품 개발 권리까지 판매, 해외에서 상표권을 출원하면서 외국인 관광객으로부터 상표권 이용료를 받게 되었다. 일본 현지에서 개봉한 배용준 주연의 영화 「외출」의 제작사인 블루스톰은 영화 제목을 사용한 여행 상품 상표권을 여행사인 J사에 판매하였다. 이에 따라 J사는 일본 특허청에 한국 제목인 「외출」, 일본 제목인 「시가츠노 유키(4月の雪)」, 영문 제목인 「에이프릴 스노우(April Snow)」 등과 스틸 사진 등을 포함한 여행 관련 상표권 등록을 신청하였다. J사는 21개 일본 현지 여행사와 계약을 체결, 영화 「외출」을 내세운 여행 상품의 판매를 허락하는 대신 이들 여행사가 모집하는 일본인 관광객 한 명당 2,000엔(2만 원)씩 상표권 사용료를 받기로 하였다. 로열티를 지불하지 않는 일본 여행사는 여행 상품 광고 등에 영화 사진은 물론, 영화의 제목 등을 표시하여 여행객을 모집할 수 없는 것이다. 한국 영화사가 해외여행 관련 상표권을 판매한 것이나, 이를 구입한 여행사가 사용료를 받는 것은 이것이 처음이었다.

한국무역협회는 '대한민국' 브랜드를 전 세계에 알리기 위하여 한국

문화를 대표하는 한류 영화를 DVD로 제작, 해외 오피니언 리더에게 배포한다고 밝혔다. 이번에 제작되는 한류 영화 DVD 세트는 한국어, 영어, 스페인어, 프랑스어, 중국어, 일본어, 아랍어 등 총 7개국어 자막이 삽입되어 전 세계 주요 문화권을 대상으로 배포가 가능하며, NTSC와 PAL 두 가지 컬러텔레비전 전파 방식으로 제작되어 기계적 제한이 없다고 무역협회는 설명하였다. 한류 영화 DVD는 지난 2002년 칸 국제영화제 감독상을 수상한 임권택 감독의 「취화선」을 비롯하여 「말아톤」, 「내 머리 속의 지우개」, 「무영검」 등 다양한 장르의 작품성 높은 영화로 구성되었다. 무역협회는 '한류 영화 DVD는 한국 문화와 한국의 발전상을 알리는 선봉으로서 역할을 하게 될 것'이라고 밝혔다.

한국관광공사는 내외국인 방문객을 대상으로 매월 넷째 주 일요일 오후 2시와 4시에 관광공사빌딩 지하 1층 상영관에서 한류 영화를 연중 무료 상영한다고 하였다. 한류 영화 상영은 관광 안내 전시관을 방문하는 개별 관광객뿐 아니라 한류관을 찾는 단체 여행객을 위한 것으로, 상영작은 인기 한류 스타의 출연 영화 중심으로 구성되어 있다. 「간 큰 가족」, 「말아톤」, 「동갑내기 과외하기」, 「신부수업」, 「피아노 치는 대통령」, 「스캔들」, 「내 머리 속의 지우개」, 「클래식」, 「달콤한 인생」, 「태극기 휘날리며」, 「웰컴 투 동막골」, 「친절한 금자씨」, 「오로라공주」, 「장화홍련」, 「엽기적인 그녀」, 「내 여자친구를 소개합니다」, 「집으로…」, 「마파도」, 「어린 신부」, 「너는 내 운명」,

한국관광공사 상영관

「봄 여름 가을 겨울, 그리고 봄」, 「우리 형」, 「안녕, 형아」, 「가족」 등이다.

2005년 7,599만 달러였던 한국 영화의 해외 수출 규모는 2006년 2,451만 달러로 68% 줄어들어 전년도의 1/3에 미치지 못하였다. 영화진흥위원회가 '2006년 한국 영화 산업 결산' 자료에서 발표한 내용이다. 여기에 따르면 2006년 한국 영화 수출 개수는 208작품으로 2005년의 202작품에 비하여 큰 차이가 없으나, 1편당 수출 가격이 2005년은 37만6천 달러였지만 2006년에는 11만7천 달러로 폭락하였다. 타이를 제외한 모든 나라에서 수출액이 줄어들었다. 특히 일본 수출이 82.2%의 감소율을 기록하였다.

이렇게 된 원인과 개선점이 다음과 같이 지적되었다.

① 가벼운 조폭 코미디 영화가 한국 극장가를 점령하고 있으나 이들은 다른 문화권에서 공감대를 얻기 힘들다. 잘 만들어진 고급 영화가 한국 영화를 이끌어야 한다.
② 스타 시스템 의존도를 낮출 필요가 있다.
③ 수출국 다변화에 노력해야 한다.
④ 참신하면서 건전한 콘텐츠 개발이 많이 이루어져야 한다.

제12회 「부산국제영화제」 포스터(위)와 행사 장면(아래)

2007년 개최된 제12회 「부산국제영화제」는 초청 작품이 64개국 272편으로 총 770회 상영되었으며 관객은 198,603명으로 집계되었다. 「부산국제

영화제」는 아시아 지역에서 어느 정도 국제영화제의 위상을 갖게 되었지만 진정한 국제영화제가 되기 위해서 좀 더 많은 노력과 홍보가 필요하다. 권위 있는 영화제가 되면 자연스럽게 세계에서 많은 영화인이 찾아올 것이고, 작품을 출품하기 위해 노력할 것이다. 문화재청에서 2007년 일곱 편의 한국 고전 영화를 문화재로 등록하였다. 이것은 매우 바람직한 일이나 어떤 작품을 등록하였는지, 왜 그 작품을 등록하였는지 전혀 홍보가 안 되고 있는 것은 아쉬운 부분이다. TV 방송 등에서 한국 고전 영화에 대한 홍보와 적당한 시간에 방영하는 노력이 이루어져야 할 것이다.

5. 만화

만화가 어느 정도 한류 대열에 오르는 대상이 되었다. 한국 만화 시장의 80%를 일본 만화가 장악하고 있었는데, 이제는 우리 만화가 외국에 수출되고 있다. 한국 만화는 1999년에 24만 달러의 수출고를 올렸으나 2004년은 190만 달러, 2006년은 326만 달러를 수출하였다. 일본, 미국, 유럽, 동남아로 수출 지역이 확산 추세에 있으며 현지의 평가가 좋은 편이다.

한류열풍을 이끈 만화는 박소희의 『궁』으로서 일본, 중국, 홍콩, 프랑스, 이탈리아, 미국에서 10만 권 이상이 팔렸다. 김성재의 『천추』, 손희준과 김윤경의 『유레카』 등이 해외에서 호평을 받고 있는데 이 중 『천추』는 2003년 '오늘의 우리 만화상'을 수상하고 프랑스에서 현재 15권까지 발행하고 있다. 박희정의 『호텔아프리카』와 『피버(Fever)』는 프랑스와 스위스에서 인기라고 한다. 1995년부터 중국어로 번역된 한국 만화가 대만, 싱가포르에 상륙하였다. 김재환의 『레인보우』, 양경일의 『소마신화전기』, 이태행의 『바이오솔져가이』 등이 출판되었다. 이중 『소마신화전기』는 싱가포르에서 독자의 사랑을 많이 받고 있다. 양경일의 『신암행어사또』와 원수연의 『풀하우스』 역시 싱가포르에 수출되고 있다.

인기 드라마 「풀하우스」의 원작 만화 『풀하우스』가 베트남에서 엄청난 인기를 누리고 있다고 한다. 총 26권으로 번역된 이 만화책은 발행된 지 며칠 만에 8,000질이 모두 매진되었다. 또 드라마 「겨울연가」가 총 3권짜리 만화책으로 발간되어 1주일 만에 1만 부가 판매되었다. 베트남 출판사 관계자는 한국 드라마의 만화책 출간이 앞으로 더 늘 것이라고 전망하였다. 베트남의 만화 시장은 비어 있는 상태이며, 수요가 꾸준히

드라마화되어 인기를 끈 『궁』(왼쪽)과 『풀하우스』(오른쪽)

늘고 있다고 한다.

부천만화정보센터가 발간한 『2006 만화통계연감』에 나온 내용을 보면, 한국 만화 중 가장 많이 수출된 것은 24개국에 수출한 『라그나로크』인 것으로 나타났다. 뒤이어 19개국의 『프리스트』, 『마제』, 18개국의 『열혈강호』, 『아일랜드』 순이다.

제7차 「세계만화가대회(WCC, World Comic artist Conference)」가 2005년 경기도 부천에서 열렸다. 1996년 한국, 중국, 일본 등 5개국 만화가가 참여한 가운데 「동아시아만화대회」로 시작한 이 대회는, 2004년 중국 베이징에서 규모를 확대하여 「세계만화대회」로 명칭을 변경한 뒤, 2005년도에 15개국 300여 명의 만화가가 부천에 모인 것이다. 이런 대회를 통해 한국 만화는 당당히 국제무대에서 경쟁하여 한류를 형성해 가고 있는 것이다.

유럽 만화의 중심지인 프랑스에서 한국 만화 팬 사이트를 운영중인 니콜라 에롤은 프랑스에 한국 만화 관련 팬 사이트 네 개가 운영되고 있으

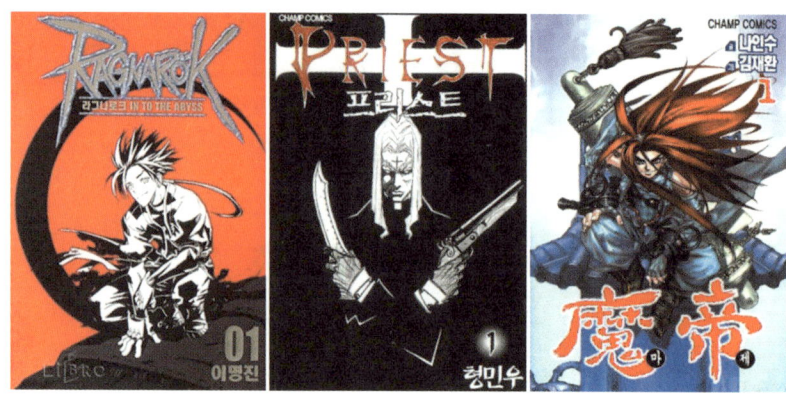

『라그나로크』　　　　『프리스트』　　　　『마제』

며 사이트마다 열성적인 고정 회원이 200여 명씩 활동하고 있다고 하였다. 이들은 만화를 읽기 위하여 한국어 공부를 하고 있고, 프랑스어 판에 한국어 그대로 번역된 음식 이름, 지명, 인명 등을 통해 한국 문화에 익숙해지고 있다고 한다. 프랑스의 청소년 만화 팬이 만화를 통하여 한국 청소년 독자와 동시대의 문화를 생생하게 공유하고 있는 셈이다.

한국문화콘텐츠진흥원에서 2004년부터 실시하고 있는「한국 만화 로드쇼」에 각국 독자가 몰려들어 대성황을 이루었다. 한국 작가 팬 사인회와 팬 미팅 등, 현지 독자와 함께하는 프로그램으로 구성된「한국 만화 로드쇼」는 2004년 미국, 독일, 프랑스의 6개 도시에서 진행되었는데 1만여 명이 참가할 정도로 성황을 이루었다. 특기할 만한 점은 행사에 참가한 현지 독자가 만화를 통하여 배운 '안녕하세요', '감사합니다', '방가방가' 등의 우리말로 한국 작가에게 인사를 건네는 모습이었다. 작가와 대화의 시간으로 진행된 팬 미팅에서 작품 속 한국 청소년의 생활에 대한 진지한 질문이 이어졌다.

한국 만화의 경쟁 상대인 일본의 경우, 2004년 잡지와 단행본을 합쳐

총 39억5천만 부의 출판물 중 만화가 38.1%를 점하는 15억 부에 달하고 있다. 또 일본은 세계 애니메이션 시장의 65% 이상을 차지하고 있는 것으로 추산된다. 간단히 말해 1년에 3만6천500개, 하루 평균 100개 정도의 만화 스토리가 생산되어 쏟아져 나오니, 그런 내용 중 옥석을 가린 콘텐츠와 이에 바탕을 둔 애니메이션 중 선별된 작품이 수출되므로 경쟁력이 있다는 것이다.

한국의 만화 출판시장은 점차 감소하는 추세이다. 대신 온라인 만화 유통 시장은 크게 늘고 있다. 2006년의 경우, 출판 시장은 11.9% 감소하고 온라인 시장은 41.5% 증가할 것으로 분석되었다. 만화 상품 구입 경험은 출판 만화가 아직 높았지만 구입 빈도는 온라인 만화가 연평균 23.25회로 출판 만화 연평균 4.43회보다 높았다. 매체별 만화 이용률은 신문연재만화(59.4%), 단행본 만화(44.6%), 온라인 만화(27.5%), 만화 연재잡지(15.7%), 모바일 만화(2.6%) 순으로 조사되었다.

요즘은 만화에서 게임으로 연결되어 인기 캐릭터로 성장하는 경우가 나타나고 있다. 『리니지』는 신일숙 작가의 원작 만화에서 출발하였지만 게임으로 더 인기를 얻었다. 한국 MMORPG(Massive Multiplayer Online Role Playing Game, 대규모 다중 사용자 온라인 롤플레잉 게임)의 대표주자로 평가받으며 누적 매출만 1조4천억 원이 넘는 것으로 알려졌다. 이명진 작가의 『라그나로크』 역시 게임으로 63개국에 수출되어 2005년 매출액만 500억 원이 넘는다. 만화 『열혈강호』의 캐릭터 역시 게임 「열혈강호 온라인」으로 연결되어 만화책은 물론 캐릭터 상품까지 인기이다.

만화와 애니메이션, 드라마, 영화, 게임까지 어느 한 쪽이 성공하면 네 가지 또는 세 가지 장르가 모두 성공할 수 있는 가능성이 있고, 만화의 경우 참신한 캐릭터는 수많은 파생 상품을 제작하여 판매할 수 있다. 문

『리니지』 캐릭터

『열혈강호』 캐릭터

『라그나로크』 캐릭터

화 상품의 수출은 21세기 한국의 국력 신장에 견인차 역할을 할 수 있다는 것을 보여 준다. 날로 모든 여건이 어려워지는 전통적 제조업보다 이와 같은 문화 산업이 한국 발전의 새로운 대안이 될 수 있는 것이다. 한국 예술의 풍부한 인적 자원과 IT 산업의 발달은 만화, 애니메이션, 드라마, 영화, 인터넷 게임까지 순환적으로 그리고 지속적으로 발전시킬 수 있는 원동력이 되고 있다. 수많은 국제 행사를 치러낸 경험에 바탕을 둔 기획력, 외국과의 교역으로 얻은 수많은 기업의 국제 감각 및 노하우를 바탕으로 '문화 수출'이라는 시대적 호기를 맞이한 것이다. 이런 한류 문화 상품 수출을 통해서 한국을 홍보하면 관광으로 대표되는 소위 신한류를 만들며 세계 문화 속의 강국으로 우뚝 서는 것이 꿈이 아닌 현실이 되기에 충분해 보인다.

6. 애니메이션

만화와 함께 애니메이션이 새로운 한류를 형성하고 있다. 드라마「대장금」을 바탕으로 제작된 26부작 TV 애니메이션「장금이의 꿈」이 2006년 일본 NHK에서 방송되었다. 『석간후지(夕刊富士)』는 '한국 애니메이션계는 일본의 하청으로부터 발전하였지만, 일본 작품의 표절이 횡행하고 있다는 악평이 예전부터 있었다. 순수 한국산인「소녀 장금의 꿈」이 NHK 지상파의 황금시간대에 방송되는 것은 고무적인 일로 평가된다'고 하였다. NHK는 1998년부터 위성방송으로 SF 애니메이션「녹색전차 해모수」(일본 제목「무지개 전기 이리스」) 등 한국 애니메이션을 방송해 왔지만 지상파 방송은 이번「장금이의 꿈」이 처음이다.

2005년 싱가포르 샹그릴라호텔에서 열린「아시아 미디어 페스티벌 2005」의 주인공은 단연 한국 애니메이션이었다. 40여 개국 약 200개 업체가 참석한 이 페스티벌의 핵심 이벤트는 '한국 애니메이션 특별전'이었다. 여덟 개 한국 애니메이션 업체의 부스가 마련되었고, 한국 애니메이션 설명회와 콘퍼런스(conference)는 해외 언론 및 바이어로 성황을 이루었다. 싱가포르 방송사인 '미디어 코프'는 프림포 제작, 김재현 감독의 3D 건강 댄스 애니메이션「뚱보가 된 백설공주」를 2006년 1월부터 자사 어린이 채널에서 방송하기로 계약한 데 이어 아예 뮤지컬로 만들어 순회공연을 하자고 제안하였다.

「장금이의 꿈」일본 광고

스튜디오 홀호리가 제작한 「하얀 물개」의 인기는 특히 주목할 만하다. 김현주 감독의 「하얀 물개」는 쓰레기장에서 발견한 물개 인형과 친구가 되는 자매 이야기로 이제 겨우 시나리오만 완성된 상태이지만, 원작격인 12분짜리 단편만으로 문의가 줄을 잇고 있다. 콘퍼런스 참석자들은 '기술적으로는 세련되고, 감성은 전통적'인 것을 한국 애니메이션의 강점으로 꼽았다. 한국애니메이션센터의 방중혁 소장은 '캐릭터만 보고 일본 작품인 줄 아는 사람이 있지만, 내용을 보면 오히려 유럽 쪽과 정서가 닿는다는 이야기를 많이 듣는다'고 하였다.

미국 역시 한국 애니메이션이 또 하나의 한류 바람을 일으킬 전망이다. 로스앤젤레스 한국문화원과 한국문화컨텐츠진흥원에 따르면 한국 드라마와 음악이 주로 아시안계의 사랑을 받으면서 한류열풍이 날로 확산되고 있는 가운데, 애니메이션이 인종과 계층을 가리지 않고 미국 사회에 널리 인정받고 있다고 하였다. 주식회사 부즈의 프로젝트 '뿌까(PUCCA)'는 디즈니 계열사인 제틱스(JETIX)의 3D 애니메이션 제작 투자를 받는데, 「뿌까 퍼니 러브(Pucca Funny Love)」라는 제목으로 유럽 및 북미를 비롯한 110개국에서 방영되고 있거나 방영 예정 상태이다. 디자인스톰의 「아이언 키드(Iron Kid)」는 망가엔터테인먼트로부터 미국 내 배급을 조건으로 150만 달러를 투자받기로 계약하였다. 「아이언 키드」는 2006년 공중파를 탄 이후 한국뿐 아니라 해외에서 높은 인기를 얻고 있다. 특히 스페인에서 전체 시청률 2위를 차지하였다. 웹 에이전시를 전담하던 디자인

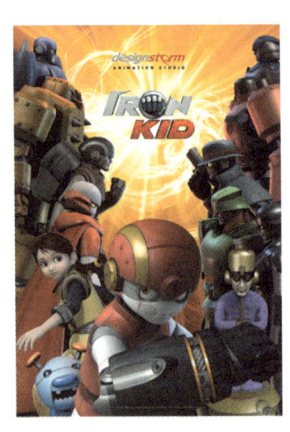

「아이언 키드」

스톰이 5년간 준비해서 세상에 내놓은 첫 애니메이션 작품이 차근차근 그 결실을 보고 있는 것이다.

시은디자인은 로스앤젤레스 한국문화원에서 미국 라이센싱그룹과 「메리 크리스마스 떼떼」 공동 제작 및 미국 배급 계약을 체결하였다. 라이센싱그룹은 영화 「터미네이터」, 「람보」 등의 라이센싱 사업을 진행해 온 회사로, 계약을 통하여 「떼떼」의 제작비 100억 원의 50%를 투자하고 미국 내 배급과 마케팅을 책임지게 되었다. 이 프로젝트는 인기를 끌었던 애니메이션 「아이스 에이지(Ice Age)」, 「신밧드」 등을 담당하며 미국 내에서 디렉터로 이름을 날린 장욱상이 맡았다. 이 밖에 세계 무대를 겨냥한 많은 애니메이션 작품이 차례로 등장하고 있다.

이성강 감독 작품인 「천년여우 여우비」는 세계를 겨냥한 한류 애니메이션으로 2007년 개봉하였다. 이 감독은 세계 최고 권위의 애니메이션 영화제인 「안시 페스티벌」에서 「마리 이야기」로 그랑프리를 수상한 바 있는 역량 있는 감독이다. 「여우비」는 산속에서 외계인 '요요'들과 함께 사는 100살 먹은 구미호 여우비가 말썽꾸러기 요요 '말썽요'를 찾아 생전 처음 인간이 사는 마을로 내려가 황금이를 만나면서 겪게

「천년여우 여우비」

되는 이야기이다. 인간의 나이로는 열 살에 해당하는 여우비가 사춘기를 겪으면서 첫사랑에 눈을 뜨는 과정을 중심으로 이야기를 엮었다.

조범진 감독의 애니메이션「아치와 씨팍」이 2007년 제40회「시체스 국제판타스틱영화제」에서 최우수 애니메이션상을 받았다. 스페인「시체스 국제판타스틱영화제」는 세계 3대 판타스틱영화제 중 최고로 꼽히는 영화제이다.「아치와 씨팍」은 이번 영화제 애니마트 부문에서 이성강 감독의「천년여우 여우비」와 미야자키 고로의「게드전기」등 쟁쟁한 작품과 경합을 벌였다.「아치와 씨팍」은 황당무계한 스토리를 자유분방한 상상력과 과감한 패러디로 표현한 애니메이션으로 호평받았다.

경기도 산하 경기디지털콘텐츠진흥원은 2005년 12월 25일 영화사 MK픽처스, 오돌또기와 극장용 장편 애니메이션「잎싹—마당을 나온 암탉」공동 제작을 위한 상호업무협약(MOU)을 체결하였다고 밝혔다.「잎싹—마당을 나온 암탉」은 45만 부가 판매된 황선미의 베스트셀러 동화『마당을 나온 암탉』을 각색하여 2D 애니메이션으로 제작하는 것이다. 알을 품고 싶어 양계장을 도망친 암탉 '잎싹'이 겪는 모험과 가족 사랑의 이야기를 드라마틱하게 담게 될「잎싹—마당을 나온 암탉」은 순제작비 28억이며, 2008년 여름 개봉을 목표로 제작에 들어갔다.

이러한 창작 애니메이션과 함께 한국의 고전 작품이나 동화를 가지고 애니메이션으로 잘 만든다면 얼마든지 국제 경쟁력을 가질 수 있을 것이다.『춘향전』,『심청전』,『콩쥐팥쥐』,『장화홍련전』을 현대 감각에 맞게 애니메이션으로 만든다면 얼마든지 한류를 일으킬 수 있을 것이라 여겨진다.

미국의 미키마우스는 한 해 약 58억 달러를 번다는 것이 2003년 미국 경제 잡지『포브스 Forbes』가 추산한 금액이다. 58억 달러면 한국 돈 5조

5천억 원을 넘는 액수로 웬만한 중견기업 자산 규모이다. 일본의 「포켓몬스터」는 2005년 미국에서만 13억 달러의 수익을 만들어 냈다. 만화 캐릭터의 힘이다. 미국과 일본에 아직 미치지 못하지만 한국의 만화 캐릭터 역시 빠르게 성장하고 있다. 캐릭터 상품의 시장 규모는 2005년 기준 1조7,988억 원에 이른다. 세계 40여 개국에 수출되는 캐릭터가 있는가 하면 아직 출시가 안 된 한국 캐릭터의 라이선스를 외국에서 먼저 사는 경우까지 있다.

세계 캐릭터 시장의 새로운 강자로 떠오르는 한국 애니메이션 중 「뽀롱뽀롱 뽀로로」가 있다. 항공모자와 뿔테 안경을 쓴 펭귄 캐릭터 뽀로로는 세계 42개국에 수출되는 대표적 상품이다. 2003년 11월 교육방송(EBS)을 통하여 첫 방영된 「뽀로로」는 아시아는 물론 유럽, 인도, 멕시코 등에서 엄청난 인기이다. 프랑스에서 시청율 42%를 기록하여 최고 인기 애니메이션으로 자리 잡았다. 「뽀로로」는 캐릭터 상품만 340여 종에 이르고 국제기아대책의 홍보대사까지 겸하고 있다.

TV 애니메이션 「뿌까」는 해외 공동 투자로 제작된 작품인데, '뿌까' 캐릭터가 유럽과 북미에서 돌풍을 일으키고 있다고 한다. 뿌까 캐릭터는 현재 전 세계 120여 나라에 진출해 있다. 빨간 옷, 발그스레한 볼, 검은 찐빵머리, 찢어진 눈에 새콤한 미소를 띤 전형적인 동양 소녀, 이것이 중국과 유럽 등 세계 청소년의 셔츠, 신발, 책가방 등에서 쉽게 볼 수 있는 '뿌까'의 모습이다. 한국 캐릭터인 쿵푸 소녀 뿌까가 2006년 외국에서 벌어들인 돈이

「뽀롱뽀롱 뽀로로」

뿌까 캐릭터와 캐릭터 상품

1,400억 원을 넘는다. 뿌까는 스무 살 전후의 젊은 여성이 좋아할 만한 빨강, 검정 등의 강렬한 원색을 써 일반적인 캐릭터와 차별화하였다. 뿌까라는 이름은 동서양인 모두 쉽게 발음할 수 있도록 배려한 것이다.

미국, 영국, 독일 등 15개국 방송사에 수출 계약이 된「빼꼼」은 최고의 다크호스로 꼽힌다. '빼꼼'은 어딘지 어수룩하지만 귀여운 백곰 캐릭터의 이름이다. '빼꼼'을 창조한 알지애니메이션스튜디오는 2006년 대한민국만화대상의 애니메이션 부문 우수상을 받았다. 원래 '빼꼼'은 임아론 감독의 단편 애니메이션「아이 러브 스카이」에 나왔던 캐릭터이다. 2004년 프랑스「안시국제애니메이션페스티벌」에 선보여 호평을 받은 뒤 주인공으로 부각되었다. 13개국의 방송사와 계약 협상이 진행중이어서 인기가 더욱 높아질 것으로 전망된다.

한국 만화 캐릭터의 선구자 격인 '둘리'나 '엽기토끼 마시마로', 탄생 10년을 맞는 '방귀대장 뿡뿡이'의 인기 역시 여전하다. 한국문화콘텐츠진흥원이 2006년 조사한 캐릭터 인지도 및 선호도에서 둘리는 압도적인 차이로 1위를 차지하였다. 한국에서 선풍적인 인기를 끌었던 캐릭터인 '엽기토끼 마시마로'는 중국에서 '야만토끼'라는 이름으로 청소년의 마스코트가 되었다. 하얗고 말랑말랑한 마시멜로에서 따온 이름인 마시마로는 중국 식품업체와 라이선스 계약을 체결하는 등 왕성한 활동력을 과

딸기 캐릭터와 캐릭터 상품

시하고 있다.

　꼭 애니메이션 주인공이 아니어도 된다. 인기 캐릭터라고 반드시 만화나 애니메이션에서 출발하는 것은 아니다. 패션잡화 브랜드인 쌈지가 1997년 런칭한 토종 캐릭터 '딸기'는 캐릭터 자체가 인기를 끈 뒤 만화와 애니메이션으로 만들어졌다. 「딸기 안전수첩」이라는 애니메이션이 2007년 공중파에서 방영되었으며 추리만화 『딸기 초등 탐정부』는 3권까지 출간되었다. 큰 얼굴에 주근깨 가득한 심술궂고 못생긴 캐릭터이지만 못난이 삼형제처럼 사랑받는다. 2006년 대한민국만화대상에서 캐릭터 부문 우수상을 받았다. 인기 드라마가 애니메이션으로 만들어지며 인기 캐릭터 구축에 나서기도 한다. 이미 말한 바 있는 「대장금의 꿈」이라는 애니메이션은 드라마 「대장금」에서 비롯하여 2005년 만들어진 것이다. 동남아시아 지역에서 「대장금」 열풍이 불면서 만화 캐릭터가 기본이 된 팬시 제품이 좋은 반응을 얻고 있다. 「미안하다 사랑한다」, 「안녕 프란체스카」, 「주몽」 등의 드라마 역시 애니메이션과 캐릭터 사업이 활발히 진행중이다.

7. 온라인 게임

한류는 온라인 게임까지 확산되었다. 한국 게임 시장 규모는 2004년 처음 1조 원을 넘어 선 뒤 2007년 9조 원 규모로 발전하였다. 한국의 게임 산업은 세계 제1위이다. 2005년 말 기준으로 온라인 게임은 한국이 세계 1위, 미국이 2위, 중국이 3위, 일본이 4위이다. 모바일 게임은 일본과 미국에 이어 3위이다.

아시아는 지금 '게임 한류' 붐이 일어나고 있다. 한국 온라인 게임업체가 해외 진출에 경쟁적으로 나서며 '게임 한류'를 주도하고 있다. 이들은 한국에서 성공하여 검증받은 게임을 게이머 성향이 유사한 아시아 시장에 진출시키며 새로운 성장 동력으로 삼고 있다. 넥슨의「카트라이더」는 한국 회원 수 1,600만 명, 최고 동시 접속자 수 22만 명을 기록한 국민 게임으로, 현재 서비스중인 중국과 일본 역시 인기이다.

문화관광부의 문화산업 통계에 따르면 2005년 게임 산업 종사자는 영화 산업 종사자의 두 배가 넘는다. 게임 산업의 매출액은

「카트라이더」

「리니지」

영화의 2.6배에 이른다. 영화의 수익 구조는 1회성 성격이 강하지만 게임은 지속적인 수익 창출을 할 수 있다는 장점이 있다. 한국 최고 흥행작인 영화 「괴물」은 105일 만에 극장에서 막을 내렸다. 더구나 「괴물」은 해외에서 별로 관심을 얻지 못하였다. 반면 한국 최고의 흥행 게임인 「리니지」는 1998년 서비스를 시작한 이후 지금까지 꾸준히 인기를 끌고 있다.

일본의 한류 온라인 게임

한국 게임업체들이 일본의 온라인 게임 시장에서 7년째 게임 한류의 위력을 발휘하고 있다. 2000년 일본에 진출한 이후 일본 업체를 제치고 시장을 선점하고 있는 것이다. 현재 일본에 진출하여 있는 주요 게임업체는 NHN, 넥슨, 엔씨소프트, 네오위즈 등이다.

이중 NHN은 선두업체이다. 2000년 한국 업체로서 처음 한게임 재팬이라는 이름으로 일본에 진출, 웹 게임 시장에서 독보적인 위치를 차지하고 있다. 마작, 대부호 등 일본인이 좋아하는 토종 웹 보드 게임과 캐주얼 게임 등 150여 종의 다양한 게임으로 일본 최고의 게임 커뮤니티 포털 사이트로 자리 잡았다. 2007년 9월 회원 수 2천만 명, 동시 접속자 수 12만8천 명을 기록한 한게임 재팬은 2004년부터 3년 연속, 일본의 월간 인터넷 정보지 『야후 인터넷 가이드 Yahoo! Internet Guide』가 주최하는 '올해의 베스트 사이트' 엔터테인먼트 부문 1위에 선정되었다. 엔씨소프트는 2001년 엔씨 재팬을 설립, 2002년 「리니지」 서비스를 시작, 「리니지II」, 「길드워」를 차례대로 정식 서비스하였다. 특히 「리니지II」는 서비스 개시 4개월 만에 9만 명의 유료 회원을 확보하는 등 큰 인기를 얻고 있다. 넥슨은 2002년 넥슨 재팬을 설립, 2004년 정식 사이트를

한게임 재팬 홈페이지(http://www.hangame.co.jp/)

일본 「메이플스토리」 게임 화면

오픈한 이후 등록 회원 수가 매년 100만 명씩 늘어 2006년 200만 명을 기록하는 등 꾸준히 성장세를 유지하고 있다. 이렇듯 한국 업체가 거의 불모지나 마찬가지였던 일본 온라인 게임 시장을 개척 확대해 나가고 있다.

NHN의 「한게임」은 일본 국민 브랜드로 성장했고, 야후 재팬이 선정한 2006년 검색 키워드 11위에 올랐다고 한다. 엔씨소프트가 자랑하는 「리니지I」과 「리니지II」는 자타가 공인하는 일본 내 온라인 게임 1위이며 넥슨의 「메이플스토리」는 청소년 사이에서 '메이플에서 만나자'는 신조어까지 만들 정도라고 하였다. 그야말로 한국산 게임과 게임 기업이 일본 온라인 게임 분야를 장악했다는 평가이다.

한국 게임업체들은 시장 개척을 위하여 마케팅에 큰 힘을 쏟고 있다. 넥슨 재팬은 공중파 TV 방송사인 TBS와 「학교에 가자」라는 프로그램을 통해 「메이플스토리」의 이미지 제고에 나섰고, 각종 TV CM 을 연이어 방영하고 있다. 「마비노기」의 경우, 게임 캐릭터인 '피규어'가 출시되자마자 완매되었다. 한게임 재팬은 그동안 지하철과 도심 내 건물 광고 등 산발적으로 진행해 오던 프로모션 방식에서 탈피하여 청소년과 직장인 등 주요 이용자의 생활과 밀접한 개념을 도입하였다. 덕분에 한게임 재팬의 회원 수는 대폭 늘어났다. 한게임 재팬은 한국 게임의 현지화에 더욱 박차를 가하고 있다. 공격적 마케팅은 큰 성과를 가져다 주었다.

넥슨 재팬은 「메이플스토리」(160만 명)와 「마비노기」(75만 명)의 성장에 힘입어 회원 수 230만 명을 돌파하였다. 특히 월 매출이 4억 엔으로 급성장하여 연간매출 400억 원 신화를 이루었다. 넥슨 글로벌 전체 매출의 10%를 넘는 금액이다. 엔씨소프트 역시 성장세를 꾸준히 이어 가고 있다. 「리니지II」는 일본 서비스 2년 만에 MMORPG 대표 게임으로 부상했다고 한다. 최대 동시 접속자 수가 2006년 5만 명을 돌파했고 월간 접속자 수는 11만 명을 넘는다. 일본 시장은 엔씨소프트 전체 매출 8% 를 넘어섰다.

일본 「리니지II」 홈페이지(http://lineage2.plaync.jp/)

CJ인터넷과 SK커뮤니케이션즈 등의 업체가 일본 현지에서 잇따라 굵직굵직한 사업을 벌이고 있다. 2005년 일본 현지에서 게임 서비스를 상용화한 CJ인터넷은 게임 사이트 「넷마블재팬」 서비스를 하고 있다. CJ인터넷은 「야채부락리」, 「어썰트기어」 등 넷마블에서 서비스중인 캐주얼 게임과 보드게임을 선보였다. 「싸이월드」를 서비스하고 있는 SK커뮤니케이션즈 역시 일본 서비스를 개시하였다. 예당온라인은 댄스 게임 「오디션」의 일본 상용화 서비스를 시작하였다. 「오디션」은 중국과 베트남, 타이에서 이미 큰 인기를 끈 게임이다. 네오위즈는 2006년 「데카론」과 일본 서비스 계약을 하였고, 2006년 말 340만 달러를 받고 일본에 수출한 「요구르팅」의 현지 서비스에 들어갔다.

중국의 한류 온라인 게임
중국의 인터넷 보급 급증과 더불어 한국의 온라인 게임업체들이 앞 다투어 중국 시장으로 진출하고 있다. 2001년 중국 시장에 가장 먼저 진출한 한국 게임 「천년」이 여전히 인기를 얻고 있으며, 이제 막 개화되기 시작한 중국 온라인 게임 시장의 80% 정도를 한국 업체가 잠식해 들어가고 있다. 「레드문」, 「천년여우비」가 인기를 끌었고, 온라인 게임 「미르의 전설2」는 동시 접속자 수 50만 명이 될 정도로 승승장구하고 있다. 과거사가 비슷한 한국에서 유행하고 있는 '전통 무협' 소재의 게임 시나리오와 동양적인 배경이 중국 시장에서 통하기 때문에 따로 개발비용을 투자할 필요 없이 바로 중국 시장에 이식할 수 있는 것이 장점으로 작용하여 활발한 진출을 하고 있다. 중국 현지의 게임 중 톱 10에 한국 게임 4, 5개가 상위 그룹을 차지하고 있다.

넥슨이 2004년 중국 시장에 공개한 「비엔비」는 70만 동시 접속자 수로 세계 신기록을 세웠다. 2006년 공개된 「카트라이더」 역시 중국에서 반년 만에 동시 접속자 수 70만 명을 돌파하는 등 캐주얼 게임의 강자로 급부상했고, 누적 회원 수 8천만 명을 돌파하였다. 이에 따라 넥슨의 해외 매출액이 전체 매출에서 차지하는 비중이 점점 커지고 있다. 예당온라인의 「오디션」은 중국에서 동시 접속자 수 60만 명을 기록한 인기 게임이다. 2006년 중국에서 오픈 베타 서비스를 시작한 「프리스톤테일1」은 첫날 다운로드 건수가 52만 명에 이르고 서버가 다운되는 등 커다란 반향을 불러일으켰다. 게임하이의 MMORPG 「데카론」은 2005년 중국에 진출했는데 홍콩배우 주성치가 홍보대사를 자청하여 인기를 끌었다. 이소프넷의 온라인 게임 「드래곤라자」는 먼저 타이완에서 성공한 후 중국 시장에 진출하여 「드래곤라자」나 「리니지」뿐 아니라 「워바이블」과 「조이시티」 등까지 수출하였다.

한중 게임 교류전이 잇따라 열리고 있다. 또한 중국 실정에 맞는 아이템을 첨가하는 등 게임의 현지화 노력을 하고 있다. 현지화는 중국어 버전으로 바꾸는 것으로 언어 요소가 중요하므로 게임이 출시되더라도 계속 버전 업 시키는 것이 필요하다. 현지 기술 인력에 대한 지속적인 교육을 통하여 현재 진출해 있는 게임을 현지 상황에 맞게 계속 바꾸어 게임

중국 「오디션」 게임　　　　　　　　　중국 「카트라이더」 모방 게임

제3부 세계 속의 한국 문화 : 한류　641

제품 수명을 높일 필요가 있다.

중국에 진출한 온라인 게임의 가장 큰 문제는 현지 인터넷 환경과 한국의 상황이 다르기 때문에 생기는 기술적 지원 문제이다. 한국의 경우, 고속 인터넷 망이 대중화되어 있지만 중국은 일부 대도시를 제외하면 대부분 느린 모뎀을 사용하기 때문에 문제가 생긴다. 중국에 진출하는 대부분의 게임 회사는 게임 판권료를 받고 기술과 게임을 지원하고 현지 기업이 영업을 담당하는 라이선스 형태가 주류를 이룬다. 로열티로 총 수익의 20~30%를 받는데다 사용자가 늘 때마다 서버 등 장비를 추가로 설치해야 하므로 하드웨어까지 수출할 수 있어 일석이조로 유리한 조건이다. 다만 규모가 작은 업체는 감당하기 어려운 면이 있어 게임업체들 중 대기업과 중소기업의 역할 분담이 필요해 보인다. 중소업체는 소프트웨어만 개발하고, 대기업은 하드웨어 및 대형 소프트웨어 개발 및 영업과 운영을 맡으면 안정적으로 상호 시너지 효과를 거둘 수 있을 것이다.

타이완의 한류 온라인 게임

타이완에서 한국 온라인 게임인「리니지」,「드래곤라자」를 비롯,「레드문」,「판타지 포유」,「천년여우비」등이 큰 인기를 끌었다. 2000년 말 소프트웨어 강국인 타이완의 인기 온라인 게임 10개 중 6, 7개 정도가 한국산이었으며, 시장 점유율은 80~90%, 리니지 유료 회원은 75만 명을 넘었다. 타이완에서「리니지」의 동시 접속자 수는 최고 10만 명에 육박하는데, 한국이 13만 명이란 점을 감안할 때 그 인기를 짐작할 수 있다. 타이완은 넥슨의「메이플스토리」가 1등 게임이다.「메이플스토리」는 타이완 경제부 공업국과 경제부 디지털콘텐츠산업추진실이 주최하는 게임

선발 대회 '게임 스타'에서 '최우수 온라인 게임 상'을 수상하였다. 2006년 타이완 회원 수가 전 국민 2천5백만 명의 15%에 달하는 350만 명에 이른다. 넥슨은 타이완의 게임업체 감마니아와 정식 서비스 계약을 2006년 체결하고 간판 게임 「카트라이더」를 2007년부터 타이완에 서비스하기 시작하였다. 300만 명의 회원을 확보했으며 공개 서비스 시작 2주 만에 동시 접속자 수 7만 명을 돌파하였다. 「카트라이더」는 2007년 5월 타이완의 대표 게임 사이트 게이머닷컴에서 캐주얼 게임 부문 인기 1위를 차지하였다. 타이완 에이서가 서비스하고 있는 이소프넷의 「드래곤라자」는 현지에서 캐릭터 상품까지 판매되고 있다.

「드래곤라자」

　게임 시장의 수출이 계속 성사되고 있는 가운데, 현지법인을 설립하여 자체 서비스를 공급하려는 기업까지 생겨나고 있다. 타이완에서 한국의 온라인 게임이 크게 유행하고 있는 것은, 서버 기술이 뛰어나고 그래픽이 좋은 일본 게임에 비해 줄거리가 좋다는 평 때문이다.

기타 나라의 한류 온라인 게임

한국의 최고 온라인 게임업체인 엔씨소프트의 경우, 2004년 북미 지역에서 「시티 오브 히어로」를 42만 개 이상 판매하였고, 「길드워」는 출시 첫해 매출이 5천만 달러를 넘기는 등 성공적 진출이라는 평가를 받았다.

「길드워」는 개발진이 제작 초기부터 글로벌 게임을 목표로 만든 것이다. 세계 최대 게임 시장인 미국에서 한국 게임 역사상 가장 먼저 현지화를 이루어 낸 게임으로 평가받는다. 「길드워」는 기대에 부응하듯 출시 5개월 만에 100만 장 카피 돌파, 약 2년 만에 400만 장 카피 돌파라는 신기록을 세웠다.

넥슨의 「메이플스토리」는 아시아 대륙을 넘어 영어권까지 성공을 거두었다. 전 세계 사용자 수는 5천만 명을 넘는다. 넥슨은 앞으로 한국-아시아-북미-남미 등 성공 신화 벨트를 계속 만들어 나갈 계획이라고 한다. MMORPG 「데카론」은 2006년 미국 게임업체 '어클레임'과 북미 시장 진출 라이선스 계약을 맺었다. 2007년에는 이탈리아의 게임 서비스사인 디지털브로스 그룹과 유럽 진출에 관한 라이선스 계약을 체결하여 중국, 일본, 미국, 타이완에 이어 유럽 시장에서 서비스를 실시하게 되었다. 한빛소프트는 2006년 온라인 게임 「탄트라」를 멕시코에서 공개 시범 서비스한다고 밝혔다. 예당온라인의 「오디션」은 2006년부터 상용화를 시작한 베트남과 타이에서 동시 접속자 수 6만 명, 2만 명을 각각

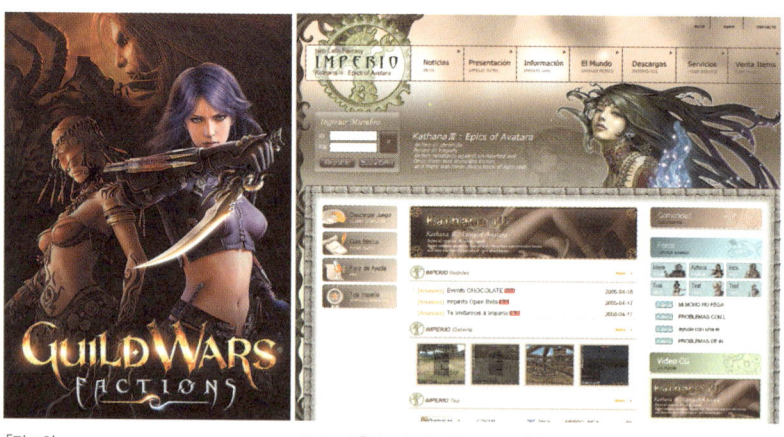

「길드워」　　　　　　　　　멕시코의 「탄트라」 홈페이지(http://www.imperioonline.com/)

넘어섰다.

한국마이크로소프트사 김대진 상무는 '기존의 혼자서 즐기는 비디오 게임이 향후는 온라인 기능과 맞물려 비디오 게임 전체의 크기를 늘리게 되고 결과적으로 새로운 가치를 창출할 것'이라고 말하였다. 마이크로소프트사는 한국의 온라인 게임 시장의 가능성에 대하여 PC 온라인 게임의 시장 규모 면에서 볼 때, 게임 인구가 상당하고 브로드밴드 인프라(Broadband Infra)가 잘 갖춰졌을 뿐만 아니라 온라인 게임 개발 경험이 풍부하다는 점을 높이 평가하면서 밝은 전망을 하였다. 엑스박스(Xbox) 타이틀 개발사로 유명한 블루사이드스튜디오 김성덕

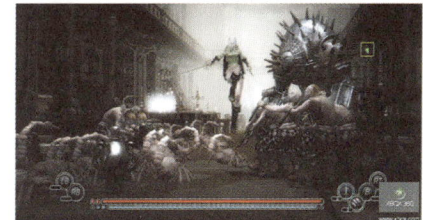

「킹덤 언더 파이어:서클 오브 둠」 게임 화면

부사장은 한국의 판타그램사가 개발한 비디오 게임 「킹덤 언더 파이어: 서클 오브 둠(Kingdom under Fire:Circle of Doom)」은 아홉 가지 언어로 전 세계 동시 발매될 것이며 한국마이크로소프트사와 발매일에 대하여 협의중이라고 하였다.

한류 온라인 게임의 지속과 확산 방안

한국의 온라인 게임업체는 현재의 라이선스 형태에서 시장 확보가 어느 정도 되면 합작 형태로 영업 형태를 발전시켜야 한다. 현지 법인화나 합

작 회사가 되면 다수 업체가 개별적 수출 노력을 해야 할 것이다. 국제 시장에서 한국 온라인 게임 가격이 급속히 하락하거나, 중소기업이 좋은 소프트웨어를 개발해도 제대로 판매, 서비스 등을 하기 어려운 경우를 예상할 수 있다. 따라서 온라인 게임업체가 단합하여 역할 분담을 하면 인터넷 가입자가 1억 명을 육박하는 중국, 일본, 미국 시장을 효과적으로 공략하여 한국의 온라인 게임 산업의 세계화가 앞당겨질 것으로 보인다. 요컨대 온라인 게임 분야는 장르의 다양화와 모든 장르를 장악할 수 있는 다양한 제품군으로 시장 자체를 만들어 가는 것이 필요하다. 판타지, 무협, 교육, 슈팅, 그래픽, 채팅 등 다양한 장르의 제품을 구비하여 시장 흐름에 탄력적이고 유연하게 대응하는 것이 필요하다.

8. 기타 분야

앞에서 다룬 장르 외에 많은 분야에서 한류가 일어나고 있다. 연극, 미술, 음식, 한복, 식음료와 과자, 태권도, 포털 사이트 구축과 서비스 등 다양한 분야에서 세계인의 관심을 끌고 있는 것이다.

한국의 비언어극 「점프」가 영국 왕실의 중요한 연례 문화 행사인 「로열 버라이어티 퍼포먼스」에 초청받아 찰스 왕세자 부부의 박수를 받았다. 2006년 런던 웨스트엔드콜리시엄 극장에서 「점프」를 본 찰스 왕세자와 부인 카밀라 파커 볼스 콘월 공작부인은 '환상적인 공연'이었다고 한국 배우들에게 찬사를 보냈다. 국내외에서 인기리에 공연되고 있는 「점프」는 2007년 2~4월에 런던 피콕 극장 무대에 다시 오른 후, 9월부터 미국 뉴욕 오프브로드웨이에서 장기 공연에 들어갔다.

2007년 스페인 마드리드에서 열린 '아르코' 아트 페어(art fair : 국제 미술품 견본 시장)에 나간 한국 화랑들이 역대 최고 매출을 올렸다. 현대 작품 319점, 24억 원어치를 판매한 것이다. 이것은 단일 아트 페어에서 한국 화랑이 올린 사상 최대 매출이다.

2006년 5월 26, 27일 베이징에서 있었던 한국 국립발레단의 발레 「해적」 공연은 발레

뉴욕 「점프」 전용극장(위)과 공연 모습(아래)

아르코에서 판매된 강익중의 「행복한 세상(Happy World)」

한류의 가능성을 높였다는 평가를 받았다. 객석의 환호는 물론이고 현지 언론은 크게 극찬하면서 사진과 함께 크게 보도하였다. 무용계의 아카데미상이라 불리는 '브누아 드 라 당스'를 수상한 세계적인 발레리나 김주원의 등장이 한 요인이 겠으나, 국립발레단이 이례적으로 2년 연속 이곳 무대에 초청되었다는 사실 자체가 한국 발레의 국제적 수준을 입증한 것이다.

2007년 5월 22일 한국 국립발레단이 폴란드 「우지국제발레페스티벌」에 초청되어 1,200석의 우지오페라발레대극장에서 「백조의 호수」를 공연하여 10분 이상 기립박수를 받았다. 이 극장의 보이체흐 스쿠피엔스키 총감독은 40년 동안 이런 밤은 드물었다며 찬사를 아끼지 않았다. 주인공 오데트 역을 맡은 김주원과 지그프리트 왕자 역을 맡은 김현웅의 2인무에 청중 모두가 환호성을 질렀다. 지금까지 외국의 발레를 수입만 하던 한국이 이제는 역수출할 정도로 발레의 역량을 키운 것이다.

세계를 겨냥하여 만든 한국 국립오페라단의 창작 오페라 「천생연분」

폴란드에서 공연한 한국 국립발레단의 「백조의 호수」(왼쪽)와 우지오페라발레대극장(오른쪽)

은 일본에서 큰 호응을 받았다. 「천생연분」은 2007년 6월 27, 28일 이틀간 도쿄문화회관 무대에서 두 번째 해외 공연을 성공적으로 마쳐 2006년 3월 독일 프랑크푸르트 오페라극장의 초연 후 받은 좋은 평가를 재확인하였다. 60여 년 전통의 도쿄문화회관은 라스칼라, 로열오페라, 볼쇼이극장 등 세계적인 오페라 단체가 초청 공연을 펼쳤던 유서 깊은 무대로 총 2,200석의 객석이 4층까지 꽉 찼으며 거의 모든 관객이 일본인이었다.

한국의 역동적 민주주의와 시장경제에 덧붙여 이제 '태권도의 미덕', '한식의 맛', '한국인의 교육열'이 한국의 '소프트 파워'가 되고 있다. 현대자동차, 삼성전자, LG 같은 글로벌 브랜드와 상호 상승 작용을 불러 일으키고 있음은 물론이다.

발칸 반도에서 태권도가 '한류' 바람을 일으키고 있다. 주 세르비아

국립오페라단의 창작 오페라 「천생연분」의 공연 모습

세르비아에서 펼쳐진 국기원 태권도 시범단의 화려한 묘기

한국대사관 주최 태권도 대회가 2007년에 두 번째로 베오그라드에서 열렸다. 눈 가리고 사과 격파, 9회 연속 회전 이단 앞 돌려 차기, 일렬 대형 속도 격파 등 행사 특별 출연자로 파견된 국기원 태권도 시범단의 화려한 묘기에 5,000명이 넘는 세르비아 관중은 박수를 치고 감탄사를 연발하였다. 세르비아는 한국 교민이 39명에 불과하다. 정식 파견된 한인 태권도 사범 역시 없다. 그런데 태권도 인구는 7,000명을 웃돌고 태권도 도장이 100여 개에 달한다. 자생적인 태권도 열풍이 불고 있는 것이다. 한국대사관에 따르면 오래전에 진출한 일본의 가라테 인구가 아직은 많지만, 태권도의 인기가 놀라울 정도로 빠르게 확산되고 있다고 한다.

식음료 역시 한류를 일으키고 있다. 한국에서 이미 한차례 인기를 끌었던 식음료가 러시아, 중국 등에서 선풍적인 인기를 끌면서 또 다른 '한류열풍'을 이끌고 있다는 것이다. 러시아에서는 '밀키스'가 상한가의 인기를 누리고 있다. 1989년 한국에서 최고 전성기를 누린 밀키스는 1990년 러시아 블라디보스토크에 처음 진출하여 2006년 말까지 1,200만 달러(약 112억 원)의 수출 실적을 올렸다. 특히 2006년에만 약 500만 달러를 수출하면서 전년 대비 90%가 넘는 기록적인 증가를 기록하였다. 오리온 '초코파이'는 한류 과자 중 으뜸이다. 초코파이는 중국, 러시아, 베트남 등 각 국가별

러시아에서 판매되는 다양한 맛의 밀키스

초콜릿 코팅 파이류 시장에서 압도적인 시장 점유율을 기록중이다. 오리온의 해외 현지 매출액에서 '초코파이'가 차지하는 비중은 무려 50%인데, 초코파이 외에 껌, 비스킷, 스낵 제품이 큰 인기를 얻으며 점차 다른 품목으로 확대되고 있다. 오리온은 현재 중국 세 곳, 러시아 두 곳, 베트남 한 곳 등 총 여섯 개 글로벌 생산 기지를 보유하고 있다. 사우디아

세계 여러 나라에서 판매되는 초코파이

라비아 등 중동 지역은 롯데제과의 '스파우트' 껌 인기가 대단하다. 껌 안에 시럽이 들어 있어 깨물면 톡 터지는 껌으로 한때 한국에서 인기를 끌었다. 1976년부터 중동 지역에 수출하여 인기를 끌어 현재는 세계 유수 회사의 껌 회사가 유사한 껌을 내놓을 정도로 이 시장의 70%를 스파우트 껌이 차지하고 있다. 2006년 약 500만 달러 정도를 수출하여 2005년보다 60% 증가세를 보였다. 중국에서 롯데 껌은 점유율 30%로 1위인 다국적 기업 미국 리글리의 42%를 바짝 추격하고 있다. 인기 품목인 '자일리톨' 껌은 2005년 6,000만 달러라는 경이로운 수출 실적을 올렸다. 해태제과 '에이스'는 1995년 홍콩에 본격 수출된 이후 1998년부터 수입 비스킷 제품 가운데 매출 1위를 기록하고 있다. 연 100억 원 이상이 팔려 나갔다. 한국 시장의 한 가지 맛과 달리 홍콩에서는 치즈, 아몬드, 김, 무설탕, 양파, 감자 등 다양한 맛의 '에이스'가 판매되고 있다.

한국 포털업체의 해외 진출이 활발하다. 전 세계적으로 유례가 없는

초고속 인터넷 인프라를 바탕으로 한국 시장에서 치열한 경쟁을 하였던 포털업체가 해외로 눈을 돌려 한국에서 단련된 서비스 노하우와 비즈니스 모델을 가지고 해외시장으로 나가 외화 획득을 본격화하고 있는 것이다. 미국 야후의 한국지사로 출발한 야후 코리아는 한국 시장에서 개발한 서비스를 본사로 역수출하였다. 2004년부터 시작한 지역 검색 서비스 '거기'가 그것이다. 2006년 7월 말 영국과 독일에서 한국지사가 개발한 '야후! 거기'의 검색 엔진을 기반으로 한 지역 검색 서비스가 시작되었다. 다양한 자연어 처리 능력, POI(Point Of Interest : 사용자의 관심 지점)를 기반으로 건물과 지역 이름만으로 가능한 지역 생활 정보 검색, 사용자가 직접 올리는 사용자 생산 콘텐츠(UCC)가 각광받고 있다. 야후 글로벌은 앞으로 유럽 전역에서 '거기' 서비스를 제공하여 명실상부한 글로벌 히트작으로 자리 잡을 것을 기대하고 있다. 실제로 야후 내부에서 지역 검색을 '거기(Gugi)'라고 부를 정도이다. 야후 코리아의 미니 사전 '빨간펜' 역시 다른 나라의 야후 지사에 도입되어 큰 인기를 끌고 있다. 인터넷 검색이나 문서 작업 중 모르는 단어가 나왔을 때 마우스 커서만 가져다 대면 사전 검색 결과를 보여 주는 서비스로, 야후 창시자인 제리 양의 극찬을 받아 전 세계로 퍼졌다.

NHN은 일본 시장에서 독보적인 아성을 구축한 야후 재팬에 대항하는 검색 사이트를 2001년부터 운영하여 일본 시장에서 활동을 넓혀 가고 있다. 라이코스를 인수한 다음커뮤니케이션은 인터넷의 본고장 미국에 '디지털 한류'를 앞장서 전파하고 있다. 라이코스를 통하여 선보인 1인 미디어 서비스 '플래닛'이 80초에 한 개꼴로 만들어지는 등 폭발적인 인기를 얻고 있다. 또 일본 현지 합작법인 타온을 통하여 카페스타를 서비스하는 중이다. 이 서비스는 디지털 아이템을 도입하고 기존의 커뮤니티, 채팅 등을 통합하여 모바일 서비스 등 유·무선을 아우른 서비스로 거듭났다. SK커뮤니케이션즈의 '싸이월드' 역시 미국과 타이완에서 정식 서비스를 시작한 데 이어 독일, 베트남, 일본에서 서비스를 하고 있다. 이들 국가의 서비스는 한국에서 검증된 사이버머니 '도토리' 등 핵심 모델을 그대로 적용한 데다 외국에서 생소한 '소셜 네트워크(social network : 인맥)'를 활용한 방식이라 현지 언론의 주목을 받고 있다. 한국은 인터넷 기반만 세계 최고가 아니라 인터넷 서비스 시장까지 진출하여 활동하고 있다.

「대장금」의 인기는 한복에 대한 세계인의 관심까지 이끌어 내었다. 「대장금」 방영 이후 한복을 찾는 동남아시아인이 많아졌다고 한다. 말레이시아는 요즈음 길거리에서 개량한복을 입은 어린이를 자주 볼 수 있게 되었고 어른들까지 한국을 방문하는 친구에게 한복을 사다 달라는 부탁을 하고 있다고 한다. 동남아인의 한국 관광에 동대문 시장은 필수 코스가

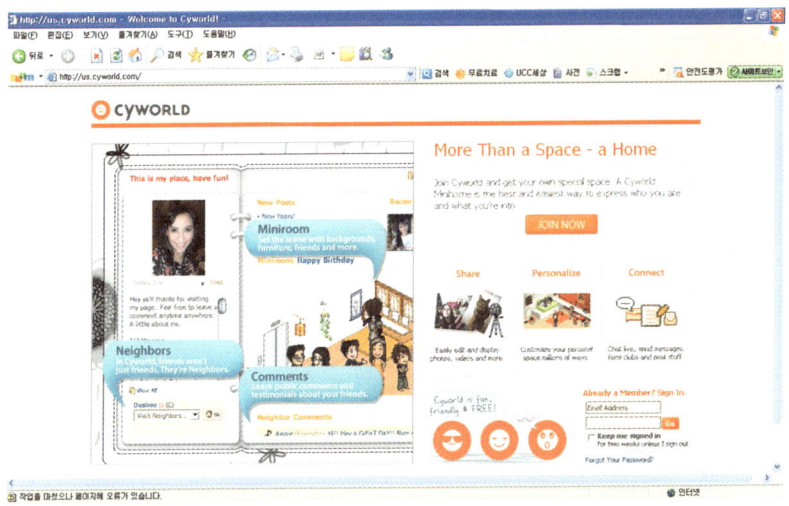

미국 싸이월드(http://us.cyworld.com/)

되었다. 동대문 시장은 한복뿐 아니라 복주머니, 노리개, 비녀, 족두리, 꽃신, 버선 등을 함께 사는 외국인이 늘고 있다고 한다. 또 「대장금」 시청 이후 한국 음식에 관심이 높아져 한국식당을 찾는 사람이 나날이 증가하고 있다고 한다.

중국은 유학 시장에 한류 바람이 불고 있다. 2006년 베이징국제전람센터에서 열렸던 「베이징국제교육박람회」의 20개 한국 대학 부스에 한국 유학을 원하는 중국 학생 및 학부모가 대거 찾아와 학교 관계자와 상담을 벌였다. 박람회장에 학생이 예상보다 많이 오는 바람에 몇 대학은 준비한 자료가 떨어져 직원들이 일찌감치 철수하는 일까지 있었다고 한다. 한국은 학비가 서구 지역에 비하여 상대적으로 훨씬 싸고 대학 입학 조건이 쉽다는 점 때문에 학생들의 관심을 모으고 있다.

한류는 한국어 교육으로 결실을 맺어야 한다. 한국어를 수출하는 일이야말로 한국 문화 수출의 핵심이고 뿌리이다. 한국어가 전 세계에 확산되면 경제적 이익이나 문화 상품의 수출은 더욱 탄력을 받게 된다. 한국어를 전 세계로 확산시키기 위하여 국가적 차원의 적극적인 전략과 노력과 예산의 뒷받침이 절실하다. 2007년까지 세계 750여 개 대학에서 한국어과를 운영하거나 한국어 강좌를 개설하고 있고, 전 세계 10여 개국의 600여 중·고등학교에서 한국어를 제2외국어에 포함시켜 가르치고 있다. 구체적으로 중국은 지난 1991년 한중수교 이후 한국어학과가 설치된 대학이 56개나 되며, 고등학교 제2외국어에 한국어를 포함하라는 요구가 거세지고 있다. 일본의 경우, 2007년 기준으로 한국어 강좌를 개설한 대학이 335개이며, 제2외국어 교육에 한국어를 포함하고 있는 고등학교는 286개에 이른다. 미국에서 한국어 강좌를 개설한 대학은 140개이며, 제2언어에 한국어를 포함한 고등학교는 90개교 정도이다. 미국의 주말 한글학교는 1,500개가 넘는다.

유네스코의 문맹퇴치 상 이름은 '킹 세종 프라이즈(King Sejong Prize)'이다. 1997년부터 미국의 대학능력시험인 SAT에 한국어가 아홉 번째 선택과목으

2007 「베이징국제교육박람회」 한국관

로 포함되었다. 2007년 검색 포털업체인 구글은 검색 결과를 영어 등 12개 언어로 자동 번역하여 제공하는 데 한국어를 포함시켰다. 2007년 9월 27일에 제네바 본부에서 열린 제43차 WIPO(세계지식재산권기구)는 183개국의 만장일치로 한국어를 PCT(국제특허협력조약)의 국제공개어로 채택하였다. 처음으로 국제공용어가 되었지만 앞으로 좀 더 노력하여 유엔 공용어가 될 수 있게 해야 할 것이다. 유엔 공용어는 현재 영어, 프랑스어, 중국어, 러시아어, 스페인어, 아랍어의 6개 어이다. 한국어의 세계화와 한류의 지속과 확산은 밀접한 관계에 있다. 한국어가 세계 10대 언어에 들게 된 것은 한국의 경제 발달과 한류에 힘입은 바 크지만 국내외의 한국어 학자, 교육자의 헌신적인 노력의 결과이기도 하다.

외국에 산재해 있는 2,000개 이상의 한글학교는 2, 3세 교포 자녀의 한국어 교육과 보존을 위한 우리 교포의 눈물나는 노력으로 이루어지고 있다. 해외 700만 명에 이르는 우리 동포는 비록 외국에 살고 있지만 한국어를 배우고 지키며 한국 제품과 한국의 음악, 드라마, 영화 DVD를 많이 사는 것으로 한류의 확산과 지속에 견인차 역할을 하고 있다는 것을 기억해야 한다. 재외 동포는 한국의 해외 자산이다. 물론 한류와 한국어 학습은 재외 동포만의 노력으로는 안되고 근본적으로 우수한 문화

상품을 만들어 내는 것이 중요하다. 좀 더 격조 높은 문화 상품을 많이 만들어 경제적 이득뿐 아니라 눈에 보이지 않는 이득, 즉 한국, 한국인, 한국어, 한국 문화, 한국 상품에 대한 호감을 갖도록 노력해야 한다.

　이상 살펴본 바와 같이 한류는 이제 외국인이 한국의 드라마와 댄스 음악에 열광하는 단순한 사회현상을 넘어 강력한 국가 경쟁력을 창출하고 있고, 한국 문화가 세계 문화의 중심부에 자리 잡기 시작하였다는 것을 알리고 있다. 한국인이 외국 것이라는 의식 없이 서양식 옷을 입고, 서양식 음식을 먹으며, 서양 커피를 마시듯이 자연스럽게 한국 드라마를 보고, 한국 영화를 보고, 벽에 한국화를 걸고, 한국에서 만든 온라인 게임을 하며, 한국에서 만든 휴대전화로 통화하며 문자 메시지를 보내고, 한국 TV로 뉴스를 들으며, 한국 자동차를 타고 출퇴근을 하는 등 자연

미국, 중국, 요르단, 우즈베키스탄의 한글학교(왼쪽 위부터 시계방향으로)

세계 속의 한류. 일본의 한국 식당, 이탈리아의 영화 「올드보이」 광고, 미국의 현대자동차 광고, 카자흐스탄의 LG거리(왼쪽 위부터 시계방향으로)

스럽게 생활에 스며들도록 해야 한다. 한국 역사상 이런 호기를 맞이한 것은 처음이다. 지리적 영토는 작지만 문화 영토로 강대한 국가가 된 것이다. 중요한 것은 이런 현상이 지속되기까지 문화 상품의 양보다 질을 높이는 노력이 좀 더 필요하며, 상대국의 문화를 이해하고 존중해 주는 성숙함이 필요하다. 우리가 먼저 좀 더 개방된 태도로 다른 나라의 문화를 이해하고 상호 교류하는 노력이 필요하다.

한류를 한 단계 높이기 위하여 대중문화뿐 아니라 고급문화를 수출하는 노력이 필요하다. 무용, 오페라, 연극, 국악 등 순수예술 분야의 해외 진출에 대한 민간 부문의 관심과 노력만큼이나 정부 당국의 적극적 지원이 필요한 때인 것이다. 대중문화 위주의 한류가 인기몰이식 양(量)의 쾌거였다면, 이제 '한류 2, 3기'는 고급문화를 가세시켜 질(質)적 발전을 이루는 것이 한류의 뿌리와 줄기를 튼튼하게 하는 일이다. 한국은 음악, 미술, 무용, 연극, 문학 등 기초 예술의 기반이 상당 수준 축적되어 있으므로, 이를 가공하여 문화 산업으로 발전시키는 노력이 필요하다. 물론 이들 기초 예술의 진흥을 위해서도 더 많은 노력이 필요하다.

    부존자원이 거의 없는 한국이지만 세계적 수준인 IT 기술과 천부적 예술 재능, 그리고 경영 기법을 종합적으로 접목하면 문화산업만으로 GDP(Gross Domestic Product, 국내 총생산)를 끌어올릴 수 있다. 이제 기초 핵심 문화 콘텐츠 개발에 정부와 학계, 그리고 산업계의 힘과 지혜를 모아야 할 때이다.

참고문헌

고영복, 『한국인의 성격』, 사회문화연구소, 2001.
구미래, 『한국인의 상징세계』, 교보문고, 1992.
국립국어원, 『우리문화 길라잡이』, 학고재, 2000.
김광언, 『민속놀이』, 대원사, 2001.
김익두, 『우리문화 길잡이』, 한국문화사, 1998.
김태곤, 『한국 민간신앙 연구』, 집문당, 1983.
박영대, 『우리가 정말 알아야 할 우리 그림 백가지』, 현암사, 2002.
박영순, 『한국어 교육을 위한 한국문화론』, 한림출판사, 2006.
서연호, 『한국근대 희곡사』, 고려대학교출판부, 1994.
시공테크, 『한국의 문화유산』 1·2, 코리아비쥬얼스, 2002.
유민영, 『한국현대 연극사』, 단국대학교출판부, 1996.
유홍준, 『나의 문화유산답사기』, 창작과 비평사, 1994.
이광호, 『미적 근대성과 한국문학사』, 민음사, 2001.
이기백, 『한국사 신론』, 일조각, 1998.
이종호, 『세계 최고의 우리 문화유산』, 컬처라인, 2001.
장수현 외, 『중국은 왜 한류를 수용하나』, 학고방, 2004.
전경욱, 『한국가면극, 그 역사와 원리』, 열화당, 1998.
조흥윤, 『한국문화론』, 동문선, 2001.
주강현, 『21세기 우리 문화』, 한겨레신문사, 1999.
주남철, 『한국건축미』, 일지사, 1995.
최성자, 『한국의 멋, 맛, 소리』, 혜안, 1995.
최제석, 『한국가족 제도사』, 일지사, 1983.
최창렬, 『우리 속담 연구』, 일지사, 1999.
호현찬, 『한국영화 100년』, 문학사상사, 2000.
홍일식, 『21세기와 한국 전통문화』, 현대문학, 1993.

강승혜, 「한국어학습자의 '한류'에 대한 인식」, 『한국어교육을 통해서 본 한류의 문제점과 발전방향』, 중앙 한류아카데미 발표 논문집, 2005.
도서영, 「외국인을 위한 국악교육」, 『이중언어학』 19, 이중언어학회, 2001.
변영섭, 「조선후기 화론의 이해」, 『한국문학연구』 창간호, 고려대민족문화연구소, 2000.
신윤환, 「동아시아의 '한류' 현상: 비교 분석과 평가」, 『동아연구』 42호, 2002.
이은숙, 「중국에서의 '한류' 열풍 고찰」, 『문학과 영상』, 2002년 가을호.
이한우, 「베트남에서의 '한류', 그 형성과정과 사회경제적 효과」, 『동아연구』 제42집, 2002.
조한혜정, 「글로벌 지각 변동의 징후로 읽는 한류열풍」, 『한류와 아시아의 대중문화』, 연세대학교출판부, 2003.
Huntington, Samuel, and Lowrence E. Harrison. *Culture Matters*. Basic Books. 2000.
McRobbie, Angela. *In the Culture Society*. London: Routeridge. 1999.
Michell, Don. *Cultural Geography*. Oxford: Blackwell. 2000.
Ray, Paul H. & Sherry R. Anderson. *The Cultural Creatives*. New York: Harmony Books. 2000.

『모닝캄Morning Calm』
『경향신문』
『국민일보』
『동아일보』
『디지털타임스』
『서울신문』
『스포츠월드』
『스포츠서울』
『스포츠조선』
『스포츠칸』
『아시아경제』
『연합뉴스』
『조선일보』
『뉴욕타임스New York Times』
『LA타임스Los Angeles Times』
『르몽드Le Monde』
『포브스Forbes』
『석간후지(夕刊富士)』
『요미우리신문(讀賣新聞)』

찾아보기

● 인명

강경애 172
강수연 620
강수진 244
강윤 269
강제규 614
강타 584
거칠부 38, 150
계은숙 584
고유섭 59
고은 178
공민왕 48
공지영 178
광개토대왕 147
권상우 599
길재 156
김경숭 216
김광균 171
김광섭 176
김광필 203
김기덕 617
김기영 250
김기창 58, 208
김남조 177
김대건 76
김대성 42
김덕수 191
김도산 249
김동리 173
김동인 170, 173

김만중 54, 162
김백봉 241
김부식 49, 147
김성재 624
김소연 563
김소월 56, 57, 165, 167, 176
김수장 160
김시습 54, 159
김억 57
김연자 584
김영랑 57, 171, 176
김용걸 244
김유신 40
김유정 172
김윤경 624
김은호 58, 207
김재원 563
김정숙 216
김정희 205
김종서 157
김종영 216
김종직 159, 203
김지하 177
김지향 177
김천택 160
김춘수 176
김홍도 52, 203, 206
나도향 170
나운규 60
노수현 58, 207

단군 68
단군왕검 68
대조영 45
동방신기 584, 601
류시원 599
맹사성 157
모윤숙 174, 177
무령왕 37
문익점 51
민 588
박경리 177, 178
박길룡 269
박노해 178
박동진 269
박두진 57, 172, 173
박목월 57, 172, 173
박생광 209
박소희 624
박수근 23, 209
박승필 60
박연 185
박영준 173
박용철 57
박이도 177
박인로 54
박재삼 176
박지원 162
박진영 588, 605
박찬욱 252
박태순 176
박희정 624

반기문 23
방정환 188
배용균 251
배용준 569, 620
백건우 23
백남준 23, 210
법흥왕 76
변관식 207
보아 584, 595, 604
봉준호 616
비 584, 588, 603
사육신 157
서거정 159
서정주 173, 174
설총 150
성현 55, 159
세븐 584
세종대왕 54, 80, 121
소수림왕 76
손병희 78
손예진 611
손희준 624
솔거 201
송순 157, 159
송승헌 599
송일국 570
신경림 176
신경숙 178
신달자 177
신사임당 203
신상옥 250
신승훈 588
신윤복 205, 206
신재효 194
신화 584, 597
심형래 617
심훈 56, 172
안수길 177
안재욱 562
안중식 207
안평대군 210

앙드레 김 23
H.O.T. 584
염립본 35
염상섭 170, 172
왕산악 184
왕인 149
우륵 184
원빈 568
원수연 624
원효대사 40
유현목 250
육완순 242
윤극영 188
윤동주 56, 165
윤석중 188
윤선도 160
윤순 213
윤이상 23
은희경 178
을지문덕 148
의상대사 40
이곡 155
이광사 213
이광수 170, 172
이광필 48
이규보 147, 155
이규환 250
이령 48, 202
이문열 178
이병헌 568, 569
이상 171
이상범 58, 207
이상화 56, 165
이수광 76
이숙자 210
이순신 55
이승훈 76, 177
이승휴 49, 147, 155
이영애 570
이육사 56, 165
이응노 23, 58, 207

이이 70, 157
이인직 163
이제현 202
이창동 252, 253, 620
이청준 176
이해조 163
이현보 157
이황 70, 157
이효석 171, 172
임권택 251, 252
임성남 243
임춘 155
장나라 584
장동건 568
장승업 205
장영주 23
장운규 244
전도연 620
전상국 176
전지현 611
정경화 23
정극인 159
정극인 54
정도전 51
정명훈 23
정몽주 156
정비석 173
정선 203
정선 52
정인지 81, 156
정지용 57, 171
정진규 177
정철 54, 157, 159
정현종 177
조광조 159
조맹부 210
조병화 176
조석진 207
조세희 177
조수미 23
조식 70

조용필 584, 601
조정래 178
조지훈 57, 172, 173
조택원 241
조홍윤 20
주남철 235
주시경 81
주요섭 172
진성여왕 366
채만식 56, 165, 172
천상병 176
최남선 163
최명희 178
최승희 241

최윤의 116
최인훈 177
최제우 78
최지우 563, 569
최찬식 163
최청자 242
침류왕 76
클론 600
태종무열왕 40, 366
한승수 23
한용운 56, 57, 165
한용원 167
허균 162
허영자 177

현제명 188
현진건 170, 173
홍난파 188
홍대용 186
홍사용 57
홍신자 242
홍윤숙 177
환웅 68
황병기 182
황석영 178
황순원 174
황지우 178
황진이 157, 158
흥선대원군 329

● **일반 용어 외**

ㄱ

『가곡원류』 160
「가루지기타령」 162
「가무백희」 239, 246
가사문학 54
가산오광대 384
가야금 병창 192
가야금 산조 191
「가야지무」 239
가요 한류 593
「가을」 209
「가을동화」 563, 566, 575
가전체 소설 155
가족제도 106
각자장 354
감리교 76
「감자」 170
「강호사시가」 157
갓일 546
강강술래 184, 271, 495
강릉농악 520
강릉단오제 521
강상무덤 27
강원도 510
강화 고인돌 433
강화산성 435
개량 한복 264
『개벽』 56, 167
개신교 76
개천절 22
거기(Gugi) 652
거문고 30
거문고 산조 191
거북선 55
건축문화재 18
게임 한류 636
「겨울연가」 558
겸양법 129

경기도 429
경기도 도당굿 446
경기민요 442
경기체가 49, 155
경복궁 228, 236, 328
경부고속도로 299
경산자인단오제 422
경상북도 392
경제개발 5개년 계획 113
경제제도 113
경주 392
경주교동법주 424
「경천사십층석탑」 48
경포대 514
경희궁 228
경희루 328
『계축일기』 163
고구려 30
고구려 건국 신화 147
고구려 건축 227
고려 47
『고려사』 51
고려청자 220
고분벽화 30
「고산구곡가」 157
고성오광대 383
고수 194, 196
고인돌문화 17
고조선 25
고창 고인돌군 479
고층 아파트 266
고희연 276, 290
곡성 돌실나이 507
「공동경비구역 JSA」 251, 608
공주 공산성 456
과거제도 78
과잉보호 282
「관동별곡」 159
관악기 191
광개토대왕 31, 33
『광장』 177

광주 473
광한루 481
광화문 330
「괴물」 252, 616, 618
교육무용 239
교육제도 109
구비문학 145
구슬치기 271
『구운몽』 54, 162
「국군은 죽어서 말한다」 174
국립경주박물관 406
국립등대박물관 415
국립발레단 243, 244
국립중앙박물관 335
국민 드라마 558
『국사』 38, 150
「국순전」 155
국악 180
『국조보감』 51
「국화 옆에서」 174
『궁』 624
궁시장 543
궁중의식음악 180
권선징악 사상 72
극예술협회 60
근정전 236, 328
『금강경』 159
『금강삼매경론』 40
「금관」 40
금관총 38
금령총 38
「금산사오층석탑」 48
「금석비문」 147
금속활자장 470
『금오신화』 54, 159
금원 329
금정산성 368
기록문학 145
「기마도강도」 202
기제사 289
기지시줄다리기 466

664

「길드워」 643
김치 85
깃 84
깍두기 87
「꼭두각시놀음」 240

ㄴ

「나례」 247
나전장 390, 522
나전칠기 48, 59
나전칠기공예 224
나주 샛골나이 506
낙죽장 503
낙화암 456
『난장이가 쏘아 올린 작은 공』 177
「날개」 171
남대문 시장 264
남도들노래 490
남사당놀이 348
남원성 479
남한산성 436
남해 충렬사 374
남해대교 379
「내 머리 속의 지우개」 610
「노계가」(「노계가사」) 54, 161
노래방 139
논개사당 488
논어 149
농무 184
농악 537
농요 418
농현 180
누비장 427
「누항사」 161
「느낌」 571
「님의 침묵」 167
『능엄경』 159

ㄷ

「다보탑」 44

다포식 건축 231
단군 신화 147
단군조선 25
단독주택 266
「단심가」 156
단양팔경 450
단어 형성법 124
단청 238
「달마가 동쪽으로 간 까닭은」 251
당악 184
당처물동굴 297
대가족제도 109
대구 392
대금산조 539
대금정악 191, 339
대덕연구단지 461
대목장 544
「대장금」 558, 654
대전 450
「대조영」 559
대중가요 584
대중가요 한류 587
대취타 191
대한민국 92
「대한민국미술전」 217
덕수궁 228
도가 사상 40
도드리 형식 181
「도라지타령」 193
도문일치 52
도산서원 408
「도산십이곡」 157
「도솔가」 147
「도이장가」 151
도화서 52
「독립군가」 188
『독립신문』 116
돌잔치 276
「동갑내기 과외하기」 609
『동국이상국집』 147

동국진체 213
「동동」 160
동래야류 384
동맹 29, 146
「동명왕편」 155
「동백꽃」 172
동삼동 패총 367
『동아일보』 56, 116, 167
『동인시화』 159
동치미 87
두루마기 85
두석장 541
『두시언해』 159
「드래곤라자」 642
「디 워」 617

ㄹ

『라그나로크』 625, 627
「레드문」 642
「로카르노국제영화제」 251
『리니지』 627

ㅁ

마고자 85
「마비노기」 639
마산 외동 성산패총 372
「마이 네임」 604
『마제』 625
막걸리 139
「만대엽」 186
만인의총 480
만장굴 528
만화 624
망건장 535
매듭장 357
멋 142
「메밀꽃 필 무렵」 172
「메이플스토리」 638, 639
「면앙정가」 159
명동성당 336
명륜당 52

찾아보기 665

명봉사 412
「명성황후」 249
명절 285
명주짜기 427
「모델」 572
「모래시계」 577
모임 만들기 280
목조각장 544
「몽금포타령」 193
무(巫) 21
『무구정광대다라니경』 42
무궁화 83
「무녀도」 173
무성영화 249
무속 사상 71
무속신앙 71
무열왕릉 401
『무영탑』 173
무천 146
무형문화재 301, 310
「문묘제례악」 184
문무대왕릉 401
문자론적 특수성 122
『문장』 173
문화재보호법(문화재법) 187, 301
「미륵사지석탑」 37
미역국 290
민속놀이 271
민속무용 240
민속음악 180
민요 193
민족성 95
민화 206
「밀양」 253, 620
밀양백중놀이 389
「밀양아리랑」 193
밀키스 650

ㅂ

바둑 271
바디장 471
「바빌론」 599
「박타령」 162, 194
박혁거세 신화 147
발림 194
발탈 445
발해 45
발효 식품 85
발효 음식 259
배첩장 360
배추김치 87
배흘림기둥 236
백김치 87
100대 민족문화상징 89
백동연죽장 502
백록담 526
백일잔치 276
백자 221, 438
백제 33
백제 건축 227
「백제관음상」 214
「백제금동대향로」 37, 218, 458
『백조』 56, 167
「백조의 호수」 245, 648
백호 237
버선 84
범무 240
범어사 369
법제도 114
법주사 457
법주사팔상전 457
『법화경』 159
「벙어리 삼룡」 170
벽화고분 201
「변강쇠타령」 194
「별은 내 가슴에」 562, 571
병산서원 233, 409
「보리타작」 209
보문관광단지 406
보신각 333

보쌈김치 87
「보태평」 55, 185
「보현십원가」 151
「봄 여름 가을 겨울, 그리고 봄」 617
봉산탈춤 492
봉정사 51
부산 360
부산박물관 369
부산신항만 360
부산항 370
부석사 51, 236, 410
부여 27, 28
부여박물관 458
「부여정림사지오층석탑」 37
『북간도』 177
분청사기 220
분황사지 403
불교 76
불국사 44, 404
「불꽃」 572, 575
「불림소리」 242
「비엔비」 640
비원 329
비주얼 아트 210
비파형동검 16
빗살무늬토기 197
빨리빨리 98
「뽀롱뽀롱 뽀로로」 633
「뿌까」 633
「뿌까 퍼니 러브」 630

ㅅ

4괘 82
「사랑 손님과 어머니」 172
「사랑방 손님과 어머니」(영화) 250
「사랑을 그대 품안에 571
「사랑의 리퀘스트」 275
「사랑이 뭐길래」 561
사물놀이 191

「사미인곡」 159
사법시험 115
사설시조 160
「사신도」 31, 201
『사씨남정기』 54, 162
사직대제 345
사회보험 118
사회복지 서비스 제도 118
사회복지제도 118
「삭대엽」 186
산굼부리 527
「산디」 246
산문 145
산조 187
「산중신곡」 160
살수대첩 148
『삼국사기』 49, 147
『삼대』 172
『삼대목』 42
삼보 사찰 487
삼성혈 529
3·1운동 56
삽교호 방조제 463
상감청자 48, 49, 219
『상록수』 172
『상정고금예문』 116, 215
「상춘곡」 54, 159
샅바 87
새마을운동 113
생활 예절 256
「서경별곡」 151
『서기』 149
서도소리 538
「서동요」 150
「서산마애삼존불상」 214
서예 210
서울 312
서울새남굿 352
「서울연극제」 248
서원 78
「서편제」 251

서해대교 463
서화미술원 58
서화협회 58, 207
석가탄신일 22
「석가탑」 42, 44
석굴암 42, 405
『석보상절』 54
석전대제 344
선교장 516
선비 69
선비 정신 69
「선상탄」 161
선어말어미 124
선종 40
설날(설) 22, 285
설악산 513
성균관 78, 334
「성덕대왕신종」 44
성류굴 407
성묘 290
「성산별곡」 159
성산일출봉 527
섶 84
세계 NGO 대회 275
세계기록유산 307
세계무형유산 308
세계문화유산 307
세계유산 잠정 목록 308
세계자연유산 307
세계평화의 문 337
세시풍속 284
세종대왕상 121
「세한도」 205
소공동체 279
소리 194
소목장 504
소반장 355
「소상팔경」 48
소수서원 408
소주 139
속담 129

「속미인곡」 159
『송강가사』 54, 159
송강정 481
송광사 487
송설체 49, 210
송우암수명유허비 484
송파산대놀이 351
수덕사 51
수라상 347
수로왕 신화 147
수영야류 385
수원 화성 230, 434
『숙영낭자전』 162
숨바꼭질 271
숭례문 331
「쉬리」 251, 608, 614
「슈퍼스타 예수 그리스도」 242
「스파르타쿠스」 244
스파우트 651
승무 465
승전무 381
『시용향악보』 154
시장경제제도 113
시조 54
「시티 오브 히어로」 643
시호 278
식사 예절 256
『신동아』 118
신라 37
신라 건축 227
신라 고분 38
신무용 241
신상 정보 질문 283
신소설 163
신연극 247
신한류 560
신혼여행 287
「실미도」 252
심청 139
「심청가」 162, 194
『심청전』 54, 163

12가사 186
싸이월드 653
씨름 87, 272
「씨받이」 251

ㅇ

아니리 194
「아리랑」 189, 193
「아리랑」(영화) 60
아리랑 TV 117
아악 49, 184
「아이언 키드」 630
『아일랜드』 625
「아치와 씨팍」 632
아파트 266
『악장가사』 154
『악학궤범』 55
안동차전놀이 421
안동하회민속마을 413
안압지 44, 402
애니메이션 629
야외조각공원 337
양금 186
양념 음식 259
양반 57
『양반전』 162
양주별산대놀이 443
「양직공도」 34
양택풍수 79
「어부사시사」 160
언론제도 115
언문일치 156
언어 예절 254
언해본 159
SBS 117
에이스 651
NHN 637
MBC 117
MBN 117
「여수장우중문시」 148
연날리기 271

연등회 48
연합뉴스 118
열무김치 87
『열혈강호』 625, 627
염색장 508
염장 391
「엽기적인 그녀」 609
영고 28, 146, 245
영산쇠머리대기 387
영산재 346
영산줄다리기 388
『영웅시대』 178
「예성강도」 48, 202
예술무용 239
예악 185
「오감도」 171
오늘의 우리 만화상 624
오락무용 239
오류도 367
「오발탄」 250
「오아시스」 252
「오적」 177
오죽헌 515
오현단 530
『옥단춘전』 162
『옥루몽』 54, 163
옥장 509
온돌 232
온라인 게임 636
온양민속박물관 460
「올드보이」 252
올림픽 공원 336
올림픽주경기장 336
「올인」 569
옹기장 500
YTN 117
완초장 448
왕산악 30
「왕의 남자」 252
「왕희도」 35
왕희지체 213

「외출」 611, 620
욘사마 열풍 558
용두암 529
용문사 410
『용비어천가』 54, 156
용연 529
『용재총화』 159
용천동굴 297
용평리조트 518
우리 142
우리주의 107
「우지국제발레페스티벌」 244
운문 145
「운수좋은 날」 170
『운현궁의 봄』 173
울산 361
울산공업단지 379
「웃는 여자」 242
원불교 77
원주 감영 514
『월간조선』 118
『월간중앙』 118
『월인천강지곡』 54, 156
「월하의 맹서」 249
유교 77
『유기』 148
유기장 447
유네스코 세계유산 307
『유레카』 624
유엔기념공원 371
『유충렬전』 162
유행 280
유형문화재 301, 309
유희무용 239
윤도장 505
윷놀이 271
은산별신제 467
은유 134
은율탈춤 442
음양오행설 79, 121
음운론적 특수성 122

음택풍수 79
「의리적 투구」 249
의미론적 특수성 124
의상대 515
의성김씨 종택 415
이두 37, 145
이본 145
EBS 117
「이산」 559
이천 도자기 437
이충무공 유적지 485
익공식 232
『인간문제』 172
『인문평론』 173
인사 예절 255
인의예지신 313
인천 428
인천국제공항 428
『인형왕후전』 163
『일동장유가』 161
『임경업전』 162
『임진록』 162
임진왜란 55
입사장 425
「잎싹-마당을 나온 암탉」 632

ㅈ

자갈치시장 370
자수장 545
자원봉사 274
자유민주주의 72
자일리톨 651
잔치 276
「장금이의 꿈」 629
장기 271
『장길산』 178
장도장 501
장묘문화 79, 288
『장화홍련전』 54, 163
저고리 84
「적군묘지 앞에서」 174

「적벽가」 162, 194
「전국연극제」 248
전등사 436
전라도 473
「전승공예대전」 226
전주향교 483
「전진가」 157
전통악기 189
전통장 424
전통한복 265
「점프」 647
『점필재집』 159
정 142
정간보 185
「정과정곡」 151
정다산유적 483
「정대업」 55, 185
「정림사지오층석탑」 214
정악 180
『정암집』 159
정약용 278
「정읍사」 149, 160
정토사상 150
정효공주묘 46
제사 289
제와장 499
『제왕운기』 49, 147, 155
제주도 523
제주민속박물관 532
제주민속촌박물관 532
제주민요 533
제주칠머리당영등굿 534
제천의식 146
조각장 359
조맹부풍 203
조상숭배 사상 71
조선 51
조선 통치 철학 313
조선어 말살 정책 173
조선왕조 궁중음식 347
『조선왕조실록』 51

『조선일보』 116
조소 213
족보 279
존대 어휘 128
종교음악 180
종묘 233, 332
종묘제례 342
종묘제례악 191, 338
종합예술 146
「좌수영대첩비」 485
좌수영어방놀이 388
『주간조선』 118
「주몽」 559, 570
주심포식 건축 231
『주역』 79
주작 237
「주작도」 31
주철장 426
「죽계별곡」 155
「죽부인전」 155
줄넘기 271
줄다리기 271
줄타기 445
「중대엽」 186
중요무형문화재 311
즉흥연주 182
지방자치제 112
『지봉유설』 76
지하철 300
직지사 409
『직지심경』 76
진경산수화풍 203
진경시대 203
진경화법 203
「진달래꽃」 167
진도다시래기 498
진도씻김굿 496
진양조 181
진전사지 삼층석탑 517
진주검무 380
「진흥왕순수비」 373

「질투」561
집들이 277
「집으로…」609

ㅊ
차전놀이 271
참소리축음기·에디슨과학
  박물관 519
창가 187
창경궁 228, 329
창극 57
창녕 신라진흥왕경척비 373
창덕궁 228, 329
창씨개명 173
창자 194
창작 동요 188
창작음악 180
『창조』56, 167
채상장 504
「처용가」185
처용무 419
「천년여우 여우비」631
천도교 78
「천마도」40
「천마도장니」400
천마총 40, 400
「천산대렵도」48
「천생연분」648
천자문 149
천주교 76
『천추』624
철기문화 25
철화백자 222
「첨성대」38, 405
「첫사랑」571
『청구영언』160
청동기문화 16, 25
청록파 시인 57, 172, 173
청룡 237
「청산별곡」151
「청자비룡형주자」219
「청자상감모란국화문과형병」219
「청자상감모란문항」219
「청자상감운학문매병」219
청풍문화재단지 460
청화자기 221
체면 281
체육무용 239
초고속열차 273
초코파이 650
촉석루 375
총각김치 87
추사적거지 531
추사체 213
추석 22, 285
추임새 194
춘향 139
「춘향가」162, 194
「춘향뎐」252
『춘향전』54, 162
「춘향전」(영화) 249, 250
충렬사 369
「충의가」157
충청도 451
「취화선」252
치마 84
「친구」609
「친구여」601
친족 호칭 125
칠장 356
침선장 358

ㅋ
「카트라이더」636
KBS 117
KTX 273
큰절 276
「킹덤 언더 파이어:서클 오브
  둠」645
킹 세종 프라이즈 655

ㅌ
타악기 191
탕건장 535
태권도 272, 649
태극기 82
「태극기 휘날리며」252, 614, 618
『태백산』178
「태왕사신기」559
태종대 366
「태평사」161
『태평천하』56, 172
태학 77
택견 469
「토끼타령」162, 194
「토마토」572
『토지』177, 178
통도사 376
통사론적 특수성 124
통영오광대 382
통일신라 40

ㅍ
판문점 439
판소리 57, 161, 193, 490
팔관회 48
팔당댐 439
『팔만대장경』49, 378
팔작지붕 235, 236
8조법 26
편경 189
편종 189
평생교육제도 111
폐백 287, 288
『폐허』167
포스코 417
포장마차 139
「풀하우스」(드라마) 579
「풀하우스」(만화) 624
「풍류병영」174

670

풍물놀이 271
『풍속도첩』 205
풍수지리설 41, 75
풍어제 541
「프렌즈」 568
『프리스트』 625
피리정악 및 대취타 340
필암서원 482

ㅎ

「하녀」 250
「하얀 물개」 630
「하회별신굿탈놀이」 413, 420
하회탈 414
「학」 174
「학도가」 188
학연화대합설무 341
한강의 기적 64
「한게임」 638
한국 건축 268
한국 만화 625
한국 문학 145
한국 문화 사업 556
한국 발레 243
한국 음식 259
한국관광공사 592
한국문화콘텐츠진흥원 592
한국민속촌 440
한국어 120, 123
한국어 경어법 125
한국어 호칭 126
한국어 대명사 128
한국의 무형문화재 311
한국의 자연 294
한국의 전통건축 227
한국화 198
한글 52, 81, 120
한글의 정체성 80
한라산 525
한류 550
한류열풍 551

「한림별곡」 155
한배에 따른 음악 형식 181
한복 84, 264
한산도 이충무공 유적지 375
한산모시짜기 471
『한성순보』 116
『한양가』 161
「한오백년」 193
한일병합 58
『한중록』 163
한지 42, 198
합천 영암사지 375
『해동가요』 160
해운대 365
해인사 233, 377
「해적」 647
핵가족화 108
행정제도 111
향가 41
향교 78
향악 184
항제줄풍류 491
향찰 145
향토술 담그기 424
『허생전』 162
헌법 114
「헌화가」 150
현무 237
「현무도」 31
현악기 191
현충사 457
『혈의 누』 163
협재굴 528
형태론적 특수성 123
「혜성가」 150
호(號) 278
호미곶 416
호주제 108
『호질』 162
『호텔아프리카』 624
『혼불』 178

홍길동 139
『홍길동전』 162
홍익인간 68
화각장 449
『화엄경』 40
화엄사 486
화엄사상 40
화투 271
화폐박물관 462
활쏘기 272
「황조가」 147
「황진이」 559
황해도 평산 소놀음굿 539
회갑연 276
「회고가」 156
효 283
효 사상 70
후장 풍속 29
훈민정음 80, 120
『훈민정음해례』 81, 121
훈요십조 47
『흙』 172
『흥부전』 163
흥인지문 332